Wolrad von Waldeck, Graf; Tross, C.L.P.

Des Grafen Wolrad von Waldeck Tagebuch

während des Reichstages zu Augsburg 1548

Wolrad von Waldeck, Graf; Tross, C.L.P.

Des Grafen Wolrad von Waldeck Tagebuch

während des Reichstages zu Augsburg 1548

Inktank publishing, 2018

www.inktank-publishing.com

ISBN/EAN: 9783747769935

DES GRAFEN

WOLRAD VON WALDECK TAGEBUCH

WÄHREND DES REICHSTAGES ZU AUGSBURG

1548

HERAUSGEGEBEN

VON

DR C. L. P. TROSS.

STUTTGART.

GEDRUCKT AUF KOSTEN DES LITTERARISCHEN VEREINS

NACH BESCHLUSS DES AUSSCHUSSES VOM OCTOBER 1859.

1861.

ITINERARIUM

WOLRADI COMITIS A WALDECK

IN PROFECTIONE

AUGUSTANA

ANNO DOMINI 1548.

C. D. T. T. C. M.

IN DOMINI MISERICORDIA VIRTUS MEA.

WOLRADT COMITI IN WALDECK

WALDECK iv JUNII ANNO SALUTIS
MDLXIII.

S. Audieram comes illustrissime, clementissime domine C. T. abesse peregre. Hæc absentia mihi perquam accommoda occasio visa fuit me diutius oblectandi in chronico tuo. Quare si quid peccatum est, ea potius culpa genio libri omnimodam varietatem spiranti et ceu lectorem retinenti, quam mihi imputanda venit. Ago tamen C. T. gratias immortales et quo faciliorem demerear, epigrammation qualecunque clementer accipiat et legat.

Imperii procerum sævo cum Cæsare bellum
  Gestum pro pura relligione Dei;
Crede mihi, vena quantumvis paupere scriptor
  Nemo voluminibus dixerit exiguis.
Tristia conatus infausti germina specta
  Fœcundi miseras relliquiasque mali:
Quanta vides foliorum examina, denique quantum
  Historiæ veræ texerit autor opus;
Ista tamen celeri calamo dedit omnia clarum
  Eubulus comitum nobiliumque jubar.
Aspice susceptos, quisquis legis, ista labores
  Excute pro vera facta pericla fide.
Disce graves animi luctantis corpore pugnas
  Quidque sit in solum fidere posse Deum.
Hei mihi quam pauci similes sensere dolores,
  Quamque tenet modicos hic pietatis amor!

Valeat C. T. et calamo properanti ignoscat.

R. Trygophorus.

1*

Duodecimo Martii exhibita est citatio Caroli Quinti Cæsaris Augusti, qua dictus Comes Wolradus ob malevolorum invidiam citatus fuit.

iij Aprilis Corbachio profecti ibidem comites Philippum juniorem et Joannem fratres et nepotem præstolantes. Faxit Christus opt. max. ut fausta sint omnia!

iv Aprilis Philippus et Joannes fratres nostri et Samuel nepos Hermannum a Wolmerkhusen, Joannem Milchlingum a Schonstad seniorem, Henricum nothum a Waldeck, Wendelinum Carbonarium, Philippo et Joanni fratribus a secretis, Hermannum Nellium Sperantem Wolrado, et Joannem Hake Philippo seniori comiti a Waldeck a secretis, in consilium adhibentes, de mole negotiorum ac an comiti Samueli, quod non citatus esset, utile foret, nobiscum Augustam proficisci. Nobis autem non parvas ob causas instantibus ut domi maneret, tamen pervicit patris ipsius præceptum ac Samuelis voluntas, ut nobiscum profectionem susciperet.

v Aprilis charissima relicta uxore ad Fuldæ vadum vulgo die zur Vhar Eubulus contendit, ubi dominam socrum a Schwarzburg reperit, quæ viaticum in itinere mutuum dedit florenos mille. Cæteri autem comites in Heyda, olim virginum vestalium cœnobio, pernoctati sunt.

vj Aprilis Eubulus socrui bene precatus eam Waldeciam ad uxorem et filiam misit, ipse cum cæteris comitibus Marxsulam proficiscitur.

Inter Vhar et Heydam Joanni Milchlingo seniori et Hermanno Nellio Speranti rerum domesticarum ac regionis curam commendans in Heyda quoque dati sunt fratribus per Hermannum centum et sesquicentum thaleri in subsidium annui redditus, qui nunc matris vitalitiis exilior redditus est.

Marxsulæ a pandochæo, cui nomen Otto Schwenck, fratres nepos et ego infantem, quem illi uxor sua eo die pepererat, e sacro fonte levare rogati sumus. Puero nomen inditum Gotthilf.

vij Aprilis a Marxsula Meiningen contendimus, quo cum pervenissemus a dominis de Henneberg Masfeldam accersiti, apud quos et cœnati sumus et pernoctavimus. Est enim Meininga ditionis henneber-giacæ, olim et diœcæseos et dominii herbipolensis.

viij Aprilis, quæ erat dominica Quasimodogeniti, Masfeldæ concionem sacram magistri Philippi ecclesiastæ aulici audivimus, qui pie pariter ac docte ex capite ultimo Joannis de sollicitudine Christi domini et salvatoris nostri pro suis illi fidentibus, de ablegatione apostolorum, de potestate remissionis peccatorum, item in quem usum historia resurrectionis dominicæ tanta diligentia ab evangeliographo Joanne conscripta sit. Nimirum quo omni incredulitati renunciantes per fidem Christi mortem apprehendentes ipsius domini nasci, vivere, mori et resurrexisse, nostrum esse certo certius credamus, ut vitam consequamur in Christo Jesu æternam, docuit. Fiat! Amen.

Consilium dominorum a Henneberg Wilhelmi patris et Georgii Ernesti filii, primo illis ex re et pernecessarium videri, ut pareremus citationi et mandato Cæsareo, non unam ob causam. Item illis videri ex iis, quæ illis ostendissemus, nos facile a nobis depulsuros objecta.

Contra illusionem episcoporum a trevirense et coloniense remedium fore, ut causa ad status imperii examinanda et judicanda referatur. Sic enim eos præ pudore non audere, quæ forte occulte sedentes in insidiis molirentur. Item non præter rem fore, si de mandato nobis non insinuato Cæsar certior redderetur de alteratione feudi, quia omnia, quæ possideremus, Cattorum principis feudum sint, rogaremus Cæsarem, ut nostræ conditionis et honoris rationem habere dignaretur. Sin vero Cæsar acrius instaret, ipsemet illæso nostro et juramento et honore cum Cattorum principe hæc transigeret, Et sic nos neminem lubentius ac ipsum imperatorem pro domino feudi agnituros. Posteaquam igitur Masfeldæ opipare satis pransum est, literis intercessoriis a patre et filio ad Joachimum marchionem brandenburgensem electorem etc. et Wilhelmum comitem a Nassaw acceptis, post secundas etiam mensas multo lyæo perfusas, dimissi Konigshoven contendimus.

Konigshoven herbipolensis episcopi urbs est et castrum. Ibidem a senatu vino honorati sumus.

ix Aprilis in Bunach super Banichium fluvium pervenimus.

x Aprilis Bunacæ jentaculum sumpsimus ac Christophorum a Dernbach, qui nobis dux viæ a dominis a Henneberg datus erat, cum literis et honorario dimisimus. Ipsi nos Forchemium iter arripientes inter Bunacham et Bambergam Mœnum transvecti sumus.

Eodem Forchemium circiter secundam pomeridianam devenimus,

ubi symbolum electoris ducis Joannis Friderici parieti ascriptum legimus: Tout mon esperance à Dieu le tres puissant, ac subscriptum: Helff dir Gott aus aller Noith, Amen. Electoris autem symbolum scriptum erat anno 1532.

Ibidem fama ferebatur, articulum de utraque specie sacramenti consensu omnium imperii statuum conciliatum esse, ea tamen lege, ut qui sacram synaxin sub una specie accipere velit, liberum illi foret. Hoc si factum est, nostros huc spectasse arbitror, ut infirmis et maxime exteris nationibus per piam charitatis dispensationem ad tempus conniveant, Papistis vero impœnitentibus ita laxentur habenæ, sicut Christus ad Judam ait: Quod facis, fac citius. Nihil enim nisi quod suum est quærunt, in hoc subdole consentientes, quod juxta Christi institutum aliter fieri non potest.

Nota de nuncio Cattorum principis qui nos sub vesperam eo venturos dixerat.

xj Aprilis Forchemii jentaculo sumpto Norinbergam contendimus. Adesto nobis, qui pascis velut ovem Jacob.

Eadem circiter primam parvi horologii Norinbergam venimus, ubi primum Krelium hospitem alloquens, ex eo sciscitatus sum, quænam ex me sinistre in Cæsarem dicta superioribus annis, cum in ædibus suis diversarer, audivisset. Is persancte in præsentia Joannis fratris juravit, se nihil quod imperatori onerosum esse posset, audivisse. Quod et ipsum et hospes Forchemii testatus est. Deinde de domini Viti valetudine ipsum interrogavimus, quem ita podagra teneri, ne domo egredi posset, accepi. Assumptis Joanne fratre, Joanne Milchlingo juniore et Adriano, Vitum domi suæ inviso, cum illo brevibus multa conferens, uxorem ejus quatuor aureis dono. Ex hoc certior factus sum de morte Joannis Pomerani parochi witebergensis, qui in propriis ædibus gradu decidens suam vitam finivit, meliore nunc auspice Christo cum omnibus sanctis fruens.

Nota de literis interceptis Viti et Osiandri ad Brentium, et Philippi ad Vitum, quæ et ad Cæsarem delatæ sunt, et Theodori literarum argumentum senatui norico missum, qui, ne Vitus molestaretur, viginti millia aureorum Cæsari numerarunt. Narravit item Vitus nobis de fuga Brentii, cum miles hispanicus in Halam Sueviæ irrueret, et quod literæ, quas Brentius in triclinio oblitus erat, primum ad Malvendam delatæ essent, et quod vix unus ex civibus Halæ repertus sit, qui uxorem et liberos Brentii hospitio excipere dignaretur. Item de morte Hoffmeisteri colmariensis monachi, quomodo phrenesi correptus per dies aliquot vociferatus sit: Damnatus sum, perdite docui, a magnis persuasus sum. Et quanquam per syndicum colmariensem admonitus sit, se nihil perperam docuisse, tamen sibi male conscius nullam consolationem admittens, tandem sic vociferando animam exhalavit.

Ab eodem Vito didici, Brentium rursus Halæ concionari, verum cum ab Ibero aliquo publice in templo sibilis, cachinnis et nescio quibus ronchis molestaretur, paululum suo officio supersedit. Nunc, sed proh dolor ut res ipsa docuit, breve tempus suo fungetur munere.

Accepimus quoque filium Georgii Majoris, qui rabidi canis morsu perierat, non fuisse eum, quem Ratisbonæ vidimus. Tandem, ne bono viro nimis molesti essemus, illi valediximus, bona insuper nobis invicem precantes. Donavit vero nos dominus Theodorus psalterio germanico, quod ipse cum suis summariis excudi curaverat, ac nomen propria manu ascripsit.

Sub cœnam Vitus per filiolam suam Margaretham fratribus et nepoti ac uxori nostræ singulis psalterium cum suis summariis dono dedit, Eubulum autem libro concionum suarum, cui titulum die Kinderpredigt, donari fecit et expositione sua in Esaiam prophetam honoravit.

Ibidem de adversa valetudine principis nostri certiores facti sumus. Georgius Volckmarus senator et patricius Norinbergensis nobiscum cœnavit. Senatus vina quoque nobis propinavit.

Domino Vito uxor est Magdalena nomine, filios habet Vitum, Paulum, Philippum, filias Margaretham, Mariam.

Norinbergæ adhuc est doctrina pura evangelii, verum ecclesiastæ a senatu rogantur, ut a carpendo quosque nominatim abstineant, nimirum ea de causa, quod adversariis mala nobis inferendi voluntas non desit, si qua detur occasio et bona in speciem in malum interpretandi.

Doctor Vencelaus Lynck anno superiore vita hac, feliciore fruiturus, excessit.

Norici accusati, quod protestantibus triginta millia aureorum dono dederint, quo animum rugientis leonis demulcerent, iidem triginta millia coronatorum dono dederunt.

Rothger uff der Burgk aurifaber apoplexia tactus est, verum adhuc superest et vescitur aura ætherea.

Eberhardus Ebnerus nomine norinbergensis senatus equitem nobis adjunxit, cujus ductu Weissenburg deducti sumus.

Libros a domino Vito datos Georgio Weiden compingendos dedimus.

Domine Jesu, cum ipsemet sis veritas, in veritate quoque patris tui locatus sis, neminem ex nobis miseris mortalibus sua anxia sollicitudine vel sibi cubitum longitudinis adjicere posse, ita volens nos de nostra vana ac stulta cura et inutili tristitia ad cogitatus nostros in te rejiciendos allicere. Te rogamus pater et redemptor, da nobis ferre, quæ juste patimur, tibi fidere et a te omnis rei eventum exspectare, qui vivis et regnas etc.

xij Aprilis ex norica urbe dum abitum paramus, singularis doctrinæ et prudentiæ pietatisque summæ vir Hieronymus Baumgartnerus senator et patricius norinbergensis nos convenit, qui inter cætera hæccine nunc esse tempora ait, ut nemo amico vel per mutos nuncios, quid intus ferat, aperire possit, et se vereri, multos hæc tempora productura martyres.

A Norinberga Weissenburgum im Norkaw iter arripuimus. In via est oppidum Schwabach cum castro a coquenda cerevisia celebre, ditionis marchionum Ansbach. Item castra Annenberg episcopi eichstatensis et Illingen magistri teutonici, qui natione Cattus ex stemmate de Milchlingen, cui nomen Joannes, licet nimis grutiosus (ne quid durius de Jovis filio dicam) in patriam fuerit. Visitur et arx Heydeck.

Weissenburg urbs est imperialis a Norinberga miliaria septem distans, olim per exconsules norinbergenses regebatur. Nunc vexilla militaria ante portas suspensa, quis hujus urbis potis sit, satis demonstrant. Misere enim cives, dum non ocius inconsultis Noricis Cæsarianis portas reserant (licet in gratiam recepti,) tamen hoc incommodo multantur, ut hebdomadas novem duo milia Iberorum, quos militariter equites levis armaturæ dicunt, et hospitio excipere et alere cogerentur; quorum major pars hospite insalutato abiit. Retinetur adhuc apud illos doctrina verbi pura, at, proh dolor, fama fertur, multos pseudoverbi ministros derelictis uxoribus amplecti et seculum ac velut sues se rursus eodem volutare volutabro luti.

Hic quoque principem nostrum adhuc Heylbrunnæ non admodum prospera valetudine teneri didicimus.

Qui dedit incipere, is quoque rerum eventum novit.

Hospitati autem sumus apud Petrum Eyden, quæstorem ærarium.

Quoniam vanitati humanæ proprium est, dum longe a periculo abest, omnia sibi facile persuadere, ut primum autem cruci vicinior fit, caro et sanguis nihil præter pulverem suum sapiat, te, domine sancte pater, humillime deprecamur ingruente nunc necessitate, da nobis tibi fidere atque ut juxta tuum præscriptum in silentio et spe animas nostras possideamus, per Jesum Christum dominum nostrum, qui vivis etc.

xiij Aprilis a Weissenburg Donowerdam profecti sumus. Inter Weissenburgum et Werdam ad Danubium est Manheim oppidum, olim ducis Ottonis Henrici Palatini Bauari, quo eum Carolus Cæsar ob assertum evangelium cum reliqua ditione exuit anno 1547. Est et abbatia Keitzen.

Est et inter Manheim et Weissenburg pagus Colberg, inter quem et alterum pagum Niderbach fluviolus Ursula est. In hoc fluvio, dum aquatio fit, caballulus meus in fluvium subsidens. Ego itaque mox decidens ad lævam in peristrophio altera tibia pendens et a caballulo læsus et aqua submersus fuissem, ni Dei bonitate et opera Ludovici famuli mei, Samuelis quoque mei nepotis et fratrum auxilio in pedes conjectus et eductus fuissem. Benedictus dominus Deus, qui nos extraxit ex aquis multis.

Donwerdæ apud Leonardum Widdenmarcker in insigni leonis deaurati, in eo hospitio, quo Cattorum princeps et dominus noster clementissimus captivitatis suæ hebdomadas decem et novem transegerat, hospitati sumus. In eodem hospitio princeps insumpserat duo milia et trecenta florenorum. Domina princeps nostra apud eundem hospitem, dum Augustam tenderet, dies decem et quatuor morata est. In eodem hospitio veredarium nuncium ducis Mauritii Electoris invenimus.

Eadem magister Florus, quem Augustam præmiseramus, Werdæ ad Danubium nobis obviam fit, indicans, qui se res Augustæ haberent.

Werdæ in hibernaculo et cubili, ubi princeps noster mansionem suam habuerat, pernoctabamus.

Augustæ una cum Coloniense in nos querelis et dolis armati erant Mainolphus bis profugus Flechtorffii abbas, consules Volckmarienses, barones de Beuren, Breidelarienses monachi, Batbergii etc.

A Werda Neuburgum arx ducalis et oppidum amœnissimum, quo et ipse Cæsar Otthonem Henricum exuit, distat miliaria tria. Et is locus est divi Joannis Diazii Hispani martyrio sacer.

In hoc oppidulo habitarant fratres Arnoldi secretarii ducum Bavariæ. Horum ædes Cæsar funditus loco demoliri et nunquam reædificari per heraldum edixit.

Relatum nobis est ibidem de duello pugnali Georgii et Melchioris N.

Werdæ splendidissimæ Fuggerorum ædes visuntur. Adhuc ibidem evangelii doctrinam retinent.

Intelleximus et a hospite Simonem a Wendo non adeo bona valetudine in patriam venisse. Werdensis civitas a Weissenburg miliaria quinque, ab Augusta sex distat. Ante portas urbis die Warmitz in Danubium influit.

xiiij Aprilis a Werda ad Danubium recta Augustam Vindelicorum tendimus. Quæ in via inspicienda erant, si Deus faverit, in reditu ad patriam considerentur.

Augustæ circiter secundam pomeridianam hospitium intramus, infra tertiam et quartam horas cum Wendelino, Liborio ac Melchiore consilium initum.

Adrianus a Zertzen Ericum nothum a Zertzen expiscari misit an Wolradus quoque adesset.

Coloniensis polypum agit.

Liborius et Melchior missi sunt ad comitem Wilhelmum de Nassau, ut eum et de adventu nostro certiorem facerent et quid facto opus putaret, ediscerent. Injunctum quoque est illis, ut comitis Samuelis meminerint. Iidem reversi, quid dixerit comes de Nassau, retulerunt, ac ejus nomine nos ad cœnam invitarunt. Ac paulo post comes ipse advenit, volens hospitium nostrum accedere, verum nos, ut decuit, illi obviam facti cum in domum suam comitati sumus. Apud hunc cœnati sunt Conradus a Beumelburg eques auratus, natione Cattus, junior comes Ernestus a Solms, Hartmannus a Cronenburg, Adrianus a Zertzen et Wolff Welbergk, gener equitis a Beumelburg, comites a Waldeck quatuor.

Obtulimus comiti Wilhelmo litteras domini senioris a Henneburg. Wilhelmus ingenue et confitetur et testatur amorem veritatis evangelicæ.

Nota de Maximiliani de Beuren mensa, ad cujus ûnum latus missam celebrari fecerat, et in eodem loco sex millia nummûm alea perdidisse, ad alterum latus scorto se immiscuisse et alea quatuor millia coronatorum recuperasse gloriatus sit.

Comes a Nassaw tam fideliter consuluit, ne Coloniensis causa hic examinaretur.

Ferdinandus rex et Ulricus wirtenbergensis dux litem contestati sunt.

Potentissime Deus, qui solus Ecratori potentior es, mitiga cor ejus ac da nobis subsistere ac nominis tui gloriam expetere, per dominum etc.

Adsunt Augustæ Romanorum imperator et rex, electores ambo

Saxoniæ, Joannes Fridericus captivus et Mauritius corpore liber, elector treverensis, moguntinus, coloniensis, cardinalis tridentinus et augustanus, marchio elector et Joannes ejus frater, nec non Albertus brandenburgensis, Wilhelmus Bavariæ dux cum Alberto filio et omni gynæceo suo, Ericus et Philippus duces a Brunschwig, et Ernestus a Grubenhagen etc. comes a Nassaw, domina princeps Hassiæ, elector Mauritius, episcopus eichstatensis, Fridericus Palatinus elector, saltzburgensis episcopus, coloniensis, trevirensis fere ex ordine hospitia vicina habent.

xv Aprilis, quæ erat dominica Misericordias Domini, animo statuimus, si daretur, concionem sacram Musculi audire. Is in templo Mauritii sacro de verbis Christi ex Joanne »Modicum videbitis me, et modicum non videbitis me«, item »Vos non relinquam orphanos« etc. item »Vos videbitis, mundus autem non videbit« luculenter et pie disseruit, edocens, quanto amore Christus suos prosequatur, qui sint orphani quoque ostendit. Ad hæc quam dulcis sit consolatio piis animo hæc verba volvere, scilicet »Alium paracletum mittam vobis.« Item et omnes pii consolationem hinc capere possint, Deum benignissimum patrem non relicturum sibi fidentes orphanos.

Eadem apud comitem Guilielmum pransi sumus. Adfuerunt comes a Nassau, comes Philippus ab Eberstein, qui anno superiori in sodalitio Packmohr fuerat. Doctor Vaix, cancellarius Mauricii electoris.

Proverbium italicum, quod, proh dolor, et hoc ævo Germanis peculiare est: Homo mortuo ne faye guerra, Ein thodt mann fahtt kein krieg an.

Eadem eo quod annuus dies esset in perpetuum Germanis lugendus et atro signandus lapillo, quo illustrissimus Joannes Fridericus elector ad Albim, fuga sibi consulente exercitu ejus ac magna procerum ejus parte ab eo ad hostes deficiente, cum paucis sibi fidis captus esset, excubitores ac reliquus Hispaniæ peditatus, quibus mos est bombardis stipendi amereri, ter ante hospitium ducis electoris in modum circuli coeuntes sonitu terribili cœlum usque pedante sulphure et pulvere armentario præ lætitia gestientes et ovantes eam victoriæ suæ esse diem testati sunt. Fortissimus autem dux e fenestra prospiciens nebulonum insaniam risit.

Papa Parmam et Placentiam urbes, ob quas bellum inter papam et Cæsarem exoriri timebatur, ad manus Cæsaris resignavit ea lege, ut filii papæ harum civitatum gubernatores permanerent. Sic Cretensis Aegonitæ commissus novit comminisci dolum.

Eadem in hospitio cœnavimus. Cum Coloniense nihil agi potuit.

O domine Deus, qui solus sapiens, solus potens, frange furorem unicornium, da fide et ferendo omnia superare per Jesum Christum, dominum nostrum!

Wilhelmus junior comes de Witgenstein persuasus a Reinhardo comite a Solms se ipsum Augustæ in nassam mittit, nesciens nomen suum in catalogum eorum, quos rebellantes fidei et justitiæ pro rebellibus ducunt, adscriptum.

Missa est basis salutis nostræ, si rite celebretur, nam in ea accipimus id quod dominus Jesus nobis promisit, quod fide apprehendentes vitam consequimur sempiternam. His verbis W. C. dum quidam aulici semidei mensæ suæ assidentes querularentur, multa enormia a nostris in suas missas jactari, perstringentes [1] Martinum Frechtum Ulmæ et alios aliquot perstringentes, ille crabrones irritare nolens, offulam hanc objecit, non tam quo Cerberi buccam impleret, quam quo pio dolo istud genus hominum ab ejusmodi calumniis avocaret. Nam cum is diceret de recto missæ usu, illi (ut parvi ipsis fit pietas) ad alia sermones vertunt.

xvj Aprilis Melchior apud Atrebatensem pro responso sollicitavit, comes quoque Wilhelmus Coloniensis hospitium petit. At episcopus ex hesterna potatione debilior lecto adhuc hærebat.

Eadem, quoniam dies termini erat in mandato citationis conscriptus, consilium petitum a domino de Nassau, quidnam agendum foret. Is nos ad doctores Marquardum et Hasen remittit. Hi ambo se nobis faciles præbuerunt, dicentes optime a nobis factum, quod nos ipsosmet Augustam contulerimus, et sperare, id nobis in melius cedere, et se archiduci et cæteris consiliariis nostram præsentiam indicare velle, quo nostri apud Atrebatensem supremum cancellarium hii meminisse velint, ac is de adventu nostro certior fieret.

Requisitus est quoque a nobis doctor Carolus Harst Clivensis consiliarius, cui voluntas nobis inserviendi non defuit, sed calculo enecatus domo prodire non potuit.

Magister Liborius Florus syndico Augustano doctori Nicolao Maier literas Justini Gobleri exhibuit, qui se nobis ad omnia paratum fore obtulit.

Doctores ajebant, nihil periculi fore quod præsentes adsimus, si non accusaremur a præsule Coloniense.

Doctor Hase Liborio injunxit, ut ad nonam in loco consilii adesset.

1 perstringentes zu tilgen. W. C. ist wohl graf Wolrad.

Eadem Adrianus a Zertzen et comes a Nassau, quos sperabamus nobiscum ad consilii locum adduci posse, ad horas aliquot in hospitio non sunt reperti.

Nota. Comitem de Nassau per Melchiorem Linden nobis significasse, hoc die nobis Coloniensem nihil obstiturum. Ast post sesquihoram quod subscriptum est, responsum accepimus.

Misit comes a Nassau magistrum Wilhelmum illi a secretis ad hospitium nostrum, ut suo nomine nobis indicaret, Coloniensem misisse ad ipsum comitem in ædes magistri teutonici consiliarium quendam, qui illi hoc responsum nos concernens attulisset. Quoniam hodie terminus sit, Coloniensem mandatum quidem producturum, sed spe solum concordiæ, hoc est, si res per amicitiæ viam inter nos agi non queant, juri suo cessisse non videatur, sin componi queant, se executionem mandati non petiturum. O vulpeculam vertice glabram!

Et hæc quoque Coloniensis sententia mutata est, terminus quoque in crastinum protractus.

D. Nicolaus Maier syndicus augustanæ urbis commendatitias literas nobis transmisit, quas pro causa nostra ad doctorem Joannem Marquard scripserat, offerens se crastino ad horam quintam nos conventurum.

Coloniensis (si creditur) crastino sexta nobis bona consulturus.

Sesqui quinque centena millia τῶν κρατηρῶν Bavaro et antistiti quinquaginta tria millia numûm Augustani penderunt.

Eadem Alberto marchioni literas domini de Henneberg per Joannem Milchlingum misimus. D. Viglius Zuichenus etiam suam operam nobis promisit.

Ernestus Brunswigiæ dux, cum equo gradus conscendere tentasset, crure læsus hic decumbit.

Judica, domine, causam meam et da mihi in mentem et os quid loquar coram gigantibus et filiis hominum! Ne des in opprobrium confitentes nomen tuum! Domine Jesu, qui ad patrem abiens sancte pollicitus es, te tuos non relicturum orphanos, habe curam relictorum domi et mei, propter tuam ipsius bonitatem.

E regione Augustæ trans Lycum visitur Friburga in Bavaria.

xvij Aprilis. Post quintam ad hospitium nostrum licentiatus Maier, olim monasteriensis cancellarius, qui pridie venire non poterat, venit. Ne autem opera sua nobis deesse videretur, per literas nos apud d. Marquardum commendavit. Is igitur singula, quæ ad causam facerent, a nostris edoctus, fideliter consilium suum nobis impartitus est. Verum dux verbi esse in auditorio ob multas causas non audebat. Viam tamen parare apud Marquardum, comitante ipsum Floro, sategit. Maier interrogavit, num scirem d. Bucerum adesse. Respondi me quidem accepisse, ipsum hic fuisse, sed reversum Argentoratum. At ille ait, adhuc hic degit et vereor illi nullam facultatem abeundi per Cæsarem concedi.

Melchior Carolum Harst clivensem consiliarium adiit. Carolus paulo post Atrebatensi adventum comitum Waldecensium indicavit, qui mox interrogavit, num is quoque adesset, qui colloquio ratisbonensi interfuisset. Ait Carolus: Omnes qui citati sunt (nullius nomen exprimens) adsunt. Deinde latius Atrebatensis cum eo conferens infit. Quare domini tui maxime his temporibus arma capiunt in coloniensem episcopum? Respondit Carolus: Domine præsul, alia fiet informatio. Bene, bene, inquit episcopus, necesse est ut se expurgent.

Ad sextam Coloniensis (si creditur) jam factus amicus adeundus erat, sed nihil effectum est.

Inter sextam et septimam comes a Nassau et Adrianus a Zertzen apportaverunt (ut vulgo dicunt) scriptum compromissi inter Coloniensem et nos, jubentes id perlegi, quo ad mundum scribi possit et sigillis corroborari; quod scriptum quam iniquum et acerbum fuerit, eventus edocebit, sed (proh dolor) omnia modo devoranda sunt.

Sub octavam fratres et ego (nam Samuel negotio se intermittere noluit) habitationem domini Maximiliani archiducis adimus, ibidem usque ad nonam horam expectantes; tandem venere Colonienses, et hi intromissi sunt in auditorium et paulo post nos per ostiarium intro vocati. Illic archiepiscopus coloniensis per advocatum quendam in termino mandatum pœnale produci fecit, ea tamen mitigatione, ut testaretur, se spe concordiæ petitioni executionis modo supersedere; si tamen causa inter partes, ut jam cœptum esset, per arbitros et viam (ut loquuntur) amicitiæ transigi non queat, se protestari, ipsum hoc facto juri suo cedere nolle, rogans, ut hæc ita per scribas annotarentur. Præsides et concilium hæc ita ascribi et signari jusserunt. Ad hæc magister Liborius Florus (nam alium nancisci non potuimus) brevibus respondit, et nos obedientes comparere in termino, ac posteaquam Coloniensi sic placuerit, nos idem recipere cum protestatione, si negotium per amicos transigi non possit, ut et nobis juri nostro stare liberum foret, idque sic signari petivimus. His peractis utrinque paululum abcedere jussi sumus.

Ablegatis igitur Coloniensibus nos revocati et ibi per Marquardum, qui erat dux verbi, nomine auditorum dictum est. Quod ad causas inter comites et Coloniensem attinet, suum habere modum, idque sic Cæsari referendum. Verum comites quoque citatos ob id, quod duci Saxoniæ, Cattorum principi ac protestantibus Schmalkaldicæ unionis militaverint et rebellionis anno superiore se obnoxios reddiderint etc. Ad hæc Liborius respondit, nos quanquam magnis et variis negotiis domi occupati nec ab hostium quoque incursionibus liberi, tamen magno nos Augustam contulisse, quo cæsareæ majestati obedientiam præstaremus; quod vero ad causam ipsam attineret, archiduci et cæteris notum esse, quod nostri ante menses plus sex in nostri excusationem in medium adduxerint et protocollo inscriptum sit. Tum d. Marquardus interrogavit, dicens: Num et alia præter ea, quæ tum adduxistis, vobis adferre est animus? Responsum a nostris, habere quidem nos plura, quæ ad excusationem nostri faciant, verum ne domino archiduci et cæteris molesti essemus, nos petere, ut sua celsitudo et alii consiliarii ea relegere, quæ super his in protocollo signata essent, dignarentur et imperatoriæ majestati nos commendatos habere.

Post exigui temporis intervallum Marquard respondit, archiducem præsentiam nostram et petitionem cæsareæ majestati, quam primum fieri posset, relaturum et eundem d. præsidentem, ut Cæsaris decretum in hoc expectaremus, jubere. Petitum etiam a nobis, ut petitionis Coloniensium nobis copia per scriptum fieret.

Eadem Ottho comes a Rethberg, Ernestus a Solms et cancellarius archiepiscopi bremensis, Henrici ducis a Brunschwig procurator contra Goslarienses et comites waldeciani apud comitem Wilhelmum de Nassau pransi sunt.

Ubi dum Eubulus comiti a Nassau narrat, ipsum marchioni Alberto a Brandenburg nomine dominorum a Henneberg literas Franciscum Dalwig concernentes obtulisse, en mox comes Wilhelmus ad principes aliquot vocatus, inter quos et ipsum marchionem jam contra me querelam instituentem ob clientem suum Dalwig rogantemque principes aliquot, ut illi astare velint, nam ipsum apud Cæsarem me accusaturum, reperit. Præterea quicquid Waldeciis incommodare possit, ad hoc se paratum esse gloriatus est. Literæ enim dominorum a Henneberg illi bilem moverant. Sed tamen rogatu comitis de Nassau eo devenit, ut is inter marchionem et me arbiter existeret, sicque mitior redditur Albertus ille Nero (marchio volebam dicere).

Eadem dominam principem convenimus eam utcunque solantes brevibusque multa cum ea conferentes.

Memento, pater cœlestis, bonitatis tuæ immensæ et afflictionis nostræ, nutantia genua erige et nos in fide, timore et amore tui corrobora.

xviij Aprilis summo mane Liborius Marquardum, Melchior Hasen doctores consultum abiere. Hujus consilium fuit, ut Atrebatensem adiremus ac tentaremus, an ipsum archiducem coram alloqui possemus. Item regem Ferdinandum alloquendum a nobis esse, non tamen illi consultum videri, ut ante unum aut alterum diem pro responso sollicitaretur. Nam archiducem quidquid per Waldecios scripto oblatum sit, quam primum commode fieri possit, cæsareæ majestati relaturum. Hasonis quoque consilium erat, ne tam celeriter responsum peteremus.

Eadem Adrianus a Zertzen remotis arbitris nos alloquens, venit, tonitrua minarum ex ore (ut ipse ajebat) Mauritii electoris et Alberti marchionis afferens. Quæ dicebat, fere ejusmodi erant, Mauritium electorem multis audientibus dixisse: Num etiam Wolrad comes a Waldeck adest? Ac ubi Adrianus respondisset »Imo adest«, Mauritium dixisse: Si ea perpetrassem, quæ comiti huic intentantur, ne termini quidem imperii mihi satis ampli essent, intra hos iram Cæsaris expectare, et nisi peculiari salvo conductu provisum sit comiti, consultum illi velim, citius se hinc arriperet; atque his verbis adeo permotam fuisse Lantgraviam, ut Adrianum amice rogasset, curaret ut quam ocius hæc rescire possem. His auditis primo nonnihil animo turbatior fretus sum, fretus tamen Dei bonitate ac libera conscientia has minas contempsi, respondens Adriano mihi non probari electoris consilium, verum me experturum, quisnam sit, qui mihi in faciem malefactum aliquod intentare audeat. Hortatu tamen Adriani comitem a Nassau adii, qui in eandem mecum sententiam pedibus ibat, sicque res paulo sedatiores visæ sunt.

Da, domine Jesu, voluntatem rectam et vires!

Eadem comes a Wigtenstein nomine archiepiscopi trevirensis Joannis ab Isenburg, ut ad horam quintam cœnæ ipsius interesse vellemus, rogat.

Eadem comitem ab Eberstein et avunculum nostrum comitem a Wertheim Georgii filium convenimus. Videmus Wilhelmum de Grumbach et Hermanum de Amelungsen.

Volebat Adrianus a Zertzen, ut dominam principem convenirem; at quod adhuc sub concione sacra ibidem esset, ad hospitium meum diverti.

Licentiatum Nicolaum Maier prandio excepimus cum eo et amicitiam ineuntes et ejus consilio saluberrimo usi.

Venit comes Joannes a Rethberg eadem Joannem fratrem nostrum veterem suum sodalem invisere.

Rattos mures Augusta non fert ob soli (ut Maier dicit) frigiditatem, juxta papistas autem, quod d. Ulrici precibus ab his immunes sint.

Tum primum Malvendam quoque adesse comperi. Item Bucerum delusum. Consilium comitis a Nassau fuit, ut tuto saluo conductui Cæsaris fiderem.

Cœnatum igitur est apud Treverensem. Is Eubulum pro veteri amicitia humaniter excepit. Intererant autem convivio Wilhelmus a Nassau et Dillenberg, et Joannes a Nassau et Sarbruck comites, Georgius ille Wicelius Fuldæ perturbator et præpositus quidam Vratislaviensis Georgius Logus, homines quidem non illiterati, sed quorum eruditio pessime habitet. Sunt enim hostes et persecutores omnium pie doctorum acerrimi, ut mille verbis ipsimet testabantur. Logus ille multa de abnegatione Joannis Hessi concionatoris vratislaviensis locutus, ait, ipsum multa ad veterem consuetudinem immutasse, ob quod cum male a civibus suis audiret, quasi ad felicius navis latus posthabita Christi doctrina se inclinaret, præ mœrore consumptum esse. Sed quis pessimis hominibus, de bonis sinistra narrantibus, fidem adhibeat? Bucerum nesciebant quem facerent, nunc eum sacerdotem, ex sacerdote dominicastrum, ex dominicastro Carthusianum, ex Carthusiano aulicum et haud scio quas metamorphoses illi attribuentes, chamelopardum insuper nominantes. Tandem effutiunt sub salvo conductu quidem Bucerum Augustam venisse, sed arctissima custodia sub marchionis electoris commissione teneri, a deo ne schedulam quidem foras scribere liceret. Item eundem jam pene duobus scriptis se alium futurum testatum esse. His Wicelius velut oleum camino subministrans Philippus Melanthon multo apertius mentem aliam ejus esse, quam antehac, scripto testatur. Ut interim prætercam, quæ in optimum virum Vitum Theodorum deblateravit. Sed ah pudet et dolet hujus camerinæ [1] hominum vel audivisse vel meminisse, qui magiam et idolatriam propalam confitentur.

Nota de comite in Hispania, qui per suum fidum cubicularium se jugulari curaverat ac humari jussit, sperans se intra menses aliquot juvenescentem ad vitam redire posse etc. et quod septem mensibus sepulchro aperto inventus sit tanquam infans in utero matris crescens,

*

1 ? hujusce farinæ hominum.

habens carnem novam brachiorum et crurum, licet facies nondum satis esset integra.

O domine, ossa humiliata da exultent, pone custodiam ori meo et in veritate deduc me.

xix Aprilis dum Wendelinus, Liborius et cæteri in medium quid opus factu sit consultant, oportune Burgkhardus nuntius noster venit, literas a domina matre, uxorcula et sororibus ejus nec non a Joanne Galacteo et Hermanno Nellio Sperante ad nos e patria deferens. Item literas comitis Reinhardi a Solms ad nos unas, ad filium Ernestum unas et ad Viglium alteras. Item Elizabethæ ducissæ de Brunschwig et dominæ de Henneberg et comitis Popponis scripta ad Marchionem Electorem. Domi omnia salva. Deo opt. max. sempiternus honos sit et gloria. Acceperunt quoque Samuel a patre, fratres a matre litteras.

Eadem comiti Ernesto paternas litteras ipsimet reddidimus, qui Atrebatensem alloquutus fuerat, rogantes igitur ipsum, ut nostri aliquam, si forte sic sermo ferret, mentionem apud eundem faceret.

Per Liborium Viglio literæ Reinhardi comitis reddi debebant, sed Doctor exierat foras. Comitem a Nassau in hospitio suo quærebamus, verum is, ut postea comperimus, auditorem agit in causa ducis Henrici et Goslariensium.

In eodem itinere dominæ principi Landgraviæ fausta precati dein hospitium Ernesti ducis frequentavimus.

A prandio omne pomeridianum tempus scribendis literis ad socrum, uxorculam Nellium insumpsimus. Frater Joannes apud ducem Ernestum pransus est.

Statim a prandio ostiarius cameræ concilii imperialis attulit jussu concilii scriptum Reinberti illius Paderbornensis episcopi, in quo cognatum Philippum, novercam et nos apud cæsaream majestatem detulit.

Samuel apud Ernestum de Solms cœnavit. Hoc die in negotiis nostris nihil promotum est. Nota de causa Hoiensium comitum.

Eadem Adrianus a Zertzen marchioni electori literas sororis suae et dominorum a Henneberg nostri nomine obtulit.

Eadem intempesta nocte sodalitium furum argenteam suppellectilem Mauritii electoris cribrare volebant, ac Iberus quidam in ipso furto deprehensus est.

At age, domine, pone super eos legislatorem, sciant gentes quod homines sint per sacram tuam anastasin. Domine Jesu, famulæ tuæ Anastasiæ et filiæ ac matris ejus memento.

2 *

xx Aprilis inter quartam et quintam horas antemeridianas in templo Minorum, quod ad hunc diem in potestate senatus Augustani est, ecclesiasten quendam non indoctum ex cap. Joannis xxi de piscatione Petri et aliorum christiane et breviter disserentem audivimus. Præcipue verba Christi dicentis »Apportate mihi de piscibus«, adducens, scilicet quod veri concionatores, quos per verbum lucrifecerint, Christo offerre debeant, non sibi reseruare, hoc est pro suo arbitratu in populum Christi imperium gerere.

Venit Adrianus a Zertzen referens se marchioni electori literas sororis et comitum a Henneberg obtulisse, ipsumque marchionem dixisse, literas sibi prælegi curaturum. Jubet igitur Adrianus, ut in hospitium electoris mitterem, quæsiturus a Staculo de Sleben, num responsum habiturus sim, necne.

Idem Adrianus Maritinum ducem electorem ait pollicitum esse, si quid boni in nostra causa agere posset, ipsum esse paratum.

Eadem Joannem Milchlingum et Erasmum a Rumrhod ad marschalcum imperii de Papenheim, ut cum ipsius venia in hospitio absque molestatione metatorum hospitiorum permanere possemus, misimus.

Eadem Liborius et Wendelinus primo Viglium inviserant, qui passim utrinque disputantes, Viglius quod sciebat scire noluit, scilicet quis status esset comitatus Waldeck, et in summa comitatum esse juris imperii confirmabat. Item olim unum ex comitibus de Waldeck fuisse locum tenentem Cæsaris per totum imperium. Item quomodo Landtgravii (ut ipse dicebat) per transactiones comitatum a Waldeck in feudum acceperint, ipsum non latebat. Item, se insignia Wormatiæ ostensa vidisse, vexillum autem illud existimabat, in quo Cattorum princeps Philippus suis armis insignia comitatus Waldeck appingi fecerat. Item ajebat diversas esse causas Eubuli et fratrum, nam fratres esse sanguine junctiores Wilhelmo Cliviæ et Guliæ duci etc., qui magna in gratiam Cæsaris et regis Ferdinandi fecerit etc. Remisit nostros quoque ad Atrebatensem. Item nos ad omnia quæ imperium concernerent, ut cæteros et membra imperii per mandata semper vocatos fuisse, astruere voluit. Item se scire, quod aliâs apud judicium cameræ contra Coloniensem comites egissent. Dixerat et idem Cattorum principem quidem ad cæsaream majestatem, ut eos comitatus, quos nunc in feudo habeat, sic retinere posset, petiisse, at Cæsarem consentire noluisse.

Supervenerat, dum nostri cum Viglio sermocinantur, Marquardus, cum quo Liborius de nobis non insinuato mandato damnationis electoris et landtgravii, et an consultum foret, hujus rei mentionem apud consiliarios facere, egit. Dixit Marquardus, nondum esse hujus rei tempus, nostros quoque archiducem hoc die convenire non posse, eo quod heri sanguinis diminutionem fecerit, detegit.

Nothus a Zertzen, qui missus fuerat ad Staculum de Sleben, hoc responsi retulit, electorem legisse litteras et paratum ad omnia. Verum necessarium fore, ut vel per nos vel alios marchioni status causæ nostræ declararetur.

Joannes frater noster apud dominam Landtgraviam pransus est.

Eadem hospes noster Hans vonn Gesse primo a Patavia ad Danubium huc reversus est, qui nondum in hac domo commoratus erat, pridie enim ejus diei cum Augustam venissemus, uxor et liberi ipsius in hanc domum noviter emptam transmigrarant.

Fuerant eadem et nostri apud Mayer, sed nihil spei datum est.

Eubulus quidem cupiebat, ut et ipsi ab aliis consultum erat, Viglium alloqui, at ea die nulla nobis hujus rei facultas dabatur.

Comes a Nassau scriptum compromissi inter Colonienses et nos remisit, quod quoties relegitur, toties magis acerbatur.

Florus et Wendelinus Atrebatensem alloquuti sunt, qui primo causam a se removit, attamen dein jussit comites crastino ad horam octavam ante meridiem adesse. Nam tum illos, inquit, audiam, si veniunt. Sic enim per contemptum forte loquitur.

Omnipotens, sapiens, justissime et misericors Deus, David rex tuus et propheta quem post foetantes elegisti virum secundum cor tuum, de domini nostri Jesu Christi, filii tui benedicti, passione nec non et gloriosa resurrectione prophetizans inter cæteras immensæ majestatis tuæ laudes canit: Patres nostri speraverunt in te, et dum sperarent in te, tu eruisti illos. Ad te clamaverunt, et liberasti eos, in te speraverunt et confusi non sunt. Et idem verba Christi prolixius prosequens ait, Ego autem vermis et non homo. A tanto igitur rege et propheta edocti et exemplo dilectissimi filii tui instituti, de hac immensa bonitate tua et intercessione ejus, quem solum nos audire jussisti, quemque solum propter reverentiam ipsius in cruce extensum exaudivisti. Te Deum verum et æternum, Deum patrum nostrorum, et ipsi in his, quæ nunc nos premunt, malis imploramus, omnem nostram spem in te collocantes. Vere enim nos magna pars eorum et fuimus et sumus, quorum typum præbuit, imo quorum vulnera et vibices filius tuus dilectissimus tulit. Respice igitur, quæsumus, in faciem ejus, qui peccata nostra tulit, et propitius esto peccatis et commissis nostris super numerum arenæ maris multiplicatis eo quo tibi placitum est modo, nos eruens ut cum patribus nostris de gloria tua gloriari queamus. Idque omne, benignissime pater, quo nomini tuo sit sempiternus honos et gloria, ne sanguis preciosus filii tui sanctissimi frustra pro nobis effusus inveniatur. Jussisti te, o Deus sancte, invocari, repromisit quoque dominus Jesus te nobis daturum, quæ petimus, misericorditer largiri digneris. Qui tecum vivit et regnat in unitate spiritus S. Deus per omnia secula seculorum. Amen.

Eadem conjugi carissimæ psalteriolum a domino Vito Theodoro illi dono datum, pectines item eburneos, et tractatulum Augustanorum concionatorum, in quo summa nostræ religionis in decem articulos redacta est, item orationes Bernhardi Ochini ejusdem exemplar Joanni Galacteo et Nellio porrigendum transmisimus.

A cœna animi gratia intra duas partes Lyci fluvii amœnitatem et omnis generis piscium vivaria conspeximus.

Propitius nobis esto, domine JESU, et da ut omne opus nostrum patris tuæque laudi serviat.

xxj Aprilis Burgkhardum nuncium domum relegavimus.

Eadem ad Atrebatensem admissi sumus, ubi posteaquam præsul singulis dextram præbuisset, Magister Liborius sic dicere cœpit: Reverendissime et illustris domine princeps, D. V. quod heri hic nomine comitum nostrorum a Waldeck adfuerimus novit, petentes ut ipsis D. V. alloquendi facultas daretur, et quod simul in medium excusationem comitum nostrorum et quod ad citationem attineret, adduximus. Nunc igitur comites ipsi præsentes petunt, ut reverendissima D. V. illos audire non dedignetur. Sunt autem petitionis eorum hæc capita. Primo quod ad id, quod tanquam rebellantes citati huc sint, dicunt se nihil fecisse nisi coactos a landtgravio, cujus vasalli sunt et ejus ditioni viciniores, quam ut huic quidquam denegare ausi fuerint. Præterea si quid in hac re peccaverint, se nomine imperatoriæ majestatis ex capitulatione inter Cæsarem et landtgravium comprehensa a domino Reinhardo a Solms et Joanne Georgio Schaden a Mittelbibrach, cæsareæ majestatis commissarios, absolutos. Secundo inter archiepiscopum Coloniensem et ipsos hactenus errores aliquot cum extiterint et ii per tractatus modo compositi sint, comites mei reverendissimam D. V. obnixe cum omni submissione rogant, ut eadem D. V. apud cæsaream majestatem intercedere pro ipsis dignetur, quo cæsarea majestas pro sua clementia et dominorum commissariorum absolutionem ratam et confirmatam habere et comitibus, si qua peccaverint, clementer ignoscere velit, id comites sæpe dicti pro sua virili et debitis officiis erga cæsaream majestatem et reverendissimam D. V. promereri satagent. Respondit Atrebatensis, dilucide capita negotii duo videri, comites movisse arma in imperatorem ex parte protestantium; id illis minime licuisse, etiamsi sint vasalli laudtgravii, et quosdem ex iis præ cæteris hostiliori animo in imperatorem ostentasse. Quod vero ad capitulationem attinet, comites in hac non comprehensos. Præterea etiamsi sint vasalli Cattorum principis, tamen ex hoc non consequi, eos esse ipsius subditos. Ad hæc comites Cæsari jam multis negotiis occupatissimo ob sumpta arma in Coloniensem negotium fecisse, idque extantibus hisce Augustæ comitiis. Juste igitur imperatorem id et ægre ferre et a comitibus emendationem exigere. Verum utcunque res se habeant, ipsum heri nostris dixisse, si de his nos excusare velimus, ut id scripto coram concilio imperiali fieret etc. Dixit etiam Liborius de pecunia per Reinhardum comitem cæsaris nomine petita, et si Cæsar eam illi dari ac nos contra Cattos in hoc defendere velit, nos eam summam promptissime daturos. Ad hoc autem nihil responsum a præsule. Eubulus itaque asperitate negotii et necessitate coactus primum veniam ab episcopo precatus est, num illi liceret unum aut alterum verbum fari. Nam eum mentis suæ concepta vix latine eloqui posse. Data venia, utcunque potuit, hæc adduxit. Ad id, quod Atrebatensis præsul dixisset, comites in capitulatione non comprehensos, eo quod si licet vasalli Cattorum essent, non subditi etc., hoc debere præsulem scire, non solum vasallos nos esse landtgravii, sed ea nos pressos servitute, ut ob viciniam quasi inter intimos Hessos commorantibus non fuerit liberum vel in exigua causa principi quicquam denegare, ut et hæc antea per Magistrum Florum latius narrata essent. Deinde quod ad Coloniensem, nos habere diversas dinastias, nostri comitatus me esse seniorem et ipsos mihi astantes fratres non tenere eadem dominia, et ortas quidem esse turbas inter fratres et Coloniensem, nostros autem non sumpsisse arma, ut Coloniensi (ut is nos accusavit) bellum inferremus; utcunque autem res se habeant, quoniam reverendissima D. V. nos ad concilium imperiale remittat, tamen quia nobis notum sit suam authoritatem magni apud cæsaream majestatem fieri, adeo ut, quæcunque tractentur in concilio imperiali, sine ipsius assensu finem nancisci non queant, nos humiliter rogare ut D. S. nos et apud imperialem majestatem excusare et pro nobis intercedere dignaretur. Id si qua in re promereri possimus, nos promptos esse etc., ut dabat in necessitate sermo. Ad hæc præsul:

causa, inquit, in imperatoria majestate sita est. Quod ad electorem vero, si res ita est, ut de his inter vos tractetur, date operam ut Coloniensis vobis amicus reddatur. Postea si quid ad excusationem vestri habetis, concilio imperiali offerte. Ubi causa ad nos devoluta fuerit, ego dabo operam, ut ad imperatorem deferatur, et si quid boni hac in re præstare queam, experiar. Tum Liborius: Reverendissime præsul, comites nostri non sunt earum facultatum, ut hic longas moras nectere queant. Quare petunt reverendissima D. V. apud cæsaream majestatem negotium maturare dignetur. Ad hæc Atrebatensis, quasi subiracundus, non arbitror, inquit, generosos comites rebellioni contumaciam adjungere velle, ut ante responsum insalutato Cæsare abeant. Igitur Liborius petitionem iteravit et Atrebatensis ex hospitio exivit. Waldeciani hospitium marchionis electoris adiere, si forte electorem alloquendi nobis copia fieret, sed nullus aulicorum procerum aderat, qui nostram præsentiam electori indicare posset.

Comes a Nassau, quod variis negotiis occupatissimus esset, adiri non poterat. Reperimus in domo Atrebatensis doctorem Philippum Selden.

Wendelinus et Florus archiducem Maximilianum dominorum nomine orare volebant, ut apud regem patrem nostri clementer meminisse dignaretur, verum is in loco concilii non aderat.

Eadem unus et alter civium Augustæ per Henricum Stracken de situ montis Isenberg et mineris auri circa Corbachium diligentissime sciscitati sunt, conati nobiscum conditionibus agere, verum quia mihi præsente ursa catulos ostendere minus consultum videbatur, bona dans verba eos post menses aliquot, si quid ejusmodi cuperent, in comitatu nostro quærere nos jubebamus.

Sebastianus Mall quingentis aureis a Ferdinando rege donatus est. Probe et his notus erat Hans Krall. Nam hi ante annos aliquot apud nos in arce nostra Isenberg erant.

Eadem, dum a cœna partem urbis cum sodalibus meis obambulo, forte adjunxit se nobis civis quidam grandævus, cui magister vigilum claves portæ commendarat, cum quo varia de urbis Augustæ politia, munitionibus etc. contulimus. A quo cum inter fabulandum de duplici muro interrogaremus, hanc ejus rei rationem reddit. Augustam urbem esse antiquam, quæ inter exigua spatia suis mœniis et portis cincta esset, ut ipsimet videremus, et hanc olim cœnobio D. Ulrici dominico templo et aliis ecclesiasticis mansionibus occupatam. Ut episcopus loci omne jus sibi in eam usurpare conatus et maxime claudendi portas, ubi et quando ipsi libitum fuerat, cujus rei cives opibus elatiores facti pertæsi urbem extra prima mœnia dilatarunt, fossatis, turribus, propugnaculis et aggeribus circumdantes ac pro suo jure easdem portas et clauserunt et reserarunt hactenus. Nunc vero Carolus Quintus per sesquiannum ibidem primarium agit consulem, qui magistris vigilum exercitus ipsius claves portarum commisit. Sic sua prudentia cives episcopum, Carolus sua solertia ac potentia Augustanos occludit.

Augustanis anno superiori Sebastianus Schertel et dux exercitus et rebus urbicis præfuerat, qui cum aliquando secum reputaret, eos qui Plutoni ac religioni addictiores, ut multos habet Augusta, scilicet Welzeros, Fuggeros, Hachstetteros, quorum tamen familia ad stipem redacta est, Baumgarteros, Gosleos et nescio quos Herbrotos Aquilarios et quidquid hujus est farinæ divite gaza gaudens, nec bellum nec obsidionem laturos, secum statuit ipsemet his vel urbe pulsis vel suppressis civitatem occupare, experturus fortunam. At vir, ut est heroico animo, bonorum consilio subscribens, postea mutata sententia perpensis multis senatui ut se in Cæsaris clementiam darent, persuasit. Optimus heros rarissimo exemplo sui corporis ac facultatum pericula obire malens, quam civium suorum sanguinem sua causa fundi et urbe et patria cessit. Cujus fata dii secundent.

Eadem senatus nomine vino honorati sumus.

Domine Deus, da amorem et timorem tui et misericorditer ut in populo beato, qui scit jubilationem, reperiamur concede.

xxij Aprilis apud divum Mauritium Musculi concionem audire statuimus intra sextam et septimam. Mane igitur hoc templum frequentantes, hos ritus ecclesiasticos ibi observari vidimus. Semihora ante ultimum campanarum pulsum ubi pars aliqua ecclesiæ convenit, uno præcinente canitur psalmus aliquis in nostrum idioma translatus summa et modestia et devotione. Post aliquod interstitium rursus alter quidam, idem fit post moram longiusculam, donec justa ecclesia adsit et campanarum ultimum signum datum sit. His peractis prælector suggestum conscendens invocato divino numine legit paragraphos aliquot ex Matth. xij capite. Deinde summam fidei nostræ ex verbis Christi Joannis VI: Hæc autem est voluntas ejus, qui misit me, ut omnis, qui videt filium et credit in eum, habeat vitam æternam, et ego suscitabo eum in novissimo die, aut simili aliquo ex sacris scripturis loco. Deinde hortatur ad confessionem, prælegit formam potissimum continentem, quam nihil boni sit in homine, quam nihil vires nostræ faciant ad salutem, concludens cum oratione publicani illius evangelici, scilicet »Deus propitius esto mihi peccatori.« Post hæc jussu Christi et exemplo apostolorum admonuit obsecrationes pro omnibus hominum ordinibus fieri, post hæc ex scripto nomina eorum referens, qui matrimonium inire destinassent ac pro his intercedere jubens. Deinde catalogum morbo laborantium et qui orationem ecclesiæ expetiissent, recitavit, ita ut cujuscunque quis conditionis esset indicaret, suppressis tamen nominibus. Collecta et benedictione populi officium suum is absolvens ambone discessit. Post hæc domino Musculo gradus ascendente ecclesia canit hymnum de invocatione Spiritus Sancti, quo finito Musculus populo spiritum Dei bonum ad audiendum cum fructu verbum ipsius imprecatus orationem dominicam orare jussit, ipsemet prolixe orans. Post id idem dominus Wolfgangus ex capite xiiij Joannis hæc verba legit: »Qui habet mandata mea et servat ea, ille est, qui diligit me, usque ad hanc periodum: Hæc loquutus sum vobis«, disserens de dignitate verborum Christi, de differentia Judæ Iscariotis mercatoris et Judæ Thadæi cordati confitentis Domino, vel confitens Dominum. De simplici interrogatione Judæ, et ne nos miremur, si non semel atque iterum audito verbo mox Christi mentem assequamur, sed orationi instemus, ut Dominus nobis sensum aperiat et intellectum det. Item de inæqualitate divinæ et humanæ conditionis. Item quam magna sit promissio hæc, quod pater et ipse amantem sint redamaturi et mansionem apud hunc facere velint; item quod in hoc uno vera unitas et concordia inter Deum et hominem consistat, ut homo fide verbum recipiat et se Deo patri et filio per Spiritum S. regendum permittat. Item de innata homini superbia, qui si vel tantillum honore vel opibus aliis præcellat, non potest se eo demittere, ut se amantem vel pusillum redamet et non contemnat, Und was doch der vor ein armer Mensche sei, der den, von dem ehr geliebet wirt, nicht widder liebt. Item quod Deus non tyrannorum more ad se confitendum et amandum ferro et vi homines adigat, sed quam benigniter suos alliciat. Item quam carum Deo templum sit is, qui verbum Domini sincera fide recipiat. Hunc esse ædem auream, hunc esse vere illud vasculum (ut vulgo loquuntur) sacramenti conservatorium. Magna enim et expolita phalerata mundum decent. Deus fide et corde puro, non multo exteriore ornatu gaudet. Item quod magistratus huc intentus sit et consideret hanc unam et optimam esse concordiæ viam, ut verbum Domini sincere prædicare sinatur; nam sic nos mansiones Dei fieri. De hoc autem latius sic exigentibus rebus dixit, quam hic chartis illiniri possit etc. Item quod Christus dixerit, patrem et ipsum venturum ad conservatorem verbi ejus et eum recepturum. Id fieri post hanc vitam etc. Et multa ejusmodi præclara addidit, hac coronide sermonem claudens, navaremus operam, ut verbum Dei puro corde audiremus, reciperemus et crederemus, quo templa viva et mansiones Dei efficeremur et a Deo assumeremur etc. Et completo sermone populus jussus Deo laudes cantare et deinde ecclesia cum benedictione ecclesiastæ hujus dimissa est.

A prandio Wendelinus, Florus et Melchior quid archiduci offerendum sit chartis mandant, si qui commodius ipsum alloqui possemus.

Eadem venit secretarius cognatorum nostrorum comitum de Hoia, quo in statu res dominorum suorum essent, exponens et a nobis ad Monasteriensem præsulem literas petiit, item ut per nostros per latissimos campos Sendtfeldt deduci posset, ajens quoque nos rursus in tutorem pupillorum de Hoia postulari.

Nota duos fratres germanos Philippum et Christophorum Seldos LL. doctores Augustæ civitatis alumnos ob spectatam in pueris ingenii prosperitatem Fuggerorum stipendio ad has dignitates provectos, quorum hic vicecancellarium cæsaris agit, alter urbi a consiliis est.

Petrus Obernburger in cancellaria (ut vocant) cæsaris post vicecancellarium inter Germanos primas tenet.

Conradus quidam Hessus et Georgius de Hall comitum ab Aldenburg internuncii sunt. Franciscus a Hall hactenus hic litem contestari noluit.

Eadem intra horam et sesqui omnem urbem Augustam cum fossatis, vallis et munitionibus circumivi. Quid autem viderimus historiographo etiam non indocto nec vecordi id describere satis negotii futurum arbitror.

Eadem Philippus et Joannes fratres nostri apud Joannem comitem de Retberg cœnarunt, Samuel vero nepos apud Treverensem.

Eadem in platea homo Turca nobis obviam fit, collo circumdatus torque ferreo in signum perpetuæ captivitatis.

Audivimus sub cœnam Italos tibicines et fidicines, qui vel cum Apolline fistulis certare potuissent.

Eadem sub nonam noctis eclipsis lunæ visa est. Qui nobis signa ejusmodi exhibet, clementer cuncta mala avertat. Amen.

Domine Deus, da auditum verbi tui et illud corde conservare, ut tu et filius tuus Jesus Christus apud nos mansionem faciatis cum sancto spiritu, qui vivis et regnas etc.

xxiij Aprilis hora sexta in templo Mauritii D. Joannes Henricus ex cap. xij epistolæ ad Romanos de his verbis Pauli: Dilectio non sit simulata, sitis odio prosequentes quod malum est, adhærentes ei quod bonum est, per fraternam caritatem ad mutuo vos diligendos propensi, honore alius alium præcedentes etc. Ajebat Paulum hic dicere de tribus maximis operibus, excusans nostros, quod illis adversarii objicerent, se nihil clamare præter fides, fides, fides, interim nullam de operibus bonis mentionem eos facere. Impossibile enim est, inquit, eum qui sinceriter prædicat Evangelium, non etiam bona opera docere, sed ea quæ Deus præceperit. Item primum et summum opus esse fidem, quæ Christi meritum apprehendit aque Deo cuncta bona expectat, adducens non unum hujus rei exemplum. Deinde secundum opus esse caritatem, proferens passim e scriptura locos de caritate, multa disserens de fucata et ficta simulatione caritatis. Item impossibile esse, eum qui fide caritatem erga Deum conceperit, non salvari. Adducens exemplum quam gratum sit Deo ejus verbo et obedientiam præstare et id ipsum credere. Si quispiam, inquit, a rege sibi dici audiverit, Tu mihi fidito, meæ curæ te relinquito, mihi enim commendatus eris, majoraque tibi daturus sum, quam a me expetere ausus fuisses, nonne si is imperatori fidem habeat, illi gratissimus erit? Licet rex vel imperator quæ pollicitus est non statim ipsa præstat. Nonne hic bona spe lætus omnia quæ Cæsari cordi esse (scit) [1] facit? at forte cæsarem morte præveniri eveniat, quo minus, quæ promiserat, exsequi posset. Est enim omnis homo mendax. Quanto magis Deus redamaturus est, a quo omnia exspectamus? Is enim solus est verax, et quæcunque voluit et præstare et facere potest. Item quod is cultus Dei, quem papistæ in solo templo sub divinis (ut ipsi vocant) probitatem quandam præ se ferendo præstant, Deo abominabilis sit. Verum Christianum in omni loco dominationis domini debere se Deo obedientem, fide pura et vita bene instituta exhibere etc. Ob temporis autem penuriam de tertio opere absolvere non potuit, suscipiens id se proxima concione facturum. In obsecrationibus pro captivis omnibus et pro iis, qui sive apud Turcas, sive alibi locorum ob veritatis agnitionem persequerentur, orare jussit. Qui potest capere, capiat.

A concione nobis forte fortuna obviam fit Matthiæ ab Aldenboken filius, balinus Steinfordiæ et Ladæ, ordinis D. Joannis Baptistæ, qui heri primum a profectione ex insula Malta se reversum et Augustam ve-

1 Dieses wort fehlt im mscr.

nisse dixit. Comitabatur et hunc Nicolaus Gallus Monasteriensi præsuli a pedibus, Herbertus a Landen, qui et una duobus his prædictis Maltam petierat, ibidem vita excessit.

Eadem nostri doctorem Hasen consulunt, is jubet priorem supplicationem iterare.

Cum tempus prandii instaret nobis insciis Wilhelmus comes a Witgenstein, Philippus a Homberg, Joannes comes a Rethberg, Dido de Kniephausen et Joannes Hagk secretarius comitum a Hoia nobiscum pransuri veniunt. Fit potatio liberalior.

Induciae quinquennales inter imperatorem, Romanorum regem et Turcicum cæsarem renovatae dicuntur.

Eadem ante casam bibliopolae (qui forte papistarum gratiam venabatur) vidimus icones Joannis Friderici electoris et Turci imperatoris se mutuo intuentes suspensas, quod probrum piissimi principis non absque animi dolore videntes, ambas eas nobis emimus.

Propitius esto domine peccato nostro, multum est enim, da caritatem non fictam, da odisse malum et adhaerere bono.

xxiiij Aprilis ad D. Mauritium quidem concio fiebat, at ob Liborii ægritudinem, qui misere calculo cruciabatur, me cum Wendelino et Melchiore Lindio sollicitatum ire conveniebat. Primo igitur ædes Domini Viglii Zuicheni petentes, eum solum reperimus, qui postquam præsentiam nostram compertam habuit, obviam nobis egressus nos intra hibernaculum suum duxit. Ibi Wendelinus breviter solitam petitionem repetiit, me quoque eapropter et mei et fratrum nomine adesse dixit. Ad hæc Viglius respondit, si nos ipsi vel nostri consilium ipsius secuti fuissent, negotium hoc vel ante menses quinque ad finem produci potuisse, antequam causa Coloniensis huc devoluta sit. Item retulit nobis Hermannum a Molspurg disertis verbis dixisse, si Colonienses centum equites Volckmariam mitterent, Cattorum princeps ducentos ad his resistendum missurus, atque his verbis cæsaream majestatem maxime irritatam, utpote qui dixisset, si Hessus ducentos, ego trecentos mittam. Item absolutionem a commissariis factam quidem non negavit. Sed quoniam comites Waldeccenses se pro subditis, etsi vasalli Cattorum essent, reputarent, id ipsum hic in disputatione esse. Addens præterea conditionem absolutioni adjunctam esse, eam scilicet, Reinhardum comitem et Joannem Georgium Schaden a Mittelbibrach quidem Waldeccanos absolvisse, verum ea lege, ut cæsareæ majestati se obedientes sisterent et de hac re ipsius clementiae clarius responsum reciperent. Tum Wolradus, Profecto, domine doctor, inquit, in hoc nobis injuria fit, nam hujus rei nulla tum temporis mentio habita est. Invertens igitur Doctor sermonem, non de vobis, sed aliquibus ex vestris loquor, ociusque a mensa protocollum arripiens haec fere legit: so seindt vor vnns erschienenn Graff Johann von Waldeck vnnd Graff Albert von der Hoya etc., wilche wir jnn die versohnung vffgenomenn, idoch sie do bie bescheidenn, sie soltenn ferner derowegen bie der kayserlichen Mayestet Ansuchung thun etc. Et post multa attulit haec. Se et sui albi homines nihil aliud efficere posse, quam ut curarent, quo causa nostra ad Cæsarem referretur et ad id nobis suam operam pollicitus est. Ubi vero causa ad imperatorem devoluta fuerit, tum nos oportere suæ majestatis responsum expectare. Dum autem de mora et expensis obiter diceremus, ait, parendum esse cæsari et illi se ipsum resolvendi (nova enim haec aulicis in hoc significatu recepta vox est) justum tempus concedendum fore. Sic quadrupedum caballorum pedibus huc advecti vix lancis nobis hic incedendum est. Mature etiam dominus Leporinus superuerit, apud quem idem in præsentia Viglii egimus, illi insuper memoriam de statu comitatus nostri refricantes, ut qui tractatui herciscundæ hæreditatis nostræ interfuerat, quod et ipsemet ingenue confitens pollicitus est et suam operam. Conveni et Viglium seorsim, et is quædam negavit et sensi illi fraudem factam. Novit cuncta Deus, qui et occulta dijudicat. Sicque hinc abitum.

In eodem itinere D. Joannem Marquardum allocuti sumus. Is præter ceteros se humanum et apertum nobis præbuit, spondens, se apud archiducem fideliter nostram causam acturum. Ex omni autem doctorum verbis liquet, probe illis cognitum esse nobis injuriam fieri, hocque consilii Marquardus dedit, quia comites a Cattis pressos et premi animadverteret, non illi infrugiferum videri, ut comites apud Cæsarem instent, quo comitatus liber reddatur imperio, de qua re multis verbis disseruit. Cumque nos diceremus, videre quidem nos, quid nobis commodius esset, verum nos et vasallos Cattorum principis esse, et eidem jurejurando astrictos. Referre autem cæsaris ut ipse clementer cum principe nostro de hac re agat, ne noster et honos et conscientia male afficiantur. Id instituti Marquardus laudans, probe, ait, hoc a vobis dictum, hac enim via aggredienda res esset, ut comitatus sit liber imperio, Catto autem fiat quod illi debetur, et detur opera ne vos vestrique subditi adeo in servitutem redigantur. Habeat vos Hessus ut vasallos, sed habeat quoque ut comites liberos imperii. Nam si is ordo interruptus non fuisset, non potuisset tantus tumultus suscitari etc. Ait item: Imperator facit comites, et hanc dignitatem alicui impartire est munus imperatorium, non Saxonis, Hessi nec Palatini (hæc enim ejus fuere verba), et si res penitius inspicerentur, reperiri potuit qui Hesso diceret: Tu nos in hanc nassam conjecisti, nec tibi ulterius in aliquo tenemur, sed et nobis de accepto damno satisfacies. Nam dominus feudi si vasallo damnum injunxerit aut praeter aequum eum molestaverit, aeque feudo excidere atque vasallus potest etc. Hoc enim, inquit, apud nos sic constitutum est etc. Fuisse quoque se annis quindecim clientem comitum a Constein et Wertheim non negavit. Tum ego: Et nos ex hac cognatione sumus, nam Michaelis de Wertheim soror avia mihi fuit. Ad hæc is: Eo libentius tuae clementiae inserviam in omnibus quae possum. Interrogavimus igitur quidnam hodie fieri a nobis oportere putaret. Respondit, hac die archiducem ob sumptum pharmacum in consilium non venire. Tractaturos autem de rebus gravissimis in consilio et se una cum aliis eo rem promoturum, ut causa cæsari referatur, tum nos oportere suæ majestatis resolutionem expectare et nos subinde exhiberemus conspectui archiducis et episcopi Atrebatensis, etiamsi nihil diceremus. Sicque illi gratias agentes eum liquimus.

In eodem itinere in hospitio marchionis electoris strenuum Staculum a Sleben Eubulus convenit, illi exponens quodnam argumentum esset literarum electori suo nostri nomine oblatarum, rogantes ut, si res eo devenirent, electoria clementia omnia in meliorem partem apud cæsaream majestatem interpretari velit et pro nobis intercedere. Is nos humaniter et excepit et audivit et principem ac ipsum mihi in his et majoribus morem gerere paratos testatus est. Recepi etiam, si elector sorori suæ in propria causa rescribere vellet, me litteras ad eum transmissurum. Elector autem adhuc somno indulgebat.

Eadem secretarius Hoiensis nobis ostendit argumentum epistolæ cæsaris ad Monasteriensem super commissione in causa Hoiensium. Item exemplar commissionis nec non consultationem Claudii Canciunculæ, quae fere plus minus quadraginta florenis constat.

Eadem dominum Musculum ut nobiscum pranderet rogari curavimus, qui mox ad decimam aderat. Eum, qua potuimus humanitate excipientes de variis et cum eo familiariter collocuti sumus, ex quo et cognovimus D. Bucerum die Veneris proxime clapso comitatum duobus satellitibus aulicis, uno marchionis electoris et altero Friderici Palatini, et urbis Augustanæ equite uno hinc abiisse. Cum ad diem parasceues huc advenerit antea quoque in quodam pago per novem septimanas detentus fuit; multa cum hoc homine optimo et persuasionibus et minis nec non et pollicitationibus peragere papistica gens cupiebat, sed nihil aut parum effectum est, licet Logus et Mustela multa gloriantes garrient.

Musculus annis xviij Augustæ in verbo Domini præfuit. Liberos habet octo etc. Libros Zenonis, Socratis, Pamphili martyris et aliorum triginta quinque ex græco in latinum transtulit, quorum aliquot Hervagius excudit, alii adhuc apud authorem latitant.

Fuggeri quatuor Anthonius, Joannes Jacobus, Joannes Georgius et Hieronymus vita excessit.[1] Jam per annos aliquot locuples habitus non est, qui sexaginta aut octuaginta milia numûm non excederet.

Joannes Agricola ab Eisleben hic Joachimo electori brandenburgensi a concionibus est sacris.

Villa et habitatio Schertel Burtenbach non procul ab Augusta est, quam Augustani pro quadraginta millibus numûm ab ipso se emere illi promiserunt.

Hispanus Babadilla dum Musculo diceret, sibi a Ferdinando rege exprobratum quod Lutheranos concionatores adiret, ac illum respondisse, Quid vestra majestas cum Lutheranis principibus Mauritio, marchione et aliis familiariter loquitur, insuper comedit et potitat? D. Musculus infit: Scis quod te nunquam vocaverim; ita te nec domo excedere etiam jussi; venis cum tibi libuerit et abis ubi placuerit. Si bonus intrasti, bonus exibis, mea nihil refert.

Vitus Theodorus ad Musculum perscripsit inter triduum. Adest et Julius Pflug.

Accidit intra hos dies, ut duo pedites ingluvie et mero distenti ambulacrum ante dominicum transirent, et alter conspecta effigie Joannis Friderici electoris in cicatricem, quam in sinistra maxilla fert, futiliter deblaterans, cum ab altero hæc verba facessere juberetur, mox evaginato gladio compotatorem suum invadit, qui et ipse adeo strenue et electoris honorem et proprium corpus defendit, ut conviciator ille electoris exanimis in terram concideret, qui vero eum percusserat, fuga saluti suæ consuluit.

Petrus Barbirius dum æs alienum aut debitum a rege Ferdinando. quod se ad myriades aliquot auri extendit, repetit, Lutheranus et esse accusatur et castro suo exuitur. Hanc quod longo tempore austriacæ domui inservierit mercedem reportans nunc aulas deridens summo Domino seruit.

1 Lücke von fast einer zeile.

Constantinopoli etiam refragante patriarcha permissione imperatoris turcici verbum domini sincere prædicatur. Gerhardus Heddewich Ferdinandi regis ad Turcam sæpissime legatum agit.

Nota Pedionæo poetæ (si diis placet) ingratitudinem ab Augustanis objici.

Ulricus Wirtenbergensis dux multa devorare cogitur, sed spes est, sperantem in Dominum misericordia circumdari.

Dominus de Lyra, qui etiam nobis adeundus fuisset, lecto ægrotans decumbit.

Sertorius Basileæ pro mille et trecentis florenis ædes emerat. Verum ubi Sebastianus Vogelsperger capite plexus est, Schertell in Galliam concessit.

Ex Interim interit.

Nota de Bilckio et eo, qui se illi in personatum famulum adjunxit, quo nequitiæ suæ gnarus nostris, quid bicolor ille monachus moliretur, revelare posset, verum dolo detecto in carcerem conjectus est.

Melchior Linden nobis consultationem Claudii Canciunculæ in causa Hoiensium descripsit.

Bernhardinus Ochinus et Petrus Martyr in Angliam vocati sunt. Musculus ait, Germanis audaciam et vires nec non martios animos datos, quibus si post Deum usi fuissent, non forte ab exteris nationibus sic (ut proh dolor res ipsa testatur) pessumdati forent. Sed dum præter patrium ingenium et ipsi dolos et fraudes suscipiunt, astutiam [1] dolosissimæ Italicæ et Hispanicæ gentis ab ipsis astutia superantur. Nam taurus robustissimum animal contra leopardum pugnans, si recta leopardum cornibus impetat, facile hunc convincit; si autem diu secum cogitabundus dolo leopardum aggredi velit, ocius astutissimus leopardus mira vafricie taurum excæcat et jugulat. Sed hoc ænigma suum sibi Oedipum requirit.

Domus quam Hanso Gesse hospes noster pro sedecim centenis florenis comparavit, illi uxor, liberi et cognati doctissimi ac piissimi viri Urbani Regii vendiderunt. In hac nos Deus sua benignitate hospitare hic permittit.

Samuel nepos apud ducem Ernestum cœnatus est. Frater Joannes Joannem Fridericum convenit, explorans, qui se res optimi principis haberent.

1 ? Fraudes suscipiunt ac astutiam.

Fuggeri, Baumgarteri, Herbroteri, Goslei et quidquid harum harpiarum est, suos proventus in his comitiis adaugere dicuntur.

Domine Deus et rex, in cujus manu corda omnium sunt viventium, qui hodie mihi in conspectu N et N gratiam invenire dedisti, qui non confundis facies tibi se permittentium, inclina cor regum et habeto curam nostri. Id te deprecor per Jesum Christum dominum nostrum, qui tecum vivit et regnat in unitate spiritus S. Deus per omnia secula seculorum. Amen.

Benedictus Deus, qui mirabilis est in sanctis suis. Nam quos videtur juxta nostros oculos abjecisse, hos evehit, quos in altum extulisse, hos mente cordis sui disperdit, ut videre est. Sic Daniel abjectus et humilis Jerosolymorum civis primos honores exul et abductus apud potentissimum Babyloniæ regem consequitur. Sic Joseph a fratribus venditus et ipse captus et in carcere primatum agit et secundus fit post regem. Sic Joannes Fridericus et ditionibus omnibus exutus et in custodia etiam ab hostibus magni fit et a gente alienigena et exotica bene audit, Mauritius ille et ab exteris nationibus et a Germaniæ indigenis male audit, forte nunc agnoscens, quanta infelicitas sit juxta Machabeorum libros prosperos erga cognatos habere successus, ne interim animis ipsius Augusti Octaviani dicto: Proditionem amo, proditorem non ita, percellctur.

xxv Aprilis, quæ Marci Evangelistæ sacra erat dies in templo Minorum sermonem audire volebamus, verum is ante sextam finitus erat, quare ad D. Mauritii ædem nos contulimus, ibi D. Musculum ex cap. 14 Joannis hæc verba Christi scilicet: «Hæc locutus sum vobis, apud vos manens, paracletus autem ille, qui est Spiritus S. quem (spiritum) mittet pater nomine meo, ille vos docebit omnia et suggeret vobis omnia quæcunque dixi vobis» legentem et exponentem audivimus. Docuit igitur inter cætera, quis esset ille spiritus veritatis et quisnam is esset, qui eum dat. Item quod exercitationem doctrina præcedere debeat, et prius discere quam scire conveniat. Nullum enim officium vel artem necessariam exercere poterit, qui non prius ab aliquo instructus eam probe didicerit. Item Christum D. apostolis suis in quartum usque annum ore suo sacrosancto concionatum esse, nec tamen eos ex carne et sanguine hunc fructum salutarem consequutos, quin hoc spiritu paracleto corda eorum aperirentur et ab illo docerentur. Item nihil facere ad salutem, multo tempore verbum audivisse, ni spiritus quoque intus cooperetur. Item quam etiam D. Hieronymi ætate ecclesia ab hoc spiritu deviare cœperit, evidenter ex verbis ipsius Hieronymi in epistola ad Nepotianum ostendit, ubi conqueritur multos esse, qui parietes marmoreos exigant, altaria gemmis et auro ornent, ministrorum autem nullam fieri dilectionem etc. Id ipsum quoque Musculus ex aliis patrum dictis probans, conquerens, etsi patres non in omnibus eorum scriptis probandi sint, non tamen majori diligentia ab adversariis in singulis explorari etc. Proposuit præterea ordinationem ministrorum per papistas et per antithesin ministrorum, quos spiritus paracletus vocat et instituit. Item quo reciderint res ecclesiæ, nimirum ad speciosa verba, templa regaliter instructa, missarum contaminationes, dum interim negliguntur, qui spiritu et veritate instructi, mansiunculæ sacramentorum (ut vocant) sunt, cum ædes aurea tamen sit purus homo, qui fide verbum Dei amplectetur etc. Et ita de veritate docuit, ut veram fidem, constantiam et doctrinam ejus satis mirari possis, præsentibus lupis et ursa rapto catulo eum circumdantibus, nec non et aquilis, unus hic Musculus bonis fulcimentum in Christo Augustæ degentibus adversariis, malleus conterens petram videri potest. In obsecrationibus oravit etiam pro iis qui in vinculis ob confessionem veritatis detinerentur, ac pro christianis, qui in captivitatem turcicam translati sunt. Non enim, inquit, eo ipsi sunt pejores, quod abducti sunt et sub tanto tyranno vivunt. Omnes enim peccatores sumus, etiamsi non statim ultio adsit, juxta verba Christi de Galilæis, quorum sanguinem Pilatus cum victimis miscuerat. Perpulchre Musculus ritum loquendi papisticum «Er hat sich berichtenn lassenn» pro eo, quod dicimus, sacramentorum se participem fecit (cum tamen earum rerum vel sint edocti vel sciant) explanavit.

Vidimus in æde Mauritii in atrio inferiori templi aram erectam, in qua cœna Domini celebrari solet, ad cujus latera hinc et hinc sequentia in nostra lingua Actorum 2 descripta erant: Sie bliebenn aber bestendig in der Apostell Lehr, vnnd inn der Gemeinschafft, vnd im brotbrechenn vnnd Gebet. Item Corinth. 10. Ihr mueget nitt gleich theilhafftig seinn des Tischs des herrenn vnnd der Teuffell Tisch, Ihr mueget nit zugleich trinckenn des Herren Kelch vnd der Teuffell Kelch.

Ardorem populi Augustani vel potius parvulorum erga verbum divinum ex hoc ea die consideravimus, quod quendam provectioris ætatis hominem vidimus, qui mancus et claudus duabus bipennibus innixus vix ægre tibias trahens gradus aliquot conscendit veniens, ad scamna, in quibus nos sedebamus, nec hoc illi satis erat, sed utcunque potuit, partim reptans, partim manuum opera utens in superiora scamna e regione ecclesiastis, quo commodius cœli præconem audire posset, consedit.

3*

Abibant eadem frater noster Joannes, Wendelinus et Milchlingus sollicitatum, at antemeridiano tempore nemo ex consiliariis in auditorio adfuerat. Id autem his de causis factum puto, quia dies erat (ut vocant) rogationum, et archidux medicorum opera quoque usus, ad hoc, quod electores extra urbem apud Treverensem Libero patri sacrificarent.

Narratum est nobis eadem, quod sub initio comitiorum Augustæ comites am Hartz a Cæsarea majestate impetrarunt, ut quidem pro liberis imperii comitibus haberi possint, et tamen dominos feudorum suorum mutare non cogerentur.

Eadem per Hoiensium secretarium uxorculæ scripsi.

Viglius, Hase, Marquard, pro veteri more de rapacitate Perenotorum conqueruntur.

Fama quidem fuit, Albertum comitem de Mansfeldt, se gratiam imperatoris recuperare posse, spem aliquam concepisse, sed ægra hæc.

Eadem Wolfgangus Musculus scriptum D. Martini Buceri de disputatis Ratisbonæ in colloquio et contra Vintoniensem epistolam nobis in hospitium transmisit.

Sub cœnam Samuel nepos adduxit Schwartzbergum de Bebenberg et Baronem filium Friderici a Schwarzenberg, qui, quod Joanni Friderico electori militaverat, ditione sua privatus, quam Albertus marchio ex dono cæsareo tenet. Sic servi domini exulant, helluones papistici dominiis aliorum fruuntur et helluantur. Dominus tamen non derelinquet suos in finem.

Supervenit et Hoiensis secretarius.

Nota comitatum Frisiæ orientalis esse feudum comitum Hollandiæ ad imperium tamen hactenus pertinuit, sed nunc ea res se mutavit.

Domine Jesu, qui paracletum discipulis tuis promisisti et misisti, quoque pro nobis intercedere digneris apud patrem tuum cœlestem, quo nobis eundem consolatorem spiritum impartiri velit, qui omnia nobis suggerat, ut et præceptis tuis dediti eundem patrem per te in spiritu sancto amemus et cum tremore revereamur in sempiterna secula.

Nunciata eadem mors Joannis Hilchen, equitis aurati et ducis exercitus Cæsariani.

Abbas in Weingarten, qui et ipse inter status imperii suam (ut vocant) sessionem et vocem habet, homo juxta carnis prudentiam non ex omni parte stolidus, dum sesquipedalibus verbis confœderatio et transactio terrarum hæreditariarum Cæsaris cum imperio etc. præponeretur, ait, sibi videri non absimile, si quis virginem viciatam alicui pro virgine incorrupta desponsare cuperet. Nam is meretriculam, quam posset, muliebri mundo, torque aureo, annulis et ejusmodi non solum ornaturus esset, quin et insuper laudibus hujus pudicitiam mores et quicquid esset per verborum ampullas proco magna facturus sit. Ubi vero miser Glycerium illud duxerit, habiturum eum et scortum et metanea eum torqueri. Hic, inquit, nobis dulce præcinitur melos. Si autem in proposita consenserimus, præclara quidem res est, res nostras cum tantorum principum regnis et possessionibus esse unitas. Verum successivo tempore nostra insumentur, et si quid adversi regionibus dictorum principum acciderit, nos illis præsidio et defensioni esse oportebit, et tum primum sentiemus, nobis laudato scorto fucum factum. Atque miser monachus hoc mercedis suo joco aut comparatione potius nactus est, ut et apud potentes traduceretur, ac Cæsar illi dextram in conventu principum pro more præbere dissimulaverit ac torve satis ipsum intuitus sit. Meretur tamen is monachus, qualiscunque sit, hujus consilii a Germanis merito gratiam. Verendumque olim suo malo Germaniam experturam, quid voluerit hic abbas.

xxvi Aprilis in templo Minorum loco matutinarum precum quendam populo aliqua ex Evangelio Joannis prælegentem et exponentem collatione scripturarum audivimus. Inter reliqua ait: Qui se Deum amare gloriatur, eum etiam et manus et cor a vitiis continere oportet.

Eadem mihi horologiolum cum theca foris deaurata pro 18 thaleris comparavi. Legi et purgationem nostri de colloquio Ratisbonensi per Bucerum conscriptam.

Eadem una omnes excepto nepote hospitium archiducis visitavimus. Cum autem ad atrium domus venissemus, edocti ab anteambulonibus sumus, archiducem summo mane nescio quo abiisse. Aedes igitur cancellarii Atrebatensis frequentare visum est. Ubi dum in area curiæ stratos lapides trivimus, opportune Viglius adest. Hunc Eubulus rogat ut, si ita sermo inciderit, recordationem nostri apud episcopum habeat, qui fere post horam abiens ait, nos isthic nihil efficere posse, attamen se nostræ causæ mentionem fecisse.

Joannes frater et Samuel nepos cum electore Joanne Friderico pransi sunt.

A prandio Eubulus licentiatum Nic. Maier visitavit, qui ipsum humanissime exceptum in museum suum introduxit, quod erat varia egregiaque librorum supellectile refertum. Is quoque nos libello, cui titulus Series et digestio temporum et rerum etc. ab Henrico Bullingero elucubrata et iidem Maicro ab ipso autore donatus fuerat, donavit. Dedit et alterum autore Rudolpho Gualthero, qui Servus ecclesiasticus inscribitur. Item carmen in bellum Germanicum per Pedionæum et hujus amicum in eundem carmen jambicum trimetrum scacon. Idem licentiatus Maier advocatum agit ducis Wirtenbergensis, qui et consilium conscripsit, an filius possit privari feudo ob veloniam, ut jurisperiti dicunt, patris etc.

Mille et quingenti reperti sunt, qui de ducis Udalrici Wirtenbergensis ferocia et illis illata injuria querelas instituerunt. Multis tamen visum est, hos in hoc vel pecunia allicitos, vel alias a potentioribus nunc ditiones ducis avientes subornatos esse, cum alioqui dux ipse et a suis intime ametur et æqui tenacissimus dicatur.

In iisdem ædibus, quibus nunc Maier inhabitat, olim Urbanus Regius commoratus est. Filiolo licentiati Maier duos aureos dedimus. Mayer archiducem alloquendum consulit. Viglii autoritas post Atrebatensem prima est inter id genus hominum.

Nota inter jurisconsultos italos disputatum esse, an is, qui per Cæsaris legatos aut commissarios a vellonia absolutus sit, si ipse imperator non ratificaverit absolutionem in propria persona, absolutio rata esse debeat, an secus, et conclusum est, hunc absolutum non esse; exempli gratia Mediolani dux olim per quasdam transactiones absolutus erat et tamen dum a cæsareano exercitu passim affligitur et dum de hoc conqueritur, illi protendebant eas transactiones ab ipsomet imperatore in propria persona minime confirmatas esse. Id in Italia plantatum, nunc floret in Germania, ut ipsa docet experientia.

Laurentius a Grusen, qui a puero Joanni Friderico Electori inservierat, illi charissimus, ante paucos dies hic Augustæ in Domino obdormiit.

Samuel nepos Eubuli nomine Joanni Friderico Electori salutem dixit, per quem elector jubebat, ut Eubulo diceret, se de nostra injuria dolere. Nam de hac re se ab Ernesto duce edoctum esse. Jubebat quoque elector, ut eum inviserem, id tamen non nisi explorato consilio Wilhelmi comitis facere volui.

Papistæ interim suscipere, nisi in hoc explorato papæ consilio nolunt.

Dido de Kniephusen et secretarius Hoiensis cœnæ nostræ interfuerunt.

Domine Deus, omnipotens, misericors, patiens et benigne, En quid sit de nobis, quia caro et pulvis sumus et quod nemo non viventium sit, qui rugis (sed quid dico rugis?) imo multis sordibus non sit non infectus, nostra mala agnoscimus. Quamobrem te suppliciter, ut in faciem ejus, de quo per servum tuum Davidem loquutus es, ipsum esse speciosum inter filios hominum suavitate gratiæ refecta esse labia sua, quapropter cttu Deus illins benedixisti illi in æternum et unxisti eum oleo lætitiæ præ consortibus suis, auferentem rugas et deformitatem peccatorum nostrorum ipsius agni sine macula respicere digneris deprecamur, ne permittas nos nobis, sed in hoc Jesu filio tuo benedicto omnes transgressiones nostras nobis remittens, des fidem, des emendationem vitæ nec non charitatem et perseverantiam usque ad extremam vitæ nostræ periodum, per eundem Dominum nostrum Jesum Christum, qui tecum vivit et regnat etc.

Interim illud ad diem d. Georgii martyris publicari debebat, sed interim nihil fit.

xxvij in æde Mauritii Wolfgangus Musculus concionatus est, enarrans hæc verba: Ille vos docebit omnia et suggeret vobis omnia, quæ dixi vobis, ex cap. 14 Joannis. In quorum verborum explanatione a xxj Aprilis usque in hunc diem succedaneis concionibus perstitit disserens, hujus doctoris doctrinam plus satis ad discenda omnia, quæ nostram et fidem et salutem concernant, esse. Sufficiens, inquit, ad omnia doctrina apostolica est, et graviter peccare quicunque humanam super hanc struunt, ut papa et sui hactenus fecerunt. Item quam nihil sani sit, ubi hic doctor non adsit. Item quam prorsus nihil boni ex nobis ipsis agamus, et quam etiam corruptus sit fons iste memoriæ, nisi hic doctor omnia suggesserit, idque maxime eo argumento liquere, quod puerulis summa diligentia vix paucula verba dominicæ orationis inculcare queamus, et quam labili ea ipsa, quæ didicerint, memoria teneant. Verum si nobis forte non considerantibus quid turpe aut obscœni sermonis audientibus puerulis exciderit, id mox patulis auribus arripiunt et adeo avide in mentes transmittunt, ut summa etiam solertia opus sit hæc illis eripere. Item quare Christus dixerit «Ille docebit omnia, quæ dixi vobis et non potius quæ feci» etc., adducens opera Christi facta esse ex operatione patris, ad ea ad quæ necessaria et commoda videbantur, sicut leprosos mundavit, cæcis visum restituit et mortuos resuscitavit ad vitam etc. nec nos, ut omnia Christi opera imitemur, teneri, sed ut verba ejus recipiamus et ad horum præcepta, juxta spiritus illius vocem, a deo patre et filio in hoc misso fidem et vitam nostram instituere, nos adstringi. Summam enim scripturæ esse ait, verbo inniti. Quod si fecissent, inquit, antecessores nostri et non potius opera domini imitari voluissent, ut alius jejunium perpetuum sibi ipsi præscripsisset, alius heremo habitare delegisset, interjiciens, monachus autem solitarius (at hæc hominum fæx quo non hoc ævo circumcursitat?) non ita deviatum fuisset a recto verbi dei intellectu et vera fide etc. Item quid sibi velit vocula «suggeret», enarravit. Et ut omnino nobis persuaderemus, si vel in necessitate corporis vel animæ periculis aut etiam vel in prosperis successibus nobis in mentem veniat de dei bonitate, eam consolationem magni faciamus, domino gratias agentes, recogitantes, id gratia hujus spiritus suggestoris paracleti fieri etc. Concludens, ut Deum opt. max. rogaremus, duo nobis hæc per Christum impartiri dignaretur, ut scilicet verbum ejus fide pura apprehendamus, et deinde quo spiritu hoc sancto illud conservari et ab eodem spiritu nobis, quæ Deo patri et filio placita sunt suggeri donet. Nemo autem ex meæ farinæ hominibus facile spiritum Musculi verbis exprimet. Aiebat et illud omnia quæ dixi vobis non adeo intelligendum de nudis verbis, cum evangelistæ eadem opera vel verba Christi alii aliis verbis describant, sed juxta rectam sententiam.

Eadem dominum Atrebatensem conveniri cupiebamus. Verum postquam diutius deambulatum, prodiit tandem paternum hospitium adiens. Tanti autem erant petitores, ut nobis eum alloqui non licuerit.

Ad prandii horam illustrissimum d. Joannem Fridericum electorem visitavimus. Mensæ assidebant Philippus et Eubulus comites a Waldeck fratres, Henricus baro a Schwartzenberg et Taffere Hispanus et electoris cancellarius Minckwitz. Elector se nobis clementissimum exhibuit, interrogans de iis etiam, quæ homini in tantis afflictionibus memoriæ esse miraculi vice duxeris. Et cum optimo principi meo uxorisque nomine de exhibita nobis clementia gratias agerem, respondit, se omnia libentissime fecisse, et si qua in re utriusque rem gratam præstare nobis posset, illi semper id volupe futurum. Consoletur eum vero suo paracleto illo, qui omnes afflictiones hujus principis in manu sua descriptas habet Deus. Hujus principis tribulationibus et hæc adjecta est, ut tractatus inter Mauritium et ipsum protraherentur, eo quod commissarii nominari nequibant.

Deinde animi gratia intra urbem deambulanti obviam nobis fit Fuggerus albæ gallinæ et solis filius, Iberis sibi aliquot adjunctis, ipse plane Hispanicus.

De interim aliquot paginas legimus.

Vidi et ædes ejus, quem in Brabantia novi, Jacobi Hogsteter olim opulentissimi utique, qui cum suo sodalitio olim Romæ bancam (ut barbari vocant) tenuerit, nummulariorum et fœneratorum non postremus. Quæ tamen dum Roma Caroli Borbonii ductu (licet ipse Carolus ictu æenei tormenti ante urbem perierit) oppugnaretur, eversa fuit et pecuniæ a militibus distractæ. Is Jacobus et suæ sortis homines, nunc et bonis et domo cessit, a deo ad stipem redactus, ut ob æs alienum et carceres et rerum suarum distractionem passus sit. Devorarunt autem et hunc harpigiæ fœneratorum Fuggeri. Hiccine fortunæ ludus est et hæ mundi vices!

Eadem Wendelinus, Florus et Melchior Atrebatensem a prandio alloqui abierunt, petentes, ut causa nostra promoveretur. Qui respondit se omnia libentissime cæsareæ majestati narraturum, idque vel crastino, vel perendie.

Domine Jesu, qui hodie, heri et in secula es, da, donec in hoc vitæ curriculo sumus, tibi nos inniti, a te solo bona cuncta sperare, qui tibi ipsi dissimilis esse nusquam potes. De interim autem nunc a sophis hujus mundi excogitato, tu, qui es sapientia patris, statue! Sciant gentes, quod Deus est. Id te rogamus per tuammetipsam bonitatem, qui vivis et regnas cum Deo patre in unitate ejusdem spiritus sancti Deus, per omnia secula seculorum. Amen.

Vidimus apud Joannem Fridericum senem capularem annos climactericos jam dudum agentem, qui barbyton tangens, ipse quovis vel juvene saltando et choreas ducendo agilior.

• Cœnavit nobiscum baro de Schwartzenberg, Friderici filius.

xxviij Aprilis in cœnobio minorum concioni sacræ interfuimus, ubi senior quidam presbyter sermonem ex cap. 17 Joannis Evangelistæ habuit, exponens, quid mundus, qui item sint de mundo. Item de precatione Christi pro credituris per doctrinam apostolorum, et ut hinc consolationem in afflictionibus arripere studeamus, ut si vel a Sathana, a mundo vel carne tentemur, ad hanc Domini orationem et cor et animos vertamus, recolentes nobiscum nos non deseri a Deo, utique pro quibus filius ille unigenitus, qui solus ob reverentiam exauditus est, oravit. Habetur autem hæc concio aut aliqua hujus similis inter quartam et quintam horas, quo familia etiam verbo domini pasci posset. Quod genus hominum Bavari et Suevi sua lingua Die Ehehaltenn vocant, velut per quorum operas res matrimoniales et adjuventur et curentur nomine (ut mihi videor) honestiore quam servorum et servarum more nostratum.

Eadem comitem Wilhelmum a Nassau invisebamus, cum quo et

jentaculum sumpsimus, cum missæ cæsareæ interesse vellet et archiepiscopum Coloniensem prandio excepturus esset, cum quo et de nostra causa acturus erat.

A prandio fratres et ego una urbis mœnia obequitavimus, nam Samuel apud comitem Wilhelmum pransus est.

Eadem tumultus militaris ad macella exortus est. Nam dum Iberi Germanis carnes præripere tentant, laniones Germanis auxilio fiunt. Utrinque et accepta et data sunt vulnera, Germani tamen facti superiores. Iberi aliquot ad mortem usque sauciati esse dicuntur.

Eadem per Nicolaum Gallum Monasteriensi a pedibus ad eundem præsulem perscripsimus.

Volebat et Hoiensis secretarius eadem Augusta discedere, sed ob morositatem examinatoris testium remoratus est.

Ad quintam in hospitio comitis Wilhelmi adfuimus, ubi dum in horto mensa sternitur præter expectationem comitis venere comes ab Eberstein frater Luscæ et filius ejus comes a Wertheim unicus filius et avunculus noster. Item junior de Papenheim, Franciscus Conradus a Sickingen, Georgius Spedt et alter Spedt, item dominus de Zeltingen, Austrius et aulicus imperatoris, Carolus a Stockem, præfectus in Weilburg, et Vitus Velbrugge, satrapas in Vianden.

Risu dignum, quod dum Cæsar per Rhenum navigio vectus Nanstadium præterlegit et Conradus Franciscus a Sickingen ipsum prandio excipere vellet, et matutinas horas cum aulicis aliquot, qui ante Cæsarem eo adnavigarant, liberalius potasset ac subito Cæsaris adventus illi nuntiaretur, nec non Cæsarem recta Nanstadium præternavigaturum. Hoc nuncio Chunradus Franciscus accepto festinus ad navigia Cæsaris properat, quam humillime potest Cæsaream majestatem ne apud ipsum prandere aspernaretur, deprecatus est. At Cæsar, gravioribus occupatus, id se modo facere posse abnuit ac humanitatis ergo Francisco Chunrado dexteram præbuit. Sickingen igitur vino amorem jungens Cæsari manum durius premit. Cæsare volente dexteram retrahere ac abire conanti Sickingen fortius premit, sperans se posse precibus Cæsarem retinere. Et cum sic aliquamdiu inter hos pugnatum esset ac tandem Cæsar susceptum iter prosequeretur, Cæsar principibus postea conquestus est, se ex pressione manus ob chiragram et podagram cruciatus maximos pertulisse et tamen non potuisse Sickingen pudefacere. Hujus joci et Cæsar ipse et Franciscus Chunradus præter plures et auritos et oculatos testes martyres sunt.

Ibi certo comperimus, Joannem a Hilchen, qui cum genero Wilhelmi comitis, comite Hermanno a Nuenar abierat, vita excessisse. Qui Joannes Wilhelmo comiti, quod vetus ejus congerro et multorum periculorum pace simul et bello socius ipse fuerit, erat quam charissimus.

Nota de tibicine et marchionis electoris marschalco.

Anno superiore Cæsare in Saxones ductante exercitum Hispanus quidam (ut est gens turpissimæ salacitatis et ineffabilis luxuriei) rustici uxorem spectante marito stuprare conatus est. Quod videns rusticus arrepto nescio quo instrumento Hispanum confodit ac ipse, ut tum vestitus erat, equo insiliens aufugit et ad N comitem veniens infortunium suum illi exposuit. Comes igitur rustici misertus et quod de pauperie sua conquereretur, coronatos quatuor illi donavit, jubens, si posset, plures horum extirparet, et se illi copiosiorem pecuniam daturum.

Domine Deus, quoniam nemo mortalium suis operibus salutem consequi potest, te deprecamur, crea mundum cor in viscera nostra et principali spiritu nos confirma, ut sic in te pacem habeamus in filio tuo Jesu et quæ tibi placita sunt, adjuvante nos spiritu tuo bono, semper cogitemus. Qui vivis et regnas Deus unus et trinus in sempiterna secula. Amen.

xxix Aprilis, quæ fuit dominica cantate, in Minorum templo divinis interfuimus, ubi primo prælector caput 14 Matth. integrum populo ex ambone legit ac confessionem publicam et obsecrationes facere jussit. His peractis d. Leonardus huic in suggestu succedit, qui invocata divini numinis ope ex capite secundo Matthæi (quem evangelistam idem pro ordinaria concione habet) legit hæc verba: Defuncto autem Herode ecce angelus domini in somniis apparens Josepho in Aegypto, usque ad finem capitis. Deinde adeo suis coloribus Herodem depingit, quod fuerit rex atheos tyrannusque truculentissimus, utpote qui infanticida nec puello filio proprio pepercerit, qui Alexandrum et Aristobolum filios suspendio vitam finire adegerit, qui omnem stirpem davidicam radicitus præter paucos reliquos extirpare sategerit, ad hæc senatum sinderim, hoc est septuaginta seniorum per occisionem abstulerit. Item quod annis xxxvij Judææ præfuerit, remittens nos de his rebus ad Josephum, Eusebium, Josippum et Aegesippum etc. Jussit Leonardus in hoc Herode longanimitatem benignissimi dei considerare, qui tanto tempore tyrannidem hominis hujus tulerit, et quod deus peccatoribus pœnitentiæ locum concedat. Dixit item de prospero successu Herodis, scilicet qui Cæsari acceptissimus foret, pharisæos et pontifices sibi faventes haberet, caute describens hæc nostra tempora. Addidit autem de exitu vitæ Herodis horribilissimo, ostendens Deum nosse qui et tyrannos pessumdare et suos eripere debeat. Item quomodo Deus in impœnitentibus supplicii tarditatem pœnæ gravitate compenset, et quomodo sublatis tyrannis suis aliquando respirare donet. Item de cruce Joseph et Mariæ in Aegypto apud gentem idolatram et irrisionibus deditam, et quod Christus dominus annos fere quatuor in Aegypto peregerit, nec id interim tacens, majorem tunc, sicut et nunc, mortalium partem se ad felicius navis latus inclinasse et eam fidem, quæ regi, sicut et nunc quem Cæsari cordi esse probassent, amplecterentur, et quam exiguus grex veræ ecclesiæ fuerit. Item, quantæ fuerint pressiones ecclesiæ sub Nerone, Trajano, Domitiano, Diocletiano et id genus imperatorum, ut præter omnia alia incommoda et tot persecutiones publici etiam conventus christianis prohibiti sint, ita ut, dum interdiu non possent, nocte ad lucernas convenerint, et ad hos usus, inquit, candelis et luminaribus usi sunt veteres christiani, non ut stulti, inquit, die gottlosenn und siellosenn Papistenn, faciunt, qui claro cœlo cereos accendunt. Item quo ardore veteres christiani martyrium appetierint, adeo ut etiam non evocati se ipsos prodentes accurrerent, vixque tandem christianis a Constantino magno loca publica data et templa constituta esse, in quibus, inquit, Christo laudes dicerent, doctrinam apostolicam docerent et recordationem mortis dominicæ in participatione panis et calicis celebrarent. Ne igitur, ait, despondeamus et nos animum (o pusille grex), nam dabit Deus his quoque finem. Item semper piis doluisse, quod viderent pessimis hominibus suos conatus et appetitiones optime cedere, adeo ut etiam Davidis pes in hac lubricitate pene lapsus fuerit. Id ipsum quoque a Hiob et Jeremia cum aliis multis Deo charissimis patribus conquestum esse. Oportere autem cum fide et spe expectare dominum, qui suos tandem eruet evehetque. Exemplo sunt Joseph nutricius Mariæ virginis et pueri Jesu, qui quamquam multa intolerabilia in Aegypto perpessi sunt, non murmurarunt, sed summa patientia expectarunt, donec oraculo moniti in Judæam reverti juberentur. Item exemplo Joseph nos prudentes esse oportere monuit, qui quanquam ab angelo jussus fuerit in Judæam remeare, attamen in hoc sancta prudentia usus, ne eam tetrarchiam, cui Archilaus præsidebat, intraret, si ex hoc exemplo christianam prudentiam disceremus docens, ut tamen temeritatem et præcipitantiam vitaremus. Item Archilaum fuisse filium Herodis magni, nunquam tamen cum dignitate regia insignitum fuisse. Huic Pontius Pilatus successit etc. Item locutus est de dissensione Judæorum altercantium, num dominus in Bethleem Galileæ, an in Bethleem Ephrotæ nasci debuisset. Item, quare Jesus Messias Nazarenus vocatus sit et unde hæc sententia desumpta. Scilicet Nazarenus vocabitur, cum juxta d. Hieronymum in nullis libris prophetarum reperiatur. Aiebat autem in libro Judicum cap. xvi inveniri, nempe de Samsone, qui fuerat figura salvatoris. Nam ut Samson plures moriens interfecit quam vivens, sic Christus verus heros morte sua diabolum, infernum et mundum devicit. Huic ergo glorioso triumphatori, qui suos nunquam derelicturus est, summa fiducia adhærere jussit. Quod nobis omnibus idem benignus dominus, cui cum patre et sancto spiritu in sempiterna sit gloria, donet. Amen.

Statim a concione prædicator his qui sacræ synaxis participes fieri volebant, parænesin christianissimam adhibuit, prælegens argumentum exemoliosis [1] publice. Jubens præcipue Deum orarent, ut verbum suum nobis diutius impartire dignaretur. Cæremoniæ autem hæ fere in Augustana ecclesia, ubi populus ad sumendam eucharistiam accedit, servantur. In templi choro Minorum altare magnum est, ante quod posita est mensa cum altari vectibus ligneis occlusa, ita, ut soli sacerdotes intra illud spaciolum astent, et posteaquam plebs utriusque sexus ordine suo stat vel consederit, parochus nonnulla hunc actum concernentia germanico idiomate legit, verba consecrationis proferens et mox ministri ecclesiæ, facie ad populum versa, panem et calicem in manus sumunt recumbentes ad cancellos atrioli, ita ut ad lævam altaris fœminæ accipientes utramque speciem accedant, ad dextram viri etc., eo tamen ordine atque ea decentia, ne vel viri mulieres, vel mulieres viros in accessu interturbent. Liberum quoque est utriusque sexus hominibus, si quis panem e manibus sacerdotum vel suis propriis ori suo admovere velit, idem quoque de calice. Dum hæc fiunt, ecclesia Deo laudes decantat. Post sumptionem sacramentorum rursus per sacerdotem fit admonitio. Leguntur preces sacræ et sic ecclesia dimittitur.

Dicebatur eadem Ottho Berckenfeldt advenisse. Eadem major pars famulitii nostri regiæ et cæsareæ missæ spectandi ergo adfuere.

Ad tertiam pomeridianam D. Musculus prosequutus est textum Joannis xiiij, scilicet hæc verba: Pacem relinquo vobis, pacem meam do vobis, non sicut mundus dat, eam do vobis etc. exponens ait, pacem Christi esse pacem a patre, pacem cum patre et pacem quam gerit cum

1 exomologesis publicæ i. e. publicæ confessionis.

et erga suos. Pax Christi est pax ad Deum et pax conscientiarum veræ lætitiæ in Christo. Quam igitur cum discipulis tenuit pacem, hanc et illis dedit et reliquit, sed suis tantum, ut et in cruce et in morte pacem ejus et cum ipso retineant. Pax mundi quantumcunque firma, inconstans est, et non nisi ad impietatem datur. Præterea nemo pacem dare potest præter unum Deum patrem et filium ejus Jesum Christum. Recensuit obiter mundi turbidam pacem et ingratitudinem erga bonos viros de se optime meritos. Esse quidem qui in heremum et cœnobia confugere possint, qui autem mundum et se ipsos relinquere queant, perpaucos reperiri. Hanc igitur pacem Christi nos et expetere jussit et eandem pacem omnibus precatus est.

Eadem, dum pueri in colliculo ante ædes hospitis nostri et ludunt et cursitant, infantulus quidam e muro ad inferiorem plateam decidit, et brachium et caput læsum.

Domine Deus, filius tuus dilectissimus ad te ex hoc mundo ascendens ad suos ait: Pacem relinquo vobis, pacem meam do vobis, non sicut mundus eam dat, ego do vobis. Hæc igitur verba filii tui ad memoriam revocantes piissimam paternitatem tuam suppliciter rogamus, pacem tuam, quam per incredulitatem et iniquitatem vitæ amisimus, nobis redde! Verbum tuum nobis obtulisti, cui omnes restitimus. Nam pars hanc salutem nostram pertinaciter repellimus, nonnulli vero ex nobis verbum tuum ex imo pectore amplectimur et te confitemur. Dum igitur sine te nulla nobis vera vel requies vel pax contingat, nec sit alius, qui veram pacem dare queat, redintegrato in domino nostro Jesu Christo pacem nobiscum, quam mundus dare non potest, ut sit pax conscientiis nostris, quo et te ex toto corde amare et pacem cum proximo habere valeamus, cui cum filio et spiritu sancto omnis potestas, imperium et honos sit nunc et in sempiterna secula. Amen.

Ultima Aprilis in templo Minorum intra quintam et quartam horas d. Leonardum ex capite xxvij Matthæi sermocinantem audivimus de verbis Pharisæorum ad Pilatum ob custodiam sepulchri dominici, ubi inter reliqua ait, non debere nobis mirum videri, si de nobis non omnia pro æquo et decoro (licet inculpati) alicubi essemus, dicerentur, cum hæc domino acciderint, et meminerimus nos, qui Christi nomine gloriamur, discipulos esse, et quod discipulus non supra magistrum, cui etiam post mortem mendacia intentant, planum eum et seductorem nominantes. Item de commisso Pilati, qui, tametsi innocentiam Christi probe perspectam habuerit et invidiam eorum suboleverit, imo re ipsa experiretur, tamen spe lucri et ne malam Cæsaris gratiam iniret, scribis, pontificibus et pharisæis cum eorum complicibus morem gesserit. Quales et nunc non pauci et nostra ætate inveniuntur, qui aversa a deo facie et corde reboante etiam ipsorum conscientia prælatis et potentioribus, inhiantes lucello et opimis redditibus eorum, colludunt. Item quod Pilatus Pharisæorum petitione non gratis assenserit, sicut nec vigiles ad sepulchrum absque pecunia custodiam egerunt. Quam ob rem et olim Germanis in proverbium abierit: Niemantz warth des heiligen Grabs umbsonnst. Quo perspicacius Christo intentatum Pharisæorum mendacium agnosceretur, dixit, discipulos non potuisse quidem corpus domini ob advolutum saxum sepulchro furto auferre. Tum quod, etiamsi voluissent illud tollere, tamen quo reponerent eos non habuisse. Tertio, discipulos adeo fuisse meticulosos, ut domino etiam præsentia sua et multis miraculis editis illis resurrectionem suam inculcare pene labor fuerit, ut liquet ex incredulitate Thomæ etc. Pauca adjecit de fructu resurrectionis Christi et tantum triumphum fideli et memori corde sæpius recolere jussit.

Inter obsecrationes hoc mihi mirum in modum arrisit, quod quidam, cujus nomen domino notum est, sic in schedula conscribi jusserat, inter nonnullos simultatem maximam obortam esse, unam ergo partem ecclesiæ preces sibi subsidio esse petere, quo dominus pacis utrisque amarulentiam et odium ex animo eripere dignaretur, ut juxta Christi præceptum, sicut christianos homines decet, concordiam inire et postliminio invicem in gratiam redire possent.

Eadem Joannes Hagke secretarius comitum de Hoia collegam suum ad nos misit, qui nobis diceret, si quid domum scribere vellemus, id ocius fieri oporteret. Cui ad dominam socrum et uxorem literas perferendas dedimus, honoratus est a nobis duobus aureis.

Eadem pro responso sollicitatum. Astantes autem in palatio Atrebatensis, ubi Italorum, Hispanorum et Germanorum diversi sollicitatores aderant, inter quos etiam Bremenses, quibus omnes mala ominabantur, potissimum quod comitem Albertum a Mansfeldt in sua urbe hospitio exceperint, quibus egredientibus ex conclavi episcopi facies eorum testimonia dabant, quam amice (si diis placet) ab ipso fuerint excepti, si modo Plinio credimus, frontem et lætitiæ et tristitiæ indicium esse. Aderant quoque ibidem marschalcus de Schomberg et Franciscus Conradus de Sickingen. Tandem post diutinam moram Atrebatensis ad patrem Granduelam adiit, adeo autem undique ab his, qui causas suas promotas volebant, stipatus erat, ut Eubulus frontem perfricare cogeretur ac gallice rogare episcopum, quo comitum a Waldeck mentionem habere vellet. Respondit itaque præsul, se hodie primum negocii nostri descriptum accepisse et quam primum ad imperatorem introire possit, se cæsareæ majestatis resolutionem super his petiturum. Hoc responso contenti abiimus.

Habet Atrebatensis in scribarum suorum numero secretarium Noricum ex gente Pinzingerorum, quem dum conveniremus, ait, se nostram quidem causam apud episcopum acturum, verum id primum temporis Viglium et Selldum decretum concilii imperialis episcopo detulisse. Rogavi præterea ipsum, ut si qua nostræ causæ mentionem a hero suo fieri audiret, omnia in meliorem partem interpretari satageret, me et fratres illo non ingratos futuros. Præbuit spem bonam, ait quoque imperatorem non facile decretum consiliariorum mutare, sed semper fere illud, ut ipsi proposuissent, subscribere, nisi personæ, quas concernat, ejusmodi essent, quod summum adversus eos imperator odium concepisset. Interrogavit etiam, num ea pecunia, quam comes a Solms a nobis exegisset, soluta a nobis foret necne. Respondi non, verum id non per nos, sed per imperatoriam majestatem staret. Si is jubeat et contra Cattorum principis iram nos defendere velit, nos libentissime eam pecuniam Cæsari deprompturos. Quam primum in hospitium devenimus, Joannes Hagke secretarius Hoiensis ad nos venit, qui, acceptis mandatis ad uxorculam nostram, ad comites suos contendit, quod et illi et nobis Deus bene vertat.

Eadem Ernestus a Solms nobiscum pransus est, et cum mensæ accumberemus, Adrianus a Zertzen supervenit, qui longa verborum ambage produxit scriptum (ut vocant) compromissi inter Coloniensem et nos archiepiscopi sigillo ad id appenso, cum tamen post tot preces nostras ne vocula quidem in eo mutata esset. Sed suus sanctus his erat rigor pene tyrannidem sapiens. Ast frangenda hæc nux erat, etiamsi facile videremus, in quos hæc modo cuderetur faba.

Fama tum ferebatur, jussu cæsaris multa insignia militaria confici, cum hac inscriptione: Unus Deus, una fides, unus rex.

Vidimus eadem in domo Otthonis argentarii molam ad poliendos adamantes paratam, et re ipsa comperimus fabulosum esse, quod adamas non nisi hircino sanguine tepefacto frangatur, sed terendo politur et eo pulvisculo, qui ex duabus gemmis inter se attritis decidit, oleo olivarum admixto, terendo super orbem plumbeum teritur et comminuitur. Adamas non politus colorem habet subcinericium foras hispidior.

Heri domina princeps apud Ferdinandum, hodie apud Cæsarem causam agit suam.

Vidimus apud eundem Otthonem aurifabrum thoracem holosericam arte phrygia depictum cum ex auro puro puto varie decolorato catenularum annulis obductam, quæ tribus millibus florenorum veniit. Is Ottho quod e Colonia Agrippina oriundus esset, nobis animo propensior erat et quotidie fere nos cerevisia honoravit. Et post discessum nostrum vita excessit. Quem (faxit Deus) ut cum omnibus sanctis adveniente domino Jesu Christo nos iterum videre valeamus.

Eadem frater Philippus et ego in horto consulis Herbroti fuimus. Hortus scamnis herbaceis, herbidis pratis, dædaliis ambulacris, piscium vivariis, aquis vivis ex flumine Lyco deductis, scaturientibus fontibus interim, aqua puteali quoque vinetis et arboribus variorum fructuum superbit. Insunt quoque his hortis domunculæ aliquot, quarum parietes cæsarum facies ad vivum depictas habent ac cujusque ætatem literis majusculis annotatam. Ast modo non vacat hujus horti delicias depingere, qui decem millium florenorum sumptu hero suo applauditur.

Eadem Liborius languens lecto decubuit.

Vidimus ante ædes cujusdam civis in suburbiis Augustæ habitantis arma Cæsaris cum hoc emblemate: Manet virtute quæsitum decus.

Hansonem Kuislerum metatorem regiorum hospitiorum ad cœnam vocari jussimus, verum is ante dies aliquot Viennam reversus erat.

Cæsareani jurisperiti ducatum Wirtenbergensem feudum quidem imperii esse permittunt, sed ea lege, ut is ducatus a domus Austriæ ducibus Wirtenbergensibus in feudum collocetur. Id vero jure an vi fiat, ipsi videant. Nam Wirtenbergenses longe alia afferunt de hoc ducatu.

Ein Connect ist das fünfftzehende theil eins guldenn, Ist ein Gewicht, braucht mann zu den demantenn.

Joannes Colman sicut et pater ejus fuerat Augustæ in ædibus nostro hospitio contiguis habitans et cæsareæ panopliæ magister est et armorum faber. Hujus ædes Cæsar annis abhinc decem et octo, eo quod se id facturum in Hispania huic promiserat, cum paucis invisit et uxorem ejus catena aurea et fabros viginti aut triginta thaleris honoravit.

Domine Deus, verax absque vanitate justus et rectus, qui tuis etiam, quæ mentem et corpora eorum recreant (modo id cum gratiarum actione fiat) non invides: da ut in donis tuis te agnoscamus et ita veneremur, ne creaturas tibi domino creatori præferamus sicque his fugacibus muneribus fruamur, ne immortalia amittamus et te patrem æternum cum filio tuo benedicto et spiritu sancto, sive nobis ex voto, sive secus res nobis acciderint, colamus. Per Christum dominum nostrum. Amen.

Eadem Hispani sepeliebant quendam magnatum ex eorum albo, qui crucem purpurei coloris in vestibus ad pectus gestasse christianum putant. Cum hujus corpus in fossam sepulchri immitterent, primo sacrificuli, deinde cætera turba funus subsequentium quantum vola manus terræ comprehendere poterant, super ipsum funus jecerunt. Deinde vespillones fossam terra replebant, cujus animæ misereatur is, qui novit eum.

Prima maji d. Musculus ad d. Mauritium ex cap. 14 Joannis hæc verba explanavit: Ne turbetur cor vestrum neque formidet etc. Sed nos serius advenientes omnia dicta ejus non assecuti sumus. Inter cætera autem dicebat, perturbationis et timoris apostolorum hæc potissimum in causa fuisse, dum audiissent dominum ab iis discedere velle, ignorantiam scilicet et expectationem terreni alicujus regni, in quo ipsos se domino in principatu (se) proximiores futuros spem animo conceperant, ambitionem quoque ut in filiis Zebedæi per matrem eorum unus ad dextram, alius ad sinistram sedere possent petentibus liquet. Item inutiles et supervacaneas tristitias etc.; item longe aliam Christi domini fuisse conditionem, qui omnium, quæ illi acciderent et ad quem finem pertinerent præscius erat, habuisse vero discipulos nullam sui doloris aut timoris justam causam. De timore hanc similitudinem adducens. Sicut in fluento turbida reddita aqua fundus videri non potest, et in limpidissimo fonte, si aquas moveas, claritas non apparet, ita in corde hominis timore perturbati cogitationes puræ et præclaræ non oriuntur. Quod autem discipuli timoris sui causam non habuerint, has rationes reddidit. Primo quod dominum ipsis »Pacem meam do vobis, pacem meam relinquo vobis« dixisse noverant. Secundo, tametsi tristitia ex hoc, quod dominus dixerat »Vado« affecti fuerant, meminisse tamen debebant, eundem quoque dixisse: »Iterum venio ad vos« etc. Tertio, quod ea, quæ Christo eventura erant, nihil illis periculi allatura essent. Nihil enim id temporis illis durius aut mali illatum est, licet postea temporis [1] præfinito ob Christi gloriam sanguinem suum effuderint. Postremo etsi quid ejusmodi sufferre debuissent, memores tamen et eos et causæ suæ bonitatis et verborum Christi esse oportuit etc. Inserens insuper de bonitate causæ, quam professores evan-

*

1 ? tempore præfinito.

gelii et ipsis adhærentes defendunt, quæ semper fuerit, est et futura sit justissima, et eam esse talem, cui nemo resistere possit. Nec quod nobis adversi quippiam hic Augustæ, inquit, accidit, causæ nostræ bonitas in culpa est, quam adhuc sustinemus et sustinebimus in perpetuum. Est enim causa non honoris nostri et operum nostrorum, sed ipsa domini veritas, doctrina sinceritatis et recta sacramentorum administratio. Bonitatem causæ, inquit, habemus, ea vero, quæ sunt præter veritatem evangelii divini nominis honorem et non faciunt ad salutem nostram. Apage sint et valeant in malam crucem. Si vero nobis non omnia ex votis cesserunt et nonnulla inique perpessi sumus, id non optimæ nostræ causæ, sed quod nos in hac re non ut decuit gesserimus et ingratitudini nostræ ac male actæ impœnitentique vitæ nostræ acceptum feramus. Nam, inquit, apud nos Augustanos nemo vel obolum pro administratione sacramentorum dare opus habuit, et tamen adeo nobis conciones sacræ, ipsa simul et sacramenta tædio fuerunt, ut abominari ea videremur. Hæc, inquam, et similia nobis malorum causa fuerunt, non quam gerimus causa etc. Repetiit et hoc. Christo non satis fuisse, quod diceret, »Non turbetur cor vestrum«, quin, »Neque formidet«, adjiceret. Jussit igitur ut in optima causa animos nostros non desponderemus ac semper nos ex verbis Christi consolaremur et erigeremus, etiamsi potentissimos orbis causæ resistere cernamus. Fuerunt, inquit, apostoli piscatores, idiotæ, homines abjecti, verum tam magna aggressi sunt confidentes et erigentes se spiritu a domino illis in hoc dato et recordatione verborum Christi. Nihil igitur vos offendimini, si nos forte succumbamus. Macte virtute et animi viri fortes estote, nec animum abjiciatis. Nostis enim quidnam et ethnici de bono viro dicant. Quod a recto discedere non debeat, dixere, mundi crepent licet ruinæ et fractus illabatur orbis etc. Item coarguit, quod immisericordes passim erga perturbatos et afflictos simus ita ut afflictos prætereamus non solum non consolantes, sed insuper eos aut derideamus aut præ superbia contemnamus. Quod et David in persona Christi psalm. 22 conqueritur (lege totum psalmum). Jussit igitur archetypon nostrum Christum imitari, miseros verbo domini sustentari, hic enim discipulos nusquam inconsolatos reliquit. Duo itaque hæc nos amplecti præcipiebat, ut scilicet verbo domini innitamur ac nos ipsos una ac fratres in afflictionibus invicem verbis domini et recordatione promissionum ejus solemur, ac Deum oremus, ut spiritum suum bonum mittat, qui nos in verbo corroboret et domini voluntati obtemperare doceat. Fiat ita et Amen.

4*

Musculus doctus et pius multis leonibus, aquilis et gryphis timori est. Memor sit ejus dominus juxta bonitatem suam.

Eadem venit scriba furtivus ille afferens scriptum.

Eadem nobis Hermannus ab Amelunxen ex juris licentiato pejor capitaneus factus, qui, ut mihi videbatur, affatum nostrum appetens obviam venit.

Nepos Coloniensium et Moguntinensium exagitat aulas, faxit Deus ne illi male cedat.

In dominico Augustano in candido marmore hoc monumentum deauratis literis insculptum Melchior Lindius nobis exaravit, ut præsens ostendit schedula:

AUGUSTÆ VINDEL. IN TEMPLO DIVÆ MARIÆ. IMP. CÆS. OTTHONI III EX GENTE MAGNI WIDEKINDI SAXON. REG. CÆS. OTTHONIS. AUGU. II FILIUS CÆS. OTTHONIS AUG. MAGNI NEPO. REGIS HENRICI AUG. AUCUPIS. PRONEPO. OTTHONIS DUCIS SAXON. ET ROMANI IMPERII GUBERNATORIS ABNEPOT. LUITOLPHI SAXON. D. ATNEP. BRUNONIS QUA SAXON. DUC. ET WIDEKINDI FRATRUM TRINEPOTI. OB. X. KLAS FEBRU. ANNO SAL. M. II REGNI XIX IMPERII V. QUOD VISCERA EJUS HIC CONDITA JACENT. FRIDERICUS III DUX SAXONIÆ PRINCEPS ELECTOR COMES PROVINCIALIS THURINGIÆ, MARCHIO MISNIÆ ET SACRI ROMANI IMPERII LOCUM TENENS GENERALIS PROGENITORIBUS DULCISS. FACIEND. CURAVIT SALUT. ANNO MDXIII. V. IDUS MAJI.

Dolet coccici aves ad εὐχόρακος advolare. Nam Adolphus archiepiscopus et cæteri murmurabant, quod Eubulus Musculum et alios convivio excepisset.

Eadem Liborius et Wendelinus ante meridiem Atrebatensem convenire nequibant, doctorem vero Hasen allocuti sunt.

Hæc dies vel quod d. Walpurgi sive mavis apostolis Philippo et Jacobo sacra foret, aut nescio quam ab papistis ab ethnicis desumptam consuetudinem celebrior erat (erat autem prima Maji) a multis Hispanis et aliis frondes omnium arborum et equis et mulis nec non et curribus urbi importati sunt. Qui unum et perpetuum ver est, is nobis conscientias nostras rite in præceptis suis et in Christo vernari donet, quo nos ad antiquum dierum cum lætitia perveniamus.

A prandio Liborius et Wendelinus rursus Atrebatensem requirunt, qui aurea promissa dederat.

Marquardus hac septimana nos nihil responsi accepturos divinabat.

Deinde fratres et ego comitem Wilhelmum super scripto compromissi, cum ipso consultaturi, adimus, apud quem hinc inde disputatum est, sed frugiferi parum inde emanavit. Visum est nobis ob quosdam sermones novercam nostri egregiam mentionem (si dii volunt) apud comitem Wilhelmum fecisse.

Conditur novus articulus inter Coloniensem et nos. Si recipiatur, et alium hic procreaturus est.

Hæc ipsa dies terminus erat centum et sesquicentum florenorum novercæ in vitalicium solvendorum. Martinus Bucerus contra Vintoniensem.

Ab hominibus hujus seculi condemnari et haberi ludibrio proprium est eorum, quos justificat et glorificat deus.

Eadem dum Cæsaris aliquot proceres aulici pila ludunt in theatro Augustanorum civium expensis et sumptu in hoc constructo, subito murus cadens subsidet, ruina sua latomos duos et non paucos ex aliis brachiis et cruribus lædens, licet vetitum sit ne proderetur unum aut alterum ex hoc casu mortem oppetiisse.

Iberi, qui in ducatu Wirtenbergensi hyberna egerunt, Hispanis suis Augustæ torpentibus quotidie plaustra aliquot ferinæ mittunt. Narratum quoque nobis est, coriarium unum hic Augustæ habitantem nongentas cervorum pelles ex venatu Hispanorum sibi hac æstate comparasse. Sic miseri Germani magno agricolarum dispendio et ipsorum ludibrio Iberorum et regiorum adulatorum genti suas venationes reservarunt.

Domine Deus et pater cœlestis, tu ipse es, qui et quorum tu vis misereris et eorum orationes exaudis. Propterea ad te omnis caro veniet. Exaudi nos, quæsumus, per admirabilem justitiam tuam. Tu enim es Deus salutaris noster et spes omnium finium terræ ac a mari longe, propitius esto Germaniæ tuæ innumeris modis afflictissimæ. Tibi domino fatemur, peccavimus, contemnentes tuum verbum et ingrati erga benignitatem tuam fuimus. Propterea nobis hæc mala omnia contingunt. Sed nunc, domine, recordatus filii pacificatoris et misericordiæ tuæ antiquæ, tu nos corripe, sed non in furore iræ tuæ, ac libera nos de gente hac non sancta! Et quia populus tuus sumus ovesque pascuæ tuæ, in viam tuam nos reduc! Quanquam enim, o pater juste, millies majora his mereamur, quia tamen apud te propitiatio est, terribilis non sis, idque per Jesum Christum dilectum filium tuum, qui tecum cum s. spiritu vivit et regnat unus et idem Deus per omnia secula seculorum. Amen.

In consilio imperiali aliquando tentatum est, rebellibus in gratiam acceptis horum trium optionem dare, ut vel archiducem in Hispaniam deducerent, aut proprio ære Cæsari in Germania ad menses aliquot militarent, aut magna pecuniæ summa (quod et nobis evenit) se redimerent.

ij Maji amanuensis ille Augustanus scriptum aliquod nobis afferens venit. Eadem d. Musculus hora et loco consuetis ex cap. 14 Joannis verba hæc enarrando prosecutus est, scilicet: Audistis quod ego dixi vobis, vado et venio ad vos. Si diligeretis me, gauderetis utique quod dixerim: Vado ad patrem, quia pater major me est etc. Inter cætera ait: Ex hoc quod Christus dixerit, jam instante malo, si diligeretis me etc., duas quæstiones oriri, unam, num Christus de amore discipulorum suorum erga se dubitaverit, alteram, an discipuli Christum amaverint. Ambas (si recte memini) sic solvit. Certum esse dominum a discipulis persancte adamatum, neque etiam dominum de hoc vel dubitasse, vel dixisse. Sed cum amor duos gradus habeat, unus est, ut amicus cum amico libentissime conversetur et agat, quod et maxime a discipulis factum sit. Is gradus quoque ex verbis Christi constat, ubi dicit: Pater et ego apud eum mansionem faciemus etc. Alter gradus est, quod adamatus vel adamati honorem, gloriam et fortunas sive magna sive parva ab eo acceperint, promota velint et in hoc studio delectantur. Hic autem in discipulis adhuc aliquid carnem sapiens hæsisse. Quod tametsi Christum redamaverint, non tamen veram ejus gloriam quæsierint, nec eas res, de quibus dominus dixerat, justa meditatione et deliberatione animi perpenderint. Item hoc exemplo sui amoris Christum nos hæc docere voluisse. Primo nos Deum patrem, filium et spiritum sanctum amare debere, amare magistratus, amare verbi ministros, parentes, dominos, proximos, idque et mutuo et reciproce. Obiter quoque de decenti ordinario et justo amore, et qualis is sit, dixit. Exempli gratia. Si uxor maritum adamaret, ut illum cochleæ instar semper domi hærere velit, quo ipsa semper illo frui queat, nec foras ad negociationes suas aut ad alia necessaria munera obeunda, præ amore hoc carere ad tempus vellet. Hic, inquit, amor nec commodi nec decoris quicquam habet, nam hoc utrisque et in damnum cederet et culinæ ærique familiari dispendium inferret. Non absimile sit, si pater aliquis filium vel ad aliam urbem, vel ad exteras nationes, vel ad excolendum ingenii sui solum, vel mercaturam aut artem mechanicam discendas mittere destinaverit, filius vero tanto amore erga patrem affectum se esse prætenderet, ut se a patre non divelli velit nec alia mittere pateretur. Nonne hic futilis esset amor? Nam filium in omnibus obedientiam patri præstare debere, utique, quod pater melius noverit et perspectum habeat, quid filio prosit ac secus, quam filius agnoscere aut scire ipsemet possit. Sicque et discipulorum amorem non ex omni parte integrum fuisse, qui Christum apud ipsos hic in terra mansisse magis optassent, quam ad tantum salutis opus et gloriam suam transire. Item idem fore, si quis in luctu ob obitum parentum vel amicorum mœrore supervacaneo lugeret contristareturque, quasi illis vitam beatiorem in cœlesti patria invideat. Dolor enim, inquit, de amissione parentum vel amicorum justus est, verum is suas metas habet, quos ultra citraque egredi non decet. Id quoque notavit. Dominum non verbis durioribus usum esse, quale est »moriar«, aut simile; sed sermonem per expositionem mitigasse, scilicet, »vado ad patrem«, sicut Paulus non dixerit »cupio mori«, sed »dissolvi cupio.« Non est enim res digna, inquit, duriore oratione de morte inter Christianos disserere. Quid enim aliud, inquit, est mori, quam si quis annosum et vetulum caballum, qui toto die currum vel bigam traxerit, jam lassum sub noctem solvat, requiescere permittat, interim et pabulum illi præbens. Non aliter, ait, vetus noster Adam in biga carnis emaceratus et anima, quæ e supernis et in superna revertitur, in ergastulo corporis detenta, in morte solvitur, et tunc caro et ossa requiescunt, anima vero libera ad beatam patriam remigrat. Ad hunc, infit, modum pius pater familias morbo debilitatus ubi se morti jam vicinum viderit, liberos vel amicos hortari vel consolari posset: Nolite mœrore affici, ego enim jam dudum in hoc stadio currendi aut hujus itineris sum pertæsus. Vado ad quietem, non morior; cœlum repetam, ubi semper cum domino ero etc. His addidit de verbis domini, dicens, quia pater major me est, ex hoc loco Arianos virus suum suxerunt, qui Christum in persona patre minorem esse contendebant. Sed si considerassent, inquit, d. Paulum ad Philippenses 3, æqualis Deo forma est ut homo etc., allegans et locum d. Petri, symbolum quoque Athanasii, qui de Christo ait, æqualis patri juxta divinitatem, minor patre juxta humanitatem etc. Nec est, inquit, filius Christus nec in duo divisus, sed verus Deus et homo verus. Sicut de Deo patre dicere possumus: Pater est in cœlo, pater est in terris. Quod utrumque verum est. Nam anima patris in cœlo, corpus vero in terris est. At de his se luculentius ad feriam sextam dicturum promisit. Est enim Musculus verborum domini elegantissimus dispensator, qui nec unum jota vel apicem, ne dicam voculam inexcussam relinquit. Confirmet in ipso dominus, quod operatus est in eo.

Eadem is, qui ante paucos dies cum sodalitio concameratum Mauritii Electoris injussus reserarat, furca suspensus est, quem, quia Burgundio erat, dominus de Grandevela aut non puniri aut fuga elapsum voluisset, sed Mauritius elector institit, ut loco publico ante curiam senatorum Augustæ suspenderetur. Qui sub supplicium psalmos aliquot oravit, Deo animam latine perorans commendavit, qui eum ob filii sui mortem, ut speramus, suscepit.

Frater noster Philippus et Wendelinus doctorem Carolum Harst adiere et apud Atrebatensem sollicitaverunt.

Eadem frater noster Joannes nobis mortem infantis Gotthilf in Marxsula indicavit, cui dubio procul, juxta nomen, quod prius sortitus est, Deus perpetuo adjutorio erit.

Martinus Bucerus contra Vintoniensem antiquissimi Ebræorum eos qui ultra idoneam matrimonii ætatem cœlibes manent, idque non causa discendi legem Dei pronunciant obnoxios esse criminis fusi sanguinis imminutæque gloriæ et majestis Dei in populo Israel et indignos proinde, qui in populo Dei tolerentur. Tanti fecerunt officium procreandi liberos in populo Dei. Cum his consentientes sapientes Græcorum censuerunt eosque, qui usque ad annum tricesimum quartum cœlibes essent, et multarentur pecunia et afficerentur ignominia, et nominatim ea, ut nemo illis eum honorem exhiberet, qui solet a minoribus exhiberi senioribus.

Aleæ ludi fructus hinc apparet, quod nudiustertius in aula Mauritii puer aulicus adolescentem nobilem cum ipso alea certantem, nullam ob causam, quam quod verbis ab eo corrigeretur, ilia transfodit, qui et heri terræ fidæ matri reconditus est.

Funffzehenhundert Barchetmacher, die vor Meister geachtet werdenn, ohnn was sie fur knechte habenn, seint zw Augspurg wonnhaftig. Et hi sunt textores, qui christiana utentes libertate contra præscriptum Moisi telam et vestes ex lana et lino conficere didicerunt.

Eadem molas aliquot, in quibus papyrus, quæ regalis vocatur, ex crustatis et peplis lineis conficitur, vidimus [1] et unus liber ejus papyri decem crucigeris veniit. Vidimus et hortos latissimos cum mansiunculis aliquot et scopum non unum, in quibus Hispani nec non et cives urbis Augustæ balistis, arcu (ut vocant) anglico, catapultis et quidquid ita est instrumentorum ad torquendas sagittas et glandes inventum, se exercitant.

*

1 vidimus fehlt in der hs.

Eadem duo nescio cujus conditionis homines hoc certamine de bravio contendentes, ut unus ova ducenta recentia non cocta, ita in ordine disposita, ut singula cubitos duos ab invicem seposita essent, ac alter certantium ovum post ovum a primo ad ultimum recurrens sportulæ imponeret, cavens ne ullum læderetur. Nam si alicujus putamen confractum fuisset, jam actum erat de bravio. Alter vero intra horam et quartam horæ partem urbem extra mœnia circumitaret. Mihi autem incertum, uter eorum vicerit.

Eadem Hispani et Burgundiones, qui ante meridiem, ut dictum est, suspensus erat, ipsimet de patibulo depositum feretro holoserico contecto imponunt, monachis et sacrificulis ad utrumque funeris latus ardentes cereas portantibus, uno vespillonum pertica longa crucis signum super lucernam gestante et præeunte, suo more terræ condunt. Nam apud ipsos furari piaculo non ducitur.

Domine Deus, magne, sapiens, miserator et juste, tui et cœli et orbis terrarum sunt, tuisque omne solum patria est. Et præter hæc etiam orbem terrarum per homines sapientes in climata, regna, dynastias et dominia tuæ divinæ sapientiæ disponere placuit. Quoniam igitur mihi indigno et misello tui orbis terreni portiunculam aliquam de liberalitate tua gubernandam impartiri dignatus es, te per eum, quem pro nobis victimam fieri voluisti quemque unicum mediatorem et testem veniæ ante te patrem æternum Jesum Christum dedisti, deprecor, ut apud principatus hujus seculi gratiam, citra tamen nominis tui dedecus et animulæ meæ periculum, inveniam in terramque nostram revertens vocationem, qua me vocasti, tibi servire [1] queam. Fiat autem voluntas tua bona et sancta, veniat regnum tuum perfectum, contra quod nunc cinis et terra tam superbe insurgit. Panem verbi da et corporis, patres bonos largire et subditos serva. Sit tibi cura uxorculæ et filiolæ. Et quoniam omnia, quæ iuste premunt, ob multitudinem peccatorum nostrorum patimur, dimitte nobis debita nostra, si quidem et nos (id te donante) remittimus debitoribus nostris. Et ne nos inducas in tentationem, hoc est, o pater, ne nos nobis relinque, ne postliminio mundus, caro et veterator ille serpens Sathan a filio tuó devicti, nobis dominentur. Sed libera nos a malo, aufer tristitiam inutilem et da contritionem veram, spemque fidelem, et quia de die in diem tempora in pejus vergunt, largire, o domine, quo te vocante prompte et avidis

1 ? servare.

animis ad cœlestem patriam redire cupiamus, ut tandem vere a malo liberemur. Interim carnes meas timore tui confige, mihi refugium sis et virtus. Nam non nisi in misericordia tua virtus mea consistit. Concede mihi, et populo tuo et domui meæ ita præesse, ut omnes actus nostri gloriæ tuæ serviant. Tibi cum filio tuo dilectissimo una et s. spiritu sempiterna sit gloria et honos in cuncta secula seculorum. Amen.

iij Maji d. Leonardum ex cap. 28 Matthæi concionantem audivimus super hæc verba: Quæ cum abiissent, ecce quidam e custodibus venerunt in civitatem ac nunciaverunt principibus sacerdotum omnia quæ acciderant, et congregati cum senioribus, consilio habito, pecuniam copiosam dederunt militibus, dicentes: Dicite quod discipuli ejus nocte venerint et furati sint eum vobis dormientibus. Et si hoc auditum fuerit sub præside, nos persuadebimus ei et securos vos faciemus. At illi accepta pecunia fecerunt sicut erant edocti, et divulgatus est hic sermo apud Judæos usque in hodiernum diem. Primo, inquit, audistis, ut scribæ et Pharisæi et seniores excæcati ac rabie et invidia perciti Christo domino non solum restiterunt, sed etiam ipsum traditum Pilato cruci affigi curarunt. Nec hoc eorum odio et invidiæ sat erat, quin etiam jam mortuum mendaciis onerant et commento conficto sepulchrum obsignantes custodes eidem adhibuere. Benignissimus autem Deus noster Jesus Christus per omnia eorum salutem quærens gloriosam resurrectionem suam non per discipulos, non per mulierculas aut per homines, quos ullam ob causam suspectos habere possent, sed per eos, quos ipsi suo ære ad sepulchri custodiam conduxerant, ipsis annunciari voluit. Verum nec hoc beneficio eos quoque, ut salutis suæ rationem habere voluerint, adducere potuit, quin insuper ipsam veritatem mendaciis et largitionibus obruere conati sunt. Ad hoc et prioribus malis excusationes in peccatis addentes, militibus polliciti, se illis pacem apud præsulem vel potius socordiæ et mendacii impunitatem procuraturos. Ostendit autem hic ecclesiastes per aliquot argumenta, quam non Judæis in mentem venerit veteris proverbii, mendacem oportere esse memorem, et hanc unicam mendacii mercedem, ut quicquid mali inde contingat, in ipsius mentientis caput resiliat, ut vere illis acciderit juxta Davidem prophetam: Mentita est iniquitas sibi. Itaque mentiendo effecerunt, ut omnis perditionis eorum culpa non in innoxium dominum Jesum, sed in ipsosmet redundet etc. Similiter, inquit, et Deus erga nos longanimis est, non statim delicta nostra punit. Ast nemo hoc ferociat aut impœnitens permaneat. Si enim sic periremus, non Deo, qui nos per omnes modos in Christo ad salutem vocat, sed inobedientiæ, incredulitati et ingratitudini nostræ hoc acceptum feramus, et summopere caveamus, ne si forte dominus per suggestionem spiritus sancti aurem nobis vellicet, ne hoc aut illud piaculum committeremus, illi contra conscientiam nostram resistamus. De spiritu, inquiens, bono loquor, quem dominus se suisd aturum promisit, non de suggestore illo malo, qui spiritus mendacii est et omnis nequitiæ ac perversitatis author. Item Deum suos interdum sub crucem mittere, hoc est, ipsis tristitiam, afflictiones, morbos, paupertatem et id genus rerum, ne caro ferociat, sed virgam paternam homo agnoscat. Postremo Deum nobis verbi sui præcones dedisse, qui passim populo pœnitentiam et vitæ emendationem inculcent, quos si audire renuerimus, nostram pervicaciam, non Dei benignitatem ream dici debere. Ajebat et hoc nostro ævo non paucis studio esse largitionibus et mendaciis veritatem obruere et eam excidere, verum frustraneos in hoc esse impiorum conatus. Nam scribæ, inquit, et Pharisæi cum suis senioribus jam dudum cum corporibus et animabus suis in barathrum inferni absorpti sunt. Veritas autem adhuc regnat et Christus cum gloriosa sua resurrectione triumphat. Huic fidamus et illi in omnibus adhæreamus, impartiente hoc nobis Deo patre per eundem dominum nostrum Jesum Christum et illuminante spiritu suo bono. Amen.

Eadem d. Musculo libros Buceri de disputatis in colloquio Ratisbonensi et contra Vintoniensem per Carolum hospitis nostri filium remisimus.

Nota, Augustæ singulis diebus sub nonam horam pomeridianam campana signum datur, quod fit ad refricandum tempus memoriæ proditionis Christi per Judam factæ, quod hoc fere sub id diei temporis acciderit.

Nota de epitomate Bullingeri, sive historia expositionis rerum ab origine mundi usque ad nativitatem Christi, potissimum ex novo testamento etc. an in nundinis Francofurdianis comparari posset.

Joannes et Philippus fratres dominum Joannem Henricum in templo d. Mauritii hæc verba Pauli ad Romanos 12. explanantem audiverunt: Gaudete in spe, patientes in tribulatione, instate orationi etc. Narraverat hic, quos potissimum hostes in hac vita haberemus et præcipue hos domesticos, carnem et mundum et Sathanam, jubens hos fide et patientia superare conaremur, et orationibus si alias unquam hoc tempore maxime necessariis instaremus.

Melchior heri comiti a Nassau compromissi scriptum cum nostra petitione obtulit.

Nota de querela comitis.

Eadem conspectui Atrebatensis nos exhibere volebamus, verum per Adrianum a Zertzen, qui legationem a Coloniense, comite de Nassau et domina principe adferebat (ut ipse ajebat) impediti sumus. Cujus legationem posteaquam audivissemus, Atrebatensis a nobis quæritur. Sed ubi Atrebatensis ad ædes venimus, præsul jam tum ad patrem Grandevelam transierat. Subsequuti igitur eum in paterna hospitia fere ad horam exitum ejus præstolabamur, ex puero autem quodam didicimus eum post nonam missationi interfuturum et ibidem cum patre pransurum. Dum igitur ibidem astamus, nanus oblonga undulata veste et mitra ornatus cubiculum Granduelæ intrat. Mox supervenit Petrus a Malvenda hispanus, sorbonicus theologus, sacellanus Cæsaris, quem accusationis meæ (licet hic mendax reperiri velim) coriphæum duco. Cujus inauspicatæ avis cubiculi introitum et exitum malum augurium nobis attulisse puto. Hospitium Grandevelæ ædes sunt Fuggerorum, quas vel regiis sumptibus extructas putes. Vidimus ibidem par Aethiopum et masculum et feminam pigmeorum (ut credo) de gente.

Ad hospitium redeuntibus obvius fit nobis Pinzinger, Atrebatensi a secretis. Hunc interrogavimus sciretne causam nostram imperatori relatam, an secus. Respondit, herum suum dixisse, res revisere oportere. Ipsum autem latere, num Cæsari quid relatum sit vel non.

Coloniensis scriptum compromissi tertio jam describi curavit, et quanquam nos Landtgraviæ dixeramus disertis verbis, ut caveret de appendendo sigillo etc., tamen Adriani sententia vicit.

Nanus, quem hodie vidimus, inter cubicularios Cæsaris agit, ab eo ad Grandevelam, ut morbi sui levamen aliquod esset, missus. Huic tot vestes sericas, quot anni cursus dies continet, esse ajunt.

Ad primam pomeridianam rursus Atrebatensis quæritur, quem adhuc in hospitio paterno invenimus. Prodiens itaque domo stipatus est undique a sollicitantibus. Cum itaque et nos illi appropinquaremus, ait Eubulo: Domine comes, adhuc resolutionem a Cæsare expecto, sicut tibi dixi; hanc ubi nactus fuero, vos accersiri curabo. Sicque illi honorem exhibens cum sodalibus meis abii.

Eadem fratres nobis ostenderunt Achatium filium nothum Alberti quondam Moguntini archiepiscopi et electoris.

Eadem Philippus frater et ego cum Wendelino et Floro urbem

obequitavimus, ubi ad Lyci littora in arena pueros cæsareos equos Neapolitanos asturcones et equos celeres, quos genetos vocant, girare et ad utrumque latus in orbes vertere, ut peritum est equitandi hoc genus hominum, vidimus. Major autem horum pars principum et comitum filii. Et dum in urbem reverti cupimus, fere in ipsis portis Adolphus Coloniensis archiepiscopus cum equitibus plus minus triginta nobis fit obvius. Erat in iis campis, in quo pueri certabant, auceps, qui niso ex ligno affabre sculpto cassitas aucuparetur.

Nepos et Joannes frater noster apud dominum principem in hortis Herbroti, quo ad levandum tædium se devehi fecerat, erant.

D. de Grandevela in ædibus Hieronymi Fuggeri hospitium habet, qui, dum viveret, sua sorte contentus, negociationes nullas egit.

Fuggeri, qui hodie supersunt, monopolia exercent et domini ditionum aliquot sunt, scilicet Antonius, cujus uxor defuncta est, Joannes Jacobus et Joannes Georgius, in cujus ædibus Maximilianus archidux balnea verna habiturus dicitur.

Hæc eadem dies mensem complevit, quod a Waldeccia profecti sumus.

Eadem in dominico Augustano apparantur exequiæ regis Polonorum. Extruitur ex asseribus abietinis instar tecti acuminati pulpitum in terram vergens latius coopertum panno holoserico nigro, in quatuor angulis insignia regia depicta habens, ab imo usque ad verticem cereis adornatum. Hic autem rex die paschatos, dum ob senium in sella se ad templum gestari voluit, subito apoplexia periit, cui Deum propitium deprecamur. Hujus autem Poloniæ regis marchio Joachimus elector gener est, cujus uxor jam quoque Augustæ est. Protractæ tamen sunt hæ exequiæ in diem dominicam.

Ante paucos dies legatus Angliæ regis advenit.

Joannes frater apud Treverensem, nepos apud Coloniensem pransus est. Attulit eodem amanuensis ille scriptum aliquod.

Domine Deus, qui corda et renes omnium mortalium cognita habes, tu corda nostra purifica et lumbos nostros accinge, quo pie, juste et sobrie hujus vitæ curriculum perficere valeamus, dignique, te largiente, promissionibus filii tui Jesu Christi efficiamur, per eundem dominum nostrum etc.

iiij Maji d. Musculus prosecutus est textum capitis 15 Joannis: Quia pater major me est, et reliqua usque ad finem capitis. Etsi, inquit, omnes, qui hunc locum ex doctis et patribus adhuc exposuerunt, hanc voluerint horum verborum esse sententiam, Pater major me est. Quia cœleste regnum et gloria his inferioribus gauderetis utique quod in majorem transeam. Hæc expositio autem nec mala nec quidem improbanda est. Mihi autem videor, si verba Christi diligentius excutiantur, horum genuinam hanc videri sententiam. Quia pater major me est, gauderetis utique, quod obedientiam patri præstem, sicut ab ipso præordinatum est, et opus, quod ipse mihi injunxit, perficiam et in tam excellentem gloriam concessurus ad dexteram Dei patris revertar etc. Monuit et hoc, discipulos quidem dominum summo amore prosequutos fuisse, nimirum in primo gradu, hoc est, ita Christum amabant, ut præsentia et consuetudine sua diutius frui cuperent. Quare et ob id, quod abitus sui mentionem fecisset, tristiores redditi sunt. Minus autem secundo amoris gradui satisfecerint, scilicet, quia obedientiam domini erga patrem, et eam, in quam Christus introiturus erat gloriam non suis affectibus et corporali Christi præsentia prætulerint. Dixit enim Christus »Gauderetis utique, quia pater major me est«, quasi dicat, »Non ob id abiturus sum, quod nolim diutius vobiscum in terris degere, aut quod vestri pertæsus sim; sed quia pater major me, vocat me obedientia patri præstanda, ut opus redemptionis compleatur et ad priorem claritatem et paratam mihi gloriam concedam. Hæc, inquam, si probe perpenderetis, gauderetis potius quam contristaremini.« Docens dominus hoc exemplo, quod obedientia et id, in quod missus erat, amori erga discipulos et carnis affectibus prætulit. Nam sciebat sic Deum dilexisse mundum, ut hunc filium suum dederit, quo omnis, qui credit in eum, non pereat, sed vitam æternam habeat; nos deo plus obedire debere, et quam unicuique vocationem ipse injunxerit, privato amore et affectibus majorem ducere debere. Nam, inquit Musculus, amor intra normam justitiæ permaneat. Exempli gratia. Pater es, liberos chara conjugii pignora tenere diligis; justa est et æqua hæc storgia. Attamen ita eos amato, ne ipsos Deo præferas et illis contra Dei mandata et justitiæ normam cave conniveas. Amicus tibi aliquis est, tibi unice cordi, cui in omnibus morem gerere cupias. At eum ita amato, ne amici causa Dei iram, animæ tuæ periculum, aut turpe quid vel subeas vel committas. Filius familias es, sic patrem reveritor, ne tamen cœlestis illius patris honorem imminuas. Item, si qua ad Dei gloriam aut reipublicæ profectum vocemur, quanquam uxorem et liberos amemus et nostris, ut æquum est, bene præesse cupiamus, tamen his posthabitis domino honorem demus et pareamus vocanti. Similiter, si crux perferenda etc. Pluribus de his Musculus sincerissime docuit. De iis autem, quæ sequuntur, dixit se in expositione 12 capitis luculenter disseruisse, ubi fere eadem verba ponerentur, nimirum hæc: »Et nunc dixi vobis priusquam fiat, ut cum factum fuerit, credatis.« Obiter tamen monuit hic nos discere debere, ut verbis Christi firmiter credamus, certi, omnia, quæ prædixerit, eventura esse. Quoniam, inquit, juxta Paulum fides est earum rerum quæ sperantur substantia[1], argumentum autem eorum, quæ non videntur, vel ut vetus lectio habet, argumentum rerum sperandarum non apparentium, nihil magni feceris, si credas ea, quæ jam facta sunt, quæ vel videre, vel manibus palpare etiam queas. Sed adeo tibi persuasum habeas, certo ea, quæ Christus prædixit, eventura esse, ut quasi jam facta de his nihil dubites. Inde tibi uberrimus fructus conscientiam confirmans elicietur. Si videas hisce temporibus multorum charitatem refriguisse, cogita: Dominus sic futurum prædixit. Similiter in afflictionibus tibi solatio erit, si in mentem veniat, dominum quod suis talia eventura sunt prædixisse et eundem pollicitum esse, se suos non derelicturum. Item faciet ut ne desperes, sed in patientia animam tuam possideas etc. Post hæc »Non multum loquor vobiscum«, dixit dominum hæc dixisse ob vicinitatem instantium periculorum etc. »Nam venit princeps mundi hujus« etc. Multa de Sathana principe mundi hujus et suis conjuratis disseruit, et quod sathanici asseclæ nunc acclament, omnia mala et dedecora ob novam (ut ipsi vocant) evangelii doctrinam in mundo enata, cum tamen nemo unquam (modo verus evangelii prædicator extiterit) vel unicum malum facinus docuerit, et cæcus mundus, inquit, non considerat Satanam esse principem mundi hujus, qui hisce extremis temporibus magis ferociat per organa sua regnans et operationem suam in filiis diffidentiæ exercens, callidissimus enim spiritus est, novit tempus adventus Christi (quod haud longe abest) instare. Nam conatus est spiritus ille nequam cum Christo etiam domino scripturis certare; huic spiritui immundo, non innoxiæ doctrinæ evangelicæ cuncta enormia accepta feramus. Insuper Musculus docuit, quam cunctis fidelibus sit solatio Christum dixisse: »Sed in me non habet quicquam.« Per Christum enim hic princeps devictus est, nec quicquam in eum juris habet. Sicut, inquit, nec in omnes, qui Christo et ejus verbo fidunt, nisi quantum illi et quando ex divina permissione ipsi contra nos conceditur, non quantum illi libuit, ut apparet ex historia Job. Nihil ergo

1 hs. sba.

de eo metuamus, sed constanti fide in Christo diabolo resistamus. Item, de eo, quod Christus dixerat: »Sed ut mundus cognoscat, quod ego diligam patrem«, jussit et nos similiter animatos esse. Si ita domino placitum fuerit, ut crucem feramus, demus operam, ne animo consternemur, sed fide erecti nos tales præbeamus, qui omnia et facere et ferre cupiamus, quo mundo testatum fiat, nos et hunc dominum amare et ejus gratia omnia, quæ illius gloriam concernunt, perpeti paratissimos. Nam, inquit, si is, qui imperatori fidus videri vult, omnia, in quibus imperatori morem se gerere posse arbitratur, et suffert et facit, et ejus se amicum vel clientem fatetur, quanto magis id nos præstare debemus, qui habemus dominum Jesum multis imperatoribus majorem, maxime cum impii potestatem super sortem justorum non habeant. Etsi nos in exilium ire cogant, ab uxore et liberis avellant etc. denique vel vitam eripiant, nihil tamen in animam vel salutem nostram possunt etc. De horum verborum explanatione, scilicet »Sicut mandavit mibi pater, sic faciam«, ait se in cap. 8 hujus evangelistæ plura dixisse, jubens tamen, ut, si Deum diligere velimus, quæ deus præceperit, et faciamus. Sciens, inquit, dominus, quam princeps hujus mundi in Juda et suæ sortis hominibus fureret, ait: Surgite, eamus hinc.

Hac die nihil sollicitatum est, ne onerosi aut tædio aulicis semideis essemus.

Eadem in palatio Cæsaris rex Ferdinandus et advocati ducis Udalrici coram imperialibus consiliariis præsidente archiepiscopo Coloniense causas agebant.

Domine Jesu, qui es ipsissima veritas, tu vere dixisti, nos sine te nihil posse. Quam ob rem humiliter te deprecamur, ut dones tibi in omnibus obedire et tibi soli inniti. Causam defende tuam, tua gloria, Christe, vincat.

v Maji in templo observantum d. Leonardus familiæ concionatus est ex cap. 28 Matth., nimirum de his verbis: Et exiit sermo apud Judæos, usque in hodiernum diem etc. Audistis, inquit, nudiustertius et perendie de pervicacia Judæorum et militum quoque perfida avaritia, qui accepta pecunia, ut a scribis et Pharisæis edocti erant, hunc sermonem sparserunt, quem, inquam, sermonem? nimirum talem, discipulos suffuratos esse noctu corpus domini Jesu. Qui sermo et quam verisimilis sit, audistis etiam, et tamen hic sermo apud Judæos obstinatos, non apud Christianos permansit. Quod autem hæc Matthæus evangelista tam disertis verbis indicare voluerit, ideo factum est, ut nos justum Dei judicium in hoc cognosceremus. Quia enim Judæi contra conscientiam veritatem de salvifica resurrectione Christi domini recipere abnuebant, permissi sunt sibi, ut iis, qui ob pecuniolam mendacium hoc de furto ablato Christi corpore finxerunt, fidem haberent, idque Sathana et instigante et cooperante. Sunt, inquit, hoc nostro ævo, qui accepta pecunia mentiuntur, qui mendacio potius quam agnitæ veritati credere malunt. Sed unde nisi ex peccato, quod obviam veritatem respuunt? Allegans in hoc locum Pauli ad Ro. 1. Et quemadmodum non probaverunt, ut Deum agnoscerent, ita tradidit eos Deus in reprobam mentem, ut facerent quæ non veniebant. Sic et nunc dicitur, a multis annis hoc duravit, sed ab iis tantum, qui malunt inducto errori ac evangelicæ veritati credere. Quare accidet et his, quod Judæis incredulis evenit. Satan enim, pater mendaciorum ipsos eo induxit, ut papam et suos et quicquid excogitaverint avide, contempto evangelio, arripiant. Intulit et hic inter alia insignia et enormia facinora papistarum nocentissimum illud commentum prædicatorum monachorum in Verona perpetratum, quod in omnibus pistrinis popinisque notius est, quam ut hic ascribi mereatur. Item de Franciscanis et ficticio personatoque eorum Christo (puto stigmaticum Franciscum) et quomodo homines a Christo ad propria opera avocaverint, cum tamen nulli unquam nisi ex gratuita Dei misericordia per meritum Christi fide apprehensum salus contigerit etc. Postremo monens, ne et nos quoque spiritibus erroris præterita veritate Christi crederemus, ne nobis idem quod Judæis et Antichristo, qui, inquit, non unus est, sed quicunque papæ et suis adhærent, quod a nobis piissimus dominus noster Jesus Christus per suam gloriosam resurrectionem avertat. Amen.

Eadem erat nobis animus diminutionem sanguinis facere, sed quia et heri et hodie aer suspectus erat, a nobis intermissum est.

Eadem curia Atrebatensis repetitur, ubi ad sollicitationes aderant Constantienses, Udalrici ducis consiliarii et afflicti Bremenses. Venit et Franciscus Conradus a Sickingen, afferens supplicationem (ut vocant) Nicolai ab Hattstein cognatorum ejus. Item Joannes comes a Sarbrugk et Nassau, item Carolus a Stockem præfectus in Weilburg nobiscum eodem luto hærens, qui ait, se a quodam accepisse et comitis sui et nostram causam Cæsari relatam esse. Dum autem ibidem integram horam desedissemus, Eubulus Leonardum cubicularium præsulis rogat, ut velit ad herum suum intrare ac nostri nomine deprecari, ut vel tandem comitum a Waldeck mentionem habere vellet. Qui gallice respondit bien, quasi diceret bene est, faciam eorum mentionem, quod Deus faxit. Atque hic fuit hujus dici actus. Cubicularium autem argenteo nummo honoravimus, ut nostri ergo diligentius apud præsulem instaret.

Dum hospitium Coloniensis præterivimus, episcopus caput e fenestra porrigit, cui dectis capitibus honorem habuimus, licet is nos torve intueretur.

Eadem a quodam accepimus, Cattorum principi injunctum, ut capsellam aut arcam potius, in qua d. Elizabethæ reliquiæ asservatæ essent, domui Teutonicæ in Marpurgo reddi curaret.

Aderat et Augustæ Joannes a Reidesel archimarschalcus Hassiæ, cui cum abbate Hersfeldensi ob oppidulum aliquod res erat.

Eadem Joannes frater, Liborius, Wendelinus et Lindius cum scripto compromissi ad dominam principem missi sunt, non tam ad cum ea agendum, quo sigillum appendat, quam ne a nobis contempta videretur, ut multa fiunt ab hominibus, quæ etiamsi intermissa vellent, tamen facienda veniunt. Attamen sigillum appensum est.

Eadem Ferdinandus rex proceres aliquot ad dominam principem mittit, per eos rogans, ut crastino ad horam secundam pomeridianam exequiis regis Poloniæ interesse velit. Optimam principem a dextris regis cœlestis timor et reluctans conscientia angit, a sinistris potentia terreni regis sanguinisque propinquitas. Nam et mater Landtgraviæ ex regio Polonorum sanguine erat, et mariti insuper captivitas divexat. Dominus scrutator renum et mœstorum cordium consolator det ipsi sapientiam et consilium, quo periculum evadere possit.

Filius regis Poloniæ regis Ferdinandi filiam in uxorem habuit, quæ ante annos abhinc tres vita excessit.

Eadem Ottho comes a Rethberg per ministrum suum Waldecios in crastinum ad prandium vocavit, cui morem gerere non unam ob causam utile nobis videbatur.

Eadem Fridericum quoque a Furstenberg adesse comperti sumus.

Wilhelmus comes nostros interrogat, quinam se res nostræ haberent. Et posteaquam edoctus fuit, quibus sycophantiis nobiscum uderetur, profecto, inquit, dolendum est, quod unus homo omnia exequatur, Gallica, Italica, Anglica, Germanica et negocia et legationes, nec fieri potest, ut in tanta negociorum mole, sine longissima mora, quicquam ad finem probe perduci queat. Quare dominis vestris cunctatione opus est, ut quotidie instent. Et dum nostri dicerent, nos et sæpius et importune instare, respondit, Nihil refert. Nam etiamsi vos ipsos importunis sollicitationibus pulsetis, et ipsi omnia promittant, nihil tamen celerius fiet. Nam quemadmodum asellus licet stimuletur et vapulet ab agasone, tamen eodem cui assuetus est incessu incedit et eundem servat, ita et hi, obturati ad clamores, suo cursu res peragunt. Nam ipse ego, inquit, quatuor septimanis minus annum hic transigo, fere adeo gnarus, ut cum huc venerim.

Domine Deus, quoniam tempore tentationis multi juxta filii tui verbum respicientes ad potentias et elementa mundi hujus recedunt, adeo ut, qui aliquid inter tuos esse videbantur, nunc propalam seculum amplexi sunt et cum corvis crocitant et cum ranis coaxant, te ex imo pectore per eundem liberatorem filium tuum benedictum, dominum nostrum Jesum Christum deprecor, fidem meam adauge et suscita, ut tibi cum timore sancto servire et tibi jubilare queam, utque animo fidenti et læto cum servo tuo Davide canere possim: Si te habeo, nihil moror vel cælum vel terram, sicque mortuos sepelire suos mortuos sinam, qui vivis et regnas cum eodem filio et s. spiritu in secula Deus.

vj Maji in templo Mauritii post unum aut alterum psalmum decantatum lector ambonem conscendens ecclesiæ 13 caput Matth. legit, confessionem publicam præscripsit, et quoniam, inquit, salutare est et domino Deo nostro placitum et acceptum, obsecrationes pro omnibus fieri, sicut et apostoli docuerunt. Oremus igitur pro Cæsare, inquit, etc., et more consueto cætera prosecutus est. Deinde canit ecclesia canticum de invocatione spiritus s. et d. Musculus invocato Dei nomine explanationem capitis decimi quinti Joannis evangelistæ incepit, hæc verba recitans: »Ego sum vitis vera et pater meus agricola est, omnem palmitem in me non ferentem fructum amputabit, et omnem ferentem fructum purgabit, ut uberiorem fructum gerat.« His perlectis per modum epilogi quæ in capite 12, 13 et 14 docuerat repetiit et tunc tantum eam sententiam, »Ego sum vitis vera et pater meus agricola est«, explanandum suscepit, disserens multa de hac pulcherrima similitudine et comparatione Christi ad vitem. Item, quare Christus per similitudines loqui maluerit, hanc reddens ejus rei rationem, nimirum grandia esse, de quibus Christus per parabolas locutus sit, propterea quod hæ facilius a simplicibus capiantur, et magis animo hæreant. Innuens Christum subinde assimilationibus usum, ut cum se ovium pastori comparat, seminanti, fonti aquæ vitæ, pani cælesti etc., dilucide annotans in quibus capitibus et locis Evangelistarum singulæ comparationes haberentur, pie pariter ac docte eas cursim elucidans, præcipue eam,

5*

quæ de vinea loquitur etc. Nam, inquit, hi sermones parabolici imagines sunt et simulacra. Quamobrem si imaginibus delectaris, quare non cum oves videas tibi in mentem venit: »Nos oves sumus, Christus ille verus pastor, qui ovibus dat pabulum, pro eis animam suam posuit et adhuc hodie pro ipsis sollicitus est.« Item, cum ostium domus tuæ ingrederis, cur non cogitas, »Christus verum est ostium, per illud te intrare oportet« etc. Item, cum vitem conspicis, quin mentem tuam subit: »Christus vera est vitis? Faxit Deus, ut ipsi sim palmes fructum in eo ferens et in vite permanens.« Sic et similiter de aliis. Si enim aut scriptis, aut sculptis vel penicillo exaratis simulacris animo gaudes, fac hæc loquacia simulacra, quæ tibi salutaria et vera repræsentant, consideres. Post hæc jucundissimam reddidit rationem, cur Christus se ipsum non cedro, quercui, abieti, fago aut id genus arborum compararit, sed potius viti, ligno non magnæ æstimationis, si surculos, palmites vel arborem intuearis. Ast, ait, hoc genus ligni Christo aptissime quadrat. Nam ut vitis lignum et frondes, ni fructum æstimes, contemptibile, ut in speciem videtur, est, ita Christus dominus dum in terra versaretur, contemptui habitus est, et nullius numeri juxta carnem Judæis fiebat, et ex humili matre virgine Maria (licet stirpe regia) nasci voluit, ut Esaias dicit, sicut virgultum de terra arida excrescens, utique qui dicerent: Numquid fabri filius est iste? Nonne nos patrem et matrem ejus novimus? Unde hic scit literas? etc. Num a Galilæa quid boni? etc. Et Christus ipse, inquit, gratias ago tibi, pater, quod abscondisti hæc a sapientibus et prudentibus et ea parvulis revelasti. Et Paulus: Non multi potentes, non multi sapientes secundum carnem etc. Sin vero probe et ad amussim rem animadvertas, Christus vera illa vitis est, quæ dulcissimum fert fructum, fructum spiritus, fructum omnis boni, fructum fidei, spei, charitatis ac demum fructum vitæ ac salutis æternæ. Patrem autem miro schemate vinitorem sive agricolam vocat, illi omnem honorem tribuens. Et quando, inquit, pater hanc vitem plantavit? Tum, cum verbum caro factum est, in fine temporum. Vitis vero similitudinem scripturis sacris familiarem esse, ex prophetis Esaia et Jeremia ostendit, item ex psalmo 80 per sex integros versus; item ex verbis Christi de filio regis et vinea et iniquis agricolis. Item esse præter hanc vitem Christum aliud vitis genus, quod labruscam die wilde Weinreben vocamus. Ejusmodi sunt cultus excogitatitii et traditiones humanæ ex viti vera non deductæ. Patrem autem palmites, qui in hac vita fructum non ferunt, sed degenerant, amputare. Interim eos etiam, qui fructum afferunt, purgare, quo magis ferant fructum vite dignum etc. Et post luculentissimam harum rerum declarationem jussit, Deum patrem domini et liberatoris nostri Jesu Christi oraremus, ut benigniter nobis largiretur, huic veræ viti nos inseri, ne quo alias degeneraremur, utque in hac vite fructum feramus dignum, consecuturi per eam vitam æternam. Quod fiat. Amen.

Vocabamur a comite Rethbergio, ut hanc concionem postea conscribere post perturbatam memoriam non possemus. Apud Rethbergium Ottonem quoque de Berckenfeld reperimus.

Eadem maxima adornata funebrium pompa nec digna hujus narratione papyrum fœdare. Sed proh tempora, phui hominum effœminatas mentes! accidit huic actioni omnes novitios electores interfuisse, et inter hos etiam Christinam principem ciconiam inter grues intuitu regis Ferdinandi agrum domini vastare visam esse. Huc, huc, inquam, misera Germania recidit. At qui olim se proceres religionis nostræ gloriabantur, nunc super ollas carnium Aegypti accubant, ne mutientes quidem contra omne, quod Antichristo et suis placet, brevi omnes olitus ventris sui, juxta Lutherum, pro suaveolente amaracino adorantes.

Memento, domine, vineæ, quam ex Aegypto adduxisti, et extirpa omnem palmitem non ferentem fructum in te, daque nobis in agnitione filii tui dilectissimi firma fide persistere et ejus verbo fideliter adhærere.

In hodierna sua concione Musculus nos orationem pro imperatore, rege et omnibus magistratibus intendere jussit, quo in Jesu Christo viti vera permanerent, et ne quid statuerent, quod labruscas saperet. Alioquin et patrem agricolam hos quoque amputaturum. Quod ipsemet Deus misericorditer avertat. Amen.

Ericus Brunsvigiæ dux ante triduum ad balnea in Emss ibi uxorem expectaturus hinc abiit. Hanns vonn Ruthingen des Churfürsten Wachtmeister.

Sub ipsis vigiliis tanta aeris intemperies erat, modo mugientibus, nunc flantibus euris, nunc rursum Cecia vento turbines et pluvias movente; ad id in dominico Augustano excitatus tumultus, ut credere posses ipsa elementa testari, has pompas domino abominationes esse.

Eadem in causa nostra tam quod ad Coloniensem, quam quod ad Cæsarem attinet, nihil effectum est.

vij Maji ad d. Mauritium d. Joannes Henricus concionatus est ex his verbis Pauli ex capite xij epistolæ ad Romanos: Benedicite et nolite maledicere. Ait autem hæc verba esse præceptum expressum domini, non consilium inter opera supererogationis annumeratum et omnibus universaliter præceptum esse, non solis iis, qui se claustrales vocant. Adducens testimonium ex cap. 5 Matthæi: »Quisquis autem occiderit, obnoxius erit judicio« etc. Item Deum patrem assimilavit patri familiæ, qui habens filium vel filiam, qui vel quæ a patre præcepta acceperit, et tamen præceptis hisce non obedierit, hic patrem, etiamsi tenere liberos amaverit, non tamen statim eum illis abblanditurum esse, sed forte dicturum: »En hæc tibi præcepi, sed tu pervicaci cervice repugnas? Vide igitur ut alium te geras. Quod ni fiat, haud te filii loco habiturus sum. Insuper etiam, nisi resipueris, exhereditaturus sum. Sin vero te gesseris, ut morigerum patri filium decet, ego quoque affectu paterno te ut dilectum filium vel filiam prosequar« etc. Si hic vel illa vitam in melius mutaverit et patri debitam obedientiam præstiterit, benignissimum patrem experietur. Ita et nobis, inquit, accidet. Si quotidie verbum benignissimi cœlestis patris nostri audiverimus et tamen quotidie nobis ipsis pejores reddimur et patris iram et exhæredationem incurremus. Sin vero ex toto corde mandata ejus exsequuti fuerimus, ipse quoque iram suam revocaturus est etc. Item ostendit quoque ex cap. 5 Matthæi, quam nullam laudem mereamur, si tantum amicis et nobis benefacientibus bene precamur aut facimus. Nam, inquit, naturam et mutuam amicitiam exigere, et a sapientibus ethnicis probatum quoque iri et germanicum proverbium: Freundt uber ein Zaun, freundt widderumb heruber, testatur. Sed hosti et persequenti nos benevolos esse et de iisdem bona optari, idque ex animo præstare, hunc laborem, hoc opus esse. Proferens exemplum domini salvatoris nostri Jesu Christi, qui in cruce distentis membris pendens pro crucifigentibus orans dixit: »Pater, ignosce illis, quia nesciunt, quid faciunt.« Item Stephani protomartyris, qui jam lapidibus quoque petitus oraverit: »Domine Jesu, ne illis statues hoc in peccatum, quia nesciunt, quid faciunt.« Sed forte dicere posses: Ab adversario sine omni causa, præter jus et æquum non solum damno et magnis opprobriis affectus sum, sed insuper mihi nec unquam eum honorem detulit, ut apud me noxam suam deprecaretur. Donemus, inquit, sic esse. Verum cum noveris innocentium domini et quibus probris, blasphemiis conviciisque is ab impiis affectus fuerit (si modo christianus nominari velis) respectu Christi adversario tuo omnia, inrogatus etiam, gratis condonare, potissimum quod et probra et vibices, quos tulit Christus, tu pati debueras, teneris etc. Nec enim magni ducendum est, proprio ære altaria ædificare, templi parietes adornare, vel his majora quoque facere. Sed inimico ex animo ob Christum ignovisse, hoc opus est et vere bonum et Deo quoque acceptum. Non est enim cultus Dei solum in templo esse, ibidem orare ac mox a sacris, quicquid in mentem venerit, perpetrare, quasi jam penso persoluto, quæcunque libeat, facere liceat, sicut Judæi clamabant: Templum domini, templum domini, templum domini, cum Deus ista non exigeret, minitans et terrens exemplo dirutæ Siloes etc. Adduxit quoque d. Jacobi apostoli locum Jacobi I: Religio pura et immaculata apud Deum et patrem hæc est, invisere orphanos et viduas in afflictione sua, immaculatum se ipsum servare de mundo. Non is, ait, cultus Deo placens est, quotidie adire templa, quotidie sacræ concioni interesse, et mox finita concione auditi verbi nec habuisse rationem, nec meminisse. Sed vera religio in fide in Christum, in innocentia vitæ et caritate in proximum consistit. Dixit autem, Paulum non solum dixisse »benedicite«, sed insuper prohibuisse maledicere. Quam id ævo nostro moris sit, rem ipsam testari. Nam ocius in nobis rebellantem execrationes et maledictiones nos torqueri, inquit. Si ullo tempore hæc Christ doctrina locum habuit, nunc quam maxime apud nos locum habere debet. Nam cum nos in hæc incidisse tempora animadvertimus, cogitemus Deum nobis hæc immisisse, ut nos probet, sicut argentum igne probatur. Jam, infit, longo tempore verbum divinum audivimus et (ut ita loquar) in scholis litteras addidicimus, nunc præceptori reddenda erit lectio, ut palam fiat, quid memoriæ hæserit etc. Certe ex natura nostra nihil possumus, nec egomet ipse quicquam valeo. Sed licet hactenus nihil fecerimus, emendemus modo vitam et hodie mature adhuc satis est etc. Orantes dominum, ut nobis largiri dignetur, quo discamus benedicere maledicentibus nobis et benefacere persequentibus nos, idque ob Christum. Amen.

A concione nos Atrebatensi exhibuimus. Qui cum cubiculo prodiret, conspecto Eubulo ait: »Nihil adhuc allegatum est.« Hac aulica offa nos saturos abire oportuit. Deinde salutavimus comitem Wilhelmum, cumquo et jentaculum sumpsimus. Is ait: Cunctatione hac opus est et exemplo viduæ illius evangelicæ improbum judicem importunitate obrui oportet. Cepimus quidem consilium de supplicatione, sed res eventum sortita non est, licet Liborius quippiam conscripserit.

Interim illud per veredarium Romam cursitavit. Duas sessiones in consistorio habuit. Interea temporis nobis adsit dominus.

Eadem Cæsar et Ferdinandus animulam cognati regis per missaticos sacrificulos e purgatorio ad elysios campos transfretare fecerunt.

Eadem comes Wilhelmus mutuo nobis dedit quindecim illas conciones Michaelis suffraganei Moguntinensis de sanctissima missa, scilicet!

Quidam principis alicujus non omnino pessimi noxios consiliarios Michaelem Judæum et Joannem Islebium theologum esse dixit. Proh dolor, rem acu tetigit.

Libra aromatica una pro denariis duobus in molendino aromatico contunditur.

Eadem comes a Nassau scriptum compromissi landtgraviæ et suo sigillo corroboratum suis syngraphis subscriptum nobis remisit. Verum Coloniensis ceram et papyrum, sed non sigillatum apposuerat. Petitum igitur consilium, sed tamen mutato consilio cum sigillo comitis a Nassau fideremus omnes et sigillo et manuum subscriptione (licet animo invito) scriptum hoc confirmavimus.

Doctor Carolus Harst, Joachimus Hagk et N. Doctor ac Wilhelmus Ketteler canonicus, (qui jam in pontificem monasteriensem electus est), [1] Cliviæ ducis consiliarii fratres nostros ad cœnam vocarunt.

Eadem Wendelinus et Florus archiducem Maximilianum adiere, qui eos clementer audivit. Respondens illi probe obvenire, quod affinis suus dux Cliviæ cum ipso de comitibus in Waldeck locutus sit. Paratus etiam omnia, quæ ad causam commoda sunt, facere, sibique constare, de causa nostra adhuc nihil ad imperatorem relatum esse. Verum se daturum operam, si vel ipso hoc die quid efficere posset.

Wolradus rogatu fratrum una cum nepote Samuele fratres ad Clivenses consiliarios pro umbra concomitatus est. Apud quos mensa erat opipare instructa, ubi et disputationes variæ inciderunt, et reperti sunt multi, qui nec papistis palmam nec nostris victoriam tribuerent. Ac nemo miretur. Sapientibus mundi ab antiquo res divinæ ridiculo fuerunt. Aderat inter cæteros filius Gothardi equitis aurati a Ketteler etc.

Doctorem Carolum rogabamus ut, si locus concederetur, nostri mentionem apud Atrebatensem faceret. Huic consultum videbatur, si quispiam subordinaretur [2], qui apud harpigias istas multa de paupertate nostra diceret ac redditus nostros extenuaret.

Dum, nescio quo abeuntes, hospitio abessemus, venit quidam e familia comitum de Manderscheid, der alte Tyderich nomine, qui ait, dominos suos, quod Augustæ sim, latuisse, alias forte ipsos ad me de-

1 Das hier eingeklammerte steht in der hs. am rande. 2 subornaretur ?

disse literas. Si igitur quid ad affinem aut sororem scribere velim, se libentissime ipsis literas allaturum.

Quoniam, benignissime pater, hodie per præconem verbi tui juxta præscriptum ejus, quem solum nos audire jussisti, benefacere etiam persequentibus nos edocti sumus, te suppliciter deprecamur (figmentum enim nostrum nosti), da nobis spiritum tuum bonum et eam mentem, ut sperantes in te proximos amemus et odientes nos benefaciendo superemus, per Jesum Christum Dominum nostrum. Amen.

viij Maji in cœnobio minorum quidam, cujus nomen mihi ignotum; ex cap. ii Lucæ Evangelistæ paragraphum hunc legit: «Et ait illis, quis vestrum habebit amicum, ad quem eat media nocte et dicat illi, amice, da mihi mutuo tres panes, quoniam amicus meus venit de via ad me et non habeo quod apponam illi, et ille intus respondeat» etc. et proximum huic adhærenti (em?) paragraphum: «Et dico vobis, petite et dabitur vobis, quærite et invenietis, pulsate et aperietur vobis. Omnis enim, qui petit, accipit, et qui quærit invenit et pulsanti aperietur.« Disseruit igitur de meticulositate naturæ veteris nostri Adami in orando. Item quomodo idem dominus nævos corruptæ nostræ naturæ considerans medius factus inter Deum et hominem, hac similitudine audaciores cordatioresque ad orandum nos reddere voluerit. Item quis ille amicus dormiens, quem [1] media nocte, hoc est ipso tenebroso tempore angustæ afflictionis et ingruente necessitate expergefacere studeamus, dicentes cum propheta: «Exurge, domine, quare obdormis?« Quantum enim nobis et timidæ nostræ ad omne bonum naturæ, Deum dormire, preces nostras non exaudire et nos negligere videatur, tamen si tanta importunitate eum pulsemus, clementer nos exauditurus sit, præbens nobis panem et necessaria. Quod exemplo cananitidis mulieris pateat, et reliqua ordine is ecclesiastes prosequebatur. Quia autem antehac ipsum non audivimus, difficile erat, omnia ejus verba assequi. Christum vero ostium esse unicum, hoc sine intermissione esse pulsandum dixit. Malleus, quo pulsetur Christus, fides est, sine qua impossibile, teste Paulo, nos a Deo exaudiri. Vetuit autem ne de alio intercessore mortuo cogitaremus, nec hæc verba nobis exiguæ consolationi esse debere, quod Christus dixerit: «Dico vobis, quod ob importunitatem ejus exurget et dabit illi, quicquid opus habet,» cohortans nos, ut remota omni socordia et negligentia, his maxime tempori-

*

1 hschr. ad quem.

bus, Deum et ostium Christum assidue pulsemus sine intermissione orantes, nihil dubitantes nos per Christum exaudiri.

Eadem apud Atrebatensem sollicitatum est, qui quanquam de via declinare vellet, tamen a nobis præventus. Nondum audivit Cæsarea majestas, inquit. Hæc sibyllina follicula[1] nos apprehendere et abire oportuit. Eadem factus est nobis obviam Julius Pflug, Numburgæ ad Salam et Zitiæ episcopus, Amstorfio jam secundo surrogatus.

Opportune quoque doctor Philippus Seld obviam nobis fit, quem obnixe rogabamus, ut apud Atrebatensem instaret, si qua causa nostra ad imperatorem deferri posset. Qui respondit, se sperasse jam dudum hoc factum esse, posteaquam nos jam obedientes erga cæsaream majestatem præstitissemus. Verum id moris est, inquit, hujus aulæ, homines mora enecari. Si autem ipse in hac re quid facere queam, spondeo gratiæ vestræ meam operam. Polliciti sumus igitur, et nos relaturos gratiam.

Hac die archidux balnea sua peregit et rursus in curiam suam migraturus dicitur, speraturque rursus audientiam (ut vocant) dare. Liborio et Wendelino injunctum est, ut a prandio Seldum iterum adeant. Augustanorum turgidi loculi rursus emulgendi dicuntur. Nam episcopus pro sua jurisdictione hactenus intercepta magnam pecuniæ summam petit. Hic erat vicesimus dies quod apud concilium imperiale auditi fuimus, nec interea temporis eo intromissi.

Eadem famulus dominorum de Manderscheidt ad nos reversus est, qui Theodoricum patrem Theodorici affinis nostri in Cronenburg Eifliæ podagra decumbere ait. Affinem vero et sororem nostram Ericam nunc in Manderscheidt degere. Annam neptim nostram ex sorore esse apud fratrem nostrum uterinum Arnoldum comitem in Stenfurdt et Bentheim, dominum in Wevelkoven, Margaretham matri inseruire. Theodoricum nepotem nostrum in Manderscheidt sub pædagogo literis incumbere. Huic famulo mandata ad sororem nostram et comites suos dedimus.

Eadem inter octavam et nonam pomeridianam rex Thunis, quem alii Carthaginis potius regem putant, lectica vectus cum altero ejus filiorum exiguo satellitio comitatus Augustam venit. Gens semiæthiopica, cujus vestitus Turcam redolet.

Redeuntes ad hospitium vidimus Ambrosium Amman judicem Ratisbonæ, ex quo sciscitati sumus de statu Pergeri hospitis nostri et ci-

[1] ? foliola.

rium ratisbonensium. Eadem per hospitem nostrum d. Musculus nos donavit libro Martini Buceri de disputatis in colloquio Ratisbonæ et ejusdem scripto contra Vintoniensem. Secretarius Hoiensis cum apud Atrebatensem pro responso instaret, Antonius ille Perenotus illi respondit: Urgeas Viglium. Ex quo dicto facile intelligere est, quam sibi connivent aulici polypi.

Eckenbergiana domus, quæ nunc archiepiscopo Trevirensi hospitium præbet, pendit comitibus a Honloh annuatim pannum integrum rubeum et anseres duos candidos et nescio quid amplius, insuper comitibus mansionem in hac domo et octo equorum stabulum, ubi comitibus libitum fuerit, præbere tenetur.

Rex Thunis a proprio filio exoculatus est hac arte, ut, cum argentum habeat vim adtractivam, laminam ignitam perpetuo intuitu inspicere coactus sit, sicque acum visus amiserit, idque jussu filii senioris, qui et regnum occupavit.

Eadem licentiatus Maier nobis et imperatores et consules Romanos Joannis Cuspiniani mutuo dedit. Eadem duo Germani milites hodie in hac urbe ab Hispanis occisi dicuntur. Faxit Deus ne diuturnioris odii inter utramque gentem fomentum sit.

In Angina urbe clarissima

Quo vadam nescio, invitus morior, valete posthumi
M. Posthumius eques.

Hoc mundi et Christum ignorantium ingenium!

Infœlix fatum. Prior debui mori. Mater.

Domine Deus, qui nos per filium tuum sine intermissione orare jussisti, spiritum illum precum et gratiæ exsuscitare in nobis digneris, ut vigili fiducia ostium illud verum pulsemus, per quod nobis ad te introitus datur in vitam æternam, videlicet Jesum Christum dominum nostrum. Benigne pater, si est voluntas tua, da revisere uxorem et quam mihi commisisti spartam.

ix Maji in templo Minorum prælector (ut mihi videor) repetiit hæc verba Christi apud Lucam: «Et ego dico vobis, orate et accipietis, quærite et invenietis, pulsate et aperietur vobis. Nam qui orat accipit qui qui quærit inveniet et pulsanti aperietur.» Primo ea, quæ heri dixerat, rursus ad populi memoriam revocavit, deinde ostendit, quam amica, quam dulcis et salutaris hæc promissio Christi sit, quod ait: Qui petit, accipit etc. Nam, inquit, nec locuples nec inops, nec sacerdos, nec laicus, nec miles, nec civis, nec cæcus quoque aut claudus hic excluditur, solummodo ut oret in fide Christi. Duabus autem rebus est stabilienda oratio, una ut orans meminerit, se a Deo per meritum Christi exaudiri, in quo pater se nos exauditurum repromisit, altera quod Christus nos orare jusserit et huic innitetur promissioni, quod dominus Jesus dixerit: «Quicquid petieritis a patre nomine meo, credentes, dabit vobis.» Orantem igitur non debere dubitare, sicut nunc nonnulli docent etc. Item nec nos nostræ justitiæ, probitati aut devotioni sive intentioni bonæ inhærere oportere, aut alium præter Christum opitulatorem vel intercessorem quærere. Sed, inquies, quid petendum aut quomodo orandum est? Orandum est, inquit, tibi juxta præscriptum Christi et voluntatem patris, sic enim exaudieris nec ullus unquam melior magister fuerit præscribendi modum orationis, ac Christus ipse. Nam in oratione dominica, quæcunque Dei patris honorem et voluntatem et tuas necessitates concernunt, habes. Si interroges: Quid autem quæram in calamitate et ærumnis? Quære Christum æque ac in prosperis, et pulsa hoc ostium. Ipse enim est ostium, per quod qui non introierit, Deum videbit nunquam. Ipse via, veritas et vita. Quod quoque rursus dominus verba sua repetit dicens: Qui petit, accipiet etc., est ex ineffabili salvatoris nostri Jesu Christi erga nos charitate profectum, quo nos tam divitibus promissionibus ad instanter orandum alliceret. Ostendens quod pater cœlestis nullum rejecturus sit, cujuscunque conditionis sit, modo ex fide meritum et promissionem Christi oraverit. Orate igitur in omnibus prosperis et adversis et unicam gloriam Christi et salutem vestram quærite et ardentibus votis ostium unicum ad vitam pulsate. Hoc nobis donet benignissimus pater cœlestis per Jesum filium suum dominum nostrum. Amen.

Ostende mihi, domine, viam tuam, ut ambulem in veritate tua, confirma cor meum unico verbo tuo, ut semper et ubique nomen tuum venerer. Et, domine Deus magne, bone et misericors, si beneplacitum tibi fuit, servos tuos in Babylone per Jeremiam admonere orare pro salute regis illius, nunc quoque et tuæ paternæ voluntati non displicere confidimus te et pro domesticis nostris orare. Igitur ob meritum filii tui dilectissimi domini nostri Jesu Christi et promissionem et jussa tua, qui mentiri non potes, ex imis animi votis deprecamur, imperatoris, regum et magistratuum nostrorum, sub quorum potestatem nos redigere voluisti, miserere secundum misericordias tuas antiquas principum nostrorum captivorum, recordare et nostri et domi derelictorum (quia omnes populus tuus et oves pascuæ tuæ sumus) paternam curam habe. Idque iterum atque iterum per lætissimam filii tui triumphalem ascensionem in cœlos ad te Deum patrem et Deum virum deprecamur, qui tecum vivit et regnat cum sancto spiritu in perpetuum. Amen.

Non statues, domine, domesticis nostris in peccatum ingnorantias juventutis suæ et averte ab eis, o domine, a te non immissum pavorem et contemptum, et conserva tibi quos redemit et pro quibus oravit filius tuus, ut persistant in timore et veritate tua. Da ne retrospiciant, ne moveantur multitudine repedantium in Aegyptum et venerantium, te derelicto, potentiorum auram. Qui pater es tuis provide, quia Deus es, eis bonitatem tuam ostende, quia potens es, inimicos converte et nos de biantibus faucibus eorum potenter eripe. Amen.

Ad septimam antemeridianam curiam archiducis Maximiliani intrantes, licet archidux adhuc lecto decumberet. Progrediens in superius atrium ascendit, missam (ut dicunt) aulico more audiens. Qua finita redeuntem ad cubiculum frater noster Joannes cum paucis convenit, rogans ut sua majestas et nos et causam nostram sibi commendatos habere dignaretur. Idem quoque Eubulus precatus, tacente interim Philippo. Archidux singulos nutu capitis salutans respondit: Faciam, imo faciam libentissime. Est Maximilianus archidux adolescens forma non illiberali, proceritate corporis justa, in effando humanitatem principem decentem præ se ferens. Dicitur erga pietatem et Germaniam non male affectus. Qui corda regum in manu sua habet, illi concedere dignetur, ut optima, quæ non pauca naturæ dona habet, ad Dei gloriam, subditorum suorum profectum et animæ suæ salutem, abactis susurronibus et adulatoribus, utatur.

Fridericus quoque comes a Furstenberg ibidem aderat, sed nos arridens fere sardonico risu nihil præterea salutationis vel amicitiæ nobis exhibens, non cogitans esse rerum vices.

Eadem vidimus Joannem Rudelium Lubecæ civitatis syndicum.

Posteaquam ab archiduce secessum est, Atrebatensem quoque convenire statueramus. Verum consiliarii imperiales fere omnes apud hunc erant. Allocuti sumus secretarium, at is anteambulonum aulicorum more nobis fumum vendidit. Egimus tamen cum Leonardo episcopo a cubiculis, ut is apud herum suum nostri mentionem haberet. Vidimus ibi Acaldam Cæsaris.

Ostiarius cameræ concilii imperialis nobiscum pransus est. Hunc instituere habet præses concilii, qui modo archidux erat.

A prandio Adrianus a Zertzen venit secum adducens præfectum de Fillich juxta Bonnam, qui et ipse filiam habet satrapæ de Fridburg cognatam Elizabethæ et Joannis de Bruech cumque Wendelino affini suo diutius confabulatus est præfectus. Gloriatus quoque est Adrianus Moguntinum in crastinum sacra missarum solennia in præsentia Cæsaris et regis Romanorum celebraturum magno papisticorum missaticorum solatio.

Eadem doctorem Henricum Hasen in platea convenimus, qui ait se sperare brevi quid de causa nostra futurum.

In ædibus S. Marci: «Omnis ætas de suo tempore conquesta est.» In alio lapide: «Felix nimium prior ætas.» In ingressu secundæ portæ Capitolii leonis effigies catulum sibi subjectum miti vultu intuentis cum his versibus:

Iratus recole quod nobilis ira leonis
In sibi prostratos se negat esse ferum.

Eadem dominus Musculus prosecutus est textum de amputatione palmitum et maxime de obstinatis.

Eadem, quæ erat vigilia ascensionis domini Ditmarus Heller Consul per literas nomine etiam Corbachianorum civium de salute et rerum nostrarum statu sciscitatus est. Nuncius fuit Franciscus Steinruck. Attulit idem literas a domina matre, uxore et sororibus. Item a Joanne Galacteo et Hermanno Nellen.

Eadem M. Wilhelmus secretarius Wilhelmi comitis scriptum compromissi inter Coloniensem et nos, ut ipsis placuerat, dolatum et confirmatum nobis tradidit. Socrus et noverca Eilhusii una fuerunt.

Indicta est dieta in Wimariam in causa dotis ad diem lunæ post Trinitatis anni hujus 1548. Habitum et super hoc consilium est cum Liborio.

x Maji, quæ erat vigilia ascensionis dominicæ sacra, in templo Mauritii prælegit lector reliquum capitis 13 Matthæi. Deinde d. Musculus historiam ascensionis dominicæ ex capite ultimo Marci evangelistæ, scilicet ex paragrapho ultimo contexuit. Verba autem hæc sunt: Itaque dominus quidem, postquam locutus fuisset eis, receptus est in cœlum et consedit ad dexteram Dei. Illi vero egressi prædicaverunt domino cooperante ubique et sermonem confirmante per signa subsequentia etc. Præfatus igitur Musculus, quam dives sit hic textus, duo tamen potissimum in eo observabilia esse dixit. Historiam videlicet ascensionis dominicæ et usum ejus cum fructu. De prima parte disserens, alteram in concionem vespertinam reservans. In historia vero hæc observari jussit. Veritatem ascensionis domini, ubi dominus ascenderit, quando, quomodo, quo sublatus et quæ nobis inde utilitas evenerit. Historiæ veritatem ex Luca et apostolicis literis elicuit. Ait autem dominum non statim a gloriosa sua resurrectione ad cœlos ascendisse, sed per quadraginta integros dies se ipsum ostendisse discipulis, eos confirmasse in fide, cum illis manducasse ac se manibus eorum contrectandum ac palpandum præbuisse. Sicut autem dominus palam pati et intuentibus omnibus crucis supplicium subire voluit, ita resurrectionem suam illis tantum, qui ad hoc a Deo præordinati fuerant, testibus manifestavit. Levatus est autem dominus a suis in monte oliveti, qui est inter Hierusalem et Bethaniam, ubi frequenter Jesus alias orabat, ad cujus declive etiam guttas sanguinis in horto Getsemani sudavit, sublatus ex hoc monte cum corpore suo videntibus discipulis etc. Consedens ad dexteram patris. Hic multa dixit Musculus ex epistolis Paulinis et Augustini de honore carnis nostræ, sedentis in Christo ad dexteram patris. Sublatus est, inquit, super omnes cœlos. Hos autem cœlos non reputari debere cœlum hoc volubile et aëreum, quod nobis visibile est, sed majestatem illam et gloriam cœlestem, qua per eum glorificaturus erat, sicut dominus noster Jesus Christus ait: Et nunc glorifica me, o pater, apud temetipsum gloria, quam habui priusquam hic mundus esset etc. Sublatus est quoque in cœlum, ut nos eum eo sequamur. Utinam, ait Musculus, eum nostræ carnis honorem agnosceremus, quod Christus verus Deus et homo in carne nostra ad dextram Dei sedeat. Addit esse figurate dictum, caro nostra sedet in cœlo, sicut dicimus: Domus Austrica aut Burgundica sedet super solium imperii, cum id in una persona, Cæsare nimirum vel rege, compleatur. Si, inquit, hoc consideraremus nihilque majus duceremus, nihil minus quam humilia hujus mundi amplecteremur. Quis imperator vel princeps non pro hoc honore omnes suas pompas, quæ ne vitiosa quidem nuce ad hunc honorem comparatæ æstimandæ sunt, contemnat, quin omnes sollicitudines ac labores hujus honoris respectu postponat? Sine dubio, si hæc revocaverimus ad cor, mundum pro nihilo duceremus, non quod mundum relicturi simus, nam in mundo nos vitam degere oportet, quamdiu id cœlesti patri nostro placitum est, sed ne tanto conatu hujus mundi divitiis inhiemus, non quod divitiæ damnentur, sed quod juxta Davidem cor non apponeremus. Nam Paulus eos, qui volunt ditescere, dicit in tentationes incidere etc. Verum victu et amictu contenti meminerimus conversationem nostram in cœlis esse debere, vnd geben nichts vff alle diese Wegeldinge.[1] Isthac

1 ? unedel dinge.

enim salvatorem nostrum sequi debemus, Nos, inquam, qui Christo adhæremus, non mundus, qui habet, quo recipiatur, qui ne optat quidem etiam esse cum Christo, quin et si Deus adhuc in terris ageret, eum majore quam crucis supplicio afficeret, tam iniquo animo in Christum et suam veritatem sunt, qui mansionem et conversationem suam cum principe hujus mundi Sathana habent. Item explanavit, quid sibi hæc sententia: «Ascendit dominus in altum et captivam duxit captivitatem,» velit. Nimirum captivitatem fuisse, qua a principe hujus mundi et tenebrarum ac morte ac inferno miserum genus humanum ob Adami protoplasti lapsum tenebatur; hanc Christus secum duxit, ab hac nos liberavit. Item dona dedit hominibus, quid etc. ut id aptissime ex d. Paulo edocuit, et quam hæc dona Christi munusculis regiis etc. præstarent. Docuit quoque, qui ascensionem Domini juste veneraremur, nimirium ut hic pie vitam instituamus, Christo et verbo ejus obediamus ac optemus Christum, qui nos præcessit, sedens in gloria Dei patris, subsequi. Puerile enim spectaculum, quod papistæ idolum aliquod in altum trahunt, volentes hoc significare ascensionem Christi etc. Hujusmodi ludicris, inquit, intenti sunt et opera Christi instar simiæ imitari volunt. Quando vel tandem, ait, de reditu ejus et nos secum assumente festos dies celebraturi sumus. Profecto, ait, rideat mundus, papistæ licet obganniant, tamen in propinquo est adventus domini. Hic adduxit tempora Nohæ et Loth etc. Refrigeratu est enim charitas multorum et abundat malitia, ut in propatulo est. Rogemus ergo, inquit, dominum et liberatorem nostrum Jesum Christum, sedentem ad dextram Dei patris, ut ipsam eo sequi valeamus. Sed quis assequetur spiritum d. Musculi?

Eadem literas dominæ matris duci Ernesto a Brunschwig obtulimus, a quo humaniter accepti et cum eo apud principem electorem Joannem Fridericum pransi sumus, ubi et aderant regii proceres, Der Danheuser et alii. Apud Wilhelmum comitem cœnati sumus.

Rumore divulgatum est, pontificios apud Cæsarem intercessisse, ut conciones sacræ intermitterentur. In sigillo Platonis scriptum erat: Facilius est movere quietum, quam quietare motum; in sigillo Aristotelis: Sapientior est, qui quod novit abscondit, quam qui propalat, quod nescit. In sigillo Socratis: Inimicus hominis insipientia ejus; amicus hominis sapientia ejus; in sigillo Senecæ: Secretum meum mihi.

In die ascensionis domini, qui erat 10 dies Maji sub noctem Martinus coquus episcopi Monasteriensis, qui consilariis Augustæ additus erat, ab adolescente quopiam Didonis a Knicphausen famulo interfectus est, cujus animæ propitius sit dominus. A coquis landtgraviæ, Coloniensium et comitis a Nassau funebri pompa sepultus est. Eadem et tres alii ipsa hac nocte interfecti sunt et Martini coci sepulchro impositi.

xij Maji in templo Mauritii d. Musculus de amputatione vitis ex cap. xv Joannis concionatus est, multa de bonitate patris cœlestis dicens, qui non statim palmites amputet, sed ad annos aliquot pœnitendi et emendandi spatium misericorditer concedat etc. Item de improvida et præcipiti amputatione, qua hi utuntur, qui se ecclesiæ gubernatores et capita gloriantur et haberi volunt, et maxime illud urgebat: «Omnem palmitem ferentem fructum in me,» pater purgabit, multis evidentissimis argumentis demonstrans, quam non sit ullus mortalium vel etiam sanctissimus quisque omni ex parte mundus, juxta illud: «Quis potest dicere, castum est cor meum?» obiter hos taxans, qui sanctos mortuos invocare imaginesque eorum colere docuerunt, obticentes ipsos quoque aliquando peccatores fuisse, exemplum Davidis adducens, qui extra vitem palmes peccavit in adulterio cum Bethsaba et in occidendo Uria per literas ad Joab etc. Sed pater benignus eum purgavit, ut rursus largiter fructum in vite ferret. Interdum electos ne in donis superbirent vel recalcitrarent, sicut Paulo datus est stimulus in carne et Sathan eum colophisans etc. Ait quoque, sicut putredinem corporis, ita et animæ similiter duplicem esse, eam, quæ venit foras ad corpus et eam quæ ex corpore procedit. Primi generis sunt fœtor vel stercus calceis adhærens et his similia. Secundæ putredinis species sunt pituita, sudores, graviolentia halitus et si quid talium sordium sit, a quibus foris animus coinquinetur, qualis est morbus a pravis colloquiis et impio sodalitio contractus, abintus vero malæ cogitationes et conscientiæ maculæ. Et profecto, inquit, diversi sunt modi sordium, nam aliæ aliis et foris et intus tenacius hærent. Nam si quis calceos maculaverit, in domum optimatis cujusdam intrare volens (modo honestus vir sit) pulverem extergere jubet. Aliæ vero sordes aliam purgationem requirunt. Nam in putredine vulnerum fit sectio. Ita vinitor, qui omnia novit, alium hac, alterum illa purgare novit via; is durius, hic mitius ab eo tractatur, semper tamen in bonum sui. Et certe, ait, haud eum christiano nomine dignum duxerim, qui calceos abstergere novit, et non secum recogitaverit, si quam maculam conscientiæ accepisset, ut eam aliquando purgare satagat. Putredo autem illa non venit ex stipite nec ex radice aut nobili e succo vitis, sed ex degeneratione palmitum. Præterea meminerimus, si qua a benignissimo patre crux nobis imponatur, id fieri in purgationem veteris Adæ nostri et nobis in bonum. Manum igitur patris patienter et obedienter feramus. Interim hoc addens exemplum. Paterfamilias si surculum mali arboris stipiti inserit et hoc virgultum in arbusculum evadat et unum et alterum pomulum hero suo producat, pergratum quidem est hero. Si autem tandem in justæ proceritatis arborem excrescat et tum non nisi unum aut alterum pomum patrifamiliæ tulerit, tandem subirascetur paterfamilias et arborem hanc succidere jubebit. Sic quoque est patris cœlestis erga nos animus, si semper erimus discentes et nunquam ad frugem pervenire conemur, non quotidie nobis ipsis meliores evaserimus ac in vite illa Christo uberes fructus feramus. Sed hæc omnia, inquit, dicta sint de christianis et qui Christo nomina sua dederunt, illi servire ex animo cupientes. Nam reliquos palmites, qui sponte degenerant, pater amputabit et collectos igni injicere jubebit. Dixit et alia multa præclara in hanc sententiam. Faxit Deus ut simus palmites fidei, portantes botros in viti vera. Amen.

Hac die Franciscum nuncium rursus Corbachium multis literarum fasciculis oneratum remisimus. Remisimus et doctori Maier libros suos per Melchiorem Lindium.

Ante meridiem fratres sollicitatum ibant, sed Atrebatensis patrem adierat. A prandio vero per cubicularium ejus hoc responsi accepimus, heri a missa Cæsari de hac re se nonnihil dixisse, sed imperatorem se nondum resolvisse. Hic erat hujus diei actus.

Invisimus doctorem Carolum et perexiguum erat ejus consilium, nisi quod patientiam suasit. Venit amanuensis ille et heri et hodie scripta adferens. Tafferne, ait, flux venio. Sic germanicum idioma addiscunt Iberi.

Domine Deus, quousque ira tua desæviet? En pertulit Germania pestem, famem panis et gladium hostium exterorum et intestina bella, nec tamen finis est. Minatur ereptio verbi tui. Cætera omnia juste venerunt super nos propter scelera nostra. O domine, et hoc postremum quoque probe meremur. Verum misericordissime deus, ut nos indignos peccatores confusio faciei et omnia mala decent, ita thronum tuum fortitudo, magnificentia et misericordia decet. Propterea ex imo te rogamus pectore, aufer a nobis malum hoc et ne des fame verbi tui, in quo solo vivimus, nos enecari. Ne respicias nostram erga tuam pietatem, o deus, ingratitudinem, sed misericordiæ tuæ antiquæ recordare nosque diutius verbo tuo pascere digneris. Mitte pater, mitte operarios fideles in messem tuam et conserva et conforta eos, quos dedisti nobis, ne in tempore tentationis hoc recedant. Id te rogamus per Christum dominum nostrum. Amen.

xij Maji in templo minorum audivimus quendam a nobis antehac non visum, qui et doctrina et oratione non indoctus videbatur. Prælegit autem ecclesiæ ex primæ Joannis epistolæ capite 2 hæc verba: «E nobis profecti sunt, sed non erant ex nobis. Nam si fuissent ex nobis, permansissent utique nobiscum, sed ut manifesti fierent, quod non sint omnes ex nobis.» Deinde ait: Charissimi, hic monemur, mirum nobis videri non debere, si nonnulli et hoc tempore a nobis recedunt, qui nobiscum Evangelium amplexi fuerant, dum idipsum tempore Christi et apostolorum accidisse videamus. Magnæ autem consolationi nobis sit, quod dicit: «sed ex nobis non sunt, verum ut manifestentur, qui ex nobis non sunt.» Nunquam eni mex corde veritatem evangelii susceperunt, et scimus ejusmodi futuros et dominum et apostolos prædixisse. Potissimum vero hisce ultimis temporibus sic manifestari oportuit odium Cain in fratrem innoxium Abelem. Sic inhonestatem Cham in deridendo turpitudinem patris Noah, sic quoque animus perversus Saulis innotuit in persequendo optimum Davidem, et cor Judæ proditoris in innocentem Christum. Et quanquam dominus diem statuerit, qui nec procul abest, in qua cunctorum erit judicium, tamen prius nequitiam malorum decoopertam vult, ut agnoscamus veritatem dictorum Christi: Nihil est absconditum, quod non reveletur domino deo nostro scrutatori cordium et probatori renum, ne cogitatus quidem nostros clam esse. Sicut in Saphira et Anania actorum 5 apparuit, qui subitanea in correptione per Petrum perierunt. Discamus, inquit, cautius mercari, et actorum nostrorum rationem habeamus. Sed quia id ex nobis ipsis non possumus, Deum ardentissimis votis pulsemus, quo spiritum suum bonum nobis donet, ut in agnitione et confessione Christi constanti fide permaneamus. Nec offendamur exemplo recidentium ad seculum et in tentatione nobiscum persistere nolentium. Rogemus item, ut verbum suum nobis diutius et relinquere et impartiri dignetur. Attende, o prudens christisequa, hanc clausulam non abs re a concionatoribus Augustanis concionibus et obsecrationibus populi adjici, si animum vertas et retrospicias ad pontificium et Epicureorum subdolos conatus, potentum vecordiam et vulgi christianorum (de iis loquor, qui vulgi ingenium sequuntur, etiamsi trisreges sint vel principes) ad Antichristi opes respicientis, et id apud eos, qui potiores inter nos videri volunt. Hoc Catti illi et diligentes verbi Dei dispensatores lynceis oculis prospiciunt. Ideo oviculis acclamant et eas

6 *

sub pedum pastorale revocant, illis patrem pastorum Christum digito demonstrantes, ne Argo multo oculatior et nequam spiritus nos inter filios diffidentiæ in devia abducat et discerpat, et ne (quod Deus avertat) longanimitatem benigni patris floccipendentes pereamus fame, non quidem panis, sed verbi, quæ omnium seriarum et puppis et prora est et omnium rerum eversio. Quod itaque omnes pii orandum ducunt, id rogemus Dominum ut largiatur per Christum Jesum.

Eadem hospiti injunximus, ut singulis liberis domini Musculi pileola nostri nomine in xenia daret.

D. Joannes Henricus apud s. Mauritium ex cap. 12 ad Romanos nimirum: «Gaudete cum gaudentibus, flete cum flentibus!» explanavit.

Eadem summo mane Fridericus Palatinus elector, Bavariæ dux, Novomarchiam abiit.

Vidimus magnificas structuras cœnobii d. Udalrici inter mœnia Augustæ, quod non pauci castrum Cæsaris vel civitatulam futuram existimant. Fuit autem d. Udalricus ejusdem urbis præsul ex stirpe comitum de Dillingen. Vidimus item ædes Joannis Georgii Fuggeri, ubi forte fortuna ostium domus apertum reperientes intramus, hortum, ambulacra concamerata, caveas item volucrum undique filo ferreo obtectas et receptacula fontium perlustravimus. Et quod mireris ad ædificioli cujusdam solare horologium parieti depictum cum lineamentis horoscopis ac umbris suis affabre exornatum, præter quod in medio fere pariete Augusta urbs et ejus situs probe delineata erant et omnes in confinio urbes cum fluminibus et amnium quoque decursibus, quibus singulæ adjacent; per notas quasdam et signa indicabatur, ad quod terræ clima quæque urbs situ suo vergeret et quot miliaribus ab Augusta distaret. Opus profecto vel Apelle vel Zeuxide dignum. In his ædibus archidux Maximilianus verna balnea habuerat, a medicis antidoto contra longæ profectionis hispanicæ incommoda et contra inconsuetum aëra præmunitus.

Hoiensis scriba nihil hic proficere potest. Fiant tamen omnia suo tempore.

Vidimus et eadem in suburbiis Augustanis versus portas d. Jacobi viculum et muro et tribus portis clausum ædificiis oblongis quatuor in mansiones centum et sex divisas, et in superliminari portarum hæc saxo insculpta erant:

MDXIX.

UDALRICUS. GEORGIUS, JACOBUS FUGGERI AUGUSTANI GERMANI FRATRES QUA BONO REIPUB. SENATUS, QUAM FORTUNAM MAXIMORUN OPERUM UNO ACCEPTAM IN PATRIS REVERENDAM RATI OB PIETATEM, EXIMIAM IN EXEMPLUM LARGITATEM ÆDES CUI CUM OPERE ET CULTU MUNICIPIBUS FRUGI SED PAUPERIE LABORANTIBUS.

D.D.D.

Quidam autem ex hujus vici incolis cæteris præest ac ex unaquaque domo florenum tantum Augustanæ monetæ recipit, non quidem in Fuggerorum proventus, sed ut, si forte Fuggeri non supersint, domus, si qua opus, refici ex hac pecunia queant.

Eadem nuncius pontificius advenisse dicebatur adferens a Christi vicario forte a Christo domino nunquam vel cogitata vel jussa.

D. Joannes Coclcus, canonicus Eichstatensis et vindicta, infeliciori tamen successu quam ut proverbio dicitur (scarabeus aquilam) incitatus librum conscripsit contra nostræ religionis aut si mavis Augustanæ confessionis auditores et collocutores in colloquio Ratisbonæ germanice Denn Nachtrab titulum indidit. Sic ad sordidos pontificios scarabei et coclcæ cum lubricis limacibus arreptant, dum homines pietate et doctrina probati celeri cursu vel terga vertere, vel latebras quærere coguntur. Quæ tamen latuit diu et tandem emergit veritas postliminio auspice Christo triumphabit.

Est et Augustæ juxta ponticulum quendam posticum in suburbia exeuntibus murus, in quo in saxum aliquod sex imagines puerorum insculptas videre est. Hoc monumentum hospes noster in memoriam positum esse ait, quod tot numero pueri ibidem choreas ducentes in Lyco, cujus brachiolum subter ponticulum transfluit, submersi sunt.

Vix nobis ad hospitium reversis secretarius quidam episcopi Monasteriensis, patrui nostri, venit, sciscitans, num literas episcopi nomine receperimus an secus. Cui respondi, nihil literarum ab episcopo mihi hic obvenisse. Exhibuit igitur mihi legendas epistolas, in quibus ipsi ab episcopo injunctum erat, ut super aliquo negocio in absentia Francisci Dey mihi scripta episcopi offerret, ut de hac re apud consiliarios Cæsaris præsulem excusarem. Exhibens præterea scripta duo Lazarum de Schwendi concernentia. Literas vero ad me datas secretarius et ego ab ipso Lazaro et interceptas et lectas suspicabamur, verum id aliter postea compertum est. Petierat autem Schwendi a patruo nostro jussu (ut ipse Lazarus scripsit) Cæsareæ majestatis, ut in supplementum exercitus obsidentium Verdenam equites circiter mille et aliquot tormenta ænea cum pulvere armentario etc., et præterea ut ad dietam in Hannover mitteret. Ipse autem ego (quia me nullam vel pro me ipso gratiam apud cæsarianos proceres invenire sperarem) causam hanc a me rejeci.

Eadem ostiarius cameræ concilii imperialis jussu consiliariorum ad hospitium nostrum veniens scripta redintegrationis querelarum Paderbornensis præsulis contra comites a Waldeck Eubulo, quem solum ibidem reperit, tradidit. Philippus et Joannes fratres nostri cum domina principe Hassiæ pransi sunt, Samuel et Eubulus in hospitio permanserunt. Est rumor de solvendis comitiis. Dominus de Lyra (ex cive princeps) Cæsari a consiliis et exercitus dux ad Cattorum principem missus est.

Fuimus eodem in officina cujusdam, qui in cælando aurichalco et in arte fusoria haud facile parem in Germania habere dicitur, apud quem ecclesiastes quidam in Memmingen Joannes Hummeln dictus in usum Cæsaris horologii thecam ex aurichalco deargentato et desuper inaurato cum signis cœlestibus, cursu siderum, digestione planetarum, revolutione cœli et nescio quibus non notis undique foras cælatum fieri procurat, cujus operis partem aliquam vidimus. Dicitur autem Hummelius ille adeo gnarus rei astronomicæ et mathesis, ut ipso Apiano cedere non videatur. Eadem Milchlingium ad ducem Ernestum, si forte rescripsisset, misimus. Sed is nihil responsi id temporis retulit.

Quoniam, summe et sempiterne deus oculis tuis nihil est absconditum et millies melius ac nobis ipsis cunctas necessitates nostras nosti, tu omnia misericorditer juxta beneplacitum divinæ voluntatis tuæ dispone, tibi enim soli cum ecclesia, ab antiquo fidentes merito et promissionibus filii tui dilectissimi, domini servatoris nostri Jesu Christi, canimus. Exaudi nos deus salutaris noster et propitius esto peccatis nostris propter nomen sanctum tuum. Exaudi nos, inquam, in justitia tua, ut uni nomini tuo sit gloria. Rege nos spiritu sancto tuo, ne proruamus ad dexteram neque ad sinistram dilabamur, sed ad normam tuæ voluntatis omnia nostra instituamus, per eundem dominum nostrum Jesum Christum, cum quo tibi et s. spiritu sit benedictio laus et sempiterna gratiarum actio. Amen.

xiij Maji quam Christianorum vulgus dominicam Exaudi vocat, in æde Mauritio sacra lector pro ambone caput 14 Matthæi evangelistæ legit, et cætera, quæ scripto pronunciare is solet. Wulfgangus vero Musculus ex cap. 15 Joannis hæc verba proposuit: «Vos jam mundi estis propter verbum, quod locutus sum vobis, manete in me et ego in vobis.»

Musculus itaque recapitulationem eorum, quæ die dominica Lunæ Mercurii et Veneris elapsis ad præcedentem textum elucidandum docuerat, fecit. Dehinc quare Christus discipulos mundos esse dixerit, ostendit, nimirum ob verbum quod audierant. Item movit quæstionem, quæ eorum mundities esse potuerit, cum apostoli ambitione laborarent, quare et a domino correpti sunt ipsis dicente: Principes gentium dominantur eis etc., vos autem non sic. Et cum iterato de eadem re disputarent, puellum in in medium statuerit etc. Hinc igitur liquet apostolos, et non solum apostolos, sed et nos omnes jam tum mundos esse per meritum Christi et verbum ejus fide receptum. Item quod Deus ex mera et gratuita sua misericordia, etiamsi non perfecta in nobis puritas sit, ob filium per imputationem pro mundis nos habeat, et quod nemo sanctorum unquam adeo perfectus fuerit, quo hanc munditiem omni ex parte in hoc mundo assecutus sit, nec vera quoque ecclesia, nam necessitas eam urget quotidie orare: Remitte nobis debita nostra. Et hoc loco multa seria de adversa ecclesia dixit. Quod autem ait dominus: «Ob verbum, quod loquutus sum vobis,» notandum hinc est, quod puritas non a nobis, qui intus et in cute vitiis affluimus, sed a viti illa vera nobis contingat. Et propter verbum inquit, quod audistis, scilicet a me, non ob quodlibet, inquit, verbum domini, idque unicum, non judaicas traditiones, non mahometicas sanctiones, non Judæorum Talmut, turcicum Alcoranum vel pontificia decreta etc. Docens quam nihil extra et præter verbum dei in religione vim habeat, ob oculos ponens harum rerum antithesin! Item de usu sacramentorum et de iis, quæ sine verbo per papistas fiunt, sicut unctio extrema et his similia, opus operatum et papicolarum missas rejiciens. Multa ex Augustini scriptis adducens, ex quibus confirmabat verbum non mortuum sonum illum in aures penetrantem et tinnientem, sed verbum fide apprehensum et puro corde conservatum nos ad Christum perducere. Movit item quæstionem, quod non omnes verbi auditores mundi redderentur, et exemplo Judæ Icariotis hanc rationem reddens, quod Judas nunquam ex animo verbis Christi adhæsisset. Perstringens quoque ejus farinæ auditores, allegans dictum Augustini: Non vox transiens, sed veritas remanens etc. Quod non verbum auditum sed verbum creditum ejus quam dixerat energiæ sit, inter reliqua graphice emphasin voculæ «vobis» hic appositæ explicuit. Nôn enim quod angelis vel feris, sed quod vobis prædicatur, vobis in profectum cedit. Monens hic, quam non conducibile sit in peregrina lingua cum ignorantibus loqui, præsertim quod juxta Paulum omnia in proximi ædificationem fieri debeant. Liberum, inquit, tibi est, Deo hebraice, græce, gallice etc. loqui, is enim omne idioma intelligit. Longe autem aliud est, cum homine peregrinæ linguæ ignaro loqui et hunc instituere, exempli gratia, si scholasticus non ex omni sermone præceptoris sui eruditior evadit. Nam si præceptor cum uxore propria aut familia confabuletur, id nihil ad discipuli institutionem facit, sed discipulus ex eo sermone, quem præceptor ad ejus captum accommodat et proprie ad id instituit, peritior fit. Indicans insuper quomodo genuinum scripturæ verbum hactenus profligatum fuerit, et hujus loco Scotus, Thomas, seraphici doctores, et si quid hujus albi homines suggestum occuparunt. Sibi autem videri Germaniam præ ceteris nationibus hac in re infœliciorem. Nam posteaquam primo Christi fides prædicari cœpit, apostoli et qui ex Hebræis fidem annunciarunt, hebræa, utpote sua, lingua in sermocinando et loquendo usi sunt, eave, qua illis erat nativa. Ubi Græci receperunt Evangelium, græco suo idiomate, quod illis nativum erat, usi sunt. Dum Romæ prædicari cœptum est, in latio sermone cantabatur et prædicabatur. Omnibus enim constat vulgarem sermonem id temporis in Italia latium sive latinum fuisse. Et duravit id quoque a prima ecclesia ad pauca abhinc usque tempora. Miseris vero Germanis psalmos canere et sacra celebrare in nostra lingua non permittitur, cum tamen Tertullianus et Augustinus in Hippone Sua in africo idiomate psalmos cantarint, quod vel ex eo patet, quod vicibus aliquot populum, cum floruit in quodam psalmo caneret, ut florebit cantarent monuit etc. His opposuit papistarum inania murmura et non intellectas voces, de quibus luculenter disseruit etc. Superius autem, ubi de munditia apostolorum dicebat Christum et per figuram locutionis eos appellasse mundos, qui secum animo recolerent, quæ illis Christus hactenus dixisset, quanta accepissent et quæ adhuc accepturi essent, si verba ejus audierint et si eo se dignos gerant. Ait enim hunc morem etiam apostolo familiarem esse, ut cum admonere suos suæ vocationis vellet, diceret: Sancti estis, abluti estis, sicut et s. Petrus dicit: vos estis gens sancta, regale sacerdotium etc., his innuens ut memores nostræ in Christo conditionis essemus nec ignobilibus hujus seculi nos immisceamus etc. Veluti si quis rite ad virginem dicat: Sancta et pudica es, quasi diceret, non te ejusmodi moribus esse, ut turpes istæ laniæ aut lupæ sunt, convenit. Item ut alicui ex nobili stemmate nato ejusmodi verbis calcar ad virtutem addere possemus: Ex illustri natus es prosapia, decet te generis tui decus illustrare, modo nobilibus ortus sis natalibus. Et profecto maximopere id temporis necessarium fuerit, nobiles, nobilitatis et stemmatum ut rationem habeant, admoneri, ne, ut modo fit, in omne vitium præcipites ruant. Hoc modo posse putabat vel concionatorem vel parentes vel patremfamilias alloqui suos, minime vero permissum iri aliquem talia de se ipso dicere, addens hic, quod κάθαρος græce, latine mundus, cataros hæreticos, quod se mundos esse gloriarentur, dictos esse. Postremo jussit Deum nos orare, ut verbum suum nobis diutius audire et prædicari largiretur, quo in Jesu Christo in viti illa vera palmites frugiferi fieremus.

Melchior a Horstall et Hermannus Reidesel nobis obvii fiunt. Sub prandio Wulphilas Brabantinus a noverca ad fratres nostros literas deferens venit, salutem quoque uxorculæ nomine dicens. Detulit et a Schonstadio et Hermanno Nellio unas nobis literas, facta abbatis Breidelariensis, Flechtorffii et Volkmariensium etc. continentes. Joannem Milchlingum ad Ernestum ducem miseramus, sed nec modo convenire eum erat.

Eadem in templo Mauritii loco vespertinarum precum ecclesia psalmum aliquem cecinit. Deinde lector caput 2. epistolæ ad Galatas legit. Rursus ecclesia cantu s. spiritum invocabat, et mox dominus Joannes Henricus ex cap. 12 epistolæ d. Pauli ad Romanos hæc verba: «Gaudete cum gaudentibus et flete cum flentibus, eodem animo alii in alios affecti, non arroganter de vobis ipsis sentientes, sed humilibus vos accommodantes. Ne sitis arrogantes apud vosmet ipsos, neque cuiquam malum pro malo reddatis,» exposuit populo, indicans quam noxius sit ambitionis morbus, quod et ipsum scripturarum testimonio et exemplis adeo perspicue docuit, ut vel manibus palpare posses, quam animis omnium ex corrupta natura is morbus hæreat. Et sic singula in suas classes christiana diligentia digessit, jubens ut dominicum illum, qui nostri causa nullam non injuriam perpessus est, imploremus, quo concedat nobis animum inimicis benevolentem et spiritum ad instar ipsius domini, posteaquam idem dominus nos humiles spiritu esse imperavit. Adduxit et locum Pauli ex Philippensibus 2 cap. hunc scilicet: «Si qua igitur consolatio in Christo, si quod solatium dilectionis, si quæ communio spiritus, si qua viscera et miserationes complete meum gaudium, ut similiter affecti sitis, eandem charitatem habentes, unanimes, idem sentientes» (vide latius caput 2 ep. ad Philipp.). Post concionem domino gratias egit ecclesia ac sic cum benedictione in pace ab ecclesiaste dimissi sumus.

Eadem Wilhelmus comes a Nassaw majorem electorum et principum partem convivio excepit.

Magistro Liborio injunctum est, ut comiti a Nassaw injuriam

nobis a Breidelariense monacho factam recenseret ejusque consilium super hac re peteret.

xiij Maji in templo Minorum d. Leonardus ex cap. Marci ultimo historiam ascensionis dominicæ perpulchre concinnavit, ac inquit, Et dominus postquam locutus est illis. Quid, inquit, locutus est eis? Nimirum eos in omnem terram abire et evangelium omni creaturæ prædicare jussit etc. Sublatus est in cœlos, et id non adjuvantibus angelis, ut nonnulli hæretici somniarunt. Sed sicut Christus passus est et resurrexit pro nobis virtute propria, ita quoque gloriose ascendit ad cœlos. Et quid rerum ibi agit? Sedet ad dexteram patris in majestate ejusdem verus deus et homo pro nobis interpellans, gratia autem sua et divina præsentia nobiscum futurus usque ad consummationem seculi. Ipsi autem exeuntes prædicabant in omnibus locis etc. Hic videmus, inquit, quam domino curæ fuerit, prædicari evangelium et id ipsum, ut supra dictum est, omni creaturæ. Hic autem nec vir nec fœmina, nec servus, nec pauper, nec dives, aut Græcus aut Judæus, Scytha, Germanus aut barbarus excipitur. Quia non est personarum acceptio apud Deum, sed ex omni gente et terra recipit nos, si modo Christo quis hæreat et verbo ejus audiens fuerit. Et tanto bono nemo excluditur, nisi qui incredulus est. Jubet autem prædicari Evangelium et hoc unicum. Sicut enim unus est Deus et unus mediator Jesus Christus, ita nec est nec erit nisi una vera et perpetua religio et unicus verus Dei cultus, credere scilicet in Deum patrem et quem misit filium in nostra carne ad dexteram ejus sedentem Jesum dominum. Hunc laudemus cum patre et s. spiritu in sempiterna secula. Grati igitur simus domino de gloriosa sua ascensione et satagamus eum eo, quo ascendit, sequi. Recitavit et præscriptam orationem, qua orabamus, ut Christus ad dextram Dei patris sedens animos omnium nostrum eo, ubi ipse est, dirigere dignaretur, et interim nobis in terra suo numine propitius adesse velit.

Fama fertur Cæsaris veredarium, qui inter Romam et Mechliniam cursitare consuevit, non procul a Spira Vangionum et literarum fasciculis et nummis, nescio a quibus, exutum esse.

Cum dies duos intermisissemus hodie rursus apud Atrebatensem sollicitatum ibamus. Verum is ante adventum nostrum ad patrem transierat. Itaque in ædibus Fuggeri, si forte exiret, præstolabamur. Sed ubi didicimus eum ibidem pransurum esse, re infecta hospitium petimus. Ne tamen omne oleum et operam perderemus, Wolradus cum cubiculario episcopi egit, ut apud præsulem suum nostri mentionem faceret, rogans ut vel aliquo nos responso dignaretur, si forte antequam ipsi reverteremur episcopus ad mansionem suam veniret. Aderat et inauspicatus Malvenda. Wendelinus assumptis fratribus nostris tentare voluit, an possit illis facultas archiducem alloquendi obtingere, at nihil evenit.

A prandio hospitium Atrebatensis repetivimus, qui in horto cum nymphis deambulabat. Post pusillum temporis germanus ejus frater venit et ipse hortum intrans, statimque reversus, quem mox subsecutus est frater episcopus. Cujus conspectui cum nos exhiberemus ait: Certe adhuc nihil potui Cæsareæ majestati referre. Rogatus igitur est, ut quæsita tandem opportunitate nos commendatos habere velit. Quod se facturum recepit, sed fide (ut mihi videor) aulica. Et hæc hujus diei catastrophe erat.

Interim autem cognovimus ante dies complures causam Philippi comitis a Nassaw et nostram imperatori expositam esse. Sed hæc materia non facile resolvitur nisi patrono nummo, nec obularia hæc res est.

Frater Atrebatensis nomine fratrum nostrorum, quibuscum illi Wormatiæ noticia contigit, ut nostram causam apud Atrebatensem juvaret, per Eubulum rogatus est. Pollicitus et hic est montes aureos et nos omnes data dextera salutavit.

Eadem in nocte lixa quidam consularis Augustæ clandestine interemptus est. Dominus de Emmerseil Cæsaris aulam subsecutus, Brabantinus, Augustæ moritur.

Dido de Kniephusen quo Viglium in suo negotio vigilantiorem redderet, ipsi patera deaurata octuaginta florenorum libavit.

Ernestus dux renunciavit, se hactenus apud electorem in causa nostra nihil effecisse. Eadem ad Balthasarum Gultlingum perscripsi. Comes Antonius ab Eisenburg nondum in gratiam Cæsaris receptus est.

xv Maji in templo Minorum d. Leonardus ex evangelistis rursus de commodo et fructu ascensionis dominicæ disseruit et potissimum de articulo fidei nostræ: Ascendit ad cœlos, sedet ad dextram Dei patris omnipotentis etc. Has autem duas sententias, «Dedit dona hominibus et præcepit eis ne ab Hierosolymis discederent, donec virtute induerentur ex alto» potissimum urgebat, indicans quam nihil boni ex nobis ipsis proveniat. Proferens exemplum Petri, qui adeo timidus fuerit, ut sub passione domini voce etiam muliercula territus Christum abnegaverit, et e contra, quantus fuerit hujus apostoli ardor in Christo, cum virtute ex alto indutus esset, ita ut non solum negationem suam deploraverit, sed dominum constanti animo confessus sit, quin et crucifigi voluit, facie ad terram versa etc. Quodque absque his donis, quæ Christus hominibus dedit, nihil possemus, allegans psalmum 68, multa ejusmodi docta et christiana simplicitate docens. Nam præter (raro huic concioni interfuit) cives domus familias.

Cum Liborio nihil de equis remittendis agi potuit.

Eadem sollicitatio apud Atrebatensem intermissa, nec Nassavius ante meridiem conveniri potuit, eo quod archiepiscopus Coloniensis et ipse de resarcienda concordia filiorum Otthonis de Rethberg agerent. Otthoni autem duo supersunt filii, natu major Ottho et ipse nomine, natus matre e stirpe comitum de Seyn, et Joannes filius sororis dominorum Frisiorum, quos Juncker Omckens sœne Casparum Balthasarum et Simonem nominant.

Petrus a Denstad Joanni Friderico duci electori etc. hic ærumnarum suarum socius et a dapibus forendis est.

Lanius, a quo nostri carnes esculentas comparabant, scripto ut vocabant supplicationis comites a Waldeck rogavit, ut pro fratre ipsius, nescio ob quod commissum apud consules Augustæ intercederent; negotium hoc Joanni Hako et Josto Colmachero injunctum est.

Dominus de Brabantzon heri ex Brabantia advenisse dicitur, qui intra quinque dies a Brusella Brabantiæ Augustam adequitasse creditur. Eadem Carolus a Stocken nobiscum pransus est.

O domine Jesu, quia immotus sermo veritatis tuæ permanet, quem discipulis tuis locutus es, dicens: «Sine me nihil potestis facere,» quare jam tum in monte oliveti cœlos ascensurus ex divina tua præscientia eos cavere jussisti, ne ab Hierosolymis discederent, antequam virtute ex alto induerentur, agnoscimus cogitationes nostras futiles et evanidas, emarcida quoque et quæ stultitia humanæ vanitatis nobis somniamus opera. Te igitur, mitissime rex et salvator, jam post assumptam humanitatem deum verum et hominem ad dexteram Dei patris sedentem et regnantem deprecamur, ut spiritu tuo bono nobis adesse, qui nusquam non es, velis et corda nostra virtute ex alto induere, ut te digna et facere et cogitare valeamus, idque per tuammetipsam bonitatem, qui vivis et regnas cum Deo patre et sacro pneumate deus trinus est unus. Amen.

Quoniam vana spes ab homine, fortissime Christe Schilo tu nostram causam age.

Eadem inter tertiam et quartam pomeridianam horas Cæsar per

caduccatores suos electores, cardinales, archiepiscopos, principes et quicquid statuum imperii Augustæ aderat, in palatio ipsius adesse debere edixit. Adfuere eodem tempore et milites armati pro statione stantes. Fuit autem fama interimens illud interim publicitus ibidem legi debere. Sed videamus, postera quid portet lux.

Eubulus apud dominam nostram principem cœnavit, ubi principis consiliarii Georgius a Beumelburg, ll. doctor, Melchior a Horstal præfectus Calcidis, Georgius a Molsburg satrapas in Lyciluco seu mavis Vulffhagen Hassiæ quoque aderant. A cœna domina Christina in familiari colloquio Volrado retulit, dominam Catharinam socrum Eubuli et ipsam Christinam sanguine junctas esse, excidit autem modo quo in gradu. Certum est autem ex brandenburgensi domo hanc sanguinis earum junctionem esse.

Eadem plagiarius quidam advectus est, qui quosdam mercatores in ditione marchionis Alberti spoliarat, licet Norici cives in suo territorio id factum dicerent ac prædonem comprehendissent. Mature autem Cæsar interveniens hominem huc Augustam ad plectendum advehi jussit.

Domine Jesu, dum fabricatores impii fabricant interim, tu veni intereà et nos serva ab intricato interim nosque verbo tuo pasce.

Catechismi frequentatio hic per menses aliquot ob improbitatem vulgi lberorum intermissa est.

Eadem a nonnullis nobis dictum est, Coloniensem se obtulisse, si comites Waldeciani ipsum affatu dignarentur, apud Cæsarem pro iis intercedere se velle.

Chunradus a Beumelburg eques sex millia peditum ad merenda stipendia jussu Cæsaris conduxit. Argentoratensis ager pedetentim ab Iberis peti dicitur.

xvj Maji ante quintam mercator quidam venit, volens gradarium meum emere, verum nihil inter nos conventum est.

Quod interim fit, fere præter ordinem fit. Igitur et heri nihil de interim illo factum est. Hæc autem accepimus a Carolo a Stockeim, heri apud electores et status imperii Cæsarem in præsentia fratris sui Ferdinandi, Romanorum, Hungariæ et Bohemiæ regis, per archiducem Maximilianum exposuisse, quomodo et quas ob causas et quod concordiæ gratia et paterno in patriam Germaniam affectu interim hoc conscribi jusserit, maxime vero cum id sic fieri unanimi consensu ab electoribus, principibus et statibus imperii petitum sit. Exigere igitur Cæsaream majestatem ab electoribus ecclesiasticis et secularibus principibus et cæteris statibus imperii, ut eo animo hoc, quo Cæsar illud conscribi statuerit, suscipiant et juxta interim illius præscripta, quæ religionem concernunt, observent et ad hujus normam suos vivere procurent usque ad futurum concilium proxime indicandum. Electores habito consilio gratias imperatori pro sua clementia egerunt, laudantes amorem ipsius in communem patriam, et ut communibus ordinibus imperii hoc impartiretur rogarunt. Erit autem hujus historiæ actus alibi describendus.

Eadem Wolfgangus Musculus loco et tempore consueto concionatus est ex cap. 15 Joannis evangelistæ, nimirum de his verbis domini: »Manete in me et ego in vobis. Sicut palmes non potest ferre fructum a semetipso, nisi manserit in vite, sic nec vos, nisi in me manseritis. Ego sum vitis, vos palmites. Qui manet in me et ego in eo, hic fert fructum multum, quia sine me nihil potestis facere« etc. Duplex est, inquit, adunio sive conjunctio, una est, qua conglutinantur magistratus et subditi. Magistratus potest dicere subdito: Mane sub me; magister discipulo: Mane sub me; maritus ad uxorem, mane penes me vel apud me. Prior autem conglutinatio non est perpetua, quia discipulus non habet opus semper apud magistrum permanere, sed saltem donec literas addidicerit. Item mechanicam addiscens artem non semper eodem opifici adhærere cogitur, sed potest et aliquando ipse artis suæ experimentum facere. Altera autem adunio spiritualis est et interna, et de hac Christus hic loquitur: Manete in me, et ego in vobis. Sic non loquitur papa, sed: Manete sub me etc. Et sic pontificiam tyrannidem nonnihil detegens ejusmodi sermoni aliquamdiu immoratus est. Ajebat autem, præter hanc unicam nulla est concordiæ via, scilicet ut maneamus in Christo et ille in nobis. Et profecto supervacaneus est labor, ut in cæremoniis et adiaphoris conveniamus, causam justificationis interim floccipendentes. Hæc, inquam, foret ad concordiam via, si ecclesiastæ idonei constituerentur, qui populum docerent, quomodo in Christo uniremur, et tum cogitaretur de hominibus ad id aptis, qui nos invicem reconciliarent etc. Quod Christus dixit: Manete in me, exhortationis sermo erat, quo illis in mentem veniret, quæ prius ad eos dixerat. Quod autem ait: Et ego in vobis, promissio erat. Allegavit vero Musculus aliquot Augustini locos de libero arbitrio ad hunc sensum facientes. Opportune autem palmites in vite manere, aliâs, si extra vitem luxuriarint, eos amputari, colligi et concremandos in ignem projici. In me, inquit, Christus, scilicet uno me, nam divisus non est, adducens Paulum corripientem Corinthios, quod se alius Pauli, alius Cephæ, alius Apollinis discipuli gloriarentur esse. Nec interim negligens papistas et monachos diversi ordinis et similes, qui non in Christo sed sub suis patronis sunt. Item taxans ex nostris, qui verbo tantum et oretenus Christiani sunt. Nec enim sufficere ait, vitis succum attraxisse, sed oportere ut uvas et botros feramus. Sed dices forte: Qui scire possum, quando in Christo maneam? Respondit: Cum spiritus, qui est in homine, sciat, quid sit in homine, facile resciveris, num ex corde bene erga Christum affectus sis, an secus. Quia autem palmes non fert fructum extra vitem, manendum tibi in Christo est et hic rogandus est, ut juxta promissionem suam in te maneat. Et prætorea multas salutares paræneses ex hoc textu d. Musculus produxit. Det Christus dominus, ut in eo permaneamus, et ipse in nobis manere velit, juxta ipsiusmet, qui ipsa est veritas, promissionem. In obsecrationibus inter cætera orare pro imperatore, rege, electoribus et omnibus magistratibus, ut deus illorum animos instillare dignaretur agnoscere quâ sit differentia inter magistratum turcicum et christianum, jussit.

Eadem quidam certe affirmabat intra duos menses comitia absoluta fore. Sed vanus hic extitit augur.

Postquam Atrebatensis a septima ad octavam a nobis expectatus esset, tandem hoc dedit responsi, se nondum nostri potuisse apud imperatorem mentionem facere. Rogatus ut vel adhuc faceret, faciam, ait, sed oportet vos expectare tempus ad id commodum. Aderat et Malvenda.

Marchio elector brandenburgensis et uxor ejus, comes Joannes a Waldeck et Schombergius protospatarius Cæsaris apud dominam principem Hassiæ pransi sunt. A prandio elector uxorem suam et landtgraviam in hortos Herbroti vernatum duxit, ubi dominam landtgraviam et ipsi allocuti sumus, eam ad hospitium ducentes.

Allata est fama, in Noviomarchia urbe Palatini electoris interdiu claro jam sole templum facibus ardentibus undique completum, ita ut hominibus in foro deambulantibus proximo visum sit intus conflagrare, et nescio qui tumultus intra templum auditi sint. Omen haud dubie; quid autem portendat, novit dominus, qui propitius cuncta mala avertat. Relatu Adriani a Zertzen et Eichstatensis episcopi.

Marchio elector brandenburgensis apud cæsaream majestatem se pro Waldecianis comitibus intercessurum pollicitus est.

Adrianus a Zertzen cum Coloniense Eubuli ergo egisse gloriabatur, ut non solum ipsum excusatum habere, sed amicitiæ quæque officia præstare illi vellet. Sed quis credidit, ait propheta, auditui nostro?

Eadem gradarium, quem a Viermunden emeram, pro 12 thaleris vendidi.

xvij Maji Leonardus in templo Minorum populo confessionem publicam primo prælegit, et deinde hæc verba ex cap. Actorum 1. »Cumque essent defixis in cœlum oculis, eunte illo, ecce viri duo astiterunt illis, amicti vestibus albis, qui et dixerunt: Viri Galilæi, quid statis intuentes in cœlum? Hic Jesus qui assumptus est a vobis in cœlum, sic veniet, et quidem vidistis eum euntem in cœlum« etc., recitavit. His lectis ait: Scitis, quid in enarratione historiæ ascensionis dominicæ heri adhuc ad dicendum reliquum fuerit, nimirum de hoc, quod dominus noster Jesus Christus sedeat ad dexteram Dei patris. Sedet, inquit, non ut papa Romæ omnia præcipere otiosus, sed sedet illic verus deus et homo, regnans cum patre æquali potentia imperitans cœlestibus, exaltatus super Cherubim et Seraphim, dominationis et potestatis, rex quoque terrarum et immundorum inferiorum spirituum. Administrat autem regnum suum dupliciter. Devastat omnes impios, nec est quod quisquam ei resistere valeat, etiamsi undique flammis suis et undis tyranni sæviant. Nam quo durius premitur, hoc latius prædicatur evangelium et evulgatur. Allegans hic orationem d. Petri in conventu Hierosolymitani senatus, Actorum 5. et detestans enorme facinus concilii Constantiensis in Joannem Huss, qui prophetaverat post centum annos Deo et sibi hujus maleficii rationem reddendam. Regnat quoque Christus in suis, eos in misericordia corripiens, confortans et in periculis sustentans. Item, ex scripturis testimonia adduxit, quod in symbolo dicitur, ascendentem ad cœlos, sedentem ad dexteram patris, et quod Actorum 7 Stephanus protomartyr ait: Ecce, video cœlos apertos et filium hominis stantem a dextris Dei. Item de utraque dixit sententia, quam dominus Jesus judex vivorum et mortuorum laturus esset super hircos et hædos, impios et electos. Quoniam vero ob temporis penuriam ultra progredi non poterat, id quod prælegerat in crastinum tractandum reliquit. Deinde collecta, dominica oratione et benedictione clausit concionem et ecclesiam dimisit.

Eadem Vulphilæ Brabantino disputata colloquii Ratisbonæ per Bucerum descripta ad Nellium perferenda dedimus et Catharinæ Schildern precum librum transmisimus, et Hermanno injunximus, ut familiam amiciri curaret. Eadem balneis usi sumus.

xix Maji, quæ erat d. Potentiæ dies, virginis illius sanctissimæ, non ejus, quæ Interim illud sua potentia pavidis Christi oviculis obtrudit, quæque cum suis asseclis arrogantia et philautia fere sola regnat, cui se principes pontificii et nostri fere omnes nunc se addixerunt, quam et venerantur, admirantur et adorant, existimantes, cum Christus dixerit: Regnum meum non est de hoc mundo, illis conducere, si hoc rege a tergo relicto potentiam illam amplectantur. Sit autem summo patri cum dilecto filio suo et spiritu sancto laus, quia non dormitabit neque dormiet, qui custodit Israel. Sed rex ille cœlestium, terrestrium et inferorum, Jesus Christus veniens veniet judicare atheos hos et seculum per ignem. Jlle nobis ne in conspectu ipsius, cum angelis suis apparuerit, pudefiamus, donet.

Eadem d. Joannes Henricus ex cap. 12 ad Romanos: »Proinde patrantes honesta in conspectu omnium hominum, si fieri potest, quantum in vobis est, cum omnibus hominibus in pace viventes, non vosmet ipsos ulciscentes« etc., usque ad finem capitis enarravit. Hic rursus adduxit exemplum patrisfamilias, qui liberis suis vetuit, ne quem lædant, aut vel percutientem ipsos repercutiant, sed si quis illis injuriam inferat, id apud patrem familias quererentur. Is pro paterno affectu multo melius injuriam filiis illatam depulsabit, quam pueri, qui molles adhuc ætate sunt etc. Item etsi facies benigni patris filiis in ipsos austera esse videatur, et verberaret etiam ob commissum aliquod, tamen semper æqua patris erga filios mens est. Demonstravit quoque per scripturas, quam serio Deus vindictam sui probibuerit. Christianus omnem injuriam sibi illatam patienter ferat; Deus qui sibi reservat vindictam, novit ultionis tempus. Nos autem inimicis benefaciamus et pro eis oremus. Dandus est enim locus iræ Dei, quod et oratio dominica nos docet. Oramus enim quotidie: »Dimitte nobis debita nostra, sicut et nos dimittimus debitoribus nostris.« Monuit autem quorum intersit, vindicare et quatenus etc.

Allium in crusta concisum et per noctem vino sublimato maceratum et concisim deglubatum contra calculi cruciatus facit.

Dum inter confabulandum in convivio de iniquitate et avaritia jurisperitorum et dorophagorum illorum aulicorum, qui non servata regula οὔτε πάντα οὔτε πάντι οὔτε παρὰ πάντων, avari marsupium habent ab omnibus æque dona rapientes, quidam ejusmodi fabulam narravit. Dum duo nec ii parvis de rebus judicio contenderent, prior jurisconsulto, a quo consilium petierat, bovem justæ magnitudinis donavit, putans hoc munere jurisperitum sibi totum devinxisse, ac deinde cum re ipsa suo malo experiretur, eundem et ab adversario suo in consilium adhibitum esse, expostulans cum jurisperito ait: Non potui in hac causa meum bovem mugientem audire. Vera dicis, respondit jurisperitus, nam caput habebat tunica holoserica ex martium pellibus obducta obvolutum, indicans magis ipsum ad preciositatem vestis, quam ad prioris munus aut jus animum vertisse.

Eadem a consiliariis imperialibus facta est mentio Wulffilæ ex omni parte Wulffii quid non esculentorum gratia lurcones non agant, ex hoc patuit, quod capos et perdices e Mechlinia Brabantiæ Augustam apportare curarunt. Florus ad hunc usque diem miserrime et calculo et ilienteria laborat.

Eadem Carolus a Stockem et ego doctorem Marquardum adivimus, cujus consilium erat ad dies aliquot moram nectere, deinde liberius pro dimissione instare. Quod autem de dimissione apud Marquardum mentionem feceramus, hæc causa suberat, quod nobis persuasum erat, nonnullis qui una nobiscum Augustam citati fuerant, domum remeandi certum temporis spatium datum, quod ipsum tamen postea non veri dissimile fuisse compertum est.

Atrebatensem allocuti sumus, qui pro more suo respondit, nihil adhuc Cæsari super nostro negotio relatum esse, nec illum latere, causam Philippi comitis a Nassau et nostram fere eandem esse. Rogatus igitur (quoniam ad imperatoris palatium accessurus jam nobis videretur), nostri mentionem habere vellet. Respondit: Profecto tot sunt publica negotia, ut hactenus de privatis agi nihil potuerit, et intra duos dies ad imperatorem accessus mihi non concedetur. Sed tamen faciam, faciam imperator de his informetur. Carolus igitur et Eubulus priorem petitionem repetunt, cum significatione, quod maximo regionis et rerum nostrarum dispendio istic tempus tereremus. Quamobrem d. suæ consilium rogaremus, num ipsi consultum videretur a cæsarea majestate cum gratia dimissionem mensium aliquot petere, reversuri ut primum id jussi fuerimus, at Atrebatensis ait: Certe Cæsar hoc non patietur.

Fratres nostri interim Maximilianum ducem adiere, qui pro humanitate sua eos audiens clementer omnia promisit, forte Titi imperatoris dictum, neminem oportere a facie principis tristem abire, mente recolens.

Eubulus ædes Nicolai Maier petit, ejus consilium auditurus. Voluisset quidem hic omnia nobis ex votis cedere; sed qui lupum auribus tenet, credo cantionum amatoriarum non meminit. De scripto tamen supplicationis inter nos conventum est. Volebamus et palatium archiducis adire, verum ubi fratres illic fuisse cognovimus, supervacaneum nobis visum est.

Georgius a Molsburg in dominico Augustano nos reperiens nonnulla de responsis nostram principem concernentibus detexit, sed omnia fere amphibolica erant.

Eadem Franciscus Monasteriensis præsul ad Joannem et Eubulum comites literas dedit, certior fieri cupiens de statu rerum nostrarum, et quam conditionem nostram doleret, significans; interim se offerens, si qua via ipse nos juvare posset. Otto comes a Rethberg nobiscum pransus est.

A prandio Joannes frater noster et Adrianus a Zertzen electorem Mauritium adeunt, rogantes ut nos apud cæsaream majestatem commendatos habere vellet, et intercedere, ut ira Cæsaris in nos mitigaretur, sicut ipse Mauritius antea se facturum receperat, cum idem a nobis peteretur. Is, ut hi duo nobis retulerunt, se facilem præbuit. Verum post longas verborum ambages jussit, ut omne negotium chartis committeremus. Nam hodie ad vespertinas preces, vel crastino saltem una cum archiduce Austriæ et electore Brandenburgense nostri causa apud Cæsarem instituturum.

In vigilia pentecostes in dominico canonici more suo reboarunt, sed vix viginti homines frugi eorum festivitates frequentarunt. Eadem in porticu dominici vidimus depictum simulacrum ambitionis. Erat autem fere ejusmodi pictura. Virgo buccas inflatas et rubeas habens, veste violacei coloris induta, capite nuda, cæsarie flava et crispante in cervicem retorta, oculis undique circumspicientibus et ipsis limis, subter arborem sedens, tibias et pedetenus nuda, super caput scriptum habebat gloriam et honorem, e regione autem sui verbum Ambio. Erat autem mitra episcopalis a longe posita. Videbatur autem hoc simulacrum id denotare hujus temporis ut vocant spirituales nihil ambire præter gloriam et honorem mundi et episcopales opes, non opera.

Eadem conjugi hospitis Magistri Flori Marcellinos sex dedimus, quo diligentius ejus curam haberet. Nam et puer quoque Liborii morbum nescio quem inciderat.

Eadem principes fere omnes cæsarianis et regiis vesperis interfuere, magis adulationis quam devotionis ergo.

Eadem supplicatio (ut vocant) nostra concilio imperiali oblata est.

7 *

Inter quartam et quintam horas pomeridianas Henselinus Venator venit ad fratres nostros a noverca missus. Nobis quoque literas dominæ socrus uxoris et doctoris Melchioris ab Ossa commendatitias pro Eubulo ad doctorem Joannem Strombergium et doctorem Udalricum Mordeisen, consiliarios Mauritii ducis, et ad Philippum Selden vicecancellarium Cæsaris nec non Nicolaum a Konritz cæsareum commissarium adferens. Eadem Joannes a Reichenbach medicinæ doctor nobiscum cœnavit.

Redditæ nobis eadem sunt literæ spectatissimi equitis Balthasaris a Gultlingen. Faxit dominus utriusque votum fœlicem sortiatur effectum.

Ambrosius Amman, quæ de Interim oboleverat, nobiscum communicavit. Volkmarienses et Canstein egregie comitum absentia abuti dicuntur.

Eadem Madrutius Tridentinus episcopus et cardinalis Augustæ obiit. Carolum a Stockhem de seriis cum eo acturi ad cœnam vocavimus, sed nescio qua molestia remoratus est.

Eadem cognovimus consules Augustanos fratrum et nostri rogatu lanionis nostri fratrem in gratiam recepisse.

Veni creator spiritus, mentes tuorum visita, imple superna gratia, quæ tu creasti pectora. Pene enim in omnibus nobis ignis amoris tui extinctus est. Tu e favillis flammas excita, quo corda nostra calefacta, ea quæ nobis juxta promissum domini et salvatoris nostri Jesu Christi suggeris, medullitus nos afficiant et ad animæ receptaculum fide pura ea transmittamus, teque rectore omnia nostra ad Dei gloriam, ipsius audiente filio, dirigamus, qui vivis et regnas cum eodem patre et filio in trinitate perfecta Deus trinus et unus. Amen.

xx Maji, quæ erat ipsa dies pentecostes, sub sextam horam ante meridiem ad d. Mauritium piæ aliquot cantiones decantatæ sunt. Deinde lector ex cap. 15 Matthæi aliquot paragraphos legit ac cæteras monitiones pro solito fecit. Post hæc d. Musculus, invocato cœlestis numinis præsidio, historiam diei festi hujus ex cap. 2 Actorum legit usque ad hanc sententiam: »Et loquebantur variis linguis, prout spiritus dabat loqui eis« etc. Aiebat autem oportere animadvertere, qua animi intentione beatus Lucas evangelista et librum suum priorem et hunc, cui Acta apostolorum titulum fecit, scripserit. Videtur autem, inquit, d. Lucæ hoc fuisse institutum, ut sicut in priore de humanitate, passione et resurrectione Christi, similiter et de gestis ac miraculis domini sermocinatus est, ita in hoc secundo scribere voluit qualis regni Christi successus et status post ejus resurrectionem et ascensionem fuerit, et hic evangelistæ ordo observandus est. Simili modo quoque historiam missi spiritus sancti literis mandavit. Liquere autem ait ex hac donatione spiritus sancti, quam firmus et ex omni parte sibi constans sit dominus noster Jesus Christus in promissionibus suis, utique qui jam ad dextram Dei patris sedens tamen promissum toties paracletum mittere non neglexerit, allegans multos locos ex Evangelistis de promisso S. spiritu. Item quanta vanitas sit promissionum humanarum et quam proclivis beneficiorum oblivio, adducens exemplum pincernæ regis Pharaonis erga Joseph libro genes. Cap. 41. Item quod spiritus sanctus in divinitate æqualis cum patre et filio sit, hic quoque nonnullorum hæreticorum errorem corripiens. Item quod interdum donum spiritus sancti pro ipso spiritu accipiatur. Item quid sibi velit evangelista, cum ait: Et factus est repente sonus sicut venti vehementis; et quam hic evangelicus sonus passim orbem terrarum commoverit, potissimum in Germania, in qua his temporibus pessimis Evangelium prædicari cœpit. Item quod spiritus hic non Petro soli datus sit, sed quod, sicut Evangelista indicat, super omnes reliquos linguæ dispartitæ visæ sunt. Præterea multa observabilia Musculus, nucleum e cortice scripturarum eruens, docuit. Verum ob temporis penuriam et numerum copiosiorem erum, qui ad sacram synaxin accessuri erant, sermo defalcandus erat. A concione vero d. Musculus pulcherrimam et christiano doctore dignam ad altare coram communicandis paraclesin in monendo habuit. Multa de hujus sacrosancti mysterii et cœnæ dominicæ institutione de ejus usu ac ad hanc percipiendam cum fructu præparatione disserens. Inquiens inter cætera: Avocamus et interdicimus sibi cavere ab hac mensa omnes, quotquot d. Paulus ab hac arceri jussit, nimirum scortatores, adulteros, ebriosos, molles, avaros etc. Qui ejusmodi sunt nec eorum vitiorum metanœa ducuntur, procul hinc arcet ecclesia et apostolus, modo in hoc proposito permanere secum statuerit. Sin autem male actæ vitæ ex corde pœniteat, veniam a Deo postulent, cum fiducia huc accedant. Et posteaquam adhortationem finierat, alta voce exclamavit: Accedat huc omnis, cujuscunque cor dominus ad hoc vocat, quod Deus pater nobis per Jesum Christum filium suum bene fortunet. Accedente igitur populo Musculus panem, symmistæ ipsius calicem porrigunt. Qui manum porrigebat e populo, huic eucharistia in manum dabatur, qui reverenter patulo ore accedebat, huic in os panem minister immisit. Interea ecclesia psalmos canebat et passionem Christi in rhythmos digestam. Post communionem rursus Musculus habita oratione Christo domino pro acceptis beneficiis gratias egit et cum benedictione ecclesiam dimisit. Erat autem templum refertissimam utriusque sexus hominibus, ita ut nihil ponderis vel Interim illud nec papisticæ minæ hic habere videantur. Deus suos et adaugeat et confirmet.

Nota autem hic morem esse, ut, quod superest de pane et vino, reservetur et, ut dicitur, æditnis in usus domesticos cedit, non sine maximo simplicium offendiculo. Possunt tamen hujus (ut ipsis videtur) rationem reddere concionatores. Nullæ huic negotio vestes sacræ adhibentur, nec cerei ardentes vel quippiam consuetarum cærimoniarum, sed populus Dei in silentio et spe et lætitia cordis omnia peragebat. Romanensis autem populus, imperator, rex, purpurati, crucibus albis, nigris, rubeis, viridibus signati patres cum episcopis, principibus et proceribus auro phaleratis asturconibus et mulis vecti cum terribili taratantara tubarum et tympanarum strepitu manu armata non exigua stipati dominicum Augustæ petunt, ubi archiepiscopus Coloniensis officium (ut vocant) missæ celebrat, ibi concentus et modulationes variæ et clamor it cœlum; tumultuantium voces multæ, spiritus perparum.

Reverendus (sed suis tantum) dominus Michael Moguntinensis suffraganeus inter alia suæ prædicationis præclara dicta Deo gratias agi jubet, quod eo res devenissent, ut rursus pro veteri ecclesiæ romanæ orthodoxæ et catholicæ ritu sacramentum populo sub una specie præbere liceat. Sed sit suus scrophæ fœtus. Christus ipse suam defendat gloriam.

Domine Jesu, dominator domine et rex regum, qui nobis de bonitate tua magna hodie memoriam præstitæ tuæ promissionis de mittendo spiritu tuo paracleto benigniter innovasti, te humiliter deprecamur, ut qui eundem tuum spiritum apostolis tuis unanimiter congregatis juxta veritatem tuam misisti, da et nobis in hoc spiritu unum et eadem, et sicut ecclesia tua jam multo tempore ad te clamat, recta sapere. Da igne amoris ejus corda nostra accendantur, ne in nobis vel fraterna charitas refrigescat, vel fides deficiat. Dat et in prosperis et adversis hujus paracleti suggestionem experiri et de ejus consolatione gaudere. Is spiritus tuus bonus nos in omnem veritatem, sicut promisisti, o veracissime Jesu, deducat regatque, ut boni et recti corde efficiamur, et ne a te declinantes ad avia et crepundia mundi hujus ne a te cum impiis judicemur. Sed sit nobis in te pax super Israel, pax cordis, pax conscientiæ, pax temporis. Hoc, inquam, benigniter præstare digneris tu, Jesu Christe, cui data est omnis potestas in cœlo et in terra, quique venturus es judicare vivos et mortuos et seculum per ignem.

Hac die primo hic præstantissimum virum d. Jacobum Sturm, proconsulem Argentoratensem vidimus. Verum is nostri oblitus erat, nec dum temporis vel ipsi vel nobis vacabat ipsum inter sacra molestare.

Pransus est nobiscum Carolus a Stockhem. A prandio hortos Jacobi Adler et Viti Wittich adonideis hortis non multo dissimiles vidimus.

Ad tertiam pomeridianum d. Musculus, quod reliquum erat concionis, absolvit. Sed (proh dolor) nos toti non aderamus. Urgebat autem hoc de unanimiter congregatis dicens: Non omnes, qui in aliqua re consentiunt et ejusdem animi sunt, recipiunt spiritum sanctum. Nam et pharisæi et pontifices potiorque pars populi Judaici unanimes erant et multi alii, quibus forte idem animus in sua causa erat, in urbe Hierusalem; verum ad exiguum illum gregem in Christo unanimiter congregatum venit spiritus sanctus. Non enim omnis unio Deo placet, sed ea tantum, quæ consistit et est in unanimitate in Christo Jesu, nec quicquam facit ad hoc alias somniare uniones.

Eadem duci Mauritio oblata est nostro nomine supplicatio. Verum is ait præstare ut archiduci offeratur scriptum, qui se facilem præbere velit. Mauritii operam nobis non defuturam. Sed manet pervulgata sententia: Vana est salus ab homine. Tu nostri recordare, altissime!

Nota de discordia Milchlingii et Lindii. Liborius ægrotat, alter morsus alit, Deus novit eventum.

Eadem venit secretarius Monasteriensis afferens eas, quæ interceptæ videbantur, literas, quæ incuria scribarum jam fere septimanas quinque suppressæ fuerant. Injunxi ergo secretario, ut præsuli rescriberet, mihi non videri ex re fore, ut in hoc negotio per me quicquam ageretur, idque potissimum duabus de causis, una quod tempus diutinum intercessisset et me lateat, num interea temporis huc aliud perscriptum sit in causa hac, an secus; altera quod sciret nos nondum in gratiam ab imperatore receptos. Sin vero iterato episcopus aliud jubeat, me ad omnia paratum.

Sub noctem rumor subortus est in ædibus landtgraviæ, Joannem fratrem vulneratum esse, sed mox Joannem comitem a Rethberg a peditibus nonnullus et brachio et manu vulneratum, compertum est.

Exigitur nummus ab imperio, et dicitur ab aliquibus contra interim illud protestatum esse.

xxj in templo Mauritii d. Joannes Henricus concionatus est, repetens ea, quæ ex cap. xij epistolæ ad Romanos docuerat, ac prælegit initium capitis 13 ejusdem epistolæ scilicet: Omnis anima potestatibus superioribus sit subdita. »Non est enim potestas, nisi a Deo, quæ vero sunt potestates, a Deo ordinatæ sunt« etc. Hic primo quam late se præceptum illud extendat, et quam nemo hic excipiatur, sive propheta, sive episcopus, sive Evangelista etc., imo nec sacerdos nec monachus ex d. Chrysostomo et aliis classicis sacræ theologiæ doctoribus edocuit. Item quæ causa apostolorum ad hæc tam serio agenda adegerit. Nimirum quod exorti essent, qui christiana libertate ad libertatem carnis abuti conabantur. Diserte et hic, quæ vera sit christiana libertas ostendit, scilicet nos meminisse per Christum ab elementis mundi hujus, a Sathana, mundo et inferis liberatos, et quod in Christo manentibus peccata nocitura non sint, ac agnoscere, nos habere Christum regem liberatorem, et eundem esse dominum cœlestium, terrestrium et inferorum, sedentem ad dexteram patris. Hanc autem esse libertatem spiritus, et igitur maxime ob Christum vel quod Christiani sumus, superioribus nos obedire debere etc. Locutus est et de iis, qui se ipsos immunes a jussibus sublimium potestatum fecerunt, scilicet papa cum suis episcopis et quicquid squamarum est hujus purpurei draconis, magno reipublicæ christianæ scandalo. Et postremo quatenus magistratui sit obediendum. In omnibus videlicet eis esse præstandam obedientiam, præter in his, quæ contra honorem Christi præcipiunt, id ipsum multis scripturarum testimoniis confirmans. Docuit et quisnam sit, qui habet transferre regna et auferre spiritus principum; item ut quæ Dei Deo, quæ cæsaris cæsari daremus juxta præscriptum domini nostri Jesu Christi, cui cum patre et s. spiritu omnis sit honos et gloria.

A concione litteras d. Melchioris ab Ossa, d. Udalrico Mordeisen ipsimet detulimus, rogantes ut et easdem doctori Joanni Strombergio legendas daret. Udalricus se nobis humanum exhibuit; contulimus cum eo de nonnullis, ea tamen lege discessum est, ut ambo doctores die opportuno nos inviserent. Hoc tamen expiscati sumus, irritam fore intercessionem ducis sui Mauritii, qui novem septimanas in propria sua causa responsum nancisci non potuerit, vere ipsi ut rite Mauritio dici posset: Medice, te ipsum cura.

Eadem per dominicum transeuntes Michaelem illum de confirmatione papistica sua sermocinantem et audivimus et vidimus. Rari autem auditores aderant. Inde Liborium invisimus, qui, Deo gratiæ, melius habere cœpit.

Fratres nostri, Wendelinus et Lindius a Volckmariensibus illis in absentia ipsorum illatas injurias comiti a Nassaw conquerulatum abiere.

Florus librum, in quo herbarum figuræ suis coloribus ad vivum depictæ erant et alium in re medica revendidit.

Carolum a Stockem quia sæpius invitavimus ne morosis murmuribus ansa daretur, pro expensis ipsius œconomo Josto Colbachero florenum aureum dedimus.

Eadem Milchlingum ad ducem Ernestum pro literis etc. misimus, sed frustra. Eadem famulus licentiati Nicolai Maier scriptum supplicationis adferens Atrebatensi nostri nomine offerendum. Famulo batzi sex dati sunt.

Maxima Dei patris ira et nostra (proh dolor) impœnitentia effectum est, ut videre esset hoc ipso die, cardinalem Augustanum a Truckses sacramentum (ut ipsi loquuntur) confirmationis administrare, et tanta sanctitas per se id facere dignata est, cum vix unum jota sacræ scripturæ pro suggestu fari audeat. Curatum autem ab eo est, ut si forte Augustani huic vesaniæ non statim subscriberent, rustici Bavari cum suis liberis adforent, quod et factum est. Ferebatur quoque nonnullos ære esse conductos, ut hanc cærimoniam susciperent. Reperti sunt et inter cives Augustanos, qui ob hoc dominicum frequentarent signum confirmationis suæ perfidiæ in Christum a cardinale excipientes.

A prandio vero Michael ille fictitius Moguntiæ præsul hujus fabulæ coryphæum egit.

Domine, usque quo, num in perpetuum ira tua desæviet? Exurge et judica terram! Nos quidem confusio decet, impii autem, o domine, nomen tuum blasphemabunt, dicentes: Non est illis spes in Deo ipsorum. Omnibus per Christum ignosce et nominis tui gloriam assere. Id te rogamus ob Christum dominum nostrum. Amen.

Constantienses cæteris urbibus animo constantiore [1] interim illud esse dicuntur. Deus illis constantiam fidei se dignam impartiri dignetur.

xxij Maji Joannes frater et ego concioni sacræ Wolffgangi Musculi interfueramus, qui ex cap. 15 Joannis hæc verba: »Si quis in me non manserit, ejectus est foras sicut palmes et exaruit, et colligant eos et in ignem conjiciunt et ardent« etc. explanavit, docens quomodo Christus prioribus verbis apostolos amice adhortatus sit in similitudine vitis, et ut in ipso manerent ac fructum in eo ferrent, ac quæ emolumenta

1 contra interim?

ipsi ex hoc consecuturi essent. Quod autem addiderit de putatione, abjectione et colligatione infrugiferi palmitis igne comburendi, comminationem esse cum justa antithesi. Duobus autem modis nos in Christo non manere dixit; primo cum verbum ejus audimus, sed corde Christo non adhæremus; secundo dum verbum quidem ejus arripimus, id ipsum in corde nobis quoque dulcescit, sed tamen per hujus mundi illecebras vel tentationes repedamus retro, sicut et Christus dominus in parabola seminantis de semine cadente inter spinas monuit etc. Dominus autem quatuor hic comminatus est, scilicet foras ejicietur, arescet, colligetur et projicietur in ignem. Nam palmitis qui a vite rescinditur quis usus est? Nullum enim odorem habet, nec sapit, nec aptus est ad opus fabri lignarii, nec foco calefaciendo prodest. Dicit quoque arescet, quod quantumcunque speciosa videantur opera, si in Christo non permanserimus, tandem exarescentes et exiccati reddemur. Sed impiorum hoc sit ingenium, ut parvifaciant esse in Christo, quin et mundus id non admodum appetit. Mallent enim nonnulli, si ex ipsorum voto cederet, suis voluptatibus in hoc mundo frui et cœlum Christo in perpetuum linquere. Quo autem agnoscant, si in vite manere nolint, id eos non impune laturos, Christus addit, colligentur, hoc est, cum nolint in Christo permanere, verbo ligantur et tanquam aridi palmites in ignem conjicientur, atque hæc demum vera est excommunicatio. Adduxit et ex Ezechiele locum de parabola vitis et de inutilitate ejusdem arescentis etc. cap. 17. Et projicientur in ignem, hic erit postremus hujus convivii missus, si in vite non permanserint, arescentes postea et sibi relicti projicientur in ignem, ignem, inquam, æternum, ubi erit fletus et stridor dentium et nulla redemptio. Hic diserte de hæreticis aliquot, aliis infernum negantibus, aliis hunc ignem extenuantibus, quibusdam etiam neminem in gehennam conjicii affirmantibus, docuit, atque horum argumenta proposuit moxque confutationem eorum ex libris d. Aurelii Augustini adduxit, hos ultimos misericordes appellari ait. Nos autem verbo domini fidem habere jussit, certi quod electi in vitam æternam, maledicti et impii in ignem æternum post hanc vitam concessuri sint: consulens igitur ut memores essemus verborum Christi et Deum oraremus ut in vera vite palmites fructum ferentes efficeremur, ne harum minarum participes fieremus.

Comes a Nassaw et Adrianus a Zertzen rogatu fratrum nostrorum, quæ mater eorum huc de vi et injuriis Volckmariensium per literas conquesta erat, archiepiscopo Coloniensi obtulerunt. Verum episcopus ipsis eum accedere volentibus obviam factus ait: Quid? num vos querelas adfertis? Jam animo statueram ipse ego vobis scripta exhibere, quantis injuriis subditi nostri a comitibus afficiantur; et quod me male habet, uxor præterea comitis Wolradi contumacius ad meos consiliarios perscripsit. Sed modò, inquit, de his latius dicere non vacat, posthac omnia vobis legenda exhibebo. Nam erat nescio quo abiturus. Jussit igitur comes a Nassau per Lindium comites a Waldeck ad prandium ipsius venire, audituri, quid responsi a Coloniense acceperint, quod et factum est. Irritatus est autem Adrianus a Zertzen ob contemptum, ut ipse ajebat, uxoris filii sui Hermanni.

Comes Wilhelmus a Nassau jam agit ætatis suæ annum sexagesimum secundum et fuit annorum decem, dum in aulam Ludovici Palatini electoris deveniret.

Centum libras cupri sex thaleris venire eadem a mercatoribus ejus metalli accepimus. Peditatus cæsarianus civitati Ulmæ magna incommoda inferre dicitur. Civitates Ulma et Augusta cum cardinale Augustano in hoc convenerunt, ut circumforaneos et passim cursitantes milites agricolarum sanguinem exugentes, ni principi alicui addicti sint stipendia merituri, et in suis dominiis expoliari et cædi ubique admittant.

Atrebatensi scriptum supplicationis, prout statueramus, nondum obiatum est. Comes Samuel in rus abierat, quare nobiscum apud comitem ab Anaxone non est pransus.

Eadem Iberos pro eorum more pilæ lusu se exercitare vidimus. Sunt autem pilæ eorum diversæ a nostris, nam globi coriacei sunt justæ magnitudinis tantum per fistulam vento inflato tumentes.

Ferdinandus rex statibus imperii nonnulla in domo senatoria proposuit, scilicet, quia in terminis et confinibus Turcarum regnorum suorum ut in Vienna, Pannoniæ et aliis locis ad tuendam nationem germanicam et Turcas a christiano orbe ex hac parte arcendos munitiones extrui magno suorum dispendio, quorum sumptus quatuor miriades auri excederent, curaverit. Item hæreditaria regna et ducatus ipsius adeo continuis Turcarum excursibus et enunciationibus exagitari, ut vix unquam illis respirare detur. Ad hæc inducias quinquennales inter Turcicum imperatorem et Cæsarem ac Ferdinandum intercessisse, cujus temporis tres jam pene anni elapsi sint. Vix igitur in reliquis duobus annis apparatum belli recuperari posse. Rogare igitur majestatem suam quo ad resarcienda hæc incommoda et præveniendam Turcarum truculentiam status imperii summa aliqua pecuniaria, quæ tamen in nervos belli facere aliquid possit, illi subvenire velint. Præterea quæ ad hunc usque diem inferior Pannonia a Turcis perpessa sit, ea esse hujusmodi, ut nisi a natione germanica suppetias habeat, posthac sustineri nequeant. Sed Austrios ipsos crastino causam suam apud status imperii expondturos.

Interim illud ab archiepiscopo Moguntino, videlicet cancellario per Germaniam, evulgandum dicitur.

Dux Mauritius elector in domo Marquardi a Stein præpositi Augustani, Moguntini et Bambergensis hospitatur.

Sub concionem fiebat delectus peditum, qui quo propius templo Mauritii accedebant (istuc enim illis prætereundum erat volentibus per forum Cæsaris palatium adire), eo fortius tympanas incutiebant.

A concione volebamus Atrebatensem alloqui, verum ostiarius eum heri sub nonam noctis vocatum, ut hoc mane tempestivius Cæsarem adiret, aiebat, jamque ipsum abiisse. Post hoc palatium archiducis petitum. Illuc autem adhuc silebant omnia, et archidux plumis hærebat. Statuimus dein Viglium Zuichenum invisere, ad cujus habitaculum cum perveniremus, doctor Fisch cum ipso super negotiis suis colloquebatur. Hujus igitur abitum præstolantes ac confestim, ubi hic abiret, Viglium in hibernaculo suo convenimus, illi exponentes quæ ad causam nostram facerent, qui omnia quidem patienter audivit. Verum ait causam nostram in concilio quidem imperiali tractatam esse et eo deventum, ut Atrebatensis de his cæsareæ majestati relationem facere sit jussus. Id autem hactenus ab Atrebatense ob negocia imperii Hispanica, et quod de profectione archiducis jam solliciti sint, et nescio quas negociorum moles procurarent, fieri non potuisse. Facta est et a nobis mentio, num possemus ad tempus aliquod cum gratia dimitti, sed id omnino non fore respondit. Dixit quoque archiducem sibi serio injunxisse, quo ipse Viglius apud Atrebatensem instaret, ut Cæsari causa nostra referretur, ac Atrebatensem ipsi Zuicheno schedulam ostendisse in qua multæ privatæ causæ signatæ essent cæsareæ majestati referendæ, nondum autem opportunitatem obtigisse, ut de his cum Cæsare agi posset. Nam, ait Viglius, Cæsar non est ita otiosus, ut stet et audiat privatarum rerum relationem. Rogatus igitur, ut nobis suum consilium, qui posthæc res aggrediendæ essent, impartiretur, dixit se nihil certi scire, omnia enim se fecisse, consulere autem ut exigui temporis mora hic non fatigaremur. Spem esse intra paucos dies causam nostram peragi. Se vero certo scire, Atrebatensem hoc meridiano tempore nihil referre potuisse. Rogavimus inde, ut ipse apud Atrebatensem pro nobis agere dignaretur.

Respondit Atrebatensem ipsi hodie per puerum demandasse, quod modo non vacet eum audire. Opportune autem pueri duo alter alterum cursu prævenire contendentes Viglium ad missam Atrebatensis vocarunt. Itaque petitionem nostram iteravimus.

Wendelinus apud doctorem Hasen fuit. Sed vox est, et præterea nihil.

Eadem Carolus a Stockem cum comitibus a Waldeck ad comitem Wilhelmum a Nassau pransum abiit.

Annus quadragesimus supra sesquimillesimum agitur, quod primum inter Cattorum principes et comites a Nassau super comitatu Cattineliboco agi cœptum est.

Abbas a Kemptem ait, se plus mille rusticorum habere, qui unquam panibus ex siligine vel tritico usi sint, et habuit non unum hujus rei fide dignum testem, cum nobis cæteris vix credibile videretur. Adjecit vero ipse inter hos nonnullos esse, quorum annui proventus ad nongentos aut mille aureos extenderentur.

Eadem dux Ernestus petitas litteras nobis misit.

Joachimus Brandenburgensis elector Michaelem illum personatum Sidoniensem episcopum multorum mendaciorum et quod zonam agiliter transilierit convicit, nec archiepiscopus Coloniensis Michaeli præsidio in omnibus esse voluit.

Coloniensis de scripto uxorculæ apud Anaxonem conquestus est.

Eadem Christophorus dux a Wirtenberg et comes Montispellicardi quadraginta equitibus concomitatus huc advenisse dicebatur.

Stephanus medicus ex Breda cum ab Adriano a Zertzen interrogaretur, cujusnam fidei esset, respondit: Cras tibi respondebo, notans interrogantem in re minus seria jocare.

xxiij Maji in templo minorum d. Leonardus ex cap. Joannis 3: »Hæc est autem condemnatio, quod lux venit in mundum et dilexerunt homines magis tenebras quam lucem. Erant enim eorum mala opera. Omnis enim qui mala agit, odit lucem, nec venit ad lucem, ut conspicua fiant facta ipsius, quod per Deum sint facta« etc., populo concionatus est, repetens primo, quæ heri docuerat, nimirum quod credens non judicetur, incredulus autem judicatus sit. Quam autem hæc sententia Christi mundo non arrideat, ex hoc patere, quod etiam tenebras amplecti malint. Nam Judæi Joannem, austerioris vitæ virum, audire noluerint, Christum hominibus conversantem tanquam luconem rejicerent etc. Item quod directissimum sit compendium vitæ æternæ consequendæ, credere Christo et eam, quam is nobis revelavit, patris voluntatem facere, et quod nulla sit invocatio Dei, nec ullibi exaudiamur, nisi et in et per Christum. Ergo et Judæum frustra clamare orando, Deus cœli et terræ, Deus Abraham, Isaac et Jacob, si non innitatur Christo. Ubi vero ad locum de operibus devenisset, ait: Si operibus gaudes, Deus in duabus tabulis non quidem permagnis opera quæ faceres tibi præscripsit, nimirum ut ipsum solum adores, colas nec Deum præter hunc scias etc. Crede in Christum, Deum dilige et proximum sicut te ipsum, etiamsi omnes animi nervos huc intenderis, plus satis tamen operum reperies, et tum, si tibi vacat, opera, quæ papa jubet, facito.

Domine Jesu, in te credere nobis dona, ne cum mundo despicientes lucem judicemur, sicque opera nostra bona luceant, ne cum lucifugis vespertilionibus te lucem æternam abominemur. Te, inquam, lucem illuminantem omnem hominem venientem in hunc mundum, cui cum patre et s. spiritu sit laus et gloria in perpetuum. Amen.

Eadem Philippus et Eubulus (nam Joannes in rus concesserat) Atrebatensem compellare volebamus, verum extemplo ut nos vidit ait: Jam nihil vobis possum respondere, alio tempore revertimini. Hocque erat unius diei pensum absolvisse. Inter sollicitantes erant dominus de Celtingen et legatus ducis Ferrariæ, homo in speciem magni ingenii.

Eadem Carolus a Stockem nobiscum pransus est.

Dum ante cubiculum Atrebatensis deambulamus, Celtingen nobis de aulico quodam dixit, qui cum a Cæsare stipendia exigeret ac Cæsar respondisset: Il fault avoir patience, aulicus dixit: Gil aye ouy patience et passion par la passion de dieu. Cæsar obticens jussit illi numerare quingentos florenos. Sed non omnibus æque feliciter cessit leonibus collusisse.

Eadem adferebatur rumor Hispanos aliquot Argentorati in exorto tumultu occisos esse. Eadem socrui et uxori per Joannem nobis a pedibus scripsimus. Eadem doctor Carolus Harst per Samuelem nepotem nostrum nonnulla nobis nunciavit.

A cœna Philippus et Eubulus theatrum illud Hispanis, quo pilæ se in hoc exercerent, sumptibus urbis Augustæ pavimentum lapide coctili stratum, habens in longitudinem circiter centum septuaginta pedes, in latitudinem decem et octo, tribus parietibus clausum, sed ab oriente patens, vidimus. Vidimus et cujusdam Augustani splendidas ædes, qui hoc disticho largitori opum suarum Deo cœli et terræ in saxo super portam domus depingi curaverat:

Aedificat nostras dominus defendit et ædes,
In vanum vigilans ergo laborat homo.

Cæsar pecunias a Germanis exigit, ut si forte rursus in Germania tumultus exorirentur, pecunia hæc in nervos belli habeatur.

O potentissime Deus, potentes potenter corripe ut quod ipsemet tu sis, qui hæreditatem suam regat et extollat, agnoscant. Ignosce peccatis nostris et pusillum filii tui gregem a persequentium manu eripe.

xxiiij Joannem nobis a pedibus in comitatum nostrum remisimus, dantes illi in viaticum florenos aureos duos.

Domine, in cujus manu vita nostra omnis consistit et cujus sunt exitus mortis, conserva et nos et hos incolumes, ob Jesum filium tuum, regens nos spiritu s. tuo.

Eadem d. Joannes Henricus in æde Mauritio sacra ex cap. 13 epistolæ ad Romanos, scilicet de his verbis: »Non enim est potestas, nisi a Deo, quæ vero sunt potestates, a Deo ordinatæ sunt. Itaque quisquis resistit potestati, Dei ordinationi resistit« etc., concionatus est. Dixit autem inter cætera, particulam universalem omnino neminem excipere, et singulos ordinationi potestatis obedire debere, dempto tamen hoc uno, si quid contra Christi honorem, doctrinam sacram et justum sacramentorum usum constituerit. Nam cum Christus a Deo patre omnium rex constitutus sit, illi optimo jure et merito propria et unica obedientia præstanda est, in cæteris omnibus mos gerundus magistratibus. In hoc autem, ut dictum est, vita, uxor et liberi Christo posthabenda sunt, maxime cum Christus dominus salutis causa omnia parvipenderit. Confirmavit autem hoc ipsum hic concionator testimoniis scripturarum non paucis. Coarguit quoque eos, qui Christanos magistratum non decere somniant, quin e scriptura contrarium approbans, non solum [1] licere christianum magistratum gerere, sed intimis votis omnibus optandum esse, ut personæ qui præsunt, christianissimi essent. Hac enim via fieri posse, quo abusus et in religione et in cæteris reipublicæ negociis tolli ac res ad justam normam redigi queant. Item per exempla Datham et Abiron Moisi resistentium et Absalonis contra Davidem patrem exurgentis etc., ostendit, quam male cedat, fovere seditiones, et quænam merces futura sit eorum, qui potestati resistunt. Ubi enim, ait, nullus ordo, ibi confusio. Magistratus etiam sui nominis et officii rationem habere monuit etc., pollicitus in crastinum se plura de his dicturum. Do-

*

1 Hs. non solum non l.

minus ille omnium pater dignetur donare, ut in domino cum sollicitudine magistratus præsint, subditi obedientiam debitam præstent ad divini sui nominis honorem et populi profectum. Amen.

Usi sumus et d. Caroli consilio. Eadem Otto comes a Schomberg, archipræsulis Coloniensis germanus frater advenisse dicebatur. Marchalcus Schomberg et dominus a Zeltingen operas suas nobis polliciti sunt, sed Nasonis more: Pollicitis dives quilibet esse potest. Et grave est vulpi leonis malam gratiam inire.

Eadem Wilhelmus comes a Nassau per Lindium nobis dici curavit, archiepiscopum coloniensem de multis injuriis, quibus et ipse et subditi sui a nobis affecti essent, conquestum esse, et nisi comites a Waldeck apud suos curarent, ut iis rebus supersederetur, Coloniensem vel crastino velle executionem mandati et juris a Cæsare petere.

Eadem Nicolaus Maier licentiatus per schedulam significavit, quæ Balthasari a Gultlingen suo nomine perscribenda essent.

Mota est seditio inter institores et pedites, sed uno et altero ex peditibus læso res mox consopita est.

Eadem Carolus a Stockem, comites Joannes et Eubulus fratres rus petiere.

Christophorus dux a Wirtenberg equites aliquot Augusta ablegavit, quo nobis cæteris hic moram nectentibus, ut dici solet, solatio esset. Qui respicis, Deus, causam afflicti et inopis, ne tuorum obliviscaris in finem!

In mansione Viglii Zweichem parieti ascriptum legimus: Dieu mon espoir et confort.

Jam quasi per continuos aliquot dies principes concilia frequentarunt!

xxv Maji dominus Joannes Henricus loco et hora consuetis textum epistolæ Pauli ad Romanos ex cap. 13 prosecutus est: »Qui autem patri restiterint, sibi ipsis judicium accipient. Nam principes non terrori sunt bene agentibus, sed malo. Vis autem non timere potestatem? Quod bonum est facito, et feres laudem ab illa. Dei enim minister tibi in bonum. Quod si feceris id quod malum est, time. Non enim frustra gladium gestat. Nam Dei minister est, ultor ad iram ei qui, quod malum est, fecerit. Quapropter oportet esse subditos, non solum propter iram, verum etiam propter conscientiam.« Fecit autem brevem heri dictorum recapitulationem. Deinde de utilitate potestatis, potissimum cum sit ordinatio Dei bona nobis in bonum. Deus enim, inquit, nihil male ordinavit unquam, et est magistratus æque ordinatio Dei, ac status matrimonii etc. Deinde officium boni et frugi civis obiter depinxit, innuens quam is nihil a potestate sibi timere debeat etc. Ait autem d. Paulum hic duo ponere, scilicet magistratum a Deo ordinatum esse ministrum Dei, bonis in bonum, malis in malum atque terrorem. Esse igitur magistratum protectorem et refugium bonorum, malorum vero destructorem et depulsorem malitiæ. Magistratum quoque serio sui muneris rationem habere monuit, utpote quos Deus divini sui nominis participes fecerit, et quos d. Paulus hic ordinationem Dei et ipsius ministros appellet, et quo scire possint, quænam sui officii sint, eos id (l. ut) addiscerent, ad Psalmum 82 remisit. (Habet autem hic Psalmus inscriptionem Oda Asaph et versus octo.) Quare non pigeat te ipsum legere. Item jussit inspicere primum Esaiæ caput et Moisen dicentem »Justi quod justum est judicate.« [1] Item quod defensores et propugnatores veræ religionis ac verbi Dei ministrorum et in verbo domini præscripti divini cultus custodes sint. Et e contra eorum, in quos gladium suum stringi debeat, catalogum ex Paulo ad Corinth. adduxit, nimirum in adulteros, in veneficos, idolatras, adulatores, cynædos etc. De abusu quoque gladii disseruit. Exemplum Pilati, qui sciens Christum innoxium damnavit, cum tamen Christus nullius criminis reus ulli unquam malum intulerit, sed insuper omnibus benefecerit, adducens, a quo suo antesignano non multum absint, qui hisce temporibus innocuos concionatores et alios contra conscientiam mille modis excruciant. Jussit igitur ita vitam nos instruere, ne magistratus nobis terrori sit, et cogitare, quod non frustra gladium portet.

A concione, dum obsecrationes fieri jubet, pro potestate ecclesiastica, nimirum pro dispensatoribus verbi divini, orate, inquit, dominum, ut operarios in mercem suam extrudat. Multi enim sunt, qui nomen potestatis appetunt, opimis beneficiis gaudent, sed oves Christi pascere recusant, laborem subterfugiunt, sicut et innumeri, qui principes et domini vocari ambiunt, reperiuntur, omnino autem officii et vocationis suæ rationem habere contemnunt.

Domine Deus, misericors, juste et magne, quia nulla potestas est, nisi a te ordinata, qui et me indignissimum quoque in vocatione hac esse voluisti, cumque nullus unquam fuerit tam sanctus, doctus aut ea prudentia præditus, quo munus illud sanctum potestatis ex omni parte

*

1 Exod. 18. Deut. 16.

explere possit, te, benignissime pater, ut mihi misero et complicibus meis spiritum illum tuum principalem, pro quo ad te tantis gemitibus David clamavit et Salomon filius ejus oravit, ut possim verus patriæ pater, protector tibi placitorum et vindex malorum existere, utque ego et quos mihi subdidisti possimus in obedientia tua et verbo filii tui benedicti vivere, quo nominis tui sacrosancti gloria, subditorum profectus, mea et uxoris et filiolæ, quam dedisti, et liberorum, quos de bonitate tua donare potis es, salus hinc eveniat, clementer largiri digneris deprecor. Idque te, pater cœlestis, per eum rogo, cui potestatem in cœlo et in terra contradidisti, dominum et liberatorem nostrum Jesum Christum, cum quo tibi et s. spiritu sit laus, honos et jubilatio in perpetuum. Amen.

Post concionem Joannes frater et ego, dubii quid in negotio nostro ageretur, quod aliquot vicibus Atrebatensis in respondendo amphibologia usus sit, cum tamen res apertissima tropis opus non haberet. Visum autem est nobis, ut Viglius conveniretur. Is nobis heri primum Atrebatensem nostram et alias privatorum, ut ipsi nominant, causas cæsari in præsentia Viglii et ceterorum consiliariorum cum expositione et excusatione singulorum retulisse, ajebat. Habuisse quoque super hoc consilium, sed nondum cæsarem se resolvisse. Ait quoque nostrum negocium in his cardinibus versari, quod si imperator capitulationem inter suam majestatem et Cattorum principem, quantum nos concernat, ratam habere velit, nos eximi imperio. Sin autem totam reprobaverit, landtgravio in possessione sua injuriam fieri. Cum Eubulus diceret: Domine doctor, utcunque se res habeat, tamen vocati a commissariis cæsareæ majestatis iisdem obedientiam præstitimus. Et recte, inquit Viglius. Nam nisi id a vobis factum fuisset, jam maximis in periculis et vos et res vestræ forent. Sed, inquit, brevi imperator de capitulatione et aliis articulis se resoluturus est. Interrogatus autem, num illi consultum videretur, hodie apud Atrebatensem sollicitare, suadeo, inquit, hoc die id ipsum intermitti. Non enim tam cito resolutio fiet, indicans præterea brevi omnia absoluta iri.

Venit Carolus a Stockem eadem fere a doctoribus Hasen et Marquardo se accepisse inquiens.

Mauritius elector hodie post secundam noctis, licet multos magnates ad jentaculum invitasset, surreptitie cum paucis abiit, cum tamen in multam diem aulici et supellex subsecuti sint.

Eadem Coloniensis archiepiscopus comiti a Nassau querelas civium

Volckmariensium misit. Quas idem per Lindium Waldecianis comitibus exhiberi jussit. Episcopus autem de Eubulo duo conquestus est, unum quod Galacteus plaustra aliquot materiei ferri ex mineris am Teuffels Path avexerit, et quod de homine, qui bigæ casu non procul inde mortuus est, uxorcula nostra litteras (ut teneris episcopalibus auriculis videbatur) contumaciores perscripserit. Addidit præterea et Coloniensis minas, ni de molestandis suis a nostris supersederetur, se vel crastino tractatus tanto labore inter nos habitos irritos facturum et mandati illius executionem petiturum. Fratres tamen nostri ab ipso litteras Volckmariensibus civibus transmittendas obtinuerunt, quibus, ut dicebatur, vim rusticis inferre prohibebatur. Floro injunctum, ut Eubuli nomine comiti a Nassau responderet.

Post cœnam ante palatium Cæsaris deambulabamus, ubi sub octavam pomeridianam magistri ordinum pedites ad vigilias noctis constituerunt. Hoc autem Germanis et dolori et dedecori est et erit, quod cum Germani pedites ad custodiendum cæsaris palatium ordine statuerentur, ocyus Iberi quoque timpano incusso ad hospitium Joannis Friderici optimi principis veniunt, ibidem excubias agentes.

Domine liberator, qui das captivis indulgentiam, aliquando et hujus servi tui in bonum memento.

xxvj Maji d. Joan. Henricus (nam Musculus ravi laborabat) in æde Mauritii eundem quem heri explanavit textum repetens, concionatus est, summa diligentia magistratus reverentiam ob Dei præceptum inculcare conatus per s. scripturæ historias ostendens, quam referat reipublicæ personas in hoc statu constitutas esse, viros bonos timentes Deum, justitiæ et æqui amantes etc., et quod ejusmodi personarum regimen non parvum et subditis et terris profectum conferat. Nimirum quod verus Dei cultus et justitiæ leges per tales viros conserventur et idolatria ac omnis externa impietas, quantum id fieri queat, tollantur. Adducens in hujus rei evidens exemplum legislatoris Moisis, strenui Josuæ, optimi civis Danielis, Ezechiæ et Josiæ piissimorum regum etc. Indicans quæ horum pietas, dexteritas et zelus erga Deum et in transgressores austera animadversio fuerit, quæ item bonis sub his fuerit quies etc. Deinde omnium horum antithesin, quo album juxta nigrum positum magis elucesceret, posuit, quam turbulenta omnia sint, quamque optimi quique sub hypocriticis et malis principibus (ut interim taceam omnem religionem et mores rectos) sub talibus pessum eant. Hujus farinæ principes fuerunt Saul Davidem persequens, quem ab eo

8*

justius fuisset ob honorem victoriæ et præmia et laudem reportare. Item quam cruentus et immanis in Abimelecum et ejus symmistas ac omnem civitatem Nobe fuerit. Nec hic oblitus est adulatorum sub nomine Doeg Idumæi, qui truculentissimus adulator cum milites a latere regis illud abnuerent, in gratiam Saul ipse totam domum Abimelech et viros portantes Ephod octuaginta quinque interfecit, ut legere est Samuelis 22. Sauli non dissimilis Ahab fuerit, qui sub uxoris imperio et sub peccatum venumdatus in sacra scriptura dicitur, et quam homines pii et frugi iniquissime sub hujus regis regimine habiti sint, testatur probitas Abdiæ œconomi regis, qui abscondit 50 prophetas in una et 50 in altera spelunca, pascens eos insuper pane et aqua, quo immunes a trucidatione essent etc. Rogare denique jussit dominum, ut patres patriæ bonos nobis impartire dignaretur.

A concione Joannes frater et ego Atrebatensem adire volebamus, qui tamen ad patrem abierat, ilico autem revertens et conspectis comitibus Waldecianis ait, nondum habeo adhuc responsum a sua majestate. Hoc responso hic dies terendus erat.

Sub casis mercatoris Carolum a Stockem reperimus eundem hoc Atrebatensis responso solantes.

Dum in eodem itinere de libro Bibliandri de ratione communi omnium linguarum ac litterarum mercaremur, Dido a Kniphausen supervenit, indicans, qui esset status cognatorum nostrorum de Hoia, sed causam eorum contra Franciscum a Hall duci Juliacensi ut commissario a cæsarea majestate commissam esse.

Eadem episcopus Trevirensis per Wilhelmum juniorem comitem a Witgenstein nos secum prandere jussit. Eadem ad Gultlingen pro licentiato Maier per scripsimus. Subortæ sunt eadem rixæ nonnullæ inter Wendelinum et Florum.

Trevirensis archiepiscopi mensæ Ernestus comes a Solms, Henricus comes a Liningen, Philippus, Samuel et Eubulus comites a Waldeck, nobilis de Schomberg marschalcus cæsaris etc. Wilhelmus comes a Witgenstein aderant.

Inter Trevirensem et Eubulum conventum est, ut si Eubulus Muntoburum plaustrum cerevisia Corbachensi onustum mittat, archiepiscopus illud vino onustum remittat, idem facturus etiamsi cerevisia non detur. Pollicitus est et Trevirensis se omnia nostri ergo et apud cæsarem et apud Atrebatensem subiturum. De ejus voluntate non dubitabamus, sed obest illi dexteritas papistica, hoc est, quod cæsari non mox in omnibus contra canones istos etc. consentire velit, Schomberg quoque marschalcus pollicitationes nobis fecit, sed vanas reor; facile enim quicquid aulici promittunt.

Ajunt cæsarem, cum fertilitatem agri Saxonici et regio more extructas arces vidisset, dixisse: Dux Joannes Fridericus robusto est corpore et habet fortissima crurum robora, tamen tibiæ ipsius tanta commoda æqua mente ferre nequibant. Omnes autem, qui sperant in domino, non confundentur. Potentiora enim et regna suas quoque periodos habent.

Wolff quoque comes in Öttingen adest.

Eadem landtgraviæ unus et alter equus mortuus est. Ericum nothum a Zertzen cum fur zonam ejus evacuasset aureo donavimus.

Consolatio afflicti et divini auxilii expectantis M. Lutheri: Lang ist nicht Ewig, der elender leidt woll, aber nicht allwege. So soll auch sein hoffenn nicht umbsonst seyn.

Eadem comitem ab Eckmunda et comitem Brabanzon, alterum hollandum, alterum Brabantinum, vidimus.

xxvij Maji in æde d. Mauritio sacra prælector legit caput 16 Matthæi ac solitas adhortationes et precationes fecit. Deinde Musculus spiritum Dei bonum ut nobis verbi divini incrementum daret, invocavit et ex cap. 15 Joannis id quod per aliquot septimanas tractavit, repetiit. Hoc autem die hæc verba legit: »In hoc glorificatus est pater meus, ut fructum copiosum afferatis et efficiamini mei discipuli. Sicut dilexit me pater, ita et ego dilexi vos. Manete in dilectione mea etc.« Hic per ordinem de comparatione Christi et suorum ad vitem et palmites dixit, jubens nos eo niti debere, ut in hac ipsa vite maneremus et in ea fructum feramus. Item quomodo dominus amica et blanda oratione suos allexerit. E contra quod in ipsa vite non manentibus aridis et infrugiferis palmitibus sit comminatus. Nunc autem hisce verbis Christus docet patrem in hoc glorificari, si fructum multum in Christo adferamus. Hic adstruens Christum non voluisse suos ociosam et reprobam vitam ducere, sed in ea quam ipse jubet fructum ferre. Ait autem Musculus: Christus dominus a Mahometanis, Judæis vel aliis, qui non sunt in ipso, sed palmites a stipite evulsi et extra vitem luxuriantes, etiamsi perditissime vixerint, non dehonestatur. Sed si nos, qui ejus nomine superbimus et palmites in vite succrescentes in dedecus divini nominis vitam institueremus, id dolet patri, in hoc gloria ejus, quantum ad nos, commaculatur. Nam oretenus solummodo Christianum agere, quid attinet, aut alios quærere præter eos quos Deus jusserit cultus, si pastorem nostrum et vitem veram Christum non agnoverimus, si non juxta hujus præceptoris regulam juste et pie vivere voluerimus? Non enim, inquit, religio christiana in cereis ardentibus et nescio quibus, ut nunc digladiantur, ceremoniis, unctionibus et ejus ceræ futilibus et nullius usus rebus, aut aris bysso et purpura distinctis ac vasis aureis, argenteis et deauratis sita est. Nam si hæc ad religionem facerent, habuerunt Judæi multo plura de his rebus, quam nostri, et Mahometani longe auro, bysso, purpura, argento, unionibus et gemmis in suo mahometico cultu nos superant. Nec hujusmodi næniæ vel ad veritatem christianam vel ad religionis negocium quidquam faciunt. Verum si ad Deum invocandum fidem indubitatam et charitatem erga Deum et proximum adferamus facientes fructum bonum, quo patris voluntas, quæ per Christum nobis patefacta est, peragatur, ut Deo in nobis per Christum sua gloria obtingat, ut, inquit dominus, efficiamini discipuli mei. Quid, inquit Musculus, hæe sibi verba volunt? Numquid, ad quos dominus hæc verba loquebatur, ejus erant discipuli? Erant profecto. Nam de his dixit: »Ego vos elegi, vos autem me non elegistis.« Item: »Vos vocatis me magistrum et dominum, et recte dicitis, sum etenim« etc. Certo, si sic se res habet, omnes discipuli Christi erant. Erat quoque Judas Ischariotes discipulus domini etc. Sed si alia est ratio, quod ait, discipuli mei efficimini, hoc est, palmites in vite permanete, fructum ferte etc. Et multis hic de discrimine discipulorum docuit, de iis scilicet, qui in pura doctrina Christi permanent et veritatem evangelicam amant ac opere implere conantur, et de iis, qui optime quidem de Evangelio fabulantur, sed impiissime victitant. Item de Papistis et adversariis verbi, item de variis respectibus in Christum, et quomodo alii aliud in Christo quærant, alii sua commoda, alii honores, alii autoritatem et suæ sycophantiæ operculum, et postremo dixit: Et quid dicam? Non est in universis sanctitas. Utrinque ex omni parte quotidie nobis ipsis pejores evadimus. Quapropter vitam emendemus et rogemus dominum, ut propitius nos convertat, quo in vite vera fructus uberes ferre possimus. Item quod textus habet: Sicut dilexit me pater etc., id tametsi videatur in præterito dictum, tamen præsentis modi hic accipi debere, atque hoc de hebraismo et phrasi hebraica disseruit, innuens Deum patrem semper filium diligere, sic et Christum suos, si in dilectione sua permanserint, semper amare etc.

Eadem landtgraviam, quæ perendie hinc profectura erat, invisimus. Curaverat autem domina princeps verbum domini sibi et familiæ per ecclesiasten urbis Augustanæ annunciari, qui ex cap. 3 Joannis eum textum, qui die Trinitatis prælegi solet ecclesiæ, christianissime exposuit, inquiens inter cetera: Verbum domini quotidie audimus et id per multum jam tempus, sed nihil præterea cogitamus de renovatione vitæ et aspiratione hujus venti. Mutemus igitur aliquando institutum vitæ. Nam sicut, inquit, facies tua modo pallescit, nunc rubicundior fit, si vento afflatur, ita mens nostra subito si ab hoc s. spiritu afflemur, innovatur etc. Jussit quoque vim orationis piorum consideremus, adducens exemplum Eliæ, cujus unius precibus cœlum clausum est et rursus pluvia descendit, ut in libris regum videre est.

Apud landtgraviam aderant Wilhelmus a Nassau, Otto a Schomberg archiepiscopi Coloniensis frater, Conradus a Boneburg eques et Waldeciani quatuor. Comes Wilhelmus dixit nos in crastinum a Coloniensi invitatos iri, quod nec metuo, nec opto.

Experti sumus in hoc ipso convivio, quam probe domina princeps a nonnullis fuerit instructa, ut fere Coloniensi subscriberet.

Eadem d. princeps Joannem fratrem nostrum ad ducem Fridericum electorem misit, ut eam excusaret, quod hactenus illum non fuerit allocuta, prætendens quod nesciverit an ob cæsaris promerendam gratiam ad ipsum aditus an secus incommodior fuisset etc. Elector respondit, nihil referre; scire clementiam suam, in quo statu res suæ sint etc. Cum multi quererentur nimium cunctando per aulicos cæsaris molestari. Inventus est qui ante menses decem cæsaris consensum super nonnullis donationibus Noribergæ assecutus erat, sed in hunc usque diem subscriptionem habere non potuit.

Baro de Blaw, quem mater legitimum esse negabat, ad diem Veneris aut sabbati elapsum huc captivus adductus est, et timetur illi a supplicio capitis.

Eadem a prandio Philippus vonn der Brucke Livonii magistratus legatus Interim mentis illius nobis copiam fecit.

xxviij Maji d. principem inter 4 et 5 horas mane ejus diei convenimus ac eam Deo nos suæ gratiæ pro more commendantes ac eam ubi valedixeramus ad vehiculum perduximus. Corroboret dominus cor ipsius et Christinæ suæ mentem christianam impartiatur iterque suum bene fortunet. Conradus a Beyneberg eques auratus ipsam Ulmam deduxit.

Deinde in templo Mauritii d. Joannes Heinricus ex cap. 13 ad

Romanos concionatus est. Heri enim a meridie idem argumenti tractabat. Legit autem nunc temporis de eo loco: Nemini quicquam debeatis, nisi hoc, ut invicem vos diligatis. Nam qui diligit alterum, legem implevit, siquidem illa: Non adulterabis, non occides, non furaberis, non falsum testimonium dices, non concupisces et si quod aliud præceptum, in hoc sermone summatim comprehenditur. Nempe diliges proximum tuum sicut te ipsum. Dilectio proximo malum non operatur, consummatio itaque legis est dilectio etc. Pro studio autem inculcandi ea quæ per dies aliquot docuerat ea verba non attigit. Sed repetiit singula hujus capitis, admonens magistratum rursum sui officii et dilectionis in subditos. Item subditos, ut magistratui in omnibus, præter si quid contra verbum Dei statueret, obedientes se præstarent, tributum, vectigal, contributiones denique et omnia ejusmodi ex charitate offerant. Nam officium defendendi bonos et malos coercendi sine magnis sumptibus exequi nequit, ait hic ecclesiastes. Item magistratuum summam et primam curam esse debere, ut subditis de fidelibus verbi ministris provideatur, et populus ab eisdem fideliter in sana doctrina instituatur. Item ut cultus divinus quibus coli se velle unicus ille Deus, præter quem non est alius, per filium suum docuit juxta scripturæ præscripta peragatur. Non, inquit, cæremonialem illum papisticum, qui nonnisi pro ludo puerili pupporum more puppis ludentium existimandus est. Magistratus quoque operam det, ut et ipse scripturæ s. non omni ex parte ignarus sit, ne semper ab ore detorquentium scripturas et alieno cerebro pendere cogantur. Adducens de hoc præceptum legislatoris Moseos ex Deut. cap. 17. Hæc autem fere sunt verba. Cum sederit in solio regni sui, describat sibi exemplar hujus legis in libro coram sacerdotibus levitici generis, eritque illud penes eum, ut legat in eo cunctis diebus vitæ suæ, ut scilicet discat timere dominum Deum suum et servare omnia verba legis hujus ac statuta ista, ut faciat ea, et ne extollat cor suum supra fratres suos, neque recedat a præcepto nec ad dexteram nec ad sinistram, ut proroget dies in regno suo ipse et filii ejus in medio Israelis. Item exemplum Josiæ regis, qui reperto libro legis cultum Dei redintegrari præceperat etc.

A concione dum Joannes, Philippus et Samuel comites adhuc in deducenda domina principe abessent, Eubulus et Wendelinus comitante eos Carolo a Stockeim, satrapa in Weilburg et Usingen, Atrebatensem adiere, qui viso Eubulo gallico more exclamavit Mon seigneur conte etc., innuens se crastino circiter octavam posse arbitrare resolutionem accipere, et ut id temporis adessemus jussit. Idem jussus est et Carolus.

Prandio nostro Carolus a Stocken et Barleven interfuerunt. Emimus eadem scriptum prioris in Rhedorff, quo pinguis aqualiculus et Erasmum Roterodam. carpit et divum Paulum uxorem non habuisse adstruere conatur.

Eadem Fredericus Perger Georgii filius a Ratisbona nos invisit, indicans inter cetera de controversia Luxani præfecti regii ac Georgii Pergeri, et quomodo Wulff Haller Pergerum in tutelam aceeperit. Orta autem est hæc rixa ob non hospitatum bohemicum aulicum, cum tamen Cattorum legatos hospitio excepisset. Interrogavit quoque nos de valetudine Pistorii, item an mihi ex uxore liberi sint. Aiebat parentes et fratres suos bona esse valetudine. Invitatus est a nobis ad cœnam, verum gravioribus occupatus venire non potuit.

Quoniam tua voluntas est, domine, ut pro benefactoribus oremus, benefac eis, qui nobis bene voluerunt, propter nomen sanctum tuum.

xxix Maji in templo observantum d. Leonardus ex cap. Joannis 3 de mysterio sacrosanctæ triadis concionatus est, indicans, quam homini ex propriis viribus divinitatem agnoscere impossibile sit. Proferens in medium notum illud de puello vola manus mare exhaurire conante et d. Augustino etc. Item de distinctis personis in eadem trinitate et hujus rei testimonia scripturæ adduxit. Item quomodo, dum baptizaretur Christus in Jordane, patris vox (hæc scilicet: Hic est filius meus dilectus, in quo mihi bene complacitum est, hunc audite) audita est. Filius erat ipse, qui baptizabatur, et s. spiritus in specie columbæ super Jesu apparuit. Item quod filius solum assumpserit corpus. Item quod spiritus s. de patre et filio sit procedens, item quam inepte Judæi et cæteri infideles nos Christianos tres deos adorare, cum in unum tantum credamus, effutiant; quod Deus sit spiritus non habens corpus nostris corporibus simile; quod autem s. scriptura Deo oculos, vultum, manus etc. attribuit, id fieri, quod scriptura pro captu humano divinitatem circumscribens loquatur. Quæ alibi a nullis mortalium capi posset. Huc multa testimonia ex psalmis et aliis Bibliæ locis adferens. Item quare s. spiritus nominetur ventus, item de vi et potentia ventorum, euri scilicet, qui cuncta perflet et concutiat, et favonii, qui suo flatu omnia exhilaret. Sic et spiritus s. afflatui nemo resistere potest, sicut propalam visum est in die pentecostes, frustra repugnantibus Pharisæis et scribis etc. Et huic ad hunc usque diem totus mundus resistere conatur, et tamen hic spiritus flatu suo omnem terrarum orbem etiam hodie permovet etc. Quæ ad hoc argumenti faciebant, fideliter docuit etc. Hoc epiphonemate sermonem claudens: Sicut nihil viventium in hoc terrarum orbe sine spiratione et vento agere potest, ita et nos in spirituali vita ne momentum quidem vel ad oculi ictum sine hujus sacrosancti spiritus afflatu perstare possumus; jubens itaque Deum patrem per Christum orare, ut nobis hunc spiritum paracletum impartire dignetur, qui nos vivificet et regat. Id nobis præsta, o pater, ob filium tuum dilectum, cui nihil negas, regnantem tecum cum eodem s. spiritu tuo. Amen.

Domine Deus, magne, terribilis et fortis, idem quoque benignus, clemens patiens et multæ misericordiæ, ecce coram te cum tota tua ecclesia non aliter ac olim populus tuus ac gens tua Israel corda nostra et manus nostras expandimus, ore et imis penetralibus cordis clamantes Respice, domine, et miserere nostri, pauperes enim et despecti sumus nimis. Invenerunt enim nos ingratitudines et iniquitates nostræ, dominantur nostri domini absque te, impleta est in nobis comminatio tua, gens, cujus catalectum non agnoscimus, possidet nos nostraque, nec satis dominari nostri habet, sed et sancta conculcat tua et præter omne dedecus in tua Germanica. O domine, vix antea cogitatum quod quotidie committit noctu diuque cogitat, qui nobis verbum tuum eripere possit, conflans traditionum humanarum centonas, obtrudens pro pane cinerem. Domine Deus nos quidem longa majora his commeriti sumus. Sed quid honor tuus et verbum tuum innoxium a populo non sancto blasphemari meruit præeligente (et) præferente Christo caput novum ecclesiæ tuæ, meretricem ad aquas Babylonis sedentem. Memento domine promissionis tuæ antiquæ, quam mystici tui Davidis populo pollicitus es: Si peccaverint filii ejus in me, corrigam eos in judicio. Misericordiam autem meam ab eis non auferam. Quanquam autem paucissimi inter nos hæc attendant, tu tamen ne obdures corda nostra, sed de furore iræ tuæ justissimo quidem remittens in faciem Christi tui respice. Voluisti enim hunc pro nobis et totius mundi peccatis victimam esse, mediatorem unicum et pontificem. Recordare quod in hoc filio tuo dilecto domino nostro Jesu Christo remissionem peccatorum pro miseris cupimus domine, sed da reverti ad te confisi quoque de bonitate tua magna speramus nos de eorum esse numero, de quibus filius tuus benedictus ait ad te clamans: Pater, pro eis oro, et non tantum pro eis, sed pro his qui per verba eorum in me crediturі sunt etc. Aspiret nobis spiritus sancti gratia et nobis fidem adaugeat, ne opera manuum despicias, oves enim pascuæ tuæ sumus. O pater, da ut amantem te redamemus et te timeamus. Da ut juxta nomen tuum sancti simus, adveniat et renovetur in nobis regnum tuum. Tua voluntas in misericordia fiat, ne panem verbi tui, quo Germaniam in hisce postremis temporibus tam largiter refecisti, auferas. Da ne penuria affligamur, nec saturati recalcitremus. Nosti enim quid opus habeamus. Dimitte nobis debita nostra, ne simul perdas nos cum iniquitatibus nostris, siquidem et nos (quod concede ut ex corde fiat) debitoribus et persequentibus nostris remittimus. Ne nos in tentationem inducas, quarum nunc omnes terrarum anguli referti sunt, sed libera nos a malo cum animæ, corporis et dierum malorum horum. Quoniam tuum est regnum, postliminio nos tibi assere o domine, tua est virtus, sustenta nos, tuus est honor, da te solum honoremus et gloriam tuam da a nobis et omnibus promoveri in perpetuum. Da domine ne respiciam vultus potentis, sed da in os quid loquar, et labiis meis custodiam pone, in nomine enim tuo ejicio rete.

Eadem ad octavam in mansione cancellarii cæsaris Antonii Atrebatensis episcopi per Leonardum illi a cubiculis intra cubiculum vocati sumus, ubi e regione nostri stetit Atrebatensis præsul et illi a sinistris d. Philippus Seldt vicecancellarius. Is orsus est dicere, Reverendissimus et clementissimus dominus meus Atrebatensis mihi generositatibus vestris dicere injunxit, Romanam cæsaream majestatem per reverendissimum Atrebatensem accepisse vos ad citationem huc advenisse, item excusationes vestras, quas protenderetis. Verum sua majestas etsi has excusationes audierit, non tamen suæ majestati his satisfactum dicit. Nam quanquam protenderitis vos subditos Cattorum principis esse et sub capitulatione comprehensos, tamen vos et comites imperii non decuisse, ut obliti honoris, dignitatis et nominis vestri huic principi contra cæsarem pugnanti auxilio essetis. Licet insuper sacra cæsarea majestas ex prothocollis judicii cameræ perceperit comites et landtgravium de hac quæstione, subditi ejusne sint an secus, egisse. Verum utcunque hæc res se habeat, nunc de his sua majestas disputationem non instituet, sed in medio relinquit, ea tamen lege, ut fisco et suæ majestati nihil juris derogatum velit. Item quod ad absolutionem per comitem Reinhardum a Solms attinet, id non latius tendere, quam quod commissarii jussi sint super hac ulterius cæsarem quærere etc. Horum ergo cum vobis conscii sitis et constet, omnem dignitatem, honorem et jus vestri comitatus a nemine præterquam ab imperatore derivari, quamobrem cæsarea majestas optimo suo jure et actione læsæ majestatis in honores, corpora et facultates vestras serius [1] quid statuere posset. Attamen sua majestas ex innata sua clementia mitiori via contra vos progredi cogitat. Sed discriminatim, scilicet ut hi duo juniores comites Philippus et Joannes actionem, quam mater ipsorum in cæsaris majestatem ex quibusdam pollicitis habere se autumat, remittant, maxime cum cæsarea majestas nihil sibi de hoc conscia sit, nisi forte de generalibus promissis (hæc enim ipsissima ipsius Seldi erant verba), ad hæc ut Cæsari quinque mille florenos numeretis, vos vero, Eubule, qui ante et sub hoc bellum hoc præ ceteris comitibus et opera et verbis cæsareæ majestati vos infestiorem ostendistis, cæsari dabitis octo millia florenorum, aut si mavultis, cæsarea majestas jure vobiscum agat et processus contra vos instituat. Præterea omnes comites una articulos eos, quos reverendissimus dominus meus Atrebatensis nomine cæsareæ majestatis vobis expositurus est, et suscipietis et ea servare pollicebimini. Dum autem staremus animis consternati, Atrebatensis non rogatus deliberationem nobis in crastinam permissam iri ait. Causabatur et de motione armorum in Coloniensem, qua vel totum imperium ad tumultus excitari potuisset. Et cum Eubulus apud Atrebatensem quereretur impossibile fore, ut eam summam ex suis facultatibus vel a subditis corradere possit, obtestatusque persancte, se ab intentatis vel hoste teste absolui posse, multa præsul objiciens ait, mihi a Cæsare quatuordecim millia ipsi numeranda imposita esse, sed vel solius Atrebatensis opera eo deventum esse, ut octo dem millia, et hic nihil superesse, nisi ut ea pecunia numeretur, aut optionem haberem, si cæsareæ majestati juri stare velim. Profecto, ait, quod hactenus responsionem distuli, in causa fuit, quod tam strenuam operam vestra ergo apud cæsaream majestatem gnaverim, sed summo labore apud suam majestatem, ut octo millibus contentus esset, obtinui. Sed quid opus est singula annotasse?

Philippum comitem a Nassau cæsar gratis absolvit, sed non absque marsupii sui vulnere.

A prandio rursus Atrebatensem adire volebamus, sed quam primum me conspexit, properanter ait, domine comes, non vacat modo, nam confestim mihi exeundum est foras.

Volebamus et Staculum a Schleben alloqui, verum is inveniri non potuit. Marschalckus vero Luderitz petita nostra ad Marchionem electorem perferre se velle recepit.

*

1 l. severius.

Obviam quoque facti sumus d. Philippo Seldo, rogantes, ut apud Atrebatensem pro nobis intercederet, quo pecuniæ summa diminueretur ac de ceteris, quæ ad negocium facere videbantur, cum eo sermonem contuli. Is respondit, se quidem in aliis libentissime morem gessurum at in hoc negotio ipsemet, inquit, aut parum aut nihil agere possum. Nam aulicus sum, quæ cæsar et Atrebatensis jubent, id mihi faciendum est.

Eadem litteras d. Melchioris de Ossa Seldo per Liborium misi. Egit et Liborius multa cum eodem, sed oleum et opera perdebatur.

Vidimus hac die Danielem Stieber, qui cum Eichstatensi episcopo Ratisbonæ erat. Pransus nobiscum est Fridericus Perger; huic aliqua patri referenda injunximus.

Ante dominicum Augustanum casu magistrum Glaserum inveni, qui hic vices Hennebergensium agit. Item d. Udalricum Mordteisen convenimus; ab eo ducem Mauritium nihil consiliariis de causa nostra commisisse accepimus. Insuper et consiliarios paucos post dies hinc abituros.

A cœna Marschalcus Luderitz nobis retulit, marchionem pollicitum esse, se et nostri mentionem apud cæsarem fieri procurasse et ut idem fieret jubere velle.

Fratres apud Auaxonem et Carolum Harst parum consilii invenere.

Eadem ad litteras Monasteriensis responsum est.

Dicuntur electores ac ceteri principes apud cæsaream majestatem institisse, ne comitibus, qui coacti suis principibus servire fuissent, molestior sit, verum hæc petitio aut parvum aut nullum sortita est locum.

xxx Maji in æde Mauritio sacra Wolffgangus Musculus concionatus est prædicationem ex cap. 15 Joannis: »Manete in dilectione mea. Si præcepta mea servaveritis, manebitis in dilectione mea, sicut et ego patris mei præcepta servavi et maneo in ejus dilectione« etc. Hic quæ heri docuerat per epilogum recensuit. Deinde ait: Audistis, qualis sit dilectio patris erga filios et maxime patris illius, qui cœlum et terram creavit et omnia ex se ipso fovet etc. Manete in dilectione mea. Sed quis inquies hic fructus? Nimirum is, quod pater sic dilexit mundum, ut daret filium suum unigenitum in mundum, ut omnis qui credit in eum non pereat, sed habeat vitam æternam etc. Item Christum optimum præceptorem fuisse docuit utique qui, quod verbo docuerit, id et opere quoque impleverit, atque hoc archetypon magistratum imitari debere, utque ea quæ statuerent ipsi prius observent ac juxta Claudianum discant pati quam tulerint legem. At vide quomodo Christus obediverit patri. Factus est enim obediens usque ad mortem, mortem autem crucis. Idque factum esse ob eam quam erga patrem et nos dilectionem habuit. Verum præceptio et executio mandatorum non est causa salutis, sed potius custodia quædam charitatis, quia Deus nos in filio suo Jesu et antequam nasceremur dilexit. Quod autem dominus jusserit manere in dilectione sua, non præter rem dictum, quia videmus quam difficile sit, si in hoc mundo in alicujus amicitiam asciti simus, eam integram servare et ne excidamus cavere, tale adducens exemplum. En, inquit, si quis paterfamilias puerum in plateis errantem, laceris vestibus, fame maceratum, scabie quoque forsan laborantem, qui nullius frugi videatur, conspectus fuerit et hunc in domum suam adducens secum filii loco sedulo enutriri curarit, unice hunc amet Talis puer, quanquam a patrefamilias diligatur, numquid tamen dabit operam, ut in ea qua diligitur dilectione permaneat, an se lurconem, ardelionem immorigerum præbebit, quo is qui eum in filium adoptaverit ejus tædio afficietur etc. Pater, inquit, tenere amat liberos et unde hoc? Nonne ex natura? et tamen filius in patrem contumacior, omnes facultates dilapidans ad hæc nullam admonitionem admittat. Numquid storgia illa paterna retrograditur et pater vultum avertat nec eam qua prius eum complexus dilectionem erga ipsum servabit. Sic et nobis accidet, si non pro præcepto Christi in dilectione ejus permanserimus. Sed dices forte: Christus erat Deus et homo erat perfectus in omnibus sine omni peccato etc. Huic facile erat patris præceptis per omnia inservire. Ego autem miser homuncio peccator sum undique vitiis scatens, qui impleam ipsemet præceptum Christi? Exigui operis erit, si recta voluntas et cordis sedulitas adsit, hoc est, ut ex corde puro et syncero Christi præcepta præstare cupias et quotidie te in iis exerceas. Quid enim sibi vult, quod David ait? omnia statuta tua servavi, quippe qui adulterium commiserit, Uriam servum suum fidelissimum interfici jusserit etc., sed utique servavit. Nam etsi lapsus erat, tamen avidam voluntatem servandorum mandatorum domini retinuit. Sic et nos, si ex puro corde mandata Dei servare studeamus et sic in dilectione permanserimus. Profecto etiamsi alicubi labamur et postea ad cor revertentes non innitentes nostris operibus, Deus nobis respectu filii sui omnia condonabit. Novit enim dominus nobis compati non secus ac si quis paterfamilias servum habeat sibi morigerum non ad oculum servientem et recta erga ipsum voluntate affectum. Is si pro ignorantia aut ob ruditatem non omnia, quæ præceperit herus, ad amussim exequatur, tamen hunc non statim herus domo ejiciens profligaturus est, aut concitatior in eum erit, nimirum sciens quod non studium, sed scientia illi defuerit, multa condonat et eum suffert etc. Invigilemus igitur ut in recepta dilectione permaneamus et nos in custodia præceptorum exerceamus, quod nobis faveat Deus pater per Christum filium. Amen.

Ante concionem intra 5 et 4 venit magister Glaserus, qui in comitiis Augustanis vices principum, comitum et dominorum Hennebergensium gerebat, cui quo in cardine res nostræ versarentur exposuimus, eundem rogantes ut Staculum a Schleben adiret expiscaturus quidnam in causa nostra per electorem Brandeburgensem factum fuisset. Qui sub prandium revertens ait humaniter se a Staculo acceptum huncque dedisse fidem, se sedulo apud electorem suum instare velle, ut una cum consiliariis ducis Mauricii Brandenburgenses pro nobis intercederent, vel si dux Mauricius consiliariis suis Augustæ relictis nihil de hac re injunxerit, se daturum operam ut marchio elector solus intercederet.

Pransi sunt nobiscum idem magister Sebastianus et Kniephausen.

Eadem ante nonam antemeridianam fratres et ego, Liborius, Colbacherus, Lyndius etc. intra cubiculum Atrebatensis vocati, ubi in præsentia doctorum Seldi et Viglii magister Florus responsiones et petitiones nostras præsuli exposuit, sed cum multum diuque hinc et inde verbis altricatum esset (sed omnia q. precario agentes) tales tandem abivimus, quales venimus, nam de diis periculosum est fari etc.

Eadem Galacteum ad licentiatum Nicolaum Maier misimus pro consilio, qui quoque responsum reportavit.

Intereant omnes, qui interim illud ex corde amplectuntur.

Ad secundam pomeridianam verbi ministri et consules urbis Augustæ congregati sunt. Domine bene prosperare et ne des locum superbis et impiis.

Eadem Carolum a Stockeim satrapam in Weilburg et Usingen ad comitem suum heri abiisse comperimus.

Eadem Liborius ob valetudinem ut missus aliquot a culina nostra illi mitterentur, quo medicum et pharmacopolam, quorum opera usus erat, convivio excipere posset, rogavit.

Consilium Joannis fratris nostri erat, ut opera domini de Lyre et Busce, qui non extremas apud imperatorem tenere dicuntur, alter enim a consiliis et exercitu, alter hippodromo et imperatoriis equis præest, uterer. Sed magnates magni suas operas locant hi etsi essent viri boni qui parum eos afficere hac in re putarunt institutum meum mutavi.

Eadem instigatoribus papisticis civibus per lixas indictum est per crastinum feriari, quod ea esset dies, ut vocant, corpori Christi sacra. Per lixas autem factum est, quia concionatores pro suggestu denunciare nolebant, eo quod intra annos decem et octo hæc cerimonia Augustæ servata non fuerat. Hæc sunt initia dolorum, hic fructus interimici sequetur Antiochi illustris et Heliodori petulantia. Exurge domine, quare dormis?

Nobiscum cœnati sunt Kniephausen, doctor quidam Holsatius et Mohss Wormaciensis adolescens omnium horarum homo, et quanquam juxta proverbium damna risum prohibeant, tamen joculator quidam Italus quoque venit artem suam exercens.

xxxj Maji quæ est ultima ejusdem d. Joannes Henricus ex cap. 13 ad Romanos concionatus est, summatim referens quæ Paulus in hoc capite docuerit. Ubi ad eum locum, «charitas est impletio legis«, pervenit, multis docuit, quomodo invicem mutuam charitatem fratribus nostris in Christo debeamus, et quid christianos erga se ipsos facere deceat. Dixit quoque, de qua charitate hoc loco locutus sit; non, inquit, de eo amore, quem nonnulli obscœnis sermonibus sibi conciliare conantur, aut de eo, qui per malas artes contrahitur, sed de charitate, quam Christus præcepit et quam in ipso erga nos quotidie experimur, nec tantum Deus pater per Christum nobis mutuam dilectionem tum primum præcepit, verum longe ante hæc tempora in monte Synai in lapideis tabulis et scriptum et præceptum est, diligere proximum. Adduxit ex Paulo ad Corinthios locum, quam necessaria res sit caritas, et quod fides et charitas individuæ sorores sint, ita tamen, ut charitas e fidei fonte scaturiginem suam habeat. Item docuit, qui Christus Jesus in extrema cum discipulis cœna mandatum de charitate renovaverit, dicens: «Mandatum novum do vobis, ut diligatis vos invicem. Ex hoc enim agnoscent homines, quod discipuli mei estis, si dilexeritis vos invicem« etc. Item quomodo Christus suos per symbolum charitatis agnosci velit. Item quod dominus noster Jesus ex immensa sua erga nos bonitate et charitate ex testamento corpus et sanguinem suum nobis in cibum donarit, ac paulo post hæc pro nobis semet ipsum victimam sanctam in ara crucis Deo patri obtulerit, et quod in memoriam sui nos panem hunc sumere et calicem bibere jusserit, quo hæc tanta mysteria in penetralibus cordis nostri summa fide et pietate asservarentur, juxta illud: »An nescitis, quod templum Dei estis vos?« etc. Et de his prolixius disseruit ob papisticam idololatriam, quæ, proh dolor, hoc die rursus vires hic recipere cœpit. Coarguens istam circumlationem hostiæ, de qua ne jota quidem in tota scriptura s. reperitur, cum palam constet purum hominem Deum ex fide agnoscentem aedem auream ipsius esse, qualem puritatem et charitatem nobis largire dignetur omnis dilectionis fons Christus Jesus.

A concione Staculum a Schleben convenire volebamus, verum is domo abierat. Marquardum doctorem obviam habuimus, qui salutatus et rogatus omnia felicem exitum habitura ominatur. Sed facilius est bona polliceri quam præstare.

De pompa et cerealibus festis hodie habitis non est dignum scribere.

Eadem Conradus Milchling e comitatu nostro venit fasciculos aliquot litterarum afferens.

Benedictus Deus qui me meosque et hic et in patria in hunc usque diem incolumes servavit.

Nota de libris græcis e Corcyra insula adductis. Sunt autem volumina 45 in membranis, et sunt scripta Chrysostomi, Gregorii Nizeni, Basilii magni et aliorum classicorum authorum. Res autem de his libris sic se habere fertur. Mercator quidam cum Corcyra insula a Turcis caperetur, navigio elapsus est. Is cum ad oram maris navigaret, intra carecta et juncos marinos naviculam palo alligatam reperit, in qua nihil nisi volumina hæc exportata erant. Mercator itaque ea volumina in navem suam transferens Venetias secum adduxit. Ubi autem rumor hujus thesauri sparsus est, d. Musculus cum magistratu Augustano egit, ut hæc volumina sibi compararent. Qui tanti viri consilium non aspernantes hos libros pro mille fere aureis emi curarunt et Augustam adferri. Vidimus igitur hoc die in Musculi ædibus horum catalogum una et libros aliquot, qui tamen magna ex parte ab eodem Musculo latinitate donati sunt. Wolfgangus Musculus a Dhusa Lothoringiæ oppidulo oriundus est, cujus ingenium quam felix sit, et hinc æstimari potest, quod litteras arabicas sine ullo præceptorum adminiculo et legere et intelligere didicerit.

Eadem dum Staculum a Schleben quæritamus, re ipsa illum hesterna die in Marchiam ablegatum cognovimus.

Nota de Justo Sophi et Walpurgi.

Nota [de] baronibus de Beuren et Patbergicis vicinis nostris, quorum technæ jam primum sub Octobrem detectæ sunt. Sed auspice Christo devolvebantur in eam quam nobis paraverunt foveam.

Julius ille, cui ab aratro nomen est, dicitur et ipse exarasse interim.

Augustani vigesies quatuor centenos florenos Perenottis, Obernburger et suis asseclis pro litteris pacificationis cum Cæsare dedisse dicuntur.

Justinus Goblerus et Justus Hamerus legum doctores eadem ad nos litteras dedere.

Nota de rumoribus pessimis de comitibus apud nostrates sparsis.

Dieta, quæ nobis in Weimaria contra Guntherum comitem indicta erat, ulterius prorogata est.

Consensum est in sexies centena millia nummûm in usus Ferdinandi regis ad munitiones urbium in confinibus Turcarum et in sumptus bellicos.

Ernestus dux a Grobbenhagen reversus dicitur.

j Junii Musculus Dhusanus in templo Mauritii rursus ex cap. 15 Joannis hæc verba legit et eadem ecclesiæ inculcare cœpit, scilicet: »Hæc locutus sum vobis, ut gaudium meum in vobis maneat et gaudium vestrum impleatur« etc. Hic primum ea in memoriam revocavit, quæ a principio capitis a Christo dicta sunt. Item quo animo Christus hæc dixerit. Non, inquit, sicut ego et mei similes aliqua in medium proferimus, nullam operam dantes, ut ea, quæ audiuntur, ad cor audientium penetrent, sed nobis plus satis est tantum dixisse et tanquam pensum absolvisse etc. At domino nostro Jesu Christo non satisfaciebat si vel semel aut bis allocutus fuerit discipulos, sed subinde eadem ruminavit et illis inculcabat, quo animos illorum emolliret, attraheret et sibi devinciret. Locutus est autem eis quomodo ipse sit vitis vera, illi palmites etc. Item de palmite ferente fructum et non ferente, item de utriusque palmitis profectu et commodis, item de præmiis fructum ferentis et præmiis arescentis palmitis, item de dilectione patris in Christum et dilectione Christi in ipsos, nec non de dilectione reciproca discipulorum erga dominum, et quæ utilitates nobis ex hac dilectione contigerint, scilicet redemptio salutis et vita æterna. Monuit autem omnes magistratus et principes, concionatores, patresfamilias, præceptores denique et omnes qui aliis imperare, jubere aut præesse habent, ut Christi domini exemplum in hoc imitarentur, ut, quæ subditis dicerent, aut quæ docuerint, eo animo et dicant et edoceant, ut potius animi subditorum vel discipulorum alliciantur, quam vel cogantur, vel vi adigantur. Christus enim nihil suis sermonibus quæsivit, quod ipsi in lucrum cederet aut per quod suæ ambitioni satisfieret etc. Sic superiores procurent, ut, quæ populo dicuntur, ad hæc destinata sint, ut populus ipse cognoscere queat, hæc animo erga illos benigno et non sua quærentis dicta et populi profectum quæri etc. Nam nobile quoddam est de homine, mavult humanus animus persuasione recti potius duci quam trahi. Nec enim animus erga se præsentes subditorum suorum tyranni habere possunt, qui sine omni humanitate quicquid, quod ipsis solis lucro cedit ac contra æquum et probitatem facit, populo imponunt et vi solum, minis et gladio illum ad talia cogunt. Nam ut surculus seu virgultum ein Wieddeklang etsi vi quo tu voles retortus a te fuerit, si sibi permittatur, rursus in rectum abit, sic quicquid repugnantibus animis fit, tandem in idem revertitur. Repetiit quoque quæ xxx Maji de dilectione monuerat, scilicet, quod pusillanimes dicere possent: Christus in omnibus fuit perfectus, facilis fuit huic dilectio; at mihi omni ex parte malo et peccatori quomodo erit perfecta dilectio? Audis, inquit? Nos miseri in hoc seculo nihil ad perfectum perducere et prorsus nihil, præter velle cupere et optasse Christi præcepta implere, consequi possumus. Huc igitur animum advertite, ut ex corde bono et conscientia munda cupias et optes præcepta Christi implere, deum diligere et proximum, et quisquis pro suo dono, quantum Deus illi concesserit, hæc implere studeat; si qua labaris, ne cursum intermittas. Deinde docuit quomodo gaudium Christi in nobis permaneat et gaudium nostrum in eo compleatur. Voluit autem ut operam darent discipuli, quo acceptum per eum gaudium, scilicet patris misericordia, fide et conscientiæ puritate conservarent. Sic Paulus jubet Philippenses implere suum gaudium. Sic, ait Musculus, et nos, qui hactenus vobis hic Augustæ in verbo domini præfuimus, dicere possemus. Scitis enim cum primum evangelica veritas apud vos elucescere cœpit, quam alacres verbo audiendo fueritis, vobiscum in templa psalteriola aut librum aliquem sacrarum cantionum deferentes novi testamenti codicem in ecclesia inspiciebatis, domi sacra biblia volvebatis, si quando concionis hora instabat, ea frequentia in hac sacra æde eratis, ut vix alicui tardius venienti locus esset. Nunc, nescio qui fiat, vos video negligentiores, in decantandis psalmis remissiores, et rarus est qui novum testamentum secum portet, et dum durior auræ flatus aspirat, multi a veritate rela-

9*

buntur. Rogo igitur et obtestor vos in domino, charissimi, ut ad priorem sedulitatem vestram revertamini, ne nos, qui ad hunc usque diem vobis in verbo domini multo sudore et diligentia præfuimus, inertiam vestram animo recolentes mærore et tristitia marcescamus et gaudium nostrum in vobis completum fiat. Dixit præterea multa sæpius ruminanda et asscribenda, sed (proh dolor) moles negociorum nostrorum memoriam nostram obruit. Da, domine, ut verbum tuum ad medullas cordis mei penetret, foveat illud et in fide ac patientia conservet. Amen.

Eadem a concione palatium Atrebatensis petimus, Leonardum præsuli a cubiculis alloquimur. At præsul dum ad patrem abiret me præteriens intuitus ait: Ego cæsareæ majestati nihil locutus sum de rebus vestris.

Invisimus Nicolaum Maier ac de communi negocio cum eo contulimus. Idem nos donavit libello Isocratis de regno illi a Georgio Neageorgio dato.

Eadem Adolphus Coloniensis archiepiscopus per œconomum suum comites a Waldeck ad cœnam electoriam adesse jussit. Quid ageremus? Mos gerendus est potentioribus, ne crabrones irritatiores reddantur.

Conserva me, domine, qui Danielem in medio Babylonis ab immunditiis Aegypti custodivisti.

Fratres a prandio Atrebatensem adeunt, qui per Viglium hoc illis responsum dedit, se comitum Waldecensium apud cæsaream majestatem diligentem commendationem habuisse cæsaremque admittere quo unus juniorum comitum ad matrem abeat, ea tamen lege, ut intra mensem aut ipse revertatur aut, quid mater consentiat nec ne, scripto huc significet. Interrogavit autem fratres, num Eubulus quoque jam adesset. Responderunt fratres: Non, nam in hospitio remansit. Tum ait episcopus: Rogo ut illi meo nomine dicatis, me ejus quoque mentionem apud cæsaream majestatem fecisse. At cæsar in proposito suo perseverat nec quicquam hic immutari sinet. Eligendum igitur illi esse, num eam pecuniam pendere velit, an alia via, ut nostis, illi aggredienda est. Si pecuniariam summam dare vult, ad me veniat, et ipsi capitulatio prælegetur.

Eadem Joannes ille Noricus, qui per Pinsingerum apud Atrebatensem agere debebat, nobiscum erat.

Wilhelmus comes a Nassau cum nihil variis sollicitationibus nos proficere animadverteret, consilium dedit, ut patrem Atrebatensis scilicet et dominum a Grandvela rogaremus, si is qua apud cæsaream majestatem pro nobis intercedere vellet, qui ceteris diis opitulatoribus Jovi proximior esse videatur. Requisitus est a nobis et Luderitz, qui omnia pollicitus. Reversus est et Noricus ille, sed nondum opportunitatem nactus est.

Apud Coloniensem ubi primum ipsas ædes accessimus a comite Ottone a Schomberg fratre germano episcopi excepti sumus et in magnum hybernaculum deducti, ubi Ernestus a Solms cum fratre Eberhardo ac filius Gothardi Ketteler equitis, Ernestus quoque a Schomberg et comes Lippiæ junior aderant. Archipræsul tandem et ipse veniens summam præ se humanitatem prætulit, optans Eubulo prosperos initi matrimonii successus, qui Eubulus et archipræsuli suam dignitatem felicem esse imprecatus est, addens ut possit fieri quo hæc rerum gubernatio esset ad salutem animæ episcopi. Inter cœnandum lecti erant sermones.

A cœna de variis cum Eubulo contulit mire vulpeculam tegens. Tandem rogatus ab Eubulo, ut pro ipso apud cæsaream majestatem intercederet, composito vultu se sponte id facturum recepit. Nam ad diem dominicam, inquit, inter alios convivas dominus a Grandevela una cum uxore et liberis nobiscum pransurus est, aderit et Atrebatensis. Tum autem temporis comes a Nassau ob valetudinem cœnæ archiepiscopi non intererat.

ij Junii ecclesiastes quidam in templo Minorum ex cap. 14 Joannis concionatus est, nimirum de his verbis Christi: »Et ego rogabo patrem, et alium consolatorem dabit vobis ut maneat vobiscum in æternum, spiritum veritatis, quem mundus non potest accipere, quia non videt eum nec novit eum, vos autem cognovistis eum, quia apud vos manet et in vobis erit. Non relinquam vos orphanos, veniam ad vos.« Hic ait se hesterna die prolixius de his rebus concionatum esse. Paracletum autem spiritum, præter quod consolator sit, etiam illud munus habere, scilicet quod patronus et advocatus sit et is qui interpellet pro aliis. Quamdiu enim Christus in terris conversabatur, ipsemet Christus discipulorum suorum consolator fuit, qui et ipsissimus ac solus mediator inter Deum et hominem; ad cœlos autem ascendens hunc, de quo nunc sermo est, remisit paracletum spiritum illum veritatis. Is nobis nihil præter veritatem loquitur. Adfert et aperit in scriptis apostolicis veritatem illam evangelicam, omne verum ac bonum nos docet ac afflatu suo nos aspirat. Est et alius spiritus de quo Christus Joannis 8 loquitur, vocans eum latronem ab initio, qui in veritate non permansit. Nam non erat in eo veritas. Qui cum mendacium loquitur, ex proprio loquitur, quia et ipse ipsum et mendacium est et pater ejus etc. Is spiritus nequam et Sathan quotidie satagit doctrinam illius spiritus veritatis subvertere et omnia, ut nunc in prospectu est, conturbans ac regnans in filiis diffidentiæ. Dicitur idem spiritus s. unctio, eo quod hoc spiritu sanctificationis et in reges et in sacerdotes ungimur: Sacerdotes, ut Deo quotidie nos ipsos in Christo sacerdoti summo et regi unico offeramus, mortificantes in hoc spiritu veteris nostri Adami concupiscentias, et opera nec non et preces sanctas Deo offerimus, hoc spiritu s. gemitus nostros adjuvante: Reges, quia in Christo regnamus in libertate spiritus et conscientiæ de mundo, carne et diabolo per regem et sacerdotem nostrum Jesum Christum devictis victoriam reportantes. Dicitur et digitus Dei, eo quod Deus pater per hunc spiritum operetur, sicut in Exodo magi Aegyptiaci ulceribus undique infecti exclamarent: Digitus Dei hic est etc. Dicitur et pignus, quod nobis promissus et datus sit, contestans Christum nobis omnia, quæ promisit, præstiturum, docens ut certi simus de misericordia Dei et salute nobis per Christum data etc. Est et arrabo conscientiæ, quo consignati sumus in filios adoptionis et coheredes Christi. Christus Jesus filius est naturalis Dei patris, nos non natura sed adoptione et consignatione hujus arrabonis sumus facti filii et coheredes, ut liceat nobis in hoc spiritu clamare, Abba pater, eodem spiritu gemitus nostros adjuvante; vocatur et dator munerum, quod tam speciosa dona nobis largiatur, ut est prophetiæ donum, donum sanationis, donum constantiæ, fidei etc. Non tamen omnibus hæc dona largitur, sed singulis prout vult dividit. Hic autem coarguit doctrinam, qua papistæ de benignitate Dei homines dubitare jubent, et eam, ait, ex patre mendaciorum diabolo esse. Item quod hoc sacrum pneuma cum patre et filio in una et eadem deitate adorandum sit. Cui semper sit laus et honor et gloria. Clausit autem concionem collecta et orans pro more Mith denn Ehehalteun. Veni ergo o creator spiritus, consolator mærentium, illustra et rege mentes nostras in his tenebris et perturbationibus, ut Christum Jesum vere agnoscere et in ejus cognitione undique modo instantibus periculis permanere valeamus. Adjuva gemitus nostros ut cum fiducia clamemus Abba pater, conscientias nostras fide et patientia, ne succumbamus coram rugiente leone, corrobora et causam nostram ad nominis Dei gloriam, subjectorum profectum et animæ nostræ salutem dispone, qui vivis et regnas cum Deo patre Deoque filio Deus vivus et unus. Amen.

Eadem Liborio injunctum est, ut petitionem apud Atrebatensem renovaret.

Eadem Joannes frater noster Erasmum a Rumhardt in comitatum præmisit, cui ad Schonstadium et Hermannum Nellen litteras dedimus.

Philippus von der Bruggen per famulum »interim« illud repetiit, quod et illi remissum est. Eadem comitem Wilhelmum invisimus, cum quo et pransi sumus.

Vidimus habitationem magistri Glaseri ac illi indicavimus, quæ seniori comiti Hennebergensi perscribenda essent.

Eadem doctor Simon de Mundtbuer in hospitium nostrum venit, qui ajebat, se nos ante annos viginti in libello legentes illi obviam factos. Is nunc Joanni ab Eisenburg archiepiscopo Trevirensi a medicinis est.

Apud comitem a Nassau comitem de Dengen vidimus, qui Budingæ conversari solet. Eadem vidimus histriones cothurnatos sex et petasatos tantæ agilitatis se in gyros et saltationes flectentes, ut antehac unquam viderim, cum pro majori corporis parte nudi essent.

Florus Atrebatensem ante meridiem alloqui non potuit. A prandio autem multis cum eo egit. Verum post petitiones, altricationes et excusationes hoc tandem responsi tulit, Atrebatensem omnia, quæ suarum virium fuerint, diligentissime apud imperatorem egisse, adeo ut peno iram Cæsaris mei ergo incurreret, nec tamen Cæsarem flecti potuisse denuo. Si ipse de alia via cogitare possem, eum libentissime mihi præsidio futurum. Nec quicquam xeniorum aut munerum se ambire dixit. Insuper, inquit, intime illi compatior. Cum Liborius illi importunitatem suam condonari precaretur, respondet: Non eris mihi molestus, audiam quoties veneris.

Adjutor in opportunitate et spes afflictorum Deus, ne nos deseras. Memento promissionis tuæ, qui per os prophetæ tui dixisti: »In die tribulationis invoca me et ego eruam te.« Tibi peccavimus, ne autem des veritatem tuam ob nostras transgressiones dedecore ab impiis affici. Quis autem ego sum, si non reflexeris in faciem Christi, inspector cordis et scrutator renum, domine? Tu, inquam, nosti, quæ sit afflictio mea. Exaudi me per eum, qui nobis nihil non passus est, dominum nostrum Jesum Christum filium tuum, qui tecum vivit et regnat in unitate spiritus s. in secula Deus.

Da, domine, ne adversus te caro gloriari possit, me potius in brachio viri quam in tua bonitate sperasse. Scio quidem, pater mi, quod

Aegyptus sit homo et non Deus, sed tu nos sub homines dejecisti. Da patientiam ac fidem ac causam hanc dirige secundum bonitatem tuam magnam. Jussisti enim super te cogitatum nostrum jactare, quare non diffido quin et facies.

Joannes frater noster comes apud Joannem Fridericum electorem cœnatus est, qui in suis periculis (ut est piissimus princeps) etiam aliorum sortem deplorat.

Domine Deus, cui inter innumeras laudes et hoc encomii proprie ascribitur, quod erigis elisos et solvis compeditos, aliquando et hunc tuum famulum I. F. libera, ut confiteatur nomen tuum et magnificentiam tuam celebret. Id enim per totam Germaniam supplex tua ecclesia per eum, cui nihil negaturus es, Jesum Christum dilectum filium tuum, orat.

Funff Augspurger Centner und dreissig ꝉ hatt der Graff vonn Dengenn gewigenn.

iij Junii in templo Mauritii d. Musculus ex cap. 15 Joannis hunc textum prosecutus est: »Hoc est præceptum meum, ut diligatis vos invicem, sicut dilexi vos. Majorem hac dilectionem nemo habet, ut quis animam suam ponat pro amicis suis« etc. Hic multis de charitate docuit et quomodo Christus non solum docuerit, sed et re ipsa præstiterit, et hinc exemplum nos sumere debere. Non enim doctrinam fidei scire sufficere, si non et alteram partem, hoc est, quæ dominus præceperit, et suscipere et doctrinam crucis subire velimus, sicut et ipse dominus dixerit: »Ite prædicantes evangelium docentes eos servare omnia, quæ præcepi vobis.« Item quam enormiter hi, qui unam tantum partem arripiunt, peccent. Item quod Christus non tam præceperit quam exemplo allexerit et quam frustraneum sit homines ad dilectionem sui cogere et quod prius dictum potius magistratum deceat, nimirum animos suorum allicere et cogere et exemplo Christi aliena non sua quærere. Ostendit præterea rem odiosam esse sua solius commoda quærere. Hæc autem doctissime in duas classes digessit, licet nos ea tumultuarie scripserimus. At ait quoque animadvertendum esse, quo tempore Christus hæc dixerit, scilicet sub id temporis cum carnem suam sub pane et sanguinem sub vino in novissima cœna inter discipulos distribuerit, jubens id quoties facerent in memoriam sui fieri, ac postridie id quod dixerat expleturus erat. Atque hic quemque secum expendere jussit hujus immensi beneficii energiam, quidnam sit vitam, rem utpote dulcissimam, pro amico reliquisse. Item quid anima in scripturis dicatur, indicavit. Eos quoque coarguebat, qui somniarunt, hoc loco Christum solis apostolis de dilectione prædicasse. Perinde ac illud mandatum fuit Christum sacramentum solis apostolis sub utraque specie præbuisse, ceteris non item. Cum Paulus, qui prius persecutor Christi et suorum et postea non ex numero duodecim apostolorum fuit, tamen sacramentum hoc sub utraque specie distribui jussit, contestatus se sic accepisse a domino. Item cum dilectio nobis insit a natura Christum dominum hic magis moderationem dilectionis quam præceptum statuisse. Dilectioni enim hos statuit limites, ut sic se invicem charitate prosequerentur, sicut Christus prosecutus est eos. Item quanta hujus dilectionis profunditas esset, quam nemo mortalium verbis eloqui queat. Persentiri tamen eam a nobis aliquo modo posse etc. Deus, qui charitas est, nobis et hanc charitatem donare et in ea perseverare dignetur. Amen.

Eadem Liborium ad comitem a Nassau misimus, ipsi nos comitem a Schomberg convenimus, rogantes ut fratrem suum archipræsulem eorum, quæ nobis pollicitus erat, memor esse vellet, hortaretur.

Eadem Wilhelmus comes a Witgenstein nobiscum pransus est et confestim a prandio Joannes frater noster cum Wendelino Colbechero iter in patriam arripuit, quem Samuel et Eubulus ad stadia aliquot extra Augustam deduxerunt. Pernoctaturus autem erat comes Joannes ad Werdam Danubii, quam incolæ Schwebisch Werdt nominant.

Nota Wendelinus antequam abiret Floro omnium comitum nomine (me tamen inconsulto) edixit, comites posthac expensas pro illo non exposituros. Sed idem Lindio quod Floro.

Venit Henricus Winter, Werneri filius, qui apud Franciscum nobis ex patre fratrem in Anglia annos aliquot fuerat. Nunc autem nudius tertius Augustam cum domino de Habyt Britanniæ et Anglorum regis legato advenerat.

Mos ab Anglis servatur ob nescio quas conventiones inter cæsarem et reges, ut Angliæ legatus integro triennio aulam cæsaris subsequatur ac semper præsto sit nec interim nisi magnis de causis ipsi patriam repetere liceat. Finito autem triennio alter mittitur huic succedens, idque sic singulis trienniis legatorum mutatio fit.

Comes Philippus frater noster cum Joanne Friderico electore captivo cœnavit. Cœnæ nostræ Joachimus Hagk intererat. A cœna Joannes comes a Rethberg nos invisiit.

Coloniensis in hortis Grandevelam, ejus uxorem et liberos, dominum de Buistri et ejus conjugem, dominum de Lyra, dominum de Aigmont, baronem de Brabantzon et cui primæ debentur Wilhelmum comitem de Nassau et nescio quos alios sibaritice instructis mensis excepit.

Quia igitur Coloniensis pollicitus erat apud Atrebatensem se pro Eubulo intercessurum et nemo esset, qui monitor apud Wilhelmum comitem existeret, ipse cogebar me his deliciis immiscere ac hortos lynceos perlustrare. Quam primum autem in conspectum Wilhelmi comitis veni, recte se res habent, inquit, nam jam tum feci mentionem tui. Post repotia Atrebatensis me a longe stantem videns detecto capite annuit, ac mox Coloniensis Atrebatensem, Aigmondam et dominum de Lyra seorsim abduxit. Quid factum sit expecto. Qui omnia, ut illi placitum est, disponit, is et hæc negotia misericorditer moderari dignetur. Amen.

iiij Junii in æde Mauritio sacra Joannes Henricus ex capite 3 epistolæ ad Romanos populo prælegit hunc textum: »Præsertim cum sciamus tempus, quod tempestivum sit, nos a somno expergisci. Nunc enim propius adest nobis salus, quam tum, cum credebamus« etc. usque ad finem capitis. Eundem textum christianissime explanans, docens quam prorsus nullam hujus acceptabilis temporis rationem habeamus, adducens huc loca aliqua scripturarum. Item quomodo jam per diutinum tempus in nocte a pseudodoctoribus detenti simus et quid per noctem significaretur, scilicet tempus illud, in quo per omne nefas ambulantes diabolo obedientiam præstitimus necdum agnita luce evangelica nec non agnitione Christi carentes fuimus. Item de extremo hoc tenebrarum tempore et quod hora instet. Producens exemplum de decem virginibus, monens ne stultas imitaremur dormientes in adventu sponsi. Item ut jam agnita veritate juxta d. Pauli præscriptum opera tenebrarum deponeremus et arma lucis indueremus. Item cum de vitiis horum temporum dissereret, quomodo ex ebrietate tanquam ex fonte rivi cetera vitia deriventur. Ne autem Christianos vitam cynicam ducere velle existimaretur, inquit, non quod convenire amicos aut honesta symposia agere peccatum sit, non quod bibere et comedere pro delicto habeatur, nam his carere nequimus, sed quod ita potationi operam damus, ita ingluvie et mero ventrem oneramus, ut mox orexes sequantur ac gemitus. Deinde quærantur cubilia juxta proverbium »in vino luxuria,« nec honestis conjugibus nec innuptis virginibus vel parcitur vel suus habetur honos. Qua enim ætate magis ab helluonibus et spurcissimis hominibus virgines vitiatæ sunt, adulteria aut stupra vel majora vel plura commissa quam hac ipsa nostra ætate sunt. Adde quod ejusmodi quam minima pœna plectuntur, cum maxime intersit eorum, qui ad gubernacula sedent, puniri hæc scelera. Sed quid dicam? ait; res eunt ut possunt (nolebat enim camerinam illam Iberorum et Germanorum quoque acrius movere), absterrens quoque apposita antithesi de ira et contentione, potissimum, cum simus filii pacis et concordiæ, ne frena carni nostræ relaxaremus, commonefaciens. Nam si illi blandiemur, certe discurret in omne præruptum et præceps vitiorum. Sed Jesum Christum imitemur, quod nobis per eundem dilectum filium suum pater cœlestis largiri et in spiritu s. suo regere corda nostra dignetur. Amen.

Eadem Chunrado a Schonstadt litteras ad dominam socrum, charam conjugem et nostros domi relictos dedimus. Glaserus quoque ad Hennebergenses principes perscripsit. Liborium ad comitem Wilhelmum misimus.

Venit Samuel nepos noster illi a nuncio Cattorum principis jam tum in platea præsentibus comite Wilhelmo a Nassau et Joanne Rhetbergio dictum esse, dominam principem ad maritum landtgravium nondum admissam, sed non procul in oppidulo juxta Heilbrun eam adhuc mansitare, huncque nuntium misisse ad impetrandum, quo liber ipsi ad maritum esset aditus, secumque constituisse ex his oris non excederet ni videndi copia ei fieret.

O Fortuna, Fortuna, ut nos pro pila habes. Respice, domine, et miserere; tandem tempus surgendi, veni, domine, et judica terram!

Philippus princeps cum videat se undique delusum ex impatientia et morbo phrænesi laborare metuitur. Spes afflictorum Deus et illi et nobis adesto.

Mauritius dux Saxoniæ et gener Cattorum principis simulator maximus consiliarios suos sensim a domina principe amovit.

Eadem licentiatum Nicolaum Maier invisimus.

Comes a Nassau hoc die cum proceribus aliquot aulicis, quos convivio excepturus erat, de negotio nostro agere voluit. Sed postea experti sumus neminem inter cæsareanos esse, qui super contritione Joseph affligeretur.

Eadem Chunradum a Schonstad domum amandavimus.

Joannes a Schonstad Luderitium convenit et idem nobis obviam factus. Permisimus igitur voluntati marchionis electoris, si intercedere pro nobis vellet an secus.

Cæsar per archiducem Maximilianum a senatu Augustano petiit, ut is qui ex concionatoribus de interim illo sinistre locutus esset, castigaretur, aut si id a senatu negligeretur, cæsarem hujusmodi ecclesiasten coerciturum. Verum nullam in homine causam invenire potuerunt. Ast quid aquilis cum exiguo Musculo?

Batzenhoven pagus est ab Augusta uno aut altero miliari dissidens. Ubi cum bene nummatus aliquis rusticus filiolo suo nuptias faceret, ab eo et Joannes Gessen hospes noster vocatus. Cum autem (ut apud eos Bavaros, quibus Wilhelmus dux præest) sponsa circa altare duceretur et sacrificulus adhuc missitans altari astaret, ipso facto papisticam religionem deridens hospiti nostro et aliis civibus e calice præbibit et eosdem ex ipso calice ad æquales haustus bibere permisit, ut testis est Joannes Gessen et alii Augustani cives fide digni.

Samuel apud Joannem comitem a Retberg cœnavit, nobiscum vero Otto argentarius.

Eadem Wilhelmus senior princeps comes et dominus ab Henneberg responsum Alberti marchionis de Brandeburg supra causa Francisci de Dalwig nobis transmisit.

Juliacenses, Treverenses et nonnulli alii protestati sunt coram statibus imperii de nimia exactione cæsaris. Sed quia durum illis contra stimulum calcitrare, repulsam passi sunt.

v Junii Musculus ex cap. Joann. 15 repetiit: »Præceptum novum do vobis, ut diligatis vos invicem, sicut dilexi vos« etc. Indicans quam boni præceptoris officio Christus dominus functus fuerit, qui nihil præceperit, quod non idem quoque opere impleverit, et quomodo hoc præcepto nostros profectus et nostram salutem quæsierit. Item docuit, quia Christus nos prius dilexerit, nullius vel nostri meriti aut boni operis ergo, sed ex mera sua et gratuita misericordia etiam antequam nati essemus, nos decere, ut dilectionem erga omnes habeamus, etiamsi qui nos vel læserint vel nihil unquam de nobis bene meriti fuerint. Nam bene merentibus benefacere ethnicorum quoque est et nihil (teste ipso domino) magni est. Insuper ostendit quam facile caro nostra superbia titilletur. Exempli gratia. Si cui major honos contigit, si quis ceteris opulentior aut aliis sapientia et eruditione præstat; deus bone quam pauci faciat proximum, cum tamen Christus deus atque rex cœli et terræ sapientia, virtus, mens et imago nec non filius unigenitus dei patris, nos terreos vermiculos omnibus vitiis et putredine scaturientes sua dilectione dignatus sit, adeo ut non solum pro nobis vitam ponere, sed despectissimam mortem crucis pati voluerit. Jussit item ut et ipsius domini exemplo si qua dilectio aut fratris necessitas id exigeret, pericula non detrectaremus. Dixit quoque, sicut et alios docuit, hanc charitatem, qua Deus nos diligat in dilecto, et qua Christus nos dilexit ac suos invicem se diligere jusserit, esse tam immensam, tam ineffabilem ac nulla non animi admiratione dignam, ut a nulla creatura effari posset. Esse tamen aliqua in hac charitate, quæ utcunque a nobis circumscribi possint, cujusmodi essent, quæ superius dicta sunt. Et post multa Deum ardentibus votis orare jussit, quo nobis hanc dilectionem consequi et in ea permanere contingat. Quod nobis donet dulcis Jesus. Amen.

A concione Eubulus assumpto Floro comitem Wilhelmum adiit, cum quo et jentaculum una cum Ottone et Ernesto de Schomberg et aliis sumptum. Deinde comitis Wilhelmi consilium in negotio nostro petiimus, qui, ut virum prudentem et probum decet, ex animo dixit id quod res erat. Visum tamen est illi, non incommodare posse, ut nos rursus Atrebatensis conspectui exhiberemus. Dum autem in curia Atrebatensis cum Floro colloquimur, præsul properanter ad Grandevelam patrem transit. Subsecuti igitur eum usque ad atrium ante cubiculum patris, ubi præstolabamur. Edocti autem a servo præsulem in curia sua in hortis pransurum, abitum ejus expectantes, qui cum prodiret foras ac recta me peteret, dicens: Domine, quid petis? respondi d. v. facile divinare, quid velim, potest, cum omnis mea spes adhuc de gratia d. v. pendeat. Ad hæc ille: Profecto, mi domine comes, ego nihil ulterius possum facere. Nam multo labore eo rem perduxi, ut de quatuordecim milibus ad octo millia descensum sit. Et habeas mihi fidem, non mentior, ego a te jam rogatus altera vice imperatorem adii, conatus, si qua possem animum suæ majestatis erga te emollire. Verum imperator mihi quasi subiratus respondit: Quid, num satis clementiæ me illi exhibuisse putat? quod cum quatuordecim millia exegerim ad octo millia florenorum redigi passus sum? Dicito illi, me semel me ipsum resolvisse (nescio enim quo grammatico repertum sit, resolvere in aula cæsareana usurpari pro eo, quod docti dicunt, hoc mecum decrevi, vel sic animo statui etc., ut novos homines exoticus sermo sequitur), ac sic conclusum penes me esse. Si volet oblatam gratiam acceptare, bene est, si non, aliam, quam illi proponi feci, viam acceptet. Nec enim præter jus me quicquam in eum decreturum certo comperturus est. Cum autem Wolradus iterum atque iterum apud præsulem instaret, quo vel adhuc semel periculum facere dignaretur, si qua apud cæsaream majestatem obtinere posset, summum prædictam minui, respondit: Certe, domine, nihil proficies, sed magis irritabis cæsaream majestatem, et te ipsum longe postpones. Veritatem, inquit, dico. Possem obliquis sermonibus te diutius detinere, sed quid? Tu interim et tempus teres et oleum et operam faciendo sumptibus perdes. Cogitandum igitur tibi, ut quamprimum imperatorem reconcilies. Ego autem tertio quod antehac petii urgebam, præsuli per evidentia argumenta demonstrans nec ditionem nec res domesticas ad talem summam congerendam mihi sufficere, quin insuper mihi magis religio foret, si cæsari eam summam daturum me reciperem, cum non esset virium mearum, majorem cæsaris iram in me concitare, quia solvendo non sim etc. Sed his auditis præsul ait: Jam pridem tibi dixi, ut se res habent, nihil possum amplius. Videns igitur Eubulus conclamatum esse, Nequit igitur aliter fieri? dixit Atrebatensis: Profecto, nequit. Tum Eubulus: Ergo Deo omnis causa committenda. Ast ego destructus sum et quasi ad mendicitatem redigor. Condoleo, inquit, tibi præsul ex animo. Et si quid præterea potuissem, prompta voluntas erga te mea non defuit. Ipse enim quam tibi propensus fuerim, vidisti; omnia namque, quæ nunc a me ipse tu audivisti, eadem et his similia heri nobili isti (existimans Liborium ex isto hominum genere esse) retuli. Interroganti igitur ipsum, quid de capitulatione futurum sit, ait, conscribe mihi obligationem et ocyus tibi capitulationem tradam. Sed cum dicerem me modum conscribendarum harum nescire, ipse præsul formam quandam ejus scripti referebat. Rogavi igitur, ut per secretarium suum eam mihi conscribi permitteret. Negavit id fieri posse. Cum vero mensem Julium terminum ad dimidium summæ pendendum nominaret, et ego dicerem id per inpossibilitatem fieri non posse, dixit: Des primo quatuor millia. Et posteaquam hinc atque hinc sermones contulissemus, tandem inquit, de terminis si quid boni agere possum, operam meam tibi pollicitor. Et hæc ejus fabulæ catastrophe erat, licet res minime fabulosa sit. Episcopo igitur gratias egi me ipsi ad officia offerens.

Reversus ad hospitium comitis Wilhelmi, narraturus quæ evenissent, contendi, verum is domo aberat. Glasero autem, qui fere in eadem platea mansitabat, injunximus, ut ad seniorem de Henneberg, quo in statu res nostræ essent, perscriberet.

Comitem Wilhelmum apud Coloniensem reperiens, huic rem omnem narravimus, rogantes ut audiret a Coloniense, num pro nobis apud Atrebatensem intercedere vellet nec ne. Quod ut comes fecisset, episcopus respondit, inter dies novem aut decem de his nihil fieri posse.

Pransi sumus cum episcopo, ubi aderant comes Wilhelmus a Nassau, Wilhelmus a Witgenstein, Otto a Schomberg, doctor Henricus Hase etc.

A prandio inter famulitium cum episcopo in rus obequitabamus, sed nihil cum eo de his rebus, nescio quo genio repugnante, locuti sumus.

Eadem in loco quodam paludinoso ad oram Lyci fluminis Joannes a Schonstad et ego fere submersi eramus, nisi nos propitium Dei numen (cui laus et gratiarum actio) servasset.

Volebamus Joannem illum Noricum convenire, verum is aliis occupatus erat.

Eadem Hermanno Nellio herbarium, item librum Bibliandri et Bullingeri per nuncium a Naumburg transmisimus. Joannes comes a Retberg nobiscum cœnatus est.

vj Junii in templo Minorum concionator quidam sermonem populo fecit ex 2 cap. Joann. apostoli epistolæ 1. »Filioli mei, hæc scribo vobis, ne peccetis, et si quis peccaverit, advocatum habemus apud patrem, Jesum Christum justum, et ipse est propitiatio pro peccatis nostris, non pro nostris autem tantum, sed etiam pro totius mundi. Et per hoc scimus, quod cognovimus eum, si jussa illius observamus.« Hic concionator docuit, quid d. Joannes singulis scripserit. His autem verbis illum omnes christianos alloqui ait, jubens nos a peccatis cavere. Posteaquam autem id, quamdiu carnem et sanguinem in hoc mundo circumferimus, fieri nequit, quin alicubi peccemus, hoc d. Joannes remedii ostendit, scilicet quod habeamus apud Deum advocatum unicum, non dicit multos, et ex hoc loco concionator ille eos, qui alios aut plures advocatos implorant aut implorandos putant, severissime corripiebat evidentibus scripturæ testimoniis. Hunc, de quo hic Joannes loquitur, unicum esse mediatorem inter Deum et homines etc. Et ne quis sibi de alio mediatore somniet, Joannes evangelista et apostolus eum ex nomine vocat et exprimit Jesum Christum justum. Item dicebat verbi Dei ministrum bono œconomo similem esse oportere (aut ut suo utar verbis) einem Spietallmeister. Is enim necesse habet, ne ægrotis eosdem quos valentibus cibos apponere procuret, alia quoque fercula infantibus, alia adultis præbet. Ita ecclesiastes refricatione legis mentes peccantium remordet et pœnitentiam inculcat, infirmis lac præponit et evangelium lætum nuncium prædicat, sicut Christus pseudodoctores fures et latrones appellitat, et prophetæ olim asperioribus verbis in impios invecti sunt. Pœnitentiæ enim doctrina lætitiæ evangelii annexa est, quod et Christus in parabola de eo, qui in latrones inciderat, cui pandochæus vinum et oleum in vulnera infudit, docuit. Primo enim vinum mordacius, hoc est acerba monitio, deinde oleum, id est salubris evangelii consolatio adhibenda est. Sic et d. Joannes primo monet, ne peccemus, si vero aliquando labi nobis contingit, remedium demonstrat. Addidit et alias optimas hic concionator paræneses. A concione autem idem prædicator hic quod heri d. Musculus culpabat, scilicet populum mox finita concione discedere nec expectare donec ecclesia Deo laudem et gratiarum cationes pro dato verbo decantarit, contempta benedictione ministrorum verbi. Licet enim, ait, homunciones miselli et vobis similes simus, tamen servi dei summi et maximi sumus, et illius nomine necnon ex ipsiusmet verbis vobis benedicimus. Concionatus est hodie et Musculus, cujus concioni Philippus et Joannes fratres nostri una cum Galacteo interfuere.

Hac ipsa die Joannes Hagk et scribæ fratrum commissionem Liborii et Melchioris amplius locum habere nolebant, in me creditur faba ista sumptuum cudetur.

Misimus Liborium ad Atrebatensem pro capitulatione ac forma obligationis.

Joannes ille Noricus ait, hactenus Pintzingero non obtigisse opportunitatem, verum hac die ipsum aliquid tentaturum, ac spem illi esse bonam.

Domine Jesu, qui nos ab initio dilexisti et ipsa es veritas, ex qua omnis dilectio processit, da nobis vere ex toto corde et te et proximum diligere. Amen.

Insignia Grandevelæ ejusmodi erant. Clypeus seu scutum superius aquilam glavam [1] alas expandentem habens inferius quasi transversum positas lineas latas bivaricatas albo et nigro colore. Super galeam caput est apri cum pede ejusdem cruentato. Cum igitur d. de Grandevela sibi ipsi quod a cæsarea majestate his armis et ornatus et nobilitate donatus sit, congratuletur ac propterea aulæis suis passim subter arma hoc symbolum intertexerit, scilicet »sic visum est superis,« homo quidam non insulsus addidit »aquilas subjicere porcis,« indicans maximos orbis terræ principes ab humillimis homuncionibus regi.

Verebatur segetes grandine concussas in ea Germaniæ parte, quam vulgo das Riesz vocant.

Ernestus comes a Schomberg et m. Sebastianus Glaserus nobiscum pransi sunt. A prandio frater noster Philippus et ego amœnitatem hortorum Lyncii perspeximus.

*

1 glaucam?

Eadem Florus rursus a prandio Atrebatensem convenit. Sed surdo fabula canebatur. Pinsingerus quidem bene volebat, verum occasio et nescio quis malus genius illi obstitit.

Marchio Joannes, Joachimi electoris frater, qui Francisci Luneburgensis ducis ditiones, quas cæsar rebellionis ergo ad se pertinere putat, sibi comparasse dicitur, admodum exiguo satellitio hinc multis insalutatis abiisse dicitur.

vij Junii d. Joannes Henricus in æde Mauritii caput 14 epistolæ ad Romanos explanare cœpit, legens hæc verba: »Porro eum, qui infirmatur, fide assumite non ad dijudicationes disceptationum. Alius quidem credit vescendum esse quibuslibet, alius autem, qui infirmus est, holeribus vescitur. Qui vescitur non vescentem ne despiciat, et qui non vescitur, vescentem ne judicet. Deus enim illum assumpsit« etc. Hic ostendit hanc epistolam d. Paulum ad Romanos, hoc est Romanensem ecclesiam scripsisse, et quia hæc ex gentibus et Judæis congregata erat, gentes evangelica libertate utentes quibuslibet cibis vescebantur, qui autem ex Judaismo erant, judaicarum cærimoniarum assueti ab iis, quæ in lege prohibita erant, abstinebant nec tam illico libertati evangelicæ subscribere potuerunt. Orta igitur inter hos duos populos contentione et altero alium contemnente vel se ipsum aliis præferente, d. Paulus coactus est singulare caput in hac epistola de hisce rebus conscribere, docens quomodo utraque gens se in hoc gereret ac se ipsum Paulus conciliatorem ac doctorem in medio interposuit, docens quoque quo pacto infirmus in fide sustentandus sit etc. Quod autem omnia munda sint mundis, ecclesiastes ex verbis Christi: »Non quod intrat in os coinquinat hominem« etc. probavit. Adducens in hoc ipsum et alios aliquot scripturarum locos. Ita tamen de suscipiendis infirmis docuit, ne refractis et obstinatis petulantiæ locus pateret. Item conducibile videri ajebat, et nostro hoc ævo Paulum aliquem exurgere, qui controversiam religionis ea qua Paulus probitate componeret. Deus optimus maximus, ut quotidie in fide et puritate fidei robustiores facti infirmos quoque suscipiamus, donet, ac ut nulli alienius scandali ansa sed exemplum in ædificationem simus. Idque per Jesum Christum dominum nostrum, qui cum eodem patre et sancto spiritu benedictus in secula.

Joannes marchio nec tegumentum illud, quod vulgo cœlum vocant, in die corporis Christi gestare, nec Interim illi subscribere voluisse dicitur.

Da, domine, quod fit, ut juxta voluntatem tuam fiat.

D. Viglius comitatus Waldeck octo esse oppidula et quæ ex hisce quisque comitum teneret, novit. Interrogavit quoque Eubulum, qui fieret ut modo in arce Waldeck commorationem suam non haberet, item quisnam hac ætate eam comitatus partem obtineret, quam olim comes Otto obtinuit. Non quidem de fratre nostro germano piæ memoriæ, sed de eo Ottone, qui in Wetterburga habitabat, loquebatur, qui musculum heredem non reliquerat. Et cum respondissem Waldeciæ ob oppignoratos redditus per novercam non esse tantum proventuum, quo perpetuam habitationem istic habere possem. De derelicta hæreditate Ottonis cum latius non interrogaret, et ipse obticui.

Jam tertio res immutata. Nam Seldo jam et recognitionem et capitulationem describi curare injunctum est.

Dum modo hæc modo illa mihi, quæ in cæsarem commiserim, imputarentur, tandem erat qui ex aulicis magnatibus rimarum plenus effutiret, disputationem me quondam cum comite Friderico a Furstenberg Ratisbonæ in colloquio habuisse; eam non minimam nunc esse partem, quod malam gratiam imperatoris inciderim. Hæc autem concertatio sic se habet. Cum anno salutiferæ redemptionis nostræ 1546 jussu Philippi Cattorum principis et ab aliquot ordinibus imperii ad colloquium de controversiis in religione me invito et repugnante animo in auditorem destinatus essem, ac dum in tractatione rerum in domo senatoria in penitiori hybernaculo, ubi Mauritius ab Hutten episcopus Eichstatensis et Fridericus comes a Furstenberg dominus in Helgenberg et landtgravius in Bar cæsareæ majestatis nomine præsedissent, ac verbalis velitatio inter d. Martinum Bucerum ex nostris collocutoribus et dominum Petrum a Malvenda, antesignanum papisticorum sive (ut ipsi vocari malebant) cæsareorum collocutorum incidisset, Petrus a Malvenda sic fere loqui exorsus est: Ego vobis perspicue et evidentissimis argumentis vestram fidem, quam vos somniatis, non haberi in scriptura nec unquam a patribus cogitatam, sed esse vanam persuasionem nec quidem esse in rerum natura, demonstrabo. His atrocissimis blasphemiis Eubulus commotus nec linguam nec animum continere potuit, sed »Si, inquit, tanto principum et statuum nostrorum impendio hic de una persuasione agitur, male adsumus. Ac mox ad Fridericum comitem, quem sibi quia et ipse comes esset ad hoc Germanus, cui res Germaniæ plus episcopis et exteris hominibus cordi esse (licet in hoc falsus sit) putabat, sermonem convertens, eo quod idem Fridericus non ex omni parte linguæ latinæ gnarus existeret, germanice conveniens ait: Schwager vnnd herr Graff

Friderich, sitzen wir hir, vnnd redenn von schlechtem wohnn Inn sollichenn sachenn: So seint wir wahrlich schwerlich hie. Ad hæc Fridericus torve Eubulum intuens et autoritate sua (si diis placet) usus respondit: Her Grave, wir haben von der Rom. Key. Majestat austrucklich bevelich, das die Colloquentenn sollenn Redenn vnnd nicht die auditornn. Hoc oraculo Eubulus perculsus, quasi ex tripode Apollinis profecto, obticuit. Labia igitur premit, licet Bucerus, Zog, Schnepfius, Gultlingen nostri collegæ strenue Eubulo calcar addere satagebant, ut apertius cum comite Friderico in harenam descenderet, verum et loco et tempori cessit. Ne tamen Fridericum vel timere, vel mihi ipsi de iis, quæ illi dixeram, male conscius viderer, vel illi non habita dignitatis meæ ratione, maxime in re tam seria palmam tribuere inculparer, post solutum consessum recta ipsum adii, licet voluerit declinare viam, dicens: Domine Friderice, certe male me habet, quod hispanus nebulo tam frivole et ridicule de re tam sancta, fide nostra christiana, loquitur. At Fridericus, ut astutam sub pectore vulpem tegit, sermonem nostrum interrumpens, Profecto, ait, mi domine comes, rogo ut mihi hoc condones. Quod enim dixi, ex ratione officii mihi incumbebat dicere, potissimum quia sacra cæsarea majestas serio huc perscripsit, ne auditores in colloquio loqui permitteremus. Sed si cui ex auditoribus cum præsidentibus res sit, is præsidentes ad partem (ut ipse loquebatur, nam et hæc vox modo latina, modo germanica est) alloquatur. Brevibus ergo Eubulus respondit: Mi domine Friderice, rogo et mihi veniam des. Nam res de prora et puppi religionis nostræ et negocium domini nostri Jesu Christi et salutis nostræ agitur, et persancte contestor, ego jam hic ago partes principis hominis, si quis hujus in hoc colloquio minus honestam mentionem faceret, non possem bono stomacho devorare, quo magis nefarii illius Hispani verba animum meum male afficiant. Verum Fridericus nescio quid pro more aulico secum mussitans honorem exhibens dextramque præbens, atque ita ex loco colloquii abitum est. Sed testis mihi καρδιογνώστης ille dominus in die illa magna domini nostri Jesu Christi, quo animo Ratisbonæ hæc gesta sint, qui dubio procul omnibus ostendet, quæ vel perperam, vel insidiose ab utrisque dicta sunt.

Christophorus et Philippus Seldi patre cive Augustano, qui aurifabrum gessit, et matre ex ejusdem opificii parente procreata nati sunt. Ob felicitatem vero ingenii a Raiemundo Fuggero unice adamati sunt, ejus quoque opera et impensis, posteaquam Augustæ prima elementa litterarum addidicerant, Lugduni Franciæ in doctoratus honorem pro-

10 *

vecti sunt, eo dignitatis modo evecti, ut alter, nimirum Philippus, cæsaris viceeancellarium, alter, Christophorus, urbis Augustanæ cancellarium agat.

Ajunt Atrebatensem, doctores et Viglium omnem movisse lapidem, verum cæsarem emolliri non posse, ut summa nobis imposita minueretur. Ast hæc superi norunt, non novum est aulicis fumum vendere.

Dominus de Blawe dicitur ad custodiam Marschalci de Schomberg translatus esse, quod remissioris quoddam animi cæsareani signum esse dicitur. Eadem duces duo peditatus militici huc captivi adducti sunt.

Cæsar valetudine affectus dicebatur.

Ferdinandus præter quatuor centies millia alia centena millia a statibus imperii in promptu sibi deponi exigit.

Eadem Dido a Kniephusen nobiscum agere, ut tutelam cognatorum nostrorum comitum de Hoja susciperc vellemus, conabatur, verum cum audiret consilium comitis Wilhelmi et quæ nos negotiorum moles premeret, tandem his supersedit.

Nota quicquid comitum a Waldeck querelas vel privilegia concernit, nunc ex archivis cameræ imperii exquiritur.

Eadem Nicolaum Maier invisimus.

Wilhelmus comes a Witgenstein, Ernestus comes a Schaumberg, Philippus et Eubulus nec non Dido a Kniephausen apud comitem Wilhelmum ab Anaxone pransi sunt.

Viglius apud Coloniensem pransus est.

Eadem electores cæsarem adiere, veniam petituri domum abeundi et ad suos remeandi.

viij Junii Wolfgangus Musculus ex cap. 15 Joannis hunc textum »Vos amici mei estis, si feceritis quæcunque ego præcipio vobis. Non posthac vos dico servos, quia servus nescit, quid faciat dominus ejus. Vos autem dixi amicos, qui omnia, quæ audivi a patre meo, nota feci vobis«, enarravit. Dixit itaque Christum dominum duo hæc discipulis proposuisse, scilicet ut mandatum de dilectione observarent et simul quod re ipsa quanta dilectione suos diligeret, utique pro quibus dulcissimam vitam ponere paratus sit, ostenderet. Deinde ut si eum amarent, præcepta ejus servarent, in vera enim amicitia duo hæc convenire debere, primum ut is, qui amat, ejus, quem amat, profectum quærat, et in omnibus eidem bene velit; alterum ut is, qui diligitur, adamantem redamet et mutua gratitudine erga ipsum affectus sit. Nam, inquit, ista amicitia, quæ lucrum tantum aut solum secundæ fortunæ auram sequitur (prout mundi mos est) ad veram amicitiam nihil facit. Nam et poeta quidam dicere novit: Turpe quidem dictu, sed si modo vera fatemur, vulgus amicitias utilitate probat. Ubi vero rerum facies tristior apparuerit, nemo est, qui amicum cognoscat, sicut idem Naso canit: Donec eris felix multos numerabis amicos, tempora si fuerint nubila, solus eris. Talis igitur amicitia, ut dixi, nullius precii est. Christus autem ut remoto omni fuco vere diligit, ita vera dilectione se quoque a nobis prosequi vult. Ex observatione autem eorum, quæ Christus præcepit, non reddimur amici Christi. Nam observatio hæc signum est, quod Christum redamemus, qui nos ex mera charitate et gratuita misericordia etiam tum, cum adhuc alieni ab ipso et peccatores essemus, dilexit etc. Nam filiusfamilias non redditur filius ex observantia erga patrem, sed jam tum filius est et pater eum pro filio ducit. Filius autem hac observantia se patrem diligere ostendit etc. Quod quoque ex illo patet, quod Christus dicit »estis«, non »eritis«. Nam si vera dilectione Christum amaverimus, profecto hæc dilectio non erit mortua, sed voci Christi obedire sataget. Quod vero dixit, postbac vos non dico servos etc., est immensæ bonitatis Christi erga nos miseros vermiculos indicium, cum nos Deus et rex cœli et terræ amicos vocat, qui ne servi quidem tanti principis esse mereamur. Simile est et hoc, quod idem dominus dicit, servum non scire voluntatem domini, at se discipulis voluntatem et omnia, quæ a patre acceperit, annunciasse. Hic Musculus docuit verbi divini auditus quam necessarius sit. Item quam salutare sit, hanc patris voluntatem didicisse, et quod hæc voluntas minime aut ex parietibus pictis aut anilibus fabulis, sed ex auditu evangelii et bibliis sacris quærenda sit. Item quod non sufficiat hanc cognovisse et scire, sed ut eam opere implere conemur, juxta illud, »servus sciens voluntatem domini et non faciens plagis multis vapulabit.« Item quod si quis per incuriam verbi præcones audire nollet, et tamen ignorantiam prætendere velit, hunc ignorantiam non excusare. Hic autem seriam admonitionem ad oves suæ curæ commissas Musculus habuit, dicens: Majores nostri zelum habuerunt ea faciendi, quæ ipsi edocti erant, cum tamen hæc voluntas Dei illis non adeo dilucide ac nobis jam coruscante evangelii luce, Deo laus contigit, indicata fuerit. Sed nos proh dolor tam languidi et tepidi sumus, temnentes tantam benignitatem Dei nec ullo zelo vel Dei gloriæ aut nostræ salutis tangimur, patribus declaratio voluntatis Dei, nobis zelus Dei deest. Quapropter pro Christi amore et gloria nos obsecramus meliorem quam hactenus contigit harum rerum rationem habere velitis. Consolatus est et hic rursus pusillanimes, qui dicere possent: At ego miser homuncio, qui possit præceptorum Christi a me observatio præstari? Cupias, inquit, ex toto corde implere et ora Deum, ut eam voluntatem tibi confirmet, et opere rem aggredi studeto. Et Deus voluntatem, ut dici solet, pro opere acceptabit, et si septies in die lapsus fueris, resurgere conare, Deus enim voluntatem pro opere acceptavit. Nos autem nobis ipsis isto modo non satisfaciamus, sed ex toto corde et omnibus viribus quotidie præcepta Christi implere studeamus. Qui vero nos amasti, Domine, da te redamare, mentem quoque et voluntatem erga te rectam, quo ea, quæ præcepisti, opere implere valeamus, ut Mundus agnoscere possit, quod ex dilectione tui mandata tua observamus, quos de immensa bonitate tua amicos vocare dignatus es, ac nobis spiritum tuum s. et bonum per Christum Jesum dominum nostrum impartiri velis.

Eadem Coloniensis ad arcem suam Velberg abiit. Hunc nepos noster Samuel eo subsecutus est.

Eadem comes Wilhelmus litteras Alberti marchionis a Brandenburg Franciscum a Dalwig concernentes nobis transmisit, cui per Liborium easdem litteras addentes comitis Wilhelmi ab Henneberg remisimus, insuper Liborio, quid nostro nomine a comite Wilhelmo peteret, injungentes etc.

Florus et Philippus frater in rus abiere.

Eadem per Moseon Wormaciensem nobis exhibitæ sunt næniæ conciliabuli Tridentini. Venimus et eadem ad fontem, qui est in fossa urbis Augustæ non procul a porta sanctæ crucis exeuntibus ad dextram, quem Maximilianus cæsar, ita ut aliquoties ex eo bibere solitus sit, in deliciis habuit, ut testatur inscriptio, quæ habetur in saxo ad parietem fontis.

Sub noctem Liborius notulam illam recognitionis et capitulationis inter cæsarem et me obtulit. Et quanquam per se jam tum nobis gravissima visa sit, tamen doctor Seldus protestatus est, si vel cæsar ipse vel Atrebatensis aliqua in ea mutaturi sint, quæ mihi acerbius viderentur, ne de hoc Seldum incusare velim.

Domine Jesu, angor a dextris et coarctor a sinistris, da resistere et tibi soli fidere, anni enim tui non deficient, ceteri omnes quantumvis potentes ut vestimentum mutabuntur. O rex regum et dominator domine, destrue omnem structorem et ædificantem non fundatum super lapidem factum in caput anguli. Et quod modo facere cogor, rogo te, ne mihi in peccatum statuas, sed intercede pro me apud patrem tibi nihil negaturum, ut mandatis eis [1] adhærere possim, et me spiritu tuo sancto fove, qui vivis et regnas cum eodem Deo patre et s. spiritu Deus trinus et unus a principio et nunc et semper.

ix Junii in templo Minorum d. Joannes Henricus ex cap. 1 Joannis 2 hæc verba legit: »Et per hoc scimus quod cognovimus eum, si jussa illius observamus; qui dicit, novi eum et præcepta ejus non servat, mendax est et in eo veritas non est« etc. Hæc, inquit, verba maximi sunt ponderis, quæ licet ob temporis brevitatem, vix enim quarta pars horulæ nobis superest, commode explanare non possimus, tamen paucis excutiemus. Est enim quasi summa totius rei christianæ, quam hic apostolus et evangelista Joannes tribus, ut ajunt, verbis complexus est. Ait enim, in hoc cognoscimur etc. Facile enim est, ut ajunt, dicere se christianum, sed qui fidem in Christum Jesum solam collocare et mandata ejus observare velint paucissimi, in hoc peccant tam qui evangelio adhærere videri volunt, quam papistæ hominum genus omnia traditionibus humanis confundentes. Ait autem s. apostolus, si præpta ejus servaverimus, non cujuslibet præcepta, sed ejus, cujusnam? Domini scilicet liberatoris et servatoris nostri Jesu Christi. Si quis autem præcepta alicujus servare debeat, is necesse habet, ut prius ea et audiat et addiscat. Qui enim servus præceptum domini exequetur, ni prius edoctus fuerit, quale sit præceptum, quod herus eum servare velit. Ut hæc autem perdiscamus, auditu evangelii et frequentatione verbi nobis opus est. Præcepit autem Christus, ut diligeremus eum, sicut ipse dilexit nos, et in dilectione ejus permaneremus, non ad biduum, triduum vel ad semestre tempus, sed usque ad finem perseveraremus; ait quoque amicum in necessitate et morte cognosci juxta vetus Germanorum dictum: Freundt in der Noht, Freundt inn dem Todt, Freundt hinder Rucke, das ist einn feste Brucke, adducens exemplum Hiob, quem omnes amici in necessitate reliquerunt, cum alias domi divitiis afflueret undique stipatus amicis foret. Et quid, inquit, nos experti sumus hoc ævo et anno? Numquid? dum res nobis coruscante evangelii luce ex votis cederent, omnes nobis passim congratulabantur. Deus bone, quantis tripudiis gloriabantur de confœderatione fœderis evangelici de civitatibus et principibus, qui soli sustentare doctrinam veritatis

*

1 ejus ?

videbantur. Nunc autem, dum peccato nostro et merito submissiores facti simus et crux adsit, quotus est qui non a nobis resiliat? Quam rarus est, qui vel concionatorem affatu dignetur? Sed hæc fiunt, ut palam fiat, num vere et ex animo nostra nomina veritati dederimus, amici Christi simus et præcepta ejus serio servare voluerimus, aut simulatores vel hypocritæ simus, de quibus ait d. Tobias: »Non contemplatur vultum tuum omnis hypocrita.« Et hoc est quod evangelista dicit: »Qui dicit se agnoscere Christum, et præcepta ejus non servat, mendax est et non est in eo veritas.« Hic quoque quam d. Musculus subinde movere solet quæstionem, hanc scilicet movit: Et qui ego miser et peccator possum servare præcepta Christi? Respondit hic idem quod Musculus: Præpara cor tuum domino, velis et cupias ex animo illi in omnibus obedire, et conari pro posse est. Deus per et propter Christum tibi hoc ad impletionem reputabit, quod ex intimis visceribus et velle cupere nobis dulcis ille Jesus largiri dignetur. Amen.

Eadem dum nobiscum statuimus comiti a Nassau capitulationem illam ad legendum exhibere, opportune Massgrel nos ad comitem venire jubens nobis fit obviam. Venientes autem ad comitem a Nassau Wilhelmum comitem a Witgenstein ibidem reperiebamus. Consultum igitur comiti a Nassau visum est jentaculum sumere et Coloniensem in arce Velberck adire, periculum facturi, an jam tertio apud Atrebatensem agere velit, si numerus minui posset. Paruimus igitur ipsius consilio ac circa decimam antemeridianam eo venientes archiepiscopum in ædicula quadam ante pontem arcis sedentem invenimus, qui conspecto comite Wilhelmo illi obviam processit nobis quoque dextram porrigens. Erant in comitatu Wilhelmi comitis Vitus a Veldtburg satrapas in Vianden et Stephanus medicus a Bredaa, Wilhelmus a Witgenstein et Wolradus apud archiepiscopum præter reliquos aulicos Otto comes a Schaumburg, germanus episcopi frater, Ernestus et Eberhardus comites a Solms, Simon a Lippia comes ac doctor Simon de Montebur, qui Treverensi episcopo a medicinis est, erant. Mox igitur mensa apparata et opiparo pransum est, archiepiscopus se ibidem longe alium, quam Augustæ fuerat, præbuit. Rogavit quoque ut Wilhelmus comes et nos ceteri cœnam quoque cum ipso sumeremus, in quo illi morem nos gessuros polliciti sumus.

A prandio archiepiscopus extra arcem nos ceteris ipsum comitantibus in pontem, deinde in pomœrium vernatum ibat, ubi pueri episcopales saltationibus et palæstra se exercere jussi sunt. Episcopus quoque fritillo tempus cum Velbergk et Stephano fefellit, nihil tamen potatum, sed honestissime lusum est.

Instante hora cœnæ rursus laute viximus nec quisquam mensæ archiepiscopi præter eos, qui in comitatu Wilhelmi fuerant, assederunt. Potatum quidem est largius, ita tamen ut modus adhiberetur.

A cœna archiepiscopus Wilhelmum comitem ad currum usque deduxit. Inde et nos archiepiscopo valedicentes rogabamus ut, quod comes Wilhelmus nostri nomine ab eo petierat, præstare vellet. Spem bonam dedit. Conscensis igitur equis Augustam repetimus. Dum autem ad Wernitziam amnem venimus, rusticus quidam nobis obviam venit, præmonens vada fluminis exundatione aquarum dirupta esse. Nam cum eo die cœlum sudum esset et solis splendor acrior, alpinæ nives sole confectæ in Lycum diffluentes in ceteros fluvios se exonerarunt, et intra parvum hoc temporis spatium, quo in Velberg agebamus, flumen exundari fecerant. Igitur comes Wilhelmus e curru et nos reliqui equis descendentes familiam alia fluminis vada quærere jussimus, ipsi pedestri itinere Augustam usque ocreati contendimus.

Rex Ferdinandus et filius ejus Maximilianus archidux Austriæ ob salubritatem aeris in rus ierant, quos et obequitantes vidimus.

Arcis Velburgæ situs amœnissimus est, qui scilicet Augustam versus ob camporum planitiem jucundissimum prospectum habet, ex alio latere, cum sit super collem ædificata, monticulosa est hortis et viretis nitens non procul a sylvis regis, quæ ferarum feracissimæ sunt.

Est et ad declive montis in planitie templum divæ Redigundæ sacrum, quæ isthac a rusticis colitur, apud quod olim Ferdinandus rex a Carolo fratre Austriæ ducatum accepit et ab eodem in archiducem inauguratus est, quare et magni triumphi ibidem ante annos octo et decem habiti sunt.

Augustam venientes in domo comitis Wilhelmi Ernestus a Schaumberg, Philippus et Samuel a Waldec una erant. Post repotia veniam petentes Waldecciani hospitia sua petunt.

Nota de contentione inter Hacum et Justum me absente habita. Domina princeps ad landtgravium maritum missa dicitur.

Werla Westphaliæ et alia aliquot loca dioceseos Coloniensis ex conflagratione domuum maxima incommoda perpessa sunt.

Archiepiscopus Coloniensis septingentos florenos intra septimanas viginti pro aromatibus et condimentis expendit. Alienum enim ab his Jovis filiis est, famem optimum esse condimentum.

Ketteler nobiles cis Rhenum archiepiscopi Coloniensis in Westphalia archicamerarii sunt.

x Junii in templo Mauritii hora consueta decantata sunt cantica sacra et potissimum quæ ad animandum plebem Christi in hisce temporibus facerent, qualis est: Nisi Deus erat in nobis, dicat nunc Israel. Item Deus refugium et virtus, et oratio dominica paraphrastica etc. Deinde minister ecclesiæ pro suggestu caput 18 Matthæi prælegit. Habita deinde confessione publica et obsecratione pro ordinibus ecclesiæ etc., post hoc d. ex cap. 15 Joannis hæc verba repetiit: »Non posthac dico vos servos, quia servus nescit, quid faciat dominus ejus. Vos autem dixi amicos, quia omnia, quæ audivi ex patre meo, nota feci vobis« etc. Primo igitur ait in memoriam revocanda antecedentia dicta, nimirum quod Christus dixerit: Præceptum dedi vobis ut diligatis vos invicem, et quod eis se ipsum hujus præcepti exemplum præbens inquit: Sicut ego dilexi vos, et quam non vulgari dilectione eos diligeret, ex eo patere, quod dicit, majorem charitatem nemo habet, quam ut animam suam det pro amicis suis etc. Quod ipsum et ipso opere postridie ejus diei præstitit. Item quod non solum discipulis sed nobis omnibus præceptum charitatis dederit. Item quod non sit difficile præstare charitatem, infirmos visitare, corpore nudos vestire, esurientem cibare, sitientem potu refocillare, et si quid ejusmodi simile est. Verum omnibus his majus sit, animam pro amico posuisse. Item quod si sic necessitas charitatis christianæ exigat, ne et nos imitari Christum in hoc detrectemus. Item qui fiat, ut Christus apostolis dicat: Posthac non dico vos servos, cum tamen post resurrectionem et ascensionem Christi Paulus de se ipso scribat: Paulus vocatus apostolus et servus Jesu Christi. Sicut nec non Joannes in apocalypsi de se ipso loquens: Joannes servus Jesu Christi etc. Adde his, quod Christus apostolis, quamquam eos amicos vocarit, præcepta dederit, cum tamen præcipere non sit amici sed domini. Sed hanc hujus rei solutionem esse ait Musculus, quod Christus apostolos non servos dicat. Sed quamvis sint peccatores et infimæ sortis homines, tamen pro amicis, non pro servis ducturus sit. Exempli causa, si quis herus habeat servum, cui ex animo bene velit ac unice diligat ac illi secreta sua concredat, non tanquam servo sed ut amico, licet servus sit etc. Merito autem Jesum dominum vocant, etsi ipsi se ipsos servos dicant, licet ab eodem amici vocentur. Nam tametsi Christus eos amicos dixit et optimo jure eam dignitatem magni momenti ducere debebant, non autem hoc sibi ipsis elatiores evadere vel supercilia erigere debebant, etiamsi præcepta Christi servarent, juxta illud: Cum feceritis omnia quæ debuistis facere, dicite servi inutiles sumus. Esto enim quod simus amici et fratres Christi, tamen non sumus natura filii, sicut is est, qui est primogenitus patri, verum adopticii sumus. Deus qui nos ducet pro filiis, si Christi præcepta observamus, si noctu diuque in hoc ipsum instemus, nobis autem his non ita blandiamur, ut, relicto verbo et intermissis præceptis Christi, belli nobis homines videamur, ut hæc christianissime et doctissime Musculus concionatus est etc. Ad idem exempli hortatus est quoque servos, si qua dominos commodiores nacti fuerint, qui eos pio animo tractent, ne mox ex hoc superbiant saginatique recalcitrent. Item dominos juxta præceptum Pauli hortatus est, ne servis ut mutis mancipiis utantur, sed meminerint et se dominum in cœlis habere. Item multis de eo dixit, quod Deus ait: Qui servus non scit, quid faciet dominus ejus. Hic munus frugi servi esse descripsit, fideliter hero suo inservire, præceptis ejus obedire, non curiosum esse nec quid dominus suus agat inquirere etc. Amicorum autem longe aliam esse rationem. Nam horum interest facta amicorum scire etc. Item qui fiat ut Christus dixerit: Omnia quæ audivi a patre meo, annunciavi vobis, cum scriptum sit ipsum post resurrectionem discipulis aperuisse sensum, ut agnoscerent scripturas, et antehac etiam dixerit: Spiritus ille paracletus docebit vos omnia et vos in omnem veritatem inducet. Hunc nodum ita dissolvit, dominum non omnia aperuisse discipulis, sed ea duntaxat, quæ illis sufficientia ad salutem essent et concernerent voluntatem patris, de incarnatione filii et redemptione salutis etc. Apostolos quoque non omnia scivisse, sed ea quæ ad opus redemptionis facerent. Nam cum interrogarent dominum: Num in tempore hoc restitues regnum Israel? responsum acceperunt: Non est vestrum nosse tempus et articulos temporum. Annotavit et hic de morbo curiositatis humanæ, quæ fere omnibus mortalibus sit peculiaris, quia quod ea quorum interest nostra scire contemnimus, et omnia, quæ supra nos sunt, maxime scire avemus vel avidi sumus, quod et discipulis domini accidisse dicebat, qui parum solliciti de iis, quæ dominus docuerat, contentionem de primatu subiere, quærentes inter se, quisnam in regno cœlorum major futurus sit. Sed retulerunt hi responsum a domino, quo satis eorum ambitiosam curiositatem redargutam constat. Et post multa hac coronide concionem clausit. Nihil esse audivisse verbum, nisi intus in animo spiritus s. gratia auditum vegetet et foveat. Adduxit et exemplum deiparæ virginis, quæ cum audisset ab angelo: Gratia spiritus s. obumbrabit te, et quod nascetur ex te sanctum filius Dei vocabitur etc. Non mox ipsa superbior reddita est, sed se submittens ait: Ecce ancilla domini etc., cum tamen nihil dubitaverit se futuram matrem Jesu Christi. Item exemplum Abigail, se non extollentis cum mortuo suo marito Nabal a Davide in consortem regni accerseretur, sed humiliata ait: Ecce sit ancilla tua famula ut lavet pedes servorum domini mei etc. 1 Samuelis 25.

Liborium ante meridiem non vidimus. Quæstio de æqualitate computationis.

Eadem hora tertia pomeridiana dominus Joannes Henricus in templo Mauritii ex cap. 14 epistolæ ad Romanos de delectu ciborum concionatus est, ostendens ecclesiam Romanam ex Judæis et gentibus collectam in articulo de justificatione concordem fuisse, ita ut unam fidem, unum baptisma et unum Deum patrem domini nostri Jesu Christi haberent, in adiaphoris autem inter ipsas coortam contentionem etc. quam d. Paulus ita composuit, ut supra ejusmodi non concertandum doceret. Docuit itaque quam noxia res sit de iis rebus disceptare, quæ fidem vel parum vel nihil concernant. Cum domino, cujus omnes servi sumus, et ante cujus tribunal omnes statuemur, hæc dijudicanda sunt. Nec obticuit, quomodo ii, qui libertatem evangelii hoc ævo non aspernantur, ab adversariis et contemnantur et tractentur. Item quod hi, qui evangelio sua nomina dedisse videri volunt, nocte diuque comessationibus inhiant, nihil donorum Dei cum gratiarum actione sumentes, adducens exemplum divitis evangelici, qui quotidie splendide epulabatur. Item jubens orare Deum, ut dona sua cum gratiarum actione suscipere et iis frui ad nostram necessitatem et nominis ejus gloriam largiri dignetur, idque per Christum dominum nostrum. Amen.

Liborius cum Hoxerianis pransus est.

Comes Wilhelmus rursus Velbergam abierat.

Hoc die in causa nostra desidendum erat. Reddidi Liborio notulam capitulationis, ut cum ea Seldum repeteret.

Eadem cœnatus est nobiscum Henricus Moiss et Joachimus Hack. Inter cœnandum Henricus ab Etzdorff a socru et sorore missus litteras quoque ab eisdem deferens. Etzdorffium Joannes frater noster in Forchemio invenerat, qui et per hunc nobis rescripsit.

Conradus a Schonstad juxta Harlingam Henrico obviaverat.

xj Junii d. Joannes Henricus ex cap. 14 ad Romanos hunc textum legit: »Nullus enim nostrum sibi ipsi vivit et nullus sibi ipsi moritur.

Nam sive vivimus, domino vivimus, sive morimur, domino morimur. Sive igitur vivamus, sive moriamur, domini sumus. In hoc enim Christus et mortuus est et resurrexit et revixit, ut mortuis ac viventibus dominetur« etc. Repetiit primo, quæ hesterno die docuerat. Deinde ait: Utinam probe hæc apostoli verba perpenderemus et verum ac unicum dominum nostrum Jesum Christum agnosceremus, recogitantes, quod is, cui obedientiam præstare tenemur, et non ita invicem nos de rebus frivolis judicaremus. Perpaucissimi ex nobis sunt, qui causam passionis et resurrectionis Christi, quam hic Paulus ponit, considerant, nimirum quod Christus in hunc mundum venit, quod nos redimens vivorum et mortuorum dominaretur. Taceo inquam, quid nobis non de secundo fidei articulo obveniat. Et in Jesum Christum filium dominum nostrum, qui nos tam care comparavit, non sanguine vitulorum et hircorum, sed suo ipsius precioso sanguine, ut ex Paulo ad Corinthios et ex epistola d. Petri prima liquet. Sic quoque baptizati sumus in nomine patris et filii et spiritus s. Hic dominus Jesus datus est nobis pro advocato, Joann. 2, et unico mediatore. Hunc ob reverentiam suam orantem pro nobis pater exaudiit et quotidie exaudit, nec sunt præter hunc alii vel mediatores vel opitulatores. Ipsum igitur jure optimo nostrum esse agnoscamus, huic serviamus, non solliciti de cibo et potu, qualis is sit, sed demus operam, ut sobrie cum gratiarum actione præterque proximi offendiculum sumamus, hujus enim domini sumus, sive vivimus, sive morimur. De hoc autem solliciti simus, quo ita vitam instituamus, ut coram hujus summi judicis tribunali consistere queamus. Dixit et plura in hanc sententiam etc.

Eadem archidux Maximilianus, Ferdinandi Romanorum regis filius, primum inter tertiam et quartam horas antemeridianas hinc ab Augusta Landtsburgum in Hispanias profecturus abiit, quod Deus opt. max. et optimæ spei adolescenti et Germaniæ bene fortunare dignetur. Est enim principe dignis moribus homo, qui et pietati non adversari videtur. Sed, proh dolor, periculosam profectionem invitus ipse subire dicitur. Sic ferunt fata deorum, ne quid boni habeat Germania. Deducat et reducat eum dominus et ab Iberorum fraude et incredulitate conservet.

De pecunia, pro qua comes Wilhelmus de Henneberg scripsit Noribergam, nihil actum et Etzdorff litteras remisit.

Eadem Liborium misimus ad comitem ab Anaxone ob litteras ad marchionem Albertum et causam cum Coloniense.

Coloniensis sub vesperam in urbem reversurus dicitur, et rediit quoque eadem.

Intra portam urbis, quam rubeam appellant, et pomœria in propugnaculis quibusdam super insigniis cæsareæ majestatis et urbis Augustæ in saxo hoc epigramma incisum legimus:

Aurea libertas hæc propugnacula fecit,
Hosti ne fiat præda cruenta fero.
Sic tamen ut nomen domini fortissima turris
Rideat insultus, tormina, tela, faces.
Nam nisi sic dominus nester fabricator et urbis
Qui struit et vigilat nil nisi vana facit.

Nunc libertas Augustæ fere straminea est, si ut cœptum est progrederetur.

Eadem Dido a Kniephausen nobiscum cœnare voluit, sed nescio qua de causa domi remansit.

Eadem libros octo precationum sacrarum pro aureo uno comparavimus [1], chronicon item cæsareum Appiani pro quinque florenis aureis, testamentum novum pro septem batzis, Der Leienn Bibell pro quatuor batzis.

Per Joannem Milchlingum comiti a Nassau litteras ad marchionem Albertum transmittendas in causa Dalwigk deferri curavimus.

Eadem Henricus Crafft adduxit Matthiam Zolner e famulitio mercatorum der Krefften. Is mecum collocutus de invisendis mineris in Isenbergiaco monte non procul a Corbachio sito. Convenimus ut nos idem Matthias in comitatum nostrum tempore opportuno subsequatur.

Cœnati sunt nobiscum m. Sebastianus Glaserus et Joannes Ratzenberger archiepiscopo Trevirensi a poculis.

Wulff Haller ab Hallerstein in inferiori Germania ex civitatibus Saxoniæ nunc cæsari eam, quam adhuc ex pecunia defensionis (ut vocant) debebant, pro subsidio contra Turcam collegit. Idem Haller ait civitates saxonicas et eas, quas Hansæ vocant, oceano Germanico proximas ob Interim illud tumultuari.

Exurge, o domine, et eum quem dedisti legislatorem, cui omnia in manus contradidisti, Jesum Christum dominum nostrum fac dominari in medio inimicorum suorum, ut sciant tandem reges et principes, quod homines sunt.

Eadem nobis indicatum est per homines non minus pios quam doctos, quomodo se ipsum Joannes Islebius titularit et quam sibimet homo

*

1 Lies Astronomicum. Vgl. zum 14 Jun.

bellus visus sit, desciscens a veritate in interitum trahens secum omnes servos ejus Interim.

Dicuntur adhuc centum nobiles ex Cattis et aliis nationibus accersiti, qui pecunia mulctabuntur, quod propugnatoribus veritatis militaverint.

Quidam Italus, qui hactenus primas post ducem de Alba in exercitu cæsareano dicitur tenuisse, captivus adductus est. Qui cum ab Italis affando et consolando reverenter hic habitus sit, jam jussu imperatoris prorsus omnibus prohibitus est ad ipsum accessus. Et Itali hujus pedes catenis constricti dicuntur.

Nota de Joanne Ungnaden equite ungarico dicebatur quamvis non infimus consiliariorum Ferdinandi regis sit, tamen conciones ecclesiastarum evangelicæ professionis frequentare ac palam apud semideos aulicos veritatem defendere, propter quod et brevi missionem habiturus audiet. Procul abhinc, qui vult esse pius.

Eadem doctorem Udalricum Mordteisen convenimus ab eo edocti ducem Mauritium nihil consiliariis suis Augustæ post se relictis de nostra causa commisisse eosdemque paucos dies post hinc abituros.

A cœna Marschalcus Luderitz nobis retulit marchionem electorem pollicitum se et nostri mentionem apud cæsarem fieri procurasse et adhuc ut idem fiat jubere velle.

Fratres nostri apud comitem de Nassau et doctorem Carolum Harst parum consilii reperere.

Eadem apud Conradum Fabrum in usum socrus horologiolum fabricari curavimus. Constabit quinque florenos communis monetæ.

Chunradus Foss, Joannes Leidebur, Franciscus Leunick de summa pecuniæ cum cæsareanis harpiis convenere, tam lucrosa res est imperatoriis bonis inserviisse.

xij Junii in æde Mauritii Wolgangus Musculus hæc verba ex cap. 15 Joannis legit: »Non vos me elegistis, sed ego elegi vos et constitui vos ut eatis et fructum afferatis, et fructus vester maneat, ut, quidquid petieritis patrem in nomine meo, det vobis.« Deinde eadem verba peculiari quodam spiritus s. dono explanavit, dicens hic animadverti debere, quo animo Christus et præcedentia et hæc dixerit, nimirum ut discipulos in mutuam dilectionem attraheret exemplo et exhibitione charitatis suæ erga ipsos etc. Ait quoque d. Augustinum hunc locum quidem de universali electione omnium christifidelium et electorum Dei ad vitam beatam intelligere, sicut et d. Paulus dicit: Quos prædefinierat, hos et vocavit eos et justificavit etc. Sed ait Musculus, qui locum hunc τῶν ῥητῶν respicit, facile intelligit, hic Christum de peculiari vocatione et electione apostolorum loqui, quos in hoc elegit et constituit, ut evangelium annunciarent, quod et indicatur verbo catis. Apostolus enim legatus sive nuncius dicitur. Et hic rursus consideranda est bonitas summi et maximi Dei, qui apostolos nihil tale affectantes, nihil quærentes de gratuita sua misericordia ad hoc muneris et tantam dignitatem elegit. Ulterius autem Musculus dominam hic loqui de electione eorum, de quibus Paulus dicit »Quosdam autem apostolos, quosdam evangelistas« etc., qui vocante et urgente deo ipsis invitis evangelium annunciare vocantur. Non, inquit, qui accepta pecunia accurrunt ac manus unguento unguntur, ut bene sit ventri etc. de quibus propheta ait: Currebant et non mittebant eos. Ait item hanc electionem etiam ad nos ceteros applicari posse, cum deus nos antequam etiam expetierimus, antequam de hoc cogitaverimus, de mera sua bonitate et etiam anteaquam nati essemus, in Christo elegerit. Justum igitur et æquum esse, ut ipsi in omni loco dominationis suæ gratias de tantis beneficiis agamus, ut consensum nostrum in dilectionem et observantiam Christi præceptorum demus, adducens huc ex deuteronomio Mosen contestantem populum: Testes vos ipsi hodie estis, quod elegeritis dominum etc. Sic et nos monemur meminisse, nos consensum in dilectionem domini dedisse neque unquam a domino deo nostro nos repedare debere etc. ut feratis fructum etc. Hoc est munus apostolicum ut verbo populum ad Christum alliciant et fructus operum charitatis in observantia præceptorum Christi afferant, ne laborent in vanum etc. Hic multis ostendit, quomodo fructus apostolicæ doctrinæ a tempore prædicationis Christi usque in hodiernum diem sub tot persecutionibus, inter tot tyrannides, tribulationes ac hæreticorum errores permanserint. Nam licet, inquit, ecclesiæ, quibus apostoli verbum annunciaverunt, ad quos Paulus, Petrus, Jacobus et Joannes etc. epistolas scripserunt, ubi sunt, nunquid non sub mahometico regno, et tamen inter tot rerum vicissitudines fructus apostolicus adhuc superest. Et apostoli quod in ecclesia Israel agro domini patriarchæ et prophetæ seminarunt in verbo domini, licet populus Judaicus prophetas persecuti sint, occiderint et eorum nomina delere conati sint, messem fecerunt et in horreum domini reportarunt. Tulerunt quoque apostoli domino fructum ex gentibus, de quibus sumus nos, inquit, etiamsi hic per patriarchas et prophetas non fuerit seminatum in verbo domini, apostoli quoque e mundo sublati sunt, et tamen hodie apostolica doctrina viget et fructus eorum in climata orbis terrarum universa germinant. Et ut Eliæ tempore deus sibi adhuc reservavit septem millia in Israel, qui genua coram Baal non flexerant, ita et hac ætate bona nos spes manet [1] aliquos adhuc superesse christianos. Necesse est enim ut cum Christus venerit, aliquam adhuc fidem reliquam futurum. Qui enim fieret Paulum dicere: Nos qui reliqui erimus, non præveniemus eos qui dormiunt, sed mortui suscitabuntur, nos vero immutabimur et cum domino rapiemur in aera etc. Item Christus dicit: Ubi duo erunt in agro una, unus assumetur et alter relinquetur etc. Locutus est autem de his rebus et hoc fructu apostolico et quomodo utcunque sævientibus tyrannis deleri non queant. Ea spiritus gratia ut piis corda præ lætitia gestire visa sint, de eo autem quod Christus ait: »Quicquid petieritis patrem in nomine meo, dabit vobis«, ait se proximis concionibus satis superque docuisse. Huc autem nobis respiciendum, ut in observantia et consensu electionis Christi perseverantes animos nostros in promissiones Christi figamus et oremus juxta voluntatem Christi; tum enim nos a patre exauditos iri, nec opus esse hic sollicitum esse de invocatione aliorum patronorum, aut de hac re disputare ac eorum oratione per Christum nobis præscripta luce clarius liqueat, ad quem orare et quid petere debeamus. Idem dominus, rex et liberator noster Jesus Christus mens et imago patris ejusdemque filius unicus et dilectus, qui, cum ipsamet sit veritas, et vere dixit fructum apostolorum mansurum et hactenus fructum apostolicum permanentem conservavit, is nobis et auxilio et præsidio esse velit, ut hunc puræ doctrinæ fructum inconcussa fide et charitate usque ad extremum vitæ halitum persentiamus, nil conterriti tot tyrannorum minis et persecutionibus ac ne priorum doctorum traditionibus nec quoque hæreticorum erroribus seducamur, quo adveniente ipso domino cum ceteris electis ipsi obviam rapiamur in aera, cui nunc et in perpetuum cum deo patre et s. spiritu omnis sit honor, laus et gloria. Amen.

Eadem comparavimus nobis libros duos ænigmatum, quos Hadamarius et collegerat et carmine reddiderat, pro duobus batzis. Unum Etzdorffio, alterum Samueli nepoti dono dedimus.

Liborium ad Seldum, Milchlingum ad Luderitium misimus, sed ambo domo abfuerant. Samuel nepos apud Anaxonem cum quibusdam electoribus cœnatus est.

Liborius luxuriei suæ illicitæ heteroclytum quoque caput addidit.

*

1 monet?

xiij Junii in templo Mauritii invocato nomine divino Musculus hæc verba legit Joannis 15: »Hæc præcipio vobis, ut diligatis vos mutuo, si mundus vos odit, scitis quod me prius quam vos odio habuerit, si de mundo fuissetis, mundus quod suum est diligeret, quia vero de mundo non estis, sed ego elegi vos de mundo, propterea odit vos mundus« etc. Hic docens Christum dominum iis verbis discipulis idem voluisse indicare, quod prius eos monuerat, jam tertio illis præcipiens, ut mutuo se diligerent, deinde ut recogitarent, quod eos absque eorum vel petitione vel merito elegerit. Ne igitur ob Christum dominum a mundo persequi detrectarent, cum scirent ab initio mundi semper pios ab adultero hoc mundo pessime et acceptos et habitos, ut exemplo sunt tot prophetarum mortes et clades piorum. Dicit itaque, si mundus vos odit, et vocula odium, inquit Musculus, est opposita dilectioni et res quædam ferventissima; qui alium non æque amat, is tamen nihil mali in eum molitur aut cogitat. At qui odit, is omnes animi nervos in hoc intendit, si qua, quem velit periisse, malo afficere possit. Ne autem ob Christum odio haberi discipuli acerbius quid ducerent, dominus addit, »scitis quodme prius adio habuerit mundus«, sicut et Christus alias dixit Joann. 7: »Non potest mundus odisse vos, me autem odit, qui testimonium fero de illo, quod opera ejus mala sunt.« Vocarunt quoque eum Samaritanum et qui dæmonia ejiceret in digito Beelzebub principis dæmoniorum clamant etc. Et quanam de causa ita odio fuerit mundo, videlicet ob veritatem, quæ profecto illi acerba est. Nam quod Christus leprosos mundaret, ægrotos sanaret, aquam in vinum mutaret, et ejusmodi omnia miracula ferre potuerunt, se vero corripi et cicatrices ulcerum refricari et annunciari veritatem, sustinere non poterant, perinde ac hodie evenire videmus, omnes cærimonias, quoscunque cultus divinos mundus suffert, quod autem ex verbo domini veritatem illis loquimur, hoc concoquere crudus mundi stomachus nequit. Sententiam quoque s. Cypriani adduxit, qua demonstravit, quam facile homines veritas offendat (sed eam capere non potui ob strepitum tympanorum, nam sub concionis horam semper fere ejusmodi quid fit etc.). Sed dicās forte, durum autem est a mundo prosequi, præsertim cum nihil mali meritus sis, sed certe nimis delicati esse velimus, si odio haberi nolimus, posteaquam dominus ipse et salvator noster tam parricidiali odio a mundo prosecutus fuerit. Dum autem mundum dicit, non hos vel illos homines, non hunc ordinem aut istum statum, sed omnes in universum homines comprehendit, quicunque non ob Christum mundo et concupiscentiis ejus renunciant. Vult enim Christus, quia nos elegit, se mundo a nobis non posthaberi. Videndum autem nobis est, ne hic juxta d. Petri monitionem hæc a mundo ob nequitiam nostram justo odio digni patiamur. Tunc enim vana et frustranea nostra gloriatio foret. Sed quærere quispiam posset, cum Christus dicit, »mundus vos odit«, an hoc dicto etiam velit pontifices et optimates mundi sub nomine mundi concludi. Respondeo, meretricibus et publicanis quodammodo melius cum Christo convenisse, eo quod hoc hominum genus et peccata sua et medicum animarum suarum Christum citius agnoverit, Pharisæi vero et proceres judaici apertissimo odio hunc prosecuti sunt, ut etiam evangelista Joannes de Pilato ethnico dixerit, sciens quod propter invidiam tradidissent eum. Hæc igitur scientes, ait Musculus, animos nostros obfirmemus, cum hæc apostolis, patriarchis, prophetis et domino ipsi Christo acciderint, si aliquando et in nostrum sinum influant, ne ægre hoc feramus, sed eum, qui nos prius elegit et quem mundus prius odio habuit, imitemur, obedientiam illi præstemus et a confessa semel veritate non recidamus, quod nobis faveat deus pater per filium suum Jesum. Amen.

Eadem Wilhelmum comitem a Nassau in hospitio archiepiscopi Coloniensis allocuti sumus, qui ait se archiepiscopum nostri ergo convenisse, et illi non præter rem videri, si ad prandium adessem, nam ipsum quoque eo futurum. Prandio igitur Coloniensis præcipue ejus mensæ assidebant abbas a Weingarten, Gervicus, Wilhelmus, comes a Nassau, Eubulus, Otto comes a Schaumberg, Chunradus a Beuneburgk eques, baro a Schonberg, qui marschalcus cæsaris dicitur, Vitus a Velberg.

A prandio der vnbillich Bilck provincialis Carmelitarum ad nos venit, interrogans, nunquid me Ratisbonæ vidisset. Primo respondi me nescire, posteaquam autem eum urgere audivi, annon colloquio interfuissem, respondi: Si tu es ille iniquus æquus (allusi enim ad cognomen ejus) fui istic et te quoque vidi, nec abnego me ibidem fuisse, nec pœnitet. Bilckium autem interrogavi, qui fieret, quod modo macer esset, cum Ratisbonæ obesus fuerit, et nunc totus ater, cum tunc nigræ cucullæ candidam chlamidem superinduxerit? Respondit se nunc in peregrinatione esse et non solere candido vestiri, nisi in gravioribus versaretur. Sed antequam sermo inter nos longius progrederetur, mature comes Wilhelmus missionem ab episcopo petiit, quem ocius subsequuti sumus. Hunc honorem, cum me ad prunas pontificias calefacerem, tum reportavi.

Otthonem et Ernestum comitem a Schaumberg, fratres germanos

11 *

archiepiscopi, Henricum comitem a Leuningen et Wilhelmum juniorem a Witgenstein ut cœnæ nostræ interesse dignarentur rogavi.

Liborium fritillo ludentem interrogavi, dum opportune in alea tres notas stare diceret, num his contentus esset, nam heri gloriatus fuit de tribus equis. Eadem hospes noster a nundinis Norlingensibus reversus est.

Comes a Nassau ait archiepiscopum bona adhuc polliceri, verum sollicitando obruendum non esse.

Eadem quinque insignia peditum (ut more germanico loquar), quæ cæsari jam per duos integros annos stipendio meruerant, rursus in menses sex jurarunt. A prandio Etzdorffium in hortos amœnissimos Viti Wittich duxi.

Landtgravia noctes tres apud principem maritum commorata est. De landtgravia detractores et nugivendi rumorem sparserunt, eam Augustæ comessationes, repotia nec non et choreas agere; sed novit inspector cordium et non pauci, quam luctus delicias prohibeat.

Perpauci Germani jam considerant quam papistæ animo gestiant, urbem Augustam, ex qua primum confessio ut vocant protestantium prodiit, sub dominatione nefandissima tyrannorum Romanorum nunc palpitantem agere.

Eadem Otthonem et Ernestum fratres germanos archiepiscopi Coloniensis, Wilhelmum comitem a Witgenstein, Martinum baronem de Bolheim, baronem de Schwartzenburg, Didonem de Kniephausen, Joannem comitem a Rethberg, Chunradum Foss de Devoldia, Liborium a Muinchhausen et N. Massgrel, N. von der Horst, magistrum Sebastianum Glaserum, dominum Philippum vonn der Brugken et secretarium quendam marchionis electoris Eubulus, Philippus et Samuel Waldeciæ comites convivio exceperunt.

xiiij Junii Joannes Henricus in templo Mauritii ex cap. 14 epistolæ ad Romanos sequentem d. Pauli sententiam exposuit: »Tu vero cur judicas fratrem tuum? Aut etiam tu cur despicis fratrem tuum? Omnes enim statuemur apud tribunal Christi, scriptum est enim: vivo ego, dicit dominus, mihi sese flectet omne genu et omnis lingua confitebitur Deo. Igitur unus quisque nostrum de se ipso rationem reddet Deo, ne posthac igitur alius alium judicemus.« Igitur principio dixit, quo pacto Paulus hanc disceptationem in ecclesia Romana ex Judæis et gentibus, ut jam sæpius dictum est, collectam, non de articulis fidei, sed de iis quæ sine peccato vel omitti vel fieri poterant, tollere voluerit. Primo Judæum corripiens ait: Tu vero ne judices fratrem (quasi dicat) si libertas conscientiæ tibi suadet comedere ea quæ in lege communia vocantur, quare non comedis? Si autem non potes adhuc præ infirmitate fidei, oleribus vescere et ne indices eum qui Christo vivens quibuslibet vescitur. Nihil enim hæc ad salutem faciunt. Deinde et gentilem coarguens inquit: Tu cur despicis fratrem? (quasi dicat), num oblitus es, te esse fratrem Judæi confitentis Christum? Cum et is æque ac tu in numerum electorum ascitus sit, nunquid non tibi frater est in domino? Nunquid uterque vestrum solummodo morte Christi salvabitur? An magni aliquid te fecisse putas; si carnibus et cibis vetitis vesci noveris? Parvi domino interest, quos cibos manduces aut non manduces, sed hoc requirit a te, ut donis et datis cum gratiarum actione fruaris ac iisdem non abutaris etc. Ac potius animo tecum recolito, quod pro temet ipso Deo rationem redditurus et coram tribunali Christi sistendus sis, ubi cum steterimus in die illa judicii, is verus scrutator renum, cui patent abscondita cordium, facile omnia dijudicabit, proferens qua fide singuli singula fecerint, tum dico, cum agnos ab hœdis dividet. His dicet, venite, illis, ite. Istis scilicet, qui nunc omnia dijudicant ac velut hirci cornupetæ passim obvios quosque petunt etc. Et debemus profecto fratrum infirmitatem sustinere in iis, quæ contra fidem non fiunt. Non enim periculum est his vel illis cibis vesci, sed cum lurconibus, helluonibus, mœchis commisceri, hoc peccatum est. Adduxit et locum Pauli ex Corinth. 1. epistola cap. 8. Ait autem, si in adiaphoris religio consisteret, profecto frustra mortuus est Christus. Missa igitur faciamus ista judicia et demus operam ut fide et puritate cordis instructi supremo illi judici rationem reddere queamus. De reliqua textus parte ad diem sabbati se dicturum recepit.

A concione Samuelem nepotem nostrum jentaculum in hospitio sumentem reperi et mox sub horam nonam eundem ad Lyci usque fluenta profecturum in patriam deduximus, prosperum iter et omnia fausta ipsi precantes, injungentes quæ patri Philippo nostri nomine diceret ac eidem, quod nuncius, quem ante discessum suum amandaverat, nondum reversus fuerat, aureos viginti mutuo dedimus, Waldeciæ recepturi, quod et bona fide factum est. Rogavimus quoque eundem ut uxoris nostræ et filiolæ Catharinæ, cujus baptismatis susceptor fuit, curam cum tota dinastia nostra sibi commendatam esse velit. Obtulit præterea tam per Joannem Hacum illi a secretis, quam per semet ipsum, si summa pecuniaria, quam cæsar a nobis exigeret, minui non posset, nec patrem nec se mihi defuturum, quo levius ea summa corraderetur. Præter hæc petiit ut omnibus viribus in hoc incumbere velim, ne qua comitatus noster durius premeretur aut in capitulatione (ut vocant) quid me facturum reciperem, unde libertati nostræ vel privilegiis aliquid pericli esse posset. Rogavit quoque cognatus noster, ut comiti a Nassau pecuniam, quam huc missurus esset, taleros, si recte memini, ducentos afferrem eidemque ejus nomine gratias agerem. Hæc omnia libentissime facturum me recepi, modo quid precibus obtineri posset. Respondit, pro virili agerem, sin minus illi certo persuasum esse, patrem suum æque in omnia, quibus me astricturus essem, consensurum quoque, obnixe et fratrem nostrum Philippum non minus ac me deprecans, ne quam vel ejus vel patris mentionem faceremus. Respondi, quæ res ferebat, Christum rogans, ut sospitem ipsum ad nostros deduceret, Augustamque repetii. Astronomicum Cæsareum Appiani Hermanno Nellio tradendum nepos noster secum asportavit, quos secum ex paterna familia Augustam adduxerat, omnes, Christo gratia, incolumes secum abduxit, licet Ditmarus ab equo calcitratus fuerit, Helvetium vero illi a pedibus ante dies aliquot liberaliter dimiserat. Deducat illum Samuelem angelus Jacob et beatum illum faciat dominus, ut suis sit in patria pater et in virum juxta cor domini evadat. Amen.

Eadem Liborium Viglium rursus convenire jussimus et ut doctori Seldo notulam illam reportaret. Hac die primum ex Etzdorffio audivi, caballum meum, quo ipse vehi solebam, visum amisisse et alium Herenbreitingen pene a furcifero quodam furatum fuisse. Qui cum in equo erraret, miselli cujusdam aurigæ equum cum meo lupato freno et ephippio phalerisque abduxit.

Conradus Foss cæsari duo millia et quingentos aureos monetæ currentis in mulctam dabit.

Eadem quendam olim e Dania fugatum episcopum in Constantia urbe et Lunden, qui a septima antemeridiana ad duodecimam tantum ejus diei ægrotans expiravit, cui beatam resurrectionem et propitium deum precamur, in dominicum Augustæ deportarunt, nescio quas cæremonias funebres super ejus exuvias celebrantes. Quibus peractis funus in locum secretiorem cum sarcophago seponentes ac postea sarcophagum currui imponentes illud juxta Constantiam tumulandum deportarunt. Fuit hic episcopus nomine tantum nec unquam episcopatuum suorum compos fuit, verum aliunde gratia cæsaris redditus aliquot habuit, aulam cæsaris secutus, cui olim gratissimus fuit, nisi Grandevelæ, ne suam autoritatem amitterent, eum aula amovissent.

Eadem Florus Viglium, Seldum et omnes fere consiliarios imperiales allocutus est, quorum fere eadem et una erat sententia, metuere se, imperatorem de imposita mihi summa nihil minuiturum. Quin et doctor Hase Atrebatensi me non nisi quartam partem comitatus et eam per novercam egregie oppignoratam mihi solam reliquam esse indicaverat. Dixerunt quoque consiliarii, summam, quam ipsi nobis imposuerint, multo tolerabiliorem esse. Verum illos clam esse quo vel instigatore aut quamnam ob causam cæsar per se summam tam iniquam a me exigeret, nam quicquid ageretur, id cæsarem in propria persona statuisse. Adde quod Viglius præ ceteris mentionem mei faciebat et me præ ceteris in militia infestiorem cæsari ostendisse.

Coloniensis eadem cæsarem adiit pollicitus se nostri apud eundem mentionem facturum, quod etiam credo.

Dum Samuelem deducerem, comes a Nassau per puerum suum nos accersiri jusserat.

xv Junii d. Wolfgangus Musculus hæc verba legit ex cap. 15 Joannis: »Si de mundo fuissetis, mundus quod suum est diligeret, quia vero de mundo non estis, sed ego elegi vos de mundo, propterea vos odit mundus« etc. Hic ait quomodo Christus priori argumento discipulos monuerit, ut respicientes dominum, quomodo ipse a mundo exceptus sit, ne mox animo consternarentur, si forte odia mundi in se senserint. Nec enim mundum acceptores vel assertores veritatis aliter vel suscepisse vel posthac suscepturum esse. Magnæ autem consolationi nobis est, si sciamus dominum ipsum, apostolos et prophetas non solum persecutionem passos, sed et occisos a mundo et hanc persecutionem nobis cum talibus esse communem. Est enim quiddam, si quispiam singularis pietatis et summæ eruditionis vir ad civitatem aliquam a rege quopiam, principe vel republica mittatur, optime consulat et is quoque huic civitati ex animo consultum vellet et hic tamen legatus pro sua recta voluntate et tantis beneficiis convicia et plagas accipiat, si sciat antehac ab eadem civitate et aliis bonis viris eandem mercedem pro sua probitate redditam etc. Addit et Christus alterum argumentum: Si de mundo fuissetis etc. Hic autem Musculus varias quæstiones movit, quomodo Christus dicat, si de mundo fuissetis, cum apostoli in mundo nati et ex mundanis parentibus geniti et in ipso, donec viri robustæ ætatis forent, educati et præterea passim in mundo conversati sint etc. Verum has quæstiones ita dissolvit, ut hæc de spiritu mundi dicta esse ostenderet. Nam spiritui mundi cum spiritu apostolorum nihil convenit. Quemadmodum et apostolus ait: Non enim accepistis spiritum mundi hujus etc. Spiritus enim mundi semper quæ apparent appetit, ut sunt opum cupido, splendor divitiarum, auri et argenti ostentatio, fastus, luxus, avaritia et superbia. Item in religione amat cæremonias, ornamenta auro et argento colorata, cum spiritus Christi et apostolorum deum in veritate quæritet, juxta dictum Christi: Mulier, dico tibi, neque in monte hoc, neque Hierosolymis adorabitis patrem, sed veri adoratores adorabunt eum in spiritu et veritate etc., etiamsi, inquit Musculus, si nihil vel deargentatum, vel deauratum adsit. Mundum autem restitisse spiritui sancto ex actis cap. 7 ex verbis protomartyris Stephani probavit: Vos semper spiritui s. restitistis, sicut patres vestri, ita et vos etc. Quod autem ait, mundum suos diligere etc. Hic multis docuit, quamobrem mundus eos, qui Christo adhærent, nihil prorsus reputet et in quam multis mundus et filii dei per disdiapason discrepent. Quod autem nos de mundo non sumus, id non est nostri meriti, sed ex electione Christi, qui suos ex mera sua bonitate elegit. Christus igitur causam odii expressit. Nec enim Satan calcaneo mulieris et semini ejus adhærentes non inquietare non potest etc. Postequam ad nos et nostra tempora hæc applicasset, Musculus hoc epiphonemate concionem suam clausit: Quia ergo electionis filii nos sumus et non mundus, electori per omnia grati esse studeamus. Quod velit Christus ipse filius dei et homo. Amen.

Liborium ad comitem a Nassau misimus, verum is dixerat, se responsum a Coloniense nondum accepisse. A concione licentiatum Nicolaum Maier, Wulffgangum Musculum et Joannem Henricum allocuti sumus. Maier nobiscum prandere statuit, ast Christophorus dux a Wirtenberg nobis factus obviam ipsum per secretarium suum vocari jussit, ut interim taceam quod illi et alia negocia cum duce erant.

Injunctum est Floro ut cum hospite ageret, si census, qui illi hebdomatim dabatur, minui posset, præsertim quod Joannes frater et Samuel nepos ultra non adessent.

Eadem in horologio ad parietem Mausolei in horto Georgii Joannis Fuggeri hos versus ascriptos legi:

Non secus ac flumen, neque enim consistere flumen
Nec brevis hora potest, sed ut unda impellitur unda
Urgeturque eadem veniens urgetque priorem:
Tempora sic fugiunt pariter pariterque sequuntur.

Eadem nobis pileola duo holoserica comparavimus Etzdorffium uno honorantes. Eadem licentiatum Maier ad ducem Udalricum profectum esse comperimus.

Eadem magister Sebastianus Glaserus nobis epistolam domini Philippi Melanthonis ad Christophorum Carlewitz exhibuit ac nobiscum cœnatus est.

Oblata est nobis ecclesiastica reformatio, quæ cum interimente, interim prognata est. Tunc edocti sumus quam non pauci sint, qui amicitiam non fide sed successu metiantur.

Hoxeriensis civitas quinque millia florenorum cæsari pendet et centum aureos pro litteris absolutionis et nonaginta in popina cancellariæ. Legimus eadem die transactiones cæsaris hujus Caroli V cum electoribus et statibus imperii super suis hereditariis. Eadem in plateis Augustæ potissimum ante fores papistarum ignes fiebant et choreæ ducebantur in honorem, ut ajebant, d. Viti, arbitror ejus, quem Galli Vit appellant.

xvj Junii in templo Mauritii d. Joannes Henricus reliquum lectionis, quam die Jovis proxime elapsa exponere aggressus est, explanavit, ostendens quomodo d. Paulus in hoc capite 14 non uno argumento contentionem illam futilem ex animis tam Judæorum quam gentium radicitus eximere conatus sit, potissimum judicio Christi illos deterrens. Hoc autem loco idem Joannes Henricus multis potestatem Christi scripturarum testimoniis palam affirmavit, indicans quomodo hic dominus judex vivorum et mortuorum constitutus et quam nullius personæ respector sit. Item quod ventura sit hora illa et dies in qua Christus rex pro tribunali sedens ab omnibus mortalibus vitæ vel perperam vel probe peractæ et dictorum rationem accepturus sit. Et quam benevolus et misericors in eos futurus, qui ex recta voluntate et omni mentis conamine Christo fidentes verbo ejus et mandatis in hac vita obedientiam præstare cupiunt. Rursus quam austerus in eos, qui mundi elementa eligentes omni idolatria, superbia, luxuria et id genus vitiorum contempto eorum salvatore seipsos conspurcarunt. Obiter quoque docens, quale judicium is, qui se æquum judicem præstare dici velit, ferre debeat. Locum autem hunc: Vivo ego dicit dominus, non delector morte impii, quin magis cum revertetur impius in via sua et vixerit. Convertimini de viis vestris malis, cur enim moriemini domus Israelis ex cap. 33 Ezechiel luculenter exposuit. Nos commonefaciens, quia res se sic haberent, ut quisque pro se ipso rationem redditurus sit, caûte in hoc seculo ambularemus, unum Jesum Christum redemptorem et salvatorem agnoscentes, quem, si extra ipsum vitam instituerimus, judicem severissimum experturi simus, caventes interim ne invicem nos facile judicaremus.

A concione hospitium Wilhelmi comitis, quo jam tum Florus abierat, petimus, comitem in horto deambulantem reperientes, cui posteaquam diem illam illi faustam precati sumus, ipsum interrogavimus, si quid boni, quod ad negocium nostrum faceret, accepisset. Respondit, prorsus adhuc nihil. Rogavi igitur ut a Coloniense expiscari, si quid factum sit, dignaretur. Quod se promptissime facturum ait, ac mox consurgens archiepiscopum adiit, nobis autem ipsum comitantibus dixit: Ego recta ad Coloniensem ibo et quicquid ex eo cognovero, ocius te rescire faciam. Igitur post horulæ spatium puerum, qui nos ad se venire juberet, misit, quem subsecuti rursus comitem in horto invenimus. Dixit itaque se negocium in utranque partem perpendisse et ut tandem non ita naso, juxta proverbium, suspenderentur, consultum illi videri, quoniam edoctus esset, ea die Coloniensem, quanquam se clam esse deberet, apud dominum de Grandevela pransurum. Darem operam ut per puerum aliquem cum postremus missus mensæ imponeretur, vocarer et tum perfricata fronte Coloniensem in præsentia Grandevelæ accederem rogans, ut apud dominum de Grandevela instaret, ut is apud cæsaream majestatem pro me intercedere velit ac Mæcenatem agere, ne ex omni parte ad restim et summam paupertatem redigerer, et tum ipse audirem, quid responsi Grandevela daret. Si pro me intercedere reciperet, spem adhuc aliquam superesse, sin autem id abnueret, me æque cogniturum, quid pro re facere oporteat. Et si hic animus maxime abhorreret, tamen optimi viri consilium sequi volui. Sub horam igitur undecimam hospitium Grandevelæ adeuntes ibidem in interiore atrio præstolabamur, donec archiepiscopus ex superiori ambulacro, ubi pransi erant, descenderet. Ac ut primum atrium illud, in quo illos expectaram, introierunt, confestim Coloniensem accessi rogans, ut apud illustrem dominum (sic enim vocari amat) de Grandevela intercedere velit, ut pro me apud cæsaream majestatem Mæcenatem, ut superius dictum ast, agere vellet. Respondit Coloniensis: Faciam. Putans autem forte me de Atrebatense loqui, mox lacinias vestium Atrebatensis comprehendens ipsum ad fenestram seduxit, instans, ut mihi videbatur, sedulo. Ast Atrebatensis omnia blande moliebatur,. quid autem responderit, me latet. Deinde Coloniensis Grandevelæ patri et filiis valedicens equo conscenso Moguntini ædes accessit, ad cujus usque hospitium dominus de Lyra et alter filiorum Grandevelæ unus a dextris alter a sinistris obequitantes ipsum deduxerunt. Quia autem in via Coloniensis nutu nec verbo significabat se mihi responsurum, ad tempus aliquod in hospitio Moguntini moram feci, ac interim Philippus a Stein Augustanus, Bambergensis et Moguntiaci dominici præpositus nobiscum noticiam iniit ac vina prælibavit. Deinde hospitium Wilhelmi repetentes, ut res evenerant illi referebamus, orantes ut ipse ab archiepiscopo sciscitaretur, quidnam Atrebatensis respondisset, quod et se facturum promisit. Apud hunc inter ceteros pransus erat Christophorus princeps a Wirtenberg et comes Montisbellicardi, Petrus a Kunritz, Joannis Friderici electoris marschalcus, Fridericus ab Oettingen, Ottho a Schaumberg, et Wilhelmus a Witgenstein comites.

Eadem emi jussimus pugionem deauratum bilibaldicum in usum Wilhelmi comitis ab Henneberg, quem cum magni emi putaremus, pro uno thalero comparavimus.

Hæccine dies docuit, quam verum sit, ita a natura comparatum esse, ut potentioribus blandiamur, etiamsi eorum animos probe erga nos experti simus, ne de illatis injuriis dicam.

Adest et hic Augustæ Joannes Kesseler Kalden Fritzlariensis.

Domine deus, in cujus manu omnes fines terræ sunt nec non et corda regum et principum, qui nosti etiam tuis ex inimicis salutem dare, ne sinas exugi pauperiem eorum, quibus me præesse voluisti, ne calumnietur inter eos nomen tuum et pupilli ac viduæ lugeant, memento miserationum tuarum antiquarum et aliquando conversus nos in Christo domino respice, qui tecum et cum s. spiritu vivit et regnat in perpetuum. Amen.

Qui ad Rhenum commorantes huc venerunt, vineas et segetes bonam spem fertilioris anni portendere dicunt.

Eadem nobiscum cœnavit N. a Schwartzenstein, adolescens nobilis ex aulicis landtgravii. Hic nobis retulit, quod domina princeps usque in hunc diem Hailprunnæ apud maritum fuerit, et qua humanitate et honore illam Iberi milites acceperint, torneamenta, ut vocant, et ludos militares instituerint ac zonam sericam choreas ducendo inflexerint. Item quod pedissequa principis virgo de Breidenbach ex fumo pulveris tormentarii pene et exanimata et extincta fuerit et quod adhuc in lectica circumvehatur. Item quod Adrianus a Zertzen consueto suo morbo podagra laborat.

Georgius a Molsperg ventris torminibus dirissime cruciatus sit. Doctor Georgius a Beumelberg tibiæ inflammatione vexetur. Item quod equorum incommoda domina princeps passa sit. Philippum autem principem Eslingam ducendum ait.

Nota de Conopœo in Vuerda ad Danubium principe, vigilibus.

Doctor Medebachius medicus et Paulus tonsor et puer nobilis, quem den Bremer cognominant, et Sebastianus a Witzenhausen adhuc cum principe morantur.

Domine deus, illi commissa sua remitte et libera eum propter eum, qui nos sanguine suo precioso liberavit de diabolo, mundo et carne nostra, conserva et protege ipsum spiritu tuo sancto, ne tantis tribulationibus animo labatur, sed fide erectus de nominis tui magnitudine gloriari cum lætitia in longævum possit. Memento et Friderici servi tui ac Eubuli juxta tuam ipsissimam bonitatem, tui enim sumus et oves pascuæ tuæ, sive vivamus, sive moriamur. O causam defende tuam, tua gloria vincat, non unus instat Pharao, facultates adimunt, ferrum minitantur et undas.

A cœna Philippus frater et ego ad hortos Viti Wittich deambulabamus, qua pompa ab Hansone Gualtero ab Hirnem equite aurato duces Bavariæ et Wirtenberg nec non a Braunschwig et nescio quot comites, barones, proceres nec non et choreas nymphas in iisdem hortis convivio exciperentur, visuri. Reversi inde post solis occasum amnis decursu oculos refrigebamus. Supervenit igitur et cognatus noster comes Wilhelmus a Witgenstein junior, inquiens, sibi nuncium a comite Wilhelmo a Nassau ad eos habere, nimirum ut hoc nomine ipsius nobis diceret, archiepiscopum Coloniensem sedulo quidem sicut et ipsemet in domo Grandevelæ vidissem, institisse, verum Atrebatensem eadem fere Coloniensi, quæ mihi antea responderat, dixisse. Haec igitur, cum nulla melior spes arrideret, comitem a Nassau per hunc me rescire voluisse. Utrisque igitur gratias agens, quoniam noctescebat semel atque iterum libato prius vino Wilhelmum cum fausta imprecatione ejus noctis dimisimus, dormitium euntes ac domino curam nostri nostrorumque committentes. Et hic est eventus vanæ exspectationis et aulicæ pollicitationis splendidæ mihi nec ab heri nec ab hodie primum notis. [1] Qui solus conterere nosti brachium excelsi, esto mihi præsidio, tibi enim domino deo patri cum Jesu filio tuo benedicto domino nostro et sacro pneumate omnis debetur honos, potestas et imperium.

Cogimur igitur sententiam ferre, quæ qualis sit, ille, qui cuncta dijudicat, judicet, nostris quidem commissis probe commeruimus hæc, dominus autem sibi beneplacito tempore nec veritatem nec honorem suum minui sinet, per semetipsum enim juravit: Mihi flectetur omne

*

1 notus?

genu et omnis lingua Deo confitebitur. Videbunt, sentient, et centuplum eis in sinum eorum retribuetur. Domine, ignosce et nobis et illis.

Cum duûm optio detur, non quod optem, Jesu Christe, ignoro, sed quî optem hæsito, non enim quod petitur profertur. Faxit vero dominus nobiscum et nominis sui sacrosancti gloriam plebis meæ fidei commissæ profectum et uxorculæ ac nostræ [1] salutem. Hæc autem 74 dies est, quam Augustæ trivimus, addito tamen tempore quod a Waldeck usque ad Augustam in itinere peregimus.

xvij Junii. In æde Mauritio sacra is qui in hoc ibidem ordinatus ut posthæc ecclesiastæ munus obeat, caput 19 Matthæi legit, ac solito more ecclesiam ad confessionem et obsecrationem hortatus est. Deinde d. Musculus ex cap. 15 Joannis super hæc verba: «Mementote sermonis, quem ego dixi vobis, non est servus major domino suo. Si me persecuti sunt, et vos persequentur, si servaverunt sermonem meum, et vestrum servabunt. Sed hæc omnia facient vobis propter nomen meum, quia non noverunt eum qui misit me» [concionatus est]. [2] Hic primo ait, quomodo Christus suos præmuniri voluit hisce et similibus sermonibus contra instantem persecutionem. Mementote, inquit Christus, sermonis quem ego dixi vobis (scilicet ejus, quem post lotionem pedum illis dixerat) et hoc loco repetiit «discipulus non est supra magistrum». Fecit enim dominus idem apud Matthæum capite 10. Delicatus autem servus sit oportet, qui ea sufferre nolit, quæ videt domino accidere. Sed Musculus adeo pie ac docte ad eruditionem nostri omnia accommodavit, ut meum non sit omnia perscribere. Si me persecuti fuerint etc. Hic ait persecutionem ex odio proficisci nec esse rem, quæ modum servare sciat. Nam quid non contumeliæ in Christum contulerunt? Numquid non in Deum blasphemarunt, eum dicentes samaritanum dæmonium habentem? etc. Ac denique turpissima crucis morte eum interimunt, et id quanam de causa nisi odio? Sed cujus? Nimirum veritatis. Si igitur Christum dominum persecuti sunt, num discipulis parcerent? Quod et factum videmus nec novum est idem piis in hoc mundo accidere. Dicit autem «et vos persequentur», non dicit post multa tempora, sed per accelerationem persequentur ait, q. d.: Jam nunc incipient. At dices prædicabo quidem evangelium ita ut a nemine comprehendi possit et inculpate vivam nec ulla erit illis occasio me persequendi. Quid autem audio? Num illo aliquis sanctior vitæ innocentia Christo major? aut dicendo lenior,

1 ac filiolæ nostræ? 2 Das eingeklammerte fehlt in der hs.

mitior ac magis benignior? Sed nonne pati coactus est, et aliter fieri nequit, quam ut d. Paulus ait. Omnes qui pie vivere in Christo volunt, persecutionem pati oporteat. Qui autem animo secum persecutionem facere destinavit, hic semper aliud et aliud meditatur ac molitur, donec eum, quem persecutum velit, perditum noverit. Nec hoc, inquit Musculus, observatu indignum est, quod Christus Jesus apostolos jam fere per annos quatuor ipsum audientes, ut memores sint sermonis, quem in his et aliis aliquot locis dixerat, admonuit. Voluit autem apostolus hic admonere, ut ingruente persecutione cogitationes cohiberent horumque verborum memores essent, scilicet quod Christus et prædixerit hæc et ille prius perpessus sit. Debemus et nos sermonibus iis animos obfirmare, ut si qua secus ac sperabamus res acciderint, non statim animos abjiciamus querulantes et murmurantes contra dominum, sed patienter perduremus. Patiens enim terit omnia virtus et perseverantes usque ad finem salvos fieri dixit Christus. Durum autem erat apostolis audire, se persecutionem passuros ab iis hominibus, qui populus Dei dicebantur, qui doctrinam legis tenebant et præterea quod ab his pro hæreticis et seductoribus haberentur, sicut et ipsum dominum seductorem nominabant etc. Concionatus est autem de his multa, quæ hic ascribenda forent. Sed adeo subinde perturbati modo ab aliis sumus, ut pene nobis exciderint.

Domine Jesu, qui veritatis contestandæ et nostræ salutis gratia omnia in hoc mundo pertulisti, da nobis eam mentem, ut et nos cuncta adversa propter nominis tui gloriam patienter perferamus, scientes quod nobis dederis exemplum crucem nostram tollendi et sequendi te, ac ut in afflictionibus cogitationes nostras obfirmemus, iis quos discipulis tuis dixisti sermonibus, scilicet: Servus non est major domino suo. Da, inquam, patientiam, qua adversa omnia superemus, quo de bonitate tua magna in finem usque perseverare queamus, utque tecum compatientes post hac quoque tecum regnemus, qui vivis et regnas cum patre et s. spiritu in omne ævum. Amen.

Eadem Liborium ad doctorem Seldum misimus, auditurі quid de provolutione ad cæsaris pedes et de hujusmodi rebus fieret. Qui respondit, imo se putare id quam maxime futurum, tamen pollicitus se ab aliis vel id expiscaturum ac Liborio indicaturum. Remisit quoque Seldus capitulationis exemplar, ut per nostros describeretur ac mea syngrapha subscriberetur.

Pransus est nobiscum Glaserus. Eadem electores et principes

regiis missis interfuere forte ut postremum servitutis missaticæ honorem haberent, cum fama esset paucos post dies et regem et alios hinc abituros. Eadem Glaserus ipse transactionem repetiit.

Eadem Hans von Ruthlingen, qui diu carceribus detentus est, quod Henrico Francorum regi peditatum Germanum conducere voluerit, incusabatur, ruptis vinculis non absque Theseo evasit. Quam ob rem urbis portæ ad meridiem fere occlusæ erant.

xviij Junii. D. Joannes Henricus mane infra quartam et quintam horas ex epistola apostoli Joannis cap. 2 hæc verba legit: »Charissimi, non præceptum novum scribo vobis, sed præceptum vetus quod habuistis ab initio. Præceptum vetus est sermo, quem audistis ab initio. Rursus præceptum novum scribo vobis, quod verum est in ipso, idem verum est et in vobis: quia tenebræ prætereunt et verum lumen jam lucet. Qui dicit se in luce esse et fratrem suum odit, in tenebris est usque adhuc« etc. Primo itaque ait d. Joannem mediatorem unum esse et patronum nostrum Jesum Christum ostendisse, et quod non sint nisi duæ viæ, una ad Christum et vitam æternam, altera ad ignem æternum. Deinde quod Joannes Christum imitatus omnia præcepta Dei in unum quasi fasciculum collegerit, fasciculum scilicet charitatis. Movit autem hic quæstionem, quomodo d. Joannes hic dicat: Non novum præceptum do vobis, cum tamen mox subdat, præceptum novum scribo vobis. Charitatis autem præceptum non novum esse arguit, quod etiam Moises fratrem diligere jusserit. Item ex eo, quod idem Moises bovem vicini errantem reducere præcipiat. Item quod propheta dicat, carnem tuam ne despexeris. Item ubi præceperit, ut peregrinis bene faciamus. Novum autem dicit dupliciter. Primo eo modo, ut nunc posteaquam evangelium clarius prædicari cœpit, dictum est novam doctrinam exurgere, cum tamen hæc doctrina vetustissima sit eademque fuerat ab initio, sed quia ad tempus aliquod intermissa est, et modo homines ab iis, quæ interea temporis excreverunt, ut sunt adorationes sanctorum, peregrinationes ad loca sancta etc., revocantur ad salutem evangelii, doctrina nova vocatur, sicut et Pauli doctrina nova vocata est, Actor. 17. Alias mandatum novum dicit, quod Christus hoc præceptum discipulis dedit, dicens: Do vobis mandatum novum, ut diligatis vos invicem etc. Et ipse quoque Christus primus fuit, qui opere implevit, cum nemo habuerit majorem charitatem, quam qui dat animam pro amicis. Quod autem dicit: Tenebræ præterierunt et novum lumen jam lucet, denotat, quod jam pateat per solum Christum aditus ad vitam æternam, et faciendum est nobis perinde ac Abraam fecit, qui sacrificaturus domino in monte Morya Isaac filium suum adduxit in montem, servis et camelis ad radices montis relictis. Sic et nos oportet solum Christum patri ostentare et fidem in illum statuere et ejus charitati inniti, nostris imaginationibus et fictis operibus longe a tergo relictis, quemadmodum et hic d. Joannes ait: Qui dicit se in luce esse et fratrem suum odit, in tenebris est. Si enim, inquit, parietes coloribus illiniri curem et fratris necessitati non subvenio, nondum in luce, sed in ipsissimis tenebris ambulo. Christus enim ad judicium veniens non sciscitabitur a me, quot collegia regio apparatu splendida construxerim, aut hujusmodi quid egerim, verum inquiet, esurivi et dedistis mihi manducare, sitim passus sum, et potum mihi dedisti, nudus fui etc. Et e contra. Quæ autem sit vera charitas ex Paulo, Corinth. capite 13. Et quod Christus ad scribam illum dixerat: Diliges proximum sicut te ipsum, hoc enim est lex et mandatum. Et postremo quod Moises totam legem ad regulam charitatis inflexerit. Ac quod ad hanc regulam quasi ad amussim omnes vitæ nostræ actiones dirigendæ sunt etc. docuit. Dominus Jesus, qui unicus omnis pietatis scopus prora et puppis, nos spiritu suo bono dirigat, ut omnes vitæ nostræ cogitatus et actus ad regulam charitatis dirigere queamus et quo ad patrem perveniamus per filium et in omnibus proximo in ædificationem serviamus, cui uni trinoque deo sit fausta potestas.

Eadem Glaserum et Liborium ad nos accersebamus consultantes de capitulatione susque deque re perpensa unam et eandem eorum et domini Nicolai Mayer sententiam esse comperimus, præsertim quod ad uxorculæ litteras et auri mineras attinebat.

Liborium ad Seldum remisimus cum capitulatione, si forte termini solutionis prorogari possent et articulus, quod omnes querelæ ad cæsarem referendæ essent, mitigari.

Eadem in aula domus senatorum Augustæ vidimus doctorem Nicolaum Eck a Landeck supremum consiliarium Wilhelmi Bavarorum ducis insignem illum virum (si diis placet), qui strenue evangelicæ veritati usque in hunc diem restitit, ut testis est omnis superior Bavaria ac Arnoldorum domus in Neuenburgo ad Danubium funditus excisæ.

Causa dilati edicti est, quod civitates aliquot contra quosdam articulos supplicarunt.

Justus Kolbecher urgendus erat, ut diutius œconomi officium subiret, idque ad dies octo se facturum recepit.

Albertus comes a Mansfeldt vix salvum conductum consequetur.

Liborius capitulationem jam tertio reportavit et nihil in ea mutari passi sunt. Jusserant vero Viglius et Seldus, ut eam ad mundum describi curarem. Rogatus est igitur Lindius, qui eam in membranis descripsit, et ne gratis punirer illi thalerum dedi ipso tamen refragante.

Anno elapso Christophorus comes ab Altenburg et Dido ab Kniephausen in usum Friderici comitis Palatini decem milia peditum stipendiis conduxerant. Sed opera Cattorum principis hic exercitus distractus est, ita ut Liborius Monichusen cæsari et Friderico Christophorus cum suis supplemento exercitus essent.

Nota de litteris vp der Vheinde Landt etc.

De prosternatione ante cæsarem adhuc in dubio est.

xix Junii, quæ est dies audientiarum (ut vocant) in castro Waldeck. Faxit deus ut suus honos ibidem quæratur. Eadem inquio infra sextam et septimam horas Wolffgangus Musculus ex cap. 15 Joannis evangelistæ hæc verba recitavit: »Sed hæc omnia facient vobis propter nomen meum, quia non noverunt eum, qui misit me« etc. Hic dixit quomodo dominus suos ad instantem persecutionem cohortatus sit et quibus argumentis eorum animos confirmarit, se elapsa die dominica in duabus concionibus exposuisse. Nunc autem ea, quæ prælecta sint, probe excutere oportere. Paucis igitur præfatis hunc sermonem, nimirum de emphasi verborum »hæc omnia facient vobis« etc. quæ sint hæc omnia aggressus est. Ait autem per hæc verba de tribus potissimum dominum dixisse, scilicet de genuino mundi et suorum in eos odio, de persecutione, et quod verbum apud eos non sit habiturum locum nec ullo modo id suscepturi vel illi obedientiam præstituri sint. Præterea perquam scite odii energiam et quæ ex hoc enascantur indicavit. Nam ex odio prorumpunt convicia, detractiones, mendacia et quicquid hujus lernæ vitiorum est, sicuti dici solet. Os inimici veritatem non loquitur, odder wie man redt vff vnnsere Sprach: Des vieudts Mundt redt seltenn die Wahrheitt. Et hoc ipsum ex historiis sacris probavit, et potissimum quanta scelera olim Judæi Christo per invidiam et mendacium objecerint, quale fuit illud, ut cum dominum coram Pilato accusant, ipsum censum cæsari dare prohibuisse et sermonem ejus inverterint, cum Christus dixisset: Date, quæ sunt cæsaris, cæsari, et quæ sunt dei, deo. Et hoc loco sermonem intersecans Musculus (Hoc ipsum enim æquum est et sic facere decet, nimirum ut cæsar tanquam cæsar agnoscatur et quæ illi debentur dentur quoque, deo autem ea, quæ dei sunt et dei gloriam concernunt) ac sic inceptum sermonem prosequens ait: Sicut et hoc mendacii in Christum finxerunt: Seduxit populum docens a Galilæa usque huc. Item commentum de destructione templi et alia innumera mendaciorum et criminum etc. Item ut eadem ante Christum prophetis patribus evenerint. Adduxit quoque locum Tertulliani martyris, quo refertur, quibus conviciis christiani a gentibus affecti sint ac quam probrosa illis nomina indiderint, scilicet eos vocantes scelestos, incestuosos, eo quod mentirentur christianos, qui interdiu ob persecutores convenire non possent, noctu ad lucernas congregatos, catulis offulas objicere, qui discurrentes candelabra et lumina dejicerent et lampada ardentia extinguerent, et tum christianos incestos coitus nullius sanguinitatis habita ratione et præposteram venerem inire. Item infanticidas, ut qui in ecclesia sua infantem occidere solerent et hujus sanguinis aspersione se expiarent. Item sarmaticos ob palós quibus alligabantur. Item semisseos a semisse. Item desperatos, qui vitam et omnia contemnant. Sicut et nostro ævo nihil non conviciorum, inquit, in nos jacitur et effingitur. Et ut omnia cetera præteream, dicunt nos pro evangelicis vor Evangelische hellische, die evangelische Lehre, die hellische lehr etc. Odium vero hoc et persecutio ac verbi contemptus a tribus fere hominum generibus fiunt et exequuntur a Judæis, ethnicis et pseudochristianis. Sed id ab aliis, aliis de causis ac aliis modis fit. Judæi enim Christum persecuti sunt, non quod hi videri velint qui Christum dominum, quem illi Messiam vocant, persequerentur. Erant enim, ut sibi ipsis videbantur, populus domini, de quo David: Notus est in Judæa Deus et in Israel magnum numen ejus. Sciebant enim tanquam hi, qui habebant scripturas, quod christus domini illis promissus erat, quem et expectare se gloriabantur. Adde quod solos se videri volebant, qui nomen domini magni facerent, nec prætendebant quod Christum eo interficere animo illis sederet, quod magistra veritate eorum vitam corriperet, sed quia (si diis placet) se christum domini mentiretur, cæsari homines immorigeros facere conaretur et quicquid id est, ex quo odii sui perizonia quærebant. Maxime autem quod doctrinam traditionibus et communi usui repugnantem doceret. Hic quoque nonnihil de Arianorum olim in vere Christianos persecutione, qui et ipsi alio prætextu prosecuti fuerant, disseruit (Lege Eusebium, ecclesiasticam historiam tripartitam, item Hilarium de persecutione Africæ). Ethnici vero vel gentiles Christianos suppliciis afficiebant, nihil morantes verusne an pseudochristus esset, quem apostoli annunciabant et ceteri Christi fideles confitebantur. Hi enim nec libros legis, nec scripturas sacras aut prophetas veritatem annunciantes habebant. Licet enim teste d. Paulo Deum ex elementis mundi et creatione rerum agnoverint, tamen ut et ab eodem ad Rom. I culpantur, non ut Deum vel glorificaverunt vel honorarunt. Quare et hi consultore Sathana ob veritatem christifideles enormibus suppliciis et crudelissimo martyrio affixerunt. Pseudo vero christiani nihil minus sibi imputari sinunt, quam quod Christum et suos ob id quod Christo nomina dederint et Christi voluntatem annuncient, persequantur, sed alias causas crudelitati et nequitiæ suæ prætendunt (hoc autem putavit, quod de Arianis per Musculum versa pagina dictum scripsi) scilicet quod sint homines seditionis amantes, traditioni patrum refragantes et illum qui modo est ecclesiæ usus perturbantes etc. Ita et nostro seculo non in nos sæviunt, quod evangelium annunciemus, sed quod simus hæretici, qui vere veritatem prædicent. Hæc autem solatio nobis esse debent, quod Christus dixit: Hæc omnia propter nomen meum facient vobis, quod digni habeantur [1] hæc pati propter nomen domini. Addit quoque quid esset ob nomen domini vel etiam nomen domini. Certum est enim servum fidelem et odio et persecutionibus ob nomen domini sui obnoxium esse. Donet autem Deus optimus maximus ut fide firma et patientia christiana nihil ob nominis domini et veritatis agnitionem sufferre detrectemus, recogitantes, quod ipse salvator noster a mundo et suis persecutiones passus sit, et apostoli et martyres ante nos, ut perseverantes [2] in finem ut cujus passionem participes simus, ejus quoque gaudia persentiamus. Id te, summe pater, per Jesum Christum dominum et liberatorem nostrum unicum filium tuum humiliter deprecamur, cum quo tibi et sancto spiritui sempiternus sit honor, laus et gloria in cuncta secula seculorum. Amen.

Eadem a concione in hoc templo d. Mauritii optimum virum d. Jacobum Sturm alloquuti sumus, ac quo in statu res nostræ essent illi exposuimus, ac cum eo quod ab ipso et aliis auditur Ratisbonæ in colloquio nominatus essem, ac quid mihi ex ea profectione contigerit, contuli. Qui ait: Et quid in ea re peccare potuisti? nisi quod principi tuo ea quæ tenebaris facere, faceres. Sed sic res se habet, nam ipse, inquit, mirum in modum civitatibus metuo, nam nunc inter saxum et lapidem stamus, juxta proverbium. Cæsar enim commotior in nos objicit, videre se nihil sua erga nos clementia, nihil precibus vel bello quoque hactenus profecisse, quare sibi bellum suscipiendum videret priore multo crude-

1 habeamur? 2 et perseverantes?

12 *

lius etc. Nam supprimi debet is, qui modo est, religionis status. Quid faciemus tandem? Et ita a templo Mauricii invicem sermonem protulimus donec in forum ante domum senatoriam in latum illud spatium, ubi a dextris patibulum, a sinistris ædificiolum istud ex asseribus compactum, in quo Vogelsbergius capite plexus erat, devenimus. Novit deus inspector cordis, quis sintontes aut non. Re ipsa tamen comperimus magis infestas esse summas potestates erga veritatem amplectentes. Quia igitur hora accesserat, qua curiam consultandi gratia petunt, domino Jacobo me ad amicitiam et officia obtuli, rogans ut Martino Bucero meo nomine salutem diceret. O tempora, o mores! Respice, o deus, in faciem Christi tui et memento promissionis tuæ, qui fallere nequis. Dixisti enim, misericordiam tuam te non ablaturum a posteris et coheredibus Davidis illius mystici filii tui Jesu benedicti. Cito, cito nos anticipent misericordiæ tuæ, pauperiores enim sumus, quam ipsi agnoscere queamus. Verum tua sancta voluntas fiat. Amen.

Eadem ante concionem infra quintam et septimam horas capitulationem manus meæ subscriptione et annulo signatorio in hospitio nostro corroboravimus (rex regnum adverte) ac eam Liborio doctoribus Viglio et Seldo offerendam dedimus, qui utrosque una reperit dicens, capitulationem quidem ut jussissent per me subscriptam, attamen me bonam spem concepisse et idipsum quoque me ab eis petere, ut si qua posset fieri, summa minueretur. Ast manet immobilis Marpesia cautex. Quia autem nihil horum fieri posse cognovi, eos rogavi, ut capitulationem acciperent Atrebatensi per alterum eorum offerendam, quod Viglius Zuichenus se facturum recepit. Adeuntes autem hi duo Atrebatensem, Viglius, nescio studio an incuria fecerit, ajebat, se domi suæ capitulationis oblitum fuisse. Commode autem accidit, ut Florus ipse Atrebatensem conveniret etc. Ac petiit, ut jam oblata capitulatione res eo dirigi possent, ne diutius, quod utique maximo mearum rerum dispendio fieret, frustra hic detineret, et ut litteræ absolutionis cum articulis aliquot, quos antea Florus mutaverat, conscribi possent. Atrebatensis autem interim gloriatus est, quam egregiam operam nostri ergo navasset. Nosti, inquit, tu domino et ipse vidisti quid egerim, et adhuc non cessabo domini tui profectum quærere. Ac sic Liborio paululum expectare jusso tandem reversus ait: A prandio iterum me convenias cura.

Conatus autem Liborius provolutionem ad pedes cæsaris si qua posset amoliri. Verum episcopus subridens id maxime fieri oportebit, ait; quare hoc tuus comes nolit facere? Faciet profecto, inquit Liborius, si aliter fieri nequit, obediens per omnia. Sed si non necessarium foret, idem esset. Ad hæc Atrebatensis: Hoc fecit dux Udalricus a Wirtenberg et multi maximi viri, nec ducat comes tuus hoc illi vel dedecori vel oneri esse etc. His Viglius addidit: Certe futurum est, ut omnes comites Waldeccenses coram cæsarea majestate in propria persona veniam deprecari oporteat.

Domine Jesu, cui jussu æterni patris tui omne genu cœlestium, terrestrium et inferorum merito ac juste flectitur, da ut ita summæ in terris potestati obediam, ne tuus tamen honor lædatur.

Pinzingerus nihil adhuc effecit. A prandio in hortis Jacobi Adeler deambulamus. Supervenit autem doctor Catzmann Fritzlariensis, qui episcopo ab Hildesheim a secretis et consiliis est.

Inter Dutleben episcopum Hildesheimensem et Henricum seniorem ducem a Braunschwig ita fere conventum est, ut episcopus duas partes castrorum et pagorum acciperet et tertiam partem ejus ditionis, quam jure pignoratitio possideret, donec episcopus commode eam pro pecuniæ summa, quam cæsar pro æquo et justo duceret, redimere posset.

Nota vicies centena millia nummûm a subditis Hildesheimensibus Henricus dux ab eo tempore, quo primum hanc episcopatus partem occupavit, corrasisse dicitur. Hæc summa et expensæ litium simul et redditus annui hactenus recepti Henrico duci permanere debebant. Ac Henricus dux quæsita opportunitate Augusta discessit antequam hi processus contractus perfici possent. Idem dux dicitur Goslarienses postliminio duriter affligere.

Dux Ericus a Braunschwig proximis his diebus e balneis Wiesbaden huc cum sua familia totus holosericus rediit.

Eadem Henricus Crafft Augustanus, qui hactenus Justo Colbechero in socium additus erat, per litteras petiit, ut singuli Waldeciani comites quinque vel sex thaleros, quo equum comparare posset, illi mutuo darent, redditurus eam pecuniam ad proximas nundinas francofordianas. Donatus est igitur a Philippo et Eubulo sex thaleris ac servitio liberatus. Verebamur enim, ne ex nundinis francofurdianis calendæ græcæ fierent.

Eadem Liborius ad Viglium et Seldum missus est, ut quibus tandem cæremoniis prosternatio ante cæsarem facienda esset et quibus verbis deprecatio fieret, item quo tempore, peteret quoque ut litteræ remissoriæ (nam et nostri Germani quod illis bene sit Remissbrieve dicere addiscunt) conscriberentur et prius ad mundum, ut loquuntur, scriberentur, nobis eas legendi copia daretur. Seldus de tempore se cogitaturum promisit, et si qua fieri posset, se procuraturum, ut paucissimi adessent, dum ad pedes cæsaris procumberem. Da, domine deus, nos sub potenti manu tua humiliari, hominem autem non aliter ac mortalem revereri. Rediit, proh dolor, rediit Aegyptiorum adoratio.

Eadem Galacteo et Lindio cum hospite de censu hebdomadali agere injunctum est. At hospes consultationem in crastinum petiit.

xx Junii Musculus hora et loco consuetis eadem, quæ heri pro concione legerat, repetiit. Addidit autem iis, quæ hesterno die de persecutione dixerat: Judæi, ut audistis, Christum persecuti sunt, quod non esset verus Messias. Gentes vero nihil morantes verum illum Christum aut Pseudochristum apostoli et martyres confiterentur, sed absque omni differentia quicunque Christo nomina dederint, persequentes suppliciis afficerent. Inter pseudochristianos vero et etiam inter nos quidam sunt, qui bona animi intentione et ex toto corde christianos persequuntur, non ob aliud quam quod a nonnullis persuasi sint, eos vivere et docere contra receptam doctrinam et eam, in qua ipsi educati et instituti sunt, ac sic eos, qui vel purissime docent, quod videantur, dum idolatriam et abusus corripiunt ac sinceram doctrinam restitutam cupiunt, ecclesiam perturbare summe persequuntur, zelo quidem, quemadmodum testatur Paulus de Judæis, sed non secundum scientiam. Est autem et adhuc aliud præter hoc persecutorum genus, nimirum eorum, qui se sanctos haberi volunt, ceteris longe eruditiores et in magnis honoribus degunt et qui lucro inhiantes verbo cauponantur, et tametsi probe perspectum habeunt, doctrinam, que prædicatur, sanam et veram esse, tamen quia ventrem pro deo habent et metuunt ne quid vel honoribus suis vel laudibus abcedat (nihil enim aliud sub prætextu religionis quærunt) hi pertinacissimo odio Christum et suos persequuntur, quales fuerunt pontifices ac pharisæi et scribæ apud Judæos, ad quos Christus ait: Væ vobis scribæ ac pharisæi, qui sub prætextu longæ orationis et precum domos viduarum et pupillorum devoratis etc. Et hi semper pietati nocuerunt etiam apud ethnicos. Tales enim et erant aurifabri, qui fabricabant arculas et delubra Dianæ illi Ephesiæ, Actor. 19 etc. Tales et hodie nostri sunt adversarii, omnina sanctitati suæ tribuentes et suo ventri metuentes. Secundum vero hoc persecutorum genus est, qui destinato animo scientes et sui lucri ac honoris gratia agnitæ veritati contradicunt et ejus assertores clausis, ut dicitur, oculis persequuntur. Horum salus desperanda est et jam nunc in laqueo diaboli et damnatione perpetua sunt. Deinde digressus Musculus ad hanc sententiam enucleandam: Quia non noverunt me neque eum qui misit me etc. Hic disputabat qui fieret, ut Christus diceret: Non cognoverunt eum qui misit me, num Judæi non agnovissent? Imo agnoverunt Deum. Nam et teste Paulo ethnici dei notitiam habuerunt.

His adde, quod Judæi legem habuerunt et prophetas. Hic autem triplicem esse cognitionem dei docuit. Primam agnoscere deum, quod creator cœli et terræ sit, omnia agens et fovens, et talis cognitio gentibus quoque quodammodo inerat, maxime autem Judæis. Quod vero deo creatori suo obedire et credere in Christum illis a deo patre missum voluerint ac hoc instituto longissime aberant, sicut Paulus ait: Ore quidem confitentur, sed factis negant. Exempli gratia, si paterfamilias servum quendam habeat, qui herum suum prætereuntem agnosceret dicens: Iste est herus meus. Ubi autem paterfamilias quippiam faciendum injungeret, et is contempto hero jussa abnuit et præceptum ejus susque deque fecerit, nonne huic herus dicturus est: Vis quidem videri famulus meus, at ea quæ jubeo facere renuis, profecto nec me herum tuum esse agnoscis. Talis quidem res prima dei agnitio est. Altera est quod deus quidem agnoscitur esse omnipotens, bonus, misericors et justus et Christum quidem missum a deo, verum quod verus deus et homo nobis venerit in mundum et quod nobis nasci, vivere, pati, mori denique et resurgere voluerit, quo nos per mortem ejus solius vitam æternam consequamur, non credere et alios opitulatores et bona opera quærere. Nec hæc quoque recta dei agnitio est. Sic enim Judæi, Mahometani et specietenus Christiani quærentes deum et agnoscentes, non credentes in Christum missum, et illis ipsum in salvatorem ac propitiatorem unicum datum frustra gloriantur, se deum et nosse et amare. Et quicunque Christum a patre, sicut dictum est, missum, non agnoscunt, hi nec deum patrem etiam ipso Christo teste agnoscunt. Tertia autem et vera dei cognitio hæc est, scire deum patrem ex immensa sua charitate Jesum Christum filium suum unicum in hunc mundum misisse, ut per ipsum et in suo sacrosancto sanguine liberemur a morte, diabolo et inferno, ac ut omnis, qui credit in eum, non pereat, sed habeat vitam æternam. Ac eundem patrem dixisse præcepisseque, ut hunc ipsum Christum audiremus. Et hoc est, quod Christus ait: Quia non cognoverunt eum, qui misit me. Hæc autem cognitio ex largitione spiritus sancti et e supernis venit. Sicut Christus ad patrem ipsum confitentem filium dei ait: Beatus es Simon Bar Jona, quia caro et sanguis non revelavit tibi etc. Licet enim quotidie audiamus de Christo, spiritus autem sanctus intra penetralia cordis nostri non cooperetur, vanus est omnis noster labor. Verendum quoque, quod inter nos sint qui sub redeuntem evangelii doctrinam et coruscante ejus luce novum testamentum legerunt et audierunt, qui psalmos decantarunt, sed nondum hæc corde perceperunt, hi instante, ut nunc fit, persecutione mox a fide desciscunt. Nam in vere confitentibus Christum non est spiritus dissensionis, sed hi potius amore veritatis contemnunt facultates, uxorem, liberos et vitam. Donet nobis Deus constantiam, ut hæc in corde mundo servare, quo fructum in nobis ferant multiplicem, in Christo Jesu queamus. Amen.

Redeuntibus nobis e templo lixæ nobis obviam fiunt, cives duos catenis constrictos secum ducentes. Fama erat esse textores, qui nescio quid sinistre in urbalia festa cæsaris, quæ in circumlatione eucharistiæ conviciati erant. Cum autem hi duo non solum mihi viderentur esse ex Augustanis, qui eam idolatriam abominarentur, mecum cogitabam: Dat veniam corvis, vexat censura columbas, et sæpenumero catellam cædi in terrorem leonis.

Comes Wilhelmus equos viginti, corpora septuaginta quotidie alit, cujus sumptus per omne tempus, quod Augustæ commorari coactus est, cum ea pecunia, quæ δωρωφάγοις istis danda venit, ad summam triginta millia aureorum computatur.

Gerardus Heddwig legatus regis Ferdinandi semel atque iterum apud Solimanum Turcarum imperatorem fuit, vir vafri ingenii, qui mira arte et novis strophis imperatoris turci vafriciem et sævitiam non semel delusisse dicitur, ut recte Aeginita cum Cretense commissus dicatur. Quare et sua fraus eum episcopale culmen conscendere fecit.

Non indignum posterorum memoria puto ad id miseriæ ditissima totius Europæ Pannonia regna devenisse, ut rex, qui non solum his regnis, sed et fortissimo Bohemorum regno præest, adde qui et Romanorum regis titulo gaudet, si qua Turcæ scribat, ponit vel ut dicam convenientius eum hoc epitheto dignatur: Illustrissimo et potentissimo principi ac domino Solimano Turcarum Asiæ et Græcorum imperatori.

Ungarus quidam magni nominis, quem primo Petri dicunt, qui quod perfidiæ in christianum sanguinem accusatus ad Turcam defecisse dicitur, licet fama sit, ipsum magni rursus Ferdinandi gratiam iniisse.

Induciæ quinquennales inter cæsarem, regem Romanorum et Turcarum regem, item regem Franciæ, ducem Venctum quoque concernunt.

In litteris induciarum quibusvis liber accessus ex Ferdinandi regnis in Turcarum imperio negociationum vel aliarum rerum ergo conceditur et e contra, exceptis tamen gentibus, quas Heydelosen, Martolosen, Viskuken nominant. Provisum est et in his litteris, ut Rixaspides ab utraque parte dominis remittantur. Heydelosen, Martolosen, Viskuken gentes sunt ad terminos Pannoniarum Constantinopolim versus, hominum genus fere sylvestre instar (si fabulis fides habenda) satyris cavernas petrarum et abrupta montium inhabitantes, ex præda et latrociniis victitantes, qui Christianos in Turciam proficiscentes vel a negociatione redeuntes dolo aggrediuntur ac furto abducunt, eos vel pendentes, vel facultatibus mulctantes. Dicuntur autem esse homines inermes, apud quos nullus armorum usus sit, præter fustes ligneos vel perticas præacuminatas Turcis æque ac Christianis invisi etc.

Tributum, quod a Ferdinando Turcarum imperatori datur, ad portam sanctam per ministros regios quotannis mittitur.

Turcarum imperator in contractibus hoc exordium servat: Auxilio dei omnipotentis et apostoli nostri sancti Mahomet.

Undecim ducatuum barones et nobiles ungarici Turcarum imperatori tributa pendere stipulati sunt.

Zanzeri, Begeboiarii, Zanzegen, Zeugma, Glissa receptacula Heidochiorum.

Datum, ut vocant, litterarum induciarum sic habet: Anno nati apostoli nostri nongentesimo quinquagesimo nono, ultima Octobris; anni vero induciarum jam tres præteriere.

Liborius, ut ipse ajebat, ante meridiem Viglium convenire non potuit.

Eadem hortulum animæ a Georgio quodam Norinbergense ab ipso filiabus suis inscriptam et consolationem christifidelium in persecutione per magistrum Vitum Theodorum conscriptam pro domina socru sex batzis comparavi.

Eadem dum ab hospitio Wilhelmi comitis recta per dominicum transeuntes hospitium nostrum petimus, vidimus ante casas cujusdam bibliopolæ in gratiam papistarum imaginem imperatoris turcici ad vivum depictam una cum charta quadam, in qua et effigies optimi principis Joannis Friderici ducis Saxoniæ etc. electoris deliniata erat, ita prostare, ut uterque alterum, ut ita loquar, intueretur. Volebat autem bibliopola hac pictura ostendere, hos duos et ejusdem ceræ homines esse et christianæ reipublicæ atrocissimos hostes. Verum ne perpetuo optimus princeps deridcretur, pro sex batzis utramque picturam emi.

Eadem amanuensis ille attulit scriptum supplicationis civitatum contra intricatum interim, accepit batzos tres.

Eadem primæ fœtus nuper nati interim prostabant et ante meridiem omnia exemplaria distracta sunt. Imprimebantur autem, ne tantus fœtus periret, intra brevi tria millia exemplorum.

Apud comitem a Nassau comes a Zorn, qui et ipse anno superiore expeditioni Boccolmaritæ interfuerat, adfuit. Sertorius Basilæam reversus dicitur.

Aulicus quidam colax dum Carolus cæsar proxima hyeme Ulmæ dies aliquot commoraretur, libellum cæsari attulit a quodam ecclesiaste, ut hic colax retulerat, in contumeliam imperatoris conscriptum, multa deblaterans de famoso hoc libello, existimans, cæsaris animum adversus autorem libri concitatiorem reddere. At cæsar interrogavit, quandonam hic liber conscriptus est? Adulator infit, proximo elapso Augusto mense scriptum esse. Ad hæc cæsar: Tum adhuc Ulmenses se hostes nostros profitebantur, nunc in gratiam recepti sunt.

Non ex infima plebe homo quidam ajebat, cæsarem nunquam meliore valetudine esse, quam cum in castris degeret, sed nimium constare pillulas, quibus alvus tanti leonis dejiceretur, nimirum principatus, ducatus et comitatus multos etc.

Dominus de Madruschia ante paucos dies consulem Herbrotum, quod ad cæsarem vocatus morbum simulans venire nollet, lecto decumbentem expergefecit, tantum tunica talari super indusium lineum injecta ad hospitium suum deduci jussit ibidemque adhuc in libera custodia detinetur. Sexaginta millia nummûm, ut rumor in aula cæsaris est, pro tanta somnolentia daturus.

Personæ quinque, quarum nomina cæsar sibi in reservatione mentali et scrinio pectoris (ut decretistarum verbis utar) reservavit, in capitulatione augustana non comprehensi sunt, in quos quomodocunque illi libuerit animadvertere liceret.

Vulgi in consules nonnullos ea hic malevolentia esse dicitur, ut eos pro Burgemeister Gurgemeisteros vocent.

xxj Junii in templo Minorum dominus Joannes Henricus ex prima Joannis epistola cap. 2. hæc verba legit: »Ne diligatis mundum, neque ea quæ in mundo sunt. Si quis diligit mundum, non est charitas patris in eo, quoniam omne quod est in mundo, veluti concupiscentia carnis et concupiscentia oculorum et factus vitæ non est ex patre, sed ex mundo est. Et mundus transit et concupiscentia ejus« etc. Hic primum docuit, quanta diligentia sanctus hic apostolus omnes homines Christo lucrifacere et ad Deum adducere in hac epistola conatus sit, nimirum quod singulis quæ quisque faceret præscripserit, pueris scilicet, provectæ ætatis hominibus et adolescentibus. Nunc autem communem ecclesiam alloquitur admonens ne mundi illiecbris se irretiri permittant simulque ostendens quam nullam quidem ætatem superbia deceat. Ac hic concionator aggressionem fecit per singulos status, allegans illud d. Petri: Deus superbis resistit, humilibus autem dat gratiam, quod hæc vita nil nisi vapor et fumus quidem sit. Probe ex scriptura fragilitatem humanæ conditionis depingens. Item quam lenibus de rebus se quisque alteri præferre solent, si quod donum præ ceteris mortalibus a Deo consecutus sit. Jubens tandem ut exemplo junoniæ avis, quæ dum decoloratas pennas intuetur, laudatas ostendit, intumescens ac superbe incedens, nodosos vero pedum suorum articulos, qui lepra conspersi dicuntur, considerans caudam demittit et misere eiulatur. Sic et nos si vel opibus, vel scientia et si quid hujus farinæ rebus tumidiores reddamur, animum recolentes cogitemus, quod pulvis et umbra sumus. Hodie, inquit, homo sibi ipsi bellus et magnus videtur, cras forte ægrotans vel hac ipsa die vel perendie terra conditur. Docuit quoque omnia Christi ergo posthabenda esse, liberos quoque et charam conjugem, si Christi honor exigat, negligendos ac juxta d. Pauli sententiam: Qui habent uxores, sint tanquam non habentes. Ait autem non prohiberi, possidere vel habere divitias, modo datis recte utaris et Abrahamum præ oculis habeas et e contra divitem illum epulonem evangelicum. Adjecit quoque neminem posse et Deo et Mammonæ servire. Benignissimus pater cœlestis per filium suum dilectissimum, ut habita ratione fragilitatis nostræ ipsum solum et quem misit in bonum nostri Jesum Christum amare et in humilitate et patientia sancta animos nostros possidere, adjuvanfe nos spiritu suo sancto valeamus, largiri dignetur. Amen.

Plebiscitum bohemicum est ut qui a baronibus quatuordecim latæ sententiæ contradicat, et honore et corpore periclitetur. Item moris est in Bohemia, ut ubicunque dominis libuerit coloni accepta pecunia et agris et domo cedere cogantur.

Liborio injunctum ut Atrebatensem alloquatur. Ipsum igitur conveniens obnixe deprecatur, ut auxilio esse velit, quo litteræ absolutionis conscriberentur et ad cæsaream majestatem mihi veniam apud eum deprecandi et locus et tempus indicaretur. Primo igitur Atrebatensis renuit, dicens illi modo ad hujusmodi non esse ocium. At Florus nihil minus precibus instabat, significans, nos omne æs nostrum hic insumpsisse nihilque ultra pecuniarum vel in zona esse vel aliunde corradi posse. Insuper et equos venditum iri. Præsul etsi rem detrectaret tamen precantis importunitate victus ait, abi et voca dominum tuum ut quam ocissime me subsequatur in palatium cæsaris. Liborius igitur non impigre cucurrit, me hac die nihil minus cogitantem accersiit, nec ipsemet ego contabundus arrepta tunica velociter in palatium contendi. Quo cum ventum est, posticum intrantes gradus aliquot conscendimus, Pinzingerum in ambulacro cubito hærere conspicati. Hunc ergo Florus illico accedens interrogavit de aditu ad præsulem. Is jubet ut in hybernaculum, quod e regione nostri erat, intraremus. Januam igitur pulsantibus primo ostiarius introitu nos prohibuit. Superveniens autem senior quidam ostiarius non solum in hoc hybernaculum sed et in aliud quoque, cujus parietes huic contigui erant, et usque ad atriolum ante cubiculum cæsaris introduxit. In atriolo igitur nobis præstolantibus aulici proceres adrepere cœperunt. Post breve temporis spacium senior ille cubicularius, qui nos eo introduxerat, e cubili cæsaris rediens ait, Atrebatensem quidem intro apud cæsarem esse, verum cæsarem, nondum vestibus indutum. Interea Eubulus deo et cogitatione et oratione negocium omne commisit. Tandem Papenheim monoculus marschalcus imperii advenit. Is ex Floro sciscitatus est, quisnam esset illic ad caminum astans. Florus respondit esse Wolradum comitem a Waldeck. Rursum marschalcus infit: Estne hic comes ille, qui se ad cæsaris genua provolturus est? Respondente Floro: Imo is est, Papenheim nos salutans ait: Domine, tibi machæra deponenda est: Si puer aliquis adesset, qui eam tibi asservaret. Ac ipse marschalcus, ut est homo vere probus et simplicioris ingenii, Adrianum nostrum accessit ac illi gladiolum tradidit, reversusque ad nos, quibus cæremoniis nos ad genua demitteremus, docuit, jubens faciem ad terram pronam haberem, donec imperator ipse me ad majestatem suam accedere juberet. Quamobrem gratias illi agens pro hac informatione et quod me hactenus in hospitio imperturbatum reliquisset (nam hospitiorum ordinum imperii metator est). Erat autem fere decima. Venit tandem Schaumberg baro et prætor palatii, item capitaneus excubitorum cæsaris dominus de Zeltingen, et plures Itali et Iberi cæsarei antecambulones, nec aberat Petrus a Malvenda, qui obliquis oculis nos intuitus sedulo risit et fere digito demonstrans, quasi diceret: Hoc est quod desiderabam, quia pejus facere modo non possum. Habet autem cæsar parvum hybernaculum cubiculo suo junctum, in quo sperabam has cæremonias fieri. Sed ut trapesitarius venit afferens aulæum illud ante sellam, quæ ad parietem posita erat, sternens, super quam affixum erat aulæum aliud ex auro puro puto et holoserico contextum, cognovi ibidem pompam hanc futuram. Videns autem mareschalcus Papenheim omnium oculos in me intentos esse, ait: Domine comes, melius feceris si in hybernaculum ante atriolum concedas, et ego ubi imperator hic consederit aperto ostio ut commodius geniculationes facere queas te accersam. Pareo igitur monenti. Doctor vero Petrus a Malvenda composito vultu me accedens salvere jussit. Prima facie me audire dissimulavi, verum cum viderem eum manu detracta chirotheca propius accedere, dextram illi præbui. Nec aliud quidquam nobis dixit, nisi: Ego vos non impediam (quid sibi his verbis voluerit, Diespiter ille Ibericus novit). Venit et alter ex ostiariis Eschop et nomine, qui nos in scamno sedere jussit, dicens: Imperator non tam statim prodibit foras. Quia autem intellexi ostiariis propinam ex hoc actu deberi, Malvendam rogavi ut, quid id propinæ esse deberet, expiscaretur, qui se id facturum recepit ac ocius reversus ait, ostiarios dixisse, id in mea liberalitate et humanitate situm esse, se nihil nominatim petituros. Venit quoque tertius ex ostiariis dicens: Domine comes, quare non atriolum accedis? Respondi: Marschalcus me hic præstolari jussit. Bene, bene, inquit. Exspecta paululum, brevi fiet. Erat vero jam in punctu (ut loquuntur) undecimæ, cum fierent januarum crepitus ac procerum geniculationes. Posteaquam autem cæsar in sella illa resederat, Papenheim aperto ostio me vocavit, inquiens, En tempus est, jam comes accede. Ideo exurgens, habens a sinistris Liborium bis genua inflectens accedendi tertia geniculatione utrumque genu terræ figens, similiter et Liborius. Dein Liborius cunctis audientibus hæc verba in catalecto germanico dicere cœpit: Illustrissime et invictissime clementissimeque cæsar, sacræ tuæ cæsareæ majestati hic coram generosus meus dominus comes Wolradt a Waldeck sistit, confitens se majestatem vestram gravissime tempore rebellionis anni elapsi læsisse, agnoscens quod graviorem quandam pœnam commeritus sit, cujus rei dirissima metanea ringitur. Attamen de innata imperatoriæ vestræ majestatis clementia confisus, hanc noxam sibi remitti deprecatur, cum omni animi dejectione rogans, ut sacra vestra cæsarea majestas tam ipsum quam subditos suos in gratiam recipere dignetur, idque ob dei et cæsareæ vestræ majestatis misericordiam, quod idem dictus meus dominus comes præter debita officia et omni cum sedulitate promeriturus est, nec unquam in vita sua se majestati vestræ inobedientem præstabit, sed omnia Christo auspice se facturum promittit, quæ probum et fidelem comitem imperii decent. Ac sic Liborius siluit. Imperator igitur episcopum Atrebatensem et d. Philippum Seldum ad se vocans paucula cum his collocutus est, scilicet gallice Pau cest fais yci etc. Deinde per doctorem Seldum vicecancellarium respondit, pene omnia, quæ Liborius dixerat, verbatim repetens, verum addidit: Invictissimus et illustrissimus noster cæsar ob honorem dei et suæ sacræ cæsareæ romanæ majestatis innatam clementiam Wolradum comitem a Waldeck dominum meum gratiosum una cum subditis in gratiam recipit et noxam illi pro hac vice remittit, ea tamen lege, ut omnia, quæ in capitulatione comprehensa sunt, ab dicto comite impleantur et serventur. Et si posthac comitem fidelem et probum se gesserit, sibi clementissimum cæsarem nec non et suis subditis experturus est. His dictis imperator manu mota me ad se vocabat. Quia vero mihi injunctum erat, ne in faciem imperatoris inspicerem, antequam ab ipso vocarer, Liborius me tetigit. Ocis igitur deosculata manu mea dexteram Cæsaris dextræ junxi, qui confestim exurgens ad cubiculum regreditur, nec ego cocleæ gressu ostium alteram peto. Ubi vero ad ulterius hybernaculum veni, ostiario Eschopeth dixi: Quantum tibi et tuis sodalibus debeo? Quantum placet, inquit. Sumus vero numero sex. Quid ais, si unicuique vestrum aureus detur? Summas, inquit, tibi agimus gratias. Sex igitur aureos nummos illis dono dedi, rogans eundem, ut si quis ex nostris pro subscriptione litterarum absolutionis cum alloqueretur, ut hunc juvaret, si qua accessus pateret etc. Promisit prompte. Atque hic fuit hujus tragœdiæ exitus. Reliqua sunt octo millia nummûm expendenda. Qui dedit vitam, dabit et pecuniam. Benedictus deus, pater domini et liberatoris nostri Jesu Christi cum s. suo spiritu, qui me participem calamitatum multorum piorum fecit, is me spiritu suo bono cum uxorcula, filiola et subditis dirigere dignetur, ut constanti fide quæ cæsaris cæsari et quæ dei deo reddere queam, qui me hodie de ore leonis eripuit. Benedic, Eubule, domino, et laudet te domine omnis, cui vitæ spiraculum dedisti. Qui vivis et regnas verus ac unus in trinitate deus, cui perennis potestas, laus et perpetim sit gloria. Amen.

Vestes meæ erant tibialia et diplois ac calcei bene contriti et tunica ex nigro serico, nec quisquam ex nostris præter Liborium in atriolo nobiscum erat. Astiterat et Lazarus a Schwendi. Ad hospitium reversus cum Joanne Goselo egi, ut mihi trecentos florenos vel ab alio sumeret, vel ipse mutuo daret, ac dedi illi in pignus catenas aureas duas, quarum una pendebat centum et triginta aureos, altera coronatos octoginta quatuor et semuncium. Nam pecunia, quæ e Norinberga venire debebat, nondum allata erat. Et ultra hic sumptus facere multas ob causas incommodum erat.

A prandio comitem Wilhelmum invisi, omnia et ut acciderant ex ordine referens et super aliis ejus consilium audivi obtulique illi equum.

Deinde hospitium electoris marchionis transiens opportune marchio primum e domo senatoria revertens ædes intrat. Subsecutus itaque Luderitium conveni et ut marchioni meo nomine gratias ageret, sive pro me intercessisset sive non. Nam jam nihil spei de ea re reliquum. Verum ne gravaretur à marchione discere, si intercesscrit an secus, quo haberem quod principibus et comitibus de Henneberg ad scripta eorum respondere possem. Allocutus sum quoque fratrem germanum Atrebatensis rogans inter cetera, ut fratres meos commendatos apud patrem et fratrem suum præsulem haberet.

Eadem quidam, quod incestum cum germana sorore uxoris suæ commiserit, pro foro et virgis cæsus et civitate Augusta ejectus est.

Eadem Christophorus dux et comes a Wirtenberg, qui quoque, cum veniam a cæsare peterem, astitit, hinc abiit, non omni ex parte cum gratia dimissus.

Eadem omnibus creditoribus ducis Otthonis Henrici Palatini dies constituta erat, quibus hæc duo cæsaris nomine proponebantur. Primo cum ipsis expostulatum est, quod suo ære Palatinatum onerassent. Deinde si qui essent, qui dimidium depromptæ pecuniæ accipere vellent, a thesaurariis cæsareæ majestatis eam reciperent. Sin vero hæc via illis incommodior videretur, cæsarem passurum ut in jus a creditoribus vocaretur. Durus erat is creditoribus sermo, verum religio est ipsis ne major rogans imperet quæ velit. Nam Herbroto consuli male hæc alea cesserat, qui cum Charibdim fugeret, in Scyllæ monstrum incidit, ut superius dictum est.

Schwartzenstein eadem die nobiscum pransus est. A cœna Glaserus nos invisiit. Venit ad hospitium nostrum et Wolfgangus comes ab Oetingen, magis ut apud hospitem latens vinum decoqueret, quam ut quenpiam ex nostro sodalitio alloqueretur, licet a nobis ad cœnam vocatus esset.

Sub noctem hospes noster cum uxore mihi spoponderunt, se trecentos nobis florenos mutuo dare, nec eos quicquam vel lucri vel emolumenti petituros. Insuper hospes nos interim illo magis noxio ulli crambæ bis positæ (in qua tamen mors esse dicitur) donavit, nec non et libello Casparis Huberini, continentem septuaginta duas conclusiones, quibus contra interimistas utranque speciem sacramenti probavit. Ambo libri ab uno eodemque typographo Augustæ in hoc mense Junio impressi erant. Et ne quid molestiæ nobis deesset, eadem quoque Paderbornæ episcopus querelas suas redintegraverat, quas concilium imperiale Philippo et Eubulo per ostiarium cameræ imperialis transmisit.

xxij Junii Musculus ad s. Mauritium ex cap. 15 Joannis hæc verba legit: «Si non venissem et locutus fuissem eis, peccatum non haberent. Nunc autem non habent, quod prætexant peccato suo. Qui me odit, is et patrem meum odit» etc. Hic præcedentem sententiam repetiit, dicens oportere diligenter sementem hic ex paleis ventilabro excutere. Quid odium, quid persecutio sit et quo Christus hæc duo degerat, nimirum in ignorantiam. Videndum autem ait, ne quem persequamur, nisi qui ob insigne aliquod facinus odio dignus censendus sit, et id non nisi cognita causa. At nunc multi sunt, qui hæretici doctrinam falsam esse clamitant, cum tamen ipsi eam vel legere vel audire nolint, quia non noverunt me neque eum qui misit me etc. Hic Christus exponit ignorantiam, dicit Judæos non novisse eum. Nam quod Nicodemus ait: Scimus quod a Deo exivisti, magister, erat quidem alicujus scientiæ, non autem sciebat, quod is esset Christus ille a patre missus in hoc, ut per ipsum et in hoc uno salutem consequerentur. Præterea perpauci in hac scientia Nicodemo similes fuerunt, ceteri hujus Christi omnino rationem non habuerunt. Qui vero initia hujus Nicodemicæ noticiæ habuerunt, hi profecerunt, alii non item. Hic autem oritur quæstio, num ignorantia excuset. Est quidem ignorantia, quæ quodammodo excusabilis apparet, ut Paulus ait: Ignoranter feci, propter quod et misericordiam consecutus sum. Planum est enim, quod Paulus zelo quodam hæc commiserit etc. Est autem duplex ignorantia: una eorum, ad quos verbi auditus non pervenit aut quibus illud vel legere vel audire non permittitur, et ejusmodi homines aliqua ratione excusabiles videntur. Hic interjecit: Cur vero nolunt legere vel audire alioqui? (taxans cæsarem, qui sibi quidvis præscribi a pontificiis sinit). Altera ignorantia est eorum, qui suadente malitia Christum et verbum ejus audire et scire nolunt, et hi ex omni parte damnabiles sunt. Quod autem ignorantia Judæos non excuset, liquido ex verbis Christi patet: Si non venissem et locutus fuissem eis etc. Nam Christus palam in synagogis, templo et apud turbas verbum salutis annunciabat. Sed quid actum? Clamavit, inquit, sapientia in plateis, et Joannes baptista venit, vir austeræ vitæ et prædicans pœnitentiam. Hunc audire renuunt. Christus venit mitis et benignus dulcedine sua peccatores attrahens: Hunc vinipotorem et socium publicanorum ac meretricum vocant, doctrinam ejus seditiosam dicunt, benefacientem omnibus et verbum miraculis confirmantem, cæcis visum reddentem, leprosos mundantem, dæmones ejicientem dæmonium habere vociferantur etc. Et sic ut Dominus ipse ait: Similes facti sunt pueris in platea sedentibus et dicentibus sodalibus suis: Cecinimus vobis, et non saltastis, ploravimus et non luxistis. Et quam timeo, inquit, ne et Germaniæ hoc in suum sinum diffluat. Ex multo tempore verbum domini sincere audivimus et non possumus ignorantiam prætendere, nisi forte hi, quibus id audire et videre non licet. Cum vero nunc persecutio instet, advigilemus et caveamus, ne ab eo relabamur. Addidit autem Christus nunc non habere Judæos, quod peccato suo prætexant, non dicit: Non se excusabunt, sed non habent, quo se excusent. Aliud est enim te non excusare, et aliud, quo te excuses non habere. Natura enim hoc omnibus innatum est, ut in quovis delicto homines se excusare conentur. Sic primus parens noster Adamus alloquente eum domino ob esum pomi, ait: Mulier, quam dedisti mihi, dedit mihi de arbore. Eva autem dixit: Serpens decepit me ut comederem. Genes. 3. Videmus idem in pueris quantumvis tenellis, si quid admiserint, subito excusationem suis commissis prætexere. Sed non sic nos agamus, o dilecti in Christo, agnoscamus ingratitudinem nostram et nos cum reste ad collum ante dei faciem projiciamus veniam petentes nosque peccatores agnoscentes, ille enim, qui non audebat ad cœlum oculos attollere, dicens, Deus esto propitius mihi peccatori, justificatus dici meruit. Hypocrita vero iste se excusans et sanctitatem prætendens reprobatus abiit. Concede igitur propitius, o domine deus, ut verbum tuum sit lucerna pedibus nostris et eo audito perenniter adhæreamus, idque per Jesum Christum dominum nostrum. Amen.

Revertentibus nobis e templo Liborius obviam fit. Statueram autem Atrebatensem adire, sed tum consilium Liborii et quod Viglius in eadem platea mansionem suam habeat, secutus ac opportune Viglius ac Seldus una ante hibernaculum nobis obviam veniunt. Per Liborium autem petii, quia hesterno die ad pedes cæsaris me conjecissem, nunc eum mihi favorem præstare, ut litteræ absolutionis conscriberentur et is articulus: Quod jam a cæsarea majestate acceptus sim, et quod ii, qui adversus nos aliquid prætendere velint, nos jure conveniant etc. Item quod specialiter in litteris poneretur, et me et subditos in gratiam receptos, eam ob rem, quod aliquot vicinos mihi infestiores haberem etc. Hi duo doctores receperunt se concilio imperiali petitionem nostram relaturos et suas operas ad hoc nobis obtulere. Viglio autem non incommodum visum est, ut per schedulam idem peterem eamque consiliariis transmitterem. Nam se recta ad locum concilii tendere. Liborio igitur ut mentis nostræ conceptum papyro committeret injunctum est.

Querela Paderbornensium Floro data est, ut ea perlecta ex tempore responsionem conscriberet. Revixit fere Sathan; sed superest, qui caput contrivit serpentis.

Pransum est eadem apud comitem Wilhelmum a Nassau, ubi Ladislaus ab Hagen, Joannes a Seyn, Wilhelmus a Witgenstein, Ottho a Schaumburg, Henricus a Lynningen, Philippus et Eubulus a Waldeck comites aderant. Adfuit quoque Marschalcus Schaumberg et quidam dux cæsareani exercitus. Vitus a Velbrug supervenit et Chunradus a Bomelberg eques. Marschalcus gloriabundus ait: Novi aliquid ex palatio cæsaris adfero. Norinbergenses interim illud acceptarunt, sicut Hulenses Sueviæ idem quoque factitarunt, semel aut bis sermonem iterans. Tandem comes Wilhelmus a Nassau vultu mæsticiam animi prænunciante respondit: Profecto, si receperunt, quid receperunt ignorant! Paulo largius hic potatum est.

Nota de herba, quæ anagallis dicitur, germanice Gauchheil sive Jaucheil, quæ in hoc mense Junio evelli debet ac vino decocta et epotata contra morsus canis rabidi remedio est, quod Augustæ nuper per comitem Wilhelmum in auriga ducis Mauritii probatum est. Eodem vino plaga morsus canis debet illiniri.

Dum cœnatur Erasmus a Rumrodt cliens Joannis fratris nostri venit nuncians, dominam novercam in vicinia esse, ut Augustam tendat et in Werda ad Danubium pernoctaturam. Hic Eubulus ringitur dubius quid faciat, ac cum Liborio consilium cepit, ratus quidem consultum videri, si ejus adventus non expectaretur multas ab causas. Verum non parva obstabant. Conventum itaque, ut in crastinum consultatio protraheretur. Posteaquam autem Eubulus somno indulsisset, illucescente jam die circiter tertiam parvi horologii puerum pro Liborio mittit. Erat autem hic dies præcidaneus feriarum d. Joannis baptistæ vel 23 Junii. Singulis igitur probe perpensis visum est abitum parare. Quapropter et Liborius jussus de biga in usum sarcinarum ut cogitaret etc. Eubulus vero in templo Minorum d. Leonardum loco matutinarum precum ex cap. 8 Joannis hæc verba: «Ego sum lux mundi, qui manet in me, non ambulat in tenebris,» pro suggestu explanantem audivit. Docuit autem, quisnam hæc lux esset, quæ esset unica, quæ esset illuminans omnem hominem venientem in hunc mundum. Item quomodo hæc lux esset apprehendenda. Item quod multi sunt, qui hac luce neglecta in tenebris palpitare amant. Item quo typo Christus apostolos apud Matthæum cap. 5 lucem mundi diceret. Et quotquot illuminant mentem ab hujus lucis radiis lumen accipiant. Item quod nullus unquam in hac luce ambulans a tenebris inferni, mundi et mortis depressus sit. Et denique lucem illam veram dominum nostrum Jesum Christum ita animis auditorum inculcare sategit, ut lucem illam amari a concionatore ipso a nemine inficias ire possit.

Domine Jesu, splendor et imago dei patris habitans cum ipso et sancto spiritu in inaccesibili luce, qui te veridico tuo ore lucem mundi dixisti, te humiliter deprecor, ut et me miserum in variis peccatorum tenebris palpitantem tua illa luce illumines, quo in eadem reliquam exiguam vitæ meæ portiunculam, ne pedes animi mei unquam ad petram scandali offendant, ambulantem, inquam, in fide et charitate dei ac proximi, ut tibi ea, quæ tibi debita est, gloria in me asservetur, quo idoneum membrum tui corporis mystici effectus te cum patre et s. spiritu laudem et confitear perpetim, qui venturus es judicare vivos et mortuos et seculum per ignem.

Liborius autem quia heri post cœnam Obernburger adierat ac capitula litterarum remissionis obiter viderat, summo mane eundem invisere illi commodum visum est, num capita litterarum hodie conscripta essent. Sed nihil adhuc effectum erat.

Eubulus vero ædes d. Musculi petit ipsi valedicens, enarrans et audiens, quisnam utriusque modo esset rerum status. Didicimus autem, quomodo doctor quidam ex senatu vel senatus Augustani a consiliis ipsum adierat longa verborum ambage et multos per mæandros consilium ejus super interim illud expetens. At tandem narravit, senatum una et consules ob hujus negocii causam anxios esse animo et non satis sibi constare, quamnam in partem inclinent. Se vero (scilicet qui hæc dixerat) animi sui sententiam jussu senatus in brevem quandam consultationem contraxisse, quæ tria tantum capita contineret. Amicissime igitur Musculum rogare, ut compendiolum hoc perlegere ac suum consilium illi impartire dignaretur. Cui Musculus respondit, se ac suos

13*

sibi symmistas jam tum, cum a senatu super hoc requisiti essent, et consilium et responsum suum dedisse et sole clarius constare, quod in toto libro istius interim vix tres articuli sint, quibus sincere christanus subscribere queat. Et dixi, inquit, dominis meis consulibus me una et ceteros albi nostri, donec per senatum (licet respectu nullius personæ) evangelicam doctrinam pure et sinceriter docturos, rumpantur adversariis ilia vel secus. Si autem domini mei verentur, illis mei ergo quid vel incommodi aut pericli suæ reipublicæ accidere posse, tum libenter patiar, ut mihi de alio loco provideant et eo conduci procurent, non enim conabor ipsis invitis et contra voluntatem eorum hic concionari. Si vero ipsi (ut superius dictum est) me hic verbum prædicare, ut hactenus factum est, velint, paratus sum usque ad extremum vitæ halitum apud eos doctrinam hanc et promulgare et defendere ipsique inhærere. Posteaquam juris consultus ille sic Wolfgangum respondisse vidit, cum,[1] inquit, ipse hæc dicis, tibi obticere non possum, consultatum quidem esse in senatu, num ad tempus in alium aliquem locum destinandus esses. Sed timuit magistratus, te, qui cum annos aliquot fideliter hic in verbo domini præfueris, si hæc conditio tibi offerretur, ægre laturum. Sin vero tua pace mihi liceret, referrem dominis meis, quæ ex te audivi. Quare non, ait Musculus, faceres? Nam idem mihi adhuc est animus, ut ex me jam audisti. Abierat igitur idem doctor senatui hæc enarraturus, quasi exiguus Musculus nassam hanc non obolevisset. Et id temporis, dum ego apud Musculum in ædibus suis essem, senatus de eo ablegando cogitavit. Didici et ibidem Sertorium et alios decem duces pecunias habere et elargiri ad parandum militem. Cum dicerem regem quoque Franciæ male affectum esse erga eos, qui sinceriter verbo domini adhærerent: Non rex, inquit, sed parlamentum. Etsi interficiuntur ibidem Christiani, imo necesse est esse ibidem Christianos. Ait quoque mirari se non satis posse, quod omnes modot am abjectis et pavidis animis essent ob minas tantum, cum tamen hæ minæ certissima sint signa, quod N. nihil vel perpetraturus sit vel vi aggrediatur. Interrogavi ipsum quoque, si quid domino Vito suo nomine dice vellet. Ait, ut ipsum ejus nomine salvere jubeam, ac ut mihi enarrasset, rem illi detegerem. Nam putare se, si a senatu dimittatur, ut ex verbis jurisconsulti illius aliud divinare non posset, se vel Basileam ve ad Bernates iturum, ad tempus aliquod adhuc uxorem et liberos Augustæ relicturus.

1 Hs. tum.

Tandem mutuo nobis fausta in Christo precantes ille domum suam, ego autem ad hospitium regredior.

Joannes Goselus ducentos et quinquaginta florenos ad bimestre tempus nobis mutuo dedit.

Famulum ad Glaserum misi, ut si qui ad principem suum litteras dare vellet, eas ocius conscriberet, nam me sub octavam hinc discessurum. Interim in hospitio, quæ ad profectionem necessaria erant, parare jussi.

Volebam et d. Nicolaum Maier conveuire, verum is nondum a domino Udalrico reversus erat.

Post septimam rursus Liborius Obernburger adit. Ego Atrebatensem convenire statui. Ad curiam autem præsulis veniens ibidem Didonem a Kniephausen inveni. Ex hoc quærebam, quid marschalco Papenheim pro more ex actu illo deberetur. Respondit, nihil prorsus, nam non memini vel me vel comitem a Rethberg quicquam illi dedisse. Dum itaque de redimendis litteris remissoriis, ut vocant, nos duo confabularemur, opportune Zuichenus asturcone vectus ibidem adest. Ex hoc igitur Kniephausen singula sciscitatus atque hæc edoctus est, illas infra ducentos florenos non redimi. Nota autem aliam esse rationem eorum, quorum possessiones cæsar alicui ab eo vel possessorem redimendas dono dederit, et eorum, a quibus cæsar ipse mulctam accipit. Ex priorum enim largitione aut propina cancellariæ (ut vocant), hoc est scribarum sodalitio, centesimus nummus cedit. Mos enim est taxam, ut vocant, ut eorum verbo utar, litterarum fieri. Sed ad Atrebatensem revertar. Animus autem erat illum conveuire ac gratias illi agere; sed tempus dilabebatur et timendum mihi fuerat, ne ante nostrum abitum noverca urbem intraret. Quamobrem cubiculario episcopi, quæ hero suo referri volebam, mandavi, ac illud consilii cepi, ut Pinzingero præsuli a secretis taleri decem pro honorario darentur ac is nos apud episcopum excusatos haberet, et cæsareæ majestati, si posthæc ejus opera indigerem, sedulum sollicitatorem ageret, quam pecuniam Liborius a me accepit, nam is Augustæ adhuc pernoctaturus erat.

Deinde comitem a Nassau peto, qui nos mensæ assidere ac jentaculum secum sumere jussit. A jentaculo ipsi discessus mei rationem indico, gratias illi pro suis beneficiis et collata pro me opera agens, offerens mea officia et sic ei valedicens. Donavi eum interim equo. Dedit et ille mihi caballum, non permutationis ergo sed ob causas, quas hic chartis mandare supervacaneum est. Perplacuit mihi hæc vox hominis, dum dicerem, rogare me deum opt. max. ut ipse quoque cum lætitia et commodo tandem causæ suæ prosperum exitum nancisci possit etc., respondit: Secura est mihi conscientia et deum testem invoco, quod nihil appetam, quam quod mihi jure divino et humano deberi sciam, nec hoc quidem ipsum omni ex parte integrum reddi peto, modo æquitas mecum servetur.

Rogavi eundem comitem ut me apud archiepiscopum coloniensem excusatum haberet ipsique, quod pro me intercedere dignatus sit, gratias ageret.

Philippo quoque a Homberg injunxi ut me apud cognatum archiepiscopum Treverensem excusaret ac nonnulla illi referret.

Wilhelmus comes a Witgenstein nobis valedixit et nomine comitis Joannis a Sein nobiscum locutus est von Hansz Lohe.

Tandem ad hospitium revertens hospiti pro singulis solutionem fieri jussi, coco diploidem sericam dedi. Jostus trabes et tigna dari sibi cupit.

Seldi doctoris uxori thaleros quindecim in honorarium misi. Catenulam auream pro decem et septem thaleris et quatuordecim batzis ab Otthone auri fabro in xenium uxoris emi.

Lindius ea, quæ illi committebam (nam Florus quoque recessurus erat) optima fide se executurum promisit.

Pileolos holosericos quinque in usum filiolæ et pedissequarum ab hospite nostro emi.

Lindio thaleri duo dati sunt.

Tandem Glaserus magister venit nobis prosperum iter precatus ac litteras ad principem suum nobis tradidit.

Hospitis uxori, liberis et familiæ in propinam, ut vocant, thaleri octo et batzi sex dati sunt. Porro Liborio injunctum, ut in tertiam usque abhinc diem Augustæ commoraretur.

Nota quod quanquam Hermannus a Viermin apud nostrates gloriatus sit, se litteras, ut ita loquar, protectorias a cæsare habere, tamen non minus hic consiliarios imperiales de redditibus ac facultatibus ipsius diligentissime inquiri. Adde, Viglium dixisse: Videat Hermannus quo Theseo has litteras nactus sit. Item de Vulphila intus et in cute nomine et re lupo. Interrogaverat quoque Viglius Kniephausen, quidnam rei comitibus a Waldeck cum baronibus de Beuren, qui in campis latissimis Sendtfeldt in castro Beuren commorarentur, esset, quasi quia Argo in expiscandis aliorum negociis oculatior hoc nesciret.

Nos rogavit hospes ut, si qua fieri posset, operam daremus dominam novercam apud ipsum hospitari, quod ipsum in gratiam hospitis apud Jostum Colbacherum et Melchiorem Lindium obtinui, ea lege, ut hospes hebdomatim tantum thaleros decem acciperet.

Philippus frater et ego igitur equos conscendentes, nam is meo monitu, ut matri obviam fieret, ego ut maliciæ novercali et hospitio et urbe cederem. Sicque die sabbati vicesima tertia Junii Augustam comitante nos Joanne Galacteo, Henrico Etzdorffio, Casparo Coman et Ludovico servo liquimus, quam die sabbati decima quarta a Aprilis intraveramus. Nec interea noctes diesque alibi degimus. Faxit deus ut feliciter [1] sit in patriam profectio, quam ad Sueviam et Vindelicos fuit perigrinatio. Et benedictus sit idem deus, qui me in tantis tentationibus et animo et corpore incolumem ex omnibus aquilarum et omni expectatione omnium inimicorum eripuit. Donet ut ex corde laudem nomen ejus solius in perpetuum.

Inter equitandum Philippus frater noster rogavit ut, si deo auspice patriam contingere mihi daretur, ut ejus et fratrum quoque Dinostiæ rationem haberem, addens, aliquando meditarer, quibus viis dissensiones inter nos componi possent ac nescio quid intra buccam murmurans. Cum interrogarem, quas controversias diceret, ait, inter pagos Twist et Berndorff. Respondi pro tempore, quæ ad pacem facere putavi, non neglecta interim veritatis ostensione, ut vel palpari posset, quid velim, concludens, nullas omnino inter nos dissensiones fore, si eum in me animum gererent, qualem meum in ipsos præter alias modo hic Augustæ experti essent, et eos, quorum omnia [2] non ignota, qui oleum in camino (ut in proverbio dicitur) suffundunt, vel a se amoverent vel saltem cohercerent, tandemque recepi quæ possem libentissime me facturum.

Transeuntibus autem Wernitzinm fluvium, vel quod fluvio nomen est, et appropinquantibus casulæ illi in viam Werdum euntibus, Justus puer, quem frater Philippus præmiserat, cum Adolpho rursus nobis obviam veniunt dicentes matrem in pago Gersthoven et pransam esse et isthæc Philippum expectare, ut eam Augustam deducat. Ac paululum progressis ac jam pagum intrantibus nescio cujus jussu dixit Adolphus, dominam matrem rogare ut Eubulus quoque eam alloqui vellet. Itaque eam in taberna reperientes, quæ ubi nos conspexit, foras obviam concedit et hilarem præ se ferens frontem nos amice excepit. O mirabilem

*

1 Lies felicior. 2 nomina?

dei sapientiam et bonitatem, cum sub eodem cœlo in eodem comitatu vix interdum mille stadia distantes noverca et ego intra annum et sesqui affatu dignati nos invicem non simus, in Vindeliciis gestientes colloquimur. Illa autem præter mutuam honorificam salutationem querelas jocis et seria jucundis miscens de multis locuta est. At vide, quam vere vulgo dicant: Raro calamitas una sola venit. Dum intra hybernaculum sitim levamus, accurrens soror Catharina matri ait, Bernardum aurigam sanguinem ex naribus et ore stillare et fere exanimem humo prostratum jacere. Accurrimus igitur omnes, admovetur lapis sanguinem sistere suetus aqua frigida radices et nardi semen. Tandem a terra levatus paululum respiravit, sed nondum mutire potuit. In mentem autem nobis venit de laguncula stannea, quam puer noster in pera gestabat. Accepta igitur a puero laguncula paucæ guttulæ aquæ illius, quam vitæ appellant, opitulante deo adeo refecerunt, ut et fari et nos agnoscere cœperit. Mire autem hoc infortunium evenit. Dum enim frater Philippus et ego novercæ viæ tædium levare conamur ac famuli equo insidentes forte largius Lyæo litant, auriga hic et vino et somno obrutus dormitans equo insedit et dicto citius in terram prolabens tanto casu, ut pronus super faciem nares finderet non aliter ac si securi a quopiam vulneratus esset. Sic cruore auribus, ore et naribus profluente pæne hominem suffocarat. Jussu itaque dominæ suæ bigæ impositum Augustam vehunt.

Noverca quoque nos rogavit, ut ejus nomine uxori salutem dicerem (mirum in modum Anastasiam laudibus extollens) jussit ac subditos suos fidei nostræ commisit. Sed multæ res nec frigidæ nec tepidæ sunt, at palatum aridum quam minime refrigerant.

Dedi sororculæ in munus honorarium coronatos quatuor. Posteaquam vero apud ipsam horas duas trivimus mutuo bona imprecantes ac novercæ nec non sororculæ valedicentes illa Augustam comitibus sorore et nympha Schaden, Elsa ac Birgel ac in equitatu habens Conradum a Geismar et Joannem a Wolmerckusen juniorem recta petit. Ego vero ubi Philippum fratrem convenissem ac me illi commendassem, Werdam propere contendo. Werdam autem veniens interea temporis quod Augustæ fui intellexi uxorem hospitis nostri e vivis excessisse. Det illi dominus beatam resurrectionem. Hospes quidem tum domo aberat, sed sub noctem reversus ait, ementitam esse gloriationem illam, quod Norinbergenses interim illud recepissent.

Werdæ in eo cœnaculo, ubi princeps noster diutine detentus est, aulicus quidam ex famulitio Alberti marchionis nobiscum cœnavit. Ibidem quoque primum audivimus de Conrado Pennig, qui millia aliquot peditum conduxisse dicebatur.

xxiiij Junii Werdæ ad Danubium Liborius et Adrianus expectandi erant. Ibidem autem, quia et dominicus dies et feriæ Joannis baptistæ sacræ essent, non una sacra concio habita est. Nam infra septimam et nonam horas ecclesiæ minister et ludimagister cum sodalitio scholastico introitum cantabant. Deinde aliquis ministrorum verbi populo spiritum domini imprecatus est. Collectam in nostro idiomate decantavit, qua finita minister suggestum ascendit legens epistolam ea dominica pro veteri ecclesiæ more legi solitam, ac in ambone expectans, donec alleluja decantatum erat. Post quod idem minister evangelium ex Luca cap. 6 legit, scilicet: «Estote ergo misericordes, sicut et pater vester misericors est. Nolite judicare, et non judicabimini» etc. Et sic ille abiit. In choro vero qui concionaturus erat, credo in deum canit, ac ludimagister ac reliqua ecclesia symbolum suscipiens germanice illud complet. Interim concionator ambonem conscendit, paucis præfatus invocato nomine divino et dicta oratione dominica, evangelium non ut moris est relegens, sed statim expositionem ejus aggreditur, dicens: Audistis in enarratione capitis hujus ante paucos dies et hujus jam lecti evangelii textum. Animadvertendum vero est, quod Christus duo his verbis admonere voluit, unum ut discipulos ad futuram persecutionem præmuniret, quo haberent, quo se consolarentur. Arbitramur enim quod non sint condignæ passiones hujus mundi ad eam quæ relabitur gloriam etc. Dixit enim, ait, «ego mitto vos sicut oves in medio luporum» etc. Alterum quod doceret discipulos discernere evangelicam justiciam a justicia legs. Quanquam Christus hic non loquatur de justicia salvante. Nam salus per Christum ex gratuita misericordia nobis venit. Nimis enim exile et tenue est ad salutem omne illud, quidquid nostris operibus efficere possumus. Sed Christus hic docere voluit, quomodo nos erga proximos nostros gereremus etc. Et quid sit quod scriptum est: «Misericordiam volo et non sacrificium.» Hoc loco autem concionator quid misericordia sit, diserte docuit et qui ea præstanda sit, adjiciens non solum misericordiam dici quod mendico aut petenti stipem aut nummum largiaris aut amici vel ægrotantis vel afflicti vicem doleas, id enim teste Christo etiam ethnicos facere. Sed id esse misericordiam sicut pater cœlestis misericors est, qui solem suum admirabile illud lumen et bonis et malis lucere sinit, qui in agro hominis timentis deum segetes crescere et in agro athei æque fructus uberiores dat etc. Ut idem hoc multis de benignitate dei patris humano generi præstitis beneficiis quotidie videri docuit. Nec opus est, ait, ut in hoc multum temporis teram. Si enim ipsi nobiscum recolimus, quæ singuli beneficia a deo quotidie consequimur, quisque abunde satis in se ipso hæc vera esse comperiet. Ea autem vera est misericordia, ut erga omnes pio sis affectu, æque benefaciens hosti et inimico, ob deum ac amicum amare. Nam directe opposita sunt Sprachche Barmhertzig, quasi dicas warmhertzig. Oportet enim ut hæc misericordia fiat ex flagrante caritatis motu etc. De non judicando præclare quoque docuit asserens quam hoc vitii modo passim regnet. Et hic jussit, ne omnino privati judicaremus de religionis statu, sed cæsari, episcopis, pastoribus et magistratibus secularibus relinqueremus ac quisque se suo pede metiretur suæque salutis rationem quisque haberet semet ipsum judicando, nam tum fieri ut facile aliquid manticæ alienæ oblivisceretur. Attigit et obiter eundem apologum de duobus manticis. Judicare ait esse sententiam in aliquem dicere. Condemnare vero esse quiddam majus, quod is, qui condemnat, judicati pœnas conscribat et promulget etc. Nec tamen hic dicere omisit, qualibus personis judicium permissum, nimirum parentibus in liberos, concionatoribus verbo et per verbum in populum, exemplo prophetarum et apostolorum, nec immemor etiam festucæ et trabis. De controversiis religionis adeo præmeditate et circumspecte loquebatur, ut nemo se carbone notari queri posset. Pie autem sagax facile olfecerat dolorem hisce temporibus ex abstrusissima illa interimica controversiarum religionis conciliatione. Jubens nos insuper arbores bonas esse etc. Et quid multum? Ne jota quidem inexcussum reliquit. Misereatur nostri Deus, ne Germaniæ hos viros Sathan invideat. Inter beneficia autem Dei illud potissimum exaggerabat, quod Deus hisce temporibus Germaniæ tam luculenter verbum suum largitus fuerit, ut in nulla vel regione vel loco non annunciatum sit. Sed quid, inquit, nos fecimus? ingratissime omnibus vitiis habenas laxavimus. Et ne unus princeps fuit, qui vel mores immutare voluerit, ita ut justissimam hanc persecutionem et majora his commeriti simus. Et quod pejus ac majus est, nec nunc quisquam est a persecutione, qui in arborem bonam excrescere cupiat. Est consternatio animorum ubique magna et quæruntur media, verbo autem obedire et tanta beneficia benigni patris agnovisse nemo est qui velit etc.

A concione obsecrationes fieri jussit. Et profecto nemo satis ardorem precantium in hisce regionibus mirari posset, quod compositissimi gestus facile indicant. Posteaquam ambone ecclesiastes descendit, ludimagister cum pueris psalmum germanice versum cantavit. Minister pacem populo precatus oratione perlecta nostro catalecto populo Amen respondente, rursum minister »Benedicamus domino« cecinit et cum benedictione populum ecclesiamque dimisit. Et hi sunt ritus ecclesiastici apud Werdam Danubii.

Dum pranderemus venerunt scriba quidam ducum Luneburgensium et servus Nicolai de Rotdorff, qui cardinali Augustano viginti caballos adduxerat. Nam carnibus equinis etiam purpuratorum rubii draconis gratia emenda est. Idem quoque rursus episcopum Bremensem Augustam profectum dixit, annuncians quoque mortem nobilis et prædivitis multis donis præclari viri Simonis de Wendt in Vornholt. Faxit Christus ut illum cum omnibus sanctis in illa die videre valeamus. Sit pax vivis et requies defunctis, in populo maxime Christe tuo.

Hospes Joanni Friderico electori currum suum mutuum dedit ad advehendam cerevisiam e Schwabach, qua tum elector loco Turgicæ utebatur.

Hospes nos donavit oratione electoris, ex qua facile constantiam ejus metiri est. Memento ejus, o domine, secundum bonitatem tuam.

Rumor ferebatur, marchionem Albertum captum esse, sed vanus hic erat.

Sub undecimam per alium ecclesiasten habita est sacra concio de symbolo fidei nostræ, hominem quidem non indoctum, qui ita autoritate quadam et christiana scientia capita fidei nostræ perstrinxit, ut miror si ipsi alium in hac re sibi parem habeat, dum ejus compositos mores et eloquentiam scripturarum scientiæ junctam consideres. Potissimum autem tertiam partem fidei »Credo in spiritum sanctum« cum quatuor adhærentibus articulis declaravit. Vita æterna, inquit, duplex est, bonis sua et malis sua etc.

Eadem circiter nonam horam pomeridianam dum a cœna deambulabamus, forte in platea respicientes insperato Conradum Milchling a Schonstad nos accedere videmus, qui litteras a domina socru et uxorcula detulit, ut a mercatoribus mille florenos accipere possem, fide matris hæc princeps officio functa nil omittit, quod ad levamen harum calamitatum faceret.

Decima nona Junii die Walpurgis comitissa ab Henneberg vidua in Honlo a marito suo Carolo a Gleichen in Chranichveldt introducta est.

Avus uxorculæ salutem nobis annunciari voluit. Etiam in Bairsdorff sinistra fama est de captivitate Alberti marchionis.

Joannem nobis a pedibus Schonstad post tergum reliquit, qui et ipse litteras e patria nostra adfert. Auff der Donau zu Werdt Hat mir Gott gute antwort beschert.

xxv Junii Werdæ intra quintam et sextam horas idem qui heri ante meridiem concionabatur, ex cap. 6 Lucæ hæc verba legit: »Veruntamen, Væ vobis divitibus, qui habetis consolationem vestram, væ vobis qui saturati estis, quia esurietis, væ vobis, qui ridetis nunc, quia lugebitis et flebitis, væ vobis, cum laudaverint vos omnes homines. Secundum hæc enim faciebant pseudoprophetis patres eorum« etc. Scitis, inquit, duplicem usum esse sacrarum litterarum, aut duplicem earum operationem. Primus est, ut facienda et omittenda doceat, Roman. 15. Alter ut moneat, a quibus nobis caveamus etc. De præcedentibus in expositione proxima audivistis, quomodo discipulos ad instantem persecutionem dominus commonuerit et beatitudinem hanc paupertatis non de opum carentia, sed de spiritus submissione intelligi. Sic quoque hic non de solis divitibus juxta nomen loquitur, sed et de securis et superbis spiritu etc. Sed videamus, inquit, hæc quatuor. Primum væ vobis divitibus. Vocula væ, evidens ærumnarum et perditionis comminatio est, ut passim in scripturis videre licet etc. Quia hic consolationem vestram habetis etc. Non quod esse divitem peccatum sit, cum multi patriarchæ Abraham, Isaac, Hiob nec non et Loth divitias possederunt, sed quod divites animo elati solum mammonæ adhærentes et donis dei abutuntur, neglectis verbo dei et pauperibus, et normam Davidis: »Divitiæ si affluunt, nolite cor apponere«, non sequuntur. Nam hæ sunt spinæ, quas dominus dixit suffocare semen, ne exoriatur et fructum ferat. Et similiter dominus ait, facilius esse camelum per foramen acus transire, quam divitem in regnum cœlorum intrare. Habent autem divites aurum suum et amicorum multitudinem etc. Volentibus autem nobis ea, quæ in memoria tenebamus, hic ascribere, venit Joannes Galacteus dicens quod mox a concione Werdenses concionatoribus suis gratias egerint ac veniam abeundi concesserint. O triste et omnibus seculis deplorandum nuncium! Væ, væ, væ omnibus, qui horum consiliorum participes sunt, et bonum mihi duco, quod deus postremam hujus viri concionem audire largitus sit. En vocavi hominem ad prandium. Et inter concionem, quæ sexta finita erat, et undecimam hæc intercidunt. Sperabantur autem de manu domini meliora. Bonus hic et doctus, quasi animus quid ejusmodi præsagiret, inter concionandum dixit, divites omnia ad opes, voluptates et nomen bonum sive per fas sive nefas consequendum referunt et siqua evangelium recipiunt, ita recipiunt, ut tamen interim nullius commoditatis carere velint, quod et nunc persecutione ingruente videmus. Nullus enim principum aut magnorum procerum est, qui ingratiam verbi vel minimum quid opum suarum velit negligere vel relinquere. Et si forte regiuncula aliqua relinquenda et voluptates ob evangelium contemnendæ, non solum verbo evangelii, sed vel Christo ipso in totum renunciaturi sint.

Domine Jesu Christe, qui tuis mundi odium et persecutionem in ipsos prædicere voluisti et multis modis animos eorum confortasti, en domine, inveniunt nunc nos hæc mala omnia et nihil superesse reliqui videtur, nisi quod pollicitus es, te permansurum nobiscum usque ad consummationem seculi. Igitur da, ut possimus intentione hac gravissima subsistere, quo te veniente levemus capita nostra et de tua gratuita bonitate coronam gloriæ cum omnibus electis tuis reportemus. Idque propter summam tuam bonitatem, domine, cui cum patre et sancto spiritu honor, laus sit et gloria. Amen.

Eadem venit Joannes nobis a pedibus a Joanne Galacteo et Hermanno Nellio nobis litteras adferens, Coloniensium et monachorum in comitatum nostrum infestationes concernentes. Detulit et litteras ab eisdem ad Liborium.

Nota qui fieret quod Hermannus nihil de pecunia rescripserit. Nepotem nostrum Samuelem nondum quoque Waldeciam appulisse.

Vidimus eadem Werdæ domum Antonii Fuggeri intra mœnia urbis magnarum opum ostentatricem. Regia esse possit habitatio. Camini aliquot ex marmore candido, non tamen pario sed Eistatense, tabulata ex ligno varii generis, laquearia deaurata vel potius aurum ficto colore ementita, ut de pavimentis affabre planatis taceam sua planicie superbientibus. Et cum alii ex virentibus pratis hortos dædalios magnifaciunt, hic videre erat labyrintos in pavimento ex asseribus dolatis miro insinuamine structis lineamentis per gyros et mæandros, ex quibus deambulans difficulter se nisi lineamenta transiliat eruere potest. Sed sint suis divitibus opes, qui forte civitatem permanentem hic ædificare statuunt. Inde redeuntibus hospes noster æthiopem cursorem, qui Hispano custodiæ principis Cattorum præfecto a pedibus servit, conspectus hominem ad se vocavit. Quem ubi de principis valetudine et quonam locorum nunc asservaretur rogaremus, respondit: Sub noctem cum capitaneo meo in Hala Suevorum pernoctavit. In ea enim urbe hispanicus exercitus una cum landtgravio menses duos transiget. Jussi igitur æthiopem nobiscum prandium sumere. Ostendit insuper et nobis inscriptionem litterarum manu propria principis nostri ad Erasmum hispanicum secretarium cæsaris exaratam. Thalerum quoque illi dono dedi et pollicitus est, se meo nomine debita mea officia principi oblaturum. Volebat vero æthiops adhuc eadem Augustam contendere.

Reperi in hospitio dominum Martinum Cæsarem cum Joanne Galacteo sermones conferenten ac una pransi sumus. In prandio sermonibus, ut tempus ferebat, animos recreabamus. Actis gratiis a prandio varios sermones ego et dominus fudimus. Est enim vir suavissimæ consuetudinis. Ostendit nobis scriptum, quo senatui Werdensi ob intricatum interim responsurus erat tam ipse, quam symmista ejus. Habuit hic Martinus patrem qui et ipse ecclesiis in ecclesiastico munere præfuit, nomine Joannem Cæsarem, qui filios sex litteris institui curaverat, quorum quinque ministri verbi sunt, sextus ludi moderator in Anspach. Fuere vero fratres germani novem. Et ita invicem contulimus de causis religionis ut utriusque animus probe explicatus sit. Tandem causam deo committentes eam, quæ pios decet, amicitiam inivimus. Stipendium ejus fuit annue floreni centum monetæ suevicæ.

Eadem Martino et suo symmistæ senatus per tres viros non solum verbi ministerium, sed omnium quoque sacramentorum administrationem prohibuit, præcipientes quoque ne posthac templum tanquam parrochi ingrederentur, nullam causam prætendentes, nisi quod civitas eorum non ea esset, quæ posset cæsari resistere. Certe pusillus grex Christi, qui domino nec in hoc oppido defuit, ob amovendum pastorem mærore afficitur et Martinus animo christiano fert hanc injuriam.

Nota de fidelitate Chunradi coci.

Werda habet domum Teutonicorum, ut vocant, et cœnobium Benedictinorum, cui abbas præest.

Werdæ desidentibus et expectantibus Liborium et Adrianum en inopinate cognatus noster Joannes a Retbberg nos in hospitio adiit, rogans ut cum eo cœnaremus. Cui dum morem gerimus, Joannem ab Ungenadt, austriacum baronem in eodem hospitio cognati nostri esse agnovimus, qui juxta cognominis sui etymologiam veritatis patronum præstans (ut est homo verbi divini et pietatis amans) minus favoris apud Ferdinandum contraxerat, qui ab Augusta huc venerat, quo sibi comparato navigio Lincenum Austriæ navigaturus erat.

Nota de parricidiali odio civitatum vicinarum in Augustanos et Ulmenses, quod cum plurimum de sua fortitudine et constantia de suis munitionibus et propugnaculis gloriati sint, jam leviter omnibus, quæ cæsar voluerit, subscripserint.

Nec hac die ullum nuncium de nostris, quos Augustæ reliqueramus, habuimus.

Comes a Rethberg nobis retulit, comitem de Blae cum sabbato die elapso illi statuta dies ad subeundum capitale supplicium esset, ante semihoram ejus temporis nescio ob quorum intercessionem a cæsare vita donatum. Certum quoque est, is cum intra palatium cæsaris duceretur ac in hybernaculo quodam solus dimitteretur, venisse doctorem, quem Acaldum cæsaris vocant, ac eum his verbis allocutum fuisse: Generose et gratiose domine comes, misit me cæsarea majestas C. T. dicere eam intra horas tres et vivum et mortuum futurum. Cura igitur, quæ tibi disponenda videntur. Ad hæc ille: Quoniam aliter fieri nequit et sic cæsari visum est, omne negocium deo commisi et jam nunc mori paratus sum. Dimissus igitur per breve interstitium temporis in hac deliberatione, sed idem doctor reversus est, dicens: Domine comes, jussit cæsarea majestas tibi indicari, quod te vita donatura sit. Ad hæc comes: Gratias ago suæ majestati pro tanta clementia. Verum si in potestatem vel custodiam fratris mei cancellarii Ungariæ dedar, rogo, ut sua majestas potius me sub gladium mittat, nam nunc sub hoc ipso articulo temporis mori paratus sum. Nunc autem in famulitio regis Ferdinandi est, præstolaturus quid illi eveniat.

xxvj Junii Werdæ celebratum est infaustissimum et omni ævo deplorandum silentium. Nam ejus, qui cœlum et terram cum omni eorum ornatu fecit et solem super bonos et malos radiis suis irradiare sinit, verbi præcones obticere oportuit. Caro et sanguis, pulvis, cinis et putredo, vos figulum suum et creatorem creatura silere jusserat. Ostende eis, o domine, quod deus sit.

Domine deus misericors et justus, ecce coram te manus nostras et cor nostrum expandimus, confitentes et ejulantes, quod iniquitates nostræ supergressæ sunt numerum arenæ maris, et transgressionibus nostris et hoc enorme peccatum ingratitudinem erga sacrosanctum verbum addentes, ita probe comminationem illam insustentabilis iræ tuæ commeriti sumus, ut affligas nos fame, fame inquam malesuada et interimente tum corpus tum animam, non quidem panis salvifici verbi. Attamen confisi de bonitate tua magna posteaquam non solum pane vivit homo, sed in omni verbo, quod de ore tuo procedit, juxta præscriptum domini et liberatoris nostri Jesu Christi ex toto corde oramus: Panem nostrum da nobis hodie quotidianum cumque Davide servo tuo adjuvante nos spiritu sancto tuo inclamamus, ne auferas verbum a corde et ore meo. En, benignissime pater, jussu filii tui petimus, non dabis lapidem petentibus panem, panem, pater, animæ. Idque te deprecamur ob eum, in quo nos ante constitutionem mundi dilexisti, unicum filium tuum, dominum nostrum Jesum Christum, qui tecum vivit et regnat cum sancto spiritu in secula seculorum. Amen.

Eadem Rethbergius a Werda abiit. Chonradum Galacteum a Schonstadt Noribergam remisimus, ut videret, num Christophorus Feurer ibidem esset. Nam ad Matthiam Maler et Paulum Hundertpfundt Augustam mittere minus consultum videbatur.

Profectus est et hodie hinc quidam aulicus ex Hennenbergensis principis familia, qui magistrum Glaserum reducturus erat. Eadem Adrianus ab Augusta veniens litteras Liborii attulit, et idem hesterno die nondum Augustanis conciones interdictas esse retulit. Fratres Colbecheri male cum domina noverca conveniunt. Equus Adriani thaleris septem constitit.

Acceptis igitur ab Adriano litteris et equis ephippia imponere et jentaculum mensæ apponere jussimus, Martinum Cæsarem, qui alioqui mandato magistratus tamen non omnium mandato a sacris vacabat, accersentes. Martinus et ego convenimus, ut si sui magistratus in proposito manerent, nos inviseret, exploraturus, num in ea regione commorari poterit. Thaleros quatuor in viaticum dedimus, ac bene illi ac hospiti precantes iter Weissenburgum suscepimus. Item hospiti quæ Liborio, qui nos subsecuturus esset, diceret injunxi. Ille rursus rogavit, ut hospiti in Weissenburgo dicerem Leonardum Vidmarckter ad insigne leonis aurei crastino vel perendie cum pecunia pro lana Weissenburgi adfuturum. Paululum ante octavam Werdæ equos conscendimus et ante secundam Weissenburg intramus.

Werdæ hos versus scriptos legimus:

Fictos describam monachos studiose peroptas
Qui præter vestes nil pietatis habent.
Pendula nodosa cappa dolosa ligneus et pes
Hæc tria nudipedes ducunt ad tartara fratres.

Inter Weissenburg et Werdam oppidulum est Monheim, olim ducis Henrici Otthonis nunc cæsaris jure belli. Ante hujus portam Weissenburgum euntibus videre erat corpora tria tribus rotis disposita virorum obesulorum et qui justa tibiarum et brachiorum robora habebant. Hi ob deprædatos Hispanos vel potius quod perpetuæ prædationis ab Hispanis vindictam sumere volebant, rotis contusi sunt, nec quicquam indumentorum illis carnifex reliquerat præter femoralia vix pudenda tegentia, præter omnem Germaniæ morem et pudoris jura.

Non procul a Weissenburg obviam nobis fit Wolff Brabender nuncius novercæ, nullas vero nobis litteras afferens. Weissenburgi in superiori hybernaculo parieti hoc distichon inscriptum legimus, ut nobis videbatur in mitigationem doloris optimi ducis Joannis Friderici.

G H Sybenbergius K S.
Perfer et obdura, dolor is tibi proderit olim,
Rursus enim Christo vindice victor eris.

Weissenburgi cognatum nostrum a Rethberg, qui in aliud hospitium diverterat, cœna excepimus. Hospitati nos sumus apud Petrum Eden, qui tamen sero sub noctem domum reversus est. Conventum est inter me et cognatum, ut una Norimbergam peteremus.

Weissenburg inter tertiam et quartam horas antelucanas equos conscendimus, Norinbergam vero circa primam pomeridianam parvi horologii pervenimus. In domo Cerbana parieti ascriptum erat: Otium pulvinar Sathanæ.

Comes a Rethberg autem et ego jejuni a Weissenburg abiimus. Quia igitur Norinbergæ pransum erat, horæ quasi duæ expectandæ erant antequam latranti stomacho mederetur. Missus autem sive epulæ, quos hospes apposuit, hi erant, novo ut nobis videbatur more: Primo cancri cocti irritantes magis famen quam sedantes. Deinde pulli gallinacei ad ignem tosti et semicrudi. Postremo caseus, cerasa et siliquæ pisorum cum herbis et stramine ut e terra erutæ erant, et id ipsum Norinbergicis solenne bellaria ita apponere etc.

Eubulus autem mox a mensa consurgens animum quoque pascere cupiens assumpto Etzdorffio ædes Viti petiit. Qui ut primum nos adesse audivit, jubet uxorem ut nos ad ipsum intra cubiculum duceret. Optimum autem virum lecto cubantem nec manum nec pedem movere valentem ac sufferentem cruciatus fere omnium morborum reperi. Post mutuas salutationes de variis confabulati sumus. Interrogavit, quonam in statu res nostræ Augustæ fuissent, de quibus hominem nil celavi, quin et insuper retuli, quæ Werdæ, dum illic fuimus, acta sint et de quibus cum Martino Cæsare contulissemus. Item illi diximus, famam sparsam esse, Noricos Interim illud interimens approbasse ac suscepisse. Respondit ingenue: Verum est, suspirans ac quasi lacrymabundus et simul ait, illud factum esse inconsultis concionatoribus omnibus nec illi quidem interim illud ad legendum exhibitum. Ad hæc cum rescivisset senatus Vito aliunde exemplar istius libri missum, per senatorem aliquem illi mandarunt, ut eum libellum nemini mutuo daret. Insuper omnino se abstineret quicquem vel contra vel de hoc libello ad quenquam scribere, ne vel se ipsum vel urbem Noricam aliquo incommodo afficeret. Probe enim ipsi perspectum esse, quas turbas antehac scribendo moverit (hoc autem dictum erat de litteris Viti ad Brentium ab Hispanis interceptis). Addentes insuper minas, se asperrime in ipsum animadversuros, si aliter ab ipso fieret. Quid ageret miser, qui vix linguam ex omnibus corporis membris volubilem habet? Respondit tamen contra hæc tonitrua: Cæsar sub suo nomine librum hunc in publicum prodire voluit, et vos, domini mei, hunc celare vultis? Is vero modo penes nos non est. Quod autem prohibetis me scribere, non gravabor vobis obedire, quia nec manum nec pedem rite movere queam. Sed deus bone, quam vereor ne vobis mali quidquam hoc institutum prætendat etc. Consules vero et senatus diem unum et alterum perpetuis consultationibus insumunt, quid faciendum sit super hoc interim, et maxime quod doctor Heuricus Hase et dominus de Lyra cæsaris nomine jam tum Norinbergæ præsentes pro responso sollicitarent. Tandem victo verecundiæ pudore Christo gratiam cæsaris præferunt ac interim recipere statuunt ac solum Osiandrum ceteris concionatoribus neglectis ad se vocant, huic, quæ cæsar senatui mandarit simul et terrificas minas ipsius exponunt Andreæque super hac re consilium petunt. Quibus auditis Osiander ait: Consilium hoc apud vosmet ipsos habetis. Nam videor jam vos eo spectare, ut pedibus in sententiam cæsaris eatis. Verbum autem dei et assiduus hujus comes crux homines requirit, qui quippiam vel ejus gratia amittere vel impendere velint. Cum autem vos ii sitis, qui commoda vestra magis et tranquillitatem respicitis, potestis accipere. Ac sic dimissus est.

Consules autem et senatus conventis primoribus urbis et iis qui telam hanc texi volebant, edicunt: Quia cæsarea majestas (iis enim audientibus interim illud lectum est) hæc, quæ legi audistis, cum electoribus, principibus et ordinibus imperii ordinavit et hæc servari serio jussit, nos considerantes, si ejus voluntati in hac urbe resistatur, quanta pericula huic reipublicæ immineant, et potissimum quo hæc ordinatio sive declaratio cæsaris de religione non perpetuo sit sed interim duratura, quoadusque concilium, quod jam in foribus est, certum quid statuet etc., imperatoriæ majestati morem gerere statuimus. Et mox amandati sunt legati, qui hanc responsionem cæsareæ majestati referrent. O horrendum et sanguineis guttis deplorandum senatus consilium. Nondum enim plebiscitum dici potest, nam regnat adhuc dominus in pusillo grege suo.

Deinde ecclesiastas urbis convocarunt, quid concluserint et acceptaverint illis aperientes. Verum quia filii hujus seculi juxta Christi verbum prudentiores sunt, alias causas prætendunt, jubent ut pro concione caute loquendi rationem habeant et diligenter caveant ne vel papæ vel interimici negotii aperte mentionem facerent, sed verbum domini intrepide docerent. Sic ex Norica urbe Samaria facta est.

Cognovimus et ibidem M. Nicolaum Gallum Ratisbonensem concionatorem tum apud Vitum pro consilio a Camerario Ratisbonensi et ecclesiarum præsidibus missum.

Ebnerus pater hujus et veram doctrinam Norinbergæ promulgari author extitit et electoribus aliquot eandem recipere persuasit, verax religionis veræ fautor. Sed filius ejus, qui modo consulem agit, quod pater huc intulit foras extrusit. Ita quoque didicimus Brentium jam secundo fuga elapsum. Confortet et conservet eum dominus in omni loco dominationis ejus.

Hailprunnæ primo interim illud acceptarunt victi tædio Hispanorum militum, a quibus misere vexati sunt.

A Ratisponensibus responsio exigitur, quod nisi tale fuerit, ut cæsari placeat, ante diem Martis proximam, Cæsar ipsis Hispanicam militiam et missurum et ecclesiastas ipse cohercitur us, illis minatur.

Nota de pietate Philippi Pomerianæ ducis, qui, cum olim a Vito et aliis in comitiis interrogaretur, quidnam C. S. videretur, num quid in religione ibidem agi posse putaretur, respondit: Non video hic controversiis mederi vel posse vel etiam aliquem velle, Esz wirts aber, der obenn vber der blawen Decken sitzt, woll machen etc. Is enim solus vere dicit: Cœlum mihi sedes est et terra scabellum etc.

Ait Vitus se non dubitare, quin dominus brevi aliquod remedium ipse excogitet, quo pusillus grex domini, qui quam exiguus, inquit, o comes, futurus est, si tales respublicæ, ut Norinberga, decesserint, servetur. Illud autem non nostrum est metas deo vel terminos præscribere, et interea temporis orationi cum christiana patientia instandum est, et erit aliquando tempus cum cæsar hæc se non fecisse optabit. Tandem post multos inter nos habitos sermones nos cum benedictione dimisit, dicens, se deum opt. max. precaturum, ut me in misericordia sua in Christo constantem conservet.

14 *

Optimus Baumgartenerus præ nimia consideratione horum temporum et rerum quasi tabe conficitur. Dedimus liberis Viti pauculos aliquot nummos in mnemosynon.

Eadem Christophorus Furer in crastinum octingentos septuaginta quinque thaleros, qui faciunt summam mille florenorum communis monetæ se prompte nobis missurum recepit, quod et altera die præstitit per Paulum Leitschir.

A cœna comes a Rethberg et ego extra portam munitiones perspeximus. Nota in munitionibus arcis quinque lapides cælatos constare floreno uno, ut nobis is retulit, qui rationem ædificii totius quoque et murorum et portarum perscripsit et computationi interfuit.

N. de doctore Sittart et comite de Stolberg.

xxvij Junii comes a Rethberg iter in patriam arripuit. Dux viæ illi sit angelus, qui Jacobum patriarcham deduxit. Eubulo Liborius expoctandus erat.

Deinde Eubulus in templo sancti spiritus concionem sacram viri cujusdam adolescentis sed doctrina et eloquentia cani audivit, super hæc verba s. Pauli Ephes. 3. »Hujus rei gratia flecto genua mea ad patrem domini nostri Jesu Christi, ex quo omnis a communi patre cognatio in cœlis et in terra nominatur, ut det vobis juxta divitias gloriæ suæ, ut fortitudine corroboremini per spiritum suum in internum hominem, ut inhabitet Christus per fidem in cordibus vestris, fixis in charitate radicibus et fundamento jacto, ut valeatis assequi« etc. Hic docuit, quid esset fides, quæ ejus natura vel efficacia, et quomodo debeamus radicem in Christum mittere, exemplo arboris robustæ, quæ radices suas terræ figit, flante borea et reflante cæcia immobilis manet. Atque inter concionandum inter alios scripturæ locos fere totum psalmum primum vel ut alii etiam classici authores scribunt psalmum secundum explanavit. Item quæ pœna eis maneat, qui radices fixas in Christo non habeant. Item de ingratitudine nostra erga deum et ejus verbum, quamobrem et hæc persecutio nobis acciderit, et ad amussim singula lectionis verba excutiens hortabatur populum ad pœnitentiam et fructus dignos pœnitentiæ et ad fidei constantiam ac ad ratificandum in Christum. Perplacuit nobis in hoc viro, quod cum crassi illi boves et tauri ovem Christi balare ob terrificum interim vetuerint, forte, ne a rhinocerote et monocerote latera eorum tondeantur, timentes, voce alacri ipsemet Asaphum vel Iditum agens alcariter, concinente ecclesia, cantarit canticum Lutheri, quo petitur ut Christus ecclesiam suam contra mahometicos et papisticos insultus conservet, cujus in nostra lingua initium est: Erhalt vnnsz Herr bei deinem Wort.

A concione volebamus Rotgerum auff der Burgk convenire, verum familia simulabat eum domo abesse. Postea autem cognovimus, quod ipsius absentiam abnegarint, in causa fuisse, quod apoplexiæ species quædam et corporis et animi vires illius obruisset.

Deinde ædes Hieronymi Baumgartneri adimus, qui læto animo nos ipsum adeuntes excepit, ac invicem alteri non solum privatas nostras ærumnas, sed communis patriæ Germaniæ quoque exposuimus. Vidimus uxorem ejus et liberos, quorum præter unicum filium numerosum proventum habet, electurus exilium si quod asylum pateret, ubi veritati adhærere impune liceret. Optimus hic vir tertium Augustam scripserat, expiscaturus, quonam in statu res meæ essent. Ad hujus viri manus fideles quadringentos thaleros reposui in usum negocii Augustani.

Dum in hospitio in diarium meum nescio quæ assigno, opportune Liborius venit, qui post nos Augusta discesserat. Is omnia, quæ ibi acciderant, nobis indicavit, et inter cetera quod d. Musculus a munere ecclesiastico amotus esset. Item quod cæsar tribus (ut nunc militariter loquuntur) regimentis peditum ante palatium in statione armatis stantibus a senatu Augustano an interim vel potius operculum illud totius papisticæ camarinæ suscipere vellent an secus, responsum exegerit, quod d. Vito per Etzdorffium significabamus ac eundem nostro nomine salutari ac valedicere jussimus.

Hala Sueviæ interim recepit ac sic Hispanicus miles revocatus est et (ut dicitur) Augustam vocatus. Sed nihil Halensibus hic timor profuit, post pauculos dies Iberi eos inviserunt.

Pransi igitur sumus convivas habentes Paulum Leitschir et Bavarum quendam. A prandio Adriano dedi thaleros ducentos et viginti unum ac quatuordecim batzos Augustam deferendos, ut catenæ aureæ, quæ in pignus remanserant, redimerentur. Accepit quoque quinque thaleros in viaticum et duos si forte hospes fœnus peteret. Item duos thaleros Chunrado Fabro, si forte horologiolum paratum esset. Jussimus quoque eundem thaleros centum referre ad Rotgerum auff der Burgk. Ipsi nobis reservavimus centum et triginta septem taleros.

Adduxit autem secum ab Augusta Liborius aulicum quendam filiorum electoris Saxoniæ, Balthasarum Quindenberger, qui a nobis ad comitem itineris usque in Rudolstadium receptus est.

Singulis denique curatis auspice deo a Norinberga Forchemium tendimus ibidem pernoctantes. Vidimus Wulff Marschalck decanum Bambergensem.

Metuebamus quidem nobis a marchione Alberto, verum Bairsdorff oppidulum ipsius pertranseundum nobis erat.

xxix Junii a Forchemio Bambergam prætcrlegentes Moganum transvecti in Rattelsdorff pransi sumus, ibidem invenientes Pinzingerum Norinbergensem cum uxore et liberis.

Nota de annulo Friderici electoris, quem nobilis quidam a pedite pro quindecim aureis redemit ac electorem eo redonavit. Hic autem annulus ex successione hereditatis trium electorum Saxoniæ gestamen fuit, scilicet Friderici, Joannis et hujus Joannis Friderici, qui modo secundo hujus annuli possessor est. Item catenam quandam auream circiter quingentos aureos ponderantem, quæ ab Joanne a Weisbach empta erat, filii electoris sibi redemerunt.

In Rattelsdorff primo accepimus hospitem nostrum in Coburg e vivis excessisse.

Vor vnnbedacht, hernach geprueffet
Hat manchenn offt betruebett.

Sub noctis octavam Coburgam venimus, ubi posteaquam corpora cibo refecimus ac equi curati erant, somno diei tædium levabamus.

Joannes Ernestus Saxoniæ dux et Coburgæ princeps quod fratri suo Joanni Friderico proximo bello auxilio et comes fuerit, a cæsare mulctatus est arce Königsberg, vini proventu et aliis redditibus superba, et aliquot insuper millibus aureorum. Arcem hanc cum omnibus suis censibus Albertus marchio a Culmbach tanquam donum cæsareum tenet. Facilis est enim benignitas ex non tuo largiri.

Coburgicis persuasum fuit Norinbergenses interim illud nunquam recepturos. At a nobis veriora edocti non exiguum præ se dolorem præferebant. Vidimus ibidem symbolum Lazari a Schwendi, qui, quod accusaretur proditionis in Vogelspergium, innocentiam suam (si diis placet) prætendens, scribit:

Conscia mens recti famæ mendacia ridet.

Erant autem ipsamet die, quæ divis Petro et Paulo sacra erat, et Coburgianæ et Neumburgæ ad Salam nundinæ.

Ultima Junii a Coburga exeuntes arcem nobilium de Rosenaw monasterium Moinchroett prætereuntes in Newenstad civitatulam devenimus. Deinde inter Newstadt et Judenbach pagum in jugis sylvæ Thuringicæ tabernas et casas vidimus, ubi sumptu Pinzingerorum conflatoria argenti habentur. Tandem Greventhal pervenientes, ubi Joannem Galacteum, Ludovicum servum et Joannem nobis a pedibus cum sarcinis relinquentes nos recta Salveldiam petimus. Evenerat autem Wolffgangum comitem a Gleichen et dominum in Blanckeheim uxorem nostram cum sorore Aemilia in Salveldia convivio excipere, et pene acciderat, ut ipsos in urbe adhuc invenissemus. Transito autem Salæ vado Rudelstadium ad charissimam socrum et uxorem sani et integri (Christo sempiterna sit gratia) pervenimus. Et quia socrus filias expectaverat solita cœnæ hora una cœnavimus. Itaque cum die Jovis ante secundam pomeridianam a Norinberga abierimus, die sabbati circa septimam vel octavam noctis Rudelstadium pervenimus. Distat autem Norinberga a Rudelstadio miliaria viginti quinque.

Rudelstadii ex nostris cum uxore nymphas Evam a Wirtzberg, Mariam et Annam sorores germanas Galacteas nobiles, Joannem a Honfels, Joachimum a Salder et Volckmarum a Germershausen, Henricum et Joannem famulos et Burckhardum nuntium, Volckmarum a Hagn, Fridericum a Bergo reperimus. Sub noctem domina socrus me indusiis aliquot donavit.

j Julii mensis Albertus Draco post octavam in arce evangelion proposuit ex cap. 5 Lucæ de piscatione s. Petri, qui jubente Christo copiosam piscium capturam fecerat. Ait summam hujus evangelii esse, quod eorum, qui Christo ex animo fidunt, animos verbo sancto suo pascere et corpora eorum cibis reficere velit. Si tamen in agnitione et fide Christi permanserint, et contexuit ex hoc evangelio doctrinas novem. Primam de sollicitudine Christi erga suos, et si recte memini juxta ordinem Philippi Melanthonis cetera exposuit.

A prandio Balthasarus a Quindenberg cum venia dimissus Wimariam ad principes suos rediit. Amandavimus eadem Burckhardum nuntium et cum satrapa in Rudolstadt egimus, si qua equos ad ducendum currum pro mercede habere possemus. Aderat et Rudelstadii uxor doctoris Melchioris ab Ossa cum duabus filiabus.

ij Julii in sacello castri Rudelstad dominus Albertus Draco concionatus est, historiam visitationis Mariæ ex d. Luca contexens. Prius tamen ait, se alteram partem evangelii, hoc est de salutatione Mariæ et responso Elizabeth in aliud tempus dilaturum. Canticum vero deiparæ virginis ita exposuit, ut decem versus divideret in laudem domini ac de singulis dei virtutibus, misericordia, potentia et veritate loquentes faceret. Inter cetera hic notavit, beatam virginem Mariam dixisse, potentes de sede deposuit, non autem evertit sedem, quod potestas gladii sit ordinatio dei, superbientes autem in ea personas deus deiicit etc. Docuit item exemplum charitatis et mutui officii in deipara virgine imitandum esse, utique quæ nec juga altissima montium nec temporis tædium detrectarit, quo cognatæ charitatis opera præstaret. Observari quoque hic jussit, Mariam observationem trinitatis in hoc cantico habuisse.

Eadem in hybernaculo nostro mappam novi orbis vidimus, qua nos Anastasius Schmaltz a Landau cum inscriptione nominis et sui et nostri donavit, qui vir nos ex solo nomine noverat, et me latet an unquam hominem viderim.

Eadem uxor doctoris de Ossa apud nos obtinuit, ut filiam ejus Aemiliam in ordinem pedissequarum uxorculæ susciperemus.

Perscripsimus eadem de nonnullis ad Joannem Galacteum et Hermannum Nellium. Eadem Josto Sophi pro debito Germersshausen et pro mercede sua taleros viginti duos dedimus ex pecunia, quam Norinbergae acceperamus.

iij Julii Honfels et Ludovicus circiter quartam antemeridianam hinc abiere. Eadem quoque ante prandium domina socrus ac filiæ ejus nobis eas comitantibus ad Salæ fluvium piscatum abiere.

Comites a Schwartzburg genus suum trahunt a dominis de Kevernburg, Keverburg arx est non procul ab Arnstadio etiam apud gentiles quondam celebris. Primus autem dominorum de Kevernburg Christi fidem suscipiens ad regenerationis sacræ lavacra pro more Gundarus vocatus est, nunc Guntherus scribitur. Fuit et alter quidam Sigarth nomine, qui ob strenuitatem et fortitudinem ab imperatore ejus temporis Sigehart appellatus est. Extant de his plura monumenta in Reinhartsprunno cœnobio, ubi dicti domini sepulturam suam habuisse dicuntur. Henricus autem comes a Schwartzburg, pater uxoris nostræ unum et alterum horum comitum una cum uxoribus, ut in saxis Reinhartsprun effigies ipsorum viderat, in tabula depingi curaverat, licet nomina conjugum non sint ascripta. Hujus autem rei eam esse causam conjicio, quod tametsi monasticum genus, ut lucrum a magnatibus caperet, celebrare quidem nomina priorum videri voluerit, tamen non admodum de veritate et fide historica sollicitum fuit.

Eadem comes Wolffgangus a Gleichen et uxor ejus Magdalena nec non Walpurgis ab Henneberg, Caroli a Gleichen uxor, per litteras nos salutarunt.

Eadem domino Alberto Draconi tres aureos in elemosinam dedimus.

Posteaquam in Sala ad duodecimam fere piscatum est, in pago Niddernhaseln prandium sumpsimus. A prandio rursus piscationi indulsimus. Piscatores autem retia duodecim colligaverunt et summis laboribus operæ instabant. Verum nec conspici quidem ne dicam capi esoces poterant. Uxoris et nostri nomine dimidium thalerum in propinam piscatoribus dedimus.

Sub vesperam Wolffgangus comes a Gleichen Rudelstadium venit et Anna a Sebach cum Volckmaro a Hayn reversi sunt.

Eadem Wilhelmus senior comes ab Henneberg filiæ suæ Catharinæ accipitres ex Ilminaiæ sylvis procreatos misit.

Non procul a Nidernhaseln trans Salam arx Weissenburg et pagus est Colckwitz nobilium de Thuen.

Nota domina socrus ante annos quindecim in comitatum Schwartzburg venit sub intestinum bellum Germaniæ per seditiosos agricolas motum anno 1525.

Salveldia et quicquid est hujus tractus ad Salam olim ditionis et juris Orlemundici et Schwartzburgii fuit.

Intra oppidulum Rudelstadt e nobili prosapia hi commemorantur: Joannes Mœring, Henricus a Witzleben, Schonfeldt, Georgius Heise, Philippus a Jene.

Nota de quæstore, qui cum jam neci adjudicatus esset non unum ob furtum et uxoris nostræ precibus a domina socru vita donatus esset, ante paucos dies Rudelstadium rescripsit, conquerens cistas suas reseratas, addens minas et cum juramento se adstrinxit se trans Salam ad duodecim miliaria Rudelstadio non appropinquaturum, tamen in confinibus se continet. Sed hoc factum est eorum, qui patibulo nati sunt, ut furtum iterando exaggerent ac crucem in malam velis nolis suspendi velint.

iv Julii in capella arcis Albertus Draco Psalmi 119 octonarium vel particulam decimam quintam ejusdem psalmi enarravit, cui initium est: Iniquos odio habui, legem autem tuam dilexi. Hic docuit de vero usu verbi dei et horum versuum octoadem in duas summulas divisit, scilicet quæ sit natura vel quale ingenium eorum, quibus dei timor et amor verbi inest, et quæ horribilis pœna eos maneat, qui et falsa docent et hypocritico spiritu sunt. Tribuit quoque timenti deum suas proprietates, odio habere inimicos quid sit, et quis hujus odii finis; Item diligere deum et legem domini; Item quod pius omne præsidium soli deo acceptum referat; fugere consortia malorum, rogare ut conservetur in verbo. Sextum ut timore dei filiali scilicet non servili configatur, ut omni ex parte veterem Adamum mortificet. Et quia id non ex voluntate nostræ carnis, deus rogandus est ut in amore et timore sui nos conservet et in hac fragilitate humana suo spiritu sancto confortet, ut animum eo vertamus, si lapsi fuerimus ocyus ad dei misericordiam recurramus. Probe quoque exposuit, quid in scriptura configi dicatur. Item quid sit ringi cutem. Item quid verbum conteror hic significet, item quid scoria etc.

Eadem domina mater nos ephippio donavit et panopliam mariti sui ostendit.

Eadem senatus Rudelstadiensis nos vasis aliquot vini et cerevisiæ Eimbicensis honoravit. His igitur gratias agentes et in tutelam nostram recipientes, servis, qui attulerant, thalerum dono dedimus.

Eadem comes Joannes Henricus a Schwartzburg et uxor ejus de Widda, soror Alberti comitis in Mansfeldt uterina, sed non germana, volebant Rudelstadium venire. Petierant autem per litteras, si et socrui et nobis non molestum, se nostri amicitiam et noticiam cupere. Nescio autem, quid comitem remoraretur, quominus ipse venire posset, uxorem vero cum Margareta et Brigitta filiabus Rudelstadium misit ac nobis per Joachimum Sack amicitiam et officia sua detulit. Par igitur pari retulimus.

Domina socrus, Anastasia uxor, domina Sebach et Melchioris de Ossa uxor esoces in Sala prosectæ sunt. Cepimus unum et in Schwartz pago, juxta quem die Schwartz fluviolus in Salam infunditur, symposium fecimus. Vix sub sextam noctis Rudelstadium remeantes vidimus rusticorum in Schwartz cellaria habentia circiter cados quinquaginta vini præter cervisiam. Habent nunc parrochum Casparum nomine et ad dinostiam Blanckenbergicæ arcis pertinent. Et is est pagus, a cujus incolis anno superiore Albertus marchio in Brandenburg propter injuriam, ut ille prætendebat, aurigis suis illatam exegit quadringentos aureos, nec ullus erat veniæ locus, ni vulcano se et domos suas litare voluissent.

Eadem habitæ sunt nuptiæ Walpurgis Rotschuch, quæ uxori pro coca servivit, et Josti Sophi joculatoris, copulante eos per verbum domini Alberto Dracone.

Testudineo gradu res Sebachianæ et Germershausianæ procedunt ac verendum ne inanem volet in auram.

Expectabantur Carolus comes a Gleichen et uxor ejus, verum renunciarunt se crastino affuturos. Eadem comes Wolffgangus domum revertitur.

v Julii cum Alberto Dracone de multis contulimus. Idem ea die in sponsalibus Josti et Walpurgis concionatus est, posteriorem partem psalmi 115: Dominus memor fuit nostri et benedixit nobis. Benedicit domui Israel, benedicit domui Aaron etc. enarrans. Summa est, inquit, horum verborum, quod deus omnibus benedicat et omnia conservet, potissimum autem ecclesiæ suæ benedicere paratus sit. Item quanta sit divinæ clementiæ bonitas, qui nec genus nec opes nec miseriam respicit, sed ordinis cujuscunque hominibus benedicit, scilicet regi potenti et Iro pauperrimo. Admonuit autem ut benedictionem quidem a domino et peteremus et expectaremus, sed ita ne mox animos despondeamus, si non in momento, quæ petierimus, contingant. Dominum enim mature satis suos benedictione impleturum. Ait quoque psalmum vocem esse ecclesiæ fidelium singulis ex christiana charitate fausta imprecantis. Docuit et quomodo magni hoc ducendum sit, quod jubeamur et dicatur nobis: Benedicite domino etc. Item sponsum et sponsam allocutus est, memores essent immensæ bonitatis patris in eos cœlestis, qui magis et uberius eos, si in timore et fide domini perstiterint, benedicturus esset, nec non et liberos, quos procreaturi essent, atque ne statim macrore conficerentur, si non omnia mox copiæ cornu illis ad manum adsint. Vnd wo Irsz nicht scheffiich habenn kont, so nempts leffiich an, Gott wirts woll machenn. Nec hoc beneficium parvi æstimandum est, dominum deum cœlum sibi in thronum magnificentiæ creasse, verum mundum cum omnibus creatis piis non invidere; quin, quod majus est, in usus ipsorum hæc condidit. Et cum hæc se ita habeant, cogitemus viventes et sani deo in perpetuum Halleluia decantare.

A concione Carolus comes a Gleichen cum uxore sua et Sigismundo fratre abierunt. A prandio conjugibus honoraria pro more data sunt.

Sub quartam domina de Schwartzburg, Joannis Henrici comitis uxor, pedissequas secum et Christophorum ab Entzenberg nec non Joachimum Sack assumens domum, relictis Rudelstadii duabus filiabus, ad maritum rediit.

Sub cœna Henricus baro a Wildenfels venit.

Nota de facinoroso in Masfeldt incarcerato. Et animadverte, o homo, quid faciat caro sibi derelicta ut in pessimis etiam crudelitas in [1] locum habet.

vj Julii Albertus Draco in sacello arcis octoadem decimam sextam

1 Hier hat die hs. eine kleine lücke.

psalmi 119 exposuit, cujus initium: Feci judicium et justitiam, ne igitur tradas me oppressoribus meis. Primo repetiit quæ heri pro concione dicta erant. Deinde ait, hunc scopum hujus octonarii esse, quod sit oratio ecclesiæ universalis et uniuscujusque fidelis, et quod, cum ex animo servari judicium et justitiam cupiat faciatque, et faciat quoque juxta donum dei illi datum, deum invocet, ut defendat et protegat ab adversariis etc. Et hanc orationem, inquit, si unquam necessariam fuisse arbitremur, profecto nunc orandi tempus est, cum verbum dei quotidie adulterari videmus et tyranni exurgunt, qui doctrinam veritatis una cum assertoribus ejus e medio sublatam volunt. Jussit quoque observari, quod pene eadem sors aut fortuna ecclesiæ et piorum omnium temporum fuerit adeo ut vel Davidem hæc vel nostro hoc perturbatissimo seculo scripsisse videri poterit. Docuit et scite, quid hic justitia diceretur. Nimirum, inquit, meritum Christi respicere et illi fidere et adhærere, una et summa est justitia, de qua David et ceteri prophetæ loquuntur, hoc enim justificamur, non illa, quæ fidei serva est, qua bona opera operamur. Item dicebat qui essent hi turgidi et superbi, contra quorum vim propheta hic oret. Videlicet, inquit, tyranni illi, qui superciliositate sua verbum domini contemnunt ac sibi soli sapere videntur, volentes hominum conscientias vel contra scripturas vel iisdem ad ipsorum palatum detortis astringere adigereque, qui, o deus bone, quam nunc regnante Sathana sæviunt et regnant. Item quid sit oculos ad deum directos vel intentos habere ad dei misericordiam. Hic enim omne nostrum excluditur meritum. Oremus igitur, ut secundum bonitatem [1] suam dominus vias suas nos edoceat, ipse enim est unicus doctor et verbum et cor dans. Sumus enim servi ejus, et servus sciens velle heri sui et non faciens plagis multis vapulabit etc. Item quæ essent testimonia domini, obtestationes vel decreta aut instituta juxta tropum scripturarum exposuit. Tempus, inquit, faciendi domine dissipaverunt legem tuam. En domine sancte pater, deus fortis et magne, cujus magnificentiæ nec modus nec finis est, exurge et dissipa gentes, qui bella volunt. Non solum enim tuos persequuntur et sacrosanctum verbum tuum invertunt, addentes iniquissimæ suæ ferociæ Judæorum calliditatem, ut quod hactenus armis et minis non processit, nunc dolo et eversione ecclesiarum et scholarum efficiant. Tempus est, o domine, ut ipse facias et regnes. Vere enim legem tuam et lætum evangelii nuncium dissipant, nobis sua edicta et somnia obtrudentes, ne-

*

1 Hs. a domino.

que hæc malitia illis sufficit, aut solum hi, qui clavem David sibi arrogant, sed hi quoque quibus jus magnum necis atque vitæ, maris inquam et terræ dedisti. [1] Memento, Domine, misericordiarum tuarum antiquarum et intuere faciem Christi tui. Vix enim pugillus manus unius sumus contra tantam potentiam pontificum et perversorum Sodomitarum multitudinem. Amamus autem verbum tuum super omne aurum obrisum et cunctas delicias. Hunc deus in nobis amorem renova, ut custodiamus mandata tua et odio habeamus omnes vias a te alienas. Famulos igitur tuos, o deus, turris fortitudinis omnium sperantium in te, protege et nos in Jesu Christo domino nostro et spiritu tuo sancto consolare, qui vivis et regnas deus trinus et unus idem benedictus in secula. Amen.

Methodum autem docendi dominus Albertus servat, qua vix alia docendi simplicibus commodior. Primo enim cum suggestum conscenderit, jubet nomen domini invocari, ut verbi auditum et incrementum impartiri dignetur, quo illud quoque auditores ita in cor transmittere valeant, ut vel semel quæ docentur incipiant facere. Deinde quæ dicturus est prælegit. Post lectionem brevissime summam totius lectionis complectitur. Deinde ostendit, quot doctrinæ vel loci ad ædificationem fidei et vitæ prælectis insint dilucidissime enarrat, ac tum demum textus explanationem verbotim aggreditur, ac postremo per modum epilogi omnia, quæ docuit, quasi in fasciculum colligit.

Eadem tristissimum allatum est nuncium et ad Gallum Barretern ex Witeberga scripta missa sunt, quibus cæsar et Witebergensium [2] et Lypsensium universitatis theologis consensum illius omni pio horrendi Interim exigit, addens, si ipsi morem gerere renuant, ferri et undæ præter flammas minas. Item argumentum formæ juramenti, quod sacrificuli interimici præstare debeant, quoque Rudelstadium missum est.

Consurge, domine, et cedros Libani confringe.

Allatæ sunt et litteræ a doctore Melchiore Ossa. A prandio Carolus a Gleichen et Walpurgis uxor Cranichfeldam repetunt.

Socrus, Sigismundus a Gleichen, Henricus a Wildenfels et Eubulus a Waldeck cum uxore et sororibus et filiabus Joannis Henrici a Schwartzburg aprici gramine campi se delectabant ac in Renna fluviolo cancrorum multitudinem pene tanto fluviolo imparem cepere.

vij Julii mulierculæ antemeridianum tempus balneis insumebant, ut in hisce regionibus hoc genus fere aquaticum quid habere videtur, ut

*

1. Lücke in der hs. 2. a Witeb. u. s. w.

non inscite dominus de Buswy, qui hippodromo et equis cæsaris præest, dixerit, necesse esse Germaniæ superioris feminas longe plus sordium quam Brabantinas aut inferioris Germaniæ feminas contrahere. Cuidam autem causam interroganti respondit, hæ fere singulis diebus balneis opus habent, nostræ vix semel aut bis in anno lavant corpora.

Eadem Balthasarus ab Entzenberg, uxor et nurus sua domum abiere, expectabatur et mater domini a Wildenfels.

Hac die sicut et singulis sabathinis diebus nundinæ Rudelstadii erant. Hic dies octavus erat, quod pro habendis equis in patriam miseramus, sed adhuc responsum expectatur.

Nota de ducissa Cliviæ comitissa in Schwartzburg, quæ ob piaculum in maritum commissum Rudelstadii in carcere asservata ad tempus aliquod ac tandem in cœnobium Arnstatense intrusa, in quo et diem clausit extremum. Fuit autem hæc atavia socrus nostræ.

Cranichfeldt et Blanckenhayn arces sunt Caroli et Sigismundi fratrum a Gleichen.

Eadem quidam, qui olim Alberto comiti a Mansfeldt a secretis fuerat, Rudelstadium litteras commendaticias secum apportans venit, cupiens in famulitium dominæ socrus recipi, verum id multas ob causas fieri nequibat.

Reversus est eadem et Adrianus noster ab Augusta Vindelicorum, litteras a Melchiore Lindio referens, qui se jam tertio ad me scripsisse conqueritur, cum unas tantum litteras ejus acceperimus.

Atrebatensis nobiles comitatus Waldeck in litteris nostris remissoriis excludere conatur.

Musculus Augusta duobus stipendiariis urbis ipsum comitantibus discessit. Is cujus cœli sunt et terra sui curam agere dignetur. Vices Musculi Joannes Henricus supplet, nec is quidem infidelis vel socors verbi divini et mysteriorum dispensator est.

Post discessum nostrum ab Augusta Franciscus a Dalwigk novercam petit cupiens ut hujus consilio possit me apud cæsaream majestatem accusare. Verum hæc vel semel memor se genitorem meum in maritum habuisse, hoc facinus dissuasit, dicens ut volubilitatis fortunæ recordaretur, nam rerum vices esse et me aliquando ut dominum suum illi hæc in sinum suum reddere posse. Conquestus est idem se hoc negocii fratri suo Jodoco injunxisse, verum hunc cum Marchione Alberto in Prussiam abiisse. Non tamen intermisit hic bonus vir aliquid apud consiliarios imperatoris ac dominum de Lyra ac alios tentare. Sed ab his jussus est, ut, posteaquam jam Eubulus in gratiam cæsaris receptus sit, eadem mente in ipsum foret necne, prius experiretur.

Augustæ fama fertur Eubulum duos concionatores Werdeæ secum abduxisse. Atrebatensis duobus fratribus suis germanis comitatus semel atque iterum novercam nostram in hospicio invisiit.

Retulit nobis idem Adrianus abbatem de Keisheim Palatinum electorem in cœnobium suum hospitio excipere noluisse. Reportavit et catenas aureas. Idem dixit Rotgerum auff der Burgk ægre vitam trahere.

Eadem comes Sigismundus a Gleichen hinc abiit. Domina socrus donavit uxorem et me tabulis duabus, in quibus et ejus et Henrici mariti effigies ad vivum vel a Zeuside ipso depictas putares. Super imaginem socrus scriptum Am Tage Bonifacii Bin Ich sex vnd zwantzig Jahr alt, Im Jar 1536.

Fama est Chunradum Pennig insignia aliquot militaria juxta Hornburg erexisse.

Magdeburgenses excursiones contra Henricum Brunschwigæ ducem seniorem fecisse dicuntur. In Misna urbe per ducem Mauritium et status ditionum suarum comitia habentur super receptione maledicti interim.

Sub noctem balneis usi sumus.

Wildenfels, Romberg, Schonkirchen arces sunt dominorum a Wildenfels, nec ulli modo sunt heredes hujus dinostiæ præter Henricum et sororem ejus Margaretam. Mater eorum soror est Joannis comitis a Gleichen jam defuncti, olim Rembdæ commorantis.

Eadem ædes Alberti Draconis invisimus et museum ejus librorum copia probe instructum invenimus.

viij Julii circiter septimam domina socrus filias Joannis Henrici a Schwartzenberg in Leuchtenbergam remisit.

Eadem socrus nos flagello donavit, in cujus capulo clepsydra inclusa est cum notis et divisione horæ unius in partes 4 et lignea tabellula paginas habente octo. Hæc munera socrui Joannes Wilhelmus a Fuchs ex Turgaw dum museum principum Saxoniæ expoliaretur, (quod museum idem Wilhelmus nobili supellectile et monumentis principe dignis instructum fuisse et singula suo ordine ita disposita, ut ipse ordo principem animum significare videretur, dixerat) socrui ex manubiis dederat. Tabula autem hæc agnita est fuisse Joannis hujus I. F. electoris patris illustrissimi et nunquam satis laudandi modo captivi in cujus paginis sua syngrapha conciones aliquot exceperat. Nam in frontispicio sic habet: V. D. M. I. AE. Evangelium Joann. am Vierten. Item alia pagina cujus initium: Dasz Evangelium Matthei am funften. Observavit autem optimus princeps scopum concionantis et sententias celebriores asteriscis notavit. Vere hic princeps juxta præscriptum domini librum legis et evangelii præ oculis habuit, noctu diuque in illo versatus, omnibus christianis ex principibus merito imitabile exemplum relinquens. Fuerant autem harum tabellarum complures, quæ in modum fornicis vel hemicicli dispositæ fuerant, in quibus omnibus conciones exceperat, singulis concionibus novas tabulas exhibens. Heu proh dolor quanquam pax fuerit et securitas in diebus ejus, tamen hostis regnante filio ejus omnia preciosa scrutatus est. Sed spes bona superest, nondum abbreviata est manus domini, vivit et superest, velint nolint omnes inimici ejus, qui castigans castigat suos autem morti præcipue secundæ non tradit, et quem deducit ad inferos, reducere quoque potest. Memento, domine, servorum tuorum, respice faciem Christi tui. Exurge, solve compeditos et assere gloriam nominis tui. Quis tibi fidens unquam relictus est, o domine, deus noster?

Eadem dominus Albertus ex cap. 5 Matthei: Nisi abundaverit justitia vestra plusquam scribarum et pharisæorum, non potestis intrare in regnum dei etc. usque ad eum locum: Amen tibi dico, non exibis inde, donec persolveris extremum quadrantem, concionatus est. Perlecto evangelio textum in quatuor doctrinas divisit. Primum de differentia justitiæ fidei et justitiæ, quæ ex lege procedit et involuntarie quodammodo fit erga homines. Deinde quomodo Christus legem de non occidendo interpretatus sit. Item de verbo Racha. Et quarto quod teneamur nos reconciliare fratri. Occisionem autem ajebat ex tribus radicibus nasci, ex aperta ira, animi rancore et verbis tacite animum nostrum stimulantibus etc. Dixit quoque quid fatuus in scriptura significet, et quod per Racha omne verbum criminosum denotetur. Et hic movit quæstionem, an nemini liceat objurgare fratrem aut Racha illi dicere. Respondit, quatuor genera hominum hic excipi, quibus liceat: magistratui seculari jure et gladio sibi commisso, ecclesiastis per verbum, parentibus et dominis in liberos et servos et ludimagistris suis finibus. Tamen iram et verba hæc circumscripsit, ne ex animi proprio motu, sed ex zelo bono et juxta vocationem fieret. Admonuit insuper, ut si ab aliquibus aliquando læsi nos ad reconciliandum cum eis faciles præberemus.

Eadem consultationem universitatum Wittenbergensium et Lypsensium legimus et eam nobis describi curavimus. Hinc timenda videtur rerum mutatio. Sed est (Christo laus) qui nobis potentes potenter evertere potest.

Eadem Jostum Sophi Wimariam misimus.

Eadem domina socrus Wimariam proficiscitur, secum abducens Aemiliam et Annam Mariam filias. Uxorem quoque doctoris Melchioris de Ossa. Venturi quoque Wimariam erant Georgius Ernestus princeps et comes in Henneberg, Fridericus a Wangenheim, consiliarius ducum Saxoniæ et alii inter filiam Henrici comitis a Schwartzburg et Guntherum comitem a Schwartzburg causa dotis acturi.

Eadem et Henricus a Wildenfels abiit.

Socrus pernoctatura erat apud Fridericum a Witzleben. Nos interim inter spem metumque suspensi rei exitum expectabamus.

A cœna cum domina de Wildenfelss, filia ejus Margareta ac uxore cibi digerendi gratia in arcem (ut vocant) veterem ibamus. Est autem murus arci proximus, ubi adhuc fundamenta et maceries ruinosæ visuntur. Ad hujus montis radices in suburbanis Rudelstadii ædes nobilium a Heisen sunt, quas nunc Georgius, Ursulam de Schonberg in uxorem habens, inhabitat. Sunt et his contiguæ domus Sigifridi Schonfeldt et Philippi a Ten. Assidentibus igitur nobis in monte accessit nos puer quidam, indicans quendam e familia comitum de Schwartzburg petere, ut me convenire possit. Puerum ergo interrogari jussimus, cujusnam minister esset, sed anteaquam puer ad nos reversus esset, ipse Christophorus ab Entzenberg nobis fit obviam nomine comitis sui Joannis Henrici a Schwartzburg et ab ejus uxore nobis salutem dicens hæc attulit. Posteaquam comes suus accepisset dominam socrum peregre profectam nosque cum uxore nostra ibidem quasi solitarie degere, quo ipse comes nostri notitiam habere possit, peramice eum petere, ut ad diem Martis proximum sub vesperam in Leuchtenberga, ubi et tum nuptias pedissequæ uxoris suæ habiturus esset, adesse dignaremur. His auditis primo hero suo et dominæ gratias agere jussimus. Talia autem esse modo negocia nostra, ut choreæ non peterentur, nec quoque me probe edoctum esse ad strepitum cytharæ choreatum ducere nymphas. Quia autem comes petierat, ut Aemiliam neptim suam, quam ipse e sacro baptismatis fonte levasset, nobiscum adduceremus, dictum est illi, hanc cum matre abiisse. Quia autem hoc responso Christophorus sibi satisfactum nolebat, per Christophorum Zier, quid in hac re faciendum nobis an secus esset, respondimus.

ix Julii dum per hybernaculum socrus transeo, forte fortuna in novum testamentum a doctore Luthero germanice versum incidimus, in cujus foliis, quæ libro præfixa erant, manu socrus propria hæc scripta vidimus ac latine utcunque reddidimus: »Anno domini 1526 inter septimam et octavam horas in vigilia paschatis in arce Arnstadt sub noctem nata est Anastasia. Anno domini 1527 die Jovis ante festum purificationis Mariæ natus fuit Henricus in Arnstadt. Anno domini 1529 die Martis post Lætare infra nouam et decimam natus est Wilhelmus Henricus in Rudelstadt. Anno 1530 die Lunæ post visitationis Mariæ transeuntis montana infra quartam et quintam horas ante meridiem natus est Guntherus Wilhemus in Rudelstadt. Anno domini 1538 in vigilia conceptionis Mariæ nata est Anna Maria infra sextam et septimam noctem versus in Rudelstadt et hæc posthuma est. Anno domini 1528 die Lunæ post Lætare ante duodecimum noctis nata est Aemilia in Rudelstadt. Ex his supersunt et aura adhuc fruuntur ætherea Anastasia nunc comitissa in Waldeck, habens filiam ex Eubulo marito Catharinam nomine; Aemilia, quæ ante annos abhinc octo sub conditionibus desponsata est Gunthero Guntheri comitis a Schwartzburgk filio, sed nondum nuptiæ peractæ sunt, Anna Maria hoc anno decennis posthuma. Fratres vero infantes omnes e vita migrarant. Domine deus, inter cujus innumeras laudes et hæc tibi decantatur, tu pupillo et viduæ eris adjutor, pupillorum et matris quoque rationem habere digneris.«

Eadem in sacello arcis vidimus supra altare introeuntibus ad lævam insignia Marchiæ et Cliviæ et Christum crucifixum mortuum et resuscitatum artificiosissime depicta. Dicitur autem opus fuisse N. ex ducibus Cliviæ et comitibus Marchiæ procreatæ comitissæ in Schwartzburg.

Eadem legimus licet antea viderimus a Sathana ipso inventum et a suis conjuratis conscriptum juramentum, quod sacerdotes rursus se romani imperii pontificibus subdentes præstare debent. Sed quid agemus? Nisi ad dominum ardentissimis votis intimis ex præcordiis clamemus, ne tandem ob nostra peccata blasphemari nomen sanctum suum sinat, dicamusque cum archangelo Michaele: Corripiat te deus Sathan, ludicra enim præ his blasphemiis videntur quæcunque Sannaherib, Heliodorus, Rapsaces, scribæ et Pharisæi et quicquid hujus turpissimæ cameræ hominum opprobrii Christo domino et patri ejus cœlesti sanctoque spiritui unquam objecerunt et nisi hæc blasphema ora ipsa sibi digito labellum compescunt, timendum est, ne in eos digne vox Christi conveniat: Moriemini in peccatis vestris, licet cæci et duces cæcorum præ felici rerum successu et invidia non solum oculis lippiunt, sed omnibus talpis et Tiresiis cæcutiores sunt. Recordare, domine, et respice opprobrium servorum tuorum, humiliati enim sumus nimis, ut quid blasphematur nomen tuum non solum inter gentes, quæ non noverunt nomen tuum, sed inter et ab iis, qui tecum, creator cœli et terræ, divisum se imperium habere putant, contaminantes sanguinem crucifixi in sua stupidissima sapientia gloriantes. Converte et everte, domine, pater cœlestis, per Christum Jesum dominum nostrum. Amen.

Hac die nullum ex Wimaria nuncium venit.

x Juli volebamus quidem Blanckenburgum ire, verum aliis negociis impediti sumus. Volebamus item in templo oppidi ex vetustis libris monumenta quædam expiscari, verum quia a senioribus seclusæ erant, ludimagistrum rogavimus, ut ille petitis clavibus librorum primas paginas inspiceret ac nobis, si quid inveniret ejusmodi, indicaret.

Vidimus in oppido ædes (ut vocant) parrochiales habentes hibernacula duodecim, cellaria concamerata plus minus sex vel septem, aulam et culinas, quæ vel principi sufficerent, atque hæc ante renovatam prædicationem evangelii sedes fuit archipresbyteri, quæ dignitas post suffraganeum et officialem Erffurdiensem in tractu Orlamundensi inter papisticos prima fuit, et ad hunc parrochum primo deferebantur causæ vicinorum sacerdotum etc.

A prandio in nemoribus trans Schwartzam amnem venatio instituta erat. Quia vero major pars meridiei præterierat et retia nondum tensa erant et metuebatur venationem in multam noctem protractam iri, uxor et Margareta de Wildenfels nobiscum ad visendum Blanckenburg diverterunt. Est autem Blankenburg arx vetusta sedes comitum a Schwartzburg, sita in vertice altissima montis, ad utriusque montis latus vinetis superba, conspectum habens amœnissimum. Ad radices montis civitas est ejusdem cum arce nominis. Hæc recenti hominum memoria ter conflagratione pene periit, et cum secundo fere ex integro reædificata esset, subitanea conflagratione iterum combusta est. Tertio vero idem perpessa clementia soceri nostri comitis a Schwartzburg incolis, quo levius reædificari urbs posset, omnes redditus, debita et tributa in septennium remissa sunt, qua de causa et factum est, ut Rudelstadt dominæ Catharinæ hanc ob rem et quod masculi heredes non superessent ad vitam ipsius possidendum cum omnibus proventibus ejus datum sit. Tenuit arcem Blanckenburg quondam comes a Schwartzburg, cui cognomen fuit der Straszburger. Habet hæc arx pomœrium et ante-

15 *

murale duplex. Habet et fossam castrum circumdantem, in qua carcer teterrimus ex rupe excisus et puteus profunditatis incredibilis, ad cujus oram cum abietini asseres positi essent, Anastasia uni horum incumbens ante biennium cum putei profunditatem intueretur subsedit, nisi ope divina asservata fuisset ita ut a Lewensteinio a Rhen manu apprehensa attraheretur, in baratrum hoc absorpta fuisset. Nunc quoque arx undique ruinam minatur, sauris, nocticoracibus et bubonibus hospitium præbet. Proventus vero Rudelstadium cedunt. Nam Blanckenburg æquo fere spacio a Schwartzburgo et Rudelstadio distat, scilicet miliari uno.

Tempore vindemiæ præfectus Rudelstadii in domo torculari se continet. Fuisse autem potandi studium in veteribus comitibus de Schwartzburg, ut fere omnibus Germanis peculiare fuit, et hoc argumento cognovimus, quod torculari truncum ligneum ita excavatum, ut humeris hominis aptari possit, justi ponderis et ex catena ferrea dependentem vidimus. Usus autem hujus trunci est, ut qui ad æquales haustus bibere voluerit, hujus collo appendatur. Ipsam arcem ob pontis trabes tabie corrosos intrare non licuit. Dum igitur situm arcis consideramus, venit Albertus Piscator judex in Blankenburg nomine senatus Blanckenburgensis rogans ut cum uxore urbem ingredi dignaremur, quo ejus et nostri notitiam habere et vino nos honorare possent. Quamvis ægre consenserimus, tamen civium humanitatem incivilitate nostra non obruendam rati per declive montis descendentes pedes urbem intramus recta domum Alberti Piscatoris adeuntes, ubi jam tum in medio curiæ sub dio mensæ positæ erant. Salutata igitur uxore et liberis ejus vix consedebamus, quin secretarius urbis cum altero consulum adesset felicem nostrum adventum fore precantes, propinantes vina et quicquid apud ipsos insumptari essemus, præterea et sua officia deferentes. Albertus Piscator variolos pisces opipare coxerat. Jussimus igitur consulem et suos asseclas assidere ac sitis lætitiæque crateram invicem bibimus caventes a tertio. Mox quoque ludimagister et pueri aderant, imo et senatores aliquot, musica aures nostras demulcentes. Et profecto mirati sumus humanitatem horum civium, qui ampliori urbe digni essent. Venit et quidam Andreas, qui uxoris olim nutricius fuerat et quæstor ærarius in Schwartzburg. Consul Joannes Hack diversa nobis de fortuna et fato civitatulæ hujus et quod præter incendium grando semel atque iterum segetes concusserit, retulit. Idem quod oppidi incolæ ex vinearum et agrorum cultura victitent; tamen ut ceteræ civitates nullas habeant vel nundinas vel negociationes, nonnulli quoque eorum ex piscatura vivant. Est enim Schwartza variolis et nobilioribus piscibus, urbeculam prœterfluens, dives. Socrui nostræ hæc civitas quotannis ducentos aureos pendet et octuaginta. Omne vero quod hic trivimus tempus sesquihora erat. Dedimus filiolæ Alberti, quam uxor nostra e sacro fonte levavit et Anastasiæ nomen indidit, aureum unum, cantoribus solidos decem, præsentantibus amphoras vinarias grossos sex, et qui portas arcis reserat nescio quæ numismata. Sub octavam noctis Rudelstadium reversi sumus.

Volupe est homini pio et erudito in his exiguis oppidulis videre ecclesiam et ludos litterarum pro sua sorte viris bonis provisa et væ in seculum seculi Romanæ bestiæ C. et F. cum omnibus squamis ejus, qui has reipublicæ et ecclesiasticæ administrationis formas evertere conantur et quod in propalam est nunc possim profligat.

Eadem Sigismundus comes a Gleichen, baro de Ruess et ceteri Rudelstadium transeuntes N. sponsam in Leuchtenbergam deduxerunt.

xj Julii uxoris et nostro nomine quatuor thaleros in honorarium sponsæ in Liechtenberg misimus, item dedimus sarctori Casparo pecuniam in vestem sericam uxori nostræ comparandam.

Eadem d. Albertus ex psalm. 119 octoadem decimam septimam exposuit, scilicet: Mirabilia testimonia tua, domine etc. Summam hanc posuit, quare christiani verbum amplectantur et ob id sedulo ex corde et ore deum rogent, et hujus orationis hanc formam esse; item quid oratio, quid zelus esset per tres versus primos docuit, dicens verbum domini esse admirabile, hoc enim cum parvulis reveletur per sapientiam rationis humanæ comprehendi nequeat. Et ad hujus rei veritatem demonstrandam multos scripturæ locos aptissime adduxit. Item consolationem in hoc psalmo contineri ac eam ex verbo domini contingere, juxta illud: Omnis scriptura divinitus inspirata utilis est ad docendum, ad consolationem etc. Tertio docet et orationem. In hac autem oratione præcipue quatuor petuntur. Primo ut deus illi sit propitius. Sed ais, illud quomodo faciat deus? hoc modo rogat propheta quo solet misericordiam exhibere laudantibus nomen suum. Hi enim non imminuentur omni bono, quia glorificantes se deus quoque glorificat. Secundo orat, ut certo fixi et firmi sint pedes ejus in verbum domini, et ne nequitia super eum regnet. Tertio ut liberet eum de injuria hominum, et tum ait, se servaturum contestationes domini. Quarto et ultimo orat, ut dominus super ipsum faciem suam illustret, servus enim domini est, ut doceat eum vias suas. Ex zelo autem illi cum omnibus piis communi, ait, rivos aquarum deducunt oculi mei. Quamobrem? inquit: nimirum quia lex tua non observatur. Docuit quoque quid esset, domini vultum super nos illustrari, scilicet deum nobis esse propitium et serenam, ut loquimur, frontem se nobis ostendere, sicut et alius psalmus habet: Deus misereatur nostri et benedicat nobis, illuminet faciem suam super nos et misereatur nostri. Dicebat quoque verba dei contestationes, obtestationes et testimonia dici, non pro more hominum, sed quod verbum sit imago mentis et immensæ bonitatis dei patris erga nos evidentissimum argumentum. Testatur autem deus dupliciter per exempla ut benefecit populo Israel et per loquentes scripturas.

Domine deus bone misericors et juste, quoniam juxta psalten et regem tuum Davidem verbum tuum, ubi revelatum fuerit, conscientias exhilaret et simplicibus, imo parvulis et despectis intellectum dat et illuminat, ne a corde et ore nostro verbum tuum auferre velis, per ipsum verbum et filium tuum Jesum Christum dominum nostrum quæsumus, idque hoc potissimum tempore, cum exurgunt tyranni utroque gladio nos impetentes, hoc est, et vi et sinistra salvifici verbi tui interpretatione, et da firmos esse gressus nostros in verbo tuo, ne nos suis terriculamentis Sathan territet aut transformatus in angelum lucis blandimentis hujus mundi et variis sectis suis seducat, et ne permittas iniquitatem nobis dominari. Qui vivis et regnas cum eodem filio tuo et spiritu sancto deus trinus vivus et unus benedictus in secula. Amen.

Nota, comites de Schwartzburg se olim scripsisse N et N comites in Schwartzburg et dominos in Raness, cum eam arcem nunc teneant nobiles de Brandenstein. Dicitur autem esse donum Wilhelmi ducis Saxoniæ.

Eadem domina socrus per Joannem nobis a pedibus e Wimaria nobis rescripsit, se sperare uxorem nostram non adigi ad juramentum in renunciatione præscriptum præstandum. Item nos reliquum dotis antequam hinc discederemus accepturos.

Nota de poculo domino Anarck de Wildenfels et domino Martino Luthero in calcide mixto, ex qua potione comes plus centies subsequentem noctem et diem alveum levare coactus est, Lutherus vero diutino morbo afflictus Christo quoque auspice evasit, ut hic Christi verbum: Si quid letale biberint, non nocebit eis, locum habere videatur. Erant autem hæc prælibamina amicitiæ, quam experturi essent adsertores veritatis ab adversariis.

A cœna Jostus Sophi a Wimaria reversus nobis scripta duo exhibuit, unum Philippi Melanthonis super interim, alterum Casparis Aquilæ parochi in Salveldt, cujus libri argumentum est, quod confitendus sit Christus contra diaboli tenebras, mundum et interim. Et hæc dies est nona, quod avide et anxio fere animo nuntium e patria expectamus.

Idem Jostus dixit, socrum ea nocte non expectandam.

Gothart Q. der hart bei Gott annhelt.

xij Julii sub nonam antemeridianam domina de Wildenfels et filia ejus Margareta abiere, quas uxor et ego aliquot stadiis a Rudelstad comitati sumus.

Eadem cum jam a nobis conscriptæ literæ essent et Adrianus noster ad iter se accingi juberetur, sub prandium qui equos quadrigarum adducerent veniebant nobis litteras de statu religionis [1] nostræ deferentes. Apportarunt et fornaces ferreos sex, quorum duo Joannes Wilhelmus Fuchs alterum dono, alterum pro 24 thaleris emptum accepit. Quatuor reliqui socrui dono venere majore fenore compensi quam usquam vendi possent.

Post tertiam pomeridianam domina socrus comitata a filiabus Aemilia et Anna Maria et fratre suo germano Georgio Ernesto ab Henneberg nec non doctore Melchiore ab Ossa et conjuge sua Rudelstadium reversa est. Gallum autem Peritæum præmisit quo nos earum rerum, quæ Wimariæ transactæ erant, certiores reddat.

Paullulum ante quartam suborta est quædam tempestas cæcia vento, grandine et pluvia cum socio suo noto sæviente, interboantibus horribili sonitu tonitruis, qui passim vineta et hordeum læsit, sed ita tamen ut benignissimi patris nostri cœlestis comminatio potius et admonitio, quam indignatio iræ ostenderetur, qui nos non solum salvifico verbo suo sed et mutorum elementorum mutatione commovet.

A cœna doctor Melchior de Ossa et Wolradus de rebus Augustæ actis et de causa filiæ suæ invicem sermocinabantur.

Volebant quidem princeps et comes a Henneberg Georgius Ernestus et doctor Melchior quadam authoritate ac gravitate ea, quæ Wimariæ transacta erant, nobis proponere, sed domina socrus mihi seorsim singula indicare maluit.

xiij Julii circiter sextam mane socrus nos ad se vocavit et qui res Wimariæ peractæ essent, ordine exposuit, exhibens nobis et litteras, ut

*

1 regionis?

scribarum more loquar, recessus, per duces Joannem Fridericum den Mittlern et Joannem Wilhelmum et Joannem Fridericum juniorem Saxoniæ principes confirmatas. Item litteras conventionis inter Guntherum comitem et socrum ex parte uxoris nostræ et legendas præbuit. Hæc autem fere erat summa totius negocii, ut in diem Mercurii proximam comes Guntherus senior intra urbem Arnstad ad manus nostras traderet novem milia florenorum et nos nomine uxoris nostræ omnibus, quæ per contractus Wimarienses annis domini 1525 et 38 transactos renunciaremus.

Eadem conscriptæ sunt litteræ renunciationis et, uti vocant, quitantiarum, item dimissionis tutorum.

Eadem dominus Albertus xix partem psalm. 119 exposuit, nimirum hanc: Justus es, domine, et rectum judicium tuum etc. Docuit quod solum dei verbum ex omni parte rectum sit, et quæ sit justitia coram deo valens. Item quam serio deus sua præpta servari præceperit, scilicet sub perditione corporis et animæ. Item de zelo piorum. Et hanc octoadem esse comparationem regni Christi et diaboli per antithesin monstravit. Item de differentia zelus et iræ. Item quod verbum domini dilucidum non socratica aut platonica doctrina, sed doctrina salutis nullis involucris insipidæ humanæ sapientiæ involvenda, nec aliam quam eandem et perpetuam ecclesiæ per spiritum s. edoctæ interpretationem admittere. Item quam utile et jucundum sit hoc verbum; a mundo contemptui et perexigui pretii habeantur, tamen, si verbo fideliter adhæreant, eo se consolantes ac spe læti in deo vivunt, nec ob tentationum procellas sermonum domini sui obliviscantur, illis non humano sensu æstimanda et corporis et animæ emolumenta hinc contingere. Item rursus de vera illa justitia, ea scilicet, qua nos deus pater per mediatorem Christum justos reputat, et ea, qua deus justus judex, cujus sententiam nil creatorum effugere potest, persecutores veritatis et atheos illos homines juste et judicat et punit, hic disseruit. Atque hic digressionem fecit ad nostra hæc tempora et Cattos [1] hos tyrannos, qui verbum domini ad suam Lesbiam regulam aptari volunt. Interim sibi cum suis interimistis homines belli et suis operibus justi haberi cupiunt. Item quod lex domini veritas sit, nos autem et omnia nostra mendacium. Item quam magnum quidem sit in ipsa calamitate et periculis præsente persecutore in mandatis divinis delectari et a verbo ejus deviare nolle. Tum enim eam mansuram spem,

1 catos?

qua et nos nitamur, justitiam mandatorum dei esse stabilem et perpetuam. Et sic erudiamur a domino. Erudi nos, o domine, et in justitia tua et verbo tuo nos serva per ipsummet quod pro nobis caro factum est verbum, dominum nostrum Jesum Christum, dilectum filium tuum. Qui tecum vivit et regnat cum sancto tuo spiritu deus trinus et unus in secula. Amen.

Eadem domina mater nobiscum egit ut illi supellex, quæ uxori ex testato debetur, ad ipsius vitam relinqueretur. Quamvis periculum subesse videretur, honestissimæ matronæ in hoc consensimus.

Joannes Georgius comes a Mansfeldt per litteras et mandata trium principum fratrum germanorum optimi principis Joannis Friderici filiorum jussus est tutelam filiarum de Schwartzburg loco fratris sui Philippi defuncti suscipere.

Eadem domina mater nobis omnem supellectilem librariam ostendit, quæ vel doctori sufficere posset. Sed quid de supellectile libraria dicam, cum Caspar Sartor non pauca volumina classicorum authorum de rebus fidei tractantium habeat, adeo nec omnino amusum Rudelstadium est.

Vidimus in chartis affabre depictis nominibus etiam asscriptis omnes arces et municiones, quas rustici anno domini 1524 et 1525 in Francia orientali vel expilarant vel conflagrarant.

Apertus hic rumor est et nunc agricolas tumultus ciere.

A doctore Melchiore ab Ossa accepimus ducem Mauritium et suas ditiones nondum Interim illud inire velle.

A cœna choreæ ductæ per nobiles aulicos Georgii Ernesti, vasa pice et crustulis ligneis referta concremata sunt pro more Francorum, quod genus chorearum plus insaniæ et stultitiæ quam piaculi habere videtur.

xiv Julij a socru Georgio Ernesto avunculo suo gratiæ actæ sunt, quod erga ipsam boni tutoris fide usus sit. Deinde prandium sumptum. A prandio Georgius Ernestus princeps, comes et dominus a Henneberg, doctor Melchior Ossa una cum uxore et filiabus ad profectionem se parant valedicentes sorori Catharinæ et filiabus, Eubulus vero his ad duo fere miliaria ducatum præstitit se illis ad officia offerens, ac bona cuncta precatus Rudelstadium reversus est.

Conventum est eadem, quid de obsignatione litterarum fieret et quid ulterius in Arnstad agendum foret. Fecit et Eubulus per Lazarum argentarium in Arnstadt sigillum in usum etc. parari.

Vidua quædam, nomine die Fortschenn, in gynæceo Rudelstadensi dum apud ceteras nymphas in eodem cubiculo dormitaret ac eam Sathan nocte nescio quo spectro vel terriculamento tentaret, mulier hæc nihil impurissimi hujus spiritus phantasmatis mota, spiritui: Omnis spiritus bonus laudat dominum, respondit. Ad hoc phantasma illud ait: Et ego quoque. Mulier igitur animosa fide nequitias ipsius intelligens ait: Mosen habemus et prophetas, insuper Christum; nihil nobis cum mortuis spectris est. Et dicto ocyus, quicquid illud erat, magno cum ejulatu et pedore discessit. Hujus mulieris fidem obticendam non putavi.

xv Julii Adrianum a Zertzen cum litteris ad Schonstadium et Hermannum Nellium in patriam remisimus.

Lucas auriga thaleros octo in itinere insumpsit.

Dedimus Aemiliæ et Annæ Mariæ sororibus uxoris singulis coronatos tres in annulos et Friderico nepoti nostro a Hoia florenos duos.

Vidimus inventarium post mortem soceri nostri piæ memoriæ per notarium jussu Joannis Friderici ducis Saxoniæ et electoris fideliter conscriptum, continentem quicquid supellectilis in arce Arnstad et ceteris aliis aliquot post se reliquerat.

Eadem Draco ex epistola ad Rom. cap. 6 concionatus est super hæc verba: Quemadmodum præbuistis membra vestra serva immundiciei et iniquitati etc. usque ad finem ejusdem capitis. Deinde recitavit evangelium ex cap. 8 Marci, scilicet: In diebus illis, cum turba ad modum multa esset, et reliqua. Jussit autem potissimum in hoc evangelio considerari fructum turbæ sequentium Christum e tam longinquo nulla habita ratione victus, et quod iis, qui se ita Christo permittunt, nihil deerit. Item de genuina Christi erga suos misericordia etc. Item quod ex hoc evangelio remedium contra nimiam victus sollicitudinem, ventris curam et fœdam avaritiam caperemus. Passim in hoc exempla sanctorum ex scriptura adducens et omnem lectionem evangelii in doctrinas septem divisit, ac singulas doctrinas suo ordine diligentissime ob oculos posuit.

A concione non expectato prandio assumpsimus Christophorum Zyrer[1] fratris Galacteos et Coman et conscensis equis recta Blanckenburg petimus civitatem pertranseuntes ac montem cui nomen der Sylber Berck, olim mineris argenti famosum, nemusculum quoque der Legerwaldt, ac tandem Schwartzburgam pervenimus, vetustissimam arcem super abrupto montis constructam, undique jugis montium superbientem.

*

1 Lyrer? fratres?

A ceteris autem montibus Schwartz flumen montem, in quo arx est sita, divellit circumquaque ipsum præterlabens. Nec patet ad arcem nisi unus accessus, et is salebrosus et silicibus plenus usque ad superiora arcis ædificia. Habet a primo introitu usque ad summam arcis portas quotidie reserandas quinque. Introeuntibus arcem ad dextram habitatio nunc est Guntheri comitis, olim Henrici soceri nostri sedes ædificiis adornata. Ad sinistram domus est Joannis Henrici et ædicula sacra. Joannes Henricus jam ibidem ædificat. Mansiones utriusque comitis medium iter dividit. Habet et fossata et turrim quadratam a prima porta ad dextram etc. Nemus arci proxime adiacens der Schwartzburger Waldt vocitatur. Habet et mineras ferri. Sunt et ea nemora quercubus et abietibus consita cervorum feracia antiquæ sylvæ et stabula alta ferarum, nec visu carent. Tenuerunt autem hanc arcem duo comites. Ceteri in Franckenhausen et Sundershausen habitarunt. Agrum habet frugum satis feracem, sed vineis caret, siligine quam tritico ditior. Guntherus reddituario suas mansiones commisit. Joannes Henricus præfectum nobilem et quæstorem habet, major pars ædificiorum Gunthero cedit. Habet et puteum et fontales aquas per canales deductas. Quæstor ærarius Joannis Henrici domum comitis sui ostendit nobis, pane, caseo et cerevisia nos reficiens. Nam veriti ne forte comes suus superveniens nos vino obrueret, ocyus Rudelstadium petimus.

Eadem Wolffgangus comes a Gleichen audiens nos brevi in patriam reversuros unà cum uxore sua, quæ Bohema est ex stirpe dominorum de Dhona Rudelstadii nos invisiit. Venerunt et consiliarii quidam de Arnstadt.

xvj Julii circiter sextam antemeridianam comes Wolffgangus Salveldiam revertitur. Eadem cum Casparo sarctore computatum est. Jussimus Joannem Galacteum Christophoro Ziher thaleros decem in propinam familiæ dare.

Eadem scripta et ratificata est transactio de argentea supellectile cum domina socru.

Est Wolffgangus et uxor ejus par conjugum, a quibus merito omnes, qui matrimonii capistro capita dederunt, sumerent exemplum. Annos circiter quadraginta concordes una vixerunt. Ipse uxorem jocis fovet et honesto amore prosequitur, illa eum ut maritum veneratur et ita ejus curam gerit, ut famula, non uxor videatur. Nullam concionem negligunt, et nulla dies abit, quin divinis agendis intersint.

Vidimus juxta pagum Eichfeldt ex intempestato aeris, flatu ventorum et impetu exundationis aquarum plaustra aliquot silicum per devexa montium ita in fruges flavescentes congesta, ut fere seges cooperta videretur. Item alibi tanta vi arenam in Salam invexit ut subitaneo motu pisces vivos in siccum eliceret ac rustici ejus loci pisces manu prehenderent, referente Otthone Entzenbergio.

Dum Wimariæ in arce ducali inter dominam socrum et Guntherum comitem super dote Anastasiæ uxoris nostræ et aliis causa ventilaretur, consessus consilii talis fuit. Primas occupabant Joannes Fridericus et Joannes Wilhelmus, nam tertius fratrum adhuc minorennis est. Post hos Bernardus a Milen eques doctor Vocatus Brugk senior, doctor Daitleben nobilis, doctor Blichhard, Justus a Hayn cancellarius nobilis, Wulffius a Mulich nobilis, magister domus et juniorum principum quasi informator nobilis. Magister Franciscus Burckhardi vicecancellarius, Henricus Munich marschalcus et quæstor ærarius supremus, quod officium et sub seniore electore tenuit et ipse nobili genitus prosapia. Doctor Basilius. Ex tutoribus Anastasiæ Georgius Ernestus avunculus ipsius solus adfuit, nam Philippus a Mansfeld e vivis excessit. Sigismundus a Holbach præ senio bis puer est. Fridericus a Wangenheim adversa valetudine laborabat. A consiliis vero et verbi dux Melchior ab Ossa legum doctor et judex aulicus Mauricii ducis et Gallus Biretæus erant. Ex parte Guntheri Christophorus ab Entzenberg satrapas ab Arnstadt et doctor Reinhardus, qui parum gratiæ et laudis mentiendo vel potius, ut edoctus erat, mendacia referendo apud principes et consiliarios ducales meritus est.

Nota de mille florenis Gunthero mutuo datis, ut litteræ demonstrant, licet doctor (inscius arbitror) hujus debiti inficias iret.

Invitarunt nos Carolus affinis noster et idem vidua in Rhemdt, olim Joannis comitis a Gleichen uxor.

Eadem domina socrus Anastasiam et Eubulum in concameratum sive conservatorium Rudelstadii introduxit, ubi Eubulus jussus est ex inventario in membranis conscripto ex ordine legere, quæ vasa deaurata et argentea ibidem in conservatoriis asservarentur. Ac singula ut recitabantur inventa sunt. Dedit autem socrus ex eo reconditorio, in quo supellex argentea ipsi socrui vel dono data, vel ex proprio post mariti obitum conflata, erat, Anastasiæ ciatum justi ponderis medio violam referente ac deauratum. Eubulo vero cantharum argenteum ex argento puro ad instar fimbrias ligni deauratum pene sesquiquartam ut vocant liquidi capacem. Vestes quoque Aemiliæ ad nuptias paratas vidimus.

Nemo autem hic aderat præter socrum, uxorem et nos. Acta Rudelstadii 16 die Julii anno domini 1548. Sic deus providet suis etiam incogitantibus, cui sempiterna laus et gloria in secula seculorum. Amen.

Eadem Sigismundus a Holbach litteras renuntiationis sigillo suo corroboratas remisit et per Otthonem ab Entzenberg nos salutari jussit.

Justus Sophi Salveldiam ad Wolffgangum comitem est missus et illi injunctum, ut magistrum Casparum Aquilam parrochum et superattendentem in Salveldt secum adduceret.

Eadem aureos septem in honorarium gynæcei per uxorem dedimus.

Dedit nobis socrus molossum, qui in stabulo vigilias ageret. Nota nudiustertius legatos ducum Pomeraniæ iterum ab Augusta reversos et in Salveldia hospitatos fuisse. Sub nonam magister Casparus Aquila Augustanus parrochus in Salveldia et superintendens ad Salam Rudelstadium venit, homo et doctissimus et omnium horarum, præter tamen indecentem petulantiam.

Significavit nobis eadem comes Wolffgangus a Gleichen d. Christophorum Hossman,[1] qui jam ad annos aliquot illustrissimo Joanni Friderico electori duci Saxoniæ a concionibus sacris fuit, ejus aulam etiam in captivitate secutus, ante paucos hinc dies cæsaris jussu Augustam reliquisse et hac ipsa nocte in Salveldia pernoctatum. Sic autem evasisse dicitur, ut matronæ honestæ opera personatus ac barba in cervicem reflexa muliebri ornatu et amictu indutus, dato illi in hoc vehiculo, sic incognitus urbem egressus sit. Nunc autem recta Wimariam ad electoris filios tendere dicitur.

Item fama constans est civitates Saxoniæ et eas qui se de consortio Hanso gloriantur rursus de redintegrando fœdere sollicitos[2] esse, se omnia facturas, quæ cæsar ab iis, tam facultates quam corpora concernant, jubeat, verum consideratione periculi animarum ipsas haud posse interimenti interim consentire. Hæc se ita habere d. Aquila quoque confirmavit.

De statu senioris electoris sic se res habet.

iv Julii proxime elapsa, hoc est die Jovis post Udalrici cæsarea majestas dominum de Grandevela cum duobus filiis et doctorem Philip-

1 Hoffmann? 2 ?sollicitus? pollicitas esse se.

pum Seldum vicecancellarium ad Joannem Fridericum electorem Augustæ in hortos mansioni suæ contiguos misit, ut serio nomine cæsaris cum ipso agerent de suscipiendo interimente illo interim, minis aureos montes pollicitationum intermiscentes, juxta Christi proverbium: Tibiis illi præcinebant, et noluit ad eorum citharas cantare, si ejularent quoque lamentari noluit. Sed christianissimus princeps hic murus æneus erat, dei gratia in agnitione verbi constitisse ac adhuc ejusdem animi interim se non suscepturi esse dicitur. Quem deus posthac misericordia sua corroborari et confirmari in proposito hoc sancto dignetur, nec vel minis aut metu periculorum nec inescatis pollicitationibus cæsaris a recto dimoveri sinat, sed ut cœpit suam gloriam operetur in eo ipsum confortans, consolans ac fovens, propter Jesum Christum dominum nostrum. Amen.

Certum est extemplo post hanc cæsaris ad electorem legationem Hoffmanno, ut eo qui calcar electori sponte currenti adderet, injunctum esse, ut Augusta discedat et quanquam nescio ob quorum intercessionem octidui tempus, ne de repentina fuga conqueri posset, illi concessum esset, tamen sic Cerberi canis dentes micare vidit, ut nihil spatii de fuga cogitandi illi relinqueretur, sed consultius fore expertus sit, ne semihoram quidem moram faceret. Sed hæc fortuna ut piis non est nova, ita et huic bono viro non soli contigit.

Optimus autem dux Joannes Fridericus elector, etsi illi non fieret facultas et animi et corporis ipsius amicum alloqui, tamen eidem, ut vere nunc de tam opulento principe dici potest, in paupertatula sua viginti sex thaleros in viaticum misit.

Inter cetera, quæ princeps elector cæsareanis ministris respondit, hæc intermiscuisse dicitur, se nolle suo exemplo tot millia animarum perdere, potissimum quod certo persuasum habeat, si vel cunctas mundi opes nancisci posset, se tamen ad summum hanc miseram vitam ad annos quatuor trahere non posse, nec esse quod amissis ditionibus et honore coram mundo corporis agnita veritate neglecta ob fluxas divitias humanas feriari velit.

D. Casparus Aquila de multis nobiscum contulit et nos sua catechesi, quam ad Theodoricum a Brandenstein scripsit, virum, teste Aquila, singularis pietatis, donavit.

Eadem inter barones, socrum nostram de Reussen ob limites et lapides terminales dieta indicta erat coram commissario Theodorico a Carlewitz.

A cœna rogatu senatus Rudelstadii in urbe in domo senatoria et choreæ ductæ sunt et repotia habita.

Domine deus, cujus brachium ne pilo quidem in omnibus mirabilibus tuis a sempiternis seculis diminutum est, exurge et exere brachium tuum fortissimum, et qui potuisti servum tuum Danielem in specu leonum, imo Jesum Christum filium tuum dilectum in medio malitiæ Aegypti servare: recordare juxta bonitatem tuam magnam Joannis Friderici servi tui, ut aliquando juxta voluntatem tuam te cum electis omnibus laudare et te conservatorem suum confiteri possit. Id te rogamus per Jesum Christum filium tuum, qui tecum vivit et regnat in unitate spiritus deus in sempiternum laudandus. Amen.

xvij Julii circiter quartam antemeridianam venit Casparus Coman ostium cubiculi nostri pulsans, litteras deferens, quas Burckhardus nuntius noster ante crepusculum diei adportarat e comitatu nostro ab Hermanno Nellio scriptas. Alteras item a Melchiore Lindio ex Augusta conscriptas. Exemplar quoque litterarum absolutionis.

Eadem d. Casparum Aquilam donavimus scripto Philippi Melanchthonis super interim.

Tricesima Junii comitiis augustanis postrema manus imposita est et senatui consulta cæsaris et statuum imperii publice prælecta. Augustæ usque ad id temporis nihil vel in religione vel in cæremoniis in templo Mauritii immutatum est. Laudanda est ibidem Joannis Henrici ecclesiastis constantia.

Eadem d. Albertus Draco decimam octavam partem psalmi 119 exposuit dicens, eam esse formam orandi et exemplar vere pii viri, ut nuper loqui cœperit, et præterea hac octoade videri, quomodo oratio et vita esset instituenda, dum quasi suspensi spe inter mundi tam miserias quam illecebras et vitam illam beatam versamur. Divisit et octonarium hunc in varias parœneses et doctrinas, ita ut ne syllabam aliquam, ut ita dicam, horum verborum inexcussam relinqueret. Primo autem ait: Hic ecclesiam vel prophetam nomine ecclesiæ ex intimo corde orare et clamare, ut illi præcepta dei servare donetur, nam nostris viribus nihil efficitur. Et hæc fere in primo et secundo versu. Dixit quoque quid hic vel tempus crepusculi vel matutinum significaret, et quid sit sperare in verbo domini. Item quam sit res frugi matutina et jejuna oratio, et quod ebriosi haben kein andacht sondern ohnmacht etc. Item quomodo pia mens de se ex suis omnibus desperans, solam dei misericordiam respiciat et dei justicia refocillari cupiat. Item quanto intervallo tyranni et impii a divinis statutis absint, sibi ipsis suis traditionibus applaudentes, persecutorum autem malitiam nobis ansam et necessitatem orandi præbere. Item quod deus omnibus eum invocantibus prope sit, et quod præcepta dei nihil sint quam ipsa veritas, bona quoque hæc spes in sinu omnium Christi fidelium reposita sit, quod dominus sua in æterno fundaverit.

Eadem ex familia, quam Rudelstadii habebamus collectam corrasimus uxor et ego ceterorum inopiæ subvenientes, quo essent initia thesauri qui congregandus erat in usum pauperum.

A prandio d. Aquila, petita a domina socru et nobis venia Salveldiam reversus est.

Nota, proximo bello Casparum Aquilam in arcem Schwartzburg avolasse, quod se parvam aquilam verbo domini magnas illas aquilas superare et vincere posse scripsisset. Quamobrem per omnes et domos et latebras et in ipsis turrium pinnaculis quæsitus est ab Iberis istis.

Collocutus est nobiscum idem Aquila de libello, quem de utroque vel duplici timore dei, de filiolis et servili habendo præ manibus habet.

Eadem Gallum Barrenter et Joannem Galacteum præmisimus Arnstadium ad recupiendas pecunias etc.

Nota de controversiis inter Aquilam et venatores ducales.

Domina socrus matronas honestiores urbis Rudelstadii in arcem ad cœnam vocavit.

A cœna choreæ et repotia, post repotia rursum choreæ habitæ sunt; omnia cum eo decore, ut honestas matronas et virgines decet, peracta sunt. Adfuerunt et Albertus Draco et Laurentius et Leonardus Telonius et alii.

xviij Julii Joannes Osmundus thalerum sibi dari petiit, et stabulario socrus aureum quoque nummum dedimus.

Eadem compositis sarcinis deo auspice iter Rhembdam versus, ibidem pransuri atque Arnstadii pernoctaturi, arripere statuimus. Primo autem ædes Alberti petentes cum eo de rebus seriis contulimus, qui nos in arcem concomitatus jentaculum nobiscum sumpsit. A jentaculo idem Albertus ut prosperum iter et cetera felicia nobis evenirent a deo patre per Christum precatus est, ac invicem nobis valediximus.

Deinde Annæ Mariæ et Friderico de Hoia cum suis familiis valedicentes equos conscendimus. Deduxit autem nos domina socrus cum duabus filiabus et nymphis suis.

Sub decimam antepomeridianam Rhembdam venimus. Est autem Rhembda castrum et oppidulum sedes Joannis comitis a Gleichen, qui e vivis excedens uxorem eadem ex stirpe comitum de Gleichen sororem Joannis ex stirpe de Gleichen et domini in Thun, qui et ipse jam diem clausit extremum, cum unico filio viduam superstitem reliquit. Hæc igitur mulier non una naturæ dote veneranda nos amicissime excepit prandioque affecit.

Aderant et tum temporis apud ipsam vidua de Wildenfels et filia ejus, soror mariti dominæ in Rhembdt, uxor vero domini quondam a Wildenfels, cui nomen Anarck.

Habitat et in Rhembda altera vidua uxor quondam Eckhardi comitis a Gleichen tres filios habens, quorum et dominium et possessio est.

Tertia tamen pars urbis Rhembdæ et perexigui redditus stirps comitum a Gleichen in tres propagationes et mansiones quoque divisa est, scilicet in Gleichen, Rhembda, Blanckhain, licet plures arces possideant. Et est stirps satis fœcunda utriusque sexus liberis.

Veniam tandem a domina de Rhembd precati Arnstadium urbem patriam Anastasiæ uxoris, quæ ibidem in arce progenita est, recta petimus. Transeuntes pagos aliquot, inter quos insigniores erant Witzleben, sedes nobilium ejusdem nominis, et Martellshausen, in quo et habitatio est eorum de Witzleben. Arnstadium vero sub octavam noctis intramus.

Ibidem in pharmacopolio ad forum magistrum Zorn den Distellirer conspecti. Maluisset quidem domina socrus honoris ergo in arce pernoctare, præfectus autem arcis in ædibus Sigismundi a Witzleben quæstoris ærarii hospitia disponere curaverat. Cum primum igitur deocreati essemus, Gallum Barreter accersiri jussimus, sciscitantes, quid de pecunia actum esset, et edocti sumus ipsummet Galacteum a senatu Arnstatensi quatuor decies centum florenos recepisse in grossis saxonicis Schreckenberger, spitzgrochschen vnnd drielinger, sed reliquam pecuniam in thaleris a Sigismundo a Witzleben expositam esse, nec quenquam ex consiliariis præter Henricum Sindewer huic actioni interfuisse.

Consiliarii comitis Guntheri nobis vini veteris et novi cantharos quindecim propinarunt et variolos pisces quindecim, quos ipsi juxta linguam gentilitiam suam Ein Mandell forlenn nominabant.

Consultum visum fuit in alterum diem Gotham proficisci, sed ob negociorum molem et decimanus dies Julii hic terendus erat.

Risu non indignum duco, quod Anastasiola filia Sigismundi hospitis nostri, cui ab uxore nostra id nominis ad baptismatis fontes inditum, viderat patrem sollicitum de re culinaria et dicentem: Utinam nunc ferina nobis esset, ut tantos dominos et amicos pro dignitate excipere possem! filiola patris sollicitudinem considerans ait: Quid, mi pater? cur est quod ita de ferina æstuas, cum mihi supersit saurus noster? Vel hunc confice et para obsonium in adventum susceptricis meæ dominæ Anastasiæ. Pater arridens, Probe mones, charissima filiola, inquit, saurum tuum in aliud tempus servabimus.

xix Julii litteræ renunciationis in Arnstadt sigillatæ sunt. Nam Lazarus aurifaber ex ære nobis ibidem sigillum exculpserat, cui pro opera sua florenum aureum, nam sic inter nos conventum erat, dedimus.

Eadem in templo Bonifacii concionem sacram audivimus ex epistola ad Galatas. Inter cetera ecclesiastes propalam de fraude Caroli in Joannem Fridericum electorem, et quid papistici proceres simulassent, et quid nunc ab omnibus agere viderentur, proclamavit.

Redditum est nobis et eadem chirographum, quod dominæ socrui super mille florenos antehac dederamus.

Emimus ibidem pileola pellicea duo in usum concionatorum nostrorum in Corbach et Chunradi Coci.

Domina socrus nobilibus nostri famulitii singulis indusium lineum collotenus arte phrygia depictum et singulis servis nummum aureum dono dedit.

Eadem in Arnstadt in cœnobio quondam vestalium ad s. Mariam dictum introeuntes templum ad lævam chori vidimus saxum ad murum erectum, e regione sepulcri, in quo comes Henricus cataphractatus ad vivum excisus est, a fronte habens insignia Clivensia et Honstein, ad pedes galeam, a tergo insignia Schwartzburg et Mansfeldt, frontetenus quasi in tabella scriptum hoc: Obiit ætatis suæ quadragesimo, sui regiminis septimo. In quadrangulo ejusdem saxi hæc habentur: Am Tage Henrici denn zwelfften Julii Anno 1538 ist Er Heinrich Grave zu Schwartzburgk her zu Arnstadt vnnd Sunderszhausen in Gott seliglich verscheiden, dem Gott genade. Obiit autem in castro Arnstadt. Regnavit Henricus alter anno domini 1488. Anno domini 1451 obiit Guntherus primus. Anno domini 1530 obiit Guntherus avus uxoris nostræ Anastasiæ.

Est et sarcophagum ibidem ex lapide cælato referens corpora par conjugum de Schwartzburg ad cujus frontispicium scriptum est: Sepultura comitum et dominorum in Schwartzburg.

Christophorus ab Entzenberg et Schneidewindt licentiatus litteras recipere nolebant eo quod amanuensis manu lapsus aliqua eraserat in eundem locum secundo scribens, ac de hac re multum diuque altercatum inter nos est, et præsertim quod litteræ sigillis et manuum subscriptione domini Georgii Ernesti a Henneberg, Sigismundi a Holbach, Friderici a Wangenheim ac nostri et uxoris corroboratæ essent. Tandem conventum, ut illi pecuniam nobis annumerarent, nos intra menses duos alias litteras emendatius descriptas Arnstadium missuros.

Simoni ærario in Rudelstadt, qui et ipse cum domina socru Arnstadii erat, quod litteras nonnullas nobis descripsisset, thalerum dedimus.

Sigismundus Witzleben gratis omnia, quæ apud eundem insumpseramus dedit, præterea se nobis ad officia obtulit, ægre admittens, ut eo die illinc abiremus. Dedimus uxori Sigismundi aureos duos et singulis pueris ipsius florenum aureum. Erant quinque numero.

Sicque receptis sesquinovem millibus aureis, quorum mille Annæ Mariæ debebantur et ibidem quoque a nobis dabantur, duo millia domina socrus recepit, nam hæc in negotio citationis, absolutionis, profectionis Augustanæ et nescio in quas Plutonis mystas impensa erant. Item dominæ socrui quadringentos pro sumptu in dietis et aliis rebus dedimus. Et ne hos recipere abnueret clam eam pecuniam subter pallium ea inscia in cubiculo ipsius posuimus, nec arbitror eam nisi post abitum nostrum reperisse, atque singulis dispositis matronis, quæ venerant Anastasiæ invisere, valediximus. Sed tum humanitate et precibus earum victi paulisper ad repotia consedimus. Et una ex his mulierculis, quæ quondam ab avo uxoris nostræ e Westphalia eo adducta erat et illi servivit in rebus minus honestis nunc ad dominum conversa agnita evangelii veritate lacrymis undique obortis Eubulum obnixe hortabatur, ut cum uxore in confessione Christi perstare velim.

Guntherus comes vel sui Anastasiæ, ne dicam nostri, velut Megarensium nullam rationem habuerunt, nec sodalitate nec affatu quidem dignantes. Dum uxor a domina matre divellenda esset, juxta Salomonis sententiam, extrema gaudii luctus occupat, nec ego hic admodum ferreus. Vix enim socrui et ceteris præ mærore, ut decebat, gratias agere poteram. At tandem utrinque nos deo committentes ego cum familia mea primus abeo. Nam socrui ibidem adhuc negocia aliqua erant, quæ

16 *

fere sub noctem cum filia Aemilia Cranichfeldam ad Walpurgim sororem suam abiit.

Gotham sub septimam noctis pervenimus hospitati in fumoso et rustico hospitio. Gothæ Ottho a Sebach Annæ frater aderat.

xx Julii Gothæ in cœnobio Augustinensium quendam, qui olim ejusdem cœnobii monachus fuerat, ex cap. 17 Actor. audivimus de profectione Pauli et Silæ ex Philippis in Thessalonicen et quæ sit fortuna profitentium veritatem, et quæ fuerit constantia Pauli, qui nec vel ob plagas vel injurias Philippis acceptas a recto discedere aut prædicationem evangelii relinquere voluerit. Item quibus de rebus et quanti momenti ea fuerint, quæ Paulus apud Thessalonicenses locutus sit. Item quod duæ res Judæis obstiterint, quominus fidem christi acceptare potuerint, una quod neglecto christo per opera legis et sua sedulitate et meritis se posse salvari sibi ipsis persuasum haberent; altera quod christi, qui verus erat et est Messias, dominus et rex inferni mortis et diaboli pro nobis devicti, regnum terrenum quæsierunt, et hic nostra tempora ad præterita Judæorum contulit. Conquerebatur quoque nostros adversarios quam longissime a Thessalonicensium exemplo abesse, cum isti vi, quæ ipsis pulcra videntur, nobis obtrudere satagunt. Thessalonicenses vero scrutandis scripturis, an hæc ita se haberent, quæ a præconibus veritatis audiverant, veritati assenserint etc. Nec oblitus fuit tum et honestam mentionem et debitam intercessionem pro gloriosissimo Joanne electore etc. facere.

Dein sumpto jentaculo Creutzbergam tendimus sub secundam pomeridianam eo pervenientes. Georgius a Horstall capitaneus arcis non aderat.

Comperti sumus Jodocum Schonhar Corbachianum nuptias in nostro hospitio habuisse ac viduam mercatoris ibidem in Creutzberg duxisse. Ipsi quoque hunc hominem et vidimus et nonnulla ab eo emimus.

A cœna in hortos suos Werræ flumini adjacentes et vinetis arboribus mali et cerasi undique consitos hospes uxorem nostram et nos ceteros deduxit.

Urnas octo mensuræ Creutzbergensis cum vase ejus, quod illi provenit vini, pro novem thaleris minus quindecim batzis emimus.

Hospitati fuimus Creutzbergæ apud consulem Joannem, hominem frugi, qui cum uxore omnibus bonis bene velit.

xxj Julii Crentzbergam linquentes in Cappel pransi et ibidem Joannem nobis a pedibus Waldeciam præmisimus.

Propitius esto super omni commisso, o domine.

A prandio Bischusen arcem nobilium a Boneburg et alias arces ac pagos prætereuntes sub septimam noctis Spangenbergam veterem d. Elizabethæ sedem intramus, cum paulo ante adventum nostrum Rudolphus Schenck locum tenens et vicarius Hessorum principis Cassiliam hinc abiens petierat. Adfuerat ibidem principis nostri chirurgus Paulus nomine, verum is nihil de statu rerum principis indicare voluerat, dicens se juramento ad silentium astrictum esse.

xxij Julii precati sumus magistrum Christophorum Greiff, ut ea die, nam dominica erat, verbo domini nos pascere dignaretur, qui sub quartam, postquam illucescerat, ad hospitium nostrum venit, ibidem in inferiori hybernaculo, prius invocato divini numinis auxilio, legit textum evangelii Matthæi 7: Cavete vobis a pseudoprophetis, qui veniunt ad vos in vestimentis ovium etc., et textus enarrationem prosecutus est, et quanquam prima ut apparebat facie longius a textu digredi videretur, tamen ita concionatus est, ut se et prolixe et breviter dicere posse ostenderet nec pietatis aut litterarum ignarus haberi posset. Christiane et docte religionem nostram contra papam, quem monachum italicum et idolum stantem in loco abominationis appellitabat, defensans. Et de interim illo ita loquebatur, ut illud facile quale sit dinoscere doceret, adjiciens hoc epiphonema: Nullius esse in potestate creaturæ novos articulos fidei vel condere vel conditos immutare. Nam Christus apostolos ipsos voluit testes et doctores eorum esse, quæ ab ipso domino audiverant et ipse eos docuerat, non novarum legum conditores. Insuper digito monstravit, qui hi essent lupi rapaces, quæ bonæ arbores ac qui malarum fructus. Item quod sola fide in Christum salvaremur. Item quam sinistre papistæ infernalis draconis squamæ fidem hanc interpretarentur. Denique sive antea, sive postea, sive interim quid contra scripturam et veram religionem Sathanæ venatici canes molirentur nos ipsos fide et gratia Christi obfirmantes patienter omnia Christi nomine perferemus certi nos etiam denuo et his victis apud Christum dominum nostrum triumphatores existere, modo in ejus confessione persistemus. Quod nobis et largiri et nos conservare dignetur Christus Jesus. Amen.

Eundem donavimus scripto Philippi Melanthonis, quid illi videretur de interimente interim, et pecuniam ad locupletandam supellectilem librorum impertiti sumus.

A concione jentaculum sumpsimus ac in Uhar in transitu cibos parari curavimus pro muliebri comitatu, hos tamen primum juxta pagum Harlem ad oram Schwalb fluminis insumpsimus, inde recta Waldeciam petentes circiter quartam pomeridianam arcem patriam intramus, ubi nos compater noster comes Samuel excepit, qui et nobiscum cœnatus est. Waldeciæ neminem præter Honfels et Conradum Cocum cum familia, quæ ibi esse consuevit, reperimus.

Itaque v Aprilis a Waldeck tristes et anxii profecti, non conscientia sed malorum delationibus moti, juxta psalmistæ verba: »Euntes flevimus mittentes semina nostra«, vicesima secunda Julii revertentes sani et integri cum charissima uxore lætantes ad eandem arcem venimus portantes manipulos nostros.

Benedictus igitur sit deus pater cœlestis, qui nos de manu potentis et omni expectatione inimicorum eripuit, et is modo misericorditer donare dignetur, ut vocationi meæ sanctæ, si divina sic sua fert voluntas, inservire ad sui sacrosancti nominis gloriam, subditorum profectum et uxoris et liberorum meamque salutem rite queam. Idque per eum, qui nos sibi precioso suo sanguine mercatus est, Jesum Christum, dominum nostrum, cui cum eodem patre et sancto spiritu laus sit et benedictio in secula. Amen.

Domine deus, da, non quod antea quid, interim aut posthac mortalis vanus statuit statuetve facere, sed quod ille nos edocuit, super quem in Jordane spiritus tuus bonus visus est et quem unum patria voce nos audire præcepisti. Amen.

Cum Joannes Nellius amanuensis noster 24 Februarii anno etc. 49 itinerario huic postremam manum imposuisset, postridie ejus diei Philippus, Joannes et Franciscus comites in Waldeck fratres nostri eodem genitore nobiscum sati primum dotalitia uxoris nostræ Anastasiæ (licet malevoli et quibus concordia fratrum non lucrosa futura timebatur in tertium usque annum huic negocio obstiterint) et suis syngraphis et sigillis confirmarunt. Quapropter et ego, expertus non confundi quicunque expectant dominum, patrem domini et liberatoris nostri Jesu Christi cum filio suo dilectissimo et spiritu sancto confiteor, laudo et benedico in cuncta secula seculorum. Amen.

Actum Corbachii in archivo litterario nostro in præsentia mei Eubuli et Hermanni ac Joannis Nelliorum, germanorum fratrum, dum Romanensis cohors Sathanæ œstro percitus interitum intentans interim remis velisque huic oppido invehere conatur, quod prohibeat is, qui caput serpentis jam dudum contrivit, mundum hunc devicit, idem quoque suam ecclesiam et in his regionibus contra Sathanæ squamas et papales strophas in sana doctrina et conservare et spiritu suo bono regere cum deo patre regnans dignetur, cui rursus omnis sit honor, laus et gloria. Amen.

Hanc suam misericordiam deus abunde in hac regiuncula usque ad hunc diem xvij Octobris Anni 1555 patriæ præstitit, cui perpetua gratiarum actio et gloria. Amen.

Anno salutiferæ redemptionis nostræ sesquimillesimo quadragesimo nono die lunæ post Judica, quæ erat octava Aprilis in nocte intra decimam et undecimam horas, dum sol esset in ariete, deus ille misericordiarum pater, largitor omnium bonorum comitatui huic benedixit et Eubulo ex uxore sua Anastasia prospero partu filiolum largitus est. Huic igitur conditori et servatori omnium viventium in Jesu Christo, domino et liberatore nostro cum s. spiritu perpetua sit laus, gloria et omnis honor. Amen. Dehinc die lunæ post Modogeniti hic filiolus noster susceptoribus nomine Francisci Mimigaruordensis, Osnabrugensis et Mindæ præsulis, Georgio Nagel, satrapa in Sassenburg, nomine novercæ nostræ Joanno fratre nostro et Arnoldo fratre nostro uterino, comite in Steinfordt et Bentheim, domino Wevelinkhoven, lavacra sacrosanctæ regenerationis accipit, nomen illi inditum Frantz. Concionem sacram magister Albertus Draco, ecclesiastes dominæ socrus, habuit, Bertoldus vero Call sacramenta baptismi administravit in præsentia dominæ Catharinæ, socrus nostræ, una et filiarum suarum Aemiliæ et Annæ Mariæ, nec non dominæ, Walpurgis uxoris fratris nostri Arnoldi, Agnetis ejus filiæ et Annæ a Teckenburg desponsandæ nepoti nostro Everino Arnoldi filio. Ex nobilibus comitatus nostri huic sacro operi astabant Hermannus a Wolmerkusen cum uxore sua, Hermannus a Zertzen et uxor ejus, Joannes a Schonstadt et uxor ejus et præfectus Waldeck Joannes a Honfels cum uxore sua, Joannes et Daniel a Geismar fratres germani, Reinhardus et Casparus a Dalwig et filii duo Reinhardi, Joannes a Gaugreben et filius ejus, Hermannus et Wulph las ab Othlair, Jodocus a Grafschaft, Caspar Schade Chunradi filius, Lebenstein a Rhen, Goddert a Volmerckusen, Caspar a Dorveldt, Meinolphus et Casparus a Coman, Bernardus ab Eppe, consules oppidorum Corbach, Wildungii, Sassenhausii, Waldeck, Sassenberg, qui et puero dona largiti sunt. Exterorum nomina studio supprimo, ne aliud quærere videar. Hujus et historiam Joachimus Happelius Bideucappensis patria et civis Corbachii carmine nobilitavit. Uni trinoque deo sit fausta potestas! Corbachii 29 Aprilis in capella Nicolai.

Franciscum filium et Elizabetulam filiam nostram benignissimus deus in mansiones, de quibus servator noster, dominus noster Jesus Christus indubitatam nobis spem fecit, recepit, soror fratrem uno die ex hac lacrymarum valle excedendo præcessit, Franciscus 7 Martii in Christo obiit, ambo in ecclesia parochiali Waldeck in præsentia Annæ materterarum, nepotum et utriusque parentis terræ mandantur, quos in resurrectione beata rursus videre nobis is, in cujus manu vita et exitus mortis sunt, donet. Anno domini 1551. Herulum suum, de cujus nativitate tam christiana scripsit, Joachimus Happelius e Bidencapio oriundus poeta in domino obdormiens eodem anno præcesserat.

Pietate et doctrina præstantissimus medicus, doctor Burgkardus Mithobius, a longe prospiciens quantum malorum mare reipublicæ christianæ vere piorum et doctorum virorum mors invehat, qui a benignissimo deo patre tanquam filii dilecti et illi charissimi a facie malitiæ ex hoc mundo tolluntur, ne videant calamitates et miserias, quas ingratitudo et enormia scelera nostra in nos accersent, hæc ad nos e Cassilia xij Aprilis anno 1549 perscripsit: Vitus Theodorus sabbato post Oculi viam universæ carnis ingressus et doctor Crucigerus Wittembergæ obiit etc. Parce, oro, parce populo tuo, o domine.

Anno salutiferæ redemptionis nostræ 1549 die vero 15 Decembris timore tandem christianissima princeps Christina magna omnium bonorum dolore Cassiliæ diem clausit extremum, quæ inter ceteras virtutes vix credibiles exemplum patientiæ exhibuit. Filia fuit hæc Georgii Saxonum ducis, marchionis Misniæ, landtgravii Thuringiæ. Huic sanctissimæ patriæ matri Philippus Cattorum princeps, comes Cattamelibociæ, cui numerosam prolem utriusque sexus reliquit, maritus Oddenaw modo in custodia detentus cum omnibus piis beatam resurrectionem optat. Filii ex hoc marito adhuc superstites sunt Guilielmus natu major, Ludovicus, Philippus et Georgius, duæ filiæ Agnes, Mauritio duci Saxoniæ electori (si diis placet) nupta, digna meliore fortuna, Anna Wolfgangi ducis palatini in Zwebruck, comitis in Veldentz uxor, reliquæ tres N. N. N. adhuc sub nutricibus degunt. Memento aliquando, domine, misericordiæ tuæ et afflictionis domus Cattorum juxta benignitatem tuam, et hoc propter Jesum Christum filium tuum. Amen.

Hic Christina jacet, genuit quam Saxona tellus,
Consortem thalami, claro Philippe, tui.

Barbara matris erat nomen patrisque Georgus.
Hic rexit Mysios, Sauromata illa fuit.
Pignora cumque decem peperisset chara marito,
Quæ sexum numero distribuere pari,
Sæpe suum supplèx tentans revocare maritum,
Quem tua captivum, Carole, sceptra tenent.
Ut nihil effecit precibus multumque rogando,
In morbum rediens incidit illa gravem.
Ossa phtisi lenta mœstoque exhausta labore
Mors rapit, ad cœlum mens pia carpit iter.

Anno salutiferæ redemptionis nostræ sesquimillesimo quadragesimo nono in nundinis autumnalibus Francofurti ad Mœnum vicesima septembris per Joannem Nellium nobis a secretis et Adrianum a Zertzen nothum, præfectum arcis nostræ Waldeck, receptori seu quæstori ærarii imperatoriæ majestatis per inferiores Germanias, Wolff Haller ab Hallerstein quatuor millia florenorum nostro nomine numerarunt. Nam hic erat ultimus terminus octo millium florenorum solvendi, quos cæsari Carolo quinto in mulctam (si diis placet) in Augusta Vindelicorum anno dni. 1548 vicesima prima Junii nos daturos stipulati eramus, sicque magno nostro nostrorumque licet dispendio, ut id, quod eadem ipsa die scripserim, scilicet: »Qui dedit vitam, dabit et pecuniam«, adimpletum sit, sperantes igitur ulterius de manu domini, cujus benedictio sola divites facit, deum patrem cœlestem cum filio ejus benedicto, domino et redemptori nostro Jesu Christo, una et s. spiritu laudamus et benedicimus in secula seculorum. Pecuniæ autem supradictæ primus solvendæ terminus nobis ad nundinas francofordianas anni domini 1548 indictus erat, et alter ad nundinas autumnales hujus anni. Ne autem a posteris incusaremur tantam pecuniarum vim, nimirum octo hæc millia et duo millia, quæ in comitiis Augustanis et alias in hac re insumpta, nec non quæ præterea hujus corradendæ pecuniæ gratia expensa sunt, in helluationes, veneres aut aleam insumpsisse, hic ascribere placuit, quod prima summa, scilicet quatuor millia florenorum, majore ex parte ex dote uxoria fuerit, posterior nonnisi quindecies centum ex subditis hujus regionis contributa sint, reliqua omnis mutuo et cum redditmm meorum oppignoratione contracta est, quanquam æs alienum longe census nostros annuos superet. Exemplar autem litterarum, ut vocant, quitantiarum ad archiva senatus Corbacensis reponi jussimus. Testes autem hujus tragœdiæ habemus deum verum et vivum, qui nec fallit nec falli potest, conscientiam lætam et eandem multorum piorum virorum hoc miserrimo ævo communem fortunam. Signatum Waldeck die lunæ post Matthæi apostoli.

Anno domini 1553 Januarii die 9 Wilhelmus et Georgius Ernestus pater et filius principes et comites in Henneberg Sebastianum Vitzenhagen satrapam ipsorum in Calcide ad nos Waldeciam miserunt, petentes ut Joanni Friderico electori morem præstaremus ac ad Albertum marchionem Prussiæ legatum ageremus nomine Joannis Friderici et una cum aliquot suis consiliariis et theologis, ut ex infrascriptis pii principis pium principem videre est.

Quoniam vanus est omnis homo, mitte tu mihi angelum consilii, domine deus, verbum et mentem almam tuam dominum nostrum Jesum Christum, qui spiritu suo bono, quid facto opus sit, instillet. Amen.

Nona die Januarii anno Christi 1553 Waldeck.

Mirabili scientia tua, deus, mirabilis et omnipotens in altis dominus solus sapiens justus et bonus et vere nullius quantumvis in speciem pii regis vel magistratus sceptrum rectum est præter unius sempiterni et a patre cœlesti super Sion sanctum montem suum ab æterno constituti regis virga rectitudinis virga regni sui. Hinc experimur proceres religionis nostræ Joannem Fridericum electorem proditione suorum in manus hostium captivum devenisse, Henricum Otthonem vi oppressum et regionibus suis exutum fuisse, Philippum, ut suis exterminium ditionum atque facultatum caveret, sua sponte in custodiam minime liberam se ipsum obtulisse. Et posteaquam hi, quorum mentio hic facta est, immensa dei bonitate, qui suos in finem (ut cum Davide loquar) non derelinquit, hilariori illos arridente fortuna terris suis redditi sunt, en vetus ille noster adversarius, qui leonis instar rugientis, quærens quem devoret, circuinit, Albertum, cujus nomen ob pietatis et eximiarum virtutum laudem, quæ non aliter ac parietaria herba excrevit, multorum libris præfixum est, in errorem induxit. Discamus igitur domino servire in timore et exultare ei cum tremore, et non in nostris consiliis et domini donis, quibus abutimur neglecto datore deo, sed in eo, de quo in capite libri scriptum est, virga rectitudinis virga regni tui fidem et spem omnem collocare. Super autem nobis Christo auspice in his tantis malis hæc spes est, quod impii et tyranni imo vasa iræ tolluntur in altum, ut lapsu graviore ruant nihilque dei sui bonitatem morantes æternam æterne intereant. Pii vero et fideles ex alto ruunt, ut in semetipsos descendentes agnitis peccatis et arrepta misericordia per fidem in Christo pacificatore resurgant. Hoc ipsum Alberto nobisque omnibus benignissimus pater domini nostri Jesu Christi ob eum, quem pro nobis victimam esse voluit in remissionem peccatorum, per spiritum sanctum suum ad nominis sui sacrosancti gloriam donare dignetur. Cui cum eodem filio et sancto spiritu omnis laus honor et gloria in seculum seculi.

Eodem igitur nono Januarii die illustres principes Wilhelmus et Georgius Ernestus pater et filius comites ac domini ab Henneberg strenuum virum Sebastianum a Vitzenhagen suis litteris, ut vocant, credentiarum in hoc ad nos datis huc Waldegam miserunt, qui primo nos de benignitate et optimo affectu principum suorum erga nos cum officiorum propensa voluntate commonefaciens deinde retulit, dominos suos illi præsentes litteras illustrissimi et optimi Joannis Friderici ducis Saxoniæ electoris nati landtgravii Thuringiæ et marchionis Misniæ ad ipsos datas nobis exhibendas legendasque injunxisse, addita nomine dominorum suorum petitione, ut his perlectis et pensitatis tanto principi in tam honesto et pio ejus instituto morem gerere non detrectaremus, præsertim cum id nobis et honori et commodo cederet. Id ambos suos principes obnixe deprecari, ne vel unam hanc precationem abnueremus, se vicissim nobis et corpore et bonis omnia grata officia præstituros.

Hæc a dicto Sebastiano qua decet reverentia et amica voluntate nomine dominorum suorum accepimus, respondentes, negocium hoc ejusmodi esse, ut deliberatione opus habeat, qua habita nos latius, qui dominis suis nostro nomine referre deberet, ubi unum aut alterum diem hic quieverit, indicare velle.

Exemplar litterarum illustrissimi principis Joannis Friderici electoris.

Vnser freundtlich dienst zuvor hochgeborner lieber oheim. Nachdem E. L. ohne Zweiffell wissenn, was fur Irtumb Andreas Osiander, welcher numer verstorbenn, mit seiner verfurischen Leher in dem Hertzogtumb Preussen erregt vnnd angericht, auch darin, wie wir berichtet, vnsernn freundtlichenn Oheimenn vnnd Schwager denn Hertzogenn in Preussen, alß einen Alten Verstendigen vnnd weisen Fursten Ingleichnuss geleitet vnnd gefuert hatt. Vnd wiewoll vff S. L. bittenn vnnd ansuchenn vnsere furneme Theologen darinnen Ihre Christliche vnnd in Gotlicher Schrift ergrundete bedencken auch soviell angezeigt vnnd dargethan, daß gedachts Osianders Meinung Irrig vnnd verfurisch ist, welche bedencken auch S. L. hievor zugeschickt sein wordenn, so kompt vnns doch fur, dass S. L. derselben vngeachtet, dess Osianders Irtumb anhengig sein, dardurch dann in Preussenn Göttlichem Reinem Wort vnnd dem Heiligen Evangelio, auch den angerichtenn Christlichen Kirchenn, dessgleichen vielenn Gottseligenn grosse widerwertigkeit zerruttung vnnd ergerung entstehenn vnnd erfolgenn mocht, welchs wir nitt gernn horenn, Gonnen auch solchs, zuvorderst gemeltem Hertzogenn vnnd S. L. landtschafft gar nitt, dann do eß der gestalt lenger stehenn vnnd bleibenn sollt, ist leichtlich zu erachtenn, wohin eß endtlich gedeienn vnnd gelangen wurde, darfur aber der Almechtige gnediglich sein vnnd dasselbige mitt gnadenn abwendenn vnnd verhueten wolle.

Nun wissen wir E. L. freundtlich vnnd vertrewlich nitt zu bergenn, das viel gutthertzige in Preussenn, welchen dess Hertzogenn fall vnnd beharlichen Vorsatz gantz mitleidlich, dartzu der kirchenn Zerruttung, die Sampt dem volck mit sollichem gifft, wie die sachenn Itzo stehen, beschmeisset werden, zum hochsten bekummerlich, derohalben bei vnns gesucht vnnd gebeten wordenn forderlich ein statliche schickunge von ansehnlichenn leuthenn beide vonn Theologenn vnnd sonstenn in Preussen zuthun, ob vielleicht der Almechtige Gott sein gnadt verliehenn wolt das dadurch der hertzog widder gewonnenn vnnd zu Recht gebracht, vnnd berurter Irtumb aussgereutet, auch weiter abfall vorkommen mocht werdenn, Dieweill wir dann dem Hertzogenn mitt allem freundtlichenn Willenn geneigt vnd zugethann, wir auch nichts lieber wolten dann das Gotlichem allein Saligmachendem Worth vnd Evangelio sein lauff ann dem vnnd anderenn ortenn Rein vnnd unverfelscht gelassenn, So erkennen wir vnns schuldig, seint auch gantz willig, was wir dartzu fordernn vnnd thun muegen, solchs an vnns nicht erwindenn zu lassenn, Darumb wir auch gentzlich entschlossenn, die Schickung, wie dieselbige als vorgemelt vonn gutthertzigenn bedacht, an S. L. zuthun.

Nachdem nun aber, wie Ewer Lieb vnverborgenn, wir dieser zeitt mitt stadtlichen Leuthenn (die doch dartzu sollenn gebraucht werdenn) nit versehen, So weren wir willens denn wohlgebornenn liebenn besonderenn Walraden Gravenn zu Waldeck neben andernn denn vnsernn Rethenn vnnd Theologenn zu berurter Schickung vff vnsernn vncostenn zugebrauchenn. Weill dann E. L. bie genantem Graffenn, als der E. L. tochter tochter hatt vnnd also dem Hertzogenn verwandt ist, woll erhaltenn vnnd erlangenn konnenn, sich dartzu als ein freundt zuvermuegenn lassenn, Dartzu sie dann sonder Zweiffel fur sich selbst als einem Christlichenn vnnd gottseligenn werk, vnnd die freilig nicht weniger dann wir dem Hertzogenn mitt aller freundtschafft zu gethann, vnnd das S. L. in deme nach Gottes willenn mocht geholffen werdenn, one das geneigt sein, So haben wir nicht vmbgehenn muegenn Euch derowegenn zuschreibenn, Vnd ist vnser freundtlich bitt, E. L. wolle dieses an ehegenantenn Graffenn vonn Waldeck forderlich gelangenn lassenn, vnnd fleiss habenn, Inenn dartzu zubewegen, wie sie dan vnsers versehens woll werdenn zuthun wissenn, vnnd vffm fall, das er sich dartzu wolt gebrauchen lassenn, so must er sich nebenn andernn denn vnsernn furderlich vff die Reise machenn, wie Ihme dann vonn vnns vff Ewer widerschreibenn zeitt vnnd malstadt solt bestimpt werdenn, Ewer Lieb wollenn sich hierinnen freundtlich vnnd vnbeschwert ertzeigenn, wie wir vns freundtlich zu denselbenn versehenn, das seint wir vmb E. L. freundtlich zuverdienenn geneigt. Datum Weymar, dinstags nach dem heiligenn newen Jarstage anno domini xv^{c}·Liij.

Vonn Gotts gnadenn Johans Friederich der Elter Hertzog zu Saxenn vnnd geborener Churfurst Landtgraff in Duringen vnnd Margraff zu Meissenn etc.

Johann friderich. G. Churfurst
manu propria
Minckwitz D.

Dem hochgebornem vnnsern liebenn Oheimenn Hernn Wilhelmen Gravenn vnnd hernn zu Hennebergk.

Perlectis itaque electoris litteris die ij Januarii Vitzenhagio fere hoc responsi in præsentia illustris dominæ Catharinæ a Henneberg, comitissæ in Schwartzburg viduæ charissimæ nostræ socrus, quæ et ipsa scriptis a patre et germano suis, ut calcar nobis adderet, quo facilius huic profectioni assentiremus, sollicitaverat, datum est, et eadem die Vitzenhagius ad suos principes iter ingressus est. Primo quod, quæ de benignitate, amico affectu et oblatis obsequiis dixit, fusius et qua fieri potest benevolentia, in sinum illi refundamus. Præterea quod ad litteras illustrissimi ducis Saxoniæ nati electoris etc. benignissimi nostri principis attinet, nos ex his optimi principis optimum institutum summa cum lætitia legisse, mœrore vero non parvo ejus viri lapsum, cujus nomen literæ ipsius ducis exprimunt, nec absque intimo animi dolore percepisse. Nosque gratias immortales cum debita submissione animi non solum duci electori, sed dominis suis patri nimirum et affini nostris observandis et charissimis agere, quod dignum me duxerint, quo in tam pia functione uterentur, et certissime ipsis, quod pro fide et veritate mea affirmo, persuasum habeant, si non meo me modulo metiens tali oneri imparem comperiam, nullum in tota Germania esse principem, cui majore animi alacritate morem gerere cuperem, cujus in me meosque beneficia, ne dicam quod ad religionem christianam attinet, mihi non ignota sunt. Insuper ut dominis Hennebergensibus nuntiet, si qua possim ipsis præstare grata, me non invitum facturum. Verum hæc tempora et præsentes domus ac regionis meæ status non permittunt, ut facile pro sua principibus digna prudentia domini mei considerare possent; quæ omnia sic esse principes Hennebergenses posthac latius et optimis rationibus edoceri et certiores fieri possunt. Omni igitur, qua possum, amica obtestatione et animi submissione precor, ut domini ab Henneberg hanc meam excusationem non pro efficta et vana detrectatione tam honesti negocii, sed pro necessaria et inevitabili benigniter et amice suscipiant et apud illustrissimum Joannem Fridericum ducem Saxoniæ electorem natum etc. quam humillime deprecentur. Si qua alias ipsis dominis tanquam patri et affini meis observandis et amicissimis inservire queam, spero quod animum meum ex facto noverint. Ad quorum officia una cum uxore et liberis me totum offero et cum modo aliud non possim, curabo ut in nostris ecclesiis suppresso tamen nomine, pro Alberto eorum amico, clementissimo principe meo oretur, ut Christus ipsum vere in sui agnitionem educere dignetur, insuper rogans, ne domini existiment, filiam et sororem ipsorum illustrem dominam Catharinam ab Henneberg comitissam in Schwartzburg etc. viduam, charissimam nostram socrum nihil ob eorum scripta apud me institisse, quæ omnia, in quantum maternus amor permittit, præstitit.

Suscepta igitur excusatione nostra illustrissimus princeps Joannes Fridericus dux Saxoniæ elector etc. proxima septimana post dominicam Lætare hujus 1553 anni venerandum virum dominum Joannem Brentium a Wila verbi divini præconem in Hala Suevorum, item magistrum Joannem Stotzium concionatorem suum aulicum et nobilem Fridericum a Wangenheim huic legationi, ut voti tam sancti compos redderetur, piissimus princeps præfecit et ablegavit.

GRAF WOLRAD AN BRENZ.

In antiquo dierum in Christo salutem et impletionem ut et si senuerint tamen plantati in domo domini vegites permaneant.

Juxta ejusquem ut nomine sic nec non et re refers te alloquor, senior electe domine et amantissime Brenti, quamvis ecclesiæ rebus nec non publicis ac domesticis d. t. obrutum sciam tamen confisus de nostra [1] Ratisbonæ inita et Stutgardiæ renovata amoris ergo mihi inhibere non potui his paucis d. t. interpellare. Et primum quasi post somnum dulcissimam quietem rerum (si veteribus poetis fides esse debet) in mentem aliquando d. t. venire arbitror, quod olim Ratisbonæ dum piæ memoriæ divus Joannes Diazius Iberus Christi mox martyr Neuburgi ad Danubium factus me semel atque iterum chartas illinentem inveniens pro suo (ut nosti) more scire cupiens quidnam iis næniis conarer, ipsi me interroganti, respondi, me singulis diebus unam vel ducere lineam velle, quid rerum illic ageretur quod cum viro illo sancto (ut ni fallor candidissimi erat ingenii) homini mirum in modum cordi fuit. Sic itaque ab eo tempore id per singulos dies mihi et si non Musis, quarum mihi profecto nulla est gloria, sed tamen refricationi memoriæ tentavi. Sicque forulo ubi libuerit d. t. libandas ipsas meas nænias anno elapso Studgardiæ præsens ut patri et amico tradidi. Et nunc macte candore doctrinaque Joannes mihi in mentem venit, promissi de Augustana mea profectione, quas miscellaneas [2] non etiam morionibus, etiam sua sunt nomina eidem d. t. charissimo patri et amico pro fidei tuæ dexteritate transmitto utinam autem superesset ætas memoria et ocium lectionis mihi contingere posset, ut de omni vita operatione utraque fortuna d. t. ejusdem argumenti volumina tua manu descripta (sed deo gratiæ bonum et notum nomen tuum est coram ecclesia:) obtingerent, viderer mihi plus thesauri in multorum etiam piorum maxime adolescentium consequuturum, quam olim

*

1 de nostra amicitia? oder etwas der art. 2 So hat Wolrad eigenhändig corrigiert. Es war: „macelaneas."

splendidi Romulidæ quamvis charissimo pretio sibilina volumina æstimationi duxere. Sed de his satis. Valetudinem d. t. quam a deo prosperam spero, scire aveo, et rerum tuarum fortunam ecclesiam domini tibi curam esse scio, et dominum tui custodem fore, nostra adhuc Christo gratia, mediocriter ecclesia viget, ut tamen domini nostri consuetudo est, non adeo numerosa viris concionatoribus.

Quod autem modo d. t. occupationes interrumpo caussa est opportunitas nam hic amanuensis noster qui post obitum priorum et nobis fidelium Hermanni Nellii et Calebi Tryopheri nobis in justa munia secretarii nuper obvenit patriam ire veniam petierit, et non multis miliaribus a vestra ditione, dihabitet, illi injunximus ut promissas chartas d. t. adferret cui fidem habeas, et ejus et meæ stoliditati ignoscas rogo erratis, quorum cophini non uni referti sunt pro tua paterna amicitia ignosce. Salvus domi ecclesiæ et foris perpetim in domino sis ac vale! Salutat te costa nostra charissima Anastasia iterum Eubulumque tuum esse scito, nostrorum omnium in præcationibus tuis sis memor. Datum et exhibitum Isenbergæ 13 Augusti anno salutis nostræ millesimo, quingentesimo sexagesimo quarto.

D. T. deditus
Wolradt g. z. Waldeck
manu propria.

Vere pio et doctissimo celeberrimoque de ecclesia Christi optime merito domino Joanni Brentio Wirtembergici ducatus ecclesiarum antistiti summo, colendo patri et amico suo.

ANHANG.

(Zu seite 205.)

Allerdurchleuchtigster Groißmechtigster vnnd unuberwintlichster Romischer Keyser, Es hait mir mein Weib angezeigt E. Kay. Majestät gnedige antwurt, hab daruff Ir beuolhen, das sie in allen Artickeln der Capitulation, die noch nit aufgericht weren, furderlich vnd eilendt, die neben meinen Rethen volnfueren laisse, vnd wie Ich von Ir verstanden, so haben Ir meine Rethe angezeigt, das sie mit brechung der vestungen wie es E. Key. Majestät Commissarien angeben, gantz In kurtzer zeitt fertig sein wollen.

Sie hait mir auch angezeigt das Ir meine Rethe geschrieben das sie bunts Abschiede E. Key. Majestät oder den beiden Churfursten zugeschickt, wie Ich nun hoffe das E. Key. Majestät die bekommen haben.

Ich hab Ir auch bevolhen, das sie neben meinen Rethen, mit allen clagenden partheien, die des vergangen zugs mich anzufordern vermeinen, sich von meint wegen mit In vertragen vnd sie zu fridt stellen sollen. Wa aber sie so gantz beschwehrlich vnd vnleidentlich ertzeigen vnnd nit contentieren laissen wolten: So will Ich E. Key. Majestät oder Irer Majestät Commissarien weisongh leiden, Diß zeig Ich E. Key. Majestät darumb an, das E. Key. Majestät gewißlich befinden, das an der Capitulation an allem an mir kein mangel sein solle. Sonder das Ich die trewlich leisten vnd halten will.

Ich hab auch, allergnedigster herr vnd keyser, das Interim, das E. Key. Majestät vff heimstellung der Chur vnd fursten vnd anderer Stende furgenommen, wie es biß vff das angefangen vnd bewilligt Concilium gehalten werden soll, nu etlich maill gelesen, Vnnd befinde nach meinem geringen verstande, das es In den mehrertheilen Artickeln gantz Christlich ist. Es seint woll etlich artickel die Ich nit genugsam verstehe, Das Ich sie auß gottlicher Biblischer schrifft beweren konte, sie seint aber so alt vnd vor vielen hundert Jahren, bey den alten lehrern Martirern vnd Christen Im brauch gewesen, vnnd von Inen gehalten, wie Ich das in Eusebio Cæsariensi, in Tripartita vnnd Ecclesiastica historia, vnnd bei sanct Johann Chrisostomo vnnd andern gelesen. Derohalben Ich meins Haubts nit sein will, vnnd mich weiser duncken, den die lieben alten heiligen lehrer vnd Marterer, die Ir Bluit vmb Christi vnsers seligmachers willen vergossen haben. Vnnd sonderlich dweill Ich nicht zweiuell das E. Key. Majestät solichs Interim auß hoher keyserlicher vernunfft von got begabt, vnnd mit Raith weiser vnnd gotseliger leuthe vorgenommen haben.

Will darumb E. Key. Majestät zu gehorsam vnnd vnderthenigkeit solich Interim annemen, bewilligen, vnd mit fleiß vnnd Ernst in meinem lande es halten laissen, vnd so E. Key. Majestät mir gnedigklich heim erlauben, daruber halten.

Euwer Key. Majestät sollen sich auch zu mir versehen, das Ich E. Key. Majestät vnd Romischer kuniglicher Majestät vnd Iren Erben, parthen vnnd in Irer hulff gegen alle außwendige potentaten, die E. Key. Majestät zu widder sein wollen, Es sey Bapst, Turck, Franckreich, Polenn, Dennemarck, Schweden, Engellandt, Schwittzer, oder wer die seint, sein wille.

Vnnd womit Ich E. Key. Majestät, auch der Romischer kön. Majestät Sone vnd Erben erhöhen helffen vnnd furderen kan vnd mag, das Ich darzu kein fleiß, muehe vnd arbeit sparen will. Ich will auch E. Key[r] Majestät parthei vnd in Irer hulff sein, gegen alle in Teutschlandt, niemandt außgescheiden, die E. Key. Majestät zu widder vnnd vngehorsam sein wollen.

Ich bitt aber E. Key. Majestät vmb gots Almechtigen, Auch der Mutter Gottes, aller Engell vnd Heiligen willen. E. Key. Majestät wolle mir gnedigklich all das vergeben, damit Ich E. Key. Majestät zu widder gewesen, oder sie erzornet hette, vnnd solichs nit allein als ein milter vnnd gnediger keyser, dem solichs vom geblut Osterich angeboren, vnd gegen andern sich vilmal erzeigt, Sonder als ein Christenlicher Keyser vnnd Vatter mir vergeben, wie E. Key. Majestät von got vergebung begeren vnnd hoffen.

Vnnd wolle auch gnedigst erwegen vnnd ansehen, daß Ich dannest ein harte buß getragen, am negsten vergangen Dinstag ein gantz Jair in E. K. Majestät Custodie gewesen.

Auch E. Key. Majestät vnnd dem Hern von Bueren E. Key. Majestät Obristen in Niderlanden mehe den zwaymal hundert tausent gulden durch mich vnd meine vnderthon geben laissen.

Hab E. Key Majestät an geschutz vnnd Munition vberraichen laissen, das mich in die zweymalhundert tausent gulden costet.

Die vestungen die Ich hab nach Inhalt der Capitulation brechen laissen, haben mich mehr den dreymalhundert tausent zu bauwen gecostet.

Vnnd bin warlich in solichem vnrait vnnd verderben, das Ich vnnd meine Kinder es schwehrlich in vielen Jaren verwinden werden. Hoff E. Key. Majestät werde vetterlich ermessen, das Ich numehr ain harte vnnd schwehre buß vmb mein verwurckung getragen.

Vnnd mir also gnedig vnnd barmhertzig sein, auß keyserlichem tugentlichem vnnd vetterlichem gemuet mich aufs furderlichst gnedigklich auß dieser Custodien erledigen vnnd mein gnediger her vnd Keyser sein.

Vnnd mich zu E. Key. Majestät allergnedigst erfordern, So will Ich diese obgemelte meine erbieten E. Key. Majestät gnugsamlich mit meinen brieuen vnnd Insiglen versichern.

Ob auch E. Key. Majestät einichen Zweiuel hetten, das Ich den Artickeln, die in der Capitulation verleibt, nit gnug thuen wurde, So will Ich mich verpflichten, das so Ich an dem seumich, das In der Capitulation begriffen, vnnd noch nit außgerichtet were, da mich Gott vor behute, das Ich alsdan alles mein lande, leuthe vnnd gute verlustigt sein will, vnd in die acht damit gefallen sein.

Will auch E. Key. Majestät vber das meine Sone zwen auch etlich vom Adell vnnd landtschafft meins Landes zu Gyseln haben biß so lang die dinge die in der Capitulation noch nit volnbracht, volkomenlich außgerichtet werden, Will Ich sie E. Key. Majestät vor Gyseln zustellen.

Vnnd so mich E. Key. Majestät zu Ir allergnedigst erfordern, bitt Ich in vnderthenigkait, wolle mir, so sie vber das vnd diese meine erbieten, noch weiters vnd mehrers von mir begehren, Ir gnedig gemuet ertzaigen So solle E. Key. Majestät befinden, das in allen dem mir moglich E. Key. Majestät willfaren will.

So aber E. Key. Majestät in dem mich zuerfordern bedencken hetten (als Ich doch nit verhoff) So wolle E. Key. Majestät Irer Rethe, mein hern vnd freunde den Bischoff von Arras, E. Key. Majestät Secretarien Eraso vnnd den von Liera, oder wer E. Key. Majestät gefellig verordnen, an ort die E. Key. Majestät gefallen, schicken vnnd mich zu Inen bringen laissen, So will Ich alle obgedachte erbieten mit brieuen vnd meinem Ingesiegell versichern.

Auch von Inen was E. Key. Majestät allergnedigt gemuet ist, vnnd

17*

sie von mir haben wollen oder begehrn, vndertheniglich hören vnnd vernemen, Vnd will mich dermaissen erzeigen, das E. Key. Majestät des ein gnedigs gefallen haben sollen.

Bitt E. Key. Majestät nochmaln, vmb Gottes seiner lieben Mutter vnd aller Engeln vnnd heiligen willen, wolle mir gnedigklich vergeben, ein gnediger Keyser vnnd herr sein, vnnd mich furderlich gnedigklich erledigen.

Vnnd mich des nit entgelten laissen ob andere E. Key. Majestät willen nit thuen wollen, vnd E. Key. Majestät vngehorsam weren. Dan Ich will E. Key. Majestät gehorsamer vndertheniger furst vnnd der parthei vnnd Hülff sein.

Bitt allergnedigste troistlichste antwort vffs furderlichst, domit Ich armer vnnd betrubter furst mich der von E. Key. Majestät zu erfreuwen hab, das will Ich die Zeit meins lebens vmb E. Key. Majestät vnnd die Rom. Konigk. Majestät auch Euwer beiden Majestäten Sone vnnd Erben vnderthenigklich mit leib vnnd gut verthienen, vnd meine Sone dahin weisen solichs zuuerthienen. Der Almechtig Gott wolle E. Key. Majestät in langkwiriger gesuntheit fristen vnd erhalten. Datum Hailbrun freitag den xxij[ten] Junii Anno 1548

E. Key. Majestät

vnderthéniger gehorsamer furst

Philips Landtgraiff zu Hessen.

EIN ZETTELL.

Allergnedigster herr vnd Keyser. Es wirt mir angetzeigt, wie das etlich mich bey E. Key. Majestät vervnglimpfen vnnd antragen sollen. Ist meine hoigste bitt E. Key. Majestät so Ir etwas von mir angezeigt ist oder wurde, Es sey von Teutscher oder anderer Nation zungen, E. Key. Majestät wolle mir solichs anzeigen vnnd vermelden laissen. So soll E. Key. Majestät mein warhafftig vnnd vnderthenigste antwurt zu aller Zeit dermaissen befinden, das E. Key. Majestät des ein gut gefallens vnd benuegen allergnedigst haben werden.

Ich bitt vffs allervnderthenigst E. K. Majestät wolle mich allergnedigst furderlich erledigen, vff das Ich E. Key. Majestät mit meinem leib zu E. Key. Majestät gelegenheit desto trewlicher vnd mit gesuntheit dienen konne. Beuele Ich mich E. Key. Majestät vnderthenigklich. Datum ut in litteris.

PUNCTATIONEN ZU DES LANDGRAFEN PHILIPPS VON HESSEN CAPITULATION. [1]

(K. 69, 127—29.)

1. Item Erstlyck sall der Landtgraue syck dem Key. Maye. zu genaden vnd vngenaden ergeben.

2. Item Sall vor Key. Maye. eyn fuß fall doen.

3. Item sall auch der Landtgraue dem Keyser gehorsam seyn, vnnd was ehr ordinert halten.

4. Item sall ehr des Kamer gerichte helpen holdenn.

5. Item sall eher widder dem Turcken helpen thun.

6. Item alle ordenunghe vnnd vorbuntnisse vortzigen, vnnd alle breue zuleneren, nychtz wegeren, vnnd was de buntnisse halten autzeigen, vnnd zu Smalkercken vffgerichtet worden ist.

7. Item keyne buntnisse nycht macken, edder lyden, wydder dem keyser edder konnynck, offt ihre vorwannten.

8. Item keynen viandt des keysers lyden sunder vortribenn.

9. Item offt Key. Maye. auch Straffen etwan yegen itlicke personen vorneme, Sall ehr nycht vorhinderen, eth sy gelych wye ehr wylle.

10. Item sall ehr ock Key. Maye. allenthalben dorch syn Landt vnd vestnisse passeren vnd offnunghe gestadet werdenn.

11. Item sall ehr synen vndertanen so gegen Key. Maye. gethan haben straffen, vnd alle ehre guder nemen vnd Key. Maye. tostellen.

12. Item sall auch Key. Maye. gewantter kostenn vnd Schadenn gestadet werden, nemptlich ij tunne goldes inwendich seuen wochenn vth zugebenn.

13. Item sall auch alle vestnisse affbrecken vnnd gesloiffet werden, vth gescheiden Cassel edder Zeigenhagen vnd alle bussen, Kruth vnnd allens wes dar zugehort, leueren, wyll eher Key. Maye. widder geuen wes eher wyll.

*

1 Das ganze scheint originalentwurf zu sein. Jedenfalls ist die schrift gleichzeitig.

14. Item sall der Landtgraue dem Keyser bytten das eher inne dar by blyben lasse.

15. Item sall der Landtgraue keyne vestnisse mher im Landt machen, ane des keysers wyllen.

16. Item sall ehr hertoch Hinrick vnd synen Sonne myth zum keyser nemen, vnnd Imme syn Landt weddervmb in rumen, vnnd alle eyde sollen aff syn vnd alle kosten vnd schaden gelden myth allen Interesse.

17. Item de wydder dem van Dennemarckt, edder wedder ander, ßo dusser kriges rustinghe, dem Landtgrauen nicht geholffen, vnnd vff Key. Maye. Seyten gewesenn, nycht gefferlich syn.

18. Item alle gefangenn loeßlaten sunder kosten.

19. Item allen dennen ßo gegen dem Landtgrauen sprach offt vorderunghe hetten edder auerkomen mochten desselbigen vorbeholt, ader zu rechte schuldich syndt, vor dem Commissarien, ßo der keyser ordinert, edder an dem kamergerichte eyn ider genogen lassen.

20. Item sall der Adell vnnd alle vnderthanen sweren, dass en vordracht, vnnd wa der Landtgraue dar wedder deyde, sollen zey den Landtgrauen greiffen vnnd dem keyser auerantweren.

21. Item zum lesten, der Curfurst van Brandenborch, Hertoch Mauritz, Wulffganck van Zwebruck sollen dussen vortrach vorscriuen vnd vorsegelen, das ehr gehalten werde, vnd wu der Landtgraue dar wedder thete sollen sye neben des Landgrauen myt heres crafft vortriben vnnd imme zu gehorsam bringen.

* * *

Auf der rückseite des letzten blattes steht:

Dysses bolanget den Landtgraffen van hessen wes he louen solde.

SCHLUSZWORT DES HERAUSGEBERS.

Wolrad II graf von Waldeck darf mit vollem rechte den bedeutendsten persönlichkeiten des sechszehnten jahrhunderts beigezählt werden. Durch wißenschaftliche bildung die meisten seiner standesgenoßen überragend, von aufrichtiger frömmigkeit beseelt und für das wohl seiner unterthanen väterlich besorgt, war er bei vornehm und gering allgemein geachtet und wurde wiederholt zu aufträgen berufen, die ein ehrendes zeugnis für seine außergewöhnliche tüchtigkeit ablegen. Der reformation anfangs abhold war er ihr nachher aus überzeugung zugethan und suchte sie in seinem lande auf alle weise zu fördern. Von seinem lehnsherrn, dem landgrafen Philipp von Hessen und einigen andern reichsständen war er im jahre 1546 als ein tüchtiges rüstzeug ausersehen worden, dem religionsgespräche zu Regensburg als auditor beizuwohnen, und rechtfertigte in hohem maaße das in ihn gesetzte vertrauen, wiewohl er auch durch seine unerschrockenheit und festigkeit mancher gegner bittere feindschaft und besonders des kaisers ungunst sich zugog.

Diese ungunst des kaisers steigerte sich nicht lange nachher zu einer förmlichen ungnade, weil Wolrad auf veranlaßung seines genannten lehnsherrn am schmalkaldischen kriege antheil genommen, wenn auch den kriegszug selbst nicht persönlich mitgemacht hatte. Zwar waren in der mit dem landgrafen Philipp abgeschlossenen capitulation vom 16 Juli 1547 des landgrafen unterthanen und diener mit inbegriffen; allein der kaiser wollte die grafen von Waldeck durchaus nicht als hessische unterthanen anerkennen und erklärte, sie seien lediglich und allein grafen des reichs und folglich von jener capitulation ausgeschloßen. So wurde denn dem grafen Wolrad und seinen beiden halbbrüdern Philipp und Johann bei strafe der acht aufgegeben, auf dem 1548 zu Augsburg abzuhaltenden reichstage sich persönlich einzufinden und wegen ihrer theilnahme am schmalkaldischen kriege sich zu rechtfertigen. Der am 12 März 1548 insinuierten citation, nach welcher sie am 16 April vor dem kaiser sich zu gestellen hatten, muste natürlich, wenn nicht schlimmeres eintreten sollte, folge geleistet werden. So trat denn graf Wolrad mit seinen brüdern und seinem neffen Samuel, der zwar nicht mit vorgeladen war, aber auf seines vaters Philipp befehl und aus eigenem willen sich anschloß, am 5 April die reise an, von der er erst am 22 Juli nach Waldeck zurückkehrte.

Auf der hin- und rückreise, sowie auch während seines aufenthaltes zu Augsburg selbst, führte er, wie er es gewohnt war, ein genaues tagebuch, worin er, sich selbst mit Eubulus, einer übersetzung seines namens Wolrad, bezeichnend, alles wichtige, das ihm begegnete, ausführlich und mit großer sorgfalt verzeichnete. Sein secretär Johann Nellius schrieb dasselbe nach der heimkehr ins reine und beendete diese arbeit am 24 Februar 1549. Dieses tagebuch, welches hier in seiner vollständigkeit mitgetheilt wird, belehrt uns nicht nur zuverläßig, wie arg dem edeln grafen mitgespielt wurde, sondern enthält auch für die geschichte jener zeit des wichtigen und interessanten so viel, daß die herausgabe desselben wohl nicht erst einer rechtfertigung bedarf.

Die handschrift, deren sich der herausgeber bediente, befindet sich in der herzoglichen bibliothek zu Wolfenbüttel, deren hochverdienter vorstand ihre benutzung mit bekannter liberalität, wofür ihm die freunde der litteratur mit dem herausgeber zu aufrichtigem danke verpflichtet sind, gestattete. Sie enthält 153 beschriebene folioblätter und trägt die bezeichnung MS. 30, 5 Aug. Sie ist von Reinhard Trygophorus (Hefenträger) geschrieben, vom grafen Wolrad revidiert und mit dem am schluße abgedruckten begleitschreiben, welches im original in die handschrift eingeklebt ist, dem berühmten theologen Johann Brenz als geschenk zugesandt worden. Wie dieselbe nach Wolfenbüttel gelangte, war nicht zu ermitteln. Eine andere handschrift unseres itinerariums soll sich früher im besitze Eggelings zu Bremen befunden haben und eine andere noch im fürstlich waldeckischen archive verwahrt werden, wo sie von Varnhagen (s. dessen grundlage der waldeckischen landesgeschichte, 2 th. Arolsen, 1853, s. 193) benutzt worden ist. Über den schreiber der Wolfenbütteler handschrift und über die um die reformation im Waldeckischen verdiente familie der Trygophori finden sich gute nachrichten in Varnhagens eben genanntem werke, sowie in dessen büchlein „einführung des christenthums in Waldeck und dessen herstellung durch die reformation, Marburg, 1813“, und in Hamelmanni opp. geneal. hist. p. 851 ff.

Die an der spitze der zuschrift des Trygophorus s. 3 stehenden buchstaben C. D. T. T. C. M., welche auch auf mehreren denkmälern und büchereinbänden Wolrads gefunden werden, sind die anfangsbuchstaben seines wahlspruches, psalm CXIX, v. 120: Confige, Domine, Timore Tui Carnes Meas.

Auch bei dem religionsgespräche zu Regensburg hat Wolrad, wie aus seinem briefe an Brenz hervorgeht, ein tagebuch geführt und ein exemplar desselben dem genannten „ut patri et amico“ persönlich zugestellt. Nach Varnhagen soll sich auch ein exemplar desselben im fürstlich waldeckischen archive noch jetzt vorfinden. Es wäre sehr zu wünschen, daß dasselbe, wenn es anders an wichtigkeit dem vorliegenden gleichkommt, im interesse der historischen wißenschaften ebenfalls der öffentlichkeit übergeben würde. Der herausgeber des gegenwärtigen würde gerne dieser arbeit sich unterziehen.

. Der anhang, welcher nach der versicherung des Herrn Archivars Landau zu Cassel bisher unbekannt und ungedruckt war, ist aus der jetzt zu Münster aufbewahrten kindlingerischen handschriftensammlung (band 69) entlehnt.

REGISTER.

DRUCKFEHLER.

seite 180 zeile 6 von oben lies qui sint sontes.
seite 190 zeile 16 von oben lies ocius.
seite 196 zeile 6 von unten lies modo tam.
seite 199 zeile 13 von oben lies ex unguibus aquilarum.

BIBLIOTHEK

DES

LITTERARISCHEN VEREINS

IN STUTTGART.

LX.

STUTTGART.

GEDRUCKT AUF KOSTEN DES LITTERARISCHEN VEREINS.

1861.

PROTECTOR

DES LITTERARISCHEN VEREINS IN STUTTGART:

SEINE MAJESTÄT DER KÖNIG.

*

VERWALTUNG:

Präsident:

Dr A. v. Keller, ordentlicher professor an der k. universität in Tübingen.

Kassier:

Dr Zech, ordentlicher professor an der k. universität in Tübingen.

Agent:

Fues, sortimentsbuchhändler in Tübingen.

*

GESELLSCHAFTSAUSSCHUSS:

Dr Böhmer, stadtbibliothekar in Frankfurt a. M.
G. freiherr v. Cotta, k. bayerischer kämmerer in Stuttgart.
Dr K. v. Gerber, kanzler der k. universität in Tübingen.
Hofrath dr Grimm, mitglied der k. akademie in Berlin.
Dr G. v. Karajan, vicepräsident der k. akademie in Wien.
Dr E. v. Kausler, vicedirector des k. geheimen haus- und staatsarchivs in Stuttgart.
Dr Klüpfel, bibliothekar an der k. universität in Tübingen.
Dr O. v. Klumpp, director der k. privatbibliothek in Stuttgart.
Dr Maurer, ordentlicher professor an der k. universität in München.
Dr Menzel in Stuttgart.
Dr Pauli, ordentlicher professor an der k. universität in Tübingen.
Dr Wackernagel, ordentlicher professor an der universität in Basel.

MELERANZ

VON DEM PLEIER

HERAUSGEGEBEN

VON

KARL BARTSCH.

STUTTGART.

GEDRUCKT AUF KOSTEN DES LITTERARISCHEN VEREINS
NACH BESCHLUSS DES AUSSCHUSSES VOM JANUAR 1861.

1861.

DRUCK VON H. LAUPP IN TÜBINGEN.

[1a] Hie bevor bî den jâren,
dô die gefüegen wâren
in allen künicrîchen wert
und dô man rehter fuoge gert,
dô schamten sich genuoge.
swâ man kein unfuoge
begienc, daz was den werden leit.
gefuoge zuht und hübescheit
vlizzen si sich alle dô.
mit schœnen zühten wâren frô
beide wîp und ouch man.
vil manger hôhen prîs gewan
mit zuht und ouch mit manheit,
von dem man noch hiute seit.
man sach nâch êren strîten
die werden zallen zîten.
untriuwe unde valscheit
was dô aller welde leit.
dô wârn die liute rîche
und lepten frôlîche.
si wârn getriuwe und wol gemuot.
ouch wâren dô diu jâr guot.
nu hât ez sich verkêret gar:
ie langer sô bœser jâr.
die liut vil grimmeclîchen
lebent in allen rîchen.
ez nimt abe an guoten dingen.

*

9 all do. 11 och, wie häufig. 13 zuchten. 14 noch fehlt. 16 wurden. 24 lenger.

die uns frœude solten bringen.
ich mein die edelen rîchen.
die lebent unfrœlîchen.
[1b] die wîben solten lachen
und frœude solten machen.
ich mein die edelen jungen.
die lebent unbetwungen
an tugenthaftem muote.
manec bî grôzem guote
lebt unfrôlîchen.
wem sol ich daz gelîchen
wan daz im sô nâhent gât
daz guot ze herzen daz er lât
frœude und allen hôhen muot?
wem sol dann sîn grôz guot
dâ mite er lasterlîchen lebet
und nâch grôzem horde strebet?
guot ist guot swer daz hât.
swer aber mit dem guot begât
daz im stât lasterlîche,
der ist arm und niht rîche.
swer aber guot gerne hât
und dâ mit êre begât
und hât er got vor ougen
. . . .,
der hât zer welde êre
und gewint dort sælden mêre.
ich meine in himelrîche:
daz wizzet sicherlîche.
guot sol man behalten
und dâ bî êren walten.
künde ich guote ræte,
swer nâch mîner lêre tæte,
dem riete ich daz er behielte
[2a] guot und dâ bî wielte.

*

28 fröde immer. 32 Vnnd inn fröd. 36 Mänger. 52 lautete wohl offenbâre und tougen. 53 ze der. 55 in dem.

der witze unde êre hât,
daz er dâ mite niht begât
daz man im sprichet guoter man,
der daz niht verdienen kan
daz im ieman spreche wol,
ine weiz zwiu dem sîn guot sol.
sô ist ouch manic rîcher man
dem al diu welt wol guotes gan,
wan der hât tugenthaften muot
und schaffet daz mit sînem guot
daz man im muoz tugende jehen:
der lât von im niht anders sehen
wan tugentlîche reine site.
dâ liebt er sich den liuten mite,
daz si im tragent holden muot:
daz ist wol und hât der guot.
swer aber guot sô liebe hât
daz er niht dâ mite begât
weder êre noch frümkeit,
allen liuten den ist leit
swaz dem êren widervert.
mit sîner erge er sich erwert
daz im nieman êren gan.
vil ofte ich daz gesehen hân
daz man den frumen êret
und sîne wirde mêret,
sô man den bœsen swachet
und in niht tiure machet.
ein man mac nâch êren
. . . .
[2b] daz im diu welt guotes gan.
hie sül wir dise rede lân,
wan obe wir immer trîben daz,
der bœse getœt doch nimmer baz,
wan daz er lebt nâch sînem site.

*

65 guoten lon. 68 Ich wais zuo wem dem. 73 tugent. 89 smæhet. 90 tür. 92 vielleicht sînen sin wol kêren.

1 *

den biderben tiuret man dâ mite
swâ man im dicke vor seit
von êren und von frümkeit.
Nu hœrt ein frömdez mære.
daz hât der Pleiære
von welschem getihtet,
in tiutschen sin gerihtet
mit rîmen als er beste kan.
lebet noch her Hartman
von Ouwe, der kunde baz
getihten, daz lâz ich ân haz,
und von Eschenbach her Wolfram:
gên sîner künste bin ich lam
die er het bî sînen tagen.
doch wil ich iu ein mære sagen
von Artûs dem künic hêr.
bî sînen zîten lebte er
mit êren alsô schône,
daz nie houbet under crône
in sô grôzen êren wart gesehen.
des muoz man mit der wârheit jehen,
wan iu dicke ist vil geseit
von des künges wirdekeit,
waz er êren begie.
sîn gelîch der wart nie
[3ª] gesehen in allen landen.
sîn hôher prîs vor schanden
was wol mit wirdekeit behuot:
nâch êren sô ranc ie sîn muot.
Artûs der edel künic rîch
het drî swester minneclîch,
diu ein diu hiez Seifê,
diu ander hiez Anthonjê,
diu dritte Olimpîâ hiez.

*

98 türret. man fehlt. 102 Player. 103 wälschem gedichte. 104 gerichte. 108 Gedichten. 109 Wolfferasz. 110 kunst. lam] haben. 128 schwesteren. 131 hyeß Olimpia.

der rehten wirdekeit geniez
lac an den drîen frouwen.
man mohte ieclîche schouwen
sît under küniges krône
vor ir landes fürsten schône.
Seifen nam der künic Lôt:
nâch ir minne was im nôt.
Anthonjen die werd erkant
nam der künc von Grîtenlant.
Olimpjâ diu was minneclîch,
die nam der künc von Franken rîch.
diu edel Seife und der künc Lôt
diu rehte liebe in daz gebôt
daz si ein ander minne
von herzen und von sinne
truogen âne wankels vâr.
Seifê bî im gebar
vier kint, diu wurden wert,
ir herze niht wan êren gert:
Bêâtus unde Gâwân
(ietweder hôhen prîs gewan)
[3b] und die clâren Itonî
und die süezen Gundrî,
die juncfrowen werde erkant.
diu künigîn von Grîtenlant
gewan einn sun, hiez Gaharet,
der ouch gern daz beste tet.
do er gewuohs zeinem man,
vil hôhen prîs er gewan.
von Franken rîch Olimpîâ
diu gewan einn sun, den hiez man sâ
in der toufe Meleranz,
des prîs mit wirdekeit wart ganz.
er wart hübesch und curteis:

*

139 Anthoneyen. 153. 154 ytoney : gundrey. 156 küngen von grunland. 157 ainen sun der hieß Gahariet. 162 ainen. der h. gauo (:). 164 ward man sa (:). 165 gurteys.

man hiez in wan den Brituneis.
Durch Artûs liebe tet man daz.
sîn herze tugent nie vergaz.
er wart Artûse vil gelîch.
diu küngîn zôch in lieplîch
unz er wart zwelf jâr alt.
sîn lîp was clâr und wol gestalt
und wart sô tugentlîch gemuot
daz er lîp noch daz guot
vor êren niht ensparte.
vil wol er sich bewarte
vor aller slahte valscheit.
sîn muot ie nâch dem besten streit.
mit grôzem vlîz wart er gezogen,
an wérder fuore niht betrogen.
im wart dicke vor geseit
von sînes œheims wirdekeit,
[4a] daz der ân alle schande
lebt in sînem lande
und waz man fröuden fünde dâ.
nu gedâht der juncherre sâ:
'benamen, daz wil ich besehen.
mîns willen wil ich nieman jehen:
ich wil mîne reise heln
und wil mich heimlich ûz versteln,
daz des ieman werde gewar,
und wil alleine rîten dar,
daz ich ieman sî bekant,
swenn ich kum in mîns œheims lant.
ich wil besehen, ob ich kan,
wie man einen frömden man
in sînem hove grüeze.
got gebe daz ich müeze
schier den œheim mîn gesehen:
sô kan mir liebers niht geschehen.

*

166 pritoneis. 162 öhams. 188 Mines will ich niemans. 189 min. 194 mines öhams. 197 grüsset. 198 müsset. 199 min] me.

mir ist sô dicke vor geseit
von mînes œheims wirdekeit
daz ich kûme erbîte
daz ich dâ hin gerîte.’
Einem juncherren winct er.
er sprach ‘heiz mir bringen her
daz aller beste kastelân
daz mîn vater müge hân.’
in sîn kamer gie er zehant.
an legt er ein rîch gewant
als einem knehte wol zam.
einen bogen und ein swert er nam,
[4b] als er an den zîten
wolt kurzwîlen rîten.
ûf den hof gienc er zehant
da er ein ros gesatelt vant:
daz was starc schœn unde guot.

* * *

und habe mich ouch in sîner huot.’
der knabe sprach ‘lieber herre mîn.
got müezet ir bevolhen sîn.
Der müeze iu lîp und êr bewarn
und lâze iuch sæleclîch gevarn.’
der knabe vil sêre begunde klagen.
er sprach ‘herre, waz sol ich sagen
mîm herren und der frowen mîn?
an den wirt grôzer jâmer schîn,
sô in daz mære wirt geseit.
daz wirt in ein herzeleit
daz ir von in sît geriten.
herre, getörst ich iuch des biten,
daz ir belibet, ez diuht mich guot.’
er sprach ‘ich sage dir mînen muot:
ich blîbe niht, swie ez ergât.
mîn sin mîn muot mir alsô stât,

*

202 öhems. 212 er fehlt. 214 kurtzwil. 220 beholffen. 225 Miuem. 226 sin.

lieber friunt vil guoter.
mîm vater und mîner muoter
soltu mînen dienest sagen.
bit si daz si iht sêre klagen
umb mich, ich gehabe mich wol.'
'ich enweiz niht waz ich sagen sol.
west ich war ir woldet
oder waz ich sagen solde,
[5a] sô künd ich in wol gesagen
unde næme in grôzez klagen.'
er sprach 'man wirt noch wol gewar
wâ hin ich wil od war ich var.
got müezestu bevolhen sîn!'
'gnâde, lieber herre mîn!
got müeze iu lîbs und êren wegen,
got gebe iu sînen süezen segen.'
von dem knaben wart im gâch.
dem rehten wege reit er nâch
vil nâhen einer mîle lanc.
nu kam im daz in sinn gedanc:
er gedâht 'ich kan des niht bewarn,
wil ich die rehten strâze varn,
mirn sül an disen zîten
mîn vater nâch rîten
und erwendet mich der reise
gegen dem werden Brituncise.
daz sol ich vil wol bewarn:
ich sol ein ander strâze varn.'
einen smalen stîc er sach,
dem kêrt er von der strâze nâch.
der wîste disen jungen man
verre durch den walt dan,
anderthalp ûf ein heide.
wol anderthalp tageweide

*

236 Minem. 241. 242 wollt : sollt. 243 in fehlt. 245 gewar fehlt. 246 oder. 249 wegen fehlt 250 vielleicht und geb iu. 254 sinen. 257 Mir. 259 der] minner. 260 pritoneis.

het er des tages gestrichen dar.
dô nam er einer bürge war,
dar ûf was ein reiner wirt.
der knabe daz duo niht verbirt,
[5b] gên der burc er kêrte,
als in diu müede lêrte:
er wolt die naht dâ gerne sîn.
vil guoter handelunge schîn
vant er an dem wirte dâ.
ich wæne er nie anderswâ
eins nahtes baz gehandelt wart.
der wirt frâgt in umb sîn vart
wan er rite od war er wolte,
daz er im daz sagen solte.
dem wirt sagt er ein mære
daz er gesendet wære
ze dem künic Artûs in sîn lant.
er sprach 'herre, ist iu bekant
diu strâze dar, ich wolt iuch biten,
(mich dunkt ich habe irre geriten)
daz ir mich heizet wîsen dar.'
dô sprach der wirt 'daz ist wâr,
ir rîtet irre und doch niht vil.
morgen ich iuch wîsen wil
ûf die rehten strâze.
als ich iuch rîten lâze,
der selben strâze volget nâch.'
der knabe zuo dem wirte sprach:
'Daz vergelte got der herre mîn.'
der wirt der tet sîn zuht schîn
an im. er bleip die naht dâ.
des anderen morgens sâ
nam er urloup von dem wirte sîn.
er sprach 'vil lieber herre mîn,

*

270 sin. 272 duo] dū. 279 Ain°. 281 Von wann. oder wo er hin wöllt. 282 söllt. 287 dar fehlt. 288 irrsz. 298 siner. 299 da sein. 301 sin fehlt.

[6ᵃ] got pflege iur, ich wil hinnen varn.'
juncherre, got müez iuch bewarn.
wær iu hie liebes iht geschehen,
des wære ich frô, des wil ich jehen.'
alsô sprach der reine wirt.
durch sîn tugent er niht verbirt,
einen kneht er mit im sande
der in gên Artûses lande
die rehten strâze wiste.
urloup nam der gepriste
von in allen und bevalh si got.
in sînes wirtes gebot
erbôt er sich und reit von dan.
ein knabe wîst den jungen man
an die rehten strâzen.
'ander wege sult ir lâzen
und rîtet der strâze nâch:
diu treit iuch reht,' der knabe sprach,
'ze Briziljân in den walt.'
urloup nam der degen balt.
er bôt dem knehte sînen segen
und bat ouch got sîn selbes pflegen.
hin reit der werde man.
als ich daz mære vernomen hân
nâch der âventiure sage,
was er vierzehen tage
volleclîch gestrichen dar.
nu reit der juncherre clâr
in den kreftigen walt.
die wege wâren manicvalt,
[6ᵇ] etwan smal und niht ze breit.
einem wege er nâch reit,
der wîste in in den walt dan
sô verre daz der junge man
wol weste daz er irre reit.
der wec wart smal der ê was breit

*

303 uwer. von hinnen. 304 üw. 319 wohl dirre. 320 tret.

und wart von ungevert sô grôz
daz in des weges gar verdrôz.
doch reit er alles für sich.
er gedâht 'dirr wec bringet mich
doch ze liuten eteswâ.'
nu sach er vor im ligen dâ
ein gebirge, daz was hôch,
da engegen der selbe wec zôch.
der wec in daz gebirge in truoc.
dem volget nâch der knabe kluoc:
er vant niht anderr strâze dâ.
der selbe wec wîst in sâ
an einen berc, der was hôch.
den rehte zageheit ie flôch.
 Der gedâhte 'wâ sol ich nu hin?
sît ich dâ her komen bin,
benamen sô wil ich volvarn.
got der müeze mich bewarn.'
an den hôhen berc er dô reit.
er kam in solich arbeit
von ungeverte eins tages nie.
der wec an den berc gie,
einer hin, der ander her.
[7a] nâch dem wege reit er
den berc ûf hôch über den walt.
sîn sorge diu was manicvalt.
do er was ûf den berc komen,
der was sô hôch, hân ich vernomen,
wol raste hôch von der eben.
an den berc sluoc eneben
daz mer, der walt al umbe gie.
nu gedâht er 'herre got, wie
sol mir hînaht geschehen?'

*

342. 343 Er gedaucht diser weg bū Doch zu luten ettwza gat mich. nach 348 als besondere zeile Dem volget nauch der. 350 wec fehlt. 360 den fehlt. 361 Ain' krum hin. 365 Do er nun was. 368 eneben] er neben. 371 hint.

nu begund er umb und umbe sehen
ob er indert sæh erbûwen lant.
nu wart im anders niht erkant
wan gebirge welde und ouch daz mer.
'nu sî got der mich ner'
sprach er und erbeizte sâ.
die naht muost er ruowen dâ,
wan er niht fürbaz mohte.
nu gedâht er waz im tohte
daz im daz wægest möht gesîn.
der vil liehten sunnen schîn
was gên der naht zergangen gar.
nu nam er eines boumes war
der bî im ûf dem berge stuont.
daz dûhte in ein gæber funt.
sîn ros er mit dem zoume
bant vaste zuo dem boume.
ûf dem berc stuont grass genuoc.
für daz ros er dô truoc
beide loup und ouch gras
[7b] daz ez vor hunger wol genas.
dâ muost er die naht sîn
âne brôt und âne wîn
und âne guot gerœte.
guoter bettewæte
het er des nahtes sich verzigen.
er muost in sîm gewande ligen
unz im der lichte tac erschein.
der knabe der wart des enein,
sîn ros zôch er an der hant
ûf den wec den er dâ vant
anderthalp den berc zetal.
vil süezer stimme vor im hal
von vogelen in dem walde.
ir dœne manicvalde

*

375 Nun g. wäld. 376 sig. 380 docht. 386 gaber 392 er. 394. 395 vn. 398 sinem. 400 in ain. 404 stim vor jm erhall. 406 don.

im fröweten sînen seneden muot.
alsô zôch der knabe guot
ab dem berc an die ebene.
ez stuont im niht vergebene
daz er die strâze verlôs
und im disen wec erceôs.
ûf sîn ros saz er dô.
dannoch was er harte frô.
durch den walt er kêrte,
als in der wec lêrte;
vil balde er dannen gâhte.
eins dinges er gedâhte:
Ob er kæm ûz dem walde,
sîn sorge manicvalde
diu müeste schier ein ende haben.
[8a] er begunde snellecliehen draben.
dô er in den walt reit
vil nâhen einer mîle breit,
dô kam der degen wol getân
in dem walde ûf einen plân,
der lac vor einer steinwant.
sîn ougen den wart bekant
ein anger alsô wünneclich:
schœner bluomen was er rîch,
der gras kurz und kleine,
vor unkrût gar reine.
er was wol rosloufes breit,
als mir diu âventiure seit:
er was ouch niht langer.
enmitten in dem anger
sach er einen boum stân,
des nam war der junge man,
daz was ein diu schœnste linde.
ich wæn daz ieman vinde
einen boum alsô wünneclich.

*

407 senenden. 412 disen rechten weg. 414 Dannoht. 417 danne. 418 Aines dingß. 428 wart] wannd.

si was geleitet umbe sich,
die este gebogen ûf daz gras.
swer under der linden was,
dem moht der liehten sunnen schîn
mit ir licht kein schade sîn.
des nam der knabe war.
  Von zwein brunnen dar
was geleitet meisterlich
in zwein rœren wünneclich,
die wâren grôz silberîn.
[8b] dar ane lac grôzer koste schîn.
die siule wâren marmelstein,
sô lieht daz dar inne erschein
ein ieclich dinc daz nâhen was.
als in einem spiegelglas
ersach man sich dar inne.
von meisterlichem sinne
wârn die rœren ûf geleit
wol rosloufes breit;
dar inne lûterz wazzer ran.
einer frouwen wol getân
was sîn ze einem bade gedâht.
ez was mit richeit gar volbrâht.
umb die brunnen was ez sô gestalt:
der ein was warm, der ander kalt,
und fluzzen von dem steine
in ein botigen reine.
daz holz was lign âlôê,
verre brâht über sê
von dem lant ze Kovesas.
mit golde si gebunden was.
  Meleranz reit schiere dar
zuo dem stein und nam des war
daz die brunnen fluzzen dan

*

447 war von anderer hand. 458 maisterlichen. 459 Waren. darufl. 461 wassers. 463 bad gethon daucht. 465 prunn. 468 potigen immer. 469 lingalawe.

ze der linden. dô der junge man
daz hêrliche geleite sach,
in sînem herzen er des jach,
daz werc wær meisterlich volbrâht.
in wundert wes man het gedâht,
daz man die grôzen rîcheit
[9a] an daz wazzer het geleit
daz dâ der linden gegen ran.
von dem brunnen reit er dan
und kêrte gegen der linden.
er dâht 'ich wil ervinden
waz wunders bî der linden sî,
ob iht liute wonen dâ bî.'
in den gedenken reit er dan.
vier juncfrowen wol getân
fluhen von der linden breit.
daz ersach der junkher der dâ reit.
von dem ros stuont er zehant:
an einen boum er ez bant.
den juncfrowen rief er nâch
'ir frowen, war ist iu sô gâch?
iu geschiht von mir kein ungemach.'
si enruochten waz er gên in sprach,
si fluhen gegen dem berge dan.
nu gedâhte im der junge man
'mîn ros wil ich hie lâzen stên
und wil zuo der linden gên.'
sînen bogen er von im bant,
an den satel hienc er in zehant.
daz swert truoc er mit im dan.
ze der linden gienc der junge man.
Dâ vant er grôze rîcheit.
ein bat dar under was bereit,
dar inne saz ein schœne maget,
als mir diu âventiure saget,

*

480 gedâht fehlt. 482 hat. 484 prun. 486 erbinden. 488 wonnend. 496 wo ist üch hin. 497 absatz in der handschrift.

daz niendert lebe ir gelîch,
[9b] schœne unde minneclich,
dar zuo manecvalt tugende
der si pflac in ir jugende.
si was ein küniginne rîch.
ir dienet gar gewalteclîch
diu wilde Chamerîe.
si hiez diu schœne Tytomîe.
von der edelen künigîn
wâren driu juncfröwelîn
geflohen, diu maget reine
saz in dem bade alleine.
ich sage iu wâ von daz geschach.
ein juncfrou zuo ir frowen sprach
'wir sehen, frowe, einen man
rîten über den grüenen plân.
erst wol geriten und wol gekleit.'
dô daz diu juncfrowe seit,
diu küngîn zuo den meiden sprach
'mîn meisterîn mir des verjach,
diu kan wol an den sternen sehen
waz in der welde sol geschehen.
diu sagt mir daz ein junger man
sol komen her ûf disen plân,
der ist eins rîchen küniges kint.
alle die nu lebende sint,
undr allen jungen kinden
kan man niendert vinden
daz an tugenden im gelîche.
der künc von Franken rîche
ist sîn vater, seit man mir.
[10a] mîn juncfrowen, nu sült ir
mich hie lâzen sitzen.
ich wil mit guoten witzen
versuochen disen jungen man.

*

515 kungin. 517 Die wil der Chameray. 518 Tytomei. 520 diu driu? doch vgl. 490. 527 Er ist. 530 daß. 531 steren. 532 wellt. 536 nu] im.

mügt ir gesehen, waz füert er an
oder wie ist sîn ros gevar?'
dô sprach ein juncfrowe klâr
'er füeret rôtiu kleider an.
sîn ros daz ist wol getân,
daz ist blanc unde guot.
sîn hâr reit val, dar obe ein huot.
er füert umb sich einen bogen.'
diu frowe sprach 'ich bin unbetrogen.
Ez ist reht der selbe man,
von dem ich vernomen hân,
daz an tugenden sîn gelîch
niendert lebe ûf al dem ertrîch.'
ir frowen hiez si fliehen dan
gegen dem berge über den plân
reht in den gebæren
als ob si wilde wæren.
nu was der junge werde man
under die linden gegân.
daz hat er verdecket sach
mit eines samîtes dach,
daz guot und rîche wære.
nu sach der lobebære
ein bette, daz was rîche,
gemachet meisterlîche,
die stollen helfenbeinîn,
[10b] die knopfe liehte rubîn,
die spange guldîn, niht ze kleine,
mit mangem edelem gesteine
gefüllet meisterlîche.
nie künic wart sô rîche
er læge wol mit êren dran.
envollen ich niht gebrüeven kan
die gezierde und die rîcheit
diu an daz bette was geleit.
obe dem bette über al

559 si fehlt. 567 Das er g. 576 Nie kain küng. 577 dar an.

ein zendâl, der was lieht gemâl,
als breit sô daz bette was.
al umb und umbe ûf daz gras
hie ein rîcher umbehanc,
der was breit unde lanc,
genât wol mit golde,
als diu küngin wolde,
wie Pârîs unde Elenâ
ein ander minten, ouch stuont dâ,
wie * Troien sît gewan
und wie Enêas dan entran
und wie im al sîn dinc ergie.
daz stuont wol genât hie.
bî der botigen stuont aldâ
ein sûl von marmel blâ,
dâ daz wazzer în gie;
sô manz niht in die potigen lie,
sô gieng ez in der sûl nider.
in dem walde gienc ez ûz wider,
undr der erden wasez geleitet dan
[11a] in dem walt verr über den plân.
durch anders niht tet man daz
deiz undr der linden würde naz
und daz der anger . . . .
. . . .
Meleranz der junge man
sach gerne die gezierde an.
er gedâht in sînem muote
'jâ herre der guote,
wes ist disiu rîcheit?
sæh ich wan ieman der mir seit,
mich solt des niht betrâgen,
ich solt in drumbe frâgen.

*

582 gemâl fehlt. 587 Genät. 590 An annder. 592 von dann. 593 alles. 596 blaw. 597 gieng. 599 Absatz in der handschrift. Do. 600 ez fehlt. 604 Das eß vnnder. 605. 606 u. d. d a. vnnd die bluomen Wurden da mit begossen niht. 612 Sach. wan] nun. 614 dar umbe.

. . . .
ich hân bî allen mînen tagen
ein rîcher bette niht gesehen,
des wil ich mit der wârheit jehen.'
ûf dem bette lag ein phlûmît
und ein matraz lanc und wît,
daz was harte rîche,
gesteppet meisterlîche,
zwei lînlachen kleine,
wîz und vil reine,
wârn dar über gedecket.
dar über was gestrecket
ein deckelachen hermîn,
daz kunde bezzer niht gesîn,
mit einem pfellel bezogen,
michn habe diu âventiure betrogen,
der glaste als ein glüendiu gluot:
er was rîch unde guot.
[11b] dâ lac ein wangküsselîn,
daz kunde rîcher niht gesîn,
diu ziech von Salomanderâ.
ouch hienc ein badelachen dâ.
An einem ast der linden.
ich wæn ieman möht vinden
ein badehemde alsô rîch.
mit golde was vil meisterlîch
vil wæhiu bilde dran genât.
dâ bî hienc ein rîchiu wât,
ein hemde wîz sîdîn
und ein roc phellerîn,
des selben ein suckenîe rîch:
diu was bezogen meisterlîch
mit einer veder härmîn,
diu kunde bezzer niht gesîn.

*

620 marteriz. 625 Waren die ober. 627 härin. 629 pfell. 630 Mich. 631 glost. 637 ast von der. 638 wann. 641 dar an. 644 phellein.

des selben phellers er dâ vant
einen mantel, der was ûf die hant
gezobelt harte rîche,
gefurriert meisterliche
mit einer veder härmîn.
diu tassel gâben liehten schîn,
geworht ûz zwein edeln gesteinen.
ich nenne iu hie den einen:
Ein smarac grüene als ein gras.
daz ander ein saffîr was.
disiu zwei tassel rîch
diu wâren zwein menschen glîch.
daz ein was gestalt alsus,
nâch der götinne Vênus,
[12a] diu het ein vackel in der hant,
als si brunne, dâ bî bekant
was swen si dâ mit zunde,
daz der ze aller stunde
von herzen muoste minnen
und nâch herzen liebe brinnen.
an dem andern tassel man vant
Amor, der het in sîner hant
von golde einen scharpfen gêr.
swen er dâ mite machet sêr,
des herz muost wunt von minne sîn.
eine bühsen guldîn
er in der andern hende truoc.
sô in des kummers dûht genuoc,
[sô] streich er der minne salben dar:
sô was sîn nôt verendet gar
und wart von der wunden heil
und ouch von herzen liebe geil.
ein gürtel der hienc dâ bî,
der was vor armüete frî,

*

654 castell. 655 zwein wohl zu streichen. 659 castell. 660 gelich. 665 an zund (: stund). 669 castell. 671 ain. 674 Ain. 677 selben. 682 armuot.

diu rinke ein edel rubîn.
abe dem borten gâben schîn
vil der edeln steine,
gebuochstabet cleine.
dâ was gebuochstabet an,
alsô ich vernomen hân,
'mannes langer mangel
daz ist des herzen angel.'
die buochstab an dem strichen vor
die sprâchen 'dulcis lâbor':
[12b] daz sprichet, sô mir ist geseit,
'minne ist süeziu arbeit.'
der senkel was wol hende lanc,
zetal unz ûf die erde er swanc,
swenn in diu maget umbe truoc:
er was ein rubîn guot genuoc.
bî dem bette hienc ein huot,
der was von pfâwen vederen guot,
mit golde wol gezieret.
er was gefurrieret
mit einem pliât rîche,
die snüere kostlîche
von sîden und von golde
geworht, als si wolde.
an der snuor wârn vier knöpfelîn,
smarac saffîr und rubîn.
diu snuor was guot, ze rehte lanc.
vor dem bette stuont ein banc,
diu was von helfenbeine.
zwên frowenschuoche cleine
mit golde wol gezieret,
edel gesteine drîn verwieret,
die stuonden vor dem bette dâ.
Meleranz gedâht im sâ:
'Diz ist daz aller rîchst gewant

*

683 Die ring. 688 Als. 700 pfauwes. 704 Die schnuor waren k. 714 dar inn verbirret. 717 richist.

daz mir ie wart bekant.
mich wundert wes diu rîcheit sî.
ich weiz wol daz hie nâhen bî
sint liute die sîn nement war.
diz gewant ist einer frowen clâr.'
[13a] von dem bette gienc er dan
dâ er sach die botigen stân.
dô er die verdecket sach,
wider sich selben er dô sprach
'mich triegen dann die sinne mîn,
diz mac wol ein bat sîn
und ist bereit einr frouwen.
ich wil daz bat schouwen
ê ich von hinnen kêre.
ich vürht ab des vil sêre,
ob ein frowe in der botigen sî,
diu würd vor scham nimmer frî,
ob diu unzuht mir geschæhe
daz ich die nacket sæhe.
ouch wær mîn laster worden grôz,
wær in dem bade ein frowe blôz,
diu lîht von mir erschrecket ist,
und daz ich die in dirre frist
baz erschrecken solde:
von rehte ich strâfen dolde.
daz kan ich wol understân.
ich wil ze mînem rosse gân
und wil ûf mîn strâze varn,
vor ungefuoge mich bewarn.
die frowen die dâ fluhen mich
die wænent lîhte daz ich
sî ein roubære.
mir ist solh guot unmære
daz ich niht mac mit êren hân.'
nu hôrt diu maget wolgetân

719 diu] dise. 721 nämen. 726 selber. 729 einer. 732 aber. 739 erschrigkt. 740 diser. 750 söllich. 751. 752 vertauscht.

[13b] sîn rede diu in dem bade saz.
si gedâhte 'wie gefüege ich daz
daz ich rede wider in?
sît ich in dem bade bin
alleine hie, des schamt er sich,
daz er vil lîhte wider mich
vor schame niht gesprechen kan.'
si gedâht 'ich wil den jungen man
versuochen unde wil in
inne bringen daz ich hinne bin.'
Si huob ûf den samît rîch
und sprach her ûz vil zorneclîch
'juncherre guot, waz suochet ir?
mich müet vil sêre daz ir
mîne frowen habt verjaget.'
si sprach 'knabe guot, nu saget,
waz suochet ir ûf mînem plân?
sol ich hie niht gemaches hân
vor iwer unfuoge, deist mir leit.
mîn frowen habt ir mir verjeit
die mîn pflegen solten.
ich hân vil sêre engolten
iuwerr kunft ûf disen plân.'
vor schame wart der junge man
vil rôt und sprach 'frowe mîn,
lât iuwer tugent werden schîn
an mir durch iuwer êre
und zürnet niht sô sêre
gên mir, ich hân schulde niht.
mich hât ein wunderlîch geschiht
[14a] her in dise wilde brâht.
ich het vil wênic des gedâht
daz hie ieman wære.
frowe sældenbære,
fluhen iuwer frowen mich,

*

755 redet. 763 samet. 764 zoreklich. 767 Min. 771 ûwer vngefuog das it. 772 veriagt. 775 disem. 781 schulden.

daz ist mir leit: dar umb wil ich
iwer hulde gerne gewinnen.
ich wil varn von hinnen,
frowe, mit iuwern hulden.
sît ir von mînen schulden
habt verlorn iur fröwelîn,
sô sol ich hie niht langer sîn.
frowe, ûf mîn wârheit,
mir ist mîn ungefuoge leit.'
Er kêrte umb und wolde dan.
diu frowe hiez in stille stân.
zuo im sprach diu clâre maget
'sît ir mîn frouwen verjaget
habet, sô sult ir
an ir stat hie dienen mir.'
des fröut er sich, dô si daz sprach,
wan er die frowen gerne sach.
ern gesach ouch schœner maget mêr.
'vil liebiu frowe' sprach er,
'ir sult gebieten über mich.
swaz ir welt, daz tuon ich.'
'welt ir tuon des ich ger?'
er sprach 'jâ.' 'sô bringet her
mîn badehemd und den mantel mîn
und mîn schuoche.' 'daz sol sîn'
[14b] sprach er zuo der frowen dô.
der knabe wart von herzen frô
daz er ir dienen solde.
daz badehemde er holde,
mantel und schuoch truog er dar.
dô sprach diu juncfrowe clâr
'juncherr, gêt verre dort hin dan
ûz der linden ûf den plân,
unz ich kom in mîn gewant.'
dô gienc der juncherre zehant

*

789. 790 gewinne : hinne. 793 üwer. 794 lenger. 797 wollt von dan. 801 Habt. 805 Er gesach och nie e.

von der frowen vil gemeit.
ir badehemde si an sich leit,
ir schuoch und ir mantel guot
legt an sich diu hôchgemuot.
sus gienc si an ir bette dan
und hiez den werden jungen man
wider undr die linden gên.
si sprach 'ir sult hie vor mir stên
und solt der muggen weren mich,
unz ich geslâfe.' 'daz tuon ich,'
sprach er 'liebiu frowe mîn.'
do er ir antlützes schîn
und ir schœne reht ersach,
von der minne im dô geschach
daz im dâ vor nie mêr wart kunt.
Vênus zunt in an der stunt
mit ir heizen vackel an.
herze und lîp ime bran
von der minne glüete.
ez wart sîn gemüete
[15ᵃ] bekumbert alsô sêre
mit gedanc daz im nie mêre
vor der zît sô wê geschach.
so er die schœnen ane sach,
sô enzunt sich sîn gemüete,
als er stüende in einer glüete.
solich hitze er gewan,
wan er von der minne bran.
sus lac diu minneclîche
rehte dem gelîche
als si entslâfen wære.
des juncherren swære
der wart dô aber mêre.
Amor mit sînem gêre
stach in gegen dem herzen.

*

827 Allsus. 834 antlütz. 840 jm. 844 gedängken. 845 Absatz in der Handschrift. 856 siner.

den minneclîchen smerzen
muost er tougenlîchen tragen.
ern west wem er in solde klagen.
Hie lac diu maget wol getân.
vor ir stuont der junge man
und dient ir als si im gebôt.
swenn er sach ir munt sô rôt
und ir antlütze lieht,
die wîle het er swære niht
und fröute sich daz er si sach.
diu maget in ir herzen jach
daz er wær schœne und wol gezogen.
dar ane was si niht betrogen.
er het zühte gar genuoc,
schœne hübesch unde kluoc,
[15b] sîn lîp was kleine und wol gestalt.
gar in des Wunsches gewalt
stuonden sîniu lider gar.
des nam diu maget tougen war
daz er gar âne wandel was.
zuo dem knaben valsches laz
sprach si 'biut mir die sukenîe her.'
mit guotem willen bôt er
ir die sukenîe dô.
die legt si an: er was frô.
dô si daz deckelachen dan
legt, dô sach der junge man
einn sô minneclîchen lîp
daz weder maget noch wîp
die muoter ie gebâren
bî ir zîte jâren
in allen künicrîchen
sich möhten ir [niht] gelîchen
an schœne unde ouch an tugent.
ir clârer lîp, ir süeziu jugent

*

860 Er. 871 zucht. 873 wz hübsch klain. 875 sine glider. 879 sukeneyber (: er). 883 hin dan. 885 Ainen. 891 ouch fehlt. 892 claur.

was frî vor aller missetât.
ir herzen stæt gap ir den rât:
ze dem juncherren sprach si sân
'juncherre, ir sült sitzen gân:
ir habt gestanden hie genuoc.'
dô sprach der juncherre kluoc
'frowe, lât mich bî witzen.
solt ich vor iu sitzen,
des wær mir armen kneht ze vil.
immer ich daz dienen wil,
[16a] daz ir mir günnt der zühte mîn.'
dô sprach diu edel künegîn
'dîner zuht gan ich dir wol.
iedoch ein gast tuon sol
swaz im gebiutet sîn wirt.
ist daz er sîn gebot verbirt,
daz ist ungezogenlîch.'
aber sprach diu maget zühte rîch
'du solt sitzen und nimmer stân.'
dô saz der wol gezogen man
von ir verre dort hin dan
und sach si bliuclîchen an.
Diu juncfrouwe werde erkant
sach wol dazs an im niht envant
ezn wære allez lobelîch.
dô sprach diu maget zühte rîch
'ich weste gern diu mære
von wem dîn reise wære
her in disen wilden tan.'
der frowen sagen er began
daz er wære gesant
ze Britanjen in daz lant
zArtûs dem künic lobes rîch.
si sprach 'du bist von Franken rîch.'

*

893 fruo. 903 Absatz in der Handschrift. gunnēt der zucht. 911 sten. 914 blauchlichen. 916 Vnnd sach wol dz sy. 917 lobenlich. 925 zuo Artuß. künic fehlt. lebes. 928 sprach fehlt.

der juncher sprach 'frou, nein ich.'
diu maget sprach 'du triugest mich,
ich weiz wol wie ez umb dich stât.
dîn vater grôze sorge hât
umb dich und diu muoter dîn,
Olimpiâ diu künegîn.
[16b] si habent boten ûz gesant,
die suochent nâch dir in diu lant
und suochent zallen enden
und wellen dich erwenden
dîner reise wærlich.'
dô sprach der knabe zühte rîch
'frowe, ir tuot mir unreht,
wan ich bin ein armer kneht:
des rît ich einic durch diu lant.
alsô ist ez mir gewant.'
der rede lacht diu künegîn.
si sprach 'lâz die rede sîn:
du bist des künges sun von Franken rîch,
daz weiz ich wol wærlich,
und wilt in Artûses lant
rîten: dîn reise ist wol gewant.
du vindest kurzwîle dâ
mêre danne anderswâ,
von fröiden swaz dîn herze gert,
des wirstu alles dâ gewert.'
den knaben wundert sêre
von wem diu maget hêre
weste daz geverte sîn.
er sprach 'liebiu frowe mîn,
wer hât iu disiu mære geseit?'
'nu sage mir ûf dîn wârheit'
Sprach diu maget 'hân ich wâr?
sô sage ich dir diu mære gar.
du bist ân angest hie bî mir.
mîn triuwe wil ich geben dir,

935 an allen. 936 wollten. 937 r. ich warlich. 950 Mer.

[17a] ich bring dich in Artûses lant.
dir würde sorge wol bekant,
wærest niht her zuo mir komen.'
dô daz der knabe het vernomen,
er sprach 'vil liebiu frowe mîn,
swaz ir gebietet daz sol sîn.
ir sît sô tugentrîche,
ich wil iu wærlîche
allez mîn geverte sagen
ûf gnâde und wil iuch niht verdagen
wie ich von lande bin gevarn.
ich wolde daz niht langer sparn,
ich gesæh den œheim mîn.
mir ist von den tugenden sîn
und von sîner wirdekeit geseit.
ez wær von mir ein zageheit,
ob ich in solde niht gesehen.
frowe, des wil ich iu verjehen,
ich wil ab komen in daz lant
daz ich nieman sî bekant
und wil besehen ob man dâ
die geste baz dann anderswâ
empfâhe unde grüeze
und in kumber büeze.'
Diu juncfrou sprach 'ich sage dir daz:
man grüezet dâ die geste baz
dann in keinem hove anderswâ.
du wirst vil wol empfangen dâ
von dem künge valsches frî
und von al der masseni.
[17b] Artûs ist der tiurest man
der künges namen ie gewan.
ich gesach in nie und weiz ez wol
daz sîn hof ist êren vol.
diu Sælde hât ze im gesworn.
vil mangen ritter ûz erkorn

*

974 lenger. 979 ich fehlt. 981 aber. 992 der all. 993 türost.

an tugenden und an manheit,
daz sî dir für wâr geseit,
mahtu bî im schouwen
und manic clâre frouwen
bî der edelen küneginne,
diu guotes wîbes sinne
hât, dar zuo reinen muot:
si ist gewizzen unde guot.'
Der junge man sprach an der stunt
'frowe, sît iu sô wol ist kunt
mîn geverte, sô helfet mir,
vil liebiu frowe mîn, daz ir
habt mîn dienst die wîl ich lebe
und hân ez immer ze einer gebe,
wer iu von mir habe gesaget.'
des antwurte im diu maget;
si sprach 'daz wil ich sagen dir:
ich hân ein meisterin diu mir
seit dicke frömder mære vil.
mit listen zouberlîchiu zil
kan si und ouch an sternen sehen.
diu hât mir des von dir verjehen
wâ hin du wilt od wer du bist.
von nigramancîen den list
[18a] hât si gelernet, diu seit mir
die næhesten naht von dir.
dir was von dînem vater gâch:
an dem gestirne si daz sach.
si seit mir daz du irre rite
und die rehten strâze vermite
und daz dich der weg her trüege.'
Nu sprach der gefüege
'frowe, daz ist wol geschehen.
ich wil ir der wârheit jehen,
si hât iu dar an wâr gesagt.'

*

1012 ez fehlt 1020 dz. 1021 oder. 1024 nahsten. 1027. 1028 rittest: vermittest. 1030 Non.

dô sprach diu minnecliche magt
'friunt, nu soltu volgen mir:
ich wil mit triuwen râten dir,
du solt hinaht mîn gast sîn
und solt in dem geleite mîn
morgen fruo von hinnen varn.
ich wil vor schaden dich bewarn,
wan dirre walt ist wilde.
holz âne gevilde
muostu rîten vier tage.
ez ist wâr daz ich dir sage.
du möhtest wol verderben
und in dem walde sterben
vor hunger und vor anderr nôt.
fuoter wîn und dar zuo brôt
wil ich senden mit dir.'
'gnâde, frowe, ir welt an mir
tuon iuwer zuht und êre.
ich sol iu immer mêre
[18b] dienen eigenliche.'
diu küneginne rîche
sprach 'ich wil dir des verjehen
daz ich dich gerne hân gesehen.
ich kum her durch den willen dîn,
ich und die juncfrowen mîn
die du mir verjaget hâst.'
dô sprach der wolgezogen gast
'fluhen si mich, daz ist mir leit.
mîn dienest der wær in bereit
mit triuwen âne valsches vâr.
immer alliu mîniu jâr
wil ich stæte belîben
mit dienst an guoten wîben.'
diu juncfrowe sprach dô
'sît dîn muot stât alsô,

*

1036 mit miner truw. 1037 hinhat. 1041 diser. 1051 vnnd üwer er. 1067 dô] also.

sô wil ich dir die wârheit sagen
und wil dich der niht verdagen:
wan ich dich versuochet hân.
ich hiez mîn frowen von dir gân,
daz ich gewünne künde
wie dîn dinc stüende.
nu hân ich an dir wol ervarn
daz du dich kanst wol bewarn
vor ungezogen dingen:
des muoz dir wol gelingen.'
Wan swer die frowen êret
und ir wirde mêret
und in leides niht entuot,
dem tragent si vil holden muot.
[19ª] daz wart an Meleranze schîn:
der genôz der zuht sîn
daz er in dem walde alleine
was bî der maget reine,
daz er solher fuoge wielt
und sîn zuht gên ir behielt.
daz prîst an im diu maget clâr
daz er gein ir, daz ist wâr,
nie niht getet noch ensprach
daz ir wær leit od ungemach.
Diu frowe sprach zuo dem jungen man
'ich wil hînaht ûf disem plân
belîben durch den willen dîn.
ich wil die juncfrowen mîn
her wider zuo uns heizen komen.'
Meleranze wart benomen
sîn müede und ouch sîns hungers nôt,
alsô diu juncfrowe gebôt.
si schuof im vil guot gemach.
an einem ast er hangen sach

*

1069 dir fehlt. 1072 frow. 1073 gewinne kinde. 1089 clâr fehlt. 1090 ir] ist. warchlâ. 1092 oder. 1094 w. noch hinhet. disen. 1096 jungkfrow.

drî gloggen, der nam er war.
die wâren gehangen dar,
ie ein grœzer dan diu ander was.
drî sîdîn snüere unz ûf das gras
wâren dran gebunden,
dâ man ze allen stunden
die gloggen mite lûte.
waz ieclîchiu bedûte,
daz was im dannoch vil unkunt.
diu juncfrou gienc an der stunt
[19b] liuten der gloggen ein,
die kleinesten von den zwein.
der dôn in den walt erklanc.
dar nâch was vil unlanc

Daz ir juncfroun kâmen gegangen.
von den wart wol empfangen
Meleranz der junge.
ze sô guoter handelunge
kom er dâ vor nie mêre.
im wart dâ wirde und êre
erboten von den frouwen.
vil schiere moht er schouwen
wol fünfzic juncfrowen clâr,
die kâmen mit den andern dar,
und wol fünfzic juncherlîn,
die von arte gâben liehten schîn,
wol gekleit und wol geriten,
mit vil zühteclichen siten.
diz werde hovegesinde
kam zuo der grüenen linde
und erbeizten nider ûf daz gras.
mit grôzer zuht, diu an in was,
empfiengen si den werden gast,
dar an vil lützel des gebrast
man büte im wirde und êre.

*

1105 Ye aine. 1107 dar an. 1114 klainsten. 1130 zuchtenklichen. 1132 linden.

diu küneginne hêre
ze einem juncherren sprach
'heiz sînem rosse tuon gemach,
daz man sîn neme mit vlîze war.'
si hiez ein juncfrowen clâr
[20a] die andern gloggen liuten.
diu tet den amptliuten
kunt und den kameræren
daz si bereit wæren
ze der linden mit der spîse.
diu küneginne wîse
die dritten gloggen liuten bat.
dô kam an der selben stat
al ir hovegesinde dar,
vil frowen unde ritter clâr:
die erbeizten alle sâ zehant.
der juncherre werde erkant
wart von im wol enpfangen.
dô daz waz ergangen,
Nu kam ir meisterin gegân.
dô diu ersach den jungen man,
si sprach 'wilkomen, Meleranz!
du tregst den besten tugentkranz
und bejagst ouch noch vil hôhen prîs.'
diu frouwe was alsô wîs
daz si in erkande,
und in bî namen nande
und het in vor gesehen nie.
dô si in alsô empfie,
des geneic er ir zühteclîch.
er sprach 'frowe sældenrîch,
got müez iuch immer êren
und iuwer wirde mêren.'
nu waz der imbîz bereit.
mit grôzer zuht, ist mir geseit,

*

1143 löten an der stund. 1144 a. kund. 1145 kunt fehlt. 1151 Alles. 1166 empfieng. 1167 zuchtenklich.

[20b] sazt man die juncfrowen clâr
und hiez ir schône nemen war
und dient in wirdeclîche.
mit der künegîn rîche
az Meleranz der junge man:
des wolte si in niht erlân.
ir meisterîn ir daz gebôt;
des wart er vor schame rôt.
Er dûht sich niht der wirden wert;
er het der eine niht begert.
er sprach 'frowe, ich bin ein kneht.
lât mich ezzen, deist mîn reht,
dort ûz bî andern kinden,
ûf dem anger vor der linden:
frowe, oder lât mich vor iu stân.'
'du solt her zuo mir sitzen gân'
sprach diu küneginne dô.
des schamt er sich und was doch frô
daz er ir sô nâhen saz.
diu künegîn des niht vergaz
si erbüte im grôze êre
sô volleclîchen sêre
die er wol mit êren nam.
wan si von herzen des gezam.
er geviel ir in ir herzen wol.
si liten kumberlîchen dol
und mange senelîche zît
lange nâch ein ander sît.
Diu minne ir herze alsô besaz,
ietwederz des andern niht vergaz
[21a] mit gedenken in dem muote.
mit lîbe und mit guote
gedâht si an in alle tage.
ouch was sînes herzen klage
und sîn meistiu swære,

*

1175 würdenklich. 1184 das ist. 1190 frow. 1196 dz 1199 senndliche.

3 *

daz diu sældenbære
dâ beleip und er von dan
varn muoste. diu klage began
in an dem herzen krenken.
sîn minniclîch gedenken,
daz er sô stæte an si gedâht,
in grôzen kumber in daz brâht.
die wîl er mit der frowen az,
in gedenken er die wîle saz.
swenn er an si blicte,
sîn herz dâ von erschricte:
sô wart er bleich und dar nâch rôt,
als im ir minne gebôt.
etwenne saz er âne sin
von gedenken, sô diu magt an in
underwîlen tougenlîchen sach.
daz selbe ouch ir von im geschach:
sô wandelt ir varwe gar.
des nam ir meisterinne war.
Diu erkante wol ir beider muot.
si sprach zer juncfrowen guot
‘erbiett ez wol dem gaste,
und heizt in ezzen vaste.’
diu magt sprach ‘frowe meisterin,
von herzen ich des frô bin.
[21^{b}] swaz im êren mac geschehen,
daz ist mir liep, des wil ich jehen.
und möht ich imz erbieten baz,
daz tæt ich gern ân allen haz.’
der junge man sprach ‘frowe mîn,
ich wil mit triuwen immer sîn
iwer dienst, daz ir mir habt getân
daz ich niht verdienen kan,
solt ich leben tûsent jâr.
doch sult ir wizzen daz für wâr,

*

1212 minneklicheß. 1228 zuo der. 1232 frow. 1234 das will 1239 die ir an mir.

gewinn ich immer mannes kraft
und daz ich kum ze ritterschaft
und würd iu danne dienstes nôt,
vil willeclîch unz an den tôt
wær ich iu dienstes undertân.'
diu juncfrou dem jungen man
mit triuwen dancte vlîzeclîch.
Meleranz der zühte rîch
bî der juncfrowen saz.
dô si mit zühten heten gâz,
Man huop die tische von in dan,
beidiu von frowen und ouch von man.
ûf stuont der junge Meleranz:
sîn lîp was clâr, sîn varwe glanz.
die rittr niht langer sâzen dâ.
si stuonden ûf und fuorten sâ
Meleranz ûz der linden,
ûf den anger zuo den kinden:
des bat si diu maget guot.
si sprach 'dirst lîhte swær der muot
[22a] ze lange bî den frouwen.
ginc ûf den anger schouwen
und lâz dich niht betrâgen bî mir.
morgen fruo send ich mit dir
liute den der walt ist kunt.
die bringent dich in kurzer stunt
in dînes œheimes lant.'
der knabe neic ir zehant
und saget ir genâde grôz.
diu küneginne valsches blôz
schuof im kurzwîle vil
mit manger hande fröuden spil.
der tac gie mit fröuden hin,
alsô ich bewîset bin.
dô man gezzen het ze naht,

*

1249 vlyssenklich. 1254 Baide. 1257 lenger. 1262 dir ist. 1270 ir] inn. 1276 Als. 1277 zuo der n.

nu heten si sich des bedâht,
daz si ruowe wolden hân.
zwelf poulûne wol getân
wârn geslagen ûf daz gras.
waz dâ ritter und frowen was
die vor der künegîn sâzen hie!
der tac vast an den âbent gie,
daz der klâren sunnen lieht
langer moht geweren niht.
Meleranz der valsches laz
bî der küneginne saz:
der stuont ûf vil zühteclîch.
diu edel küneginne rîch
bôt im guote naht zehant.
swaz man dâ ritter sitzen vant,
[22b] die stuonden ûf und giengen dan.
si wolten disen jungen man
bringen schône an sîn gemach.
zuo den rittern er dô sprach
'ir herren, ir sult hie bestân.
lât mîn gesellen mit mir gân,
ein teil der juncherrelîn.
die ritter sülen hie sîn.
der êren wære mir ze vil.
umb iuch ich immer dienen wil
daz ir der êre mich erlât,
diu mir niht lobelîchen stât.'
guot naht nam er von in dan:
juncherren disen jungen man
fuorten in ein gezelt wît,
daz was ein rîcher samît,
der was rîch von golde.
als er leben solde,
stuont ûf dem knopf ein guldîn ar.
des nam der juncherre war:
ze sehen in des niht verdrôz.

*

1279 ruo. 1286 Lenger. 1303 eren.

der knopf was guldîn unde grôz
und was innerhalben hol.
ûzen was dar în vil wol
verwieret edel gesteine,
grôz unde kleine.
vier steine wârn dar în geleit,
die erzeigten grôze rîcheit:
daz wâren vier karfunkel.
diu naht wart nie sô tunkel,
[23a] man gesach dâ von als bî dem tage.
nâch der âventiure sage
daz gezelt was der küngînne
bereit mit grôzem sinne.
In dem gezelt der knabe vant
ein bette daz im nie wart bekant
[ein bette] alsô rîche,
geworht meisterlîche
als daz er undr der linden sach.
dar ane solt er durch gemach
des nahtes sîne ruowe hân.
vil manic bette wol getân
al umb sîn bette gerihtet was
den juncherren ûf daz gras
die dâ vor im lâgen
mit zühten âne bâgen.
des wart ze slâftrinken dar
vil getragen. der juncher clâr
tranc unde legte sich.
vil sanfteclîchen, dunket mich,
was im gebrüevet sîn gemach.
diu küncgîn zuo ir frowen sprach
'wir suln ouch gemaches pflegen
und suln uns ouch slâfen legen.'
daz geschach vil kurzlîch,
daz diu küneginne rîch
mit ir frowen was ze mache komen,

*

1315 immer halben. 1317 Verbirret 1334 menig. 1342 sanfftenklich.

als ich daz mære hân vernomen.
  Diu künegîn und Meleranz
mit getriulîcher liebe ganz
[23b] truogen ein ander minne
von herzen und von sinne.
swie sanfte ir ietwederz lac,
âne slâf unz an den tac
si mit gedæhte lâgen.
keiner ruowe si pflâgen.
bî der juncfrowen lac
ir meisterinne diu ir pflac,
diu het ouch vil guote sinne.
si verstuont sich wol daz diu minne
ir juncfrowen sêre twanc
und daz ir was diu wîle lanc.
  Diu lieb het ir den slâf benomen.
si was in gedanc komen
nâch dem jungen süezen man.
daz si niht ruowe mohte hân,
daz kam von der minne kraft.
diu bestuont si mit ir meisterschaft
und twanc si ze aller stunde
daz si niht vergezzen kunde
des klâren süezen man.
im geschach von ir alsan.
swie sanfte er lac, im was doch lanc:
diu süeze minne in sêre twanc.
von den gedanken muost er wachen.
sus kan diu minne machen
an werden liuten noch ir spil.
si twinget swen si twingen wil
und alle die si twingen sol,
die kan si betwingen wol.
[24a]   Ir gewalt ist wunderlîch.
gên mangem ist si helfe rîch

*

1353 Tr. sy. 1357 gedauchten. 1372 kind. 1374 alsam. 1378 minne fehlt.

dem si billich wær gehaz.
owê war umbe tuot si daz
daz si sich niht versinnet?
der valschlîchen minnet,
daz si dem êre füeget:
des in doch niht genüeget.
swenn er ein wîp erworben hât
nâch der im sin und herze stât,
sô sîn wille an ir geschiht,
daz er si danne minnet niht
als dâ vor, daz ist unstæter muot.
minne solich wunder tuot.
dâ bî lât si mangen man,
der niht mit valscheite kan
und minnet âne wankes vâr,
den lât si alliu sîniu jâr
âne lôn belîben
und sîne tage vertrîben
mit senelîchem smerzen.
der ie gar von herzen
iwer gebot geleistet hât
und hât gedienet an ein stat
mit iuwerm râte sîne tage.
frou Minne, deist gên iu mîn clage
daz ir dem niht helfe tuot
und machet einen wol gemuot
der unstæte site hât.
swelh wîp sich den erwerben lât,
[24^{b}] diu hât ir êr niht wol bewart,
wan si geriuwet diu vart,
sô si des wirt inne
daz er mit valschem sinne
si hât betrogen: daz wirt ir klage
in ir herzen alle tage.
Swelh wîp einn friunt erkiuset

*

1403 sendlichem. 1408 dz ist. 1412 Wöllichß. den] dann.
1416 valschen. 1419 Söllich wib ainen.

an dem si niht verliuset
ir minne und ir triuwe,
diu lebt ân herzen riuwe
und ist mit fröuden zaller stunt.
si fröut sich daz ir ie wart kunt
ein sô tugentricher man.
dâ wider muoz diu arme hân
jâmer unde herzen leit
von der grôzen smâcheit
die si hât von dem unstæten man.
ir frowen, dâ gedenket an,
ir sît arm oder rîche,
ich rât iu al gelîche:
minnet stætes mannes site,
dâ werdet ir getiuret mite.
die unstæten sult ir fliehen,
iuwer herze von in ziehen:
dâ von gewint ir êre.
nu volget mîner lêre:
daz wirt iu guot, tuot ir daz.
ich kan iu niht gerâten baz.
ob ein man wirbet umb ein wîp,
wil si haben kiuschen lîp,
[25a] den sol si versuochen ê,
ê daz sîn wille an ir ergê,
unz ir vil rehte werde erkant
wie ez umb in si gewant.
ist er stæte unde guot
und sô reineclîch gemuot
daz er ir êren hüeten kan,
den sol si zeinem friunde hân.
ein wîp diu hât sinne
diu wirt vil schier des inne
an einem manne, ob sîn muot
gên ir ist stæte unde guot.

*

1432 allen glîch. 1434 wert. 1437 gewinnent. 1442 künschen. 1446 genannt. 1450 soll zuo ainem.

wil er hübschlichen liegen
und si dâ mite betriegen,
des wirt si schiere gewar.
von dem kêr ir gemüete gar
und suoch einn friunt der stæte si:
so belîbt si aller sorgen frî.
Diu junge süeze Tytomîe,
vor valsche diu frîe,
diu pflac sô guoter sinne
daz si ir werde minne
nieman günnen wolde
wan dem der si erholde
mit prîse und mit wirdekeit,
und dem diu zuht wær bereit
daz er wær sô stæte
ân valsches herzen ræte
gên wîben daz er kunde
ir êren zaller stunde
hüeten und ir swære
[25b] leit von herzen wære
und daz im wîbes ungemach
wære leit. diu künegîn sach
Meleranz alsô gebâren,
ob er ze sînen jâren
kœme, daz im wære leit
wîbes kumber durch sîn wirdekeit.
daz bruoft an im diu guote.
si gedâhte in ir muote
'ich wil mir disen jungen man
ze einem herzenliebe hân.'
ouch het der lobebære,
swie er ein kint wære,
gebrüevet an der meide daz
daz si was gên valsche laz
und daz si ganzer tugent wielt
und ir zuht vil wol behielt.

*

1459 einen. 1479 daz fehlt. 1481 brüefft. 1487 Gebrieffet.

des minnte er si von herzen.
den minneclichen smerzen
truoc er verholn wol zehen jâr
daz des nieman wart gewar
noch von sînem munde
nie ze keiner stunde
mit rede ir nie wart gedâht.
doch enkunde er tac noch naht
der guoten nie vergezzen.
diu maget was gesezzen
enmitten in sîn herze.
der minnecliche smerze
twanc in tougenlîche.
[26a] der meide sældenrîche
ouch daz selb von im geschach.
ir ietwederz herze jach
'mir ist fröuden niht beschert,
ê mir diu sælde widervert
daz mîn wille an dir geschiht:
ich hân ê rehter fröuden niht.'
Daz was ir beider gedanc.
alsus was in diu wîl lanc
unz ez sich gefuogte sô
daz si beidiu wurden frô.
die rede suln wir lâzen sîn.
frou Tytomî diu künegîn
und Meleranz der junge man
des nahtes ûf dem grüenen plân
mit gedanken âne slâf lâgen.
der naht begunde si betrâgen.
Des morgens dô der tac erschein
si wurden beide des enein
daz si niht langer lâgen dâ.
si stuonden ûf und giengen sâ
dâ man gote ein messe sprach.

*

1491 minnet. 1498 Doch kund. 1512 im. 1513 gefuget.
1514 baiden. 1518 den. 1522 in sin. 1523 lenger.

alsô schiere daz geschach,
dô waz daz ezzen bereit.
ûf dem grüenen anger breit
wârn die tische gerihtet duo.
dannoch was ez harte fruo.
diu künegîn dester ê enbeiz:
durch den gast diu maget sich fleiz
vil guoter handelunge.
[26b] ich wæn daz si betwunge
sîn scheiden dannen daz er tete.
dô man het gâz, an der stete
begunde der gast urloubes gern.
des muost diu maget in gewern.
daz was ir herzen ungemach.
er stuont ûf unde sprach
'frowe tugentrîche,
ir habet vollecliche
iuwer êre an mir getân.
die wirde ich niht verdienen kan
die ir mir habt an geleit.
ich muoz iuwerr wirdekeit
mit triuwen âne wenken
und iuwerr tugent gedenken
die wîl ich mîn leben hân.'
urloup nam der junge man
  Von der maget minneclich.
si sprach 'friunt, het ich dich
gehandelt wol, des wær ich frô.
mîn herz mîn muot stât alsô
daz ich dir alles guotes gan.
het ich dir liebes iht getân,
daz wær mir liep, geloube daz.
ich bin dir holt ân allen haz.
du solt mit mînem kusse varn.
got der müez dich wol bewarn.'

*

1529 da. 1531 dester rain patz. 1534 wetbung. 1536 hatt. statt. 1553 frow.

diu maget stuont ûf an der stunt.
ir süezen rôsenvarwen munt
mit willen si an den sînen bôt.
[27a] si sprach 'geselle, vor aller nôt
müez dich got vil wol bewarn
und lâz dich sæliclîch gevarn.'
si gap im ein vingerlîn.
si sprach 'trûtgeselle mîn,
diz vingerlîn behalt durch mich:
dâ mite wil ich empfelhen dich
dem süezen gote von himelrîch.'
Meleranz vil zühteclîch
neic der künegîn und sprach
'sô grôze êr mir nie geschach,
frowe, als ir mir habt getân.
nu enweiz ich leider noch enkan
wie ich iu gedanke mêre,
wan daz ich umb iur êre
got immer gerne biten wil.
dirre êren ist mir ze vil
die ir mir habt geleget an.'
urloup nam der junge man
von den frowen al gelîch
und von den rittern zühteclîch
und von al der massenîe.
hin reit der valsches frîe.
Diu künegîn an der selben stunt
vier man, den was der walt kunt,
die hiez si mit im rîten.
ouch sant si an den zîten
wîn und spîs mit im genuoc
ein starker soumære truoc.
alsô schiet er von ir dan.
[27b] die wildener den jungen man
fuorten ein ungeverte.
diu reise wart im herte.

*

1573 Naigt 1578 öwer. 1580 Diser. 1592 summer. 1594 waldner.

wan si âne strâze riten,
durch den walt, nâch ir siten,
als in was der walt erkant.
ez was umb si alsô gewant:
ez wâren jäger wilde.
holz âne gevilde
riten si wol drî tage.
nâch der âventiure sage
an dem vierden tage fruo
kâmen si geriten zuo
einem wazzer, daz was grôz.
ze tal durch den walt ez flôz.
dâ fundens eine strâze:
diu was ze guoter mâze
wol getriben unde breit.
si sprâchn 'juncherre, iu sî geseit,
wir weln hie wider kêren.
got müez iur sælde mêren.
disiu strâze ist uns bekant:
diu treit iuch in Artûses lant.
der strâze sult ir volgen nâch.'
der juncherre zuo in sprach
'treit mich diu strâze rehte dar?
nu wîset mich die rehte var.'
'daz tuon ich gerne, kumt ez sô.'
der eine sprach zuo im dô
'herre, habt ir daz vernomen?
[28ª] ir sult niht abe dem wege komen
der dem wazzer nâhest sî.
die andern wege lâzet frî,
der keinen sult ir rîten.
ir komet in kurzen zîten
ze liuten die iuch fürbaz
wîsent, nu geloubet daz:
diz ist ein wilder walt.

*

1614 ûwer. 1625 zuo nähste. 1626 aander. 1630 Wysund nun geloubund.

die wege sint manicvalt,
dâ vor sult ir iuch bewarn
und sult bî dem wazzer varn,
der treit iuch rehte in daz lant.'
urloup nâmen si zehant

Von im. dô sprach er 'friunde mîn,
got müezet ir bevolhen sîn.
und kumt immer mir der tac
daz ich iu gelônen mac,
ich dank iu iuwerr arbeit:
daz wizzet für die wârheit.
iuwerr frowen der künegîn
sult ir sagen den dienest mîn,
dar zuo frowen unde ouch man.
ich bin in dienstes undertân,
daz ist mîn reht. diu frowe mîn,
der tugent ist an mir worden schîn,
si hât ir zuht an mir getân.
nimmer ich verdienen kan
die êre diu mir ist geschehen,
des wil ich mit der wârheit jehen.
got lâz si immer sælic sîn

. . . .

[28$_b$] daz wünsch ich ir mit triuwen gar
die wîl ich lebe mîniu jâr.'

Sus nam er urloup von in dan.
si wunschten disem jungen man
sælden unde êren.
si begunden wider kêren
gên der wilden Chamerîe.
diu maget Tytomîe,
dô von ir schiet der junge man,
dô fuor diu maget wol getân
mit ir gesinde ab in ir lant,
ûf ein burc, diu was genant
Monteflor diu guote.

*

1635 tret. 1665 ab] wider.

si het genomen in ir muote
ir ze liebe den jungen man
der von ir schiet ûf dem plân,
den jungen künc von Franken rîch.
si gedâht daz niendert sîn gelîch
lepte bî den zîten
in allen landen wîten
an tugentlîchem muote.
diu küneginne guote
vil sêre senen sich began
nâch dem jungen süezen man.
Nu kâmen ir wildenære.
die sagten ir diu mære
waz ir embôt Meleranz.
si jâhn er trüeg der tugent kranz,
si gesæhn nie kint sô wol gezogen.
dar ane si heten niht gelogen.
[29a] ez was gewizzen unde guot,
vor allem valsche wol behuot.
des fröute sich diu süeze maget,
dô man ir diu mære saget
und sîn wol gedâhte.
sîn lop ir fröude brâhte:
daz hôrt si gerne und was sîn frô.
zir meisterinne gienc si dô:
[si sprach] 'liebiu meisterinne,
du hâst getriuwe sinne:
ûf gnâde wil ich dir verjehen;
ein wunder ist an mir geschehen.
ich enweiz waz er mir hât getân:
mir ist der süeze junge man
sô nâhen an mîn herze komen
daz er mir fröude hât benomen.
ich kan sîn niht vergezzen.
mîn herze er hât besezzen,
ich wæn er mich bezoubert hât,

*

1670 den. 1683 gesauhen. 1687 frowt. 1692 zuo ir maisterin.

nu suoch ich dînn getriuwen rât:
daz du mir râtest wie ich tuo.
da bedarf ich dîner lêre zuo.
ich verdirbe, sol ich alsô queln.
ich enmöhte dirz doch niht versteln.
frowe, nu zürne niht mit mir
daz ich ez hân gesaget dir.
mîn leben daz ist kumberlich.
herre got, beschirme mich!
wie ist mir von im geschehen?
nu hân ich mangen man gesehen:
[29b] dâ für aht ich kleine.
dirre junger man alleine
der ist mir liep, ichn weiz durch waz:
dar wider ist er mir lîht gehaz.'
Diu wîse lachet unde sprach
'habt ir von im ungemach,
des mach ich iu vil schiere rât.
sît ez umb iuch alsô stât,
ich mach iuch wol der sorgen ân,
daz ir an den jungen man
gedenket nimmer mêre,
welt ir volgen mîner lêre,
daz er iu unmær muoz sîn.'
'vil liebiu meisterinne mîn'
sprach diu maget wol getân,
'solt ich in gar von herzen lân,
alsô stât niht mîn muot.
swie wê ez mînem herzen tuot,
sô wil ich doch ê dulden
die swær von sînen schulden
ê daz ich mich der lieb entsage
die ich in mînem herzen trage
gên dem jungen werden man,
wan ich niht anderr fröuden hân.

*

1704 dînn] den; vgl. 1748. 1708 dier eß. 1709 zürnen. 1716 Diser. 1717 Ich en weyß.

swann ich an in gedenke,
mîn sorge ich dâ mit krenke
und mînen senelîchen pîn,
swenn ich gedenk der tugent sîn.
swer mir in wolde leiden,
der möht mich gerne scheiden
[30a] von dem lîbe und von dem guote mîn.
er muoz in mînem herzen sîn.
sît er dar inne gehûset hât,
sô suoch ich dînn getriuwen rât,
sît daz ich dir hân verjehen,
daz du mir ruochest besehen,
ob mich der junge süeze reine
mit ganzen triuwen meine:
sô wær ich immer mêre frô.'
ir meisterinne sprach dô
'frowe, daz wil ich iu besehen
und wil iu danne rehte jehen
wie ez iu beiden sol ergân,
wan ich daz wol besehen kan.
frowe sældenbære,
ich sage iu fruo diu mære.
ir sult stæter fröuden pflegen
und alles trûrens iuch bewegen,
unz ich iu diu mære ervar.
ist er iu niht von herzen gar,
frowe, holt als ir im sît,
sô scheide ich schiere den strît.'
Dô sprach diu küneginne rîch
'ich wil dir immer eigenlîch
dienen, daz du mir mære sagest
und mir die wârheit niht verdagest,
wie ez umb sîn leben stê,
ob im sî wol oder wê
und wie uns beiden sül geschehen,
ob wir noch ein ander sehen

*

1741 sendlichen. 1748 dinen. 1762 trurren. 1774 aundern, wie gewöhnlich.

[30b] oder ob wir uns gescheiden hân,
daz ich den süezen jungen man
sol gesehen nimmer mê.
owê mir dann und immer wê,
sô muoz ich immer trûric sîn.'
ir meisterin sprach 'frowe mîn,
sît frô und gehabt iuch baz.
ich sol wol schaffen daz
daz ir bî fröuden bestât
und iuwer wille wol ergât.'
des wart diu juncfrouwe frô.
ir meisterinne huop sich dô.
dô der tac lie sînen strît
und daz ez kam an die zît
daz die liut an ir gemach
wâren komen, zehant dar nâch
gienc diu meisterinne dan
und diu maget wol getân
in einen wurzgart ûf daz gras.
diu naht schœn unde lieht was.
Diu alte wîse frouwe
nam ir eine schouwe
an dem himel über al.
si las an der sterne zal
von dem jungen Meleranz
daz er bejaget der êren kranz
mit sîner degenheit,
und daz er die schœnen meit
von grôzem kumber lôste
und ir kom ze trôste
[31a] und si von gewalte schiet.
an den sternen si geriet
daz Meleranz dem jungen
sîn herze was betwungen
von der meide minne

1777 ymmer. 1781 frow. 1785 frow. 1793 wurtzgarten.
1801 tegenhayt; vielleicht mit der sîner d. 1802 er] es. 1804 kum.

und daz er sîn sinne
mit liebe an si kêrte,
als in diu minne lêrte.
des wart diu meisterinne frô.
zir juncfrowen sprach si dô:
si gebârt vil senelîche,
rehte dem gelîche
als si niht guotes het ersehen.
'frowe, ich wil iu des verjehen'
sprach si zer küniginne,
'nu wendet iuwer sinne
an einen anderen man.
für wâr ich daz gesehen kan:
dirre man aht iuwer kleine.'
dô erschrac diu süeze reine.
Si sprach 'owê Minne,
daz du mîne sinne
mir sô gar hâst benomen,
daz mir ist in mîn herze komen
ein man der mîn niht enwil.
dîns gewaltes ist ze vil.
ich hân mir in ze lieb erkorn.
sol ich die triuwe hân verlorn,
frou Minne, dâ sît ir schuldic an.
sît ir wîp unde man
[31b] mit gewalte künnent twingen
und in senenden kumber bringen,
sô solt ir in ouch betwingen
oder mir mînen kumber ringen:
dâ tæt ir tugentlîchen an.
owê lieber süezer man,
soltu dort mit fröuden leben
und hie mîn herz in jâmer sweben,
diu werc stânt ungelîche.
ich bin jamers rîche.

*

1814 zuo jr. 1815 gar sendlich. 1819 zuo der. 1823 Diser. 1826 minen hertzen. 1833 sind. 1837 sold; vielleicht soldet.

sît er niht aht ûf mînen lîp,
ich wirde nimmer mannes wîp,
ez ensî daz mich der eine
mein als ich in meine
den ich ze liebe hân erkorn.
alle man die sîn versworn
von mir, ich wil minne enbern
und wil keines friundes gern.
der êrsten friuntschaft der ich ie began
dâ ist mir misselungen an.
solt mich der unstæt nu gezemen
daz ich ein ander liep solt nemen,
daz wær ein unstæter muot.'
'gehabt iuch wol, frowe guot,'
alsô sprach ir meisterîn.
'ich sage iu ûf die triuwe mîn
Daz ich iuch versuochet hân.
Meleranz der junge man
minnet iuch alsô sêre
als ir in und dannoch mêre.'
[32a] diu maget sprach 'du triugest mich.'
'zwâre, frowe, nein ich.
ich hân iu rehte wâr geseit,
daz er lîdet arbeit,
wan er naht unde tac
iuwer niht vergezzen mac.
im hât iuwer minne
verkrenket sîne sinne.'
si sprach 'vil liebiu, ist daz wâr,
sô wil ich alliu mîniu jâr
mit liebe und mit fröuden leben.
mînen sorgen wil ich urloup geben.'
ir meisterinne sprach alsô
'gehabt iuch wol und weset frô.
ich sage iu für die wârheit
daz er iuch von grôzer arbeit

1850 sind. 1855 vngestät. 1861 Was.

lœset und tuot kumbers ân.
iur nôt ir mit dem jungen man
alle überwindet.
ich sage iu daz ir vindet
stæte triuwe immer mêr
an im.' dô sprach diu maget hêr
'wenne sol ich in gesehen?
vil liebe, des soltu mir verjehen.'
'des kan ich iu nicht gesagen.'
si sprach 'owê, daz muoz ich klagen.
doch wil ich mîn trûren lân
und wil durch den süezen man
mit fröuden leben, swaz mir geschiht.
ich aht ûf allen kumber niht,
[32b] sît ich weiz daz ich im bin
liep: nu ist mîn sorge hin.
wol mich daz ich in ie gesach.'
zir meisterinne si dô sprach
'frowe, du solt die rede verdagen.
mîn liebe wil ich tougen tragen,
daz ez nieman wiz wan dû und ich.
allez des du gerst an mich,
daz ist allez getân,
daz ich den jungen süezen man
mit urloub nu minne
von herzen und von sinne.'
Daz erloubet ir ir meisterîn.
des wart si frô. si giengen în
daz des nieman inne wart.
nu hœret umb des knaben vart.
der reit der rehten strâze nâch,
ze Artûse was im gâch.
der künegîn sül wir gedagen.
solt ich von der liebe sagen

1881 L. üch vor chummer an. 1882 Vwer. 1888 daß. 1897 nye. 1898 zuo ir. 1900 lib. 1901 dann du. 1908 frow. 1912 Artusen. 1913 sullen. 1914 lieby.

die diu juncfrowe truoc
gên dem jungen Meleranze kluoc,
daz würd ein langez mære.
Meleranz der sældenbære
kam durch den walt ûf einen plân.
im widerreit ein alter man,
dem was wol ze gejeide kunt.
er fuort einn schœnen leithunt
an einem seile sîdîn.
ouch hienc an dem halse sîn
[33a] ein vil schœnez jagehorn.
daz was von golde beslagen vorn.
der selbe waltwîse
kund jagen wol ze prîse.
als er Meleranzen sach,
er reit zuo im. der knabe sprach
'got grüeze iuch, herre und meister mîn.
möht daz in iuwern hulden sîn,
ich wolt iuch gerne frâgen,
wolt iuch des niht betrâgen,
daz ir mir saget diu mære,
ob iht verre wære
in künic Artûses lant.
mir ist der wec unbekant
unde hân ir vil geriten.
nu wolt ich iuch durch zuht biten,
ob iu dar umb iht wære kunt,
daz ir mich an dirre stunt
die rehten strâze wîset dar,
daz ich iht mêre irre var.
des habt ir an mir êre,
ez fürdert mich vil sêre
ob ir mich rehte wîset:
iuwer zuht ez prîset.'
Der jägermeister an in sach,
zuo im er güetlîchen sprach

*

1921 zeiade. 1922 ainen. 1942 diser.

'vil liebez kint, daz sol sîn.
wiltu zuo dem herren mîn,
sîn jägermeister bin ich.
ich kan vil wol dar wîsen dich
[33b] dâ du den êren rîchen
vindest wærlîchen.'
des wart der knabe harte frô.
der jägermeister seit im dô,
er sprach 'kint, ich wil dir sagen:
mîn herre der wil rîten jagen,
daz ist mir wol zerehte kunt.
ich reit von im an der stunt
und wil einn hirz lâzen zuo.
kint, ich sage dir waz du tuo:
rît mit mir an den stunden
jagen mit den hunden;
mînn herrn den künic rîche,
den vinde wir kurzlîche.'
Der rede wart der knabe frô.
'got lône iu, meister,' sprach er dô.
'daz tuon ich, sol ich mîn leben hân.'
si riten mit ein ander dan.
der jäger dicke an in sach:
in sînem herzen er des jach
sîn lîp wær clâr und lobelîch
und daz er wære gar gelîch
Artûs dem künic werd erkant.
der jäger frâgt in alzehant
von welchem lande er wære.
dô saget er im ein mære.
Er sprach 'mir ist für wâr geseit
von des künges wirdekeit,
daz er sî êren rîche
und daz man tegelîche
[34a] bî im müge schouwen

*

1952 zuo] uß zuo. 1955 Ws. 1957 frow. 1963 ainen hirsen lausen. 1965 den] disen. 1966 Hör jagen. 1967 Minem h. dem.

vil ritter unde frouwen
und ouch vil edeler kinde.
nu wolt ich sîn gesinde
vil gerne werden, möht ez sîn.
ist ez an den sælden mîn,
daz mich der künc ze knehte nimt,
vil wol mich des gên im gezimt,
daz ich im dienstes sî bereit.
mir ist sô vil von im geseit
tugentlîcher mære
daz ich ungerne wære
dâ heim beliben, mirn würde erkant
beidiu sîn tugent und sîn lant.
sît al diu welt von im seit
sô manic hôhe wirdekeit,
sô wolt ouch ich versuochen,
ob er mîn wolde ruochen
ze knehte und ouch ze gesinde.
ist daz ich daz an im vinde,
daz tuon ich gern und bin sîn frô.'
der jäger sprach ze dem knaben dô
'juncherre, ir wert vil wol gewert.
swes ir an mînen herren gert,
daz tuot er willeclîche.
ir sît wol dem gelîche
daz man iu êre bieten sol.
juncherre, ir wert empfangen wol
von dem künic valsches frî
und von al der massenî.'
[34b] Sus riten si mit ein ander dan,
der jäger und der junge man,
dâ der jäger sîn knehte vant
und sîn ruorhunde, zehant
frâgt er sîn knehte mære

1990 den fehlt. 1992 ge jm. 1997 mir. 1999 alle.
2004 Ist das das. 2005 sy fro. 2009. 2010 willeklichen : gelichen.
2018 rurhaund.

ob kein hirz ervarn wære.
der jägerknehte einer sprach
'den grœsten hirz den ich ie gesach,
meister, den hân ich ervarn.'
'sô suln wir daz niht langer sparn,
wir suln lâzen dar zuo.'
dannoch was ez harte fruo.
die hunde hiez der meister dar
in die ruore ziehen gar,
edeler ruorhunde
driuzehen an der stunde.
den leithunt nam er an die hant.
vil schiere er den hirz vant.
man streift diu seil den hunden abe.
der hirz flôch mit ungehabe
vor den hunden durch den walt.
swie die wege wærn gestalt,
der jäger und knabe volgten nâch.
dem hirze was ze flichen gâch
für die dri wart an der stunt,
dâ man mangen guoten hunt
nâch im hazte ûf sîn spor.
der hirz der flôch allez vor
vil rehte gegen der fiwerstat,
dâ Artûs im bereiten bat
[35a] den imbîz, der werde man.
vor dem walde ûf dem plân
was sîn kuchen ûf geslagen.
mit im was geriten jagen
Diu küngîn mit manger frouwen.
ouch mohte man dâ schouwen
vil manic gezelt wol getân
geslagen ûf den grüenen plân.
Artûs der valsches frie
mit sîner massenîe

*

2024 lenger. 2030 Drytzehen. 2036 waren. 2037 vnnd der. 2039 dry wart. 2047 kuchin.

het sich für den grüenen walt geleit
mit mangem ritter vil gemeit
und diu künegin mit ir frouwen.
vor einer schœnen ouwen
lâgen si durch kurzwîle.
nu kam geflohen mit île
der hirz ûz dem walde.
den jagten her vil balde
die hunde ûf den grüenen plân.
Meleranz der junge man
mit dem hirze rande.
nieman in erkande.
der jägermeister volgte nâch,
dem was ouch zuo den hunden gâch.
under wîlen blies er sîn horn.
Meleranz der wol geborn
kam dem jäger vor ûf den plân
mit dem hirz, der junge man
er was baz dan si alle geriten.
het er des meisters niht gebiten,
[35b] er het den hirz wol ervalt.
nu er was komen für den walt
ûf die grüene heide breit.
Meleranz flügeling erreit
den hirz, wan er des gerte
daz er in mit dem swerte
het ervalt swenn er wolde.
do gedâht er daz er solde
des jägermeisters bîten.
der kam ouch an den zîten,
wan im was nâch den hunden gâch.
der knabe hêrlich zelt ersach.
Er gedâht in dem muote sîn
'hie mac wol der œheim mîn
ligen, der edel künic wert.
daz ist des mîn herze gert.'

*

2068 volget. 2079 wenn. 2085 was och nauch.

der hirz der was abe gejagt.
Meleranz der unverzagt
lie den hirz ze bîle stân,
vor dem walde ûf dem plân,
unz er die jäger komen sach.
ze sînem meister er dô sprach
'her meister, ir sult mir sagen,
diu zelt diu dort sint ûf geslagen,
ob ir wizzen wes diu sîn.'
er sprach 'hie ligt der herre mîn
und diu künegîn mîn frouwe
durch kurzwîl vor dirre ouwe
Geherberget ûf disem plân.'
dô daz erhôrt der junge man,
[36a] der mære wart er harte frô.
'herre meister,' sprach er dô,
'lât mich den hirz füeren dar
lebenden für die frowen clâr.'
er sprach 'kint, wie möht daz geschehen?'
'daz wil ich iuch lâzen sehen,
meister' sprach der knabe klâr
'daz er mir muoz volgen dar.'
bî dem gehürn vie er den hirz.
'vil lieber meister, gloubent mirz
daz er mir muoz volgen dan.
nu heizt die hunde vâhen an,
ich wil in mit mir füeren hin.
vil gewaltic ich sîn bin.
und wær der anger zwir als lanc,
ich wil in âne sînen danc
füeren für die künegin.'
der meister sprach 'nu füere hin.'
den hirz fuort der knabe dan
dâ in vil manic werder man
und ouch vil schœner frowen sach,
(vil manger im dô sterke jach)

*

2098 pille. 2102 diser. 2103 Habent geb. 2113 gehyrn wie.

für künec Artûs poulûn.
ein ritter saget dem Britûn
disiu mære und der künegîn.
er sprach 'vil lieber herre mîn,
welt ir âventiure sehen,
diu ist alsô hie geschehen,
diu grœste die ich ie gesach.'
der künic zuo dem ritter sprach
[36b] 'sage mir, degen wandels frî,
waz diu âventiure sî.'
'herre, ez füert ein junger man
einen starken hirz über den plân
bî sîm gehürne gewalticlîch.
herre, er ist iu gar gelîch.
sîn* lîp der ist schœn und clâr.
ich aht in kûm ûf zweinzic jâr,
daz ist wol sîner jâr ein zal.'
'wol ûf, ir ritter über al,
wir suln den knaben schouwen.'
mit rittern und mit frouwen
giengens ûz den zelten dan
und sâhn den hirz und den man.
Nu kam der junge Meleranz.
sîn lîp was clâr, sîn varwe glanz.
den hirz brâht er mit im dar
für den künc. der knabe klâr
sprach gezogenlîche
'Artûs, künic rîche,
disen hirz hât der meister dîn
erjaget, der sol iuwer sîn.'
Artûs den knaben ane sach.
zuo im er tugentlîchen sprach
'juncherre, sît gote willekomen.
ich hete gerne daz vernomen
von wan ir komt in diz lant.
daz sult ir machen mir bekant.

*

2127 Er fuort inn für. 2139 sinem gehirn. 2147 Giengen sy. getzelten.

allez des ir an mich gert,
hân ichz, des wert ir gewert.'
[37a] 'Gnâde, herre' sprach der knabe dô.
er sprach 'mîn muot stât alsô
daz ich iuch vil gerne bite:
nu êret iuwer zuht dâ mite
und lât mich iuwern kneht sîn.
herre, ûf die triuwe mîn,
dar umbe bin ich zuo iu komen.
ich hân die tugent von iu vernomen
daz mich des dunket, künic hêr,
ich sîs getiuret immer mêr,
ob ir iuch mîn underwindet.
an mir ir niht envindet
wan dienest unde triuwe
immer ân herzen riuwe.'
der künic sprach 'des sît gewert;
juncherre, des ir habet begert,
dar umbe solt ich iuch biten.
von welhem lande ir sît geriten,
juncherre, daz sult ir mir sagen
und die rehten wârheit nicht verdagen.'
er sprach 'ichn weiz wanne ich bin.
herre künic, ich hân den sin
daz ich iu aller êren gan:
dâ gezwîfelt nimmer an.'
der rede wart der künic frô.
zuo dem knaben sprach er dô
'sô sagt mir wie sît ir genant?'
der knabe sprach dô zehant
'Meleranz bin ich genant:
bî dem namen bin ich hie bekant.'
[37b] der künc nam in ze gesinde dô.
des was diu massenîe frô.
er wart empfangen minneclîch
von der küneginne rîch

2185 ich enwayß wannen. 2192 da.

und von den frowen allen.
mit zühten âne schallen
diu massenî in wol empfienc.
dô der antvanc ergienc,
der künc die ritter alle bat
daz si an der selben stat
sich des knaben underwunden
und in ze allen stunden
wîsten unde lêrten
und im sîn wirde mêrten.
daz lopten si mit willen dô:
des wart der junge man vil frô.
diu künegîn an den knaben sach.
zuo dem künic si dô sprach
'Artûs edeler künic rîch,
dir ist der junge man gelîch:
daz habe ûf die triuwe mîn.
er mac dir wol gesippet sîn.
wir suln in haben wirdeclîch.'
Artûs der edel künic rîch
sprach 'frowe mîn, daz sî getân.
er liez im sehs knaben sân,
den tet der werde künic kunt
daz si im dienten zaller stunt.
dô dienten si im willeclîch.
bî Artus dem künic rîch
[38a] was der knabe wol ein jâr,
daz nieman weste für wâr
von welhem lande er wære.
Artûs der lobebære
dem knaben holdez herze truoc.
Meleranz der was sô kluoc
und dient dem künic rîche
alsô willeclîche
und der küneginne
mit zühteclîchem sinne

2202 empfang. 2213 edeler fehlt.

daz si im truogen holden muot.
er was hübesch unde guot,
an allen tugenden gar volkomen.
von sînem munt wart nie vernomen
daz er ie daz wort gespræche
dâ mite er sîn zuht zerbræche.
Den von der tavelrunden
dient er ze allen stunden
und liebet sich den liuten sô
daz si des alle wâren frô
daz er bî in solde sîn.
der künic und diu künegîn
umb in begunden trahten:
si kunden nie daz geahten,
von welhem lande er wære.
sus was der lobebære
in sînes œheimes lande
daz in nieman dâ bekande.
Nu hœrt ein ander mære sagen.
in Franken rîch was grôzez klagen
daz der knabe wol geborn
[38b] sô wunderlîche was verlorn.
man hôrte man unde wîp
clagen sînen werden lîp.
der künic und diu muoter sîn
tâten grôze clage schîn.
ir boten strichen wîten
in diu lant, an allen sîten
suochten si den jungen man.
nu sant diu küneginne dan
ir boten in ir bruoder lant.
dem hiez si tuon daz bekant
daz ir sun verlorn wære.
si hiez im clagen ir swære
und ir grôzez herzen leit.

*

2240 Da mit dz er. 2241 von den t. 2251 õhaims 2253 N hort er ander. 2265 bruoderß.

dô im daz mære wart geseit,
er sprach zem boten 'friunt mîn,
sagt mir wie lange mac daz sîn
daz mîn swester vlôs ir kint?'
der bote sprach 'herre, des sint
wol zweinzic wochen und ein jâr
daz mîn juncherre klâr
von mînes herren lande schiet,
als im sîn kintheit geriet.
sît hân ich niht vernomen
wâ er für hin sî komen.'
Artûs sprach 'tuo mir bekant
wie mîn neve sî genant.'
'herre, er heizet Meleranz:
sîn lip ist klâr, sîn varwe glanz.
alle die in habent gesehen,
die müezen des mit wârheit jehen
[39a] er sî iu gar gelîche.
mîn frowe diu künegîn rîche
durch iuwer liebe des niht enliez,
ir sun si alsô nennen hiez,
Meleranz den Britûn.
sîn hâr ist reit val und niht brûn.
herre, er ist iu gelîch.'
dô sprach Artûs der künic rîch
'ob ir in sæht, bekant ir in?'
der bote sprach 'jâ herre, ich bin
sîn eigen, er der herre mîn.
ich wolt immer frô sîn,
solt ich in zeinem mâle sehen:
mir kunde lieber niht geschehen.'
Artûs sprach ze der künegîn
'frowe, ich wæn den neven mîn
für einen gast behalten hân.
wir suln nâch dem jungen man

*

2271 zuo dem. 2273 verloß. 2280 füro hin sin. 2295 sähind. 2297 vnnd er. 2302 neffe.

senden daz er uns besehe,
ob der bote an im erspehe.
ist er mîner swester barn,
sô hât er wunderlîch gevarn
daz er sich mir niht hât genant.'
nâch Meleranze wart gesant.
der kam snellecliche
ze hove für den künic rîche.
als in der bote ane sach,
dô wart er frô unde sprach
'daz ich iuch hân gesehen gesunt,
nu wil ich für dise stunt
[39b] immer mêr mit fröuden leben.
die sælde hât mir got gegeben
daz ich iuch herre vunden hân.
nu wil ich al mîn trûren lân.
mir wirt von iu ein botenbrôt
gegeben, dâ mite ich mîne nôt
überwinde mit rîcheit.
künc Artûs, iu sî geseit,
iuwerr swester sun der hie stât
mangen langen tac gemachet hât
sînem vater und der muoter sîn.
an den ist grôzer jâmer schîn:
si wænnt si haben iuch verlorn.'
Meleranz der wol geborn
hiez den boten wilkomen sîn.
er sprach 'ich hân keine pîn
Bî mînem herren hie erliten.
der hât mit hêrlîchen siten
sîn genâde an mir getân.
die wirde ich niht verdienen kan
die er mir hât an geleit.
mîn vater sol kein herzeleit
noch mîn muoter umb mich hân.
der künic hât an mir getân

*

2319 uch her funden. 2320 alleß. 2329 wändt.

sô volleclîch sîn êre
daz ich immer mêre
im vil gerne dienen sol.
ich triuwe im noch genâde wol.'
der künc sach sînen neven an.
er sprach 'sag mir, vil süezer man,
[40*] bistu mîner swester sun?
wie kundestu ie daz getuon
daz du dich alsô hæle
und mir vor verstæle
dîn geburt: daz ist missetân.'
dô sprach der junge werde man
'herre, daz wil ich iu sagen.
ich hân bî mînen tagen
vil guoter ding von iu vernomen.
in iuwern hof bin ich komen
daz ich nieman was bekant,
und fuor von mînes vater lant
daz ich daz ervüere gar
wie man der gest hie næme war.
durch daz kam ich in gastes wîs.
herre, nu habt ir iuwern prîs
vil wol an mir erzeiget hie.
swaz ich guoter mære ie
von iuwern tugenden hân vernomen,
des bin ich an ein ende komen.'
der künic was von herzen frô.
'vil lieber neve' sprach er dô,
'sît du mich versuochet hâst,
du solt hie nimmer wesen gast:
du solt hie gar gewaltic sîn
alles daz dâ heizet mîn.
ganc her ze mir und küsse mich.
ich fröwe mich daz ich dich
in * zühten hân gesehen.
ich wil dir mit der wârheit jehen

*

1249. 2350 häld : verställd.

[40b] daz ich dich, vil süezer man,
vil gerne gesehen hân.'
der knabe dô nâher gienc.
Artûs in ze im gevienc
und kust in [vor lieb] an sînen munt.
diu künegîn an der selben stunt
in mit fröuden kuste,
des si vil wol geluste,
wan si vil grôze wünne
hete von sînem künne.
Artûs friunden was si holt.
si heten êren vil erholt
durch des künges êre.
nu lât iu sagen mêre:
Gahariet und Gâwân
empfiengn alrêrst den jungen man
mit triuwen minneclîche,
manc ritter ellens rîche,
sîn mâge und sîn künne.
'got mir der sælden günne'
sprach Artûs der künic hêr,
daz ich an iu allen êr
nâch mînem willen gesehe
und daz daz schiere geschehe.'

Meleranz der junge man
sîner muoter boten frumte dan.
mit urloube daz geschach.
zuo dem boten er dô sprach
'nu sage mir ûf die triuwe dîn,
ist wol gesunt diu muoter mîn
[41a] und ouch mîn vater werd erkant?
stât mit fride wol daz lant?'
der junge valsches frîe
von al der massenîe
frâgt er zühteclîchen,
von armen und von rîchen.

*

2486 chuon. 2391 Gawin. 2392 aller erst. 2402 furte dan.

der bote sprach an der selben stunt
'si sint alle wol gesunt,
wan daz si in grôzen sorgen
den âbent und den morgen
umb iuch sint, daz ist ir nôt.
si wænent daz ir sît tôt:
daz ist gar ir aller clage.'
'vil lieber friunt, var wider und sage
mînem vater und der muoter mîn
daz si ir trûren lâzen sîn,
ich sî frô und wol gesunt,
und tuo der massenîe kunt
von mir, ich dien in willeclîchen
beide armen unde rîchen.
grüez si alle von mir schône,
daz ich dirz immer lône.
sag mînem vater, ez sî mîn ger
daz er mir schiere sende her
den besten harnasch den man vinden kan,
und ein guotez kastelân.
ich hân dir iezuo niht ze geben.
sül wir aber kein wîle leben,
ich lôn dir dîner arbeit sô
daz du von schulden wirdest frô.'
[41b] 'Herre' sprach der bote dô,
'ich dien iu gern und bin des frô
daz ich iuch gesehen hân.'
urloup nam er von im dan.
do bevalh der süeze reine degen
sînen kneht in gotes segen.
der bote gezogenlîche
gienc für den künic rîche
und für die küneginne.
'herre, ich wil von hinne
mit iuwerm urloube varn.'
'nu müeze dich bewarn

2418 wandt. synd. 2428 derß. 2429 sî] sig. 2433 yetzund. 2437 Der.

der aller ding gewaltic sî.
mînem swâger valsches frî
sag den getriuwen dienest mîn
und daz er sîn trûren lâze sîn.
du solt ouch mîner swester sagen
daz si ir trûren und ir klagen
mit fröuden nû ein urloup gebe:
ir sun hie vil frœlich lebe.
du solt ouch ir tuon bekant,
wie er sî komen in mîn lant,
und daz mir nie gesaget wart,
von welhem lande und welher art
er und sîn geslehte wære.
. . . .
daz er sîn selbes niht erkande.
doch hât er ân alle schande
in mînem hove gelebet hie.
für einen gast ich in empfie
unde nam in mir ze knehte.
[42a] nu bin ich inne worden rehte
daz er ist mîner swester sun.
wil ich der sippe nu rehte tuon,
sô sol er gewaltic sîn
über al in dem lande mîn,
reht als gewalteclîche
als dâ heim in Franken rîche.
nu sage ouch mîner swester daz
si sül ez lâzen âne haz,
ich welle in hie bî mir behalten.
er sol gewalteclîchen walten
al des ich in mîm lande hân.'
der künic hiez dem boten sân
zehen marc von golde wegen
und bat sîn got mit triuwen pflegen.
  Hin streich der bote frœlîch

*

2155 geben. 2468 [nne] jm. 2475 Absatz in der handschrift.
2479 Alleß. minem. 2480 den. 2482 sy.

gegen dem lant ze Franken rîch.
ze Paris in der guoten stete
was der künc der den boten hete
gegen Britanjen gesant.
die künegîn er ouch dâ vant.
den brâht er liebiu mære
daz ir sun wære
frô unde wol gesunt.
er tet in ouch vil rehte kunt
allez daz man in enbôt.
diu künegîn sprach 'mîns herzen nôt
mit fröuden ende hât genomen:
nu wis mir gote willekomen.'
dem boten gap si botenbrôt
[42b] daz er alle sîne nôt
überwant mit guote.
im wart vil wol ze muote.
der künic wart ouch vil frô.
sînem sune sant er dô
daz beste ros daz ieman vant
ze Ispanje über al daz lant,
und ein ganzen harnasch guot.
des was der degen wol gemuot.
ouch sante im diu muoter sîn,
Olimpiâ diu künegîn,
zwên soumær die truogen golt,
ir sune man daz geben solt,
wol tûsent marc vollelîch.
ouch sant im der künic rîch
zwelf frume knaben dar,
die sîn mit dienste næmen war.
Meleranz der wart frô.
bî Artûs beleip er dô
dannoch ein jâr oder baz,
daz er vil selten des vergaz

2485. 86 statt : hat. 2494 mines. 2496 byß 2502 Sinen. 2514 namen.

er wær ze allen zîten
ze næhst an sîner sîten
mit sînem dienste stæteclîch.
im wart Artûs der künic rîch
vil holt und ouch diu künegîn.
durch die grôzen tugende sîn
lobet in wîp und ouch man.
swer sîn künde ie gewan,
der muoste von der wârheit jehen,
[43a] sô milter man wart nie gesehen.
Artûs der êren rîche
der lebt vil wirdeclîche
mit sîner massenîe.
Meleranz der valsches frîe
mit sorgen was gebunden.
ze etelîchen stunden
was er mit den andern frô.
sîn muot stuont underwîlen sô
daz er mit den andern fröude pflac
und alles trûrens sich bewac.
dar nâch kam in an ein muot,
als er die liute ofte tuot
die herzen liep verholne tragent:
die sint frô, etwenn si klagent
und gebârent seneliche.
nie künic wart so rîche
der sich möht gefristen
vor der minne listen,
Der bî der welde wolde sîn.
daz wart an Meleranze schîn:
der het tugent und starken lîp.
ein magt si was und niht ein wîp
betwanc in mit ir güete,
daz im sîn gemüete
niendert stuont wan gên ir.

*

2521 stätteklichen. 2522 Wann im. 2528 wurd. 2538 begab. 2542 frow. 2543 senlichen. 2545 Der sy. 2548 wellt. 2553 wann er gen.

er gedâht 'sol si niht werden mir,
sô muoz ich verderben.
wie sol ich si erwerben?
si ist dort, sô bin ich hie.
[43b] nun weiz ich leider rehte wie
ich ir mîn nôt tæte kunt.
daz ich bin von ir minne wunt,
des kan ich ir niht gesagen.
mînen kumber muoz ich eine tragen.
ich hân nieman der mir wære
guot ze mîner swære,
der mir gæbe guoten rât.
mîn dinc mir kumberlichen stât.
ouch ist mir leider unbekant
wie ich in mîner frowen lant
und zuo der lieben möhte komen.
der trôst ist mir gar benomen.
owê solde ich si sehen,
sô künd mir lieber niht geschehen.'
der gedanke er dicke pflac
sô er an sînem bette lac
durch slâf und ruowe solde pflegen,
so bestuont diu Minne den werden degen
und twanc in des mit ir craft
daz er von ir süezen meisterschaft
an die maget muost gedenken.
des moht er niht entwenken
mit allem sînem sinne.
des twanc in diu Minne.

Diu nôt im sô nâhen gie
daz er al sîn friunde lie.
sîn site verkêrten sich gar.
er nam des vil lützel war
swaz man kurzwîle pflac.

2556 si fehlt. 2560 von ir mynn bin. 2568 Wa. 2569 Absatz in der handschrift. 2571 si fehlt. 2572 kind lieber mir. 2573 gedenke. 2578 Dz ir von. 2583 gieng. 2585 verkorten.

[44a] aller fröude er sich bewac.
sîn bestiu fröude was daz:
swenne er alleine saz
von den liuten daz in nieman sach,
sô was im wol, des er jach:
so gedâht er an die maget klâr.
die wîl lebt er mit fröuden gar.
die liute marcten sînen site.
si wundert des war umbe er mite
kurzwîle der man dô began.
nu bruoft Gâwân der wîse man
sînes neven gebære.
daz ez von minnen wære,
des gedâht er und was ouch wâr.
er fuort den juncherren clâr
von den liuten an ein heimlich stat.
sînen kumber er im sagen bat.
er sprach 'lieber neve mîn,
ich brüefe an den gebærden dîn
daz dich diu Minne twinget
diu dicke kumber bringet,
swen si bestât mit gewalt.
ir twingen ist sô manicvalt,
bestât si einen jungen man
der sich dâ vor niht hüeten kan,
den bringet si in solhe nôt
daz im lieber wær der tôt.
Nu sage mir, lieber neve mîn,
dînen kumberlichen pîn.
ich sihe wol daz du kumber hâst.
[44b] obe du mich den wizzen lâst,
dar zuo gib ich dir mînen rât.
obe dîn dinc alsô stât
daz dir eins wîbes minne

*

2588 fröden. 2595 sin. 2596 des war er nit. 2598 Gâwân fehlt. 2604 Jnn saget patt. 2606 brieff. 2607 dich fehlt 2609 Wenn. 2621 aines.

wil krenken dîne sinne
und du von ir kumber dolst,
ich rât dir daz du dich erholst.'
nu gedâht der werde junge man
'sît ich im niht gesagen kan
wer mîn liebe frowe ist,
sô sol ouch ich an dirre vrist
von ir nieman niht ensagen.
mînen kumber wil ich einic tragen.
ez wær ein unhübescheit,
ob ich mit mæren machte breit
mîn liebe gedank, mînn hôhen wân:
den wil ich nieman wizzen lân.'
Er sprach zem herren Gâwân
'herre und œheim, swaz ich kumbers hân,
den sage ich iu und suoche rât,
an iuch. mîn muot alsô stât:
ich hân ze ritterschefte wân.
zwiu sol als ich ein starker man,
der sich knehtes wîs verlît
und sich des vlîzet zaller zît
daz sînem lîbe sanfte sî?
dâ ist lützel êren bî.
wil ich der wârheite jehen,
ich hân daz ofte an iu gesehen
daz ir iuch dicke umb êre
[45ᵃ] arbeittet alsô sêre
daz mich des immer wunder hât.
sô wil ich, ist ez iuwer rât,
heim ze lande rîten
und wil in kurzen zîten
ritter werden: sô daz geschiht,
sô wil ich langer beiten niht,
als ich daz swert hân genomen,

*

2622 Vil. dîn. 2624 erholst] erlöst. 2628 diser. 2633 gedenk minen h. 2635 zuo dem. 2639 ritterschafft. 2640 zuo rew sol. 2641 verlet. 2654 ich fehlt. lenger.

zehant wil ich her wider komen
zuo dem lieben œheim mîn
und wil dem ze dienste sîn,
unz ich verdien die sælekeit
daz mir diu stat werde bereit
zer tavelrunde, ob ichs sî wert.
der selben stat mîn herze gert,
ob ich si verdienen kan.'
her Gâwân sach den knaben an.
  Er sprach 'vil lieber neve mîn,
ich fröwe mich der tugent dîn,
sît dîn muot ûf êre stât.
du solt merken mînen rât,
du solt ritter werden hie
bî dînem œheim, der dich nie
verliez ûz dem herzen sîn,
sît er gewan künde dîn.
der siht daz gern und ist sîn frô.'
ze herren Gâwân sprach er dô
'swes sîn herze an mich gert,
des wirt er wol von mir gewert.'
Gâwân dô des niht enlie,
[45b] zuo dem künge er dô gie
und sagt im dise rede dô.
des wart der künic Artûs frô.
Artûs an der selben stat
Meleranz im bringen bat.
Meleranz der zühte rîch
gienc für den künc gezogenlîch.
als in der künic vor im sach,
er gruozt in lieplich unde sprach
'Meleranz, mir hât geseit
Gâwân für die wârheit,
du habest ze ritterschefte muot.

*

2659 die gesellshait. 2661 Ze der t. ob ich des werd werd. 2664 Gawin. 2673 sy fro. 2374 Gawin. 2675 min h. 2677 Gâwân] Wann. 2688 Gawin. 2689 ritterschafft.

nu soltu, lieber neve guot,
der hôhen êren günnen mir,
vil lieber neve, daz ich dir
helfe ritterlîches namen.
ich müeste mich des immer schamen,
ob du niht ritter würdest hie.
ûz herzen ich dich nie verlie,
sît ich dîn künd alrêrst gewan.'
'swaz ir gebiett, daz sî getân'
sprach Meleranz, 'herre mîn;
ich sol iu undertænic sîn
mit lîbe und mit guote:
des ist mir wol ze muote.'
Artûs der künic rîche
der hiez dô endelîche
ein hôhzît künden in diu lant.
ze Meleranz sprach er zehant
'ich wil durch die liebe dîn
[46a] dînen vater und die swester mîn
laden her in diz lant.'
gên Franken rîch er alzehant
sînen boten sande dô
(des wart Meleranz vil frô)
nâch dem künic rîche.
der kam vil willeclîche
ze sînes sunes ritterschaft.
mit vil küniclîcher kraft
bereit er sich zuo der vart.
daz wart niht langer ûf gespart.
diu hôhzît erschal sô wîten
in diu lant an allen sîten.
nu wurden ouch diu mær gesaget
der vil minneclîchen maget,
der klâren Tytomîen,
die er ze einr amîen

2697 allererst. 2710 Frangkrich. 2716 kumerlicher. 2724 ainer amenyen.

und im zeim liebe het erkorn.
diu juncfrowe wol geborn,
dô si vernam daz mære,
dô wart diu sældenbære
ganzer fröuden rîche.
si sande tougenlîche
ir kleinât und ir boten dar
und einen brief dem degen clâr.
diu kleinât wâren rîch genuoc:
der gürtel den si selbe truoc,
dô er si bî der linden sach,
(vil rîcheite man im jach)
ein schapel und ein fürspan,
[46b] daz sande si dem jungen man
bî ir boten in sîn lant.
daz was nieman mêr bekant
wan ir und ir meisterin
und dem botên den si sant dâ hin.
Hie lâze wir den boten varn.
der kund sîn reise niht gesparn
unz er kam in daz lant
dâ er Meleranzen vant.
daz was reht in den zîten
daz von den landen wîten
die besten wâren komen dar
und daz der junge degen clâr
des morgens solde nemen swert.
Artûs der ie êren gert
het geleit sîn hôchzît
rehte in eines meien zît
für den walt ûf ein heide breit.
zuo der hôchzîte reit
vil manic hôchgemuoter man
und manic frowe wol getân.
dar kâmen künge und fürsten vil
der ich niht aller nennen wil.

2725 zuo ainem.. 2753 ain hochzit gelait.

nu kam ouch von Franken rîch
der edel künic werdeclîch
ze sînes sunes ritterschaft.
mit vil küniclîcher craft
brâht er mit im in daz lant
vil mangen ritter werd erkant.
[47ª] Ouch brâht diu küneginne dar
vil manic frowen wol gevar.
Artûs durch sîn wirdekeit
verre gên sîner swester reit.
er empfienc si frœlich in daz lant
und sînen swâger werd erkant
und dar nâch die frowen minneclîch,
dar nâch die ritter algelîch
die mit dem künic kâmen dar.
al der tavelrunde schar
empfienc vil wirdeclîche
den künc von Franken rîche
und die küneginne clâr.
frowen unde ritter gar
die wurden wol enpfangen.
do der antvanc was ergangen,
der junge werde Meleranz
mit triuwelîcher liebe ganz
empfienc den * vater sîn
und sîn muoter die künegîn.
dem künic lieber nie geschach,
dô er sînen sun ersach,
vor fröuden er in kuste,
des in wol geluste.
sîn muoter diu künegîn
diu tet im umbevâhen schîn.
si kust in lieplich unde sprach
'ein ende hât mîn ungemach,
sun, sît ich dich hân gesehen:

*

2773 *fr.* all m. 2782 anfang. 2883 Absatz in der handschrift.
2792 vmbushens.

mir kan leides niht geschehen.'
[47b] si wârn ze sehen ein ander frô.
Meleranz empfienc dô
beide frowen unde man.
si riten mit ein ander dan.
Jenower diu êren rîch
diu empfienc vil minneclîch
die künegin und ir frouwen.
man moht dâ küssen schouwen
von den frowen minneclîch.
Jenower den künc von Franken rîch
mit kusse minneclîch empfienc.
dô der antvanc ergienc,
die zwuo küneginnen rîch
zeinander sâzen zühteclich.
daz si ein ander heten gesehen,
dâ was in liebe an geschehen.
  Die frowen wârn mit fröuden hie.
Meleranz in sîn gezelt gie:
dâ schuof er umbe sîn dinc.
nu kom mit frâge an sînen rinc
der bote den im het gesant
diu küneginne werd erkant,
diu klâre Tytomîe,
sîns herzen amîe.
der bote in daz gezelt gienc.
Meleranz in wol empfienc.
der bote neic im zühteclîch.
Meleranz der lobes rîch
frâgte in der mære,
wes gesinde er wære.
[48a] der knabe sprach sâ zehant
'herre, ich bin ze iu gesant
und sol iuch heimlich sprechen.

*

2799 frow. 2805 der. 2806 der. 2808 anfang. 2809 kungin. 2810 Saussen zuo ain anndern. 2811 an ain a. 2817 der jm hatt. 2820 Sines h. ameney. 2823 zuchtenklich. 2827 sâ fehlt.

swenn ir daz ruochet zechen,
sô sag ich iu an dirre vrist,
herre, waz iu enboten ist.'
Meleranz sach in an.
er sprach 'juncherre, nu gêt dan.'
in nam wunder waz er wolt
oder waz er werben solt.
in sîn kamer er dô gie,
nieman er mit im lie.
an sîn bette er gesaz.
der bote mit zühten seit im daz,
von wem er dar wær gesant
dem herren gap er in die hant
die prisante rîche
und seit im zühteclîche
sîner frowen botschaft.
[er sprach] 'herre, mit ganzer liebe kraft
embiut iu mîn frou Tytomîe,
vor valscheit diu frîe,
ir dienest: si hât iu gesant
diu kleinât in ditze lant,
den gürtel den diu maget kluoc
umbe bî der linden truoc,
dô ir sî næhest sâhet an,
ein schapel und ein fürspan
hât si iu dâ mite gesant.'
Meleranz spranc ûf zehant,
[48b] dem boten neic er ûf den fuoz.
er sprach 'mîn sorge swinden muoz,
sît mir mîn frowe hât gesant
ir kleinât in ditze lant:
des wil ich immer frô sîn.
wie gehabt sich diu frowe mîn?'
'si gehabt sich wol' sprach der bot.

*

2831 diser. 2834 nun oder mîn. 2843 Dise presennte. 2847 fro Tytomey (: fry). 2850 klainot. 2853 nähst sahen. 2860 klainot. 2861 frow.

Meleranz sprach 'des lob ich got.'
der knabe sprach sâ zehant
'disen brief hât si iu gesant.'
Den brief er in die hant nan.
ich wæne niht daz ein man
einer botschaft würd sô frô.
gegen dem brieve kniet er dô.
er sprach 'vil lieber bote mîn,
dîn lîp müez immer sælic sîn.
du hâst mir liebiu mær gesaget
von der minneclîchen maget
an der al mîn fröude stât,
diu dort mîn herze bî ir hât.'
den brief tet er ûf und las
swaz dar an geschriben was.
'Herzen lieber Meleranz,
dir embiutet dienst mit triuwen ganz
ein maget diu dir wol êren gan.
swaz ich fröuden ie gewan,
diu lît an dir, vil süeze amîs.
dîn zuht, dîn kintlîcher prîs
und diu grôze tugent dîn
hânt gehûset in daz herze mîn.
[49a] des mac ich langer dir niht heln.
herzen liep, sol ich sus queln
nâch dir mit gedanken,
sô muoz mîn herze wanken
an fröudenhaftem muote.
got habe in sîner huote
dînen lîp. nu wizze daz,
ich bin dir holt ân allen haz.
nu sprich: ist daz minne?
mîn herze und mîn sinne
kan ich von dir gewenden niht.
daz ist ein wunderlich geschiht.

*

2870 knüwet. 2879 lieben. 2883 diu] Der. 2887 dir länger.
2891 frödenhafften.

sît des tages daz ich dich sach,
ich enweiz waz mir von dir geschach,
sît lîd ich kumberlîchen pîn.
ich bit dich, herzen fröude mîn,
daz du ruochest mich gesehen,
sô daz schierest müge geschehen.
gedenke an die tugent dîn,
lâz mich in dînem herzen sîn
frowe, wan du bist herre gar
in mînem herzen, daz ist wâr.
mînen gürtel hân ich dir gesant:
dâ bî tuon ich dir bekant,
du sæh wol, der umbvie mich,
der lebet niendert âne dich
den ich umbvâhen welle.
daz wizze, trûtgeselle.
nu merke waz daz fürspan
daz ich dir gesendet hân
[49b] bediut, des wil ich dir verjehen:
daz ich wil nimmer an gesehen
mit spilnden ougen keinen man
ân dich; daz selbe fürspan
sol des ein geziuc sîn.
ich gap dir selbe ein vingerlîn,
dô du schiede hie von mir.
dâ mite bevalh ich mich dir
ûf dîn genâde, degen snel.
ich hân dir ouch mîn schapel
bî mînem boten gesant.
dâ bî tuon ich dir bekant
daz ich dir gibe, vil süeze amîs,
mîner êren hœchsten prîs;
die krône mîner wirdekeit
empfilh ich dîner sælekeit.
vil süezer man, nu denk an mich,
wan ich mit triuwen muoz an dich

2911 sähest. 2917 Gedawt das.

gedenken, herzen fröude mîn,
und lâz mich dir empfolhen sîn:
du bist mîns herzen spiegelglas.'
an dem brieve er niht mêr las.
Meleranz wart fröuden rîch.
den brief kust er lieplîch
und wart von liebe bleich und rôt,
als im der minne kraft gebôt.
er enweste wie gebâren
vor fröuden: bî sîn jâren
im sô liebes niht geschach.
zuo dem boten er dô sprach
[50a] 'du hâst mir liebiu mære brâht.
mir ist des wol gên dir gedâht
daz ich dich mache rîche,
daz wizze sicherlîche.
nu sage mir ûf die triuwe dîn,
wenn sæhe du die frowen mîn?
ist si frô und wol gesunt?'
der bote der sprach an der stunt
'geloubet, herre, daz ich iu sage:
des ist wol vierzehen tage
daz ich von mîner frowen reit.
si hât kein herzen leit
niht wan daz eine,
daz diu süeze reine
sich sent nâch iu ze aller zît.
diu sorge ir an dem herzen lît:
si sæh iuch gern, vil werder man.
von ir ich daz vernomen hân.
kunnet ir stæter triuwen pflegen,
sô lât die maget niht underwegen.
ir sult von ir niht wenden.
swenn ir ez mügt geenden,
sô geseht die frowen mîn.'

*

2935 hertze. 2944 sinen. 2954 sächt. 2963 *Die*. 2965 kunnent. 2968 Vweren muot wenn.

er sprach 'zwâre daz sol sîn,
Swenne ich daz geenden mac.
owê gelebet ich noch den tac
daz ich die schœnen solde sehen:
sô künd mir lieber niht geschehen.'
er sprach zem knaben 'du solt sîn
hie bî der hôchzîte mîn.
[50b] alsô diu hât verendet sich,
sô wil ich dann alrêrst dich
vertigen heim ze lande.
lâz dir niht wesen ande
hie bî mir unz ûf den tac
daz ich dich gevertigen mac.'
der knabe sprach 'herre mîn,
ich wil hie bî iu gerne sîn,
unz iur hôchzît ende hât genomen.
ich bin alsô her komen
daz ich wil gerne schouwen
iur hôchzît und mîner frouwen
künde gesagen etewaz.'
Meleranz der valsches laz
der was gar von herzen frô.
bî der hant nam er dô
den knaben und gienc mit im dan.
der junge werde hübesche man
Sînem kamerer wincte dar.
er sprach 'nim des knaben war,
lâz dir in wol empfolhen sîn
immer durch den willen mîn
und pflig sîn alle wîl durch mich.'
der kamerer sprach 'daz tuon ich.'
diu kleinet diu im sant diu maget
diu hiez der degen unverzaget
den kamerer ze behalten tragen.
er sprach 'du solt nieman sagen

*

2975 zuo dem. 2985 üwer. haut ain end. 2988 Üwer. 2999 alle fehlt. 3003 zuo behaltent.

wer diu kleinât habe brâht,
und hab ouch daz in dîner aht,
[51a] morgen so ich mîn êrst gewant
hin gegebe, daz du zehant
mir bringest' sprach der junge man
'disen gürtel und daz fürspan
mit den andern kleidern mîn.
daz schapel sol dâ bî sîn.'
ze sînem lieben boten er sprach
'friunt, nu habe guot gemach.
ich muoz an disen zîten
ze mînem œheim rîten
und zuo dem werden vater mîn.
lâz dir niht lanc die wîle sîn.
du bist hie heime wol bî mir.
swer iht êrn erbiutet dir,
der hât liebe mir getân.'
ein ros hiez er im bringen sân.
  Ûf daz ros er dô saz:
alles trûrens er vergaz.
ze sînem œheim reit er dan.
der kamerer fuort den frömden man
in ein gezelt an sîn gemach
und pflac sîn sô daz er des jach
sîn würde vor nie baz gepflegen.
Meleranz der junge degen,
do er ze Artûs was komen,
ich sage iu, als ich hân vernomen,
Artûs der künic lobelich
sant nâch dem künc von Franken rîch.
der kam ze Artûs geriten.
mit vil zühteclîchen siten
[51b] der künic Artûs in empfienc.
mit im an ein sprâche er gienc.
si wurden des ze râte duo

*

3008 all zuo hand. 3021 trurren er do v. 3038 sprechen er gie. 3039 do.

daz si des andern morgens fruo
Meleranz den jungen man
des morgens ûf dem grüenen plân
wolden ritter machen
mit kostlîchen sachen.
ietwederr künic wert
wolt geben hundert knaben swert

Durch Meleranzes êre.
nu lât iu sagen mêre:
die zwô künginne rîche
die gâben willeclîche
ieclîchem drîer hande kleit:
diu wâren schiere bereit.
des was alles vor gedâht.
die küneginne wol geslaht
noch bî ein ander wâren,
wan si bî mangen jâren
ein ander nie gesâhen.
des si dô beide jâhen
si wærn ze sehen ein ander frô.
ir beider muot stuont alsô:
si wârn ein ander holt genuoc.
Meleranz dem knaben kluoc
Artûs der werde künic sprach
'neve mîn, var an dîn gemach
und bereite dich dar zuo.
du solt ritter werden fruo.
[52ª] ich wil durch dich werden man
geben hundert castelân
dir und den gesellen dîn.'
'vil lieber sun der mîn,'
sprach sîn vater, 'sô wart ûf mich:
ich wil morgen fruo durch dich
hundert knaben geben swert:
des ist wol dîn wirde wert.' . . .

*

3042 den. 3049 kungine. 3054 kungin. 3059 waren. 3062 ze Meleranz?

Und danct in beiden vlîzeclîch.
hin reit der künc von Franken rîch
dâ er die zwô künegîn vant.
den seit er diu mær zehant.
des wurden die künginnen frô.
Jenower diu guote wolde dô
mit ir frowen varn an ir gemach.
ze der von Frankenrîch sî sprach
'swester, du solt gewaltic sîn
alles daz dâ heizet mîn,
und wiz daz ich dich hân gesehen,
des wil ich mir ze sælden jehen.'
'swester mîn, daz weiz ich wol.
got ich des immer danken sol
daz ich dich hân gesehen gesunt.
mir wart nie lieber mære kunt,
dô man mir seit ich solde her:
daz was wol mîns herzen ger.
daz ich dich liebiu swester mîn
hân gesehen, des muoz mîn herze sîn
ganzer fröuden rîche.'
si kusten ein ander lieplîche.
[52b] Jenower von dem künic nam
guote naht, ir frowen tâten sam
die mit ir wâren komen dar.
Jenower diu künegîn clâr
und ir frowen wol getân
riten gên ir gezelte dan
dâ si den werden künic vant.
Meleranz reit ouch zehant
ze sîn gesellen an sîn gemach.
des morgens dô der tac ûf brach,
dô was dem jungen man bereit
schilt satel unde rîchiu kleit,
im und den gesellen sîn.

*

3082 zuo der kungin von. 3089 gesehen hon. 3093 liebe zweimal. 3098 thetten.

Jenower diu edel künegin
durch Meleranzes wirdekeit
gap hundert swertdegen kleit:
diu wâren drier hande.
Artûs der künc im sande
hundert schœner castelân:
diu hiez er geben den jungen man
sîn gesellen, daz tet er willeclîch.
sîn vater der künc von Franken rîch
gap ouch hundert knaben swert
durch sînen sun, der was des wert.
dô si nu alle wârn bereit,
geriten unde wol gekleit,
die swertdegen alle,
mit frœlîchem schalle
reit Meleranz der junge man
mit sînr geselleschaft dâ man
[53ª] dem künic Artûs messe sanc.
sich huob harte grôz gedranc
von rittern und von frouwen,
die gerne wolden schouwen
die swertdegen willeclîch.
die zwuo küneginnen rîch,
Jenower und Olimpîâ,
bî dem gotes dienste stuonden dâ
mit vil manger frowen klâr.
ouch was von mangen landen dar
komen mit vil grôzer kraft
durch fröude und durch ritterschaft
künige grâven herzogen,
michn habe diu âventiure betrogen,
sô manic daz weder ê noch sît
ze keines küniges hôchzît
kam nie sô manic werder man.
si lâgen ûf dem grüenen plân

3117 Sinen. 3120 wol werdt. 3127 meß sprach. 3140 Mich.
3141 mänger.

mit vil frœlîchen siten.
langer wart dô niht gebiten:
dô man messe gesanc, dar nâch
den rittern al ir reht geschach.
Dô in daz swert gesegent wart,
langer wart dô niht gespart,
schilt und ros in wurden brâht.
nu heten si sich des bedâht,
si wolden bûhurdierens pflegen.
vil mangen hôchgemuoten degen
sach man dâ bûhurdieren
undr rîchen banieren.
[53b] Artûs der künic sich bewac
daz er selbe bûhurdierens pflac
und der künc von Franken rîch.
dâ wart geriten ritterlîch
mit kunst ûf dem grüenen plân,
daz ez die frowen sâhen an.
dâ wart geriten ritterlîch
von den edelen künigen rîch.
dô der bûhurt ende nam,
Artûs den es wol gezam
het gên der hôchzît bereit
ein tavelrunde, sô man seit,
diu was harte rîche,
gebrüevet meisterlîche
ûf einen bluomenvarwen plân.
nu wolt der stolze hübesche man
sînen site niht verkêren,
der tavelrunde ze êren.
Keines morgens er niht az,
er enhete ê etewaz
von âventiure vernomen.
des tages was ez alsô komen
daz im nieman niht enseit

*

3146 Lenger. 3148 alles. 3150 Lenger. 3161 den. 3164 edelen fehlt. 3166 den es] dienern.

von âventiur: daz was im leit
durch die geste die dâ wâren,
wan er bî mangen jâren
sô vil werder geste nie gewan.
ez was vil manic werder man
ze Artûs dem künige komen
die sînen site niht vernomen
[54a] heten, die dûhte wunderlich
war umb der edel künic rîch
niht embîzen wolde.
er getorste noch ensolde,
wan er sich het ûz getân
daz der hôchgelobte man
keins morgens niht ze tische saz
er enhôrt ê etewaz
sagen von âventiure.
daz het im der gehiure
ze einer gwonheit genomen.
nu sach man einen knaben komen,
wol gekleit und wol geriten.
mit vil zühteclichen siten
begund er frâgen mære,
wâ der künic wære.

Man zeigt im da er den künic vant.
von dem ros stuont er zehant.
ein knabe im sîn ros empfienc.
für den künic er dô gienc:
der empfienc in schôn. dô daz geschach,
der knabe neic im unde sprach
'herre, mich hât gesendet her
ein ritter guot, der wolt ein sper
vil gerne hie zerbrechen.
er wil ab nieman sprechen,
daz wizzet sicherlîche,
wan des künges sun von Francrîche
der hiute ritter worden ist.

*

3197 gewonhait. 3212 aber mit n. 3214 Wann mit des.

herre, tuot niht langer frist.
[54b] heizt den jungen werden man
gên im komen ûf den plân.'
Artûs sach den knaben an.
er sprach 'juncherre, wer ist der man
der mînen neven gevordert hât?
er möht der bete wol haben rât,
wan mîn neve der ist ein kint.
vil werder ritter alhie sint,
der solt er einen haben erkorn.'
Meleranz der wol geborn
wart der rede von herzen frô.
zuo dem künige sprach er dô
'herre, lât die rede sîn
immer durch den willen mîn.
des der ritter hât begert
an iuch, des sol er sîn gewert.
ich wil gên dem werden man
gerne komen ûf den plân.'
daz was dem * künic leit.
er sprach ze dem knaben 'juncherre, seit
mir, wer ist iuwer herre?
ist er nâhen oder verre
gevarn her? daz tuot uns kunt.'
der knabe sprach an der stunt
'herre, nu erzürnet niht.
mîn munt niht anders iu vergiht:
Mîn herre ist ein frömder gast.
ganzer tugent im nie gebrast
nâch ritterlîcher wirdekeit.
herre, iu sî von mir geseit:
[55a] er ist von geburte grôz,
wol aller künige genôz.'
Artûs bat im sagen mære
wâ der ritter wære.
dô sprach der knabe valsches frî

*

3224 werd. 3241 nun erzürnen. 3242 anders vch niht.

'herre, er ist hie nâhen bî.
ich vinde mînen herren wol.
waz ich im von iu sagen sol,
daz tuot mir kunt, daz sag ich im.
ûf mîn triuwe ich daz nim,
sol er ze disen zîten
ungewert von hinnen rîten
des er hât gebeten hie,
so gesach er âventiure nie.
des mac wol mîn herre jehen.'
'juncherre, des sol niht geschehen
sprach Meleranz der junge man.
'gên iuwerm herren ûf den plân
wil ich sicherlîche komen.'
dô daz der knabe het vernomen,
des wart er von herzen frô.
mit urloube reit er dô

Dâ er sînen herren vant.
der knabe seit im alzehant
von Artûs diu mære,
daz er bereit wære.
Meleranz der junge man
der kæme gên im ûf den plân.
des fröute sich der werde man.
einen knaben sant er dan
[55b] für den walt an den zîten.
den hiez er dâ bîten
unze daz der junge man
wære komen ûf den plân,
daz er im daz tæte kunt.
der knabe reit an der stunt
für den walt ûf den plân.
Meleranz der junge man
gienc von dem künic alzehant
in sîn gezelt dâ er vant
sînen knaben und den harnasch sîn.

*

3274 kam. 3281 thate. 3282 reit fehlt.

vil schier wart er gewâpent drîn.
Sîn wâpenroc [und] sîn kursît
was tiur und rîch ân allen strît,
von einem pfellel liehtgevar.
sîn ros wart gezogen dar,
daz was wol verdecket,
ein phellel drûf gestrecket,
der glaste als ein glüendiu gluot.
daz ros was starc unde guot.
sînen helm truoc man im dar:
swer des wolde nemen war,
dar ûf was gebunden
an den selben stunden,
swer daz wolde schouwen,
eins ritters arm und einer frouwen.
Alsô diu liebe im gebôt.
ein frowen ermel, der was rôt
von einem phellel rîche,
dar în was hübeschlîche
[56a] der frowen arm geprîset.
diu Minne in alsô wîset
daz er diu kleinâte truoc
durch die juncfrowen kluoc
die er bî der linden sach.
ir ietwederz dem andern jach
mit triuwen und mit eiden,
ir lieb wær ungescheiden
und mit stæten triuwen ganz.
durch daz der junge Meleranz
disiu kleinât het erdâht
ûf sînen helm und wol volbrâht
mit vil grôzer rîcheit,
die hende in ein andr geleit,
als dâ ein man sîn triuwe
gît âne herzen riuwe

*

3291 pfeil. 3293 daz fehlt. 3294 phell darauff. 3302 Aines.
3303 lieb. 3304 Ainen. 3305 phell. 3309 kleinat. 3317 Diser.

einer frowen wol getân,
daz er si nimmer welle verlân
und si im ouch ir triuwe gît
si well im leben alle ir zît
und keinem manne mêre.
nâch sînes herzen lêre
Meleranz der ritter kluoc
die Triuwe ûf sînem helme truoc
Und ouch in dem herzen sîn.
ouch truoc in diu künegîn
mit triuwen in ir herzen.
den minneclîchen smerzen
muostens beide dulden
von der Minne schulden.
[56b] nâch ir triwe zwuo hende schîn
stuonden ûf dem helme sîn.
ein arm was rôt, der ander blâ,
die hende wîz, ouch sach man dâ
an ieclichm vingr ein vingerlîn
von golt, diu gâben liehten schîn.
Meleranz der snelle man
ân stegereif ûf sîn kastelân
spranc vil snellecliche.
der degen ellens rîche
den schilt hiez er im reichen sâ.
der was von lâsûre blâ,
guldîn liljen drûf geslagen.
nu hœret von der buckel sagen,
diu was harte rîche:
dar în vil meisterlîche
wârn edel stein verwieret,
die buckeler gezieret
mit manges edelen steines schîn.
die spangen wâren guldîn
die ûf dem rande lâgen dâ.

*

3325 och sin truw. 3335 Muosten sy. 3339 blaw. 3340 ouch fehlt. 3343 sinen. 3348 lazsur blaw. 3349 dar uff. 3353 verbieret.

sîn sper was geverwet blâ,
sîn wâpen wol dar an bekant.
den schilt nam er ze hals zehant.
daz gernde herz in dô ermant
daz er den helm ûf bant
und reit vermezzenlîchen dan
für den walt ûf den plân.
Er wolde nieman mit im lân.
im wunschte wîp unde man
[57ª] gelücke disem ritter klâr.
frowen ritter nâmen war
wenn der ritter solte komen
von dem daz mære was vernomen,
daz er mit niemanne mêr
vertuon wolde sîn sper
wan mit Meleranz dem werden man.
der hielt nu dort ûf dem plân
vor dem walt mit ûf geworfem sper.
nu kam der ritter gegen im her
dort ûf einem voln geriten
mit unverzagtlîchen siten.
ein samît grüener dann ein gras
dâ mite sîn ros verdecket was.
sîn wâpenroc sîn kursît
was ein grüener samît.
sîn schilt was grüener dann ein gras:
ein rîcher buckel drûffe was
von arâbischem golde,
gezieret, als er wolde,
mit edelem gesteine,
grôz unde kleine
wârn verwieret in daz buckelrîs.
der degen fuor durch sînen prîs.
sîn sper ouch geverwet was

*

3358 blaw. 3359 waffen. 3368 ritter die n. 3371 nieman. 3375 geworffnem. 3377 voln] wald. 3379 samat. 3384 daruff. 3389 Waren verbirret in daß pugkelyerß.

rehte grüene alsam ein gras:
als wârn diu andern wâpen sîn.
ouch gap nâch grüener varwe schîn
sîn helm, der was veste.
ein boum und al sîn este
[57b] dem was sîn kleinât gelîch.
der boum der was meisterlîch
ûf sînen helm gemachet,
an koste niht verswachet.
Der boum was ouch grüen als ein gras.
stam este und swaz der zwîe was
die gâben grüenen werden schîn.
diu bleter diu wâren guldîn.
swer den ritter komen sach,
nieman im niht anders jach,
sîn geverte wære ritterlîch.
dô wâren künge und fürsten rîch
von frömden landen komen dar,
die wolden gerne nemen war
der tjost der von in dâ geschach.
swer die zwêne ritter sach,
der muost in des mit wârheit jehen,
zwên ritter wurden nie gesehen
nâch dem wunsch sô gar gestalt.
sî wâren beid gên prîse balt.
der gast kam von dem walde her
mit sînem liehtgevarwen sper.
ouch fuort der junge Meleranz
ein sper, daz was von varwe glanz,
daz was starc und unbesniten.
mit unverzagtlîchen siten
Meleranz der wol geborn
nam daz ros mit den sporn,
dô er den gast komen sach.
in beiden was zesamen gâch.

3392 glaß. 3393 Alsam waren. 3397 klainot. 3402 zwayer.
3406 im] nun. 3411 trost. 3416 valt. 3418 liechten genärpten.

[58a] diu sper si undersluogen,
diu ros zesamen si truogen
alsô rehte krefteclîch
daz diu tjost wart guot und rîch.
ietweder sîne tjost volbrâht,
als sînen ougen was gedâht,
dem andern durch den schiltrant,
daz die sprîzel von der hant
sich wunden gegen den lüften hôch.
den rehte zageheit ie flôch,
Meleranz der lobes rîch
warf umb sîn ros ritterlîch.
der gast den helm abe gebant.
Meleranz reit zehant,
sînen helm er abe nam.
Meleranz tet ouch alsam.
sî riten zuo ein ander dô.
der gast sprach 'herre, ich bin des frô
daz mir diu êre ist geschehen,
daz ez sô manic frou hât gesehen
und ouch sô manic werder man,
daz unser tjost ist ergân
ân schaden alsô ritterlîch:
des ist mîn herze fröiden rîch.'
Meleranz tet sîn tugent schîn.
er bat got willekomen sîn
den gast unde sprach alsô
'herre, ich bin des immer frô
daz mîn êrste tjost ist ergân
wider einen alsô werden man
[58b] als ir sît: des fröwe ich mich.'
der gast sprach 'daz tuon ouch ich:
ich fröwe mich iuwerr wirdekeit.
herre, iu sî für wâr geseit,
diz ist ouch mîn êrste ritterschaft.
an tugenden und an zühte kraft

3431 sinen. 3433 den fehlt. 3451 siner tugent. 3458 thoo och.

7 *

und ouch an hôher wirdekeit
hât iuwer liep mir wâr geseit
von iu, küener degen·wert,
daz ir hie woldet nemen swert
in iuwers œheims hûse.
sît vor dem künc Artûse
sô vil âventiure ist ergân,
nu wolde mich des niht erlân
ein küneginne wol geborn
die ich mir ze frowen hân erkorn
ich füere in ir dienste her
und daz ich mîn êrstez sper
hie wider iuch vertæte.
ich sprach "frou, diu rede ist stæte.
ich tuon ez gern, füegt ez sich sô."
von mîner frowen schiet ich dô
und fuor von dannen verholn
daz mîn vart ist gar verstoln
mînem vater und sînen werden man.
verre ich her gestrichen hân
wol sehs wochen oder baz.
ir sult mir wol gelouben daz.
mîn vater der ist guotes rîch:
der machet mich vil wirdeclich
[59ª] ritter. alsô daz geschach,
mîne frowen ich gesach
nâch mîner ritterschaft zehant.
diu empfienc mich und tet mir bekant,
ir woldet ritter werden hie.
"du hâst mir gelobet ie,
swenn dir der schilt würde benant,
sô woldest varn in frömdiu lant
Durch âventiure im dienste mîn.
ist daz wâr, daz wirt wol schîn.

*

3464 lieb (e durchstrichen). 3466 wollt. 3479 dan. 3483 wuochen. 3490 mich wol vnnd. 3481 wöllt. 3192 Sy sprach zuo mir du haust mir ye. 3494 wolltestu. 3495 in dem.

sît du ritter worden bist,
sô soltu varn an dirre vrist
verholn vor dem vater dîn
ein jâr in dem dienste mîn
durch ritterschaft in frömdiu lant
dâ du nieman sîst erkant.
des wil ich von dir niht embern.
ob du mich dienstes wilt gewern,
sô wirb balde umb êre
und volge mîner lêre.
du solt gên Britanjen varn
und dîn vart niht langer sparn.
des künges sun von Francrîch
der wirt dâ ritter wirdeclîch:
wider den soltu dîn êrstez sper
vertuon, daz ist mîns herzen ger."
  Der rede wart ich von herzen frô.
von mîner frowen schiet ich dô
mit urloube und fuor von dan.
von mînem vater und sînen man
[59b] stal ich mich verholne dan.
als ich iu gesaget hân,
mîner frowen wille ist hie geschehen.
reht als ich iu hân verjehen,
alsô ist mîn dinc gestalt.
nu vergebt mir, werder degen balt,
daz ich iuch zer tjost gevordert hân.
für wâr ich hetz ungern getân,
wan daz mîn frowe mirz gebôt.
ich muoste ez tuon durch nôt,
wan ich getorst es niht verlân.'
Meleranz sprach 'werder man,
het ir mir daz gemachet kunt,
ich wær durch iuch in kurzer stunt
gevarn in iuwers vater lant.

*

3498 diser. 3502 sigist. 3504 willt dienstes. 3516 vnnd von s. 3523 zuo der. 3424 hett eß. 3431 vatters.

ez müeste ûf mir iuwer hant
daz êrste sper zerbrochen hân.'
des seit im der werde man
beide gnâde unde danc.
dar nâch was dô niht lanc
Unz er urloubes gerte:
des in ungern gewerte
Meleranz der werde man.
der bat in daz er mit im dan
rite zuo dem œheim sîn
und daz er vor der frowen schîn
und kurzwîl geruochte sehen.
'herre, daz mac niht geschehen'
sprach der wolgezogen man:
'daz sult ir niht verübel hân.
[60a] ich muoz ze disen zîten,
herre, von iu rîten.
vil gerne wær ich hie beliben
und het die wîl bî iu vertriben,
wan daz ich mich gelobet hân
einer juncfrowen wol getân,
der wil man mit gewalt ir lant
nemen: daz tet si mir bekant.
man sprichet si kampflîchen an.
mich bat diu maget wol getân
daz ich ir kempfe wære.
der meide sældenbære,
herre, der hân ich mich gelobet.
gieng ich des abe, ich het getobet
daz ich si het alsô betrogen
und sô lasterlîch gelogen,
wan ich mich ir geheizen hân.
herre, ich mac hie niht bestân.
got pflege iur, ich wil von iu varn.'
'got müez iu lîp und êre bewarn'
Sprach Meleranz, 'vil werder helt,

3557 kämpffer.

sît daz ir niht belîben welt,
lât iu mîn rede niht wesen leit,
sagt mir durch iuwer wirdekeit
iuwern namen und iuwer art.
got lâz iuch varn der sælden vart.'
er sprach 'herre, daz sî getân:
mînen namen wil ich iuch wizzen lân.
Lybials bin ich genant,
Roconitâ heizt mîns vater lant.
[60b] mîn vater heizet Kardêuz:
er hât an lobe hellen duz
bejaget bî sînen zîten her
beidiu mit schilt und mit sper.
Deselmiur heizt diu muoter mîn,
Sarîne sol mîn frowe sîn,
Der ich dienstes schuldic bin.
nu gebt mir urloup, ich wil hin
dâ hin ich mich gelobet hân.'
Meleranz der werde man
der sprach 'got müeze iuwer pflegen,
der teile mit iu sînen segen,
wan ich iu aller êren gan.'
sus schieden sich die zwêne man.
Libyals reit vil balde
wider gên dem walde
dâ er sînen knaben vant
und fuor in der juncfrowen lant
diu in ze kempfen het genomen.
der was er gote willekomen.
einen kampf vaht dâ der junge man,
vil wol gelanc im dar an.
ich enweiz wiez im dar nâch ergie.
dâ ich die âventiure lie,
dâ wil ich wider grîfen an.

*

3573 sy üch g. 3576 haysset mineß vatters. 3577. 3578 Kardeitz: ditz. 3580 Balde. 3581 Deselmür. 3582 frowen. 3590 Sunst. 3595 kempffer. 3599 wie eß.

Meleranz der werde man
was in sîn gezelt komen.
daz harnasch was von im genomen
und het den râm von im getwagen.
im wurden kleider dar getragen,
[61a] diu wâren rîch unde guot.
der junge degen hôchgemuot
het hin gegeben sîn êrst gewant,
er und sîn gsellen allesant,
hübschen liuten durch sîn wirdekeit.
ander kleit hetens an geleit,
diu wâren rîch und liehtgevar.
sînen kamerer hiez er bringen dar
diu lieben kleinâte sîn,
daz fürspan und daz vingerlîn,
den gürtel und daz schappel.
Meleranz der degen snel
stiez an die hant daz vingerlîn.
daz fürspan für den buosem sîn
wart im gespannen alzehant.
bezzer fürspan man niendert vant:
des wart der degen hôchgemuot.
den gürtel tiuwer unde guot
gurt umbe sich der degen snel.
ûf sazt er daz schappel,
daz was geworht meisterlich
von golde und von gesteine rîch.
Sîn ros wart im gezogen dar,
dar ûf saz der degen klâr.
sîn geverten alle mit im riten.
die heten vor sîm gezelt gebiten
unz sich der junge man gekleit.
mit sînr geselleschaft er reit
an der tavelrunde rinc.
Artûs wolt durch hübesche dinc

*

3610 gesellen. 3612 Anndre klaider hetten sy. 3615 Drü l. klainat. 3632 sinem. 3634 siner. 3636 wolt fehlt.

[61b] der tavelrunde reht begân.
beide frowen und ouch man
die dâ sitzen solden,
die die stat mit prîs erholden,
die wâren alle komen dar.
Artûs gap dem künic klâr
stat ze tavelrunden
und sazt in an den stunden
ze næhest an sîn sîten.
an dem ringe wîten
sâzen frowen unde man
mit zühten ûf dem grüenen plân.
Dô si enbizzen wâren,
durch Meleranz den klâren
den varnden liuten wart gegeben
daz si mit fröuden mohten leben.
si wurden alle rîche.
man gap in vollecliche
silber golt ros und gewant.
sîn lop si fuortn in frömdiu lant.
dô der künc enbizzen was,
an der âventiure ich daz las,
manic ritter ellens rîch
und manic frowe minneclîch
mit zühten an dem ringe saz.
Artûs der künic niht vergaz,
er frâgte Meleranz mære
wer der ritter wære
der zuo der tjost gên im was komen.
er sprach 'neve, hâstu vernomen
[62a] wan er sî od war er var.'
dô sprach der junge degen klâr
'Herre, der degen unverzeit
seit mir durch sîn wirdekeit
allez sîn geverte gar.

*

3637 D. t. wollt er r. 3648 zucht. 3649 erpizzen. 3667 oder wannen er wär.

got helf im daz er wol gevar:
er ist der zühte rîchste man
des ich künde ie gewan
und ist ein kint der jâre.
ich sag iu daz ze wâre,
sîn lîp ist aller êren wert,
wan er niht wan êren gert.
do er sîn sper verstach, zehant
sînen helm er abe gebant.
den mînen bant ich ouch von mir.
ich wæne wol daz sâhet ir.
ze mir reit der ellens rîche,
er neic mir zühteclîche.
mich bat der vil hêre
durch aller frowen êre
daz ich geruochte übersehen
die unzuht diu im was geschehen,
daz er mich zer tjoste vordert dar.
daz tet ich und bat den degen klâr,
herre, für iuch: des verzêch er mich.
sâzehant dô bat ich
in mir sînen namen sagen
und sîn geverte niht verdagen.
daz teter mir zühteclîchen kunt.
er muoz in vil kurzer stunt
[62b] kempfen durch ein schœne maget:
alsô hât er mir gesaget.
er seit mir sîn geverte gar:
Lybials heizt der degen klâr,
sîn vater ist Kardêuz genant,
Roconicâ heizt sîn lant.'
Artûs sprach alzehant
'sîn vater ist mir wol bekant,
der ist ein künic rîche

*

3676 für war (: jar). 3682 sähent. 3685 hat. vil hêre] gar vnher. 3687 gernoche. 3689 zuo der. 3693 in fehlt. 3701 Kardewz. 3703 al fehlt.

und hât vil wirdecliche
gelebet her bî sînen tagen.
ich kan iu wol von im sagen,
in erbet milte und manheit an.
Kardêuz der werde man
der hât bî sînen zîten her
bejaget mit schilt und mit sper
und mit ritterlicher milte
solhen prîs, des bevilte
ander künige die genôze sîn.
er ist von dem geslehte mîn
geborn, daz ist mir wol kunt.
got gebe daz er wol gesunt
kom hin heim dem vater sîn.
mir ist leit ûf die triuwe mîn
daz ich dem jungen werden man
keinen dienst erboten hân,
sît in got her het gesant.'
Meleranz sprach alzehant
'Herre, er wære hie bestân,
wan daz der junge werde man
[63ª] niht wolt des kampfes widerkomen
den er sich an hât genomen
und sîn frowe in hât gesant
durch ritters prîs in frömdiu lant.'
dô wunschten man unde wîp
daz got sînen jungen lîp
behüete wol vor aller nôt,
sît er sîne helfe bôt
der juncfrowen wol getân
die man sprach mit kampfe an.
Artûs saz mit êren hie
an sînem tisch, wan er pflac ie
küneclîcher wirdekeit.
von sînen tugenden man noch seit.
dô man des ezzens verpflac,

*

3710 Kardewz. 3715 genossen. 3721 den. 3739 künlicher.

ez was wol mitten morgens tac.
die tischlachen wurden zesamen geslagen
und mit zühten dan getragen.
dô man von dem tische gienc,
männiclîch ze fröuden vienc,
wan dâ was kurzwîle vil.
man vant dâ manger hande spil
nâch des mannes muote gar.
Artûs hiez wol nemen war
der kunden und der geste.
dâ was dehein gebreste.
Diu hôchgezît werte,
als der künic gerte,
vierzehen tage vollecllch,
daz der edel künic rich
[63b] der liute hiez * pflegen.
der koste het er sich bewegen,
wan er ie nâch êren streit.
als mir diu âventiure seit,
diu hôchzît nam ende
ân alle missewende.
die von andern landen wâren komen,
von den wart urloup genomen
ze dem künic und der künegîn.
Artûs tet grôze milte schîn.
swer sîner habe geruochte
und in umb gâbe suochte,
dem gap er vil willeclîch,
daz si füeren frœlîch
heim von sînem lande.
er het ân alle schande
sîn hôchzît gehabt alsô
daz sîn daz lant was allez frô.
Uz schieden sich algelîch:
Lineſles der künc von Franken rîch
und Olimpîâ diu künegîn

*

3744 dannen. 3753 hochzit. 3763 landen dar waren. 3765 Von dem.

die wolden dû niht langer sîn.
si nâmen urloup von in dan.
Jenower weinen began.
Olimpîâ diu valsches laz
ir liehte ougen wurden naz.
die zwuo küneginnen rîch
kusten ein ander minneclîch.
ir scheiden gap in trûrens vil.
für wâr ich daz gelouben wil
[64a] daz den frowen beiden
vil wê tet ir scheiden.
nu moht ez anders niht gesîn.
fürspan gürtel vingerlîn
gap Jenower diu getriuwe
âne herzen riuwe
den juncfrowen al gelîch
die mit der künegîn von Francrîch
wâren komen in daz lant.
urloup nâmen si zehant
und schieden sich vil minneclîch.
Artûs der künic êren rîch
und Meleranz der junge man,
Gahariet und Gâwân
und anders manic ritter wert
des herze niht wan êren gert
mit vil zühteclîchen siten
mit dem künc von Franken rîche riten
wol ein raste von dan.
dâ wolde si der werde man
mit im niht lâzen fürbaz komen.
dâ wart urloup genomen
Von dem künic und der künegîn.
der künic wolt den sun sîn
mit im haben ze lande brâht.
des was im vil ungedâht
daz er ze lande wolde varn.

*

3783 kungin. 3784 anderen. 3793 allen. 3794 Frangken rich. 3813 solde?

'der hœhste got müez iuch bewarn'
sprach Meleranz, 'vater mîn;
ich wil noch langer hie sîn
[64b] bî mînem herren falsches frî.
ich wil der tavelrunde bî
belîben noch ein ganzez jâr.
sô kum ich' sprach der degen clâr
'heim, ob ez sich füeget sô.'
sîn muoter sprach ze im dô
'herzen lieber sun mîn,
du solt niht lange von mir sîn.
mich müet, sol ich dîn embern.
ich sæh dich zallen zîten gern
bî mir.' dô sprach der junge man
'frowe, ir sult kein sorge hân
umb mich noch kein herzenleit,
wan ich durch mîn wirdekeit
wil baz erkennen frömdiu lant,
daz ich den liuten werd bekant.'
sîn vater, der künc von Franken rîch,
der bevalh in vlîzeclîch
Artûs dem œheime sîn.
alsam tet ouch diu künegîn.
Artûs ze sîner swester sprach
'du solt keinen ungemach
umbe dînen sun niht hân.
für wâr mir ist der werde man
als wol empfolhen alsam dir:
des soltu wol getrûwen mir.'
'daz weiz ich wol, bruoder mîn.
got müezt ir beide empfolhen sîn.'
ir sun si dô kuste,
des si vil wol geluste,
[65a] und ir bruoder werd erkant.
urloup nâmen si zehant.
Die zwêne künige rîche

*

3814 müez fehlt. 3816 lenger. 3826 säch. 3829 noch fehlt.

schieden sich vil minnecliche.
iegelîcher fuor in sîn lant.
Artûs der künic werd erkant
und diu edel künegîn
mit aller massenîe sîn
fuor ze Nantes in die stat.
der künic die ritter alle bat
daz si gemaches næmen war.
Meleranz der degen klâr
was zallen zîten wol gemuot,
er west wol daz sîn frowe guot
in meint mit triuwen stæte
ân valsches herzen ræte:
dâ von stuont sîn gemüete hô.
underwîlen fuogt ez sich sô
daz im diu strenge Minne
verkêrte sîne sinne,
swenn er an si gedâhte:
ir minne im danne brâhte
kumber unde senden muot.
bî im was noch der knabe guot
bî dem diu maget im het gesant
driu kleinât in diz lant.
der het daz allez wol gesehen
swaz ze der hôchzît was geschehen.
Der knabe hübesch unde kluoc
den dûht er wære gar genuoc
[65b] in dem lande gewesen dâ.
ze Meleranze gienc er sâ.
er sprâch 'herre, ich mac niht langer sîn
hie; swaz ir der frowen mîn
embieten welt, daz tuot mir kunt.'
Meleranz sprach an der stunt
ze dem knaben 'trûtgeselle mîn,
du solt noch zwên tage hie sîn
unz ich dir mîn botschaft gebe.

*

3881 By mier empietten.

got helfe mir daz ich gelebe
daz ich mîn frowen sül gesehen:
sô kund mir lieber niht geschehen.'
dem knaben gap er alzehant
ein ros unde rich gewant,
als einem knaben wol gezam.
im hiez der degen lobesam
zehen marc goldes wegen,
ê er den urloubes segen
empfienc von dem werden man.
er sant in frœlichen dan.
Bî im sant er der frowen sîn
einen brief und ein vingerlîn.
er embôt der meide wol gevar,
er wolde alliu sîniu jâr
nieman wan ir einer leben.
'wil si mir stæte fröude geben,
sô mac ich trûrens wol embern,
wan ich wil si dienstes wern.
ich wil von ir niht scheiden.
got gebe gelücke uns beiden.
[66a] var heim, friunt, und sag ir daz
daz ir mîn herze nie vergaz
sît des tages daz ich si sach
und si selbe wider mich sprach.
hie mite bevilh ich dich gote.'
von dan fuor der werde bote
ze lande frœliche,
wan er was worden riche.
Er kam heim in kurzer stunt.
im was der wec vil wol kunt
hin heim in sîner frowen lant.
dô er kam alzehant,
frœlich er ze hove reit.
sîn ros was guot und sîniu kleit.
man frâgt in dicke der mære

*

3901 aine. 3912 dann.

wâ er gewesen wære.
dô sprach der knabe sâzehant
'mîn frowe diu het mich gesant
hinz ir muomen in Gasterne.
ich wil dar varn gerne,
swenn si mich dar sendet.
mîn reise ist wol gewendet,
wande si hât mir gegeben
daz ich mit fröiden wol mac leben.'
der knabe kurteise
mit dem mære hal sîn reise
daz in sîn frowe het gesant
gên Britanjen in daz lant.
nu kam der gefüege man
für sîn frouwen gegân.
[66b] diu empfienc in güetlîche.
der knabe zühte rîche
zuo der künigîn er sprach
'iuwer muomen ich frœlich sach,
die künegîn von Kasterne:
die sach ich vil gerne.
frowe mîn' sprach er,
'si hât iu emboten mêr:
swenn ir welt daz wirt gesaget.'
dô fröute sich diu reine maget.
ûf stuont diu maget wol getân,
den knaben hiez si mit ir gân
und ir meisterinne.
diu pflac ouch der sinne
daz sie nieman gewuoc
der liebe die ir frowe truoc
gên Meleranz dem werden man.
diu künegîn sprach 'friunt, sag an,
wie gehabt sich mîn süeze amîs?'
'frowe' sprach der knabe wîs,

*

3925 H. in müemem. 3929 Wann. 3933 hat. 3941 von] vnnd. 3944 mär. 3951 zuo g.

'er gehabt sich wol und ist gesunt.
bî mînen tagen wart mir nie kunt
ein junger man sô tugentlich.
ich wæne niendert sîn gelîch
lebe ûf der erde.
sîn lîp in hôhem werde
ist und ouch sîn blüendiu jugent.
driu lant heten sîner tugent
genuoc, er ist gar wandels bar.
frou, iu embiut der degen klâr
[67a] getriuwen dienest sunder wanc
und daz im sî diu wîle lanc
daz er iuch niht sehen sol:
dâ mite ist im niht ze wol.
er embiut iu, liebiu frowe mîn,
er welle iuwer ritter sîn
mit triuwen âne valscheit.'
der küneginne er dô seit
wie er ir kleinât empfienc
und wie diu hôchzît ergienc:
daz saget er der frowen dô.
des wart si von herzen frô.
der bote sprach 'frowe mîn,
den brief und daz vingerlîn
hât er iu bî mir gesant.'
diu magt empfienc ez sâzehant.
vor rehter lieb si niht enliez,
an ir vinger si ez stiez.
den brief tet si ûf zehant,
dar ane si geschriben vant
geschrift die si vil gerne sach.
nu hœret wie der brief sprach:
der was alsô getihtet,
mit rîmen wol berihtet.
diu künegin den brief las.
der brief alsô geschriben was:

*

3989. 3990 gedicht : bericht. 3990 remen.

'Ich vil sender Meleranz
embiut iu dienst mit triuwen ganz
und ân allen valschen muot.
frowe reine, frowe guot,
[67^{b}] lât mich geniezen iuwerr tugent.
iur klârer lîp, iur süeziu jugent,
iur zuht und iuwer güete
hât mîn gemüete
betwungen daz ich sender man
iuwer niht vergezzen kan.
dô ich iuch aller êrst sach,
ein wunder dô an mir geschach:
dô benâmt ir mir die sinne.
mînes herzen küneginne
sît ir und al diu fröude mîn.
frowe, ir müezet immer sîn
mîn trôst, mîns herzen krône.
nâch iuwerm süezen lône
wil ich dienen immer.
dâ von gescheid ich nimmer,
wan ich niht enwenken sol.
mir tuot in dem herzen wol,
swenn ich gedenk an iuwer zuht.
sældenrîchiu reine fruht,
süezer minneclîcher lîp,
ich hân iuch für alliu wîp
ze einer frowen mir erkorn.
mîn herze hât ze iu gesworn:
frowe, daz habt ir bî iu hie.
ich gefriesch grœzer wunder nie:
ir habt mîn herze mir benomen.
frowe, ez wil von iu niht komen,
des sult ir mir iur herze geben.
lât mich niht âne herze leben;

3998. 3999 Üwer. 4000 haut oder bant (hânt). 4005 benempt. 4009 mines. 4011 ymmer mer. 4012 Ja von. 4013 wengken. 4025 Da von. üwer.

[68a] wehselt mit mir, frowe mîn.
iur herze lât mîn herze sîn,
mîn herze ist iuwer herze gar.
gedenket an mich, maget klâr,
wan ich muoz âne wenken
mit triwen an iuch gedenken.
frowe, ditz vingerlîn
sol ein wârzeichen sîn
daz ich mich iu hân ergeben
und wil nâch iwerm gebote leben.
nu gebietet, frowe, über mich:
swaz ir welt, daz tuon ich
und wil des nimmer abe stân
die wîl und ich mîn leben hân.'
An dem brief si niht mêr sach.
diu maget wart frô unde sprach
'alrêrst bin ich fröuden rîch:
ich weiz wol daz mich herzenlîch
minnet der geselle mîn.
ouch wil ich die tugent sîn
immer gerne minnen
von allen mînen sinnen.
er bitet mich umb daz herze mîn
und daz ich mir habe daz sîn:
ûf mîn triuwe ich daz nim,
daz mîn gap ich im,
do ich in aller êrste sach.
sît habe ich im gesant hin nâch
mit gedenken allez daz ich hân.
wol mich daz ich den jungen man
[68b] mir ze friunde hân erkorn.
sît ich mîn triwe niht hân verlorn
die ich gên im hân getragen,
wie möht ich im daz versagen
ich geb im daz herze mîn,

*

4028 Ûwer. 4043 Aller. 4044 daz] dû. 4049 pitte. 4061 gib

sît er mir hât gegeben daz sîn?
sîn herz wil ich behalten.
des mînen sol er walten
und dar zuo alles des ich hân:
daz sol im wesen undertân.'
  Diu maget wart von herzen frô.
ze ir meisterinne sprach si dô
'vil liebiu meisterîn,
lis wie der geselle mîn
mich an dem brieve grüezet,
wie er sîn rede süezet.
ich weiz wol daz sîn triuwe ist guot
gên mir: ich bin nu hôchgemuot
und wil ân alle swære leben.
got müez uns beiden fröude geben.'
zuo dem boten si dô sprach
'friunt, nu var an dîn gemach
und wizze sicherlîche
daz ich dich immer rîche.
du bringst mir liebiu mære.
ein ende hât mîn swære.
nu lâz dîn fuoge werden schîn
immer durch den willen dîn
daz du die rede wol verdagest
und sich daz du ieman sagest.'
[69a] der bote sprach 'frowe mîn,
des sült ir gar ân angest sîn.
ez wær ein unhübescheit
an mir, ob ich ez ieman seit.'
der bote fuor an sîn gemach.
ir meisterinne am brieve sach
daz si dâ vor nie mê vernam
botschaft alsô lobesam
und ouch sô rehte minneclîch.
si sprach 'frowe sældenrîch,
ir habet mir gesaget wâr.

*

4062 gegeben haut. 4069 maysterin min (: min). 4088 süllen. 4092 an dem.

er grüezet iuch ân alle vâr,
er wil an iu niht wenken.
daz sült ir wol bedenken:
lât in ûz iuwerm herzen niht.
unstæte lieb diu ist enwiht.
vil stæte triuwe er gên iu hât.
ich weiz wol daz iu widergât
von im grôziu swære.
frowe sældenbære,
nu sît frô durch den willen sîn:
er tuot an iu noch triuwe schîn.'
Hie lâze wir die maget klâr,
diu lept mit fröuden, daz ist wâr;
doch muoste von gedenken
ir herze dicke wenken.
des twanc si diu Minne,
diu krenket hôhe sinne.
diu Minne si daz lêrte
daz si dicke ir muot verkêrte,
[69b] iezuo trûric, iezuo frô.
etwen stuont ir muot vil hô,
dar nâch in kurzen stunden
sô was ir herz gebunden
mit senelîcher swære,
daz ir was fröude unmære.
daz schuof der minne meisterschaft
und ouch der grôzen liebe kraft
die si Meleranze truoc.
sus lebet diu juncfrowe kluoc
mit fröuden und mit sorgen
den âbent und den morgen
durch den werden jungen Meleranz.
ir triuwe was gên im vil ganz.
ouch truoc er gên ir minne
ân valsches herzen sinne.

*

4098 allen. 4102 In stäte. 4104 üch wyder raut. 4108 an üch noch gancze tr. 4117 Jetzut t. yetzut. 4..

Nu sul wir dise rede lân,
wan ich iu vil ze sagen hân
von dem jungen Meleranz.
der lebt in hôhen wirden ganz
bî Artûs dem œheim sîn.
sîn milt sîn tugent wart dicke schîn
und sîn grôze manheit.
vil dicke er turnieren reit,
swâ er kam ze ritterschaft,
daz er mit manlîcher craft
vil dicke hôhe wirdekeit
und ouch den besten prîs erstreit.
alsô was er, daz ist wâr,
bî Artûs mêre dann ein jâr,
[70ª] daz der degen lobelîch
bî dem werden künic rîch
erwarp vil grôze êre.
ich sage iu von im mêre,
er liebet sich den liuten sô
daz si des alle wâren frô
swaz im êren moht geschehen.
man muost im grôzer milte jehen.
sîn vater im dicke sande
grôz guot von sînem lande,
beide silber unde golt.
daz teilt er sô daz man im holt
was durch sînen milten muot.
er spart vor êren niht daz guot:
in lobten wîp und ouch man.
vil hôhen prîs er dô gewan.
er was hübesch unde kluoc.
Artûs im holdez herze truoc
und diu edel künegîn:
diu tet im friundes willen schîn.
Si was im holt durch sîn tugent,
wan er lebt in süezer jugent

4156 Grosses.

mit zuht als ein bescheiden man.
in lopten frowen wol getân
in allem dem lande.
swer den helt erkande,
dem ritter er der wârheit jach,
swer in iemer gesach,
sîn zuht sîn tugent wære grôz
und er wær aller schanden blôz.
[70b] swer des jach, der het ouch wâr.
er lebt alliu sîniu jâr
daz er keinen unprîs begie
unz an sînen tôt nie.

Swie wol der lobebære
bî sînem œheim wære,
doch was im dick diu wîle lanc.
in jagt sîn herz und sîn gedanc
ze sînes herzen amîen,
der klâren Tytomîen.
gedanc im dicke fröude nam,
sô der degen lobesam
an die maget gedâhte:
diu minne im danne brâhte
die gedanke daz der werde man
sich vil vaste senen began.
daz het er alsô lange getriben
daz er ân fröude was beliben
und gebârte senelîch.
nu gedâht der degen ellens rîch
'mîn sorg sich [sô] vaste mêret.
mir wirt vil gar verkêret
mîn prîs, sol ich mit sorgen leben.
swer mir den rât künde geben
dâ mit mîn sorg næm ende,
dem büt ich mîne hende
und dient im eigenlîchen.
ich muoz an sorgen rîchen;

*

4169 züchten. 4174 ye. 4179 ergie. 4185 In sines. 4195 senndlich.

sol ich niht mîn frowen sehen,
sô kan mir liebes niht geschehen.'
[71a] Alsô nam er an sorgen zuo.
nu lac er eines morgens fruo
an sînem bette und gedâht
an ein dinc daz er volbrâht.
er gedâht in sînem muote
'jâ herre got der guote,
wie sol ich nu werben?
sol ich alsô verderben
an fröuden und an hôhem muot?
west ich waz mir für senen guot
wær, benamen daz tæt ich.'
ze jungest dô bewac er sich
durch âventiur einr reise,
der klâre curteise,
daz er an den zîten
wolt nâch âventiure rîten
in den walt ze Briziljân.
'daz wil ich nieman wizzen lân'
gedâht er in dem muote sîn.
'ich muoz gesehen die frowen mîn.
ich wil an disen zîten
in den walt rîten,
[suochen] ob ich müge vinden
den anger und die linden
dâ ich mîne frowen sach.'
zuo der reise wart im gâch.
Er stuont ûf und gienc zehant
dâ er sîne knaben vant.
[er sprach] 'bringet mir mîn ros her.
harnasch schilt und mîn sper
[71b] daz bringet mir vil balde
nâch mir hin ze walde
daz des ieman werd gewar.'

*

4208 morgen. 4211 jm jn. 4215 hôhem fehlt. 4219 siner. 4223 Brysilian. 4226 frowe. 4234 sinen.

sîn ros brâhte man im dar,
dar ûf saz der werde man.
vil balde reit er von dan.
gegen dem walde wart im gâch.
sîn knaben brâhten im hin nâch
harnasch schilt unde sper.
er wart nâch sînes herzen ger
gewâpent ritterlîchen gar.
ûf sîn ros saz der degen klâr,
daz was starc unde guot.
des fröute sich des heldes muot.
ze sînen knaben sprach er dô
'rîtet wider und weset frô.
ich kum iu wider in kurzen tagen.
ir sult mînen friunden sagen,
ob si iuch frâgen wa ich sî komen,
sô sprechet ir habt niht vernomen
welhes endes ich sî geriten.'
mit vil zühteclîchen siten
nam er urloup von in dan.
hin reit der tugenthafte man.
Die knaben riten wider in.
Meleranz der reit hin
die strâze durch den walt dan.
den tac reit der werde man
daz er lützel ruowe pflac.
er reit den sumerlangen tac
[72a] durch vil grôze wilde.
holz âne gevilde
muost er rîten von dan.
gên dem âbent dô der junge man
gereit ûf ein geriute,
dâ vant er niht liute
wan einen man und ein wîp,
den gewahsen was der lîp

4251 sinem. 4269 von fehlt. 4271 Geritten. 4273 Nieman wan ein. 4274 wachsen.

daz si giengen neben den boumen hôch.
den rehtiu zageheit ie flôch,
Meleranz der wîgant
reit alles für sich unz er vant
in dem geriute ein hûs stân
von boumen grôz. der werde man
gegen dem hûse kêrte,
als in diu müede lêrte,
wan des tages im zerran.
vil schiere sach der junge man
die hûsfroun und den wirt stân.
Meleranz der werde man
für wâr er in dem herzen jach,
sô langen man er nie gesach
noch ein wîp alsô lanc.
er het vil mangen gedanc,
ob er solt zuo in rîten
oder ob er an den zîten
solde wider kêren.
'daz wær ein slac der êren,
solt ich im entrinnen
und flühtic rîten hinnen:
[72b] daz wær ein zagelîcher muot.
ez sî mir übel oder guot,
ich wil benamen für mich varn.
got der müeze mich bewarn.'
Sus kêrt er gên dem hûse dan.
nu ersach daz wîp und der man
den ritter zuo in rîten.
an den selben zîten
si beide gegen im giengen.
vil wol si in empfiengen.
dô er si sach gên im gân,
er wânt si wolden in bestân:
des was in un ze muote.

*

4275 Da sy. 4285 husfrowen. 4296 r. von h. 4298 syg.
4307 si fehlt.

Meleranz der guote
was gên in ze wer bereit,
wan er nie kein zageheit
begienc bî allen sînen tagen.
vil ungelîch einem zagen
man den helt gebâren sach.
der man zuo dem wîbe sprach
'der man wolt sich unser wern.
den möhte nieman ernern,
ob ich im iht wolde tuon.
er sol fride unde suon
von mir haben sicherlîch:
für wâr er ist ellens rîch.
  Er sol unser gast sîn
noch hînaht beider mîn und dîn.
ich wil in ze hûse biten.'
mit vil zühteclîchen siten
[73a] der starke man gên im gienc.
Meleranzen er empfienc.
der rise sprach 'friwent mîn,
ir sult gote wilkomen sîn
mir und mînr hûsfrouwen.
welt ir uns des getrouwen
mir und der triutinne mîn,
sô wil ich iuwer wirt hînt sîn.
mit triwen ich iu daz râte.
war möht ir nu sô spâte
fürbaz gerîten?
ir sült des tages bîten
bî mir unze morgen,
und sît des gar ân sorgen,
ich wil iuwer schône pflegen.'
dô sprach Meleranz der degen
  'Herre, ob ir iht spottet mîn,
sô wolt ich gerne bî iu sîn
die naht unz an den morgen fruo.'

*

4324 heint. 4329 fröwund.

des antwurt im der rise duo:
er sprach 'ich kan spottes niht.
ob dir in mînem hûs geschiht
guot und êre, des bin ich frô.'
'gnâde, herre,' sprach der ritter dô
'daz sol ich dienen swâ ich kan.'
von dem rosse stuont der werde man,
sînen helm er abe gebant.
der rise empfienc daz ros zehant
und nam von im schilt unde sper.
er sprach 'ich bin des iuwer wer,
[73b] iurs rosses wirt vil wol gepflegen.
ez muoz ab fuoters sich bewegen:
grases gib ich im genuoc.'
Meleranz der degen kluoc
sprach 'her wirt, lâz mich selbe sehen
mîn ros.' 'dem mac niht beschehen'
sprach der wirt zuo dem ritter sân.
'im wirt ân iuch gemach getân.'
der rise zôch daz ros dan.
er sprach zem wîp 'frou, disen man
den füer in daz hûs mîn.
lâz dir in wol bevolhen sîn.'
si sprach 'daz tuon ich willeclîch.'
si fuort den degen ellens rîch
mit ir in daz hûs dan.
do entwâpent sich der werde man
von dem harnasche sîn.
durch îserrâm was lieht sîn schîn.
er twuoc den râm von im hin dan.
sîn spaldenier daz het er an.
nu was sîn lîp sô minneclîch
und dem Wunsch sô gar gelîch
daz diu hûsfrowe jach,
sô schœnen man si nie gesach

*

4349 Guotes vnnd eren. 4356 gewer. 4357 Üwers. 4358 aber. 4359 Graß. 4366 zuo dem. 4375 truog.

und alsô sæleclîch gestalt,
gar in des Wunsches gewalt.
der wirt fuort daz ros dan
in einen stal, der grôze man,
er streich ez schôn, für ez er truoc
gras daz ez sîn het genuoc.
[74a] do er daz ros besach, zehant
gieng er da er den gast vant.
er sprach 'vil lieber friunt mîn,
lât iu niht lanc die wîle sîn.
uns koment iezuo zehant
mîn jäger die ich hân gesant
umb ir bejac in den tan.
ich lobe des got, vil werder man,
daz ir ir wec niht sît geriten
und daz si iuch habent vermiten:
des bin ich sicherlîchen frô.'
Meleranz der frâgt in dô
wie ez umb si wær gewant.
dô seit im der rise zehant:
er sprach 'mîn wildenære
daz sint helde mære,
Die bûwent stæte dîsen walt.
ich sage iu, küener degen balt,
ez sint risen grôze
und sint mîn hûsgenôze.
si sint starc und wilde.
si habent manic unbilde
in disem walde getân.
si vâhent wîp unde man.
swaz in lebendes widervert,
daz ist vor in unernert.
ir sint zwelf und driu wîp
und habent alle starken lîp.
si koment alle hînaht her.

*

4391 yetzund. 4403 Hie pawund. 4409 disen. 4410 vahund 4414 habund. 4415 komund.

ez bringet dirre unde der
[74b] swaz si die wochen habent bejaget.'
der ritter sprach 'her wirt, nu saget
und lât iuch niht betrâgen
des ich iuch wil frâgen:
habt ez ver übel niht von mir.
ist ez iu leit, ich enbir
der frâg und swîge stille.'
'herre, ez ist wol mîn wille,
swaz ir mich frâget,
vil wênc mich des betrâget.
ich sag iu, ist ez mir bekant.'
dô sprach Meleranz zehant
'Herre, sagt mir diu mære:
sint die risen roubære?
nement si den liuten lîp und guot?'
'herre, si sint sô gemuot,
si nement swaz si vindent.
swen si überwindent,
den füerent si gevangen dan.
ez sî wîp oder man,
den bringent si dem herren mîn.
an dem ist diu unfuoge schîn,
swaz si im liute bringent dar,
der nimt er niht schône war:
die müezn im dienen eigenlîch.
dâ von ist er guotes rîch.
wir sîn vertriben liute.
er hât uns diz geriute
und disen walt lâzen.
der risen künc von Gâzen
[75a] hât uns her über mer vertriben.
owê wær ich dâ heim beliben,
sô wær ich diser sorgen ân.
mit roube muoz ich mich begân,

*

4416 diser. 4417 wuochen. 4426 wenig. dz. 4430 risen fehlt; man kann auch jäger ergänzen. 4434 Wenn. 4436 syge. 4443 sind.

daz tuot mir herzelîchen wê.
ich wolt den tôt kiesen ê,
ê ich alsô lange wolde leben.
des wil ich iu mîn triuwe geben:
unser leben daz ist swære.
wir sîn marterære
und leben kumberlîche.
mîn herre der ist rîche
von unserm gewinne.
als ich mich versinne,
er enruocht ob wir ez immer triben,
daz wir alsô lang bî im beliben
daz wir im guot fuogten zuo
beide spâte unde fruo
und wir des solden niht geniezen,
wan daz wir sîn rouber hiezen.'
Meleranz sprach zehant
'wie ist iuwer herre genant?'
'herre, er heizet Godonas
der ie ân barmunge was.
Terrandes heizet sîn lant.
ez ist umb in alsô gewant,
er pfliget selbe ritterschaft.
er hât ouch manlîche kraft.
swer in sîn lant komt geriten,
der wirt mit strîte niht vermiten.
[75b] ist daz er in überwindet,
kein genâd er an im vindet,
der muoz im dienen eigenlîch.
an manheit niendert sîn gelîch
lept in allen landen.
behuote er sich vor schanden,
daz der degen mære
sô mürdic niht wære,
sô het er hôhe wirdekeit:
sîn lop wære lanc und breit.'
Meleranz sprach zehant
'wie verre hân ich in sîn lant?'

der rise sach den ritter an.
er sprach 'herre, saget an,
welt ir durch strîten
in sîn lant rîten?
des tuot niht, welt ir volgen mir.
ich rât iu wol daz ir
in und sîn lant mîdet,
ob ir niht gerne lîdet
laster scham und solhe nôt
daz iu lieber wær der tôt.
ist daz er iu gesiget an,
für wâr ich daz wol wizzen kan,
ûf mîn triuwe ich daz nim,
kein gnâde vindet ir an im,
wan daz iu smâch unde spot
wirt.' 'dâ vor behüet mich got'
Sprach Meleranz der werde man.
'ez sol anders ergân.
sît ez sô umb in stât,
lieber wirt, nu gebt mir rât.
sît ich nâch âventiure var,
sô wil ich benamen dar.
sît er ritterschefte pfliget,
ist daz er mir an gesiget,
schaffe mit mir swaz er wil.
ez sî wênic oder vil,
daz leist ich, des hân ich mich verwegen.'
alsô sprach der werde degen.
'ist aber daz ich im an gesige,
daz ich niht sigelôs gelige,
sô muoz er leisten mîn gebot.'
der rise sprach 'des helf iu got.
ich sol iu gên im râten niht.
swâ aber iu übel geschiht,
daz ist mir leit. ir sît mîn gast:

nach 4494 werden 4492—94 nochmals wiederholt. 4503 daz iu fehlt
4510 will by namen. 4511 ritterschafft. 4514 sig.

solher triuwen mir noch nie gebrast,
swen ich ze gaste mir erkür,
daz der dar an iht verlür.
welt ir niht erwinden,
irn welt die wârheit vinden
wie mîn herre sî gemuot,
sô sag ich iu wol waz ir tuot.
sô ir komt in mîns herren lant,
ich wil iu daz tuon bekant,
sô komt ir zeiner klûse.
[76b] dar inne ist mit hûse
ein man, der ist vil ræze
und ist sîn truhsæze.
für den kam noch nie kein man
ern hab im gesiget an.
für die klûs ein schefrîch wazzer gât.
der künc dar zuo belêhent hât
einen man der über daz lant
die liute füeret alle sant.
Daz ich iu sage daz ist wâr.
sô ir komt an daz urvar,
sô füeret man iuch alzehant
über daz wazzer in daz lant.
ich sag iu, degen ûz erkorn,
sô blæst der schefman ein horn
nâch ein ander drîstunt.
in dise klûse tuot er kunt
daz ir sît komen in daz lant,
so bereitet sich gên iu zehant
der truhsæze ellenthaft.
der empfæht iuch mit ritterschaft
vor der klûse ûf einem anger wît.
ist daz ir dann sô frum sît
daz ir im gesiget an,
sô füert iuch durch die klûse dan
der truhsæze alzehant

4528 Ir. 4538 Er. 4548 blaust. 4549 stud. 4554 empfaucht.

den rehten wec in daz lant
gên einem schœnen castel.
daz ist hôch und sinwel,
veste an allen sîten.
[77a] dâ müezt ir alrêrst strîten
mit dem aller küensten man
der ritters namen ie gewan:
Deist Godonas der künic rîch
der vil dicke ritterlîch
mangen prîs hât erstriten.
mit unverzagtlîchen siten
sult ir wern iuwer êre
odr ir komt nimmer mêre
wider heim ze lande
und müezet ouch die schande
lîden und die swære
daz iu lieber wære
ein kurzer tôt dann iwer genesen.
in der smâch müezt ir wesen,
herre mîn, daz ist wâr.
morgen fruo bring ich iuch dar,
sît ir niht erwinden welt.'
Meleranz der werde helt
wart der rede von herzen frô,
wan sîn muot stuont alsô:
ez was der helt gehiure
komen durch âventiure
und wolde prîs erwerben
odr ritterlîch ersterben.
zuo dem wirte sprach er dô
'herre, ich bin des frô,
ob ir mich bringet in daz lant.
ez ist umb mich alsô gewant
daz ich nâch ritterschefte var.
[77b] her wirt, nu bringet mich dar.

*

4560 wege. 4564 muost er aller erst. 4567 Das ist. 4568 vil fehlt. 4569 Vil mangen. 4572 Oder er. 4586 K. och durch.

bî namen ich wil in bestân.
sol mir mîn dinc ze heil ergân,
sô wirt iu mit triuwen schîn
âne vâr der dienest mîn.'
Der wirt sprach 'herre, ich bringe iuch dar.
ez ist nâch mînem willen gar,
ob iu dâ wol gelingen sol:
des gan ich iu von herzen wol.
sol iu aber dâ missegân,
daz ist mir leit, vil werder man.'
der wirt schuof im guot gemach.
vil schiere er dô sach
die risen alle zwelve komen,
gewâfent wol, hân ich vernomen.
gevangen brâhtens mit in
und grôzer richeit gewin
daz si hâten genomen.
dô si Meleranz sach komen,
Er sprach 'lieber wirt mîn,
suln daz iuwer jäger sîn,
sô wil ich mit der wârheit jehen,
daz ich nie jäger hân gesehen
ze strîte alsô wol bereit.
mich dunket daz in wære leit
swer in iht næm über ir danc.
si sint sô grôz und ouch sô lanc
und alsô wildelich getân,
ir herre möht ir angest hân.'
der wirt lachen dô began.
[78a] er sprach 'seht ir die zwelf man?
die sint mîn dienære
und sint helde mære.
si sint mir alle undertân.
anders gwinnes wir niht hân
wan als wir rouben tegelich.
herre, des verdriuzet mich

*

4606 komen sach. 4609 G. lüt brauchten sy. 4622 ir] vff sy. 4628 hand.

daz ich alsô leben sol.
dâ mite ist mir niht ze wol.
ich züge mich gerne dâ von.
ich was etwenne wol gewon
daz ich was bî andern liuten.
nu muoz ich in wilden riuten
und in disem walde sîn,
ich und die friunde mîn,
und mich roubes begân,
wan ich niendert keinen man
sô frumen kunde vinden
der sich unser underwinden
getörste, daz geloubet mir.
seht, herre, dâ von muosten wir
disen walt bûwen.
ir sult mir wol getrûwen
daz ich des guoten willen hân,
möht ich mich anders begân,
daz ich niht gerne wære
ein strâzen roubære.
nu mac ez anders niht gesîn.
ich gib iu des die triuwe mîn,
möht ich mich anders begân,
ich het mich sîn gern abe getân.'
[78b] Meleranz zuo dem risen sprach
'welt ir ân rouben haben gemach
und wol nâch iuwerm willen leben,
den rât kan ich iu wol geben.'
er sprach 'daz tuon ich eigenlîch.'
er sprach 'ich weiz einn künic rîch
der solher êren waltet
und iuch vil gern behaltet,
und wizt, swes ir an in begert,
des wert ir alles wol gewert:
der empfæht iuch gern und ist sîn frô.'

*

4643 dz geloubaud. 4650 straus rovber. 4660 ainen. 4665 empfaucht. sy fro.

der rise sprach aber dô
'herre, den nennet mir.
daz tuon ich gern und habet ir
mich gehandelt rehte wol
daz ich iu drumbe dienen sol,
ob ir mich dar wîset.'
dô sprach der geprîset
'ez ist der künic Artûs.
her wirt, und komt ir in sîn hûs,
alles des ir an in gert,
des werdet ir alles gwert.
er behûset iuch hêrlîche
und machet iuch sô rîche,
welt ir gerne bî im wesen,
daz ir ân roup wol mugt genesen.'
der rede wart der rise frô.
zuo dem ritter sprach er dô
'sol diu rede wâr sîn,
wirt sîn tugent an mir schîn,
[79a] ob in der gên mir gezimt,
daz er mich von dem roube nimt,
sô wil ich dienen immer mêr
Artûse dem künic hêr.'
Nu kâmen dise risen alle
mit vil grôzem schalle,
si brâhten zwelf gevangen man
und vier frowen wol getân:
die heten si gevangen.
sus kâmen si gegangen
für ir herren, der hiez Pûlaz,
da er bî Meleranze saz,
und brâhten für den wirt dar
dise trûrige schar,
die ritter und die frouwen.
an den moht man schouwen
vil jæmerlich gebære.

*

4670 darumb. 4675 A. das des. 3676 werdunt. gewert.

von ir herzen swære
vil trûric wart gemuot
Meleranz der degen guot.
der wirt dô die genôze sîn
hiez gote willekomen sîn
und frâgte si der mære
wie in gelungen wære.
ieclîcher im dô saget
waz er hæte bejaget.
dô daz allez beschach,
Pûlaz zuo den risen sprach
'ir herren, durch den willen mîn
ir sult tuon iuwer zuht schîn
[79b] an mînem gast, den grüezet wol,
wan ich daz immer dienen sol,
ob ir im bietet êre.'
dô biten si niht mêre,
si empfiengen in lieplîchen,
Meleranz den ellens rîchen.
des gnâdt er in: dô daz beschach,
der wirt der hiez si ir gemach
schaffen nâch ir arbeit.
si giengen dâ in was bereit
gemach und zugen ir harnasch abe.
mit vil grôzer ungehabe
clagte diu gevangen schar
ir nôt; daz muot den degen clâr.
undr den vier frowen was ein maget,
diu was sô schœne, als man saget,
daz man ir prîses muoste jehen.
swie leide ir doch was geschehen,
doch gap ir blic vil liehten schîn.
Meleranz ze dem wirte sîn
Sprach 'her wirt, nu saget mir
durch iuwer zuht, wes habet ir

*

4702 beschwär. 4703 ir gemuot. 4705 der die genosen. 4710 hett.
4721 gnaud. 4722 ir] jm. 4731 pryß.

mit disen frouwen gedâht
die man iu hât gevangen brâht?
die sint sô rehte wol getân,
die soldet ir wol ledic lân.
durch iuwer selbes wirdekeit
sol iu sîn ir kumber leit.'
der wirt sprach 'geloubet mir,
die gevangen liute bringen wir
[80ª] Godonas dem rîchen.
sus müez wir tegelîchen
dienen dem künc wol geborn.
herre, des habe wir gesworn:
swaz wir liute gevâhen
verre oder nâhen,
daz wir im die bringen.
die müezen danne ringen
mit arbeiten immer mêr.'
daz erbarmt dem degen hêr,
vil sêr müet in ir ungemach.
die frowen er dicke ane sach,
die wâren alsô minneclîch,
dâ von der degen ellens rîch
vil sêre trûren began.
daz marcte wol der starke man.
Den jungen ritter er an sach,
zuo im er güetlîchen sprach
'her gast, ir sült frœlîch sîn
immer durch den willen mîn.
ich sih an iwerm gebære
daz iu der muot ist swære.
von welhen dingen daz sî gschehen,
herre, des sült ir mir verjehen.'
der ritter siuften dô began.
die gevangen frowen sach er an,
im was leit ir ungemach.

*

4740 sölld. 4743 geloubund. 4754 degen ser. 4765 öwerem. 4767 gescheheu. 4768 das. 4769 sanufften. 4771 ir] vnnd.

zuo dem wirte er dô sprach
'mich erbarment dise frowen guot.
ob ir an den genâde tuot,
[80b] daz dien ich gerne sicherlîch.
wærn si ledic und fröuden rîch
sô wæren si vil wol getân.'
'herre, ich wil die frowen lân
durch iuwern willen ledeclîch.'
des wart der ritter fröuden rîch,
dô im der wirt des verjach.
des wart er frô unde sprach
'vil lieber wirt, nu lôn iu got.
ich wil allez iwer gebot
leisten' sprach der werde man,
'daz ir habt die frowen lân.
nu wil ich iuch mêre biten
daz ir vernemt mit guoten siten:
swaz liute hie gevangen sîn,
die behaltet durch den willen mîn,
daz irs niht antwurtet ê
unz ir gehœrt wiez mir ergê,
und behaltet si unz an die zît
daz ein ende nem der strît
den ich ze vehten willen hân.'
'des sît gewert, vil werder man.'
alsô sprach der wirt dô.
des wurden die gevangen frô.
Meleranz der werde man
dem risen danken began.
er sprach 'hôchgelopter man,
ir habt iur êr an mir getân.
sol ich leben, iu wirdet schîn
mîn triuwe und der dienest mîn.'
[81a] Die frowen wurden ouch vil frô.
si dancten Meleranze dô

*

4773 erbarmet. 4775 dien] thuon. 4787 mêre fehlt. 4789 sind. 4792 wie eß mir ergie. 4798 gefangnen. 4802 üwer. 4806 Melerantzen.

daz in was vancnisse buoz.
si wolden im an sînen vuoz
alle vier gevallen sîn.
'neinâ blîbet, frowen mîn'
sprach der tugenthafte man.
'der êren sült ir mich erlân
und danket hie dem wirte mîn.
sîn tugent ist an iu worden schîn
daz er ledic iuch gelâzen hât.
sîn lop vil dester hôher stât.'
der wirt mit guoten witzen
bat die frowen sitzen
zuo dem ritter: daz geschach.
in vil kurzer zît dar nâch
was daz ezzen bereit.
der wirt die minneclîchen meit
mit Meleranz hiez ezzen.
dô si nu wârn gesezzen,
der rise der was tugentlîch:
die drî frowen minneclîch
iegelîchiu het ir wirt dâ;
zuo dem sazt er si sâ.
er sazte die gevangen gar
und nam ir wol mit vlîze war.
der wirt an der selben stat
sîn gesind dô sitzen bat:
der wâren zwelf und driu wîp,
die heten alle starken lîp.
[81b] Meleranz der nam des war
rehtmæzic liut in truogen dar
vil zühteclîch ir spîse.
man pflac ir wol ze prîse.
dô si mit zühten heten gâz,
Meleranz bî der meide saz.
die frâgte der kurteise

*

4807 im was vangknuß. 4810 Nain da bliben. 4822 minnenklichen. 4823 Melerantzen. 4827 Yegkliche hett jm w.

von welhem lande ir reise
wær gewesen durch den walt.
si sprach 'küener degen balt,
Mîn frowe diu het mich gesant
gên Britanjen in daz lant
ze Artûs dem künic rîch.
dem hiez si clagen klägelîch
ir kumber und ir swære.
alle tavelrundære
den hiez si ûf genâde klagen.
ir vater der ist erslagen,
daz hât ein vil übel man
an guoten triuwen getân
und nimt ir dar zuo ir lant.
nu hât si mich nâch helf gesant
zuo dem künic Artûs,
ob ich ieman fünd in sînem hûs
der si durch sîn êre wert
und vor gewalt si ernert.
ir vater dient gewalteclîch
zwei rîchiu künicrîch,
Choredonas und Trefferîn.
dâ von wil man die frowen mîn
[82a] mit gewalte scheiden.
den gewalt tuot ir ein heiden,
der ist Verangôz genant.
Fortsoborest heizt sîn lant,
mîn frowe heizet Dulceflûr.
do ich von mîner frowen fuor,
dô saget si mir mære
daz ich ân alle swære
wol kœm in Artûses lant.
nu bin ich der reis erwant,
herr, als ir selb wol habt gesehen.
mir wær vil übel geschehen,

4850 Allen tauelrund dâr. 4860 erwert. 4864 frowe. 4869 Dulceflor. 4873 kom in Artus.

het ich iwer an disen stunden
hie in dem walde niht funden.
ich hân noch ze fröuden trôst.
sol mîn frowe werden erlôst,
daz komt von iu, vil werder man.
wol ich iu aller êren gan.'
  Dô sî nu alsô het gesaget,
dô sprach er zuo der klâren maget
'frowe, ir sült bîten.
ich wil morgen rîten
ze Terrandes in daz lant.
ist daz dâ gesiget mîn hant
an Godonas dem künic rîch,
sô var ich mit iu sicherlîch
ze Karendonas in daz lant.
sleht aber mich des küniges hant,
sô suocht den künic Artûs.
ir vindet den in sînem hûs
[82b] der iuch von sorgen machet frî.
wirt, als liep als ich iu sî,'
sprach der degen unverzaget
'behaltet mir die schœnen maget
unz ich dort gestrîte.
zehant ich danne rîte
her wider, ob mir sîn got gan.'
der wirt sprach 'daz sî getân:
ich wil ius schôn behalten.
got lâz iuch sælden walden.'
  Des sagt er im genâde duo.
diu naht begunde sîgen zuo.
der wirt im dô betten bat.
schôn als er des hete stat
schuof er in allen guot gemach.
des morgens dô der tac ûf brach,
dô lâgen si niht langer dâ.
si stuonden ûf, dar nâch iesâ

4879 noch fehlt. 4888 das dz da. 4900 dannen. 4901 mir sy.

Meleranz der wîgant
hiez im bringen alzehant
sînen harnasch: der wart dar getragen.
er wâfent sich, sus hôrt ich sagen,
gâhes ritterlîche.
sîn sin der was rîche.
nu kam ouch der wirt gegân,
der het ein ganzez harnasch an,
schœne und veste in aller wîs:
ez het von kost den hœhsten prîs.
daz het der wirt an sich geleit.
sîn schilt was dic unde breit.
[83a] er het ouch an den stunden
einen helm ûf gebunden,
der was dic und herte.
kein swert in nie verscherte.
sîn swert kund bezzer niht gesîn.
ein starke stange stähelîn
het er in sîn hant genomen.
do er was zuo dem ritter komen,
er gap im guoten morgen
und wunscht daz in ver sorgen
got durch sîn güet behuote
und daz im kæm ze guote
sîn vart gên Terrandes in daz lant.
des danct im der wîgant
und sprach 'vil lieber wirt mîn,
iur tugent ist an mir worden schîn.
daz dien ich gerne, sol ich leben:
des wil ich iu mîn triuwe geben.'
Sîn ros wart im gezogen dar:
dar ûf saz der degen klâr.
man reicht im schilt unde sper.
mit urloube schiet er
von in allen zühteclîche.

*

4915 w. im dar. 4920 ganzen. 4934 w. im dz in got ver s. 4935 got fehlt. guot. 4940 Üwer. 4941 daz ich thuon g.

hin reit der êren rîche.
der rise selbe mit im gie.
die gevangen die er hindr im lie,
der hiez er die wîl schône pflegen.
er wolt den ellens rîchen degen
rehte wîsen in daz lant.
von dannen kêrten si zehant.
[83b] der rise fuort den werden man
die strâze durch den walt dan.
nâch der âventiure sage
si kâmen wol nâch mittem tage
ûz dem walde ûf ein heide breit.
'ritter guot, iu sî geseit'
sprach der rise zem werden man,
'hie muoz ich iuch rîten lân
in des küniges lant,
wan ez ist mir alsô gewant,
ob ich mit iu volgienge,
niht wol man mirz vervienge
und zigen mich lihte valscheit
und würd dem künc von mir geseit,
ich het iuch durch sînen schaden
her in daz lant geladen.
dâ von muoz ich iuch eine lân.
ir sült übr disen wîten plân
nâch der strâze rîten.
ir komt in kurzen zîten
an ein wazzer grôz, daz sült ir
rîten nider, daz gloubet mir,
dâ komt ir an daz urvar.
morgen kum ich nâch iu dar
und wil besehen, degen balt,
wie iuwer dinc sî gestalt.
got lâz iu êren vil geschehen!
ich wil iu mit der wârheit jehen

4961 zuo dem. 4963 kunges. 4969 durch] von. 4972 über. 4976 geloubet. 4981 êren] ain oder am.

daz ich iu niht leides gan.'
'got lôn iu, tugenthafter man'
[84a] Sprach Meleranz, 'nu wizzet daz,
ich bin iu holt ân allen haz.
ich wære des von herzen frô,
ob ez immer kæm alsô
daz ich verdient, vil werder man,
der êr der ir mich leget an.'
Meleranz der wîgant
nam urloup von im alzehant
und ergap sich in sîn gebot.
der rise bevalh in got.
sus schieden si sich beide
vor dem walde ûf der heide.
der rise kêrte balde
wider gegen dem walde.
Meleranz der werde man
gâhte von dem walde dan
die strâzen an daz wazzer breit.
der ritter ez ze tal reit
unze an daz urvar.
vil lûte rief der degen klâr
und bat sich füeren alzehant
über daz wazzer in daz lant.
der verge der was schier bereit.
über daz wazzer ûf die heide breit
fuort er den degen. dô daz geschach,
der verge zuo dem ritter sprach
'ritter, ich hân iuch gewert
des ir an mich habt begert:
ich hân iuch her über brâht.
ich west gern wes ir hiet gedâht,
[84b] daz ir komt von dem lande.
sich mêret iuwer schande
und iuwer laster wirdet breit,

*

4996 Von dem. 5007 verig. 5010 verig. 5012 habt jr an mich. 5015 kompt.

daz wizzet für die wârheit,
ê daz ir komt von hinne.
ich wil ze iwerm gewinne
nimmer gepflihten.
man sol iuch hie berihten
wie man in disem lande hie
die gest empfæht. ir kâmet nie
in ein lant dâ man si handelt baz.
iuch hât reht der gotes haz
dâ her in daz lant getragen.'
der ritter sprach 'maht du mir sagen,
lieber friunt, wie meinstu daz?
du gihst mich habe der gotes haz
her in ditze lant brâht.
dâ hân ich alles an gedâht
waz du meinest dâ mite.
woldestu mich dînen lantsite
lêren, daz dient ich umb dich.'
der verge sprach 'ir sult mich
solher frâg erlâzen
und vart iuwer strâzen.
ir wert des wol inne brâht
wes ich hân mit der rede gedâht.
vil sêr mich des betrâget
daz ir sô vil gefrâget.
mir ist iuwer frâge zorn.'
zehant dô blies er sîn horn,
[85a] nâch ein ander dristunt.
Meleranze was wol kunt
wiez umb sîn blâsen was gewant.
von im kêrt er alzehant.
Er wolt niht mêr ze reden hân
mit dem ungezogen schefman.
die strâz er alles für sich reit.
nu sach der degen unverzeit

*

5024 empfauht. kompt. 5028 möcht. 5036 verig. 5040 m. d. r. hon. 5046 Melerantzen. 5048 er fehlt.

die vesten klûse vor im stân.
dâ vor lac ein schœner plân,
der was schœn eben und niht wît.
an die klûs ze einer sît
gienc daz wazzer und der walt.
Meleranz der degen balt
gên der klûsen kêrte,
als in sîn manheit lêrte.
er west wol an den zîten
daz er müeste strîten:
des het er sich gar verwegen.
ûf den anger reit der degen
Und nam der klûse rehte war.
ein hôhe mûre het si gar
umbfangen gên der heide wît.
ein gebirge stiez ze der andern sît
dar an, als ich hân vernomen:
dâ mohte nieman über komen.
anderhalp daz wazzer ran.
Meleranz der werde man
über den anger gên der klûse reit.
nu sach der degen unverzeit
[85b] daz daz tor wart ûf getân
und daz ein wol gewâfent man
gegen im über den anger her
reit mit ûfgeworfem sper,
als er tjostieren wolde.
von gestein und ouch von golde
was sîn zimierde liehtgevar.
sîn schilt was sîn decke gar,
daz was ein rôter samît.
sîn wâpenroc sîn kursît
was ein rôter phellel rîch.
dar inne was vil meisterlîch
wîze winde gesniten.

*

5062 muoste. 5063 gar fehlt. 5067 heide fehlt. 5075 ein daz fehlt. 5078 gevffgeworffnem. 5083 daz fehlt. 5085 phell. 5087 Wis wind.

er het mit unverzagten siten
Vil mangen hôhen prîs bejagt.
ez fuort der helt unverzagt
einen wint snêwîz
an sînem schilt, vil grôzer vlîz
lac an der zimierde sîn.
ab sînem helm gap liehten schîn
ein fluc wîz, der ander rôt.
er was ein helt in grôzer nôt.
sîn ros was starc unde guot.
der helt truoc vil hôhen muot.
sîn swert was grôz und unbesniten.
mit unverzagtlîchen siten
stapft er über den anger her
mit rehter manlîcher ger.
Meleranȥ was ouch bereit,
als mir diu âventiure seit.
[86a] in beiden was zesamen ger.
von rabîn santen si diu sper.
ein rîchiu tjost dâ geschach.
Meleranz den truhsæzen stach
hinder daz ros ûf den plân:
daz was im selten ê getân.
er reit ûf in und trat in nider.
des erholt er sich wider.
Er spranc ûf vil ritterlîch.
Meleranz der ellens rîch
erbeizte von dem ros zehant
zuo im nider ûf daz lant.
die zwêne muotes rîche man
liefen beid ein ander an
mit den swerten manlîche.
der truhsæz ellens rîche
vil guoter ritterschefte pflac.
mangen ellenthaften slac

*

5088 sinnen. 5094 gauben. 5099 vnbesürten. 5119. 5120 manlichen : richen. 5121 ritterschafft.

sluoc er ûf den jungen man.
Meleranzen treip er dan
mit slegen über den anger wît.
diz was der êrste swertes strît
den Meleranz ie gestreit.
sîn kraft und sîn manheit
wart wol dem truhsæzen kunt.
er sluoc in in kurzer stunt
hin wider gên dem burctor.
an der zinnen und dâ vor
stuonden wîp und ouch man
und sâhen disen strît an.
[86b] Meleranz der junge streit
vil gar ân alle zageheit.
sîn slege mit kreften gâben schal
daz al daz velt dar nâch erhal.
der truhsæze ellenthaft
der het ouch manliche kraft:
daz schein wol an dem strîte.
ûf des angers wîte
si ein ander umbe trîben.
der schilt was in niht ganz beliben:
die hiuwen si ze stücken gar.
Meleranz der degen klâr
sluoc dem truhsæzen einen slac,
daz er vor im dar nider lac,
daz er gehôrte noch gesach.
den helm er im abe brach
und nam imz swert ûz der hant.
'dîn lîp muoz sîn des tôdes pfant'
sprach Meleranz der junge man.
dô sich der truhsæze versan,
Den jungen ritter er an sach.
zuo im er mit vorhten sprach
(er vorht er het den lîp verlorn)
'neinâ, degen ûz erkorn,'

*

5140 manlichen. 5151 im dz. 5155 er fehlt. 5158 Nein da.

10 *

sprach der sigelôse man
'du solt genâde an mir begân
durch dîn selbes wirdekeit.
ich bin dir alles des bereit
des du an mich suochest.
ob du des geruochest,
[87ª] sô wil ich werden dîn man.
ich wil dir dienen swaz ich kan,
und wizze, degen hêre,
daz ich nie mêre
mit strîte überkomen wart.
mich het got dâ vor bewart
daz ich man gesichert nie.
nu hâstu mich betwungen hie
daz ich dir biute sicherheit:
die nim, werder helt gemeit.
an wirdekeit frumt ez dich,
ob du lâst genesen mich.
dîn lop wirt wirdic unde ganz.'
dô sprach der werde Meleranz
'ich wil dich gerne lâzen leben,
wiltu mir sicherheit des geben
daz du leistest mîn gebot
mit guoten triuwen âne spot.'
Des gap er im sicherheit,
daz er im wære bereit
und daz ers niht enlieze
swaz er in tuon hieze.
do er die sicherheit empfie,
den helt er dô ûf lie.
si giengen mit ein ander dan
gên der klûs, die zwêne man.
ir ros brâhte man in dar.
Meleranz der degen klâr
ân stegereif ûf daz sîn spranc.

*

5166 So will ich dir d. 5175 frewt. 5185 er deß. 5186 jnn non h. 5193 In st.

des sagten im die liute danc
[87b] die sîn snelheit sâhen.
für wâr si alle jâhen,
sîn lîp der wære ellens rîch.
der truhsæz der saz müezeclîch
ûf sîn ros, des twanc in nôt,
wan im diu müede daz gebôt:
diu het in betwungen.
im wârn diu lit erswungen
an der selben zîte.
er was von dem strîte
worden müed und âne craft,
wan er keiner ritterschaft
sô herter nie begunde
unz an die selben stunde.
iedoch darumb er niht vergaz
daz er ûf sîn ros gesaz.
durch sîn hôhe wirdekeit
ze Meleranze er dô reit.

Er sprach 'vil lieber herre mîn,
ir sult hînaht mit mir sîn
und sult ze disen zîten
niendert fürbaz rîten
und ruowet in dem hûse mîn.
ir sult gewaltic sîn
mîn und alles des ich hân.
nu wizzet, tugenthafter man,
daz iu mîn dienest ist bereit,
und wizzet für die wârheit,
ich wart in strît nie überkomen.
ir habt den sig an mir genomen
[88a] und habt wirdekeit bejagt.
küener helt unverzagt,
ir sult hînaht bî mir stân.
behalt ich alsô werden man
als ir sît, des hân ich êr

*

5202 glid. 5212 Meleranczen. 5214 hînt. 5227 hint. 5228 werder.

und gedien ez immer mêr
daz ir geruochet hinaht sîn
bî mir durch den willen mîn.'
Der truhsæz der hiez Cursûn.
Meleranz der Britûn
sprach hinz im 'nu sît gewert
swes iuwer wille an mich gert.
ich wil gerne bî iu sîn
und habt ez ûf die triuwe mîn
daz ich iu gerne dienen wil.
mich diuht der arbeit niht ze vil
die ich lite durch iuwer êre.'
'genâde, degen hêre,'
sprach der truhsæze dô.
er wart gar von herzen frô
daz er die naht dâ wolt bestân.
si riten mit ein ander dan
gegen der klûse alzehant.
der gast den helm abe bant
und fuort in in der hende sîn.
durch îserrâm was liehter schîn.
in die klûse si dô riten.
mit vil zühteclîchen siten
wart der gast empfangen dâ.
in sîn hûs fuort er in sâ.
[88b] er empfienc in wol an der stunt.
er sprach 'herre, mir wart nie kunt
[ein] gast der mir lieber wære.
geloubet mir ein mære:
in mîn hûs kam nie man
dem ich sô wol êren gan
als iu, lieber herre mîn.
ir sult hie selbe wirt sîn.
Nu schaffet selbe swaz ir welt.'
'got lôn iu' sprach der werde helt.
von dem rosse erbeizt er zehant.

*

5231 hint. 5238 ez fehlt. den truwen. 5241 lid. 5251

ein knabe sich des underwant,
der sîn nam mit vlîze war.
der wirt fuort den degen clâr
alsô gewâfent mit im dan
ûf einn palas, den jungen man,
der was schœn, ze mâzen wît.
nu kam ouch an der selben zît
diu wirtîn und ein maget wert,
der herze niht wan êren gert,
diu was des wirtes tohter klâr.
die giengen beide gên im dar
mit zwelf meiden wol getân.
si empfiengen disen werden man
mit kuss alsô der wirt gebôt.
der juncfroun munt was sô rôt
und ir lîp vil wol gestalt.
mit schœnen zühten niht ze balt
was diu maget wol getân.
die andern frowen nigen im sân
[89a] mit zühten: alsô daz geschach,
der wirt ze sîner tohter sprach
'herzenliebe tohter mîn,
lâz dir wol bevolhen sîn
mînen herren der hie stât.
ir zwei mit ein ander gât,
und empfâch den harnasch von im.
ûf mîn triuwe ich daz nim,
er ist der aller tiurest man
des ich künde ie gewan.'
Si sprach 'vil lieber vater mîn,
swaz du gebiutest daz sol sîn.'
den gast si bî der hende vienc,
geselleclîch si mit im gienc
über des wirtes palas.
ein gesidel aldâ gemachet was,
daz was harte rîche.

*

5270 ainen. 5299 wytes.

diu maget vil zühteclîche
entwâpent den jungen man
und truoc daz harnasch von im dan.
ouch hiez er im wazzer tragen.
do er den râm het von im twagen,
man brâht im rîchiu kleider dar.
diu leit an sich der degen klâr.
man jach im des ân alle vâr,
er wær an tugent volkomen gar
unde wær ouch sælden rîch.
sîn lîp wær schœn und tiurlîch.
Dô sich gekleit der werde man,
diu juncfrowe wol getân
[89b] zuo dem ritter nider saz.
si wâren beide valsches laz.
diu magt was schœn und minneclîch,
der helt ganzer zühte rîch.
diu wirtîn und ir fröwelîn
die heten minneclîchen schîn:
die wâren ouch gesezzen.
nu was bereit daz ezzen,
wan ez was an den âbent komen
ê daz ein ende het genomen
undr in beiden der strît.
ez was gên naht, wol ezzens zît.
man riht die tisch: dô daz geschach,
der wirt ze sînem gaste sprach
'herre, ir sult selbe wirt sîn.
gebiett, sô muoz diu tohter mîn
mit iu ezzen, werder man,
ob ez iu niht versmâhen kan.'
der rede wart der ritter frô.
'vil lieber wirt,' sprach er dô
'der êren ist mir genuoc,
ob disiu juncfrowe kluoc

*

5309 allen. 5310 tugenden. 5312 durlücht. 5313 Geklaidet.
5330 Gepiett jr so.

mich wil mit ir ezzen lân:
für grôze wirde ich daz hân.'
Der wirt sprach dô sâ zehant
'vil liebe tohter, sît gemant,
immer durch den willen mîn
lât iu wol empfolhen sîn
mînen herren und erbiett imz wol,
als ich dar umbe dienen sol.'
[90a] diu maget sprach 'vater mîn,
er sol mir wol bevolhen sîn.'
man truoc in daz wazzer dar,
dem ritter und der meide klâr.
sîne hende ietwederz twuoc.
zuo der juncfrowen kluoc
saz der wol gezogen gast,
dar an vil lützel des gebrast,
man gap im wirtschaft vollecllch.
der wirt was ein * rich.
der wirt und diu wirtîn
und ir juncfröwelîn
und swaz der werden liute was
vor dem wirt ûf dem palas
mit grôzen zühten âzen.
diu zwei besunder sâzen,
der ritter und diu maget klâr.
nu gienc der wirt für in dar
und bat in ezzen vaste.
dem ellens rîchen gaste
dem bôt er daz trinken dar
und sprach ze sîner tohter klâr
'tohter, den gesellen dîn
lâz dir durch mich bevolhen sîn.'
'Daz tuon ich, vater,' sprach diu maget.
mit zühten, sô wart mir gesaget,
man trinken und ezzen für si truoc
und gap mit zühten gar genuoc.

*

5339 sâ fehlt. 5372 gab Jun mit.

die tischlachen huop man zehant.
dô man geaz, der wîgant
[90b] bî der juncfrowen saz.
der wirt dô des niht vergaz,
sîn wîp er bî der hende vienc,
ze sînem gaste er dô gienc.
Melcranz der werde man
sach den wirt gên im gân
mit der hûsfrowen sîn,
diu het ouch minneclîchen schîn.
der helt stuont ûf gên im zehant.
die hûsfrowen werd erkant
bat der ritter sitzen.
mit vil zühteclîchen witzen
diu hûsfrowe zuo im saz
und der wirt valsches laz;
der kürzet im die stunde,
als er beste kunde.
die wîl und man mit zühten saz,
der wirt dô des niht vergaz,
er frâgt in der mære
von wan sîn reise wære.
er sprach 'vil lieber herre mîn,
möht daz in iuwern hulden sîn
Und wolt iuchs niht betrâgen,
ich wolt iuch gerne frâgen
von wan ir, küener wîgant,
sît komen her in diz lant.'
dô sprach der helt gehiure
'ich bin durch âventiure
von Britanjen her geriten.'
der wirt sprach 'herre, mich hât vermiten
[91a] strîtes nôt wol zehen jâr.
daz ich iu sage daz ist wâr:
ich hân vor diser klûse hie
vil gestriten, daz mir nie

5391 die fehlt. 5394 wannen. 5397 veh deß.

kein man gesiget an,
swaz ich her gestriten hân.
swer durch âventiure in diz lant
kom, die hât alle hie mîn hant
mit strîte überwunden.
alrêrst hân ich vunden,
  Herre, an iu den meister mîn.
ich wil iu immer holt sîn,
swie ich doch hân durch iuch verlorn
mînen prîs, ritter ûz erkorn.
ich wil iu mit wârheit jehen,
swaz mir von iu ist beschehen,
des wil ich kein laster hân.
ir sît für wâr der tiurest man
der mir ie wart bekant.
nu sagt mir, küener wîgant,
welt ir ze disen zîten
nâch âventiure rîten
für baz in mînes herren lant?
daz sult ir mir tuon bekant.
ich bring iuch wol an die stat
dâ vehtens ist vil manger sat
worden von dem herren mîn
datz der âventiure sîn.
welt aber ir mit êren
alhie wider kêren,
[91ᵇ] daz rât ich, welt ir volgen mir.
ich fürht vil sêre daz ir
verlieset lîp und êre
und daz ir nimmer mêre
komt wider heim ze lande.
ir müezet grôze schande
lîden, wirt iu an gesigt.
mîn herre swæcher fuore pfligt:
  Ez ist kein sô edel man,

*

5412 all. oder albie. 5414 Aller. 5415 Herre] Der. 5417 durch fehlt. 5432 datz d. i. dâ ze] Das.

dem er in strît gesiget an,
er muoz lîden smâcheit
von im, daz sî iu geseit.
er muoz im dienen stæteclîch.
het er zehen künicrîch,
der lât er in geniezen niht.
swem sîner gnâden nôt geschiht,
der ist ein verlorner man.
für wâr ich iu des niht engan,
ob iu dâ misselingen sol.
nu volget mir, daz kumt iu wol.'
Meleranz der werde man
lacht und sach den wirt an
er sprach 'nu sît ir
ein frumer man, wie rât ir mir?
 Solt ich flühteclîchen
von disem lande entwîchen,
daz wær an mir ein zageheit.
vil lieber friunt mîn, nu seit,
ob ich von hinnen flühtic rît
daz ich hie mêre niht erstrît,
[92a] durch iuwer zuht, waz woldet ir
darumb her nâch sprechen mir?
ir spræchet liht: daz ist der man
der durch zageheit entran,
do ich im saget ein mære
wie übel mîn herre wære:
des erschrac er und flôch [von] dan.
swer mir mîner êren gan,
der sol mir râten niht daz ich
flühtic rît, dâ von man mich
lastert und unêret
und würde mir verkêret
swaz ich êren solde haben.
mir wær lieber daz ich wær begraben
dan daz ieman von mir seit.

5450 Wenn. 5465 wölt. 5466 wir.

ich wær durch mîn zageheit
entrunnen von disem lande:
des het ich immer schande.
Vil lieber wirt, ir sult mir sagen
und die wârheit niht verdagen:
wiestz umb die âventiur gestalt?'
der wirt sprach 'degen balt,
mîns herren âventiure
diu ist gar ungebiure.
mîn herre der ist der küenest man
der ritters namen ie gewan
und ist ein edel künic rîch.
ichn weiz an manheit sîn gelîch
niendert in allen landen.
er hât mit sînen handen
[92b] betwungen mangen werden man
der im mit dienst ist undertân.
ich kan wærlîchen
niht zuo im gelîchen
wan daz er eines sites pfligt:
swem er in strîte angesigt,
der muoz immer mêre
leben mit herzen sêre
und erbiut im solich smâcheit
daz im wirt sîn leben leit.
da ist vil manic werder man
dem er hât gesiget an.
ouch hân ich im von hinne gesant
vil mangen küenen wîgant
in die vancnisse sîn.
des muost ich dem herren mîn
geben mîne sicherheit.
geloubet, herre, ez ist mir leit
daz er den unprîs begât.
mîn hant hie betwungen hât

*

5481 Getrunnen. 5485 Wye ist es. 5489 kunst. 5492 Ich. 5496 im] nun. 5497 kan] hon. 5499 sitten. 5509 vangknuß.

vil mangen werden degen klâr
den ich ungerne sande dar.
  Diu unzuht wær von mir verborn
wan daz ich sîn het gesworn.
ich muost ez tuon ân mînen danc,
mîn herre mich dar zuo betwanc.
nu wil ich, lieber herre mîn,
niht mêre in dem laster sîn.
ich füer ê von dem lande
ê ich die grôzen schande
[93a] immer mêr begienge,
swaz ich liute vienge,
daz ich die gæb in solich nôt
daz in bezzer wær der tôt.
herre, ir sult gelouben daz,
ein rise heizet Bûlaz:
er und die genôze sîn
die dienent ouch dem herren mîn.
die habent grôzen mort getân
beide an frowen und an man.
swaz die liute mugen gevâhen
verre oder nâhen,
die bringent si dem herren mîn
in die vancnisse sîn.
die müezen kumberlîchen leben,
in wirt trôstes niht gegeben:
si werdent kumbers nimmer frî,
die wîl mîn herre bî leben sî.'
Meleranz der werde man
der sprach 'ich wil in bestân,
sît er sô lasterlîchen tuot,
er hât einn unwerden muot.'
der wirt sprach 'daz ist mir leit
durch iuwer hôhe wirdekeit,
ob iu dâ misselingen sol.

*

5531 genosen. 5532 'dienst och. 5533 beide fehlt. 5538 vangknuß. 5540 trost. 5546 ainen.

für wâr, herre, ich günd iu wol
daz ir gesiget mîm herren an.
er hât doch ze vil getân
unfuoge âne nôt.
ich wæn daz ieman sînen tôt
[93b] klaget ob er würd erslagen.
ich muoz iuch immer mêre klagen,
herre, sol iu dâ missegân:
daz müeze got understân.'
Meleranz ze dem wirte sprach,
als im sîn manlich ellen jach,
'ich hân den gedingen,
mir lâz niht misselingen
got der aller dinge pfligt.
sîn gewalt vil lîht dâ nider ligt
den er guoten liuten tuot
niwan durch sînen übermuot.
daz sol im got niht lang vertragen.'
vil ungelîch einem zagen
sach man den helt gebâren.
alle die dâ wâren
die jâhen al gelîche,
sîn lîp wær ellens rîche.
 Diu naht tet als si noch tuot:
ez enwart nie tac sô guot
noch sô klâr noch sô lieht,
er mähte vor der naht niht
gewern ern müest ir lân den strît,
swenne si des diuhte zît.
alsô was ez dô ergân:
si het dem tage gesiget an.
der wirt ze Meleranze sprach
'herre, man brüevt iu iwern gemach.
swenn ir welt, sô sult ir slâfen gân.'
dô sprach der wol gezogen man,

*

5551 mînem. 5566 Nur wann 5574 Es ward. 5577 er.
5581 Meleranczen. 5582 prüfft.

[94a] Meleranz der werde helt,
'herre wirt, swenn ir welt.'
der wirt hiez trinken tragen dar.
die ritter und die frowen klâr
die vor in sâzen, trunken dâ.
dô daz geschach, dar nâch iesâ
der wirt zuo den frowen sprach
'ir frowen, vart an iwern gemach.'
ûf stuont diu wirtîn zehant
und ir tohter werd erkant
und ir juncfrowen wol getân.
von Meleranz dem werden man
nâmen si guot naht zühteclîch.
Meleranz der lobes rîch
genâdt in des: si giengen dan
an ir gemach. den werden man
　Nam der wirt bî der hant.
er fuort den degen werd erkant
in ein kemenâten,
diu was wol berâten
mit einem bette rîche.
vil schœn und sänfteclîche
was im gebrüevet sîn gemach.
der wirt ze Meleranze sprach
'herre, nemt von mir ver guot.
swer iu hie iht êren tuot,
für wâr der handelt iuch wol.'
'ich nim die êre wol für vol'
sprach Meleranz der werde man
'die ir mich habt geleget an,
[94b] und wizzet sicherlîchen daz,
ich bin iu holt ân allen haz,
und sol ich leben, iu wirdet schîn
mit triuwen noch der dienest mîn.'
　Meleranz der junge man
liez den wirt dâ niht stân.

*

5589 trunken fehlt. 5599 Genaudet. 5612 Ich thuon.

nu brâht man slâftrinken her,
daz was wol des wirtes ger,
in zwein köpfen silberîn,
beide môrâz unde wîn.
dô si getrunken, dar nâch
der gast zuo dem wirte sprach
'her wirt, ir sult gemach hân.'
der wirt sprach 'ich wil von iu gân,
gebt mir guot naht und iwern segen.'
'her wirt, got müeze iuwer pflegen.'
als sprach der gast: der wirt gienc dan.
Meleranz dem jungen man
empfiengen zwei kint sîn gewant.
er legt sich nider alzehant,
wan im was gemaches nôt.
guot naht er in allen bôt.
des gnâdten si dem ritter duo.
sus slief er unz des morgens fruo:
do erwacht der degen werd erkant.
ûf stuont der küene wîgant
und gienc ûf den palas.
sîn wirt ouch dar komen was.
Meleranz des niht verbirt,
er gruozte schône den wirt.
[95a] der wirt gnâdet im und sprach
'herre, ir solt haben noch gemach,
wan ez ist noch harte fruo.'
'vil lieber wirt' sprach er duo,
'ich hân zît ze rîten.
wes solt ich langer bîten,
Sît ich mich vehtens hân verwegen?
ich wil' sprach der werde degen
'gâhes volenden des ich ger.
ich bin durch âventiure her
von Britanjen gevarn.

*

5625 dar nâch] zehannd dar. 5631 Also. 5632 Melerantzen. 5637 gnaudet. do. 5643 verwürt. 5650 Was.

nu wil ich daz niht langer sparn,
ich wil fürbaz durch striten
in daz lant rîten.
wer weiz ob mir gelingen sol.
herre wirt, nu tuot sô wol,
heizt mîn harnasch bringen her.
ich wil iuch noch biten mêr,
gebt mir ein schilt ze stiure
zuo der âventiure.
mînen schilt den habt ir
alsô gar verhouwen mir
daz er mir ist ze nihte mêr.
dar zuo gebt mir ein sper:
sô handelt ir mich rehte wol,
als ich immer dienen sol
umb iuch, kumt ez immer sô.'
des antwurt im der wirt dô.
er sprach 'vil tugenthafter man,
daz sult ir niht ver übel hân:
[95b] ich ensol iu niht geben
ze stiure ûf mînes herren leben.
nemt ir mir iht, vil werder man,
dâ bin ich doch unschuldic an:
daz sol ich iu wern niht,
ob mir mîn eit rehte giht.
ich hân vil schilte hangen hie:
herre mîn, daz sint die
den ich hie angesiget hân.
nemt ir der einen, werder man,
des mac ich iu niht erwern.
doch mac ich reinicllchen swern
daz ich dar an unschuldic bin.'
Meleranz der gienc hin
und nam ab des wirtes want
den besten schilt den er dâ vant:

*

5656 lenger. 5675 Ich soll. 5680 ayde.
5684 den ainen werden.

dar zuo nam er ein starkez sper.
man brâhte im sîn harnasch her.
  Nu kam des wirtes tohter klâr
und diu hûsfrowe dar.
dô si der ritter komen sach,
dô stuont er ûf: diu frowe sprach
'guoten morgen und guote zît
geb iu got an des gnâden lît
al der welde leben gar.'
'gnâde, frowe,' sprach der degen klâr.
diu maget im zühteclîchen neic,
gên im si grüezen niht versweic.
des gnâdet ir der wîgant.
diu frowe nam in bî der hant
[96a] und bat in zuo ir sitzen.
mit vil zühteclîchen witzen
wâfent in diu schœne maget.
des wart genâde ir gesaget
von dem jungen ritter dô.
er neic ir unde sprach alsô
'got müez iu sælde mêren
und behüet iuch an den êren:
des bit ich iu, frowe mîn.
iur tugent ist an mir worden schîn
und iuwer reine güete.
got iuwerr êren hüete:
des wünschet iu daz herze mîn.
iur diener wil ich immer sîn,
swar ich kêr und swâ ich var:
sô wünsch ich daz iuch got bewar.'
nu het ouch in diu maget klâr
von füezen ûf gewâpent gar.
  Do er was in sîn harnasch komen,
urloup wart aldâ genomen
von den frowen zühteclîch.

*

5892 prauch. 5702 versmaig. 5714 Ûwer. 5716 ûwern. 5717 wunst. 5718 Ûwer.

Meleranz der ellens rîch
mit zühten zuo dem wirte sprach
'iur hant mir sicherheite jach:
daz gelübt daz ir mir habt getân,
des sît ledic, werder man.
und wizt sol ich bî leben sîn,
iu wirt mîn dienst mit triuwen schîn.'
er bat si alle got bewarn.
der wirt sprach 'ich wil mit iu varn,
[96b] ûzerwelter degen klâr,
und wil iuch rehte wîsen dar
und wil ouch daz vil gerne sehen
swaz dâ mit strîte sol geschehen
von iu und von dem herren mîn.'
von der meide und von der wirtîn
nam urloup der junge man.
ûf den hof gienc er dan
da er sîn ros gesatelt vant.
dar ûf spranc er zehant
ân stegereif vil ritterlich.
urloup nam der ellens rîch
von des wirtes gesinde gar.
si wunschten heils dem degen klâr,
beide wîp unde man.
der wirt reit mit im dan

Und fuort den degen werd erkant
die rehten wege durch daz lant.
si kâmen in kurzer zîte
von der enge an die wîte
in ein wol gebûwen lant.
Meleranz sach alzehant
ein burc gên im glesten,
die schœnsten und die besten
die er mit ougen ie gesach.
ze sînem wirte er dô sprach
'wirt, wie ist diu burc genant?'

5728 Vwer. 5748 hailes. 5757 pirg.

dô sprach Cursûn zehant
'diu burc heizet Terramunt.
er seit im an der selben stunt
[97a] daz der künic Godonas
mit hûse ûf der bürge was
und daz er dâ müeste strîtes pflegen.
er sprach 'vil ellens rîcher degen,
welt ir iuwern lîp ernern,
sô sult ir iuch vil vaste wern.
mîn herre der ist sô gemuot,
er nimt keiner slahte guot
von iu, gesiget er iu an.
ir müezet immer hie bestân
und vil lasterlîchen leben:
des wil ich iu mîn triuwe geben.'
Meleranz sprach an der stunt
'vil lieber friunt, nu tuo mir kunt,
ob im ein man gesiget an,
müest er dann die gevangen lân
oder wie würd ez umb die gestalt?'
er sprach 'vil küener degen balt,
und wær ein alsô sælic man
der im mit strît gesiget an,
dem müest er die gevangen geben
und müest ouch sîner gnâden leben,
wan er müest von sîner hant
empfâhen sîn eigen lant.
herre, ich wil iu mære sagen:
würd er von ritters hant erslagen
der im het gesiget an,
der solt im daz lant lân.
daz hât er alsô gelobt.
sîn herz in untugenden tobt,
[97b] er wænt daz niendert lebe der man
der im müge gesigen an:
des wil er gar ân angest sîn.

*

5767 da er da. 5769 Wöll. 5781 die ain gestalt. 5795 wonnd.

nu wert iuch, lieber herre mîn.
  Ich günde iu der êren baz
dann keinem man, geloubet daz,
den ich mit ougen ie gesach.'
Meleranz mit zühten sprach
'ich wil mîn heil versuochen.
wil got mîns lebens geruochen,
sô mac ich wol vor im genesen.
sol sîn gewalt niht langer wesen,
sô ist er vil schier gelegen.
ich hân mich gên im verwegen
daz ich in strîts niht wil erlân.'
mit diser rede si riten dan
für die burc ûf den plân,
dâ si ein linden sâhen stân,
diu was schœne hôch und breit.
Meleranz und Cursûn reit
gegen der linden sâzehant.
ein horn er dâ hangen vant.
Meleranz der wol geborn
sprach 'waz betiutet diz horn?'
Cursûn tet ime kunt.
er sprach 'daz sult ir drîstunt
blâsen, küener wîgant.
der dôn tuot in die burc bekant
  Daz ir der âventiur begert.'
von dem rosse stuont der degen wert
[98a] und bant ez zeinem aste
mit dem zoume vaste.
sînen helm er abe bant.
daz horn nam er in die hant
und blies daz ez lûte erdôz.
sîn kraft was unmâzen grôz.
diu burc wart des dônes vol.
der künic sprach 'ich hœre wol,
man vordert mich ûf daz velt.

5806 lenger. 5809 strittes. 5816 hangund. 5819 jm. 5820 stud.

er vindet strîtes vollen gelt,
swer er ist der mîn dâ gert.
er wirt von mir wol gewert
strîtes unde ritterschaft.'
Meleranz der blies mit kraft
daz horn zem andern mâle.
dô nam niht langer twâle
der grimmige Godonas.
vil schiere er gewâfent was.
ze dem dritten mâl blies Meleranz.
daz horn was schœn unde glanz
und was ûz silber geworht.
Meleranz der unervorht,
Der vil werlîche gast,
sluoc daz horn daz ez zerbrast
an einen stein, der degen hêr.
er sprach 'man blæst dich niht mêr.'
ze sînem ros gienc er zehant,
von dem aste er ez bant:
dar ûf spranc der werde man.
von der linden reit er dan.
[98b] sînen helm er wider ûf bant.
Cursûn sprach ze im zehant
'nu sagt mir, unverzagter man,
war umbe habt ir daz getân
daz ir zerbrochen habt daz horn?'
dô sprach der degen ûzerkorn
'nu seht, daz wil ich iu sagen,
war umb ich hân daz horn zerslagen.
ich hân daz von iu vernomen,
alle die noch her sint komen
und geblâsen habent daz horn,
die habent alle hie verlorn
den sig, sus habt ir mir gesagt.
ich sag iu, degen unverzagt,

*

5839 zuo dem. 5840 wall (: maul). 5844 was fehlt. 5857 sag.
5862 dz horn hon.

war umbe ichz zerbrochen hân.
gesig ich iuwerm herren an,
sô muoz des hornes schal geligen.
sol er aber mir angesigen'
sprach der degen wol geborn,
'sô heiz im ein ander horn
machen, ob erz welle hân.'
alsô sprach der werde man.
Der truhsæze in ane sach,
in sînem herzen er des jach
er wær des muotes unverzagt.
sîn gebær im wol behagt.
er sprach ze Meleranze sân
'herre, ich wil iuch einic lân,
ich wil ûf die burc rîten.
got lâz iuch wol gestrîten!
[99a] ich muoz den herren mîn gesehen.
ich wil iu mit der wârheit jehen
daz ich iu aller êren gan.'
'got lôn iu' sprach der werde man.
'ich triuw iu alles guotes wol,
daz ich vil gerne dienen sol,
ob mir immer kumt der tac
daz ich iu gedienen mac.'
er sprach 'got lôn iu, werder man.'
ûf die burc reit er sân
dâ er sînen herren vant.
der het gewâfent sich zehant,
als er an den zîten
wolt ûf den plân durch strîten.
als er den truhsæzen sprach,
gên dem gienc er unde sprach
'Cursûn, wis gote willekomen.
ich hete gerne daz vernomen
waz dîn gewerft wære.'

*

5871 hores. 5880 gebärd. 5881 Melerantzen. 5898 durch den str. 5901 byß. 5903 gewörfft.

dô saget er im diu mære
daz im was misselungen
und daz in het betwungen
Meleranz der unverzeit
und er sîne sicherheit
het von im empfangen,
und wie ez was ergangen,
und daz der unverzagte man
hielt bî der linden ûf dem plân
und der küene wîgant
durch ritterschaft in daz lant
[99b] wær komen: des wart der künic frô.
ûf sîn ros saz er dô,
daz was wol verdecket.
ûf daz îser was gestrecket
ein samît grüen als ein gras.
mit golde er wol gebildet was.
sîn wâpenroc sîn kursît
was ein grüener samît,
von golde harte rîche.
dar ûf vil meisterlîche
härmîn arn wârn geströut.
sîn herze sich des strîtes fröut.
sîn schilt was grüener varwe gar,
dar ûf was ein härmîn ar
geslagen meisterlîche,
undr ein buckel, diu was rîche,
von arâbischem golde,
als er selbe wolde,
diu buckelrîs gezieret,
edel steine drîn verwieret.
Als mir diu âventiure seit,
guldîn spangen, ze rehte breit,
wâren ûf den rant geslagen.
von rehter koste, hôrt ich sagen,

*

5908 sin. 5910 es alles was. 5925 gesträt. 5928 arn.
5933 pugkel rayß. 5934 gestain dar jnn. 5936 spang.

was gepruoft sîns helmes dach.
daz was sô grüen daz man des jach,
smâragd unde achmardî
wæren solher grüene frî.
umb den helm ein krône lac
von golde, ob ich sô sprechen mac,
[100a] kein rîcherr helm wart nie gesehen.
man muost im grôzer koste jehen.
ein ar, der was härmîn,
was gebunden ûf den helm sîn.
der was gar kostlîche.
sus kam der ellens rîche
ûf den anger dâ der wîgant
den jungen Meleranzen vant.
sîn sper was grüene gevar
sam diu andern wâfen gar.
mit hôhem muote kom er
geriten von der bürge her.
Dô er Meleranzen sach,
in sînem herzen er des jach,
er gesæhe nie keinen man
dem sîn ritterschaft baz stüende an.
sus hielt der lobebære,
[reht] als er gemâlet wære,
bî der linden mit ûf geworfem sper.
nu kam vermezzenlîchen her
gên im der künic Godonas.
vil frô er des strîtes was.
er fröut sich des gedingen,
er wând im solt gelingen,
als im ê dicke gelungen was.
an der zinn und ûf dem palas
stuont ritter unde frouwen,
die wolden gerne schouwen
waz von in beiden solt beschehen.

5939 geprieffet. 5941 schmadey. 5942 Waren. 5962 alß ob er. 5963 geworffnem.

si begunden algemeine jehen
[100b] daz si nie gesâhen
verre noch nâhen
zwêne man so kürlîch.
Meleranz der ellens rîch,
do er den künic komen sach,
müezeclîch, im was niht gâch,
stapft er von der linden her
gên im mit ûf geworfem sper,
als er tjostieren wolde.
von gestein und ouch von golde
was sîn wâpenkleit vil kostlîch.
Godonas der ellens rîch
sîn ros mit den sporn nam.
Meleranz tet ouch alsam.
in beiden was zesamen ger,
von rabîn sanden si diu sper.
dô wart diu tjost alsô geriten
von vælieren gar vermiten.
ietweder des niht vergaz,
sîn tjoste er sô eben maz
als im diu ougen kunden spehen.
ein schœner tjost wart nie gesehen.
Die helde ellens rîche
trâfen gar gelîche
mit den spern dâ der schilt erwant,
daz die sprîzen von der hant
hôch ûf gên den lüften flugen,
wan sich die schefte niht enbugen
die si beide brâhten dar.
des nam man von der bürge war.
[101a] ir ietweder kûm gesaz.
Meleranz des niht vergaz,
der warf sîn ros umb zehant.
alsam tet ouch der wîgant,

*

5973 all mit gemain. 5982 vffgeworffnem. 5992 välun. 6003 Dz sy. 6005 kom.

Godonas der künic rîch.
mit den swerten ritterlîch
randen si ein ander an,
die zwêne muotes rîche man.
dâ wart zerfüeret daz gras.
swaz der liehten bluomen was,
die liten ouch von treten nôt.
ir beider manheit daz gebôt
daz si erbeizten ûf den klê.
den rossen was von müede wê.
si heten diu ros dar zuo brâht
daz vil kleine was ir maht.
Alrêrst wart ritterlîch gestriten.
mit unverzagtlîchen siten
si ze samen trâten.
ich sag iu wie si tâten:
Godonas der küene degen
empfienc mit ungefüegen slegen
Meleranz den frömden gast,
dar an vil lützel des gebrast
im gült der küene degen balt.
mit starken slegen ungezalt
galt er im swaz er im lêch,
daz er in dar an niht verzêch
ern gült im vollecliche,
der helt ellens rîche.
[101b] der schilt si beide wurden bar,
die erhiuwen si gar
daz ir vil lützel ganz beleip.
der wirt den gast mit slegen treip
über den anger mit gewalt.
Meleranz der degen balt
der muoste vor im wîchen.
er sluoc sô kreftecliche
ûf in slege ungezalt.
Meleranz der degen balt

*

6021 Aller. 6022 vnuerzaglichen. 6027 Melerantzen. 6033 Er.

mit schirmen allez vor im gie.
den künic er verderben lie.
er gedâht 'ich wil in huote stân
und wil disen küenen man
lâzen vehten ûf mich.
wirt er müede, sô sol ich
in vil wênic ruowen lân.'
sus weich er alles vor im dan
mit schirmen vor im hin und her.
under wîlen sô sluoc er
dem künic einen solhen slac
der vil wol ze staten lac.
der künic was sô manhaft
und het ouch sô grôze kraft
daz er nam vast an slegen zuo.
Meleranz gedâht im duo
'Dirre man hât grôze kraft.
er nimt ouch zuo an ritterschaft
und an krefticlîchen slegen.
ich wil den ellens rîchen degen
[102ª] nimmer sparn, ob ich kan.'
den wirt des landes treip er dan
gên der linden über den plân.
dise zwêne küene man
alsô lange vâhten hie,
unz si ir kraft gar verlie.
ez wert ir ritterlîcher strît
vil nâhen unz gên vesperzît.
dô si diu müede überwant,
Godonas der sprach zehant
ze Meleranz dem werden man
'helt, wir suln unser strîten lân,
unz wir geruowen, deist mîn rât.
unser ietweder des niht enhât
daz wir ze disen zîten

*

6045 schirm alleß alleß. gieng. 6053 schirm. 6061 Diser. 6063 krefftlichen. 6077 das ist.

mit ein ander strîten.
diu müede hât uns gesiget an.
wir suln ruowen, werder man.'
Meleranz sprach 'sô ruowe wir.
iuwer slege die schadent mir
niht als klein als umb ein hâr.
ir nemt der mîn ouch wênic war:
dâ von sul wir ruowe hân.'
si giengen zuo der linden dan
Und sâzen in den schate zehant.
ietweder sîn helm abe bant.
ouch lôsten ûf diu härsenier
durch den luft die helde fier
erkuolten unde ruoten dâ.
der künc ze Meleranze sâ
[102b] sprach 'vil küener wîgant,
mir wart noch nie der man bekant
der sich sô lange werte mîn.
ich wil durch die manheit dîn,
helt, dich geniezen lân.
wiltu werden mîn man
und wiltu leisten mîn gebot?'
Meleranz sprach 'nu enwelle got,
der êren wær iu gar ze vil.
für wâr ich daz wol sprechen wil,
wær iu sô wol gelungen
daz ir mich hett betwungen,
ez wære dannoch missetân.
ê daz ich würde iuwer man,
ich wolt den tôt ê willeclîch
lîden, degen ellens rîch.
welt ir die gevangen lân
und iuwer lant von mir hân,
sô wil ich strîtes iuch verbern.
welt ir mich des niht gewern,

*

6083 mier. 6085 klein ist umb. 6086 mine och. 6091 die harnaschschnür. 6092 für. 6094 Melerantzen. 6114 Wöll.

sô wert iuch, des wirt in nôt.
uns scheidet nieman dan der tôt.
daz ir habt mîn ze manne gert,
daz ist mir von iu gar unwert.
nu wert iuch, künnet ir iuch wern,
iuch mac anders niht ernern.'
Meleranz der degen fier
zôch wider ûf sîn härsenier.
  Sînen helm er wider ûf bant.
Godonas was ouch zehant
[103ª] bereit: dise zwêne man
die liefen aber ein ander an.
von der bürge man daz sach.
man unde wîp in des verjach,
der êrste strît wær ungelîch
dem andern: die held ellensrîch
die vâhten âne zageheit,
als mir diu âventiure seit,
daz si an den stunden
sô starker slege begunden
daz alle die ez sâhen
mit gemeinem munde jâhen
daz ir êrste ritterschaft
gên dirre hete keine kraft.
ez bat man unde wîp
daz in got behuot ir lîp
und si schiede ân den tôt.
si sâhen wol des wær in nôt,
wan si sô häzzelîchen striten
mit sô manlîchen siten
daz ez muoste scheiden
der tôt undr in beiden.
  Der künc was grimmeclîch gemuot.
Meleranz den degen guot
treip er mit gewalte dan
mit slegen, den vil werden man:

*

6116 niemans. 6119 kind. 6122 harnasch schnier. 6138 diser.

er liez in nie ze slage komen.
er wând er solt im haben benomen
den lîp und al sîn êre.
nu kom dem degen hêre
[103b] in sîn herze der gedanc,
swie er doch mit nœten ranc,
ob er dâ erstürbe,
daz ver leide verdürbe
sîns herzen amîe,
diu klâre Tydomîe.
Als er an die magt gedâhte,
ir minne im helfe brâhte.
ein solich kraft er gewan,
heten in bestanden vier man
die alle als frum wærn gewesen,
er wær vor in doch wol genesen,
alsô der was der mit im streit.
sîn ellen und sîn manheit
wart dem künge schiere kunt.
er sluͦc in an der selben stunt
daz er strûchen began.
sîn slege wâren sô getân
daz der künic Godonas
ungerne dâ bî im was.
er moht im niht entwîchen.
er wert sich degenlîchen;
Godonas der küene man
warf den schilt von im sân,
swaz im des was beliben ganz.
an den jungen Meleranz
lief der degen lobesam.
daz swert in beide hende er nam
und sluoc in ûf den helm sîn
daz die fiures funken gâben schîn
[104a] und daz er strûchen began.
Meleranz der snelle man

*

6160 Tydomey. 6180 An den der jung.

verrihte sich des slages zehant.
an Godonas den wîgant
lief er: dô wolt der küene man
von im sîn entwichen dan.
er moht niht mêr gestrîten.
nu het in an den zîten
Meleranz erreichet.
er sluoc im ungesmeichet
einen alsô starken slac
daz er vor im dâ nider lac.
der muotes unberoubet
erkloup im helm und houbet
und wunt in alsô sêre
daz er dar nâch nimmer mêre
mohte wol gestrîten,
wan er an den zîten
sich dem tôde muost ergeben.
swenn der man niht mêr sol leben,
Sô ist ez schier umb in ergân.
Meleranz dem werden man
was leit daz er in het erslagen.
er begund in von herzen klagen:
er stuont ob im und sach in an.
er sprach 'got weiz wol, werder man,
dîn lîp ist wol klägelîch.
für wâr du wære ellens rîch.
dîn tôt ist mir von herzen leit
durch dîn grôze manheit.
[104b] du wær der aller küenest man
des ich künde ie gewan.
man seit von dir mære
wie grôz dîn unfuor wære,
und wær daz niht an dir gewesen,
sô wærestu vil wol genesen.
du hetest mich brâht in grôze nôt:
ich vorhte laster und den tôt

*

6194 jnn. 6198 Er klob. 6215 wärdt.

von dîner hant empfâhen.
ich wart nie sô nâhen
überkomen mit strîte.'
nu gedâht er an der zîte
'ich wil zuo der linden gân
da ich mîn ros gebunden hân,
unde wil nâch disem strît
rîten unz an die zît
daz ich reht ervinde
wie diss wirtes gesinde
wider mich gebâre.
weln si mich mit vâre
meinen ze disen zîten,
den mac ich niht gestrîten.
ich wil bîten ouch des wirtes mîn,
der tuot mir sîn triuwe schîn,
bî dem ich hînt gewesen bin.
der helf mir durch sîn triuwe hin.'
zuo der linden gienc er dan,
in den schate saz der küene man.
den helm er von ime bant
und daz härsenier zehant
[105ª] durch den luft nâch dem strîte.
nu hôrt er an der zîte
in dem hûse weinen unde klagen.
daz ir herre was erslagen,
daz klagten si vil klägelîch.
beide arm unde rîch
huoben jæmerlîchen schal.
von der bürge her zetal
sach er daz volc gâhen.
dô kund im niht versmâhen,
sîn houbet wâfent er zehant.
sînn helm er wider ûf bant.
Ûf sîn ros saz er.
nu gâhte vor den andern her

6226 er] Ich. 6228 dar ich? 6243 jm. 6244 harsnier.

Cursûn, der triuwe man,
zuo dem ritter ûf den plân.
er sprach 'vil lieber herre mîn,
ir sult niht langer hie sîn.
wol dan gên der klûse.
ir sult in mînem hûse
belîbn unz wir den künc begraben,
und sult iuch rehte wol gehaben.
daz habt ûf den triuwen mîn,
ir müezt hie landes herre sîn.
iur hant hât iu ditz lant erstriten.'
gegen der klûs si balde riten.
den künc si liezen ûf dem plân.
über den îlten sîne man
und klagten in vil klägelîche.
ouch sprâchen sumelîche
[105b] 'für wâr wir solden disen man
von dem lant niht lebende lân
der uns den herren hât erslagen.
welle wir im daz vertragen,
des habe wir immer schande,
kumt er sus von dem lande.'
dô sprach undr in ein frumer man
'er hât ez nôtwerende getân:
mîn herre wolt in gelestert hân,
als er vil mangen hât getân.
des wolt er im niht vertragen.
er hât in frümeclîch erslagen.
er ist für baz ein frumer man.
dar zuo ich des gesworn hân,
des enwolt mich niht erlân
der künc durch sînen übermuot,
kæm her în ein ritter guot,
er müest in mit strît bestân:
der im den sig behabet an,

*

6262 lenger. 6263 Wold. 6269 Üwer. 6284 mängem.
6286 frümklichen. 6289 wollt. mich fehlt. 6294 waren.

12 *

daz wir dem wæren undertân
und im dienten eigenlîch.
er wânt daz niendert sîn gelîch
lept an manheit und an craft
der an im würde sigehaft.
mînes eides brich ich niht.
swaz halt mir dâ von geschiht,
ich wil den vil werden man
immer gern ze herren hân,
des herze solher manheit pfligt
daz er im hât angesigt.'
[106a] dô sprach ein andr 'ich wil des jehen,
mînem herren ist vil reht geschehen.
der wolde nieman für lân,
ern wolde im gewinnen an
den lîp und al sîn êre.
wâ hôrtet ir ie mêre
die unfuoge die er dô begie
daz er nieman durch sîn lant lie
der ritters namen möhte hân
ern müeste in mit strît bestân?
[wie stuont daz mînem herren an?]
Swem er den sig an erstreit,
dem tet er diu herzenleit
daz er gerner wær tôt gewesen
dann daz er wære genesen.'
dâ bî ein ander sprach
der sînen tôt ungerne sach,
'er was doch unser herre.
seht ob iu daz iht werre
daz wir in verlorn hân.
swaz er uns halt hât getân,
ich wil des mit der wârheit jehen,
wolt wir unser triuwe an sehen,

*

6304 im] nnn. 6308 Er. 6310 bort ir dz ye m. 6314 Er. 6315 stünd. Des dreifachen Reimes wegen habe ich die Zeile als unecht bezeichnet, und darum auch nicht mitgezählt. 6317 gern.

sô solt wir im sîn niht vertragen
der uns den herren hât erslagen.'
ein hôher man dô sprach
'ir herren, lât iu niht ze gâch.
ich wil iu wærlîchen sagen,
der den künic hât erslagen,
der ist fürbaz ein küener helt.
Cursûn dem degen ûzerwelt
[106b] dem hât er ouch gesiget an.
ich weiz wol daz der küene man
im mit triuwen bî gestât.
durch niemans vorhte er daz lât,
swer den ritter slahen wil,
der darf in suochen niht ze vil.
er vindet in datz der klûse
in Cursûnes hûse,
der rîtet mit im ûf dem wege
und wil in bringen in sîn pflege
und wil im den lîp ernern
und wil in vor gewalt erwern.
daz ist sîn reht, er ist sîn man:
daz erstreit er im an
daz er sich muoste im ergeben.
dar umbe liez er in leben.'
sumlîche woltn im jagen nâch,
sumlîchen was ouch niht ze gâch.
Sus wert lang under in der strît.
nu was ouch an der selben zît
Meleranz zuo der klûse komen
mit Cursûn: ich hân vernomen,
er hiez des ritters schône pflegen.
er seit in daz der werde degen
den künc het ritterlîch erslagen.
er begunde al den sînen sagen
daz si im schüefen guot gemach.

*

6330 n. sin ze g. 6336 w. vil wol. 6338 vorchten. 6340 niht suochen.
6341 das der. 6360 allen.

swaz er gebôt daz geschach.
er bevalh in sîner wirtîn
und der lieben tohter sîn,
[107a] daz si sîn nœmen mit triuwen war.
daz tâten si ân alle vâr.
man fuort in ûf den palas.
vil snelle er entwâpent was.
nu wart dem degen schier bereit
ein bat nâch sîner arbeit.
dô sich gebatt der degen klâr,
man brâht im rîchiu kleider dar,
diu legt an sich der werde man.
ûf den palas gienc er dan
da er den tisch gerihtet vant.
der wirt sazt in alzehant
ze sîner tohter der maget.
man pflac des heldes unverzaget
vil wol mit reiner spîse.
der wirt der was wîse:
guoter handelunge in niht verdrôz.
vil wol er des sît genôz.
dô man des ezzens verpflac,
dô het ein ende ouch der tac.
man huop die tisch von in zehant.
der wirt gienc für den wîgant.
er sprach zuo dem werden man
'herre, ir sult slâfen gân
und ruot nâch iuwerr arbeit.'
der bete was er im bereit,
wan im was gemaches nôt.
der wirt den frowen daz gebôt
daz si ze nahte giengen.
si tâtenz: dô si empfiengen
[107b] guot naht von dem werden man,
der wirt fuort den ritter dan
dâ im gebrüevet was gemach.

6366 allen. 6371 gebadt. 6378 helden. 6394 tettens.

zuo im er mit zühten sprach
'nu habt gemach, herre mîn.'
beide môrâz unde wîn
brâht man ze slâftrinken dar.
Meleranz der degen klâr
tranc, der wirt gienc von dan.
guot naht nam er zem werden man.
man nam von im sîn gewant.
er legt sich nider alzehant,
wan im was gemaches nôt.
diu grôze müed im daz gebôt
daz der helt dô vil schier entslief.
nieman umb in redet noch rief:
daz verbôt der bescheiden wirt,
der ouch selbe niht verbirt
ern gienge da er gemach vant,
unde legt ouch sich zehant.
männeclich fuor an sîn gemach.
des morgens dô der tac ûf brach,
dô lac der wirt niht langer nider.
er wolt gên Terramunt wider
ze sînes herrn bivilde rîten.
nu was ouch an den zîten
Meleranz ûf gestân
und was ûf den hof gegân.
er west vil wol daz der wirt
durch sîn triuwe niht verbirt
[108a] ern rite dâ man den künic rîche
bestatte lobelîche.
Nu suochte hilfe unde rât
Meleranz der sînen wirt bat
er solt im hilf und rât geben:
er wolt nâch sîner lêre leben.
sît im der sige wær benant

*

6404 zuo dem. 6412 selben niht verwürt. 6413 Er gieng. 6414 och sy. 6415 Mänglich. 6417 lenger. 6422 gon. 6424 verwürt. 6425 Er rait. 6430 Wann er.

an Godonas dem wîgant,
weder er im riete rîten dan
oder ob er solt dâ bestân:
swaz er im riete er wærs bereit.
'vil werder helt unverzeit'
sprach der sigehafte Meleranz,
iuwer triuwe ist stæte und ganz.
nu râtet mir wie ich gevar.'
'dâ sult ir, werder degen klâr,
belîben hie unz ich besehe
wes man iu in dem lande jehe:
die wîle sult ir bîten.
ich kum in kurzen zîten
und sag iu diu rehten mære.'
Meleranz der lobebære
sprach 'sô ervart mir, werder man,
ob man mir welle ledic lân
die Godonas dâ het erstriten
mit unverzagtlichen siten.
ob man mir lâzen welle die,
des wil ich gerne beiten hie,
wan ez der werde Godonas
gelobt dô er bî leben was:
[108b] swer die aventiur erstrite,
daz im lant und liute volgten mite.
welle man mir leisten daz,
vil werder degen valsches laz,
daz sult ir mich wizzen lân,
wan ich die âventiure hân
dem werden künic an erstriten,
sô sult ir des die herren biten
daz si si lâzen durch mîn bete.
tuot man des niht, an der stete
wil ich von hinne rîten.
wes möht ich langer bîten?

*

6435 ryet des wär er b. 6448 man fehlt. 6451 man fehlt 6455 Wär. enstrit. 6456 D. im dann l. u. l. büt (:). 6466 lenger.

Daz ervart mir, tugenthafter man.
ir habt sô wol an mir getân
daz ich iu immer dienen sol.'
er sprach 'herre, habt für vol
den triuwen armen dienest mîn.
ir sult hie landes herre sîn:
des habent die hœhsten alle gesworn.
mînen dienst hân ich niht verlorn,
ob ich gên iu gewinn daz heil.
ir habt hôher êren teil
erstriten unde diz lant:
daz muoz dienen iuwerr hant.
herre mîn, ir sult hie bîten.
ich kum in kurzen zîten
und sage iu bî mîner wârheit,
ez sî liep oder leit
etlîchen den genôzen mîn,
ir müezt hie landes herre sîn.'
[109ª] der wirt fuort in besunderlîch.
er sprach 'degen ellens rîch,
nu lât mînn dienst umb iuch bejagen
daz ir mir geruochet sagen
iuwern namen und iuwer art.
dâ sît ir lasters an bewart,
wan ichs durch guot gefrâget hân.'
Meleranz lachen began.
Er weste wol an der stete
war umb der wirt die frâge tete.
er sprach 'daz wil ich iu sagen
und die wârheit niht verdagen.
ich bin geborn von Francrîch.
Lenseyges der künic rîch
der ist für wâr der vater mîn.
Olimpiâ diu künigîn
diu ist mîn muoter wærlîch.

*

6471 arm. 6479 Her. 6482 sig 6489 vnnd ir art. 6490 ir doch lasters.

Artûs der werde künic rîch
der ie in künges êren schein,
der ist mîn rehter œhein:
er tregt der werdekeite kranz.
sô heiz ich selbe Meleranz.'
der wirt wart von herzen frô.
'vil lieber herre' sprach er dô,
mich hât got vil wol gewert
eins herren als mîn herze gert.'
er sprach 'herre, nu habt gemach.'
er wart frô; im was vil gâch,
er reit gegen Terramunt.
nu was ouch an der selben stunt
[109b] der lantliut vil zesamen komen
die des küniges tôt vernomen
heten: die kômen alle dar.
man besant ouch die fürsten gar
die dâ gehôrten zuo dem lande,
die küenen wîgande:
den tet man kunt diu mære
daz der künc erslagen wære.
man bat si al gelîche,
arme und dar zuo rîche,
daz si kæmen ze Terramunt,
ob in diu mære würden kunt.
si kâmen al gemeine dar,
iedoch was diu grœste schar
der hœhsten von dem rîche,
daz wizzet wærlîche,
bî dem künc gewesen dâ
do er den lîp verlôs. iesâ
kam geriten an der stunt
ûf die burc ze Terramunt
Cursûn der ellens rîche.
die besten al gelîche
wârn bî dem künic Godonas.

*

6504 Ohaim. 6510 Atneß.

in ein münster der getragen was
und ûf ein bâre gemachet.
ob im wart niht gelachet,
swie ungezogen er wære.
sîn tôt was klagebære,
er was ein der küenest man
der ritters namen ie gewan.
[110a] Nu was ouch Cursûn dar komen.
dô si daz hâten vernomen,
die hœhsten gên im giengen.
etlîche in wol empfiengen,
etlîche truogen im ouch haz,
umb anders niht wan umbe daz
daz er den ritter het ernert,
sich selben ungetôt erwert.
den haz den aht er kleine.
si muostn in algemeine
widersitzen, wan er der tiurest was
den der künic Godonas
het in sînem rîche,
daz wizzet wærlîche,
an friunden und an manheit.
etlîchen was sîn êre leit
durch daz er sô biderbe was.
über den künic Godonas
gieng er unde sprach zehant
'ouch, tiurlîcher gigant,
daz dîn lîp noch fûlen sol.
du hetest noch gelept wol,
wan daz grôzer übermuot
dicke den liuten schaden tuot.
alsô ist ouch dir geschehen.
ich wil dir mit der wârheit jehen,
du wær ein helt unervorht,
het dich dîn hôhvart niht verworht

6545 dar fehlt. 6546 hetten. 6555 Wyder setzen. 6567 Wann din gr. 6571 Du werdt. 6572 hoffart.

und dîn gewalt den du hâst getân
an frowen und an mangem man.
[110b] des wolt dir got niht mêr vertragen.
dîn lîp wær immer wol ze klagen,
hetestu gehabet rehte tugent.
nu riuwet mich dîn klâre jugent.
Dô der klage vil geschach,
zuo den besten er dô sprach
'ir herrn, ich mac des niht verdagen:
ich wil iu ein botschaft sagen
die mich der helt iu sagen bat
der gester hie gesiget hât
und der ouch mich ân mînen danc
mit rehter ritterschaft betwanc
daz ich im sicherheit muost geben.
dâ mite kouft ich dô mîn leben
von dem tugenthaften man:
aller êren ich im gan.
er hiez iuch alle gelîche
arme unde rîche
beide manen und ouch biten,
sît er hât die âventiur erstriten,
daz man im leist daz wart gelopt.
tæt wir des niht, daz wær getopt,
sît wir dar umbe haben gesworn.
ich rât iu helden ûzerkorn,
wir leisten des uns swern bat
mîn herre, daz ist niht missetât.
wir mugen disen werden man
alle gern ze herren hân:
er ist eins edeln küniges kint.
alle die in disem lande sint,
[111a] die mugen des immer wesen frô
daz ez komen ist alsô,
sît unser herre niht solde leben,

6574 mengem. 6584 gesteren. 6587 ich fehlt. 6593 beide am Anfang von 6592. 6594 d. a. haut. 6595 dz hie ward.

daz uns got hât gegeben
ein herren von sô hôher art.
wir sîn vor laster wol bewart
mit im, er ist ein edel man:
für wâr ich daz vernomen hân.'
Si sprâchen al gelîche,
arme und ouch rîche,
'her truhsæze, ir sult uns sagen
und die wârheit niht verdagen,
wer er von gebürte sî.
ist der degen valsches frî
von sô hôher art geborn
daz unser prîs niht sî verlorn
an im, ob wirn ze herren nemen,
sô sol uns des vil wol gezemen
daz wir leisten des wir haben gesworn.
ist ab er sô swacher art geborn,
sô sul wir sîn ze herrn embern:
sô endarf er des niht gern,
daz wir im werden undertân.
swaz wir gevangen liute hân,
die nem er zuo im alle
und var er mit gevalle
hin von unserm lande:
daz zimt wol dem wîgande.'
Cursûn sprach 'ich sag iu daz,
wir mugen uns niht geherren baz,
[111b] daz wizzet sicherlîche.
des küngs sun von Francrîche
ist der degen lobebære.
Artûs der Britanjære
ist sîn œheim sunder wân.
wir mugen in gern ze herren hân.'
der rede wurdens alle frô
und sprâchen algemeine dô

*

6610 sind. 6621 wir inn. 6624 Ist aber er von so. 6626 bedarff.
6630 Vnnd var er mit inn mit all (: all). 6641 wurden sy.

'und ist diu rede ein wârheit,
als ir uns habt geseit,
sô wellen wir den werden man
vil gern ze einem herren hân.'
der truhsæze sprach zehant
'des sî mîn houbet iuwer pfant
daz ich iu niht gelogen hân.
ich sag iu daz der werde man
ist edel unde wol gezogen.
wir sîn an im vil unbetrogen.
er ist der aller tiurest man
des ich künde ie gewan.
er treit der wirdekeite kranz:
er ist geheizen Meleranz.'
Des wurden si dô alle frô.
die herrn berieten sich dô
daz si den vil werden man
an sîm gemache wolden lân
ze der klûse unz der künic rîch
wurd bestatet wirdeclîch.
dâ griffen si vil balde zuo.
die lantliut wâren alle nuo
[112a] komen. die dar wolden komen.
als ich daz mære hân vernomen,
langer wart dô niht gespart:
der künc vil schôn bestatet wart.
dô daz nu geschehen was
daz der künic Godonas
was begraben, alzehant
nâch Meleranze wart gesant:
den wolden si ze herren nemen.
des mohte si vil wol gezemen,
wan ez alsô gelobet was:
swer den künic Godonas
slüeg, der solt dâ herre
nâhen unde verre

*

6648 Dz. 6657 sy all do. 6660 sinem. 6667 Lenger.

sîn über [al] daz künicrîche.
des heten alle gelîche
dem künic Godonas gesworn.
ez wând der degen ûzerkorn
daz niender lebet kein man
der im möht gesigen an.
daz was ein starker übermuot.
ez was nie ritter sô guot
in allen künicrîchen
man fünd doch sîn gelîchen
An tugenden und an manheit.
hôhvart diu ist gote vil leit,
die nidert er und hœht die guoten
und die rehte gemuoten.
daz wart wol schîn an Godonas
der übel und hôhvertic was.
er was unbarmherzic gar.
er lept in grimme sîniu jâr:
[112b] dâ von verlôs er daz leben.
im wolde got niht langer geben
frist, er hete sich verworht,
wan er got niht envorht.
ûf übeltât stuont al sîn sin:
dâ von verhengt got über in
daz in sluoc Meleranz.
des gedinge was gên got vil ganz
daz er niht lieze underwegen.
in mint der ellens rîche degen
in sînem herzen tougenlîch:
dâ von wart er êren rîch.
Nâch dem tugentrîchen man
riten gên der klûse dan
die werden al gelîche.
den degen ellens rîche
fuorten si gên Terramunt

*

6690 hoffart. 6694 hoffertig. 6696 lept nur inn. 6698 lenger. 6706 minnet. 6711 worden.

und erwelten in an der stunt
ze künige und ze herren dâ.
dô daz geschach, dar nâch iesâ
lêch der degen werd erkant
beide bürge unde lant
den die ez von im solden hân.
dô daz allez wart getân,
daz si alle ir lêhn empfiengen,
für den künc si alle giengen
und swuoren hulde al gelîch.
do gebôt in der künic rîch
daz si daz lant rihten,
ebenten unde slihten
[113a] swaz unrehtes dar inne was.
ez wart der künic Godonas
vil schiere dâ verklaget.
Meleranz der unverzaget
liebte sich den liuten sô
daz si sîn ze herren wâren frô.
Godonas was rîche:
der hete wærlîche
ûf dem hûs ze Terramunt,
als mir daz mær ist worden kunt,
manic grôze rîcheit
lange dâ ze samen geleit.
einen grôzen hort er dâ vant:
den teilt alsô sîn milte hant
daz im sîn nihtes niht bestuont.
uns tuot diu âventiure kunt
daz der êren rîche
gap alsô milteclîche
als er niht langer wolde leben.
'disen künic hât uns got gegeben'
sprâchens al gelîche dô.
si wâren sîn ze herren frô.
Meleranz der degen klâr

6734 hatt. 6745 lenger. 6746 geben. 6748 zuo hertzen.

hiez im die gevangen schar
ledeclîchen bringen dar,
swaz ir was gemeine gar,
beide ritter unde frouwen.
er wolde gerne schouwen
wie man ir hæte gepflegen.
nu sach der ellens rîche degen
[113b] an in grôzen unrât,
an dem lîbe und an der wât.
ir wâren wol sehs hundert,
die wâren alle gesundert
in dem lande hie und dâ.
ich wæn ieman anderswâ
sô kumberhafte liute vant,
ie zwelf an einer ketenen bant,
die muosten kumberlîchen leben.
ie zwelfen was ein meister geben
die ir pflegen solden.
swaz si ezzen wolden,
daz wart in durch got gegeben.
si muosten kumberlîchen leben
und ouch arbeiten vil,
als ich iuch bescheiden wil.
man kunde si niht schône haben:
si muosten würken in den graben
in den starken banden,
daz wart in sêr enblanden,
stein brechen unde houwen.
swaz man solde bouwen
dem künc, daz muosten si durch nôt
würken sô manz in gebôt.
Nu hœrt ouch von der frowen leben:
den was gemaches niht gegeben.
der wârn vier hundert oder mêr,
etlîche gar von arte hêr:
die muosten würken al gelîch

6755 Wo. hett. 6764 kötten. 6778 Buwen.

und sich betragen ärmiclîch.
[114a] si muosten zallen stunden
würken swaz si kunden,
beide naht unde tac.
anders niht was ir bejac
wan daz si sich kûm ernerten
und des hungers sich erwerten.
die ungefuog tet er an in
durch den grôzen gewin,
der ungezogen Godonas
der ie künc des landes was.
des wolt im got niht mêre
gestaten, wan er sîn êre
verlôs den lîp und ouch daz guot.
daz kam von sînem übermuot.
daz wolt im got niht mêr vertragen.
sîn tôt der wære wol ze klagen,
wær er bescheiden gewesen:
sô wær vil wol, wær er genesen,
wan er reht ein degen was
. . . .
als ich dâ vor hân gedâht,
die gevangen wurden alle brâht
in die stat ze Terramunt
für den künc in kurzer stunt.
dô diu jæmerlîche schar
was komen für den künic dar
und er ir kumber reht ersach,
daz erbarmt in sêr und sprach
'owê waz hât dirre man
an disen liuten getân?
daz er die verderbet hât,
[114b] daz was ein grôziu missetât:
ûf mîn triuwe ich daz nim.
daz was ein unfuog an im
und ein grôziu missetât

*

6815 diser.

daz er die guoten liute hât
alsô gehandelt âne nôt.
für wâr man solde sînen tôt
wol klagen, het der werde man
der unfuoge niht getân:
Sô wær sîn tôt wol klägelîch.'
nu gebôt der werde künic rîch
daz man ir schône næme war,
der ritter und der frowen gar.
er hiez ir pflegen schône.
nâch wirdeclîchem lône
kund der helt wol strîten.
in vil kurzen zîten
wurdens nâch ir arbeit
schôn gebatt und wol gekleit.
Meleranz der werde degen
hiez ir alsô schône pflegen
daz si jâhen al gelîch,
si hete got von himelrîch
von grôzen nœten erlôst:
si heten nu ze fröuden trôst.
alsô hiez ir der werde degen
in vier wochen schône pflegen
und hiez in schaffen guot gemach.
swaz er gebôt daz geschach.
die vil kumberhafte schar
[115a] die brâhte man ze mache gar.
Nu het der küene wîgant
sînen boten gesant
dem starken risen Pûlaz
und het im ouch emboten daz
wie allez sîn dinc was komen.
dô er daz het vernomen,
des wart er von herzen frô.
der bote sprach ze dem risen dô
'iu embiut der künic rîch

*

6826 vngefuog. 6835 Wurden sy. 6844 wuochen.

sînen dienest vlîzeclîch.
welt ir nâch sînem willen leben,
er wil iu lîhen unde geben.
mîn herre wil iuch gesehen.'
der rise sprach 'daz sol beschehen.'
'herre, sô bringet mit iu dar
die gevangen und die maget klâr
die iu mîn herre bevolhen hât.
iur genôze hinder iu niht lât:
ir sult zuo im komen.
ich hân daz wol vernomen,
iuch wil der künic rîche
behûsen wirdeclîche.'
Des wart der rise von herzen frô.
gen hove huoben si sich dô.
si kômen in vil kurzer stunt
zuo dem künc gên Terramunt
und brâhten für den künic dar
die zwelf ritter und die maget klâr
die in der künc behalten hiez.
[115b] der künic dô des niht enliez,
do si für in kâmen gegangen,
si wurden wol empfangen
von dem künic rîche
und von den rittern al gelîche.
des genâdten si mit zühten dô.
si wâren des von herzen frô
daz er dâ herre worden was,
und [daz] der übel Godonas
vil wênic wart von in geklagt.
als mir diu âventiure sagt,
der künc mit guoten witzen
bat si alle nider sitzen.
Meleranz der werde man
sazt die maget wol getân
zuo im an sîn sîten.

*

6859 Wöllt er. 6866 Çwer genoß. 6883 genandent.

an den selben zîten
bat er die ritter al gelîch
nider sitzen zühteclîch.
dô si nu wârn gesezzen,
dô wart des niht vergezzen,
des künges schenke der truoc dar
und manic juncherre klâr
môraz klâret unde wîn.
die köpfe wâren guldîn.
  Dô si getrunken al gelîch,
dô sprach der künic zühteclîch
zuo dem risen Pûlaz
'herre, lât mich wizzen daz,
ob ir geruochet bî mir sîn.
[116b] allez daz dâ heizet mîn,
daz sî mit iu gemeine.
vil gern ich iu bescheine
daz ich iuch gerne bî mir hân.'
alsô sprach der werde man.
'ich wil iuch immer rîchen,
daz wizzet sicherlîchen.'
ûf stuont der rise und sprach dô
'herre mîn, wir sîn des frô
daz wir iu dienen, werder man.
wir wellen gern bî iu bestân.'
des wart der künic vil frô.
mit rât behûset er si sô
hinz der vesten klûse
da der truhsæz was mit hûse:
den behûst er an der stunt
ûf die burc ze Terramunt
und bevalh im daz lant.
dô der degen werd erkant
het besazt sîn veste,
die ellenden geste

*

6916 sind. 6917 vil werder. 6920 si dô? 6923 Den truchsässen behuset.

er ân alle schande
sant heim ze dem lande
von dan si wâren komen.
swaz in het genomen
der ungemuote Godonas,
harnasch ros od swaz ez was,
daz wart in al vergolden wol.
ir herze daz wart fröuden vol
daz si heim solden varn.
'herre got müez in bewarn
[116b] und beschirm im sînen werden lîp
(des bat man unde wîp)
der uns von nôt erlœset hât.'
si nâmen urloup an der stat,
man und wîp, vil zühteclîche
von dem künic rîche.
der künic bat si got bewarn.
man sach si frœlîchen varn
von des künges lande
vil gar ân alle schande.
Die ir frowe het gesant
gên Britanjen in daz lant
zuo dem künic Artûs
nâch einem kempfen in sîn hûs,
die behielt er bî im dâ.
mit der wolt er rîten sâ
gên dem lant ze Karedonas
dâ ir frowe inne was.
Meleranz der werde degen
hiez der juncfroun schône pflegen,
unz der degen wart bereit.
nieman er sîn geverte seit.
er bat die juncfrowen klâr
daz si ouch verswige gar:
daz lobet si und was vil frô.
ze der vart bereit er sich dô.

*

6934 oder. 6935 alleß.

im hiez der degen unverzeit
nâch sînem willen wâpenkleit
bereiten vil kostlîche,
tiure und dar zuo rîche.
[117a] einen phellel gelwer dann ein gluot,
drûz hiez der degen hôchgemuot
im bereiten in vil kurzer zît
wâfenroc und kursît
und ein decke rîche.
sîn schilt was kostlîche
gebrüevet âne missewende.
nâch der triuwe zwuo hende
wâren ûf den schilt geslagen.
von rîcher koste, hôrt ich sagen,
gebunden ûf den helm sîn
zwên arme die kostlîchen schîn
gâben von grôzer rîcheit.
do ez nu allez was bereit
des er bedorft ze sîner vart,
dô wart niht langer ûf gespart:
  Meleranz der Britûn
nam den truhsæzen Cursûn
und fuort in sunderlîchen dan.
er sprach ze im 'vil werder man,
lâz dir mîn êr bevolhen sîn.
immer durch den willen mîn
sô soltu mîn reise verdagen.
ich wil dir mîn geverte sagen:
ich muoz in kurzen zîten
mit der juncfrowen rîten
ze Karodonas in daz lant.
diu künigîn hat si gesant
hinz mînem œheim Artûs
nâch einem ritter in sîn hûs
[117b] der si durch sîn êre wert
und si vor gewalte nert.

*

6969 phel gelber. 6970 Daruß. 6979 Es was gebunden. 6984 lenger.

dô si mir daz het gesaget,
dô liez ich die werden maget
gên Britanje niht rîten.
ich lobet ir an den zîten,
so ich hie mit Godonas gestrite,
daz ich danne mit ir rite
ze Karedonas in daz lant.
dar wil ich rîten alzehant,
wan ichz alsô gelobet hân:
ich enmac der reis niht abe gân.'
  Der truhsæz sprach 'vil werder degen,
got müez iuwer êren pflegen.
mir ist iuwer reise leit.
ich lobe iu mit rehter wârheit,
iwer êren wirt hie wol gepflegen.
got behüet iuch, werder degen,
und geb iu sæld und êre.
ir durft niht sorgen mêre
her wider heim in iuwer lant,
ûzerwelter wîgant.
ir sult niht lange ûz sîn.
ich sag iu, lieber herre mîn,
sît ir ze lang, daz ist niht guot:
daz lantvolc würde ungemuot,
si wænent si haben iuch verlorn.'
dô sprach der helt ûzerkorn
'sô soltu in sagen daz
daz si daz lâzen âne haz
[118a] daz ich ze disen zîten
muoz von in rîten:
ich kum her wider in kurzer zît,
ist daz mir got gelücke gît.'
  Alsô schiet er von dan
mit der meide wol getân.
er hiez an den zîten

*

7001 daz saget. 7009 ich ez. 7012 üweren. 7015 Üwern. 7025 wänund.

Cursûn mit im rîten.
ze zwein knaben er dô sprach
'bringt mir mîn harnasch her nâch,
ros schilt und mîn sper.'
mit der meide reit er
von der burc ze Terramunt.
sîn reise tet er nieman kunt
wan Cursûn dem werden man.
alsô schiet er von dan,
zuo der verte was im gâch.
sîn knaben brâhten im hin nâch
sîn harnasch schilt unde sper.
daz was sîn will: do erbeizt er
von dem pferde ûf daz lant
und wâfente sich zehant.
dô der degen unverzeit
was komen in sîn wâpenkleit,

Dô stuont er ûf und sprach zehant
'Cursûn, mir ist wol bekant
daz du ganze triuwe hâst
und dich niht verdringen lâst
von dînen triuwen, werder man.
ich hân mich gar an dich gelân:
[118b] nu pflig wol der êren mîn.
got müezestu bevolhen sîn.'
Cursûn sprach an der stunt
'got send iuch wider wol gesunt
und lâz iuch sæleclîch gevarn.
iwer êre wil ich wol bewarn:
daz habt ûf den triuwen mîn.
got müezet ir bevolhen sîn.'
Meleranz der werde degen
empfienc den urloubes segen
von sînen knaben ûf dem plân.
hin reit der tugenthafte man,
Meleranz der Britûn.

*

7038 Bringent. 7060 muostu. 7062 wol wyder.

die knaben unde Cursûn
riten wider ûf Terramunt.
Meleranz reit an der stunt
mit sîner juncfrowen dan,
der junge hôchgelobte man,
gegen dem lant ze Karedonas.
wie lang er under wegen was,
des weiz ich niht die wârheit.
diu âventiure mir daz seit

Daz der degen unverzagt
er und diu minneclîche magt
von Terrandes strîchen dar,
ob diu âventiur ist wâr,
vierzehen tage volleclîch,
daz der ritter lobelîch
die zît vil lützel ruowe pflac.
niwan er des nahtes lac
[119a] mit der juncfrowen sîn.
als im kom des tages schîn,
sô muost er sîn ruowe lân,
und muost aber strîchen dan.
wâ er des nahtes wære,
daz würd ein langez mære,
sold ich daz sunderlîchen sagen.
nu muoz ich ez durch daz verdagen
daz der rede iht werde ze vil.
er kom, als ich iu sagen wil,
in vierzehen tagen dar
mit der meide wol gevar
ze Karedonas in daz lant,
gên einer burc, diu was genant
Belfortemunt diu veste,
aller bürge beste.
dô si kâmen in daz lant,
Meleranz der wîgant
daz lant begunde schouwen.

*

7087 lützel fehlt. 7088 Nun wa er. 7104 die best.

daz was wol erbouwen
und was eben als ein hant.
Meleranz der wîgant
frâgt die maget mære
ob ir iht kunt wære
wes daz lant möhte sîn.
si sprach ‘daz ist der frowen mîn:
wir sîn ze Karedonas.
mîner frowen palas
sehen wir schiere, herre mîn.
mîner frowen swære pîn
[119b] sol nu schier nemen ende.
von iuwerr werden hende
sul wir sorgen werden erlôst.
ich hân ze iuwerr manheit trôst
daz ir uns rechet an dem man
der uns vil leides hât getân
Und der uns nimt ein rîchez lant.’
dem ritter sagte si zehant
wie ir herre wart erslagen.
si sprach ‘herre, ich muoz iu klagen
über den ungetriuwen man
der uns noch tuot und hât getân
grôzez herzenleit vil,
als ich iu nu sagen wil.
ez het mîn herre ein rîchez lant,
daz ist Trefferîn genant
und stœzet an die heidenschaft.
dâ hât uns mit gewaltes kraft
ein künic von gescheiden.
herre, der ist ein heiden
und ist geheizen Verangôz.
sîn gewalt der ist grôz.
der vil ungetriuwe man
hât uns leides vil getân.
mîn herre im holdez herze truoc.

*

7109 erbuwen. 7115 sind. 7123 richett. 7136 Daz haut.

an guoten triuwen er in sluoc,
der künic von Soboreste.
mîn herre des niht enweste
daz er in mit valsche meinte,
als er im wol bescheinte.
[120a] mîn herre was Gediens genant.
gên Trefferîn in daz lant
was er von Karedonas geriten.
dâ wolt er nâch sînen siten
kurzwîle gehabt hân,
als er ofte hât getân.
des wart der heiden inne.
mit allem sînem sinne
trahte er mînes herren schaden.
mîn herre der het in geladen
zuo der kurzwîle sîn
in daz lant ze Trefferîn.
dar kam er an der selben stunt.
dô im wart daz mære kunt,
mîn herre hiez sîn pflegen wol,
als man rîcher künige sol.
Er was sîner künfte frô.
si beide bereitten sich dô
daz sie wolden rîten jagen.
des morgens do ez begunde tagen,
dô was mîn herre bereit.
er reit ûz an daz gejeit,
mit im der künic Verangôz:
der tet dâ ein mort grôz.
dô si kâmen in den walt,
vil manic küener degen balt
mit mînem herren was geriten.
nu het der heiden niht vermiten,
er het wol fünf hundert man,
die heten alle harnasch an,
[120b] geleget in ein hâlschar.

*

7146 west. 7164 küngtnn. 7170 das iad.

des wart mîn herre niht gewar.
dem heiden was der walt kunt,
der het die sînen an der stunt
dâ bî in den walt geleit
dâ mîn herre ze allen zîten jeit
reht bî sîner fiwerstat,
daz sîn nimmer würde rât.
waz er uns fröuden hât benomen!
dô si dar beide wâren komen,
ûf einen bühel enwischt er.
dô der hirz solt fliehen her,
ze mînem herrn der heiden gie.
dise rede er niht enlie:
er sprach 'her künic, Trefferîn
daz solde billîch wesen mîn.'
mîn herre sach den heiden an,
er sprach 'den schimpf sult ir lân.
daz lant liez mir der vater mîn,
ez sol ouch mîn ze rehte sîn
und ich sol sîn billîch pflegen.'
der heiden sprach 'êst mir gelegen:
dâ von wil ich ez haben mir.'
mîn herre sprach 'jâ schimpfet ir.
lât iuwern schimpf umb diz lant.'
von im gienc er sâzehant
Und blies ein horn drîstunt.
dô daz wart den sînen kunt,
die kâmen ûz der huot gerant.
mîn herre der wart sâzehant
[121a] und die sînen gar erslagen.
daz mort solt al diu welt klagen.
mîn frowe diu küneginne was
in dem lant ze Karedonas,
dô mîn herre den lîp verlôs.
von sînem tôde si erkôs
den tôt mit jæmerlîcher klage.

*

7187 Weß. 7188 dar] der. 7189 enwyst. 7200 eß ist.

nu geloubet, herre, daz ich iu sage:
dô wart verweist daz kindelîn
diu nu muoz mîn frowe sîn:
diu hât einen schœnen lîp.
der marschalc unde sîn wîp
habent si lieplich erzogen,
an werder fuore niht betrogen.
Dô der künic Vorangôz
gefrumte ditze mort grôz,
dar nâch betwanc er zehant
Trefferîn daz guote lant.
herre, daz hât er uns genomen.
nu welt ir ze helfe komen
mîner frowen, des habt ir êre.
ich wil iu sagen mêre:
der vil ungetriuwe man,
swie vil er leides habe getân
mîner frowen, des genüegt in niht.
ich sag iu, herre, wes er giht:
er wil mîn frowen twingen
daz si muoz mit im dingen
und daz si im den zins gebe,
al die wîle daz si lebe,
[121b] von ir frîem lande.
daz laster und die schande
hât er uns geleget an.
der vil ungetriuwe man
suocht uns alle jâr mit her.
dâ gegen riht wir uns ze wer,
sô wir aller beste megen.
wir haben mangen werden degen
von sînen schulden verlorn.
sô küener man wart nie geborn
als er ist, geloubet daz:
er tregt gên uns grôzen haz.'

*

7217 verwysent. 7220 margkschalck, immer. 7228 ir vnns ze. 7234 waß. 7245 mugen.

Dô si im het alsô gesagt,
dô sprach der ritter zuo der magt
'hât mîn frowe nieman der si wer,
sô er kumt mit sînem her,
der im gebe ritterschaft?'
si sprach 'wir heten grôze craft
sarjande schützen ritter vil:
für wâr ich iu daz sagen wil.
daz werde ellenthafte her
daz wir gegen im heten ze wer,
die sint aller meist erstorben
und werlîch verdorben.
wir müezen kumberlîchen leben.
nu hât mîn frowe daz für geben
si gewinne wol einen man,
swer dem mit kampf gesiget an,
si well im zinsen ir eigen lant:
sî aber daz gesige sîn hant,
[122a] daz man der lieben frowen mîn
wider gebe Trefferîn
und daz si immer mêre
habe fride und êre.
dô daz mîn frowe het gelobt,
genuoge jâhn si het getobt,
daz si sich het an genomen
des si niht möhte überkomen,
oder wâ si wolde nemen den man
der in mit kampfe törst bestân.
in allen was diu rede zorn:
si jâhn si het ir lant verlorn.
Der heiden wart der rede frô.
der kampf wart gelobet alsô.
dô daz gelübde geschach,
mîn frowe al ir liute gesprach.
si vant niendert den man
der in törste bestân.

*

7251 im] nun. 7283 Dz daz.

alrêrst wart mîn frowe unfrô,
daz ir dinc was komen sô.
man sach die süezen klâren
vil trûriclîch gebâren,
daz diu maget werd erkant
undr al ir liuten niht vant
einen alsô frumen man
der in getörste bestân:
daz klagt diu minneclîche
von herzen klägelîche.
si het dô deheinen trôst
daz si von sorgen würd erlôst.
[122b] mîn frowe lept mit sorgen
den âbent und den morgen.
ze al ir liuten nam si rât.
beide si flêhet unde bat:
daz half si harte kleine.
dô diu süeze reine
an ir liuten trôstes niht envant,
do gedâht ir mîn frowe zehant
daz si an den zîten
selbe wolde rîten
ze dem milten künic Artûs
nâch einem kempfen in sîn hûs.
diu mære tet si mir kunt.
dô underwant ich mich zestunt
für mîn frowen der reise
gegen dem Britoneise.
nu sît ir, küener wîgant,
durch prîs her komen in diz lant
und ze hilfe mîner frouwen.
wir suln gote getrouwen
daz ir mit iuwerr werden hant
mîner frowen fridet ir eigen lant.'

*

7287 Aller. 7292 allen jren. 7297 kainen. 7301 allen jren. 7302 fleget. 7304 diu] disß. 7307 Absatz in der handschrift. 7310 kempffer. 7318 getruwen.

Meleranz sprach 'diu frowe mîn
sol des gar ân angest sîn.
ich dien ir als ich beste kan,
sît ich michz an genomen hân.'
diu magt sprach 'küener wîgant,
uns sol von kumber iuwer hant
scheiden kurzlîche.
mîn frowe diu künegîn rîche
[123a] iu dar umbe danken sol.
geseht ir si, sô weiz ich wol
daz irz willeclîchen tuot.
ez wart nie man sô ungemuot,
gesæhe er die frowen mîn,
er müeste hôhes muotes sîn:
sô rehte schœne ist ir lîp.
ich wæn daz maget oder wîp
iendert lebe gelîche
ûf al dem ertrîche
an schœne wan eine maget,
von der schœne man wunder saget:
diu heizet Tydomîe,
von der wilden Camerîe
ein küniginne rîche.
diu ist sicherlîche
mîner frowen vetern kint.
von ir zweier schœne sint
wol gezieret alliu rîche,
daz wizzet wærlîche.'
Dô Tydomîe wart genant,
dô wart der ritter alzehant
vor liebe bleich und dar nâch rôt,
als diu minne im daz gebôt.
do er si nennen hôrte,
vor liebe er ertôrte
daz er als ein stumme reit.
daz im diu juncfrowe seit,

*

7331 willenklichen. 7337 leb die jr geliCh. 7341 Tydomey. 7343 küng.

des nam er vil kleine war.
daz marct an im diu maget klâr.
[123b] si gedâht in ir sinne
'froun Tydomien minne
hât bekumbert disen man.'
si riten mit ein ander dan,
daz diu klâre hübesche magt
dem ritter dô niht mêre sagt.
über ein wîl er sich versan,
der vil hôchgelobte man:
die schœne magt er ane sach.
er schamte sich des im geschach.
er sprach 'frowe, wizzet daz,
ich leiste gern ân allen haz
swaz diu küneginne wil.
mich dunkt der arbeit niht ze vil
die ich durch si lîden sol.
ez tuot mir in dem herzen wol
daz ich sol ir kempfe sîn,
daz habt ûf die triuwe mîn.'
Des wart diu juncfrowe frô.
mit fröuden riten si dô
gegen Belfortemunt.
dar kâmen si in kurzer stunt.
do der helt die burc ane sach,
zuo der meide er dô sprach
'frowe, wie ist diu burc genant?
mînen ougen den wart nie bekant
ein burc sô rehte veste,
diu schœnste und diu beste
die mîn ouge ie gesach.'
diu juncfrowe dô sprach
[124a] 'herre, daz tuon ich iu kunt:
diu burc heizt Belfortemunt,
dar ûf ist diu reine magt
von der ich iu hân gesagt,

*

7370 alleß. 7375 kempffer. 7387 nie.

mîn frowe diu küneginne rîch.
diu siht iuch gerne sicherlîch,
wan si ist iuwerr künfte frô.'
gên der burc si kêrten dô
mit vil frœlîchen siten.
an den burcberc si riten.
diu küneginne rîche
diu was vil trûreclîche
an ein venster gegangen.
si begunde sêr belangen
daz sô lange was diu maget.
in ir herzen si daz klaget,
wan ez dem zil nâhen was
daz diu magt von Karedonas
mit kampf solt frîen ir lant.
die magt die si het gesant
zuo dem künic Artûs
nâch einem kempfen in sîn hûs,
die sach si an den zîten
ûf den berc rîten
und mit ir den degen klâr.
des nam diu küneginne war.
  Dô si die maget komen sach,
sô rehte lieb ir nie geschach,
und mit ir den ritter guot.
des wart diu maget hôchgemuot.
[124b] si stuont ûf und gienc dan
dâ si ir frowen het gelân.
si sprach 'ir frowen, gehabt iuch wol:
unser leit sich enden sol.
künc Artûs der êren rîche
der hât uns wærlîche
mîne magt her wider gesant.
si bringet mit ir in daz lant
einen man der uns lœsen sol
von kumber, des getrûw ich wol

*

7406 Karedonaß. 7410 kempffer. 7412 dem. 7425 Min. 7428 dz.

got von himelrîche.
mîn frowen al gelîche,
legt iuwer beste kleider an,
daz wir den vil werden man
schôn empfâhn, daz ist mîn bete.'
dô kleitten si sich an der stete
in daz allerbest gewant
daz ie manne wart bekant.
si wâren frô, sô man saget.
Meleranz und diu maget
die kômen an der selben stunt
geriten ûf Belfortemunt.
si wurden wol empfangen dâ.
ich wæn ieman anderswâ
sô frœlîche liute vant.
Meleranz der wîgant
erbeizt von sînem rosse dô.
si wâren sîner künfte frô.
die magt huop er alzehant
von dem pferde ûf daz lant.
[125a] nu sach der hôchgelopte man
vil werder ritter gên im gân,
die den ellens rîchen
empfiengen lieplîchen.
des gnâdet er in alzehant.
diu magt bevalch den wîgant
Den werden rittern: dô daz geschach,
ze Meleranze si dô sprach
'herre, mac ez mit hulden sîn,
sô wil ich zuo der frowen mîn
mit iuwerm urloube gân.'
dô sprach der wol gezogen man
'frowe, daz ist billîch.'
dan gienc diu maget zühte rîch
zir frowen diu si wol empfienc.

*

7434 Do klaidetten sich die an. 7436 yeman wz. 7446 künfte kraft. 7455 ritter. 7455 Melerantzen. 7463 zuo ir.

bî der hende si si vienc
und bat si zuo ir sitzen.
mit zühteclîchen witzen
diu maget zuo ir frowen saz.
diu künegîn des niht vergaz,
si frâgt die maget minneclîch
ob ir Artûs der künic rîch
disen ritter hiet gesant.
dô sprach diu maget werd erkant
'frowe, ich bin dar niht komen.'
waz ir die reise het benomen,
daz si den künic Artûs
niht gesach in sînem hûs,
daz saget si der frowen klâr
und allez ir geverte gar,
[125b] wie si was gevangen
und wie ez was ergangen,
daz si ledic worden was
und wie den künic Godonas
sluoc der küene wîgant,
und daz im Terrandes daz lant
dient gewalteclîche.
'frowe sælden rîche,
ich hân iu brâht den küensten man
der ritters namen ie gewan.

Dar zuo hât er zühte vil.
für baz ich des wol sprechen wil,
ich hân des vil guoten trôst,
sul wir von sorgen werden erlôst,
daz muoz uns von im beschehen.
swaz ich ritter hân gesehen,
mir geviel nie keiner baz.
für baz wil ich sprechen daz,
ich lâz iuch daz an im sehen
daz ir der wârheit müezet jehen
daz sô kürlîchen lîp

*

7464 hannd sy si empfing. 7471 hie. 7487 chunstan (: gewann).

ûf der erde nie gebar wîp.'
der küneginne rîche
seit si heimlîche.
si sprach 'als ich mich verstân,
mich dunket daz der werde man
von herzen und von sinne
iuwer niftel minne,
die küngîn von Camerîe.
diu klâre Tydomîe
[126ᵃ] hât sîn herze dort bî ir.
frowe, ir sult gelouben mir,
als ich mich versinnen kan.'
si seit ir wie der werde man
sîn varwe wandelen began,
dô si die maget wol getân
vor dem ritter nande.
'zehant ich daz erkande
daz er herzen minne
tregt gên der küniginne.
sîn varwe wart bleich unde rôt,
als diu liebe im daz gebôt.'
daz saget ir diu maget klâr.
si sprach 'frowe, daz ist wâr:
unversunnen er lange mit mir reit,
dô ich im von der schœnen seit.
swie ez sich gefüeget hât,
ich weiz wol daz sîn herze stât
gên der minneclîchen maget.
frowe, als ich iu hân gesaget,
ir sult in wol empfâhen.
daz darf iu niht versmâhen.
für wâr er ist êren wert,
sîn herze niht wan êren gert.'
Diu küniginne wart frô.
ir juncfrowen danct si dô.
si sprach zuo ir 'sol ich leben.

*

7520 daz] die. 7523 Vnuersunn.

ich wil dir des mîn triuwe geben,
ich wil dir êre füegen
der dich wol mac genüegen
[126b] umb die arbeit die du hâst erliten.
ez wirt von mir niht vermiten,
ich mach dich dar umb rîche,
daz wizze sicherlîche,
und sol ich mîn leben hân
und bî êren bestân.
daz kumt von den schulden dîn.
du muost mir immer liep sîn.'
diu küniginne rîche
und ir frowen al gelîche
die loptens got und wâren frô.
die werden ritter fuorten dô
Meleranz den werden man
in einen schœnen palas dan,
der was schœne unde wît.
her und dar an aller sît
vil manic gesidel rîche
was gerihtet hêrlîche.
da entwâpent sich der junge man.
man brâht im lûter wazzer sân
und ein twehel wîz gevar.
er twuoc den râm von im gar
sô daz sîn vel gap liehten schîn.
im sant diu edel künigîn
rîchiu kleider bî der magt
diu ir diu mære het gesagt
von dem ritter lobelîche.
diu kleider wâren rîche.
Diu legt an sich der degen klâr.
swer in sach der jach fürwâr,
[127a] er gesæhe nie sô schœnen man.
diu maget fuort in mit ir dan
zuo den werden frouwen,

7549 lopten sîn. 7559 zwâchel. 7561 vel] übel. 7569 gesach.

die moht er gerne schouwen,
ûf einen sundern palas
dâ diu künegîn ûfe was
mit manger frowen minneclîch.
dô der degen ellens rîch
ze den frowen kam gegangen,
er wart vil wol empfangen.
diu künegîn im engegen gienc,
den ritter si mit kusse empfienc.
von den andern frowen wart im kunt
ir gruoz an der selben stunt.
des genâdet er in zühteclîch.
in nam diu küniginne rîch
bî der hant und fuort in dan.
den vil wol gezogen man
sazt si an ir sîten.
an den selben zîten
die frowen alle sâzen.
si kunden sich wol mâzen:
swaz frowen lîp êren kan,
daz marct an ir der werde man....
'Herre, uns hât iuwer komen
allez trûren gar benomen.
mir hât mîn juncfrowe geseit
daz iuch erbarmet unser leit
umb den gewalt den er uns tuot,
niwan durch sînen übermuot,
[127b] von Fortsoborest Verangôz.
sîn gewalt ist alsô grôz
gegen mir armen weisen.
mich liez in grôzen freisen
mîn werder vater den er sluoc.
er tuot mir leides gar genuoc.
er nimt mir mit gewalt ein lant,
daz solde dienen mîner hant:

*

7578 wol fehlt. 7583 im. 7591 lîb niht ern. 7393 Herre] Der. 7598 Nur. 7605 mir fehlt.

daz klag ich iu, vil werder man.
er spricht mich kampflîchen an
und wil daz ich im zins gebe
und daz ich sîner gnâden lebe.
ê gebe got mir den tôt!
ich hân doch jâmer unde nôt
von im aller tägelîch.
sol ich mîn friez künicrîch
zinsen, ê wolt ich den tôt
lîden. swer mich von der nôt
lœst, der dient daz himelrîche,
daz wizzet sicherlîche.
Herre, mir hât mîn maget
sô manic tugent von iu gesaget
daz ich wil guot gedingen hân
ze iuwerr hilfe, werder man.
herre, ich hân vil guoten trôst,
ich werd von sorgen wol erlôst,
sît ir mir sît ze hilfe komen:
mir ist mîn trûren gar benomen.'
der ritter dô mit zühten sprach
'frowe, iuwer ungemach
[128ª] der ist mir leit, und wizzet daz,
ich dien iu gern ân allen haz
swaz ich iu gedienen kan.
dâ habt keinen zwîvel an,'
alsô sprach der wîgant,
'mac ich iu friden iuwer lant
vor dem der iu tuot gewalt.'
alsô sprach der degen balt.
Der ritter sach die maget an,
diu was sô rehte wol getân
daz er in sînem herzen jach,
ein schœner magt er nie gesach
ân sînes herzen amîen,
die schœne Tydomîen,

*

7610 wohl ê daz ich. 7613 alle. 7621 guoten.

der schœne macht ir schœne swach.
swaz er frowen ie gesach,
si truoc mit schœn den lobes kranz.
des minnet si Meleranz
vor allen andern frouwen.
dise magt begund er schouwen:
si wârn ein ander vil gelîch.
er sprach zer küniginne rîch
'frowe mîn, wie ist daz komen
daz ir niht rât habt genomen
ze iuwern besten mâgen?
die solt des wol betrâgen
daz man iu den gewalt tuot.'
dô sprach diu juncfrowe guot
'herre; daz ist mîn meistiu nôt:
mîn beste mâge die sint tôt,
[128b] zuo den ich solde haben trôst
daz ich von sorgen würd erlôst:
die hât mir der tôt benomen.
sus bin ich in kumber komen.
ich het einen vetern wert
des herze niht wan êren gert,
der ouch mit rehter manheit
mangen hôhen prîs erstreit.
leider mir, der ist tôt:
der het mir von mîner nôt
wol geholfen, solt er sîn genesen.
leider, des moht niht wesen.
er pflac angeborner tugent.
in nam der tôt in sîner jugent.
sîn wîp vor leide nâch im starp.
sîn tôt ir den tôt erwarp,
der künc von Kamarîe,
Garsidis der valsches frîe,
Lambore diu künginne wert:
ir beider herz ie êren gert.

*

7650 zuo der. 7656 jungkfro. 7663 haut.

Si habent hie lâzen eine magt,
von der schœne man wunder sagt,
diu heizet Tydomîe,
diu süeze valsches frîe.
wir haben ein ander nie gesehen,
doch wil ich mit der wârheit jehen,
ich bin ir liep, als ist si mir.
mînen boten het ich hin ze ir
gesant, der ist mir wider komen.
von dem hân ich vernomen,
[129a] si lîde von gewalte nôt.
diu reine süeze mir embôt,
si müez mit kumber ringen.
ir œheim wil si twingen
daz si neme einen man:
für wâr dâ tuot er übel an,
des selben mannes wil si niht.
ich sag iu wes si giht:
si wolt verliesen ê den lîp
ê si immer würde mannes wîp,
wan eines den hât si erkorn,
ze dem ir herze hât gesworn.
swaz man ir sprichet oder tuot,
sô stât ir herze und ir muot
niendert wan hin ze dem einen man,
als ich iu gesaget hân.

Herre, daz geloubet mir.
swer er ist, er sündet sich an ir,
sît si in ze liebe hât erkorn,
daz er der meide wol geborn
niht hilfet von der swære,
der si wol embære,
wolt si an im wenken.
daz solt er bedenken
an der minneclîchen maget.

*

7683 gesehen nye. 7684 jehen hie. 7685 also. 7689 Sy lalder. 7698 nimmer. 7705 Der dz. 7713 minenklichen.

si hât mir an ir brieve geklaget,
ir œheim wil ir nemen ir lant,
daz diu maget werd erkant
niht wil nemen einen man
nâch sînem willn. dâ tuot er an
[129b] übel, daz er sis twingen wil.
des gewaltes ist ze vil.
ir het diu maget wol geborn
einen anger ûz erkorn:
sô si kurzwîl wolde hân,
sô fuor si ûf den selben plân
ze einer grüenen linden
mit andern jungen kinden
durch lust und durch vogelgesanc.
dâ was ir diu wîl niht lanc.
herre, den hât er ir genomen,
si tar nu niht mêr dâ hin komen.
des angers hât der selbe man
dem er si wolt gegeben hân
ze einer âventiur gedâht.
er ligt dâ tac unde naht
und hât sich daz an genomen,
er welle von dan nimmer komen,
ern erwerb die maget werd erkant.
er hiez künden in diu lant
sîn âventiure wîten.
man vint dâ zallen zîten
strît, swie man sîn gerte,
mit sper und mit swerte.
der anger was verborgen gar:
nu hât er gerûmet dar
vier wege durch den walt,
der vil küene degen balt,
daz man müge vinden
die âventiur bî der linden

*

7715 wil er. 7719 sy daß. 7737 Er. die m. die w. 7739 wyt. 7740 vindet da zuo aller zit. 7746 halt.

[130a] und den ritter werd erkant.
herre mîn, der ist genant
Libers der künc von Lorgân.
der wil heien den selben plân
der mîner niftel solde sîn.
er lîdet nâch der meide pîn,
daz ist ir gar unmære.
ir ist von herzen swære
daz si sich niht mac erwern
noch vor sîme gewalte nern.
Herr, alsô lîd wir beide nôt.
ir kumber mir diu lieb embôt
bî mînem boten in diz lant.'
Meleranz wart sâ zehant
beide bleich unde rôt.
in muote sîner frowen nôt.
des nam diu maget an im war
daz der junge degen klâr
sîn varwe wandeln began.
si gedâht 'diz ist der selbe man
den ir mîn niftel hât erkorn.
ir gedinge der ist niht verlorn
den si hât gên dem jungen man.
wol ich mich des versinnen kan
daz diser degen curtîs
ist mîner nifteln amîs.'
Meleranz sprach zuo der maget,
do si im diu mære het gesaget,
'frowe sældenbære,
mir ist iur grôze swære
[130b] und aller iuwer kumber leit.
und wizzet für die wârheit,
swâ ich den erwenden kan,
daz tuon ich' sprach der werde man
'willeclîch und bin sîn frô.'

*

7757 niht sich. 7758 sinem. 7773. 7774 curteis : ameys. 7776 hat. 7778 üwer.

des genâdet im diu maget dô.
er sprach ze der meide wol getân
'frowe, wenne kumt der man
mit dem ich dâ strîten sol?'
'herre, daz sag ich iu wol:
er kumt in disen drîen tagen.'
si sprach 'herre, ich wil iu sagen:
er hât ein her zesamen brâht.
dâ mite hât er des gedâht,
ob er hie niht strîtes vinde,
daz er sich underwinde
mîns landes und al des ich hân.'
'frowe, ez sol anders ergân.
er vindet an mir vollen strît.
got gebe daz er uns kum enzît.
sît ich mich vehtens hân bewegen,
sô wolt ich' sprach der werde degen
'enzît gerner strîten
dan sô lange bîten.'
der junge werde süeze man
der wære gerne von dan,
in muot sînr frowen ungemach.
diu magt daz wol an im sach.
si kurzet im die stunde,
sô si beste kunde,
[131ᵃ] si und ir juncfrowen kluoc.
da geschach schimpfrede genuoc.
nu kam ein bote der in seit
daz daz ezzen wær bereit.
diu schœne magt nam an die hant
Meleranz den wîgant.
mit im si ze tische gie.
grœzer êre bôt man nie
weder ê noch sît keinem man
dann im mit vlîze wart getân.

*

7795 Mineß, alleß. 7798 er] eß. 7801 geren. 7802 Dann ich so. 7805 siner. 7816 Groser.

ûf der küniginne sal
wârn die tische über al
gerihtet unde wol bereit,
tischlachen und brôt dar ûf geleit.
man truoc in daz wazzer dar,
der küngîn und dem ritter klâr.
ietwederz sîne hende twuoc.
diu küngîn sazt den ritter kluoc
vil nâhen an ir sîten.
an den selben zîten
sazt man zühteclîche
die frowen al gelîche
und swaz der werden ritter was
ûf der künigîn palas.
dô si gesetzet wâren gar,
mit zühten truoc man für si dar
trinken und guote spîse.
man pflac ir wol ze prîse.
Dô si mit zühten geâzen
und ein wîl gesâzen
[131b] mit mangem schimpflîchem mære,
ein ende het ir swære.
daz in der werde helt was komen,
dâ von was trûren in benomen.
nu begunde nâhen diu naht.
diu küngîn het sich des bedâht
daz si gemaches wolde pflegen.
'guot naht geb iu der gotes segen,
herre, ir sult gebieter sîn
über allez daz dâ heizet mîn.
herre, schafft iu selbe gemach.'
Meleranz mit zühten sprach
'frowe, mîn gemach ist guot.
ich hân den willen und den muot
daz ich iu gerne dienen wil.
mich dunkt der arbeit niht ze vil

*

7839 schimpflichz.

die ich lîd umb iuwer êre.'
'got lôn iu, degen hêre'
sprach diu maget wol getân.
mit urloube gienc si dan
von im an der selben stat.
ir ritter si dô alle bat:
si sprach 'lât iu bevolhen sîn
disen ritter durch den willen mîn.'
ir juncfrowen al gelîch
die nigen im zühteclîch:
des genâdet in der werde man.
alsô gienc diu küngîn dan
dâ si guot gemach vant.
Meleranz den wîgant
[132ᵃ] die ritter fuortn an sîn gemach
in ein kemnâten dâ er sach
ein bette alsô hêrlîche,
ez wart nie künic sô rîche,
er læge wol mit êren dran.
dar ûf solt der werde man
des nahtes ligen durch gemach.
Meleranz zuo den rittern sprach
'ir herrn, ir sult gemaches pflegen.
guot naht geb iu der gotes segen.'
ê si von im giengen dan,
Meleranz dem werden man
truoc man slâftrinken dar.
er tranc und die ritter gar.
mit urloup si dannen giengen,
juncherren im empfiengen
sîn schuoch und ander sîn gewant.
er legt sich nider alzehant.
die gedanke nâch der schœnen magt
liezen den degen unverzagt
die naht keine ruowe hân.
ez lac der vil werde man

*

7868 dem. 7873 dar an. 7881 schlaufftringk. 7888 vnuerzayt. 7890 vil fehlt

in gedanken und in sorgen
unz an den liehten morgen.
  Dô lac er niht langer dâ.
er stuont ûf, man fuort in sâ
in ein harte schœnez bat.
er wart an der selben stat
gebadet und erstrichen wol.
'dirre wirde ich danken sol
[132b] sprach der ritter, 'kumt ez sô.'
diu küniginne sant im dô
wîze lînwât kleine,
niuwe unde reine.
dô er ûz dem bade gienc,
in ein badehemd er sich vienc:
daz kunde bezzer niht gesîn.
ez was wîz sîdîn.
ein bette daz was im bereit,
dar an der degen unverzeit
erkuolte und ruowete dâ.
dar nâch kleidet er sich sâ
in daz aller rîchest gewant
daz man iendert vant.
dô der degen wart gekleit,
dô gienc der ritter unverzeit
mit den andern rittern dan
dâ der künigîn cappelân
gote dienen wolde,
als er von rehte solde.
hie stuont der tugenthafte man
unz der segen wart getân.
zehant als er den segen empfienc,
mit den rittern er dô gienc
ûf den schœnen palas.
diu künigîn ouch komen was
wol mit sehzic frouwen,

7898 Diser. 7899 kumt] küng. 7909 ruowte. 7916 küngine. 7925 wollt.

die moht er gerne schouwen.
Si heten minniclîchen schîn.
diu vil edele künigîn
[133a] dem gaste guoten morgen bôt.
ir munt was durchliuhtic rôt
und al ir lîp minniclîch.
diu edel küniginne rîch
nam den ritter bî der hant
unde fuort in alzehant
mit zühteclîchen witzen
dâ si wolde sitzen.
zuo ir saz der werde gast
dem ganzer tugent nie gebrast.
nu was ouch embîzens zît.
ûf dem palase wît
rihte man die tisch zehant.
mit der küngîn werd erkant
az der junge Meleranz.
ir beider varwe diu was glanz.
dô man des ezzens verpflac,
dô was ez hôch ûf den tac.
man huop die tisch von in zehant.
durch disen ritter werd erkant
bruoft man fröude unde spil.
dâ was kurzwîle vil.
daz schuof diu maget wol getân
durch den werden jungen man
daz im diu wîl iht wære lanc.
iedoch jaget in sîn gedanc
ze sîner schœnen amîen,
der süezen Tydomîen.
Sus was der junge werde man
bî der meide wol getân
[133b] daz man sîn wol mit vlîze pflac
beide naht unde tac.
man nam sîn wol mit vlîze war.

*

7930 gar luhtig. 7931 aller. 7940 palast. 7953 niht.

sîn harnasch schouwet man gar,
man macht ez lieht unde glanz.
hie ruot der werde Meleranz
unz im kom der dritte tac,
dar an des kampfes strît lac.
nu was ouch komen in daz lant
Ferangôz der wîgant
mit einem kreftigen her.
er wând er solt ân alle wer
daz lant haben betwungen.
in dûht im wær gelungen
und daz in nieman törst bestân.
daz wart im anders kunt getân
vor der burc ze Belfortemunt.
dâ wart im aller êrst kunt
des er vor niht was gewent.
nâch strît sich sîn gemüete sent,
wan in nieman torst bestân.
Meleranz der junge man
brâht im strîtes vollen gelt
ze Belfortemunt ûf daz velt.
Der künc von Fortsoboreste
der brâht vil leider geste
für Belfortemunt ûf daz velt.
si sluogen ûf vil manic gezelt
für die burc ûf daz gras.
dô nu geherberget was,
[134a] der künic ûf die burc embôt,
ob diu magt ân alle nôt
noch den zins wolde geben
die wîle daz si möhte leben,
sô wolt er sînen zorn lân
gên der meide wol getân.
ob si des niht wolde tuon,
sô würde fride noch suon

*

7964 ruowet. 7965 dritte fehlt. 7970 süllt. 7988 nun; vielleicht im. 7992 Dwil.

15 *

nimmer under in beiden,
und er wolt si scheiden
von ir künicrîche
alsô lasterlîche
daz si sîn hete schande.
er wolt sich zuo dem lande
ziehn gewalticlîche.
dô der küngîn rîche
disiu botschaft wart gesagt,
dô klaget ez diu schœne magt
Meleranz dem werden man.
der sprach 'frowe, ob ich kan,
ich frî iu vor im daz lant,
des mîn houbt sî iuwer pfant.'
alsô sprach der werde degen.
'frowe, lât iu ringe wegen
sîn dröurede der er pfligt.
sîn gewalt vil lîht dar nider ligt
und sîn grôzer übermuot.
gehabt iuch wol, frowe guot,
got müeze unsers heiles pflegen,
der lât uns niht underwegen.
[134b] wil er dem rehte bîgestân,
sô kan uns nimmer missegân.'
Des trôstes wart diu maget frô.
Verangôz embôt si dô,
er het ir herzen leit getân,
er solt si mit gemache lân
in ir frîem lande.
ê si die grôzen schande
an ir geslehte begienge,
daz si von im empfienge
ir liute und ir frîez lant,
daz ir friunde wærn geschant,
si wolt ê sus immer leben
und wolt im keinen zins geben:

*

8021 trost. 8029 fryes guot lannd. 8030 waren. 8032 Vnnd sy wöll:

sô sprach diu maget wol getân.
'al daz ich gelobet hân,
daz leist ich, ob er gesiget
und mîn kempfe nider liget:
des ich gote niht trûwen wil.
sîns gewaltes ist ze vil,
daz müeze got understân.'
alsô schiet der bote von dan
und sagt sînem herren dô
die botschaft. dô wart er frô
daz er solde strîten.
nu was ouch an den zîten
Meleranz des strîtes frô.
des anderen morgens, dô
man gote eine messe gesanc,
dar nâch was dô niht lanc
[135ª] und daz die Meleranz vernam
und daz der segen wart getân,
Meleranz der werde man
ûf den palas gienc er dan.
sînen harnasch hiez er bringen dar.
schœne unde liehtgevar
wart er im brâht alzehant.
diu küniginne werd erkant
kam gegangen an der stunt.
ir süezer rôsen rôter munt
dem ritter guoten morgen bôt.
si sprach 'herre, vor aller nôt
müez iuch got behüeten.
ich triwe des sînen güeten
und sîner grôzen barmherzikeit,
diu allen den ist bereit
Die got in nœten rüefent an.
ich arme magt ich in des man
daz er iuch behüete

*

8034 Alles. 8036 kempffer. 8039 Des. 8046 Deß morgens anndern)55 im] nun. 8056 ward. 8058 rosor roter.

durch sîne reine güete.
des bit ich in durch sînen tôt
daz er iu helf ûz aller nôt
und enlâz iu nimmer missegân.'
'gnâde, frowe,' sprach der werde man.
diu maget mit ir blanken hant
wâpent dô den wigant.
do er was in sîn harnasch komen,
urloup wart dô genomen
von der meide minneclîch.
diu edel küniginne rîch
[135b] vil heize weinen began.
si sprach 'vil hôchgelopter man,
got müez iu sig und sælde geben
und frist iu iuwer jungez leben.
ich wil des mit wârheit jehen,
sol iu leides iht geschehen,
ich wirde nimmer mêre frô.'
diu küniginne kust in dô
und ergap in in gotes segen.
von dem palas gienc der degen
ûf den hof da er sîn ros vant.
dar ûf saz er zehant.
daz was wol verdecket;
ûf daz îser was gestrecket
ein pfellel rôt sam ein gluot.
der was niuwe unde guot,
dar ûf geströut mit grôzem vlîz
frowen arm und hende wîz,
reht als er ûf dem helme truoc.
Meleranz der degen kluoc
reit von der bürge dan
hin nider ûf den grüenen plân
dâ der kampf solde sîn.
nu het diu edel künigîn

*

8078 ir fehlt. 8079 Die hayß. 8087 ein in fehlt. 8091 was fehlt 8093 pfell. 8094 nüwb.

die besten alle besant
ze Karedonas über daz lant
und zwei tûsent schützen mit starken bogen,
die wâren ellens unbetrogen.
vor der burc lac ein grôziu stat.
der küniginne marschalc hât
[136ᵃ] die sînen helfære,
daz wâren helde mære,
alle geherbergt dar in.
daz tet er allez ûf den sin,
ob Meleranz der werde man
Verangôz gesiget an,
daz er die heidn niht wolde sparn.
die wâren in daz lant gevarn
âne fride gewalteclîch
und wolden daz künicrîch
mit gewalte twingen.
si dûht in solt gelingen,
wan ir craft diu was grôz.
ouch was der herre Verangôz
des lîbes ein sô frumer man
daz in nieman getorst bestân.
  Des hetens alle wol gesworn.
Meleranz der wol geborn
brâht im strîtes vollen gelt
des selben tages ûf daz velt.
sus zogt der junge Meleranz,
sîn lîp was mit wârheit glanz,
frœlich von der bürge her.
man fuort wol vier und zweinzic sper
mit im ûf den grüenen plân.
ouch was bereit der küene man
von Fortsoborest Verangôz.
sîn hôhvart diu was grôz.
vil bûsûnen vor im erhal,

*

8108 margkschalgk der h. 8111 gehörwergt. 8127 jn. 8130 vielleicht des lîp. gancz. 8135 forcht s. 8136 hoffart.

der galm gap vil grôzen schal,
[136b] tambûren floitieren.
man hôrt dâ vil grôgieren,
garzûne vor im liefen
die vil lûte riefen
'wichâ herre wiche,
hie kumt der ellens rîche,
der werde künic Verangôz,
des lop mit wârheit ist grôz.'
man fuort ouch vor im grôziu sper.
mit hôhem muote zogt er her.
sîn ros was starc unde snel.
von einem samît, der was gel,
dar ûz was gemachet,
an koste niht geswachet,
wâfenroc und kursît.
[und] ein decke lanc unde wît
was der îserînen decke dach.
eber man dar ûf sach,
die wâren swarz zobelîn.
daz selbe wâfen daz was sîn.
ouch fuorte der degen snel
ûf einem schilde, der was gel,
einen eber zobelîn,
undr einem buckel guldîn,
der muotes unberoubet.
von zobel ein ebers houbet
man ûf sînem helme sach.
gel was des helmes dach.
Sus zogt er ritterlîchen her
mit rehter manlîcher ger
[137a] gên Meleranz dem küenen man.
der hielt ûf dem grüenen plân,
als er wolde strîten
an den selben zîten.
daz was sîn will und ouch sîn ger.

*

8139 flotyeren. 8148 zoch. 8163 Des. 8167 zoch. 8172 selbigen.

Ferangôz reit zuo im her.
dô er Meleranzen sach,
hôchverteclîch er zuo im sprach
'herre, habt ir iuch daz an genomen
daz ir dar durch her sît komen
daz ir mit mir strîten welt?'
'jâ benamen' sprach der helt,
'ich strîte hie an dirre frist,
als der kampf gelobet ist,
ob der sige werde mîn,
daz ir daz lant Trefferîn
der juncfrowen wider lât.
ist aber daz ez sô ergât
daz iu an mir gelinget,
swes ir si danne twinget,
daz muoz diu maget lîden.
möht aber ir vermîden
den gewalt den ir si leget an
und woldet ir ir lant lân,
für wâr sô tæt ir sæliclîch.
daz ir der küniginne rîch
nemt ir lant und ir guot
durch iuwern grôzen übermuot,
daz ist an iu ein swacher site:
ir krenket iuwern prîs dâ mite.'
[137b] Ferangôz ûz zorne sprach
'iwer rede ist mir ungemach.
swaz ich der küngîn hân getân,
durch iuch wil ich des lützel lân.
iuwer zuht versmâhet mir,
und wizzet wærlich daz ir
gên mir habt geredet ze vil.'
Meleranz sprach 'ich wil
gên iu noch reden ein wênic baz.
ich enruoch ob ir daz habt für haz.
welt ir iwers gelübdes kraft

*

8176 -lichen. 8178 stud. 8181 diser. 8192 wollt.

behaltn, ob ich mit ritterschaft
iu behabe den sig an,
sô wil ich' sprach der werde man
'mit iu gerne strîtes pflegen:
des hân ich mich gên iu bewegen.
welt aber ir sîn abe gân,
sô wil ich' sprach der werde man
'ungestriten hin rîten.
warumb solt ich dann strîten?'
Verangôz sprach sâzehant
'dâ für sî mîn triwe iuwer pfant.
al daz ich gelobet hân,
daz leist ich gerne swâ ich kan:
des gib ich iu mîn sicherheit.
mir wære gar von herzen leit,
ob ir ze disen zîten
solt von hinnen rîten
ungestriten: daz wirt bewart.
iuch geriuwet lîhte iuwer vart
[138a] die ir habt getân in diz lant.
des sî mîn houbet iuwer pfant,
ich leist swaz ich gelobet hân.
und wizt, gesige ich iu an,
daz ich iuch niht lâz genesen:
iuwer lîp muoz des tôdes wesen.
ich næm für iuch niht ein lant,
ich slüeg iuch selp mit mîner hant.'
Meleranz lachen began.
er sprach 'herre, ich hân den wân
daz ich behalte wol mîn leben.
ich wil iu des mîn triuwe geben,
ist daz ich iu angesige,
daz ich niht sigelôs gelige,
daz ich iuwer drô genider.
herre, nu rîtet hin wider

*

8221 Alleß. 8222 Da leist. 8227 deß. 8230 Dz. 8235 ain land niht 8236 selber.

und bereitet iuch gên strîtes nôt.
uns scheidet nieman wan der tôt.'
Verangôz daz ros mit sporn nam.
von dem degen lobesam
reit er zuo den sînen dan.
Meleranz der junge man
sînen helm er ûf bant.
ein sper nam er in die hant,
daz was grôz und unbesniten.
mit unverzagtlichen siten
hielt er zuo der tjost bereit.
Ferangôz der unverzeit
vil snelle ouch bereit wart.
mit grôzem poynder ungespart
[138b] kêrt er gên Meleranze her
mit einem ungefüegen sper.
Meleranz was ouch bereit.
mit einem sper er gên im reit
daz sich niht von der tjoste bouc.
ir ietweder den andern niht betrouc
mit der tjoste, diu wart guot.
si heten beide hôhen muot.
diu ros mit sporn wurden genomen.
sus sach man si zesamen komen.
diu sper si zerbrâchen.
aldô si diu verstâchen,
dô nâmen si zwei ander sper.
in beiden was zesamen ger.
diu ros si nâmen mit den sporn,
ietweder den andern het erkorn
ze den vier nageln durch den schilt,
mit hurt unz ûf die brust gezilt.
alsô verstâchen si diu sper
diu man mit in brâhte her,

*

8247 mit den. 8254 vnuerzaglichen. 8257 poginder. 8258 Melerantzen. 8263. 8264 pog: betrog. 8267 D. r. wurden mit den sporen g. 8270 Alsz. 8271 anndere. 8278 mit inn man.

daz sie nie gevâlten.
niht langer si entwâlten.
Si erbeizten nider ûf den plân.
diu ros liezens beide stân.
Meleranz der wîgant
zuct ein schœnez swert zehant.
von Soboreste Ferangôz
sîn swert macht der scheiden blôz.
si liefen beid ein ander an,
dise zwêne küene man,
[139a] mit den swerten vîentlîch.
Verangôz der künic rîch
was in strît ein ritter guot.
Meleranz der hôhgemuot
der was ein helt in grôzer nôt.
ietweder dar ze scherme bôt
den schilt für die slege dar.
die zerhiuwens alsô gar
daz si ir beider wurden blôz.
ir beider kraft diu was grôz.
Von der bürge man daz sach
waz von in beiden dô geschach.
diu küngîn mit ir frouwen
diu was komen durch schouwen
in diu venster ûf den palas
und sach den kampf der vor ir was.
ouch habten ûf dem grüenen plân
der küngîn mâge und ir man,
wol gewâfent und wol geriten,
mit unverzagtlîchen siten.
die wolden ouch daz gerne sehen
waz dâ mit kampfe solt geschehen.
der was dâ driu tûsent oder baz,
die truogen Verangôzen haz.
ouch was Verangôz her
gar bereit und wol ze wer

8282 lyessen sy. 8291 stritten. 8303 diu] dem. 8314 brayt.

und sâhen ouch den kampf an.
nu vâhten dise zwêne man
âne schilt, mit listen
muosten si sich fristen
[139b] vor ir vîentlîchen slegen.
Meleranz den werden degen
der heiden treip mit slegen dan
vor im über den grüenen plân.
dâ von diu künegîn verzagt.
'owê mir' sprach diu reine magt
'daz ich daz leben ie gewan.
ich sihe den hôchgelopten man,
mînen kempfen, wîchen.
nu muoz ich jæmerlîchen
leben unde lîden nôt.
daz wolde got daz ich wær tôt:
sô dörft ich nu sô vil niht klagen.
und wirt der werde man erslagen
in mînem dienest, daz klag ich.
ez wær vil bezzer daz ich
mîniu lant ê het verlorn
dan daz der degen ûzerkorn
sîn lîp verlür und ich daz lant,
wan ez ist mir alsô gewant,
sol ich dem heiden zins geben,
sô wil ich niht mêre leben.'
ir hende si gên himel bôt.
si sprach 'herre vater, mîn nôt
die lâz dir geklaget sîn.
gib hiute kraft dem kempfen mîn
durch dîn hôhe gotheit
und bedenke mîn herzen leit
daz mir der ungetriuwe man
nû tuot unde hât getân.'
[140a] man moht an der frouwen

*

8319 vintlichen. 8327 kempffer. 8335 Mine. 8337 verlürt. 8344 kempffer. 8349 den.

vil grôzen jâmer schouwen
und gote flêhen inneclîch
umb den degen ellens rîch,
daz er im gebe sig und maht.
Verangôz mit grimme vaht.
er wânt er solde haben gesigt.
der strît noch wol gelîche wigt.
Meleranz der küene man
treip den heiden wider dan
mit slegen über den anger dô.
des wart diu küniginne frô.
er gedâht in sînem sinne
'mîn frowe diu küniginne
diu vil minneclîche magt
diu wænet lîht ich sî verzagt,
daz ich sô gewichen hân.'
den heiden sluoc der werde man,
daz er vaste strûchen began.
'du muost der meide ir lant lân,
ob ich dich des mac erbiten.'
sus sluoc er nâch vîndes siten
dem übeln heiden einen slac,
daz er lange strûchens pflac.
der heiden verriht sich snelleclîch.
Meleranz den ellens rîch
sluoc er ûf den helm sîn,
daz die fiures funken gâben schîn,
als ob er wære angezunt.
Meleranz an der stunt
[140b] sich von dem slage [niht] wol versan.
von im spranc der junge man
mêre dann ein klâfter lanc.
Verangôz tet einen swanc
nâch im mit grimmem muote.
Meleranz der guote

8351 flegen. 8353 gâb. 8371 übel. 8374 dem. 8376 *l.* liechten schîn.

sprach 'zwâre ob ich mac,
ich vergilt dir disen slac.'
der jungelinc lobesam
daz swert ze beiden henden nam
und sluoc dem küenen Verangôz
einen slac, der was sô grôz
daz er vor im dar nider lac.
er sluoc im aber einen slac
durch den helm veste,
dem künc von Soboreste,
daz ez ûf den zenen widerwant.
Meleranz der wîgant
stuont ob im und sprach alsô
'dîns tôdes wær ich niht frô,
wær dîn lîp triuwe gewesen:
sô wær wol, wærestu genesen.
du wære ein degen lobelîch,
dîn lîp der was ellens rîch.
dir hât ein dinc den lîp verlorn,
daz du des hæte gesworn,
hetestu mir gesiget an,
du woldest mich niht leben lân.
daz ist dir nu ze schaden komen.
diu rede hât dir den lîp benomen
[141a] und dîn grôzer gewalt.
daz der was sô manicvalt,
des wolt dir got niht vertragen.
nu lît dîn lîp hie erslagen.
daz wære wol klagens wert,
hetestu rehter mâze begert.'
Meleranz der werde man
liez in ligen und gienc dan.
sîn ros brâht man im zehant:
dar ûf saz der wîgant
und reit zuo den sînen dan.

*

8387 jungelinc] jung. 8389 den. 8395 daz er? 8401 Die ward.
8404 bettest. 8413 Deß.

die hielten ûf dem grüenen plân
alle werlîche.
Meleranz der ellens rîche
wart wol von in empfangen dô.
si lopten got und wâren frô
daz der heiden was erslagen.
den hôrte man dâ nieman klagen
wan sîn helfære,
die wârn in grôzer swære
daz in ir herre was erslagen.
man hôrt in klägelîchen klagen
von den sînen an der stunt.
nu wart den kristen liuten kunt
daz alsô die heiden
von dem lant niht wolden scheiden,
sin geræchen ir herren tôt
mit der kristenheite nôt.
si trôsten sich ir hers kraft
daz si wol würden sigehaft.
daz tet man den kristen kunt.
[141b] Meleranz sprach an der stunt
ze den liuten von dem lande
'ir küenen wîgande,
weln si ir gelübt niht stæte hân,
sô sul wirs von dem lant niht lân,
wirn suln mit in strîten.
wes möht wir langer bîten?
in ist daz houbet gelegen.
wir suln' sprach der werde degen
'an der heidenschaft brîs bejagen
und in daz laster niht vertragen
daz si ân fride in diz lant
sint geriten' sprach der wîgant.
Der rede wurdens alle frô.
mit gemeinem munt si sprâchen dô
'herre, daz tuo wir willeclîch.'

*

8435 Si. 8443 Wöllen. 8445 Wir. 8446 mir.

der marschalc der sprach zühteclich
'hie sint die von Trefferin
die billîch mit uns solden sîn.
herre, daz lât uns besehen,
wederthalp die wellen jehen.'
daz dûht si alle guot getân.
der marschalc der sande sân
dâ si dort sunder lâgen.
er hiez die besten frâgen,
wederm teil si wolden gestân.
do embuten si bî dem boten dan,
si wolden bî der künigîn
bî ir rehten frowen sîn
unde bî der christenheit:
[142a] daz er in daz hin wider seit,
sprâchen si ze dem boten dô.
'wir sîn des von herzen frô
daz Verangôz ist erslagen:
daz welle wir vil lützel klagen.
übel was daz in diu erde truoc.
unsern rehten herren er sluoc
ân alle schulde mordeclîch.
der süeze got von himelrîch
sî gelobt daz er ist tôt,
wan er in sluoc ân alle nôt.'
Ein ritter zuo dem boten sprach,
als im sîn manlich ellen jach,
'friunt, ich pflige der friunde mîn
von dem lant ze Trefferîn.
ich bin marschalc über daz lant.
nu rît wider und tuo bekant
von Karedonas den fürsten rîch
wir welln in helfen sicherlîch.'
der bote hin wider gâhte,
disiu mær er brâhte
den fürsten unde Meleranz

*

8462 sân] gon. 8472 sînd. 8487 der. 8488 tr.

der der wirdekeite kranz
mit tugenden und an manheit truoc.
zuo in allen sprach der kluoc
'wir suln disen tôten man
von der stat niht tragen lân,
man leist uns unser gelübde gar.
sô werd wir schiere gewar
wie si gên uns sint gemuot.'
[142b] daz dûhte si dô alle guot.
Dannoch lac ûf dem plân
Verangôz der tôte man.
nu kam ouch von der heiden schar
über in geriten dar
die sînen jæmerlîchen
und wolden den künc rîchen
ab dem wal füeren dan.
zuo in reit der werde man
Meleranz der ellens rîch.
er sprach zuo in zühteclîch
'ir herren, ich wil disen man
von der stat niht füeren lân,
man leist der küniginne klâr
allez ir gelübde gar.'
ein heiden dô ûz zorne sprach
'swaz gelübdes ir von uns geschach,
daz leist wir lîht, mîn munt des giht:
ich hân ir gelobet niht.
swer ir gelübde habe getân,
den sol si wol sprechen an.
uns ist unser herre erslagen,
daz wirt ir nimmer vertragen:
si muoz dar umbe lîden nôt.
wir wellen unsers herren tôt
rechen an der cristenheit,
ez sî iu liep oder leit.'
'wie nû?' sô sprach Meleranz,

*

8504 geraunten. 8521 Vnnd ist. 8526 sig.

'sô wære daz gelübd niht ganz
daz iuwer herre hât getân.
[143a] welt ir daz niht stæte lân,
des mac dannoch werden rât.
ir gefüert in nimmer von der stat.
er muoz hie ligen lasterlich,
man enleist der küniginne rîch
ir gelübde al zehant,
daz man ir wider geb ir lant.'
in des brâht ein knabe her
Meleranz schilt und ouch sîn sper.
sîn schilt den er brâhte dar
der was im ze stücken gar
von der hant gehouwen.
die heiden mohten schouwen
daz sîn wâpenroc was.
der marschalc von Karedonas
sante in die stat dan
beidiu nâch mâgen und nâch man,
nâch armen und nâch rîchen,
daz si vil snellicl̂ichen
mit wer ze velde solden komen.
dô si daz hâten vernomen,
si wurden alle schier bereit,
als mir diu âventiure seit,
Und zogten ûz mit maniger schar
ze füezen und ze rosse gar,
swaz werlîcher liute was.
der marschalc Galandertas
sîn her scharen began.
die heiden ûf dem grüenen plân
die heten schône sich geschart.
[143b] der strît wart langer niht gespart.
die heiden heten grôze kraft.
der küniginne ritterschaft

*

8530 Wöllt. 8532 gefüerend. 8534 laist. 8535 ir fehlt.
8546 Balde. 8550 hetten. 8553 zogen. 8554 fuossen.

16 *

von dem lant ze Trefferîn,
dar an wart ir manheit schîn,
von der wart den heiden widerseit,
ê daz si in tâten leit.
Meleranz mit einem sper
fuor manlîch vor den sînen her
gegen den vinden durch tjostieren.
nu wolden ouch pungieren
die heiden mit ir mangen scharn.
gên Meleranze kam gevarn
ein heiden durch tjostierens ger.
den selben heiden valt er
von dem rosse ûf daz lant.
nu kâmen beidenthalp gerant
die heiden und die cristen her.
dâ wart verstochen manic sper
und swerte vil erclenget,
manic ros mit hurt ersprenget.
Daz her von Karedonas
die sach man strîten swaz der was
manlîch âne zageheit.
si râchen laster unde leit
an den heiden die mit in striten.
mit unverzagtlîchen siten
die ritterschaft von Trefferîn
tet vil scharpfe râche schîn
umb daz grôze herzenleit
[144a] daz si wart an geleit,
dô Verangôz ir herren sluoc.
si liten smâcheit genuoc
von der heidenschefte.
mit manlîcher crefte
stritens âne zageheit

*

8566 teten. 8571 schar. 8573 dyostiern. 8576 baidenthalben. 8579. 8580 erclinget : erspringet. 8586 unverzaglichen. 8587 r. vnnd von. 8588 scharpffer. 8590 sy wurden. 8592 luten. 8593. 8594 baidenschafft : crafft.

und râchen ir herzeleit
daz sîn die heiden sêr verdrôz.
swie doch ir her wære grôz,
si wurden gâhes umbgetân.
Meleranz der küene man
sluoc der heiden alsô vil
daz ich daz wol sprechen wil
daz ein man eines tages nie
sô grôzez wunder mêr begie
als er begienc mit strîte.
in vil kurzer zîte
sach man die heiden wîchen.
mit schaden vollecîîchen
sach man si flühtic rîten.
ir wart vil an den zîten
erslagen und gevangen.
sus was der strît ergangen
al nâch der heiden herzen sêr.
si verlurn mangen degen her.

  Sus fluhen die heiden dan.
Meleranz der küene man
nâch den heiden jagt.
manic heiden unverzagt
wart ûf der fluht tôt gevalt.
si fluhen velt oder walt,
[144b] daz lantvolc in zogte nâch.
von dem lande was in gâch,
ir kom doch vil lützel dan.
er was frô der dô entran.
daz jagen in diu naht benam:
Meleranz der werde man
den vanen wider wenden bat.
si riten ûf die walstat
und suochten wen si heten verlorn.
ir schade was durch den frumen verkorn
den si hâten genomen.

*

8615 Avß.   8621 zoch.

dô si nu wider wâren komen,
si funden grôze rîcheit,
als mir diu âventiure seit,
dâ die heiden wârn gelegen.
Meleranz der werde degen
von in ûf die burc reit.
diu küniginne was gemeit
dô in sô wol gelungen was.
si was von dem palas
gegangen für daz burctor,
da der ritter was erbeizet vor.
mit fröuden si gegen im gienc.
vil minneclîch si in empfienc
und kust in vor lieb an sînen munt.
si sprach 'wol mich der lieben stunt,
herre, daz ich iuch ie gesach.
ein ende hât mîn ungemach
von iuwerr manheit genomen.
ir sît mir her ze sælden komen.'
[145a] 'Frowe' sprach der werde man,
'ob ich iu iht gedienet hân,
daz ist mir liep sicherlîch.'
diu edel küniginne rîch
nam den ritter bî der hant.
mit ir gienc der wîgant
gewâfent ûf den palas
dâ manic frowe ûfe saz.
ir wille was vil ungespart:
si half daz er entwâpent wart.
man brâht ein lûter wazzer dar.
von sînem linden vel klâr
twuoc er den râm von im dan.
man gap im rîchiu kleider an,
diu gâben kostbæren schîn.
diu vil edele künigîn

*

8630 frum erkoren. 8631 hetten. 8649 Vor. 8657 Waffen. 8662 sinen. 8665 kostbaren.

nam den ritter bî der hant.
si fuort den degen werd erkant
an ein gesidel hêrlîch.
zuo der küniginne rîch
saz der wol gezogen gast,
dar an vil lützel des gebrast,
man bôt im wird und êre.
und kunden si iht mêre
im ze liebe haben erdâht,
daz wær bî namen vollenbrâht.
diu naht kam, dô was ezzens zît.
ûf dem palase wît
riht man die tische über al.
zühteclîch ân allen schal
[145b] gap man wirtschaft volleclîch.
mit der küniginne rîch
az der werde degen klâr.
mit zühten truoc man für si dar
trinken unde ezzen.
dâ wart niht vergezzen,
man pflac sîn wol ze prîse.
diu küniginne wîse
mit ir selber hant im sneit:
daz was im durch sîn fuoge leit.
Dô man des ezzens verpflac,
dô het ein ende gar der tac:
die tische man von in truoc.
diu edel küniginne kluoc
nâch ezzens saz unlange dâ.
ûf den palas truoc man sâ
mangen kopf guldîn.
môraz klâret unde wîn
wart dâ geschenket volleclîch.
diu edel küniginne rîch,
dô daz schenken geschach,

*

8671 Was. 8676 by n. volbraucht. 8678 palas. 8680 zuchtenklichen. 8683 Alß.

dô stuont si ûf unde sprach
'herre, nâch iuwerr arbeit
sult ir ruowen. mir ist leit,
ob man iwer niht wol pfliget
und ob ir niht sanfte liget.
guot naht lât mich von iu hân.'
Meleranz der werde man
beleit si unze hinz der tür
und ein lützel dar für.
[146ª] guot naht nam der wîgant
von der künigîn zehant.
die frowen fuorn an ir gemach.
dar nâch vil schiere daz geschach
daz man den jungen man
in ein kemenâten dan
brâht vil zühteclîche
an ein bette, daz was rîche.
slâftrinken truoc man im dar în
in einem kopfe guldîn.
Meleranz der werde man
tranc, mit urloube dan
die ritter alle giengen.
juncherren im empfiengen
sîn schuoch und ander sîn gewant.
er legt sich nider alzehant,
wan im was gemaches nôt,
alsô diu müede im daz gebôt.
er het den sumerlangen tac
vil mangen ellenthaften slac
beide empfangen und getân.
sus slief der junge werde man
Unz der tac ûf in gie.
gedanc in niht slâfen lie
der er pflac nâch der magt.
der was er dienstes unverzagt.
sus stuont er ûf und gienc dan.

*

8704 ir fehlt. 8719 im] jnn.

nu was dem jungen werden man
ein vil schœnez bat bereit
nâch sîner grôzen arbeit.
[146b] des was im nâch der müede nôt.
alsô diu künigîn gebôt,
man batt in schôn, dar nâch zehant
brâht man im hêrlîch gewant,
wîze lînwât kleine,
niuwe und vil reine:
daz legt an sich der werde man.
dar nâch brâhte man im sân
vrischiu kleit, diu legt er an.
dar nâch gienc der junge man
dâ man got ein messe gesanc.
mit guoten triwen stuont sîn gedanc
gên got vil inneclîche.
den bat er umb sîn rîche,
daz er im lîp und êre
behüett: der degen hêre
stuont unz er den segen empfienc.
ûf den palas er dô gienc
da er den tisch gerihtet vant.
nu kam diu künigîn zehant
wol mit sehzic juncfrouwen
die man gerne mohte schouwen.
si wâren schœn und minneclîch.
diu edel küniginne rîch
dem ritter guoten morgen bôt.
ir munt was durchliuhtec rôt,
ir lîp aller wol gestalt,
gar in des Wunsches gewalt.
Meleranz der muoste jehen,
er het nie schœner magt gesehen
[147a] âne sîn amîen,
die klâren Tydomîen.

*

8741 im fehlt. 8746 Nüwb. 8749 klaider. 8753 innoclich.
8756 Bebüttet. 8766 durchluchet. 8768 Wunsch.

Diu küniginne an der stat
den ritter zuo ir sitzen bat.
nu truoc man in daz wazzer dar,
der künegîn und dem ritter klâr.
ietwederz sîne hende twuoc.
mit zühten man für si truoc
beide wilt unde zam,
wîn klâret alsam.
dô man mit zühten hete gâz,
Meleranz niht langer saz,
er begunde urloubes gern.
des enwolt in niht gewern
diu vil minneclîche magt.
si sprach ze dem helde unverzagt
'herre, ze disen zîten
lâz ich iuch niendert rîten,
unz iu werden bereit
nâch iuwerm willen wâpenkleit
und daz ir geruowet baz
nâch iuwerr arbeit: ich rât daz
daz ir des hie bîtet
und niht von mir rîtet.
ich vertig iuch als ich schierest kan.'
dô sprach der wolgezogen man
'frowe, ich mac belîben niht:
mîn unmuoze mir des giht.
ez ist der frowen wol bekant
die ir dâ hâtet gesant
[147b] hin ze dem künic Artûs
nâch einem kempfen in sîn hûs,
daz ich in kurzen zîten
muoz hin wider rîten
ze Terrandes in daz lant.
alsô ist ez mir gewant.
wær iu iht liebes von mir gschehen,

*

8781 hett geaß. 8782 lenger. 8783 wollt. 8800 Da ir da hettet.
8802 kempffer.

des wær ich frô, des wil ich jehen.'
dô sprach diu minneclîche magt
'küener helt unverzagt,
Des het ich immer schande,
füert ir von mînem lande,
daz iu niht würden bereit
ein niuwer schilt und wâpenkleit:
des het ich lützel êre.
nu belîbet, degen hêre,
eine wîle noch bî mir.
des hân ich êre und ouch ir,
küener degen unverzeit.
iwer schilt und iuwer wâpenkleit
sint zerhowen alsô gar.
swer iuch sæhe rîten alsô bar
hie von mînem lande,
des het ich immer schande.
nu begât an mir iur êre
und belîbet, degen hêre.'
der küene degen unverzeit
muost belîben durch die meit,
unz im wurden bereit
nâch sînem willen wâpenkleit,
[148a] tiwer unde wol gevar,
reht als er was komen dar.
sus muost er dâ belîben
und die zît vertrîben
unz daz er ze sîner vart
vil schône bereitet wart.
Sus beleip der werde man
bî der maget wol getân:
diu nam sîn wol mit triuwen war.
Meleranz der degen klâr
bat umb den künic Verangôz,
swie doch sîn schult was gên ir grôz,
daz si im des gunde

*

8825 uwer. 8828 magt.

daz er an der stunde
den tôten künic sande dan.
dô sprach diu maget wol getân
'herre mîn, des sît gewert
und alles des ir an mich gert;
swie ich doch schaden von im hân'
sprach diu maget wol getân,
'sô schaffet mit im swaz ir welt.'
des genâdet ir der helt.
nu kam ûf den palas
die hœhsten von Karedonas
und die fürsten von Trefferîn
für die edelen künigîn
dâ si bî Meleranze saz.
diu edel maget niht vergaz,
si empfienc si alle minneclîch.
ir herze daz was fröuden rîch
[148b] daz in sô wol gelungen was.
die fürsten von Karedonas
und die fürsten von Trefferîn
bat sitzen diu edel künigîn.
die fürsten giengen alle dar
und dancten dem helde klâr
des manheit was sô grôz
daz er den künic Verangôz
sluoc und den sig ervaht
des tages an der übermaht.
des wart gnâde im gesagt.
si heten hôhiu pfant erjagt:
die hœhsten und die besten
von Fortsoboresten
die viengens in dem strîte.
die wurden an der zîte
geantwurtet alle sant
der küngîn und in îsnîn bant
versmit. diu küniginne bat

*

8850 maget fehlt. 8857 Melerantzen. 8874 forcht. 8877 sampt.

ir marschalc an der selben stat
daz er sich ir underwunde.'
an der selben stunde
der marschalc sich ir underwant.
swaz er gevangen liute vant,
die legt er in prisûn.
Meleranz der Britûn
hiez im zwelf heiden ledic lân:
bî den sant er den künic dan
tôten heim in sîn lant.
des sagten si dem wîgant
[149a] gnâde unde wurden frô.
den tôten künic fuort man dô
heim vil jæmerlîche.
diu küniginne rîche
het mit fride immer mêr ir lant.
des half ir der wîgant,
Meleranz der unverzagt.
als mir diu âventiure sagt,
si erbuten im wird und êr
dem ellens rîchen degen hêr
die wîl er bî der küngîn was
in dem lant ze Karedonas.
si wunschten al gelîche,
arme unde rîche,
daz in des gezæme
daz er die maget næme.
si jâhen krône unde lant
daz wære wol hinz im gewant.
ouch het diu küniginne wert
niendert fürbaz gegert
ze nemen keinen andern man,
wolt er bî ir sîn bestân.
des was im un ze muote.
dô dem degen guote
nâch sînem willen wart bereit

*

8892 totnen. 8910 gert.

schilt und ander wâpenkleit,
do begund er urloubes gern.
diu künigîn muost in des gewern,
daz si doch ungerne tete.
ez half ir flêhen noch ir bete
[149b] gên im niht, er wolt von dan.
von der künigîn der werde man
nam urloup zühteclîche.
diu maget sældenrîche
wolde dô des niht enlân,
si wolt den jungen werden man
wâpen mit ir selbes hant.
nâch sînem harnasch wart gesant,
den brâht man ûf den palas.
diu künigîn von Karedonas
wâpent dô den wigant
mit ir linden blanken hant.
nu brâhte man dem degen klâr
von rîcher kost und liehtgevar
einen wâpenroc vil kostlîch
und ein kursît sô rîch,
daz der junge werde man
sô rîcher zierde nie gewan.
do er nu was gewâpent wol,
als ze strît ein ritter sol,
ûf stuont der zühte rîche.
vil gezogenlîche
nam der degen unverzagt
urloup von der schœnen magt.
diu maget sprach 'vil werder degen,
got müeze iuwer êren pflegen.
ir sult mit mînem kusse varn.
got der müeze iuch bewarn
und geb iu sæld und êren vil.
des selben ich iu wünschen wil,
[150a] die wîl ich mîn leben hân.'

*

8918 muost fehlt. 8920 flegen. 8938 zierung. 8949 sällden.

diu künigîn den werden man
kuste und bevalh in got
mit guoten triuwen âne spot.
diu küniginne rîche
begunde weinen herzeclîche
daz der junge werde man
niht langer wolde dâ bestân.

Daz was ir herzen ungemach.
Meleranz ze der frowen sprach
'frowe sældenrîche,
ir habt vollicliche
iuwer êr an mir getân,
daz ich' sprach der werde man
'iu immer gerne dienen sol.
ir habt an mir erzeiget wol
iwer reine wîbes güete.
got iuwer êren hüete.'
der junge werde man
schiet mit urloube dan
von der küniginne rîch
und von den frowen zühteclîch.
dô bâten si sîn got pflegen.
von dem palas gienc der degen
ûf den hof da er gesatelt vant
sîn ros, dar ûf saz er zehant
und reit für daz burctor.
dâ heten si gebiten vor,
der marschalc und swaz der werden was
von dem lant ze Karedonas
[150b] und von Trefferîn die besten gar.
die riten mit dem helde klâr
wol ein mîle oder mêr.
von in nam der degen hêr
urloup an den zîten.
ern liez si fürbaz rîten.

*

8956 hertzenklich. 8959 Do wz. 8968 ûweren. 8972 der.
8986 Er lyeß sy niht.

Dô bâten sî sîn got pflegen.
hin reit der ellens rîche degen,
die ritter riten wider în
zuo der edelen künigîn:
diu besaz mit fröuden wol ir lant.
Meleranz der wîgant
gegen Terrandes kêrte,
als in sîn herze lêrte.
sus kam er in kurzer stunt
ûf sîn burc ze Terramunt.
des wart Cursûn frô.
mit fröuden wart empfangen dô
Meleranz der wîgant.
dô man daz mære bevant
daz er was komen, dô was ein schal
in dem lande über al,
dô man in sagt diu mære
daz ir herre komen wære.
des fröuten si sich algelîch,
beide arm unde rîch,
die wâren sîn ze herren frô.
in dem lande beleip er dô
und daz er ze sîner vart
vil schône bereitet wart.
[151] die lantherrn kâmen an der stunt
alle hin ze Terramunt
und empfiengen wol ir herren.
die minnern und die merren
die wâren sîn ze herren frô.
. . . .
sîn lant wol berihtet,
geebent und geslihtet
daz geriht übr al daz rîche,
die wurden tegelîche
gevestent als er in gebôt.

*

8991 besatzt. vor 9011 sind vers 8981. 8982 wiederholt. 9014 meren. 9017. 9018 bericht: geschlicht.

des küniges Godonas tôt
wart vil lützel geklaget.
Meleranz in wol behaget,
der schuof in fride volleclîch.
daz lant wart allez fröuden rîch
von des heldes sælikeit.
im was gar von herzen leit
unfride und gewalt:
des gestatte niht der degen balt,
swaz unrehtes in dem lande was
bî dem künic Godonas.
Dô daz nu het ze rehte brâht
Meleranz der wol geslaht
und sîn lant schôn und eben stuont,
dô tet er als die wîsen tuont:
er besazte sîn veste
mit den die er weste
daz si im guotes gunden.
dar nâch in kurzen stunden,
[151b] dô daz allez was getân,
dô hiez im der werde man
vier ros diu besten alzehant
gewinnen diu man iendert vant.
diu wâren ungelîch gevar:
daz eine rôter varwe gar,
daz ander val, daz dritte blanc,
diu snel wârn und niht ze kranc,
daz vierde was swarz gevar.
diu hiez im der degen klâr
gewinnen: dô daz was getân,
dar nâch hiez im der werde man
bereiten kostlîche,
tiwer unde rîche,
schilt satel unde wâpenkleit.
daz wart im allez bereit.

*

9029 vnnd vngewallt (vn durchstrichen). 9046 Dz ain solt sin r.
9049 was fehlt.

Der eine schilt was goltvar:
dar ûfe zwêne arme klâr,
die wâren rôt, die hende wîz.
dar an lac costlîcher vlîz.
der ander in rôter varwe schein.
den schilt ziert manic edel stein,
dar ûf zwên arme guldîn,
dar an zwei wîze hendelîn.
der dritte schilt was snêwîz,
dar ane lac vil grôzer vlîz,
dar an zwên arm, ist mir geseit,
die erzeigten grôze rîcheit:
die wâren swarz alsam ein kol,
mit golde gezieret wol,
[152a] dar an zwuo klâre hende,
gebrüeft ân missewende.
der vierde schilt was zobelîn,
dar ûf zwên arme härmîn,
die hende wâren lobelîch.
ouch was dem degen ellens rîch
ze ieclîchem schilt bereit
von rîcher koste wâpenkleit,
gelîch dem schilde gevar.
do ez nu was bereitet gar,
Meleranz an der selben stat
den truhsæzn im gewinnen bat.
den nam er besunder dan.
er sprach 'Cursûn, werder man,
ich wil dir mînen kumber klagen
und wil dir ûf dîn triuwe sagen
wie mir mîn dinc ist gewant.'
Cursûn seit er zehant
wie er sich schiede von dem vater sîn
und wie er kam ze der künigîn
von der wilden Camerien,
der klâren Tydomîen,

*

9083 dan] ain. 9086 dîn] die. 9089 schied.

und wie er von ir gescheiden was
bî der linden ûf dem gras
und waz im diu magt sît embôt,
und daz er nâch ir minne nôt
leit und kumberlîchen pîn,
und wie im diu künigîn
von Carendonas het gesagt,
der der helt unverzagt
[152b] mit kampf ir lant wider gewan,
daz diu maget wol getân
lept in grôzer swære,
und wie si betwungen wære
von dem künc Libers von Lorgân.
'zuo der linden ûf ir plân
hât er sich mit gewalt geleit.
alsô hât mir diu magt geseit,
ir vetern tohter, durch die ich hân
gestriten' sprach der werde man.
'er hât sich daz an genomen
er welle nimmer dannen komen,
ern erwerb die küniginne
und ir werden minne.
ir œheim nimt ir ouch ein lant,
daz diu maget werd erkant
den künc Libers niht wil nemen.
der unstæt kan si niht gezemen:
diu magt hât mich ze friund erkorn.
sô hât mîn herze ze ir gesworn.
daz sag ich nieman wan dir.
friunt, nu soltu râten mir
wie ich kom in daz lant,
ob daz ieman sî bekant
Der mich rehte wîse dar,
daz ich iht irre var,
wan ich muoz ir ze hilfe komen.

*

9100 der der] Dz der. 9107 sich] sy. 9112 danne. 9113 Er
9121 sagt.

ichn weiz ob daz iht habest vernomen:
mîn frowe, diu küniginne rîch,
diu het vil dicke ir heimlîch
[153a] ûf ir anger, der was verborgen gar.
nu hât er gerûmet dar
vier wege durch den walt,
der vil küene degen balt,
daz man in müge vinden.
er hüet der schœnen linden
mit vier und zweinzic gesellen.
alle die strîten wellen,
die vindent an im vollen strît.
nu wil ich rîten, des ist zît,
ob ich möht gefrîen
der klâren [süezen] Tydomîen
ir linden und ir anger.
swaz ich mich nu langer
sûme, daz kumt mir niht wol.
umb dich ich immer dienen sol
daz du mir gebest dînen rât,
sît mir mîn dinc alsô stât,
daz ich kum in daz lant.'
dô sprach Cursûn zehant
'herre, ich kan vil wol dar.
gunnet mir daz ich mit iu var
Hin ze der âventiure.'
dô sprach der helt gehiure
'daz dien ich al die wîl ich lebe.'
'ich hân ez für ein grôze gebe,
lât ir mich mit iu rîten.
ich wil dâ gerne strîten
durch iuwer êre, herre mîn.'
Meleranz sprach 'daz sol sîn.'
[153b] Cursûn der wart frô.
vil schiere bereit er sich dô.

9128 Ich enwayß ob du es. 9142 Die kl. 9144 lenger. 9153 Ain. 9162 vil] Vnnd.

ez gewan der degen werd erkant
zwei ros, diu besten über daz lant.
im wart schiere bereit
schilt satel unde wâpenkleit.
ein schilt blâ, der ander rôt,
alsô der werde helt gebôt.
dar an lac kostlicher vlîz.
ûf ieclîchem schilt ein wint wîz
was geslagen härmîn.
ûf den andern wâpenkleidern sîn
man daz selbe wâfen sach.
zuo der verte was im gâch.
  Als Cursûn bereit wart,
dô huoben si sich an die vart.
Meleranz der werde man
vier und zweinzic knaben fuort mit im dan
und zwelf juncherrelîn.
iecliher in der hende sîn
fuort ein wol gemâltez sper.
von Terramunt fuor er
mit sîme gezoge der gepriste.
Cursûn in rehte wîste.
sus reit der degen werd erkant
den walt dannen, unz er vant
einen wec der gerûmet was
unz ûf daz bluomenvarwe gras,
dâ man vant den werden man
Libers den künc von Lorgân.
[154ª] dem wege volgten si dô nâch.
Cursûn ze sînem herren sprach
'herre, mir ist daz wol kunt:
wir komen in vil kurzer stunt
dâ wir den anger vinden
und die schœnen linden
der dâ pfligt der werde man,
Libers der künc von Lorgân.'

*

9172 wapenklaider. 9182 siuem. 9186 dann. 9190 der.

Des wart Meleranz vil frô.
ze Cursûne sprach er dô
'friunt, ist dir iendert kunt
ein stat dâ wir ein kurze stunt
geruowen nâch dem strîchen her?'
'die weiz ich wol' sprach er;
dar bring ich iuch in kurzer stunt.
mir ist dirre walt wol kunt.
ûf disem walt bin ich vil geriten
und hân durch âventiur gestriten
alhie ze etelîcher zît.
niht verr von uns ein anger lît,
dâ bî ein kalter brunne stât.
herre, ist ez iuwer rât,
dâ hin sul wir rîten
und ruowen ê wir strîten.
diu ros sint müede und ouch wir.'
'des wil ich gerne volgen dir'
sprach Meleranz der werde man.
Cursûn der kêrte dan
einen stic den er vant
durch den walt ze der rehten hant:
[154b] der wîst in gên eim berge dan
ûf einen wünneclîchen plân,
dâ bî ein sneller brunne flôz.
des fluz was wol sô grôz
daz man diu ros wol trenket dâ.
dar zuo erbeizten si sâ.
Si wâren dar wol komen.
si heten mit in genomen
wîn fuoter unde spîse:
daz riet Cursûn der wîse,
dô si von hûse riten dan.
daz brâhtens mit in ûf den plân
und ein gezelt, daz was wît.
daz sluoc man an der selben zît

*

9203 Geruoten. 9206 diser. 9221 sinem. 9226

zuo dem klâren snellen bach.
si schuofen schône ir gemach.
hie lâgen si wol drî tage.
ist ez niht wâr daz ich iu sage,
ûf mîn triwe, daz ist mir leit.
ez wart mir für wâr geseit:
ich hân mêr geziuges niht,
wan als mir daz mære giht,
als ez mir ist kunt getân.
dô Meleranz der werde man
nâch sîner müede geruowet dâ,
an dem vierden morgen wolt er sâ
nâch âventiure rîten
und ûf dem anger strîten.
Er schuof daz im wart bereit
harnasch unde wâpenkleit
[155a] die dâ wâren swarz gevar.
die naht het der degen klâr
an der herberg guot gemach.
des morgens dô der tac ûf brach,
dô lac er niht langer dâ.
er stuont ûf und bevalh sich sâ
dem süezen got von himelrîch,
. . . .
daz er sîn geruochte pflegen.
dar nâch wâfent sich der degen.
sîn wâpenroc sîn cursît
was ein swarzer samît,
mit golde von Kaukesas
er vil wol gebildet was.
Sîn ros wart verdecket,
ûf daz îser gestrecket
ein vil rîcher samît,
noch swerzer dann ein timît.
härmîn arm die wâren wîz,
die wârn dar ûf mit grôzem vlîz

*

9255 lenger. 9263 Kaugesas.

gebrüevet und gemeistert dar.
swer des wolde nemen war,
der moht dar an zwuo hende sehen
und hêrliche tiure spehen.
nu was ouch Cursûn bereit
und kom er in sîn wâpenkleit,
den was richiu koste niht vermiten.
diu wâren rôt, dar ûf gesniten
wîze winde härmîn.
ab sînem helm gap liehten schîn
zwuo flüge, dar an lac grôzer vlîz,
[155b] eine rôt, diu ander wîz.
nu zôch man in diu ros dar.
dô si gewâfent wâren gar,
ûf sâzen die zwêne man.
Meleranz hiez mit im dan
an den selben zîten
fünfzehen knappen rîten,
der iecliche fuort ein sper.
ze der âventiure was sîn ger.
Diu sper wâren swarz gar,
nâch sîner zimier gevar.
Meleranz der werde man
der hiez mit im loufen dan
sînen garzûn, der hiez Günetlîn:
der kunde hübescher niht gesîn.
sus reit er durch den walt dan.
Cursûn der küene man
was sîn wisære.
dô die helde mære
wârn nâhen komen ûf den plân,
Meleranz sant vor im dan
sînen garzûn an der selben stunt.
er sprach 'nu tuo dem künic kunt
der dâ lît ûf dem plân,
er heizt Libers von Lorgân,

*

9274 herlich tür. 9281 zwuo schinog. 9292 zimierd.

ich welle dâ ritterschefte pflegen.
sag im er sî ze lange gelegen
ûf mîner frowen anger.
nu sûme dich niht langer,
vil lieber friunt Gunetelîn.
[156a] lâz dîn fuoge werden schîn:
du solt im von mir widersagen.
ich mac imz langer niht vertragen
daz er mîn frowen hât besezzen.
du solt ouch niht vergezzen,
sag im daz ich selb ander sî.
sag im er sî vor strîte frî,
er selb und alle sîne man,
wan swelhen schilt du rüerest an.
Der ritter sint über al
vier und zweinzic an der zal,
die hât Libers der helt
von al den sînen ûzerwelt:
die ligent bî im ûf dem plân.
swelh schilt aller verrest dan
von dem sînen gehangen sî
und den næhsten dâ bî,
die soltu rüeren und keinen mêr,
und merke danne waz er
dar zuo rede: daz tuo mir kunt.'
der garzûn lief an der stunt
vor im durch den walt dan,
da er kam ûf den grüenen plân
ze der linden da er den künic vant,
ze dem in hâte gesant
Meleranz der werde man:
zuo dem kam er gegân.
Libers der künic rîche
gruozt in zühteclîche
und frâgt in der mære

*

9307 ritterschafft. 9308 lang bie gelegen. 9314 im dz lenger. 9324 allen. 9326 verost hin dan. 9336 hett.

wes garzûn er wære,
[156b] ob er iht mære hete brâht.
dô sprach der knabe wol bedâht
'Herre, ich tuon iu daz bekant:
mich hât ein ritter her gesant,
von dem sol ich iu widersagen.
der wil iu daz niht mêr vertragen
daz ir die unzuht habt getân,
daz ir der künigîn ir plân
nemt und ir linden,
dâ man si solde vinden
under wîlen mit ir frouwen.
swer an in wolde schouwen
beide fröude unde spil,
des moht man hie vinden vil
bî der maget hêre.
des habt ir lützel êre,
daz ir gewalt an ir begât:
daz ist ein grôziu missetât.
daz ist mînem herren leit.
ich sag iu für die wârheit,
mîn herre der ist hie nâhen bî
und wil den anger machen frî
vor iwerm gewalte, ob er kan.
swelhen schilt ich rüere an,
des schiltes herre sol sîn bereit:
herre, daz sî iu geseit,
mit dem wil der werde degen
des êrsten ritterschefte pflegen.
ist daz er dem gesiget an,
sô werdent die andern niht erlân
. . . .
[157a] in vil kurzen zîten
kumt mîn herre selb ander her,
die mit schilt und mit sper

*

9348 Die wil. 9350 ir plân] im plan. 9370 der? ritterschafft. 9372 werdundt.

wellent hôhen prîs erwerben
oder ir prîs muoz verderben.'
Der künic wart der rede frô.
zuo dem garzûne sprach er dô
'juncherre, nu tuot mir bekant,
wie iuwer herre sî genant.'
'herre, ich sag iu niht mêr:
mîn herre ist ein künic hêr,
er ist iu wol genôzsan.
dâ habt keinen zwîvel an.
ir bevindet wol in kurzer frist
selbe wer mîn herre ist.'
der künic sprach 'friunt, gêt dan
für die linden ûf den plân.
ich wil iuch lâzen schouwen,
unser schilt sint unverhouwen,
sît ich hie gelegen hân.
her kam noch nie dehein man
des swert ie gên mir wurd erbart,
sît ich her tet mîne vart.
hie ist entschumpfieret manic man:
daz habent mîn gesellen getân.
des iuwer herre hât gegert,
des sol er werden wol gewert.
Swelhen schilt ir rüeret an,
der selbe muoz in bestân.'
sus fuort er den garzûn dan
[157b] ûz der linden ûf den anger sân.
vor der linden sach er
stecken mêr dan sehzic sper.
ûf daz bluomenvarwe velt
was geslagen ein schœn gezelt.
im zeigt der degen milte
vier und zweinzic schilte,
die wârn gehangen her für.
durch rehter wirdekeite kür

*

9385 genossam. 9398 haubent. thon. 9399 Daz. 9403 Sun f.

Libers sîn dinc ane vie.
ze dem gezelt er dô gie
da er die schilte hangen sach.
zuo dem garzûn er dô sprach
'swelhen schilt ir rüeret,
der wirt für baz gefüeret
gên iuwerm herrn ûf prîses wân:
dâ gezwîvelt nimmer an.
der vorderst schilt der ist mîn:
welt ir, der sol der êrste sîn.'
Der garzûn gienc dar
und nam der schilte aller war,
den an dem ort und den dar nâch
ruort er. den künc nam wundr und sprach
'ir hebt ez wunderlîchen an.
friunt, ir solt gerüeret hân
mînen schilt und den næhsten dâ bî.
iwer herre wirt der êren frî
daz er wider mich sîn sper
iht vertuo, sint daz er
mich niht ze der tjost gevordert hât.'
[158a] der garzûn sprach 'die rede lât,
herre, und lebt mit guoten siten.
ir werdet strîtes niht vermiten.
dâ von sult ir die rede lân
und heizet sich die zwêne man
bereiten gên dem strîte.
mîn herre kumt in kurzer zîte,
von dem wert ir wol gewert
swes iuwer wille an in gert.'
Sich bereitten dise zwêne man
ze der tjost; nu kam ouch ûf den plân
Meleranz der ellens rîche
geriten kürlîche.
sus zogte er ûz dem walde her.
sîne knappen fuorten diu sper,

9426 nam wundr fehlt. 9428 solt] schilt. 9436 werd. 9447 zoch.

wol nâch kürlîchen siten
ie zwêne neben ein ander riten
müezicllîch, in was niht gâch.
nâch den spern man füeren sach
zwên knappen ir helm, als er gebôt.
der ein was swarz, der ander rôt.
sus zôch er ûf den grüenen plân.
nu wârn ouch ene zwêne man
gewâfent ûf gesezzen.
die helde vil vermezzen
an den selben stunden
ir helme ûf gebunden.
Meleranz der Britûn
und sîn truhsæze Cursûn,
ietweder nam ein starkez sper.
[158b] nu kam ouch dort gên in her
die zwêne man durch prîses ger.
ietweder fuort ein grôzez sper.
da ergiengen zwuo tjoste rîche.
diu ros vil nîdeclîche
wurden mit den sporn genomen.
sus sach man si zesamen komen.
Ir ieclîcher sîn sper zerbrach.
Meleranz den ritter stach
der gên im dar komen was
von dem rosse ûf daz gras.
mit gewalt er ûf in reit
und twanc in umbe sicherheit.
Cursûn der degen balt
het den sînen ouch gevalt
und sicherheit betwungen.
dô in was sus gelungen,
Meleranz an der selben stat
Gunetelîn zwên schilt rüeren bat.
do gebôt Libers von Lorgân

*

9451 im. 9456 och en zwen. 9457 G. vnnd vff. 9464 im. 9473 da. 9480 sunst.

daz sich bereitten vier man
gên disen zwein: daz geschach.
in allen was ze strîte gâch,
als mir diu âventiure seit.
si wâren schiere bereit
und wâren alle viere
ze rosse komen schiere.
die zwên, den man dô ruorte
den schilt, ietweder fuorte
[159ª] in sîner hant ein grôzez sper.
ze tjostieren was in ger.
  Meleranz der Britûn
und der werde Cursûn
sâhn die ritter gên in komen.
ietweder het ein sper genomen,
daz was grôz und unbesniten.
mit unverzagtlîchen siten
dise vier küene man
ranten dô ein ander an.
diu sper si ûf stâchen
daz si gar zerbrâchen.
des künges man von Lorgân
die wurden gevellet ûf den plân
und betwungen umbe sicherheit.
daz was iedoch ir herren leit.
nu kâmen aber zwêne her
mit ûfgeworfenem sper:
den was gên der tjoste gâch.
dô die Meleranz ersach,
dô nam der küene wîgant
ein starkez sper in die hant.
sîn ros er mit den sporn ruorte.
mit vollem poinders hurte
kam er ritterlîch gevarn.
jener kunde ouch niht sparn

*

9490 rossen. 9491 die man. 9507 betwungen] begunden, vgl. 9879. 9510 geworffnen. 9516 pondigrß.

sîn ros da er ûfe saz.
vil ritterlîche reit er daz
gegen Meleranze her.
von rabîn sanden si diu sper.
[159b] Diu tjost wart guot unde rîch.
si verstâchen ritterlîch
diu sper diu si brâhten dar.
ietweder nam vil rehte war
wie er den andern valte
und an im prîs bezalte.
nu nâmen si zwei ander her,
(in beiden was zesamen ger)
diu verstâchen si zehant.
Meleranz der wîgant
aldâ prîs bezalte.
mit der tjost er valte
den ritter mit ros mit alle.
von der tjoste valle
wart er betwungen sicherheit,
ez wær im liep oder leit.
Cursûn der ellens rîch
het ouch gesiget ritterlîch
sînem strîtgesellen an.
nu wâren aber zwêne man
gewâfent und ze der tjost bereit:
daz wâren helde unverzeit.
Die kâmen ritterlîchen her,
ietweder mit einem sper
als er tjostierens gert.
si wurden strîtes wol gewert
von den die dâ mit in striten
mit unverzagtlîchen siten.
Meleranz het ouch siben sper
diu er mit im brâhte her:
[160a] der verstach er vieriu.

*

9621 Melerantzen. 9546 dyostieren. 9550 vnnerzaglichen.
9553 viere.

Cursûn verstach diu driu.
dô in der sper gar zerran,
dô ranten si ein ander an
mit den swerten vîntlîch.
Meleranz der ellens rîch
des slege wâren alsô grôz
daz sîn den ritter sêr verdrôz
der dâ manlîch mit im streit,
swie er doch wær unverzeit.
er het ze strîte guote kraft
und was ein kempf an ritterschaft,
doch moht er siges niht erholn.
er muost ein schumpfentiure doln
von dem der dâ mit im streit.
dem muost er geben sicherheit,
swaz er in tuon hieze,
daz er des niht enlieze.
Nu was Cursûn der küene man
von dem rosse gestân
und der ritter der dâ mit im streit.
die striten âne zageheit
einen herten strît mit swerten.
ein ander si gewerten
strîtes vollecliche.
Cursûn der ellens rîche
vaht mit manlîcher kraft.
er was ein kempf an ritterschaft.
ouch was der ander niht ein zage.
mit mangem ellenthaftem slage
[160b] si ein ander umbe triben.
die schilt wârn in niht ganz beliben
von dem nîtlîchen spil.
da ergiengen wehselslege vil.
iedoch gesiget ritterlîch
Cursûn der ellens rîch.
sicherheit muost er im geben,

*

9554 die trû. 9565 holen. 9566 dem fehlt. 9582 ellenthafftigen.

dar umbe liez er im daz leben.
sus was der strit ergangen:
aht ritter wurden gevangen.
Meleranz an den zîten
wolt niht mêre strîten,
wan ez was ze spâte.
nu wart er des ze râte
daz er wolde rîten dan.
einen boten sant der werde man
ze dem künc Libers an der stunt
und hiez im daz tuon kunt
daz er wolt durch strîten
des morgens wider dar rîten.
des wart der künic Libers frô.
zuo dem boten sprach er dô
'ir sult iuwerm herren sagen,
er mac hie hôhen prîs erjagen.
gesiget er uns allen an,
sô ist er wol ein frumer man.'
von dannen reit dô Meleranz,
der truoc an lobe der êren kranz:
die gevangen riten mit im dan.
nu was dem jungen werden man
[161a] bereit daz er solt ezzen.
im wart niht vergezzen,
er hiez der ritter schône pflegen.
dô man gaz, dô schuof der degen
daz man in schüefe ir gemach.
swaz er gebôt daz geschach.
vil schône bette man in
under sîn gezelt hin,
sô man beste kunde,
in vil kurzer stunde
beide ûf loup und ûf gras.
Meleranz mit râte was
komen dar von Terramunt.

*

9602 dar wider. 9609 dann. 9614 Vnnd im. 9623 lob.

ûf daz gras wart an der stunt
vier senfte matraz geleit,
dar ûf vil rîche golter breit
und lîlachen, diu wâren blanc,
und vier deckelachen wît und lanc,
dar ûf die strîtmüede man
solden ir gemach hân.
Meleranz dem ellens rîch
was gebettet hêrlîch,
als von reht eim künic rîch.
Cursûn lac ouch hêrlîch.
dô si ze gemache wâren komen,
ich sag iu, als ich hân vernomen,
die naht si ruowe pflâgen.
vil sänfteclîch si lâgen.
des morgens dô der tac erschein,
Meleranz wart des enein
[161b] daz er lac niht langer dâ.
er stuont ûf und gienc sâ
von den liuten dâ in nieman sach.
gên got er sîn gebet sprach
und flêhte in vil sêre
daz er im lîp und êre
behüete und sîn geruoche pflegen.
dar nâch gienc der werde degen
wider zuo den liuten dan.
nu was bereit dem werden man
ein kleiner imbîz zehant.
den tisch er gerihtet vant.
der degen vil vermezzen
wolt ein wênic ezzen
an den selben zîten,
ê daz er rite strîten.
daz het Cursûn gerâten.
zwei hüenr im wârn gebrâten.

*

9627 seuffty matreys. 9629 liblachen. 9632 ireß. 9633 der. 9635 ainem. 9643 lenger. 9647 flegt.

dô si embizzen, in was bereit
harnasch und ir wâpenkleit
und ir ros verdecket.
ir manheit wart erwecket.
Nu truoc man in ir harnasch dar;
schœne unde liehtgevar
wâfent sich die zwêne man.
si wolden ûf den grüenen plân
durch âventiure rîten.
in vil kurzen zîten
wârn si in ir harnasch komen
. . . .
ir zimierde daz was rîch
[162a] unde ouch vil kostlîch.
Meleranz der degen kluoc,
swaz er ob dem îser truoc,
daz was allez snêwîz.
dar an lac vil grôzer vlîz
von gestein und ouch von golde.
als er selbe wolde,
was sîn wâpenkleit geêret,
grôz rîcheit dar an gekêret,
sîn decke ein wîzer samît;
sîn wâfenroc sîn kursît
wâren wîz, sîn ros was blanc.
der helt ie nâch prîse ranc.
sîn schilt der was snêwîz,
dar an lac kostlîcher vlîz.
sîn helm het ein rîchez dach,
in blanker varwe man daz sach.
fünfzehen sper brâht man dar,
diu wâren alle wîzgevar.
Cursûn was ouch bereit.
alliu sîniu wâpenkleit
wâren blâ lâsûr gevar,
schilt wâfenroc sîn decke gar,
blâ was sînes helmes dach,
dar ûf man gebunden sach

ein fluc wîz, diu ander blâ.
härmîn wind die wâren dâ
ûf al sîn wâpenkleit gesniten.
ê daz si von dannen riten,
der werde junge degen
[162b] hiez der ritter schône pflegen.
er bat ir schône nemen war.
sîn ros wart im gezogen dar,
dar ûf spranc der ellens rîch
âne stegereif ritterlîch.
Cursûn der snelle man
der spranc ûf sînen castellân.
mit unverzagtlîchen siten
ûf den anger si dô riten,
die knappen fuorten mit in dan
fünfzehen sper ûf den plân:
Diu wâren alle wîz gevar.
was er ê schône komen dar,
er kam nu schôner, des man im jach.
der helt ze sînem garzûn sprach ·
'Gunetel, rüer zwên schilt an.'
der garzûn huop sich dan
und ruort zwên schilt an der stunt.
er sprach 'ir herrn, ich tuon iu kunt:
mîn herre ist komen ûf den plân.
die zwêne suln in bestân
der schilt ich hie rüere:
gesigent si, daz ist ir gefüere.'
nu was der künc von Lorgân,
er und alle sîne man,
gewâfent ritterlîchen gar
und warten wann er kæme dar.
dô si hâten vernomen
daz er was ûf den anger komen,
dô îlten si ze ir rossen dan
gên Meleranze ûf den plân.

*

9701 alle sine. 9711 vnuerzaglichen. 9734 Melerantzen.

[163a] ritterlîch kâmen si her.
ietweder fuort ein starkez sper.
langer si dô niht beliben,
diu ros mit sporn si dô triben
gên ein ander ritterlîch.
diu tjoste wart guot unde rîch.
Libers der künc von Lorgân
sach daz beide sîne man
wurden gestochen nider.
ietweder liez den sînen wider
zuo keiner wer niht enkomen
unz er het von im genomen
sîn sicherheit. dô daz geschach,
zwein andern rittern den wart gâch
ze der tjoste, den geschach alsan.
Meleranz der werde man
des tages ûf dem anger streit
und Cursûn der unverzeit,
daz si den prîs fuorten dan
und mit in aht gevangen man
brâhtens an die fiwerstat.
Meleranz die sînen bat
daz si der pflægen êrlîch.
der junge degen lobes rîch
des nahtes in schuof guot gemach.
des morgens dô man den tac ersach,
dô stuont er ûf und bevalh sich got
mit guoten triuwen sunder spot.
Cursûn ouch daz selbe tete.
dô si sprâchen ir gebete,
[163b] dô was den helden bereit
daz ezzen gên ir arbeit.
dô si von tische giengen,
ir dinc si sus an viengen:
die herren hiezen in tragen dar
ir harnasch, daz was liehtgevar.

*

9742 beide am Anfang der nächsten Zeile. 9745 kommen. 9749 allsam.

Meleranzes wâpenkleit
erzeigten grôze richeit.
ez fuort der degen hôhgemuot
von pfellel rôt sam ein gluot
wâpenroc und kursît.
[und] ein decke lanc unde wît
was der îserîn decke dach.
sîn schilt mir rîcher koste jach,
der was rôt; sîns helmes dach
was rôt: swer sîn sper sach,
der muost im ganzer rœte jehen.
ez wart an ritter nie gesehen
wâpenkleit sô kostlîch.
ez was allez tiur und rîch
daz er an sînem lîbe truoc.
Cursûn der degen kluoc
Het verholn brâht dar,
daz sîn herre niht wart gewar,
zweier hande wâpenkleit.
diu erzeigten grôze richeit.
daz ein was grüen alsam ein gras,
daz andr ein gelwer samît was,
härmîn wind dar ûf geströut.
Meleranz sich des fröut.
[164a] do er diu wâpenkleit ersach,
ze Cursûn er dô sprach
'Cursûn, vil lieber werder man,
mînen willen hâstu wol getân
daz du disiu wâpenkleit
hâst mit dir brâht. mir was leit
daz ich niht gedâht dar an.
dâ hân ich vorht, vil werder man,
daz du ze disen zîten
alsô müezest strîten

*

9771 Melerantz. 9774 Von ainem pfel rot sam alß ain. 9782 an] ain. 9787 Det. 9791 Dz wz grün alsam ain grünes graß. 9793 wind] vnnd. vgl. 10004. 9804 muostest.

under dem verhouwen schilt dîn:
daz was al diu sorge mîn
daz ich dich verlür, vil werder man.
an mir selbem hân ich missetân
daz ich niht zweier rosse mêr
durch dînen willen brâhte her.
des scham ich mich und ist mir leit,
küener degen unverzeit,
daz du ze disen zîten
ûf dem müeden ros solt strîten.'
Cursûn sprach 'herre mîn,
die klage sult ir lâzen sîn.
ze mîm rosse bin ich wol geriten.
ich hân des vil kûm erbiten
daz ich ze vehten funden hân.'
alsô sprach der küene man,
'ich hân geruot ze lange gar.'
nu zôch man in diu ros dar.
si sâzen ûf und riten dan,
die zwêne muotes rîche man,
[164b] ûf den anger durch strîtes ger.
man fuort mit in fünfzehen sper,
diu wâren alle rôt gar,
als sîn wâfen was gevar.
Meleranz sant Gunetlîn für.
durch sîner wirdekeite kür
in hiez der degen milte
rüeren zwêne schilte.
Günetel huop sich dan
gên der linden ûf den plân.
er ruort die schilte unde sprach
'ir helde, iu nâhet ungemach:
iu kumt aber mîn herre,
seht ob iu daz iht werre,
der wil ze disen zîten
umb den anger mit iu strîten.

*

9808 selb. 9817 zuo minem. 9821 gerûwet. 9826 f. bâr sper.

den müezet ir im ledic lân
oder ir müezet in bestân.'
Diu rede was dem künic zorn.
er sprach 'mîn schade ist unverkorn
den ich von iuwerm herren hân.
er hât gevangen mîne man
und gert ouch mînes schaden mêr.
er wolde nemen mir mîn êr:
daz wil ich weren ob ich mac.
got lâz geleben mich den tac
daz ich mich an im erhol
des schaden des ich von im dol.'
nu kam geriten Meleranz
mit liehter zimierde glanz
[165a] ûf den anger ritterlîch
und Cursûn der ellens rîch.
nu hielten ze rosse ûf dem plân
des künges man von Lorgân
gên der tjost mit ûfgeworfnen spern,
als si strîtes wolden wern
Cursûn unde Meleranz.
diu sper beliben unlange ganz.
dô si ein ander sâhen,
si begunden vaste gâhen
und bereitten sich gên strîtes nôt.
mit zwein spern, diu wâren rôt,
kam Meleranz der Britûn
und der werde Cursûn
ritterlîchen her gevarn.
jene die kunden ouch niht sparn:
diu ros dâ si ûfe riten
diu wurdn mit hurteclîchen siten
mit den sporn dar getriben.
ich wæn diu sper iht ganz beliben:
diu brâsten von der tjoste nôt.
iedoch wart ûf die bluomen rôt

*

9842 müessent. 9848 niemen. 9857 ze den rossen.

Libers ritter dâ gevalt.
si wurden beide mit gewalt
betwungen umbe sicherheit.
nu wârn zwên ander bereit:
Den was ouch gên der tjoste gâch.
den selben ouch daz selb geschach;
doch werten si sich ritterlîch
und riten manic tjoste rîch.
[165b] ouch enwart des niht vermiten,
mit swerten wart dâ wol gestriten
des tages bî der linden breit.
Meleranz den sig erstreit
und Cursûn vil ritterlich.
sehs ritter ellens rîch
entschumpfiertens umb den plân
und fuortens zuo den andern dan:
daz was Libers dem künic leit.
Meleranz mit fröuden reit
da er sîn herberge vant.
die ritter hiez er alzehant
entwâpen unde schône pflegen.
dar nâch schuof der werde degen
im selbem und Cursûn gemach.
mit guotem willen daz geschach,
wan in was gemaches nôt,
als in diu müede gebôt.
si heten den sumerlangen tac
mit mangem stich unde slac
gegeben gar ein ende,
ê daz si mit ir hende
den sige dâ errungen
und sicherheit betwungen
Die sehs ritter ûf dem gras:
da von in nôt gemaches was.
nu hœrt ouch von dem künic sagen
von Lorgân: der begunde klagen

*

9885 Och ward dz. 9891 ûf dem plân? 9897 Entwapnen. 9899 selb.

sîn verlust die er het genomen.
er sprach 'owê wie bin ich komen
[166a] ze dem schaden der mir ist geschehen!
ich mac wol mit der wârheit jehen
daz ich sælden niht enhân.
daz mir habent zwêne man
mîn ritter gevangen gar,
des muoz ich alliu mîniu jâr
sîn unfrô unde klagen
und die jâmers bürde tragen,
ezn sî daz ich mich sîn erhol:
so gehab ich mich alrêrst wol.
ich hân gedingen unde trôst
daz mîn helde werden erlôst
die er mir gevangen hât.
ich weiz wol daz er niht enlât
ern kom morgen her durch strît.
waz ob uns got die sælde gît
daz wir in gesigen an
und erlœsen mîne man
die sie uns habent an gestriten.'
'si werdent strîtes niht vermiten'
sprach der ritter manlîch
der bî dem edelen künic rîch
dâ bestuont, der was genant
Maculîn, Optanus heizt sîn lant:
er was ein herzoge rîch
und hete dicke ritterlîch
vil mangen hôhen prîs bejagt.
sîn herze was gar unverzagt.
si heten guot gedingen
daz in solt gelingen
[166b] des morgens ûf dem grüenen plân
und daz si lôsten ir werde man.
Als ich daz mær vernomen hân,

9913 den er. 9914 wie fehlt. 9920 Dz 9924 aller. 9926 helden. 9930 Wayß. 9938 Maculorn. 9943 guoten.

Meleranz der werde man
hiez der ritter schône pflegen.
dô man gên naht gaz, der werde degen
hiez die ritter bringen sân
an ir gemach. der werde man
gienc ouch dâ er vant gemach.
dâ ruot er unz der tac ûf brach:
dô stuont er ûf und gienc dan.
sîn gebet sprach der junge man
gên got und flêht in sêre
daz er im lîp und êre
behüete. dô der werde man
sîn gebete het getân,
dô gienc der degen alzehant
da er den tisch gerihtet vant.
Meleranz der Britûn
und der küene Cursûn
zuo ein ander sâzen.
ein teil si trunken und âzen.
man huop die tischlachen dan.
Meleranz der werde man
hiez ir harnasch bringen dar
und ir zimierde lieht gevar.
daz wart in snelleclîchen brâht.
nu heten si sich des bedâht

Daz si wolden rîten
ûf den anger durch strîten.
[167a] ietweder wâfent sich zehant.
sô tiure wâpenlîch gewant
wart an rittern nie gesehen:
des muoz man mit der wârheit jehen.
Meleranz der degen klâr,
von einem pfellel liehtgevar,
der gap sô kostbæren schîn,
als ob er wære guldîn,
dar ûz was gemachet,

*

9954 ruowet. 9957 fleget. 9959 Behuot. 9980 pfell. 9981 kostbaren.

an koste niht verswachet,
wâpenroc und kursît.
[und] ein decke lanc unde wît
was der îserîn decke dach.
sînen helm man verdecket sach,
·als ob er wær gar guldîn.
fünfzehen sper diu gâben schîn,
als si wæren guldîn gar.
sîn schilt der was goltvar,
dar ûf was entworfen dâ
ein arm rôt, der ander blâ,
dar an zwuo wîze hende,
ân alle missewende,
gegeben nâch der triuwe.
âne herzen riuwe
dient er sînr amîen,
der klâren Tydomîen.
Cursûn was ouch bereit
und kam in sîniu wâpenkleit,
diu wâren grüen alsam ein gras.
härmîn wind dar ûfe was
[167b] geströut vil meisterlîchen.
den helden ellens rîchen
den zôch man diu ros dar:
diu wâren wol verdecket gar
mit îser und mit pfellel rîch.
Meleranz der lobes rîch
spranc ûf sîn ros dâ erz vant.
Cursûn der wîgant
ûf daz sîn ouch saz:
an snelheit was er niht ze laz.
die gevangen ritter jâhen
daz si nie gesâhen
in allen künicrîchen

*

9986 vgl. 9776. 9987 ysrein. 9993 dâ] dū d. i. dar. 9994 blaw. 10002 sinen. 10009 pfell. 10013 och niht saß. 10014 schnellykayt. 10015 gevangnen.

zwên man die sich gelîchen
an manheit zuo in kunden.
si gâben an den stunden
in selben harte bœsen trôst
daz si wurden erlôst
von ir herrn mit strîte.
an der selben zîte
riten si gên dem anger dan,
dise zwêne küene man,
durch prîs und durch strîtes ger.
man fuort mit in fünfzehen sper,
diu gâben goltvarwen schîn
als diu andern wâpen sîn.
Günetel alles vor in lief,
ûf den anger vil lûte er rief
'âvoi, wîchâ herre wîche!
hie kumt der êren rîche,
[168a] der hôchgemuote Meleranz,
der der wirdekeite kranz
treit: der hât sich des bewegen
dêr well hie ritterschefte pflegen.
wâ nu, künc von Lorgân?
welt ir den herren mîn bestân,
so bereitet iuch: er zogt dâ her
mit rehter manlîcher ger
und wil den anger frîen
der süezen klâren Tydomîen.'
Nu was der künc Libers bereit
und komen in sîn wâpenkleit
und Maculîn der ellens rîche.
vil vermezzenlîche
hieltens ze der tjost bereit.
vil tiure was ir wâpenkleit.
Libers der künic rîche
was gewâpent ritterlîche:
sîn wâpenroc sîn cursît

*

10021 selber. 10033 Affog. 10038 ritterschafft. 10049 hielten.

was von richem phellel wît
der von vier varwen was,
rôt und grüen alsam ein gras,
wîz und blâ die vierde.
al sîn zimierde
was tiwer unde liehtgevar.
in dem blâwen fluc ein härmîn ar,
in dem wîzen fluc ein zobelîn lewe,
der ginte wît mit sîner kewe.
in dem rôten fluc ein blâwer ar,
in dem grüen ein löwe rôt gar.
[168b] daz selbe wâpen daz was sîn.
ab sînem helm gap liehten schîn
eines löwen houbet.
der muotes unberoubet
der was gezieret schône
mit einer tiuren krône.
  Maculîn der ellens rîch
des wâpenkleit was kostlîch,
der schilt der was wîz gar,
dar ûf ein wolf swarzgevar.
sîn wâfenroc sîn kursît
was ein blanker samît
und sîn decke rîche,
dar ûf vil meisterlîche
zobelîn wolfe wârn gesniten.
mit unverzagtlîchen sîten
het er mangen prîs bejagt.
ez fuort der helt unverzagt
ûf sînem liehten helme klâr
einen wolf, der was swarz gar:
der stuont alsam er lebete
und ob dem helme swebete,
niht ze hôch noch ze grôz.

*

· 10054 phell. 10060 stugk. arm. 10061 stuck. 10062 thew oder chew. 10063 stuck. 10068 Des. 10072 Der. 10073 Des. 10080 vnuerzaglichen. 10086 ab. 10087 noch] noch niht.

sîn helm was unverdecket blôz,
lûter als ein spiegelglas.
craft und ellen an im was.
Sus hielten die zwêne man
bî ein ander ûf dem plân,
mit rehter manlîcher ger,
ietweder mit ûfgeworfem sper,
[169ª] als si tjostierens biten.
nu kam ûz dem walt geriten
Meleranz der Britûn
und der küene Cursûn.
die heten an den stunden
ir helme ûf gebunden
und diu sper genomen in die hant.
ietweder mit den ougen vant
den sînen an den zîten
mit dem er solde strîten.
sus kâmens gên ein ander her,
ieclîch mit ûfgeworfem sper.
Meleranz der werde man
und Libers von Lorgân
nâmen diu ros mit den sporn.
die zwêne künige wol geborn
liezen nâher strîchen
ûf dem poinder hurteclîchen.
der herzoge Maculîn
und der küene Cursîn,
den was ouch zuo ein ander ger.
dâ wurdn verstochen vier sper
daz die sprîzen ûf stuben
und hôch ûf gên den lüften flugen.
Nu brâhte man vier ander her,
daz was wol ir aller ger:
diu vertâtens ritterlîch.
die vier helde ellens rîch

*

10098 Cursin, vgl. 10114. 10106 Yegklicher m. vffgeworffnem.
10112 pungider hörtteklichen. 10119 her fehlt.

mit der tjost ein ander niht trugen.
die sprîzen gên den lüften flugen.
[169b] die vier tjoste wâren rîch.
sus verstâchen si vil ritterlîch
ir ieclîcher siben sper.
Meleranze brâht man her
dannoch daz fünfzehenst sper.
daz was nâch sînes herzen ger
starc unde unbesniten.
mit vil ritterlichen siten
nam er daz sper in sîn hant.
nu was dem küenen wîgant
von Lorgâu Libers
beliben niht wan eines spers:
daz selbe brâhte man im dar.
ietweder nam des rehte war
wie er den andern valte
und an im prîs bezalte.
diu ros si ersprancten,
diu sper ze rehte sancten
und brâhtens alsô eben dar,
swer des wolde nemen war,
der kunde niht gesagen wer
baz vertân het sîn sper.
diu ros si wider wanden,
ein ander si an randen
mit den swerten manlîche.
die helde ellens rîche
vil ritterlich ze den rossen striten.
mit unverzagtlîchen siten
Heten si gevohten
daz diu ros niht mêr mohten.
[170a] si erbeizten nider ûf daz gras.
manheit und craft an beiden was.
Libers der künic rîch,
des slege wâren krefteclîch,

*

10129 zehnost. 10134 kün. 10142 s. sy z. r. sannten.

er kund ouch wol mit strîte.
Meleranz treip er an der zîte
mit slegen gên der linden dan.
er wând er solt gesiget hân:
dem was ez dannoch ungelîch,
wan Meleranz der ellens rîch
was ein helt in strîte,
wan daz er an der zîte
vor dem künic weich mit listen.
er gedâht 'ich wil mich fristen
und wil mich schermen vor sîn slegen,
unze daz der werde degen
ab neme an den slegen sîn:
sô tuon ich im danne schîn
ob ich iht mit strîte kan.
ich slah ungerne disen man:
sîn tôt der wære klägelîch.
für wâr er ist ellens rîch.'
in disem sinne weich er dan.
Libers der unverzagte man
sluoc im mangen starken slac.
sô krefteclîcher slege er pflac
daz der walt dar nâch erdôz.
Meleranz sîner slege verdrôz.
do er den künc sô vehten sach,
Meleranz dô zuo im sprach
[170b] 'ich hân dich ze lang gespart.
du muost für wâr die widervart
loufen, mac ich dichs erbiten.'
mit unverzagtlîchen siten
Treip er den künc mit slegen dan
hin wider über den grüenen plân.
er liez in komen ze slage nie,
wan daz er mit schirme gie
vor im über den anger breit.
Libers der degen unverzeit

*

10169 sinen. 10178 Liborß. 10180 er do pflag. 10184 zuo im fehlt.

der kunde wol mit ritterschaft.
er trôst sich sîner grôzen kraft.
nu gedâht Libers von Lorgân
'möht ich disem küenen man
daz swert underspringen,
ich wolde mit im ringen.
möht ich den degen werde
bringen ûf die erde,
sô müest er sicherheit mir geben
oder ich næm im daz leben.
bî namen daz wil ich besehen;
ez mac ungewarnet wol geschehen
daz ich in wirfe dar nider:
sô lâz ich in niht wider
under mir ûf stân.'
sus lief er an den starken man
und wolt in nider swingen
und sicherheit betwingen.
nu moht er den werden degen
niendert von der stat erwegen.
[171ª] Meleranz der werde
swanc in ûf die erde
daz er niht weste wâ er lac.
er sprach 'zwâre ob ich mac,
Du muost der meit ir anger lân.'
Meleranz der küene man
den helm er im abe brach
und daz härsenier: zuo im er sprach
'dîn lîp muoz des tôdes sîn,
dun lobest mir bî den triuwen dîn
daz du leistest mîn gebot
mit guoten triuwen âne spot.'
dô sprach der künc von Lorgân
'nu lât mich wizzen, werder man,
wer ir von gebürte sît.
ist daz ez alsô eben lît

*

10198 disen. 10207 würff. 10208 lauß. 10221 ab im. 10224 Du.

umb iuch, sô bin ich bereit
dienstes unde sicherheit.
sît ir niht sô ein hôher man,
daz sult ir niht ver übel hân,
von geburt und von der art
daz ich sî lasters dran bewart,
daz ich iu sicherheit sül geben,
sô wil ich niht langer leben:
sô endet ez, degen ellens rîch,
mit mînem tôde kurzlîch.
ich wird dir nimmer undertân,
dun sagst mir, hôchgelopter man,
wer du von gebürte sîst.
ob du mir die gâbe gîst,
[171b] daz dien ich immer mêre.
des hâstu grôze êre,
küener helt unverzagt,
swâ man daz mære von dir sagt
daz du mir habest gesiget an.
beide frowen unde man
müezen dich von schulden êren
und dîn wirde mêren,
wan ez mir nie geschach.'
Meleranz dô aber sprach
'ich wil dir sagen von mîner art,
diu ist vor schande wol bewart:
Des soltu gar gewis sîn.
Leyses hiez der vater mîn,
dem dient gewaltecliche
daz lant ze Francrîche.
mîn muoter hiez Olimpîâ:
diu ist küniginne dâ.
ichn weiz ob du iht hâst erkant
Artûs von Britanjen lant:
der ist mîn œheim sunder wân.

*

10236 dar an. 10238 lenger. 10239 andent eß. 10242 Du. 10243 sigest. 10245 Ich dien. 10258 heizt? 10261 heizt? 10263 Ich.

19 *

nu hân ich dir kunt getân
von mînem gesleht ein teil.'
'ich wil mirz zellen für ein heil'
sprach Libers der werde man,
'sît mir ist gesiget an,
daz mich doch überwunden hât
ein man umb den ez alsô stât
daz er mir ist genôzsam.
swie hart ich mich des lasters scham,
[172a] doch gib ich dir des sicherheit
daz dir mîn dienest ist bereit,
wan ich alsô gelobet hân.
ich wil sîn ouch niht abe gân:
ich leist swaz ir gebietet mir.'
er sprach 'herre, sô sult ir
zuo iu nemen iuwer man
den wir haben gesiget an
und rîtet in Artûs lant.
dem sult ir, degen werd erkant,
bringen iuwer sicherheit.
ir sult im dienstes sîn bereit
und sult mîn dâ bîten.
ich kum in kurzen zîten
nâch iu, hôchgelopter man,
und lât der juncfrowen ir plân.'
daz lopt er unde liez ez wâr.
Meleranz der degen klâr
und Cursûn der werde man
nâmen urloup und riten dan.
Libers der küne von Lorgân
sprach 'herre, ir sult mir mîne man
noch hînt her zuo mir senden.
ich wil mîn reise enden,
ich wil gên Britanjen varn:
got müez iu lîp und êr bewarn.'
Meleranz sprach 'daz tuon ich.'

*

10284 Den.

hie mite schieden si sich.
  Meleranz der werde man
reit ze sîme gesinde dan.
[172b] si wâren sîner künfte frô.
die gevangen ritter bâten dô
daz man in saget mære
wie ez ergangen wære.
si heten alle guoten trôst
daz si wurden erlôst
von ir herren manheit.
dô in rehte wart geseit
wie ez dort ergangen was
bî der linden ûf dem gras,
des wurden si alle unfrô.
Meleranz der hiez si dô
zuo ir herren rîten
und gebôt in an den zîten
daz si mit ir herren riten
und die reis niht langer miten
gên Britanjen in daz lant.
daz lopten si dô: alzehant
brâht man ir ros und harnasch gar,
reht als si wâren komen dar.
daz verhouwen gewant
legten si dô an zehant.
mit urloup schieden si dan
von Meleranz dem werden man.
zuo ir herren si dô riten
mit vil trûrigen siten.
  Der wolt die naht ruowe hân
bî der linden ûf dem plân.
dô sîn ritter zuo im kâmen dar,
si wurden alle riwevar.
[173a] si klagten ir grôzez unheil.
dâ wider was von schulden geil

*

10304 sinem. 10320 lenger. 10323 ir] inn ir. 10325 D. v. wappenklaid g. oder wâpengewant.

Cursûn unde Meleranz.
der fröude was mit wârheit ganz
daz in was wol gelungen.
'daz wir sîn betwungen'
sprach Libers von Lorgân
'und daz uns hânt gesiget an
zwêne man uns allen,
wem sol daz wol gevallen
an uns, daz wir sô zagelîch
uns werten? ez ist billîch,
ob man uns haz dar umbe treit.
der mich von mîner wirdekeit
hât gedrungen, deist der tiurest man
des ich künde ie gewan.'
die ritter sprâchen 'daz ist wâr:
ez ist an sînem lîbe gar
swaz eim ritter rehte stât.
er schamt sich aller missetât,
er kan nâch êren werben:
sîn lop mac niht verderben.'
die naht schuofens ir gemach.
des morgens dô der tac ûf brach,
do bereitten si sich zuo ir vart.
daz wart niht langer ûf gespart.
Libers sîn gesinde sande
heim ze sînem lande:
die fuoren gegen Lorgân.
er und sîn ritter fuoren dan
[173b] gên Britanjen in daz lant.
Meleranz fuor alzehant
zuo der linden ûf den plân,
dô Libers und sîne man
der linden heten sich bewegen:
der solden si niht mêre pflegen.
Die âventiure het erstriten

*

10342 an fehlt. 10349 der ist der trûwerest. 10360 lenger.

mit unverzagtlîchen siten
Meleranz der werde man.
der fuor nu ûf den grüenen plân
ze der linden ûf den anger.
des sûmt er sich niht langer,
sît er die stat het erstriten.
do er zuo der linden kam geriten,
ein gezelt sluoc man ûf daz gras
daz der künic Godonas
hiez hêrlîchen machen
mit costlîchen sachen.
ez was hôch unde wît,
von vierer hande samît
was daz gezelt gemachet,
an koste niht verswachet,
rôt blâ unde gel.
ez was hôch und sinwel,
die næt erleit mit golde gar.
ûf ieclîchem [samît] ein guldîn ar.
diu seil wâren sîdîn,
der knopf der was guldîn,
dar ûf ein ar von golde,
als er leben solde.
[174a] den arn truoc Godonas
des daz gezelt ê was
ûf sînem helm, der küene man.
den schilt solt nû ze rehte hân
Meleranz der wîgant:
der erstreit den schilt und daz lant.
Dô Meleranz dem werden man
zuo der linden ûf den plân
was geherberget schôn
durch rehter werdekeite lôn,
die aht verhowen schilte
hiez der degen milte

*

10372 vnverzaglichen. 10376 lenger. 10384 vier. 10389 erlaut.
10395 Der. 10401 den.

für daz gezelt alzehant
haben: der küene wigant
was in sînem muote frô.
mit Cursûn gienc er dô
zuo der linden, dem zeiget er
wie daz wazzer was geleitet her,
daz bett daz bat die rîcheit
dâ von ich ê hân geseit.
Cursûn nam der gezierde war.
an daz bette wol gevar
sâzen dô die zwêne man.
Meleranz sagen dô began
Cursûn diu mære
von der meide sældenbære,
wie er die bî der linden sach
und welh êre im von ir geschach.
er sprach 'friunt, nu râte mir,
wan ich wol getrûwe dir,
[174b] wie ich ir daz tæte kunt
daz wir an dirre stunt
den anger gefrîet hân.
ich weiz wol' sprach der werde man,
'swer ir daz von mir sagt,
daz diu minneclîche magt
kæme her in kurzer stunt.
mir wart nie lieber mære kunt
dann ob daz geschæhe,
daz ich die süezen sæhe:
sô kund mir lieber niht geschehen.'
'herre, welt ir si gerne sehen,'
Sprach der werde Cursûn
ze Meleranz dem Britûn
'sô embiet der juncfrowen klâr
und sendet Gunetlîn dar,
si sül sich underwinden
ir anger und ir linden,

*

10415 C. der nam der. 10422 wellich. 10426 diser. 10427 hannd.

die habt ir gemachet frî,
ob ez iuwer wille sî,
vor dem künc von Lorgân:
mich dunket ez sî guot getân.'
Meleranz sprach 'daz sol sîn.
ich wil der lieben frowen mîn
mînen boten senden dar,
daz diu süeze wolgevar
underwinde sich ir plân.'
si giengen ûz der linden dan
in ir gezelt alzehant.
nâch Gunetlîn wart gesant,
[175a] der kam für den herren sîn.
er sprach 'Guntel, friunt mîn,
du solt mîn botschaft werben wol.'
'herre, swaz ich werben sol,
daz wirb ich als ich beste kan:
dâ gezwîvelt nimmer an.'
  Alsô sprach der garzûn.
Meleranz der Britûn
sprach 'lieber friunt, sô tuo kunt
ûf die burc ze Flordemunt
der küngîn Tydomîen,
der süezen valsches frîen,
si sül sich underwinden
ir anger und ir linden:
den hân ich gemachet frî.
als rehte liep ich dir sî,
du solt ir sagen den dienest mîn,
ich well ir ritter immer sîn,
die wîl und ich mîn leben hân.
hât ir ieman iht getân,
daz hilf ich rechen swann si wil.
mich dunkt der arbeit niht ze vil
die ich lîde durch ir êre.
nu ensûme dich niht mêre.

*

10451 Dz sie u. s. irß. 10465 Tydomey.

nim hin ditze vingerlîn,
daz erkennet wol diu frowe mîn.
als si daz vingerlîn an siht,
sô weiz si wol daz du si niht
mit der botschaft hâst betrogen.
du soltz niht langer verzogen.
[175b] hebe dich balde an die vart.'
der tiuwer wâpenroc im wart
dâ Meleranz der unverzeit
aller jungest inne streit.
den legt er an, der was guot:
der glast als ein glüendiu gluot
von gestein und ouch von golde,
reht als er selbe wolde,
Meleranz, der des gedâhte
daz in Guntel brâhte
ze hove für die frouwen.
daz in die solden schouwen,
Des wart er von herzen frô:
Gunetel der huop sich dô
von dem anger einem stîge nâch
den er vor im ligen sach
von dem anger durch den walt:
den zeigt im der degen balt.
den selben sach er zuo im komen,
als irz dâ vor habt vernomen,
der küngin massenîe,
dô der valsches frîe
die juncfrowen werd erkant
alrêrst bî der linden vant.
Guetelîn lief snellelîch.
nu het der meit minneclîch
ir meisterin gesaget mære
diu diu sældenbære
vil gerne hôrt. diu alte sprach

*

10481 Also. 10482 waist. 10484 lenger. 10490 glost. glostunde. 10503 Den selbigen stig sach. 10508 Aller.

heimlîch dâ si ir frowen sach,
[176a] 'frowe mîn, gehabt iuch wol:
unser leit sich enden sol.
frowe, ich wil iu des verjehen,
an den sternen hân ich gesehen
daz uns fröude nâhet.
ein bote zuo uns gâhet,
der bringt uns liebiu mære.
ez hât der lobebære
mit unverzagtlîchen siten
ûf iuwerm anger gestriten
mit dem künc von Lorgân:
dem hât er gesiget an.
iuwer anger der ist frî.'
'sag als liep ich dir sî,
Herzen liebiu meisterîn,
ist der trûtgeselle mîn
mir ze hilfe komen her?
ô wol mich wart daz er
mîn niht vergezzen hât.
nu geding ich daz mîn werde rât.
wol mich hiut und immer wol
daz ich mîn herzenliep sol
mit mînen ougen noch gesehen.
wie kund mir lieber geschehen?'
diu maget wart von herzen frô.
ir meisterîn dô sprach alsô
'ir sult an disen zîten
gên dem boten heizen rîten
hinz der klûs ûf die strâze,
daz man in durch lâze.
[176b] er ist den liuten unbekant.
si wænent lîht in habe gesant
der künc Libers zuo in her.
ich fürhte lîhte daz er
von in werd übel empfangen dâ.'

*

10518 stern.

die küniginne hiez ir sâ
gewinnen den knaben kluoc
der ir heimlîche mit im truoc,
den si ê het gesant
zuo im in Artûses lant.
der knabe hiez Berlîn.
in hiez diu edel künigîn
an den selben zîten
gên der klûse rîten.
si sprach 'hâstu daz vernomen?
ez sol ein bote mir her komen
von mînem friunde, den soltu her
durch die klûse bringen, daz er
von ieman werd beswæret.
sîn würde lîht geværet
mit bœser rede, daz wær mir leit:
daz wende durch dîn sælikeit
und beleit in schône her ze mir.
dar zuo wil ich sagen dir,
sô du den boten in daz lant
bringest, sô soltu zehant
ûf mînen anger rîten
und des niht langer bîten:
dâ vindestu den werden man
bî der linden ûf dem plân.
[177a] den vil reinen süezen
soltu von mir grüezen.
Berlîn, nu lâz dir wesen gâch:
ich kum schier selb hin nâch.'
gên der klûs reit der knabe dô.
diu küniginne diu was frô:
alles trûrens si vergaz.
in ein venster si gesaz,
si het vil lieben gedanc.
diu wîle dûhte si ze lanc,
daz si den boten niht ensach:

*

10552 mit jr. 10561 minen frunden. 10583 lieb.

daz was ir herzen ungemach.
Sus saz si und sach alles dar
gên der klûs und nam des war
ob si an der selben stunt
ieman sæh: nu wart ir kunt
vil seneliche swære.
si vorhte daz daz mære
wær niht daz ir het gesagt
ir meisterîn: dâ von verzagt
diu magt, der zwîvel schuof ir daz.
als si in gedanken saz,
ein wîl gedâht diu klâre magt
'mir hât mîn meisterîn gesagt
ein mær und sol daz wâr sîn,
sô wil ich die tage mîn
mit vil stæten fröuden leben
und mînen sorgen urloup geben.'
von dem gedenken wart si frô.
dar nâch vil schiere kam ir dô
[177b] aber ein ander gedanc:
der macht ir die wîle lanc.
si gedâht 'ob ich bin betrogen
und ob die sternen habent gelogen
mîn meisterîn, sô muoz ich sîn
trûric in dem herzen mîn.'
der gedanc ir danne fröude nam
alsô daz trûrens si gezam.
in den gedanken saz si dâ.
nu was ir knabe komen sâ
hin ze der klûse dâ er vant
Gunetlîn, den empfieng er zehant
und frâgt in der mære
wes garzûn er wære.
Dô sprach der knabe zühteclîch
'von Terrandes des küniges rîch:
Meleranz ist er genant.

*

10591 seendlich. 10593 wær niht wâr? ir] er. 10608 stern.

der hât mich vor im her gesant
ze dises landes frouwen.
diu sol im wol getrouwen
daz er ir dienet willeclîch.
ir anger hât der ellens rîch
alsô ritterlîch erstriten
mit unverzagtlîchen siten
ab dem künc von Lorgân.
den frumt er hin und sîne man
gên Britanjen in daz lant:
dâ hât mîn herre si hin gesant
sînem œheim Artûs,
daz si dâ sîn in sînem hûs,
[178a] unz er nâch in kome dar.
er hât der küniginne klâr
emboten daz ir anger sî
von im ledic unde frî.'
der rede wart Berlîn frô:
durch die klûs wîst er in dô
ûf die strâz gên Flordemunt,
dar kam er in vil kurzer stunt,
dâ diu küngîn was mit hûse.
diu burc lac vor der klûse
niht ein halbe mîle gar.
in kurzer frist was er dar.
er was ze füezen wol geriten.
noch het diu künigîn gebiten
in dem venster ûf dem palas.
do er sô nâhen komen was
daz in diu küniginne sach,
zuo ir meisterîn si sprach
'ganc her, liebiu meisterîn,
und warte ob daz müge sîn
Der bote den mir hât gesant
mîn süezer friunt her in mîn lant.

*

10622 von im. 10624 getruwen. 10628 vnuerzaglichen. 10630 fuor. 10632 sy min her hin. 10653 liebiu fehlt.

ich sih einn garzûn loufen her.'
si sprach 'frowe, daz ist der
der uns liebiu mære bringet.'
ir swær diu wart geringet
und wart ir hôhgemüete grôz.
diu küniginne valsches blôz
saz in dem venster und sach dar.
si nam des vil rehte war
[178b] daz er gên der bürge kêrte,
als in der wec lêrte.
der truoc in für daz burctor:
dâ liez man in unlange vor.
er wart gâhes în gelân.
für die künigîn gienc er sân
dâ si bî ir frowen saz.
für die maget valsches laz
kniet er unde sprach zehant
'frowe, mich hât her gesant
Meleranz der herre mîn.
mit triuwen al den dienest sîn
embiutet iu der werde man.
frowe, ir sult iuwern plân
frîlîch haben alsam ê.
iuwer bluomen und iuwern klê
solt ir haben ledeclich.
die hât iu der ellens rîch
gefrîet vor dem werden man,
Libers dem künc von Lorgân:
dem hât angesigt sîn hant.
frowe, er hât iu bî mir gesant
diz vingerlîn umbe daz
daz ir geloubet dester baz
waz ich iu von dem werden sage.
swer iu iht tuot, daz ist sîn klâge.'
Diu küniginne diu wart frô.
daz vingerlîn nam si dô,

10657 einen.

ez was der schœnen wol bekant.
mit fröuden sprach zi zehant
[179a] 'ich erkenne wol daz vingerlîn,
ez ist ê gewesen mîn.
ich wil nu mîn trûren lân.
wie gehabt sich der werde man?
daz sage mir, vil werder bot.
ist er wol, des lob ich got,'
alsô sprach diu werde magt.
'mînen sorgen den sî widersagt,
sît ich weiz daz der werde man
ist frô und aller sorgen ân.'
daz vingerlîn si an ir vinger stiez,
des boten si schône pflegen hiez.
nu was daz ezzen bereit.
dô diu künigîn gemeit
embizzen het, dar nâch zehant
hiez diu künigîn werd erkant
rittern und frowen machen kunt
daz si wolde an der stunt
ûf den anger rîten
und des niht langer bîten,
si wolt den werden man gesehen
von dem ir liep was geschehen,
der ir ze hilfe komen was
und ir ir bluomen und ir gras
het gefrîet vor dem man
der ir genomen het ir plân.
der reis si alle wurden frô.
vil schier bereitten si sich dô,
beide frowen und ouch man.
si riten mit der künigîn dan.
[179b] zuo der verte was in gâch.
si schuof daz ir kam hin nâch
alle ir amptliute gar

*

10700 ist er fehlt; man könnte auch ergänzen stât ez. 10706 sy do sch. 10714 lenger. 10719 gefreutt.

und daz man in bræhte dar
swes man bedörft ze vier tagen:
daz hiez si in allen sagen.
Gunetîn gap si botenbrôt
und schiet in von armüete nôt,
diu vil minneclîche magt,
der ir diu mære het gesagt.
Gunetel wart von schulden frô.
si riten gên dem anger dô.
Gunetel der lief mit in dan,
in schouten frowen und ouch man,
den wâfenroc costlîch:
er was tiur unde rîch.
für wâr si alle jâhen
daz si nie gesâhen
wâfenroc sô costlîch mêr.
diu edel küniginne hêr
hiez Guneten ze allen zîten
loufen an ir sîten,
niwan daz er der schœnen magt
von dem werden Meleranz sagt.
daz hôrt diu maget wol getân
gern; mit fröuden reit si dan.
nu was ouch ze Meleranze komen
Berlîn, als ich hân vernomen.
den empfienc vil frœlîche
der degen ellens rîche.
[180*] als in Meleranz ersach,
er gruozt in lieplich unde sprach
'nu sage mir, lieber Berlîn,
wie gehabt sich diu frowe mîn?
ist si frô und wol gesunt?'
dô tet im der knabe kunt
daz diu maget wol getân

*

10731 Gnneten. 10732 armuot. 10733 vil fehlt. 10734 hatt. 10736 im. 10743 costenrich mer. 10747 Nur. 10751 Melerantzen. 10753 Der. 10754 Den. 10757 Berin.

kœme zuo im ûf den plân.
des wart er von herzen frô.
er unde Cursûn dô
legten an daz rîchest gwant
daz dâ ieman was erkant.
Meleranz der was frô,
wan sîn muot stuont alsô
daz er die schœnen gerne sach.
von herzen frœlîch er dô sprach
'nu wol mich hiut und immer wol,
ô wol mich deich si sehen sol
diu vor allen frowen mir behagt.'
dô reit er gên der schœnen magt,
er und Cursûn der werde man.
nu kam diu maget wol getân
gegen im geriten her.
do er si sach, dô wart er
ganzer fröuden rîche.
diu maget minneclîche,
diu was ouch von herzen frô.
zuo dem ritter reit si dô.
Si empfienc in lieplich unde sprach
'ein ende hât mîn ungemach,
[180b] herre, daz ich iuch hân gesehen:
mir kan nu leides niht geschehen,
sît ich weiz die wârheit
daz iu ist mîn kumber leit.
des bin ich frô und wol gemuot.
swaz halt mir mîn œheim tuot,
des sol guot rât werden.
mir kan ûf der erden
nimmer lieber geschehen.
herre, daz ich iuch hân gesehen,
dâ von ist mîn herze frô.'
Meleranz der sprach dô

*

10762 kam. 10765 gewannt. 10772 daß ich. 10782 reit] mit
10789 frow.

'frowe, ich bin ein sælic man
daz ich iuch gesehen hân:
des bin ich fröuden rîche.
und wizzet sicherlîche
daz iu mîn dienest ist bereit.
swer iu iht tuot, daz ist mir leit:
daz hilf ich wenden swâ ich kan,
dâ habt keinen zwîvel an.
frowe mîn, ich hân den muot,
swer er ist der iu iht tuot,
daz sol rechen mîn hant.
ich wil wern iuwer lant
und iuwer êre sicherlîch.'
dô wart diu maget fröuden rîch.
Mit ein ander si dô riten,
mit vil frœlîchen siten,
ûf den anger zuo der linden.
ich wæn ieman möht vinden
[181*] einen ritter und ein magt,
als mir diu âventiure sagt,
die sô holt ein ander wæren.
man sach die sældenbæren
vil frœlich gebâren.
Meleranz die klâren
huop von dem pferde ûf daz gras.
mit grôzer zuht diu an im was
brâhte er die künigin
under ir gezelt hin:
daz was geslagen ûf den plân.
Meleranz der werde man
die küngîn bî ir frowen lie.
ûz dem gezelt er dô gie
zuo den rittern ûf den plân,
die mit der meide wol getân
ûf den anger wâren komen.
die wâren frô, hân ich vernomen.

*

10817. 10818 waren : sälldenbaren. 10832 ich hon.

20 *

ze Meleranz si giengen,
frœlich si in empfiengen
und dancten im sîner künste dar.
si ergâben sich dem helde klâr
und jâhn er müest ir herre sîn,
und wolt ir frowe diu künigîn
immer keinen man genemen,
sô solde si des wol gezemen
daz si næme disen man:
daz dûht si alle guot getân,
arme unde rîche.
do diu künegîn minneclîche
[181b] abe gezôch ir reisegewant
und sich gekleit, dar nâch zehant
sant si nâch dem werden man
und bat in wider zuo ir gân,
Wan si in gerne bî ir sach.
swaz ir leides ie geschach,
des het si vergezzen gar,
dô si den werden degen klâr
bî ir het: ir sorg was kleine.
diu vil süeze reine
was frô unde wol gemuot.
Meleranz der degen guot
zuo der küniginne gienc.
bî der hende si in vienc
und bat in zuo ir sitzen.
mit zühteclîchen witzen
diu künigîn ouch sitzen bat
Cursûn an der selben stat
zuo den juncfrowen klâr
und die werden ritter gar
die mit ir wâren komen dar.
zuo der küniginne klâr
saz der werde Meleranz.
ir beider varwe diu was glanz.

*

10849 Dann. 10858 haand.

Cursûn der ellens rîche
saz zuo den frowen zühteclîche.
dô si nu wârn gesezzen,
nu wart des niht vergezzen,
Meleranz dem unverzagt
wart gedanket von der magt,
[182a] daz er ir was ze hilfe komen.
si sprach 'herre, mir hât benomen
iuwer kunft mîn herzenleit.
ich was dar an unverzeit
daz ir iht lebet, daz was mîn klage
in mînem herzen alle tage.
ich hete mînen boten gesant
in iuwers œheimes lant
und hiez iu mînen kumber klagen.
sô kund im nieman niht gesagen
da ze hove war ir wæret komen.
dô daz mîn bote het vernomen,
Dô fuor er trûreclîchen dan,
daz sag ich iu, vil werder man,
und sagte mir diu mære
daz ze hove nieman wære
der im iht gesagen kunde,
wan daz ir vor manger stunde
von dannen wært geriten verholn,
daz iuwer vart vor in verstoln
alsô gar wære:
si westen niht diu mære
war ir wært komen, daz was ir klage
in ir herzen, als ich iu sage.
der künic und diu künigîn
die liten umb iuch grôzen pîn,
si wænnt si haben iuch verlorn.
ich sag iu, degen ûz erkorn,
umb iuch was michel klage dâ.
mîn bote fuor von dannen sâ

*

10871 nu] im. 10885 wa. 10890 Dz da ze h. 10897 Wa ir wart.

[182b] und brâht mir leidiu mære,
daz ich grôze swære
gewan an dem herzen mîn,
wan daz mir senftet mînen pîn
mîn meisterîn, diu tet mir kunt
daz ir her kæmt in kurzer stunt,
daz ir mir kæmet ze trôst
und ich wurd von iu erlôst
von mîner grôzen swære.
geloubet mir ein mære,
het si mir daz niht gesagt,
ich wær an fröuden gar verzagt.
Nu habt ir, herre, an mir getân
iwer triuwe, tugenthafter man.
daz ir niht habt vergezzen mîn,
dar umbe wil ich immer sîn
swie ir gebiett und swie ir welt.
ich bevilh iu, vil werder hêlt,
mich selben, liute unde lant:
daz sol warten iuwerr hant.
mîn œheim wolt mich twingen
ze wunderlîchen dingen,
daz ich het genomen den man
dem ir dâ habt gesiget an,
durch daz er sîn swester hât.
herre, mîn werde nimmer rât,
ê daz ich iuch het verkorn'
sprach diu maget wol geborn
'mit keinem anderen man,
ich wolt ê verlorn hân
[183a] beide guot unde lîp.
ich wirde nimmer mannes wîp
wan iwer, ich hân mir iuch erkorn.
mîn gedinge der ist niht verlorn,
herre, den ich gên iu hân.
nu wert, tugenthafter man,

*

10905 laidige. 10906 des?

iuch selben unde iuwer lant,
sît iuch got her hât gesant.
[sprach diu maget werd erkant]
allez daz dâ heizet mîn,
für wâr daz muoz iuwer sîn.'
'frowe' sprach der werde man,
'swer iu iht tuot od hât getân,
daz hilf ich rechen, frowe mîn:
des solt ir gar ân angest sîn.'
Meleranz der was frô.
diu juncfrowe clagt im dô
daz ir ir œheim tet gewalt.
'sîn twingen daz ist manicvalt,
herre mîn, daz er mir tuot.
er wil mir lant unde guot
nemen und wil verderben mich,
umb anders niht wan daz ich
niht wolde nemen einen man,
als ich iu gesaget hân.
er giht mîn lant sül wesen sîn
daz mir liez der vater mîn.
het ich sînen willen getân,
sô het er mir mîn lant gelân.
nu wil er mich verderben:
[183b] er giht ez sül in an erben
von mîner muoter, diu was sîn swester.
sîn bote was bî mir gester
und embôt mir, næm ich niht den man,
sô wolt er niht langer lân,
er wolt in mîn lant varn
und wolt die vart niht langer sparn
und sich des underwinden,
sît er niht mohte vinden
daz im liep wær an mir,

*

10943 dreifacher reim; der vers ist auszuwerfen und darum nicht mitgezählt. 10943 allez daz dâ] Was. 10968 lenger. 10970 lenger. 10971 Vnnd wollt sich.

sô wolt er mich vil schier
von mînem lant vertrîben.
sol ich nu belîben
bî dem lant und bî den êren mîn,
daz muoz mit iuwerr hilfe sîn,
sît iuch got her hât gesant.'
dô sprach Meleranz zehant
'frowe, ir sult kein angest hân,
als verre ich ez erweren kan,
wil ich iuwer êre wern.
ich trûwe iuch rehte wol ernern
vor iuwers œheims gewalt.'
alsô sprach der degen balt.
des wart diu küniginne frô.
in daz gezelt truoc man dô
trinken für die künigîn
in mangem kopfe guldîn.
Dô daz schenken was getân,
Meleranz der werde man
stuont ûf und zuo der meide sprach
[184a] 'frowe, iuwern ungemach
und swaz iu leides ist getân,
daz wil ich' sprach der werde man
'immer gerne rechen,
swenn ich daz mac gezechen.
wil uns got genædic wesen,
wir suln rehte wol genesen
vor iuwers œheimes drô.'
dô wart diu juncfrowe frô.
Meleranz der werde man
gienc mit den rittern ûf den plân.
diu künigîn mit ir frouwen
gienc ouch her ûz durch schouwen.
si wolde daz vil gerne sehen
waz ir leides wær geschehen.

10983 êre wern] erweren. 10993 z. d. m. vnnd sp. 10998 iuwern] eu. 11001 drow. 11005 ir] im.

an ir linden und an ir bade
was ir geschehen kein schade.
Libers der künc von Lorgân
der het ir ungern iht getân
an ir bette und an ir bade
daz ir wær gewesen schade.
er het die minneclîchen magt
und ir minne gern bejagt,
dâ von het sich der werde man
zuo der linden ûf den plân
geleit durch âventiure,
ob der helt gehiure
mit manheit möht verdienet hân
die juncfrowen wol getân.
des het er gedingen.
[184b] er wând im solt gelingen
an der küniginne rîch.
nu het diu maget minneclîch
ir ze herzenlieb erwelt
Meleranz den werden helt.
swaz ir ze leide geschach
oder swaz ir ir œheim sprach,
daz half niht, si was doch stæte.
swaz man ir leides tæte,
daz liez si allez underwegen.
si gedâht 'mich mac der werde degen
noch an ganze fröude bringen.
die mich wellent twingen
daz mich der unstæt gezeme,
daz ich ein ander liep neme,
die verliesent al ir arbeit.
ich weiz wol daz unstætikeit
niemen zimt der êre hât.
swaz man mir tuot, des wirt wol rât'
gedâht diu maget wol getân.
des mac mich der werde man

*

11027 ir ze] In. 11031 wz zweimal. 11041 Niment. er hat.

alles wol ergetzen
und mich noch frô gesetzen,
den ich mir ze liebe hân erkorn.'
sus lept diu maget wol geborn
mit liebe und mit leide,
unz daz ir herzen ougenweide
zuo ir kom in daz lant,
Meleranz der wîgant.
dô het ein end ir ungemach.
[185a] swaz ir leides ie geschach,
Des was nu vergezzen gar.
sich fröut diu juncfrowe klâr
daz ir ritter bî ir was.
si gienc mit fröuden ûf dem gras,
si und ir juncfrouwen,
hin und her durch schouwen.
diu künigîn des niht enlie,
für Meleranz gezelt si gie.
diu edel juncfrowe klâr
nam der verhowen schilte war
dâ die für wârn gehangen.
dô si dar [zuo] kam gegangen,
si nam der wâfen rehte war.
si wârn mit spern durchriten gar
und ouch mit swerten verhouwen.
die schilt begunde si schouwen.
si sprach 'die schilt sint sêr versniten.
mîn friunt hât grôze nôt erliten,
ê daz der werde man
uns habe gefrîet disen plân.'
si gienc hin wider alzehant
dâ si Meleranzen vant
bî andern rittern stân.
do er die maget her sach gân,
vil zühteclîch er gên ir gie.
diu magt in bî der hende vie

*

11048 maget fehlt. 11050 Vnnd dz. 11061 enlyeß. 11062 gieng.

und gienc mit dem werden man
wider in ir gezelt dan
und sazt in an ir sîten nider.
[185b] si hiez die ritter alle wider
sitzen zühteclîche,
diu küniginne rîche,
zuo den juncfrouwen.
an den moht man schouwen
liehte varwe und rehte site,
dâ sich diu wîp liebent mite
eim ieclîchen frumen man,
der daz an in erkennen kan.
dô si nu wârn gesezzen,
nu wart dâ niht vergezzen,
diu küniginne rîche
frâgte heimlîche
Meleranzen mære
wer der ritter wære
der mit im was komen dar.
dô seit er der meide klâr:
er sprach 'daz ist der tiurest man,
der ritters namen ie gewan,
an tugenden und an manheit.'
der küniginne er dô seit
daz der lobebære
sîn truhsæze wære
ze Terrandes in dem lant.
aller êrst si daz erkant
daz erz der selbe man was
der ir nifteln ze Karedonas
von grôzem kumber lôste
und ir kam ze trôste,
dô er Ferangôzen sluoc
[186a] der ir leides tet genuoc.
daz het diu maget kunt getân

*

11091 Ainem. 11092 jr. 11101 trüwest, ausgestrichen. 11105 lobewar. 11110 Karrendonaß. 11111 erlost. 11112 kum.

ir nifteln von dem werden man.
ir boten het si ir gesant
und tet ir rehte daz bekant
daz von Terrandes der künic rîch
het gesiget ritterlîch
Ferangôz dem heiden an
vor ir bürge ûf dem plân.
diu magt den ritter an sach.
zuo im diu küniginne sprach
'herre und ouch mîn amîs,
ich bin des frô daz iuwer prîs
alsô wîten ist erkant.
dient iu Terrandes daz lant,
sô sît irz der der niftel mîn
wider gewan Trefferîn,
der küngîn von Karedonas,
vor Monteflor ûf dem gras.
Daz embôt mir mîn niftel her.'
'frowe mîn' sprach er,
'alle die iuch ane windent,
stæten dienst die an mir vindent
und swer iuch leides erlât.
swer aber iu iht getân hât,
swie nâhen iu der sippe sî,
der wirt mîns hazzes nimmer frî,
ern gewinne iuwer hulde
umb die selben schulde.'
diu küngîn sprach 'vil werder man,
[186b] dâ hân ich keinen zwîvel an:
(diu küniginne rîche)
'ir tuot ez billîche.
allez daz dâ heizet mîn,
des sult ir gewaltic sîn.'
mit fröuden sâzen si hie.
der tac an den âbent gie.

*

11126 daz] deß. 11135 ane fehlt. 11141 Er gewinn dann. 11142 schulde] stund. 11144 kain.

nu wart der künigîn geseit
daz daz ezzen wær bereit.
man riht die tische alzehant:
mit der küngîn werd erkant
Meleranz muost ezzen.
ê si wârn gesezzen,
er und diu künigîn,
in zwein becken guldîn
truoc man in daz wazzer dar
und ein twehel wîz gevar.
ietwederz sîne hende twuoc.
zuo der küniginne kluoc
saz der wol gezogen man.
ir ritter und ir frowen sân,
dô wart niht vergezzen,
dô die wârn gesezzen,
man pflac ir wol ze prîse
mit trinken und mit spîse.
Dô man gaz, man truoc von dan,
beidiu von frowen und von man,
tisch und tischlachen.
mit frœlîchen sachen
nâch ezzen si sâzen.
[187a] alles trûrens si vergâzen.
frou Tydomî und Meleranz,
ir beider fröude was ganz,
daz si wârn zuo ein ander komen:
dâ von was trûren in benomen.
ietwederz daz ander gerne sach,
als ir ouge dem herzen jach,
die ir liebe zesamen hete brâht.
nu begunde nâhen diu naht
daz si slâfen solden gân.
von der küngîn wol getân
Meleranz der Britûn

*

11158 begklen. 11168 m. guoter spis. 11170 Baide. 11180 ougen dem hern. 11181 hetten.

und der werde Cursûn
guote naht empfiengen.
die ritter mit in giengen
einen kurzen wec über den plân.
die ritter bat der werde man
mit zühteclîchen witzen
zuo im nider sitzen.
dô si in sîn zelt wâren komen,
mit zühten, als ich hân vernomen,
truoc man trinken für si dar.
Meleranz der degen klâr
mit zühten bî den rittern saz.
sîn herze tugende nie vergaz.
dô daz schenken was getân,
die ritter mit urloube dan
giengen ouch an ir gemach.
dar nâch vil schiere daz geschach
daz Meleranz und dem gsellen sîn
[187b] ein ir juncherrelîn
ir schuoch empfienc und ir gewant.
dô legten si sich alzehant,
wan in vil senfteclîchen was
gebettet ûf daz grüene gras.
Diu küngîn ouch gemaches pflac.
sus lâgen si unz an den tac,
Meleranz der werde man
und diu maget wol getân.
ir slâfen was vil kleine:
ir gedanken wârn gemeine
der si gên ein ander pflâgen.
swie sanfte si doch lâgen,
si dûht diu naht gar ze lanc.
ietwederz mit der liebe ranc.
der gedanc si selten wurden frî.
ietwederz wær dem andern bî
vil gern gewesen nâhen.

11193 getzelt. 11203 und fehlt. den gesellen. 11204 ein fehlt.

dô si den tac ersâhen,
dô lâgen si niht langer dâ.
si stuonden ûf und legten sâ
an sich kleit, diu wâren guot.
si heten beide einen muot:
ietwederz daz ander gerne sach.
von der lieb in daz geschach,
daz ir enwederz kunde
des andern keine stunde
vergezzen in dem herzen sîn.
daz wart sît an in beiden schîn,
wan si immer mêre
[188a] mit lieb ân herzen sêre
bî ein ander beliben.
ir tage si alsô vertriben.
Dô si nu wâren ûf gestân,
Meleranz der junge man
zuo der küniginne gie.
diu juncfrowe des niht enlie,
si gienc gên im, dô si in sach.
zuo im si güetlîchen sprach
'guoten morgen müez iu got geben
und lâz iuch allez daz geleben,
herre, swaz iu liep sî,
und mach iuch aller sorgen frî.'
'gnâde, frowe,' sprach der werde man.
si giengen mit ein ander dan
ze der küngîn kappel, diu was
geslagen ûf daz grüene gras:
die het getragen ein soumer dar.
ez was von rôtem samît gar
diu cappel gemachet,
an koste niht verswachet.
ze der kappelen si giengen dan.

*

11223 lenger. 11225 klaider. 11227 anndern. 11229 entwederß. 11233 nimmer. 11241 gegen. 11251 ainen stargken saummer. 11252 roten. 11255 kapplen.

nu was der küngîn kappelân
ze einer messe schôn bereit.
hie stuont der ritter und diu meit,
unz si den segen empfiengen.
dar nâch si beide giengen
dâ si den tisch gerihtet funden.
si wolden an den stunden
embîzen, des was wol zît.
[188b] ûf dem grüenen anger wît,
bî der linden ûf dem gras,
in vil hêrlichen was
gerihtet manic gesidel hêrlich.
diu edel küniginne rîch
fuort den ritter an ir hant
dâ si den tisch gerihtet vant.
ein lûter wazzer man in truoc.
ietwederz sîne hende twuoc.
der ritter der saz zuo der magt
mit zühten, sô wart mir gesagt,
sâzen ritter und frouwen.
man moht dâ fröude schouwen
an dem volke daz dâ was.
dô si mit fröuden ûf dem gras
embizzen, man truoc in dan,
beidiu von frowen und von man,
Tischlachen tische alzehant.
nâch videlæren wart gesant,
die machten tanz den frouwen.
man mohte fröude schouwen
an der küniginne rîch.
manic maget minnelîch
sach man dâ frœlich tanzen
under lihten bluomen kranzen
und mangen ritter hôhgemuot.
diu edel küniginne guot
den ritter bî der hende vienc:

*

11263 dz. 11280 Baide. 11281 Dischlachen tisch. 11282 fidlern.

mit im si ze tanze gienc.
ir kurzwîle diu was grôz.
[189a] die küniginne niht verdrôz
bî dem jungen werden man.
mit fröuden wârens ûf dem plân
vier tage und vier naht,
daz man dem ritter wol geslaht
bruofte kurzwîle vil
mit tanzen und mit mangem spil.
dô si geruoten ûf dem plân,
diu küngîn sprach ze dem werden man
'herre, wir suln von hinnen varn.
wie wir den anger nu bewarn,
daz uns der iht werd gewunnen an,
daz bedenket, werder man.
swaz ich hân, daz sol iuwer sîn.'
er sprach 'vil liebe frowe mîn,
wir suln den anger wol bewarn.
ê daz wir von hinnen varn,
sô heizt die wege durch den walt
verslahen die der degen balt
Libers her gerûmet hât.
frowe, daz ist wol mîn rât.'
si sprach 'daz schaffet, werder man,
ich hân mich gar an iuch verlân.
ir sult gewaltic herre sîn
über allez daz dâ heizet mîn.
  Dâ von behüetet unser êr.
ich enhân niht trôstes mêr
wan iuwer' sprach diu werde magt.
dô sprach der degen unverzagt
'frowe, ûf die triuwe mîn,
mir sol vil wol bevolhen sîn
[189b] iwer êre' sprach der werde man.
nâch ir marschalc sant er sân:
der kam snellecîchen dar.

*

11320 Ich hon.

Meleranz der degen klâr
zuo dem marschalke sprach,
do er in vor im stân sach,
'her marschalc, ir sult hie bestân
und sult befriden disen plân
und sult des nemen rehte war
daz die wege werden verslagen gar
die durch den walt ûf den plân
sint gerûmet.' 'herre, daz sî getân'
der marschalc mit zühten sprach.
zehant man dô ûf brach.
ritter und frowen fuoren dan.
der marschalc bleip ûf dem plân
und hiez die wege verslahen gar
daz nieman mohte komen dar.
diu küngîn und der werde man
mit grôzen fröuden fuoren dan
ûf die burc ze Monteflor.
ein wîtiu stat lac dâ vor,
dar durch si gên der bürge riten.
nu het diu küngîn niht vermiten,
si enhet die besten gar besant
ze Chamarî übr al daz lant:
die wâren alle komen dar.
mit vil manger rîcher schar
si gegen der küniginne riten.
mit vil frœlichen siten
[190a] wart Meleranz der wîgant
von in empfangen in daz lant.
Des dancte in der werde man.
si riten mit ein ander dan
ûf die burc ze Monteflor.
in der bürge und dâ vor
was von fröuden grôzer schal.
gein in den berc her ze tal

*

11330 er vor im inn. 11333 befryen. 11340 belaib. 11352 rîcher fehlt. 11357 dangk. 11360 In die burg. 11362 der berg.

liute riten und giengen
die vil wol empfiengen
Meleranz den werden man.
mit der küngîn wol getân
reit er ûf die burc zehant.
die juncfrowen werd erkant
huop er von dem pferde dô
mit drucke an sich, er was frô
daz er bî der schœnen was.
die ritter ûf den palas
fuorten die zwêne man.
diu küniginne gienc dan
mit ir frowen an ir gemach.
zuo den rittern si dô sprach
'lât iu wol bevolhen sîn
immer durch den willen mîn
dise zwêne werde man:
dâ tuot ir mir lieb an.'
swaz si gebôt daz geschach:
man bôt in êre und gemach.
diu küniginne rîche
[diu] was bî im stæteclîche,
[190b] beide fruo und spâte.
nu wart si des ze râte
mit ir friunden und den hœhsten gar
daz si disen degen klâr
nemen wolt ze einem man.
daz dûht si alle guot getân,
wan in geviel nie ritter baz.
sie heten wol vernomen daz
daz er was edel unde rîch,
an geburt ir frowen wol gelîch.
in was ouch allen wol geseit
waz der helt mit manheit
hôher êren het bejagt:

*

11372 dem. 11373 die] dz. 11377. 11378 vertauscht. 11387 vnnd mit den Höchsten.

daz was in allen wol gesagt.
si jâhen krône unde lant
daz wære wol ze im gewant:
Si woltn in gern ze herren hân.
des wart diu maget wol getân
frô, si het in ir erkorn:
ob ez in allen wære zorn,
si wolt in doch genomen hân.
do ez ir mâge und ir man
rieten al gelîche,
dô sprach diu küngîn rîche
'sît ich tuon iuwern willen dran,
sô nim ich gern den werden man.'
daz tet man Meleranze kunt.
dô wart er frô an der stunt.
sîn hôhzît wart gesprochen
[191a] wol über zwelf wochen.
ouch antwurt man dem wîgant
beide bürge unde lant.
daz mære wîten wart vernomen.
swer zuo der hôhzît wolde komen
und dem si gelegen was,
als ich an der âventiure las,
die bereitten sich alle dar
und kâmen dar mit manger schar.
Meleranz Cursûn sande
heim ze sînem lande.
[er sprach] 'Cursûn, hâstu daz vernomen?
du solt schier her wider komen.
swaz ich ritter müge hân,
die brinc mit dir, vil lieber man.
si suln mit harnasch komen her
al gelîch, ouch ist mîn ger,
swaz werlîcher liute habe daz lant,
die bringe mit dir allesant.

*

11403 Frow. 11409 dar an. 11411 Melerantzen. 11415 anttwartten. 11424 ze] ge.

si suln ouch mit in bringen her
alle ir frowen, daz ist mîn ger.
sag Pûlaz und den friunden sîn
daz si durch den willen mîn
komen her in ditze lant.
du solt si von mir allesant,
arme unde rîche,
grüezen lieplîche
und daz si wirdeclîch her komen:
daz muoz si immer umb mich fromen.
schick alsô her dîne vart
[191b] daz ich sî lasters dran bewart.'
Cursûn sprach 'herre mîn,
des sult ir gar ân angest sîn.
wir komen wirdeclîchen her
daz ir des immer habet êr.'
Cursûn gâhte dan zehant
und kam ze Terrandes in daz lant
und brâht dar liebe mære,
daz ir herre wære
künc über die Chamarîe
und daz der valsches frîe
mit unverzagtlîchen siten
het die küngîn und ir lant erstriten.
des wurden si dô alle frô.
Cursûn der seit in dô
waz in embôt der wîgant.
dô wart erweget al daz lant:
ritter unde frouwen
die wolden gerne schouwen
die küniginne rîche.
si wurden kurzlîche
wol bereit zuo der vart.
daz wart niht langer ûf gespart.

*

11433 söllen. 11441 her wirdeklichen. 11442 süw ymmer vnd mich. 11444 dar an. 11448 immer fehlt. des] daß. 11455 vnuerzaglichen. 11466 lenger.

von dem lant fuoren si dar
mit manger wünneclîchen schar,
zweinzic tûsent êrlîcher man
und fünf hundert frowen wol getân
brâhtens zuo der hôhzît:
daz ist wâr ân allen strît.
Di wîl si wâren underwegen,
dô het Meleranz der degen
[192ᵃ] Artûs dem künic werd erkant
sînen boten ouch gesant
und sînem vater gên Francrîche.
die zwêne künige rîche
bat er ze sîner hôhzît komen.
dô si daz hâten vernomen,
wie im sîn dinc was gewant,
si fuoren frœlîch in daz lant
ze Meleranzes hôhzît.
si berieten sich ân widerstrît,
wie si alle kæmen dar,
daz man ir næm mit wirden war.
nu was ouch Libers von Lorgân,
er und sîne werde man,
komen in Artûses lant
zuo dem künic werd erkant.
dem brâht er sîne sicherheit
die Meleranz an im erstreit
und sagte wie der werde man
im den anger ab gewan.
des wart Artûs der künic frô.
dar nâch vil schiere kâmen dô
boten die im het gesant
Meleranz der wîgant
die bâten den künic rîch
von ir herren vlîzeclîch
daz er kæm ze der hôhzît sîn.

*

11480 hetten. 11484 sin. 11485 kamen. 11490 bâten] potten. 11500 hertzen. 11501 Gruosßten dz. sîn fehlt.

Artûs sprach 'ze dem neven mîn
wil ich willeclîchen komen.
mir ist liep daz ich hân vernomen
[192b] daz mînes neven wirdekeit
ist mit mæren alsô breit:
des bin ich von herzen frô.'
ze der verte bereitte er sich dô.
Libers des küniges rîch
hiez er pflegen wirdeclîch.
er wolt den werden degen klâr
mit im ze der hôhzît füeren dar.

Die rede lâze wir hie sîn.
Meleranz und diu künigîn
wâren zallen zîten frô.
ir beider muot stuont alsô
daz einz daz ander gerne sach.
doch liten si tougen ungemach,
daz kam von der minne kraft
diu ir lieplîch geselleschaft
von êrst zesamen brâhte.
Meleranz dicke gedâhte,
swenn er sach die maget wol getân,
'wenn sol mîn will an dir ergân?'
solher zuht der degen pflac
daz er bî ir niht enlac,
unz er die maget wol getân
vor künigen und vor fürsten nan
ze einer êlîchen konen.
si mohte gerne bî im wonen,
wan er was ein der tiurest man
der künges namen ie gewan.

Als mir daz mær ist worden kunt,
ûf der burc ze Flordemunt
[193a] man zaller zîte fröude vant.
diu mær erhuoben in diu lant

*

11508 willenklîchen. 11515 zû allen. zîten fehlt. 11526 lag. 11528 nan] man. 11535 zuo aller zitt.

daz der ritter unverzagt
nemen wolt die werden magt.
ouch het der künc von Lorgân
sînem swâger kunt getân
wie im sîn dinc komen was
bî der linden ûf dem gras.
do im daz mære wart geseit,
daz was im zorn unde leit.
er begund ez herzeclîchen klagen.
sîner nifteln hiez er widersagen,
er jach er wolt im haben ir lant,
sît si in alsô het geschant,
daz si den künc von Lorgân
niht wolde nemen ze einem man
und het ir einen man erkorn,
er enwest von wan er wær geborn
oder wer sîn künne wære:
daz wær im immer swære,
und daz siz west wærlîche,
si müest ir künicrîche
rûmen lasterlîche.
daz embôt ir der künic rîche.
swie er ir œheim wære,
er tet ir manic swære.
  Sîn boten kômen ze Flordemunt
und tâten der küniginne kunt
sînes herren botschaft.
die warp er vil endehaft,
[193b] als inz sîn herre werben hiez.
. . . .
ern würb ez endelîchen gar.
dâ diu maget wol gevar
bî dem werden Meleranz saz,
dirre red er niht vergaz:
er sprach gezogenlîche

*

11552 wannen. 11553 wer] wär. 11555 sy daß. 11562 thetten. 11567 Er wurib. 11570 Diser.

zuo der künigîn rîche
'frou, iu embiut iur œhein,
dar an ist zwîvel dehein,
ern well iu schaden swâ er kan,
daz ir niht wellet zeinem man
Libers den werden künic rîch:
dar umbe wil er wærlich,
frowe, iu nemen iuwer lant.
er giht ir habet in geschant
daz ir habt einen man genomen
daz nieman weiz wan er ist komen.
frowe, daz hiez er iu sagen:
ir seht in in vil kurzen tagen
in iuwerm lande hie mit her.
mîn herre wil sehen wer im daz wer.'
Daz was der küngîn ungemach.
si begunde weinen unde sprach
'herre got, daz sî dir geklcit
daz mir mîn œheim sô manic leit
tuot unde hât getân
ân schuld: hân ich mir einen man
nâch mînem willen erkorn,
sol ich dar umbe hân verlorn
mîn lant, des wirt guot rât.
[194a] ob er mich liep hât,
sô fürht ich niht mîns œheims drô.'
Meleranz der sprach dô
'frowe, ir sult niht sêre klagen
umb iuwers œheims widersagen:
daz sult ir haben für ein spil.
ein dinc ich wol reden wil:
wær iuwer œheim ein wîser man,
er het die red ungern getân.
er giht ern wizz wan ich sî komen.
ich hân niht von im vernomen

*

11573 Üwer öhaim. 11574 chain. 11575 Er. 11582 von wann. 11585 hie] hieng. 11589 geklaigt. 11605 er wyssz von wann.

dâ ich kint gewahsen bin.
frowe, tuot iuwer klage hin.
trûret niht und weset frô.'
zuo dem boten sprach er dô
'friunt, saget iuwerm herren daz:
treit er mîner frowen haz
durch mînen willen, deist mir leit.
mîn dienest sol im sîn bereit,
ob er des geruochet
und ez güetlîchen suochet:
so wær ich im dienstes undertân.
sît im daz versmâhen kan,
sô wil ich dienen anderswar'
alsô sprach der degen klâr.
'liez ichz niht durch die frowen mîn,
ich vertrib in von dem lande sîn
Um die rede die er hât getân.
wær er uns ein frömder man,
die müest er garnen sicherlîch.
[194b] daz sult ir sagen dem künic rîch.
ir habt sîn rede hie gesagt.
wirt mîn rede von iu verdagt
iuwerm herrn, daz stât niht wol.'
'allez daz ich sagen sol
mînem herrn, daz wirt gesagt
unde nihtes niht verdagt.'
'daz ist mir liep' sprach der werde man.
sus schiet der bote von im dan
und streich naht unde tac
daz er lützel ruowe pflac,
unz er sînen herren vant.
dem seit er alzehant
al daz im erboten was.
dô sprach der künic Malloas
'ich muoz versuochen waz er kan.
er hât mir herzenleit getân

*

11613 dz ist. 11614 solt? 11621 ich. 11638 al fehlt. 11639 Allez.

an Libers dem swâger mîn.
er sol des gar gewis sîn,
mac ich, ez wirt im niht vertragen.
ich wil in vil kurzen tagen
varn gên Camerîen.
mîner nifteln Tydomîen
wil ich heimstiure geben
daz si geriuwet, sol ich leben,
daz si übergangen hât
mîne bete und mînen rât.'
 Der bote zuo dem künic sprach
'sô schœnen man ich nie gesach:
er mac wol sîn von hôher art,
[195ᵃ] an guoter zühte wol bewart
ist der helt, iu sî gesagt,
sîn lîp ist gar unverzagt.
des giht man im volleclîche.'
dô sprach der künic rîche
zuo dem boten 'daz wirt wol schîn,
ob er mac landes herre gesîn.'
Malloas der künic rîche
der hete krefteclîche
ein grôz her zesamen brâht.
dâ mite het er des gedâht
daz er an den zîten
mit gewalt wolt rîten
in sîner nifteln lant.
vil mangen küenen wîgant
fuort der künic mit im dan.
ez het der hôchgelopte man
gewaltes und êren gar genuoc.
in zwein landen er die krône truoc,
Aleste und in Ilimartûn.
ân Artûs den Britûn
sô lebet niendert sîn gelîch,
der êren wære sô rîch.

*

11646 vil fehlt. 11668 strîten.

er was vil miltes muotes.
êren unde guotes
het er vil und grôze kraft
und ouch vil guoter ritterschaft;
dar zuo was er der küenest ein
den diu sunne ie beschein.
[195b] Malloas der valsches frîe
fuort gên der Chamerîe
vil mangen werlîchen man.
er wolt daz lant gewis hân
und daz er ieman fund ze wer.
alsô fuor er mit sînem her
unz ûf die marc ze Puhulîn,
daz sîner nifteln solde sîn.
dâ lac der künic rîche
vil gewalteclîche.
ze Puhulîn für die veste
legten sich die geste.
die margrâven rîche
werten sich vil ritterlîche,
die der marke pflâgen.
die getorsten wol wâgen
durch prîs lîp unde guot.
si heten beide mannes muot,
Lacbuz und Losiôz.
manlîcher wer si nie verdrôz.
die küenen wigande
lepten âne schande.
ir boten santen si dan
ze Meleranz dem werden man
ûf die burc ze Flordemunt
und hiezen im daz machen kunt
daz der künic Malloas
mit gewalt ûf sîner marke was
[196a] und daz er het besezzen
die helde vil vermezzen

*

11679 vil] gar. nach 11684 Mergk füro. 11710 hyeß.

die margrâven ze Puhulîn.
Meleranz sprach 'ûf die triuwe mîn,
die wil ich lœsen, ob ich kan.'
im wâren komen sîne man
vil gar ân alle schande
von Terrandes dem lande,
Sehs tûsent ritter werd erkant,
schützen unde sarjant
vierzehen tûsent vollechîch.
mit manger baniere rîch
sach man si ritterlîchen komen.
dâ wart herberge genomen:
für die burc ûf daz velt
wart manic hêrlîch gezelt
geslagen ûf daz grüene gras.
Meleranzes marschalc was
mit den knehten vor den andern komen.
dô nu herberge was genomen
für die burc ûf den plân,
Meleranz der werde man
von der burc gên sînen friunden reit
mit mangem ritter unverzeit
und empfienc lieplîch in daz lant
ritter und frowen allesant.
Pûlaz den risen grôzen
mit sînen hûsgenôzen
die empfienc er lieplîche.
der helt was fröuden rîche
[196b] daz im wâren komen sîne man.
si fuoren lobelîchen dan
für die burc ze Monteflor.
ûf dem schœnen velt dâ vor
was in herberge genomen.
ouch was diu küniginne komen
mit ir juncfrouwen
ûf den palas durch schouwen.

*

11730 Melerantz. 11744 fuorten.

dô stuont ûf der werde man.
ein pfert hiez er im bringen sân,
daz volc er allez ligen hiez,
zwei kint er mit im rîten liez.
sus reit er von dem her dan
durch kurzwîle ûf den plân.
nu was diu küngîn ûf gestân
und in ein venster gegân,
si und ir meisterinne.
si enmohte von der minne
ouch deheine ruowe hân.
nu sach si den werden man
ûf dem velde rîten.
dô sprach si an den zîten
'sihstu, meisterinne mîn,
jenez mac wol mîn amîs sîn
der dort rîtet ûf dem plân?'
ir meisterinne diu sprach sân
'frowe, er mac ez vil wol sîn:
iuwer minn in lêret pîn.'
dô sprach diu maget wol getân
'dâ bin ich gar unschuldic an.
[197a] ûf mîn triuwe ich daz nim,
er tuot mir wirs dann ich im.
swaz im leides geschiht,
des hât mîn herze mit im pfliht.'
ir meisterîn sprach 'frowe mîn,
iur beider senelîcher pîn
der sol schier ein ende hân.
ir solt den jungen werden man
schiere umbevâhen
und ân ein drûch vâhen
unde lieplich bî im ligen:
sô muoz fröude an iu gesigen.'
diu magt sprach 'frowe, ist dem sô

*

11753 allen. 11754 hyeß. 11761 Och kain. 11763 velde] wald. 11774 Ich fehlt. 11778 Vwer baider seundlicher. 11782 truchen.

daz wir danne würden frô,
sô wir uns des bewægen
daz wir bî ein ander lægen?'
'jâ frowe, des muoz ich jehen.'
'owê wær ez dann nû geschehen!'
sprach diu küniginne.
des lacht ir meisterinne
daz si sô einveltic was.
diu maget von dem palas
gruozte den vil werden man
her nider ûf den grüenen plân;
diu maget sældenbære,
als ob er bî ir wære,
gap si im guoten morgen
und wunschte daz ver sorgen
got behüet den werden man.
der juncfrowen wol getân
[197b] neic er zühteclîche,
do er die minneclîche
sach ûf dem palas stân.
vil schiere sach der werde man

In den selben zîten
wol fünfzic frowen rîten.
die selben frowen wol getân
fuorten scharlach kappen an,
die wâren tiwer unde guot.
ieclîchiu einen pfâwen huot
fuort ûf ir houbet, der was breit.
bî ieclîcher ein ritter reit
der ir pflac ûf den wegen.
Meleranz der werde degen
reit gên dirre werden schar.
er wolde selbe nemen war
wer die frowen möhten sîn.
ez was diu edel künigîn,

*

11804 die magt minneklich. 11811 tiwer] mir. 11812 pfabes. 11817 diser.

frou Dulceflor Karedonas,
diu sînr amîen niftel was,
der Meleranz der werde man
mit kampf ir lant wider gewan.
Meleranz der zühte rîch
empfienc die frowen al gelîch
und die ritter die mit in kâmen dar.
do er ersach die maget klâr,
frou Dulceflor die künigîn,
dô sprach er 'liebe frowe mîn,
sît got wilkomen in diz lant.'
dô si ersach den wîgant,
[198a] dô sprach diu frowe wol getân
'got lôn iu, tugenthafter man.'
si wârn ze sehen ein ander frô.
si riten mit ein ander dô
gên der burc ze Flordemunt.
frou Tydomîe an der stunt
diu nam des vil rehte war
daz disiu frœlîche schar
gên der bürge kêrte.
ir fröude sich dô mêrte.
  Dô si die frowen komen sach,
zir meisterinne si dô sprach
'sich, frowe, wâ mîn niftel kumt,
ir kunft mich an fröuden frumt,
von Karedonas diu künigîn.'
'frowe, sô mac ez vil wol sîn'
sprach ir meisterîn zehant.
Meleranz der werd erkant
reit mit der meide wol getân
ûf die burc: der werde man
die künigîn von Karedonas
brâht er ûf den palas
dâ si ir liebe niftel vant
und manic frowen werd erkant.

*

11828 ersach er.   11831 diz] dz.   11835 frow.   11840 daz fehlt

dô si diu küngîn êrste sach,
sô rehte lieb ir nie geschach.
mit fröuden si gên ir gienc,
vil minneclîch si si empfienc
und kust si mêr dann zehen stunt.
ir wart güetlich empfâhen kunt
[198b] von den frowen allen:
daz muost ir wol gevallen.
dâ wart manic kus getân.
Meleranz der werde man
bevalh die küngîn rîche
ir niftel vlîzeclîche.
ir gesinde er herbergen bat
von der bürge in die stat.
Daz schuof er durch ir gemach.
swaz er gebôt daz geschach.
von den frowen reit er dan
her nider ûf den grüenen plân.
diu küngîn von Karedonas
ûz ir reisegewande komen was,
si und ir juncfrouwen.
dô moht man an in schouwen
frischiu kleider rîche.
diu küngîn si lieplîche
fuorte mit ir wider dan.
si und diu maget wol getân
und ir juncfrouwen
die wâren durch schouwen
in diu venster gesezzen.
von dem helde vermezzen
ir nifteln sagen si began
und wie ir der werde man
wider gewan ir lant.
si tet ir ouch daz bekant
wie er verkêrt die varwe sîn.
'so ich dich nante, niftel mîn,

*

11881 fuort sy mit. 11883 Sy vnnd.

[199a] sô wart er bleich und dar nâch rôt,
alsô diu liebe im gebôt.
dâ bî wart daz bekant mir
daz er truoc herzen lieb gên dir.'
diu küniginne was frô:
ir nifteln seite si dô
wie daz von êrste geschach
daz si den werden man sach
und allez daz ir was geschehen.
'niftel, du kanst rehte spehen,
du hâst dir einen man erkorn,
den tiursten der ie wart geborn.'
  Nu was diu künigîn gemeit
daz sîn lop was sô breit:
des freute sich diu maget klâr.
sus sâzen si und nâmen war
des hers daz sô schône lac.
nu was ez alsô hôher tac
daz diu sunne durch die wolken brach.
diu edel küngîn komen sach
. . . . gelîch.
Artûs und der künc von Francrîch
die heten beide für gesant
ir marschalke in daz lant,
die wolden herberg vâhen.
über velt sach man si gâhen
mit zwein banieren liehtgevar.
des nam war die frowe klâr.
undr ieclîchm banier gâhten her
wol tûsent knehte oder mêr.
an den baniern lac grôzer vlîz:
der ein was blâ, der ander wîz.
[199b] den baniern man koste jach.
ûz der blâwen man schînen sach
guldîne liljen rîch.
die fuort der künc von Francrîch.

*

11912 sach] gelîch, und 11913 fehlt. 11923 den panir. 11924 Bla

diu ander diu was snêwîz,
dar în was mit kostlîchem vlîz
gesniten ein kapûn.
daz fuort Artûs der Britûn
in sînem schilt der werde man.
Meleranz wart kunt getân
  Daz im kœme werdeclîche
Artûs der êren rîche
und ouch sîn vater: dô wart er frô.
ouch sagt man im mit wârheit dô,
ir beider marschalc wæren komen.
dô er daz het vernomen,
sînen marschalc er bat
in zeigen herberge stat
diu küngen wol gezæme,
daz der küngîn marschalc næme
den frowen herberg ûf den plân.
daz wart schiere getân.
für die burc ûf daz velt
wart manic hêrlîch gezelt
ûf geslagen ûf daz gras.
zuo dem künic Malloas
reit der degen sâzehant
und tet im diu mær bekant
daz im sîn vater von Francrîch
kœm und sîn œheim wirdeclîch,
[200*] Artûs der lobebære.
dô fröut er sich der mære,
der rîche künic Malloas,
daz Meleranz der werde was
geborn von sô hôher art.
der künic sprach 'nu wol mich wart
daz ich sol ze friunde hân
einen alsô werden man
als ir von gebürte sît.'
er sprach hinz im 'des ist zît,

*

11931 käppelin. 11939 waren. 11949 das erste ûf fehlt.

22 *

Wir suln gên in rîten
und des niht langer bîten.
füert mit iu die werden gar
gên der tugenthaften schar,
die sul wir wol empfâhen.
daz sol uns niht versmâhen.'
Meleranz an der stat
al die werden komen bat
swaz man ir in dem lande vant.
mit den reit er zehant
gegen sînem vater dan
und gên dem hôchgelopten man,
Artûs der sîn œheim was,
er und der künic Malloas,
wol mîle lanc oder mêr.
nu sâhn si gên in ziehen her
vil manic werde geselleschaft.
die empfienc wol mit triuwen kraft
Meleranz der wigant
und der künic werd erkant
[200b] Malloas der rîche.
nu kam vil wirdeclîche
sîn vater und Artûs her geriten.
mit vil frœlîchen siten
wurden si empfangen.
dô daz was ergangen,
si riten mit ein ander dan.
Meleranz der werde man
die von der tavel runder,
die empfienc er albesunder.
si wâren sîner êren frô.
si lopten got alle dô
daz im sô wol gelungen was.
der werde künic Malloas
si alle lieplich empfienc.
dô der antvanc ergienc,

*

11966 lenger. 12000 anfang.

Dô riten si mit fröuden dan
für die burc ûf den plân.
vil busûnen vor in erhal,
tambûren und floitieren schal
vor in, dô si ûf den plân,
die künge und ir werde man,
zugen zuo mit schalle.
die werden ritter alle
wâren frô und wol gemuot.
die zwô küniginnen guot
wârn mit allen ir frouwen
in diu venster komen durch schouwen
und sâhen an den zîten
die künige für si rîten
[201a] mit fröuden und mit schallen:
daz muost in wol gevallen
daz si frœlich kômen dar.
für die burc mit manger schar
zugen ûf den grüenen plân
die künge und ir werde man,
dâ in geherberget was
ûf ein wol geblüemet gras.
Artûs der êren rîche
und der künc von Francrîche,
ietweder kêrte alzehant
dâ er sîn gezelt vant.
Manlîch fuor an sîn gemach.
Meleranz ze Artûsen sprach
'herre, ir sult gewaltic sîn
über allez daz dâ heizet mîn.
heizt iwer nâch iuwerm willen pflegen.'
'daz tuon ich gerne, werder degen,'
sprach er 'lieber neve mîn.
nu rît mit dem vater dîn.
ich bin dîner êren frô.'

*

12003 pusanen. 12004 flotirn. 12006 kungin. 12020 kungin. 12027 M. an für sin. 12031 pflegen fehlt.

ze sînem vater reit er dô
und der künic Malloas.
für sîn gezelt ûf daz gras
erbeizten dô die zwêne man
und liezen diu ros stân.
si giengen zuo dem künic rîch.
der empfienc si minneclîch.
er was ir ze sehen frô.
zuo ein ander sâzen si dô.
[201b] der künc ze sînem sune sprach
'al mîn sorge diu ist swach,
sît ich iuch sun hân vunden
nu ze disen stunden
in solhen êrn: des bin ich frô.'
Malloas der seit im dô
waz der degen unverzeit
hôher êren hiet bejeit.
des wart der vater fröuden rîch.
Meleranz sprach zühteclîch
'wir suln an disen zîten
ze mînem œheim rîten

Und werden umb mîn hôhzît
ze rât, diu ist erhollen wît,
deichs alsô volende
daz ich mîn lop iht schende.'
daz dûht si beide guot getân.
ze Artûs dem werden man
riten si dô alzehant.
dem tet man schiere daz bekant
daz der künc von Francrîch
und sîn sun der lobelîch
und der künic Malloas
für sîn gezelt erbeizet was.
gên den gienc der êren rîch
und empfienc si minneclîch.
si giengen in daz gezelt zehant.

*

12052 beiagt. 12059 Da ichß. 12060 ichß.

nâch Gâwân wart gesant
und nâch sînen hœhsten friunden gar.
die kômen dô zesamen dar
[202a] und wurden des ze râte duo,
daz si des andern morgens fruo
die hôhgezît wolden hân
und die maget wol getân
im wolden geben ze rehter ê.
dâ mite wart niht gebiten mê,
wan si wârn sîn beide frô.
Meleranz der sprach dô
zuo dem künic Malloas
der sînr amîen œheim was,
'herre, ob iu daz behagt,
her ist komen ein werdiu magt,
diu ist mîner frowen vetern kint.
aller meide schœne ist ein wint
gên der schœne die si hât.
herre, ist ez iuwer rât

Daz wir die maget wol getân
geben dem künc von Lorgân?
er mac die maget gerne nemen:
sô mac ouch si des wol gezemen,
wil si nemen einen man,
daz si den künc von Lorgân
neme, daz wil ich füegen.
des mac in wol genüegen,
wan si ist edel und rîche.
ir dient gewalteclîche
Trefferîn und Karedonas.'
dô sprach der künic Malloas
'herre unde swâger mîn,
dar umbe wil ich immer sîn
[202b] swie ir gebietet, werder man,
daz ir die maget wol getân
mînem swâger füeget.

*

12073 fröden. 12075 do. 12077 hochzît. 12080 mer.

der êren mich genüeget
daz ir in ergetzt der swære sîn,
wan er het im die niftel mîn
erwelt ze einr amîen,
die klâren Tydomîen,
die wolt er verdienet hân.
daz hât iur manheit understân.
swâ mite ir uns ergetzen meget,
dâ mite ir iuwer êre steget.
wir haben vil prîss von iu verlorn.
wirt uns diu maget wol geborn,
sô habt ir uns ergetzet wol.
wir nemen die êre wol für vol,
wirt uns diu maget werd erkant.'
nâch Libers dem künic wart gesant.
Der künic kam vil snelleclîch.
Artûs der êren rîch
der sagt ime dô zehant
war umb man het nâch im gesant.
dô er hôrt diu mære,
dô wart er fröudenbære.
ze Meleranz sprach er dô
'alrêrst wil ich wesen frô,
sît ir mich ergetzen welt.
ich hân von iu, vil werder helt,
mînen prîs und mîn êre verlorn.
wirt mir diu maget wol geborn
[203ᵃ] von iuwern schulden, sô habt ir mich
wol ergetzet und wil ich
iu dienen, die wîl ich hân
daz leben' sprach der werde man.
Meleranz sprach 'swâ ich kan
iuch ergetzen, werder man,
daz tuon ich gern und bin sîn frô.'
Meleranz der sprach dô

*

12107 Minen. 12111 Im erwöllt. 12114 Iwer. 12116 steget] rett (: megt). 12125 im. 12130 swâ mite?

ze Artûs 'welt ir schouwen
den wunsch von schœnen frouwen,
die mugt ir ûf der bürge sehen.'
Artûs sprach 'daz sol geschehen.'
 Si wurden schiere bereit
und legten an vil rîchiu kleit.
die künge und ir werde man
riten mit ein ander dan
ûf die burc ze Flordemunt
und erbeizten an der selben stunt
ûf den hof für den palas
dâ diu küngîn ûf was
mit maniger klâren frouwen,
die man gern moht schouwen.
die zwuo küngîn rîche
die heten sich vil hêrlîche
gên der ritter kunft bereit
und heten sich in ir kleit
gekleidet wünneclîche.
Artûs und der künc von Francrîche,
Libers unde Malloas,
die giengen ûf den palas.
[203b] Meleranz und Gâwân
und vil manic werder man
zuo den frowen minneclîch
giengen, die helde êren rîch.
Dulceflor und Tydomîe
mit rehter curtesîe
empfiengen si minneclîchen
Artûs den êren rîchen
und von Frankenrîch den künic wert,
Malloas und Libert,
Meleranz und Gâwân.
diu küniginne wol getân
empfieng mit kus lieplîchen

*

12149 kungin. 12162 Frangken rich. 12170 curtosey. 12171. 12172 mineklich : rich. 12172 der. 12177 E. sy mit.

Artûs den êren rîchen
und ir sweher noch nâch wân.
die nam diu frowe wol getân
ietwedern bî der hende.
gên der tür an der wende
was ein gesidel gemachet,
an koste niht verswachet.
si beide zuo ir sâzen.
ich wæn ouch niht vergâzen
die ritter zühte rîche
sâzen zuo den frouwen minneclîche
ûf dem wîten palas.
nu saz der künig Malloas
ze der künigîn von Trefferîn,
der antlütze gap liehten schîn.
Meleranz und Gâwân
und Libers von Lorgân
[204a] die wâren ouch gesezzen.
nu wart niht vergezzen,
Dô si ein wîl gesâzen hie,
der küniginne schenke gie
în zuo der palases tür.
vil juncherrn truogen mit im für
mangen kopf guldîn.
môraz klâret unde wîn
wart geschanct al umbe dâ.
dô daz geschach, dar nâch iesâ
Artûs der stuont ûf zehant.
die zwô küngîn werd erkant
die fuorten si besunderlîch,
er und der künc von Frankenrîch
und der künic Malloas,
einhalp ûf dem palas.
an den rât hiez man gân
Meleranz und Gâwân.
Artûs sîn rede alsô huop an:

*

12189 deu. 12199 palastes. 12202 klarecht. 12203 geschenght.

er sprach ze der meide wol getân
'frowe, wolt iuch des gezemen
daz ir wolt einen man nemen
bî dem ir möht mit fröuden leben,
frowe, den wolde wir iu geben.'
diu magt den künic ane sach,
zuo im si zühteclîchen sprach
'hie stât iuwerr swester sun:
herre, swaz der mich heizet tuon,
daz tuon ich willeclîche.
der ist sô triuwen rîche
[204b] daz er mir rætt mîn êre.
ich wil ouch sîner lêre
volgen und des râtes sîn.'
Melcranz sprach 'frowe mîn,
ir sît unverrâten dran.'
'nu volget mir und nemt den man:
dâ sît ir lasters an bewart,
er ist von edeler hôher art.'
diu maget sprach 'ich hân den muot,
sît ez iuch alle dunket guot,
sô tuon ich swaz ir râtet mir.'
Artûs sprach 'dâ von gewinnet ir
beide frum und êre.'
der rede wart niht mêre.
diu küngîn und ir werde man
die riten mit urloube dan,
ieclîch ze sînem ringe wît.
nu was ez komen an die zît
daz man gên naht solt ezzen.
des wart dâ niht vergezzen,
man gap in wirtschaft volleclîch.
dô die küniginnen rîch
heten gezzen zuo der naht,
nu heten si sich des bedâht

*

12220 zuchteklichen sy. 12225 rautet. 12229 dar an. 12241 Yegklicher. 12243 gen der n. 12246 kungin.

Daz si wolden haben gemach.
des morgens dô der tac ûf brach,
diu küngîn und ir werde man
riten ûf die burc dan
dâ man got dienen wolde,
als man von rehte solde.
[205ª] dô der segen wart getân,
Meleranz dem werden man
gap man froun Tydomîen,
die süezen valsches frîen.
Libers dem künic von Lorgân
gap man die maget wol getân,
die künigîn von Karedonas.
dô daz nu geschehen was,
dô huop sich fröude unde schal
in der bürge über al,
ûf dem velt und in der stat.
der künc sîn amptliute bat
daz si der liut wol næmen war,
der kunden und ouch der geste gar.
daz tâten si vil willeclîch.
die frowen und die künige rîch
giengen ûf den palas
dâ der tisch gerihtet was.
man gap in wirtschaft volleclîch.
dô man geaz, diu küngîn rîch
Gap dem künic in sîn hant
beide liute unde lant
mit einem zepter schône,
und ein rîche krône
sazt si ûf sîn houbet.
der muotes unberoubet
Meleranz der werde man
krônt die maget wol getân.
er gap ir Terrandes daz lant.
dô daz geschach, dar nâch zehant

*

12257 frow. 12269 willenklich. 12280 Des.

[205b] Libers der werde man
mit dem lant ze Lorgân
krônt er sîn amîen,
Dulceflor die valsches frîen.
Meleranz der werde man
hiez die fürsten für sich gân
von der Chamarîen.
dienstman unde frîen
den lêch er dô mit sîner hant
beide bürge unde lant
daz si von im solden hân.
dô daz allez was getân,
die von Terrandes giengen dar
mit vil manger werden schar
und swuoren huld ir frouwen.
man moht dâ fröude schouwen
von dem volke daz dâ was.
in der burc und ûf dem palas
dâ was kurzwîle vil.
man vant dâ manger hande spil.
Die ûf dem velde lâgen,
die kund des niht betrâgen,
si heten kurzwîle grôz.
des wesens dâ nieman verdrôz.
Meleranz den werden man
vil sêr betrâgen des began
daz der tac was sô lanc,
wan in diu minne sêre twanc.
swie vil man dâ fröuden pflac,
er gedâht im 'wære dirre tac
[206a] hin, sô wær ich fröuden rîch,
daz ich die maget minneclîch
mit armen umbevienge:
mîn trûren gar zergienge.'
man moht dâ fröude schouwen.
die ritter und die frouwen

*

12298 vil fehlt. 12314 diser.

mit fröuden vertriben den tac.
der âbent kam, dar nâch man pflac
nâch ezzens zît daz männiclîch
ze gemache fuor. den künic rîch
und die maget werd erkant
diu zwei brâhte man zehant
dâ in gebrüevet was gemach.
nâch ir willen daz geschach.
Libers der künc von Lorgân
und diu maget wol getân,
diu künigîn von Karedonas,
ouch ze gemache komen was.

Die naht si lieplîch lâgen,
lieplîcher lieb si pflâgen,
unz daz in der tac erschein.
dô wurden si des enein
daz si niht langer lâgen dâ.
si stuonden ûf und fuoren sâ
zuo dem münster in die stat.
ein bischof sich bereitet hât
ze einer messe die er got sanc.
in dem münster wart gedranc
von rittern und von frouwen,
die gerne wolden schouwen
[206b] die viere under krône
stuonden hie vil schône,
unz der segen wart getân.
dô riten frowen unde man
mit den zwein küniginnen dan
für die burc ûf den plân.
manc gesidel dâ gemachet was
ûf ein wol geblüemet gras
dâ si embîzen wolden.
als si von rehte solden.
von den ringen wîten
sach man an allen sîten

*

12326 Den zwain. 12345 vnnder irn kron.

vil rîcher baniere komen.
mit eim bûhurt wurden si genomen
vor dem münster frône
und wurden brâht vil schône
an daz gesidel hêrlîch.
die zwô küniginnen rîch
huop man abe sâzehant
und swaz man werder frowen vant
mit zühteclîchen witzen
da die frowen solden sitzen.
Artûs der künic valsches laz
ze frowen Tydomîen saz.
ze der frowen Dulceflor minneclîch
ze der saz der von Francrîch.
Artûs sînen neven an sach,
zuo im er hübeschlîchen sprach
'ir sult ez âne zorn lân,
du und der künc von Lorgân:
[207a] wir wellen hiute wirt hie sîn,
ich und der vater dîn,
daz wir bî iwern amîen sitzen.'
dô sprach mit guoten witzen
Libers der künc von Lorgân
'daz ir uns legt die êre an,
mich und die lieben frowen mîn,
daz wil ich immer diende sîn,
daz mîn herre von Francrîche
tuot sô genædeclîche,
daz er ist zir gesezzen
und mit ir geruochet ezzen,
des bin ich von herzen frô.'
Meleranz der sprach dô
'herre und lieber œheim mîn,
ir sult hie billîch wirt sîn
über allez daz ich hân:

*

12358 ainem. 12362 kunigînn. 12369 D. der m. 12375 wurt. 12382 Deß. dienat. 12385 zuo ir. 12390 billich hie.

daz sol iu wesen undertân.
alsô stât mîn wille und muot.
swer iu hie iht êren tuot,
dem wil ich immer holt sîn.
mit mir und mit der frowen mîn
sult ir schaffen swaz ir welt.'
'daz tuon ich gerne, werder helt'
sprach Artûs der künic rîch.
die drî künge ir ieclich
zuo im einn gesellen nam
der im ze gesellen wol gezam.
nider sâzen frowen und man.
Meleranz den werden Gâwân
[207b] und die von der tavelrunde gar
sazt er undr die frowen schar.
den rittern und den frowen klâr
dient man zühteclîchen gar.
man gap in wirtschaft volleclîche.
dô die künige rîche
von den tischen giengen,
ze fröude si viengen.
männiclîch die fröude nam,
als im aller beste zam.
man vant dâ kurzwîle vil,
als ich iu sagen wil,
wan ir aller fröude was ganz.
dâ was bûhurt unde tanz.
swaz fröuden man erdenken kunt,
vant man dâ ze aller stunt.
alsô gienc in diu zît hin,
als ich sîn bewîset bin,
drî wochen volleclîche,
daz der edel künic rîche
nieman wolde von im lân,
weder frowen noch man.

*

12396 das zweite mit fehlt. 12401 ainen. 12404 der werden.
12406 er enmitten vnnder. 12408 zuchtenklichen. 12420 Vnnd man.

Dô die ende heten genomen,
die geste die dâ wâren komen
durch kurzwîle in daz lant,
die nâmen urloup zehant.
Meleranz was guotes rîch,
der gap in sô milteclîch
daz man im muost mit wârheit jehen
daz milterr man wart nie gesehen.
[208ᵃ] er schiet die geste von im sô
daz si von schulden wâren frô.
swaz varndes volkes dar was komen,
den wart, als ich hân vernomen,
gegeben gâbe rîche,
daz si frœlîche
fuoren von dem lande.
der künc het âne schande
sîn hôhzît gehabt alsô
daz sîn daz lant was allez frô.
dô die geste wâren alle dan,
Libers der künc von Lorgân
der nam ouch urloup zehant.
der wolde heim in sîn lant,
er und sîn amîe,
Dulceflor diu valsches frîe.
die gerten urloubes zehant
von der küngîn werd erkant
und von al den frouwen.
man moht dâ weinen schouwen
von den frowen beiden,
dô si sich muosten scheiden.
Diu küniginne triuwen rîch
bevalh ir niftel vlîzeclîch
Libers dem werden man.
sus nam er urloup und fuor dan
von den frowen al gelîch,
und von Artûs dem künic rîch

12434 wurd. 12437 volck. 12445 von dan. 12453 allen.

schieden si mit urloup dan.
diu frowe und der werde man
[208b] von dem künc von Frankenrîch
nâmen si urloup zühteclîch
und von den werden swaz der was.
Meleranz und Malloas
riten mit dem werden man
wol mîle lanc her dan.
er wolt si an den zîten
niht fürbaz lâzen rîten.
Meleranz sprach der werde degen
'got müeze iuwer êren pflegen.
hân ich wider iu iht getân,
daz verkieset, werder man,
lûterlîch ân allen haz.
ir sult mir gelouben daz,
swâ iu mîns dienstes nôt beschiht,
dar ane habet zwîvels niht
ich dien iu willeclîche.'
dô sprach der êren rîche
'herre, ir habt an mir getân
daz ich niht verdienen kan
die êre und die wirdekeit
die ir mich habt an geleit,
solt ich leben tûsent jâr.
ir sult wizzen daz für wâr,
swie ir welt alsô wil ich.'
hie mite schieden si sich.
Diu küniginne rîche
mit triuwen minneclîche
kust Meleranzen unde sprach
'swaz mir êren ie geschach,
[209a] daz ist mir gar von iu geschehen,
des wil ich mit der wârheit jehen.
ir habt an mir getân sô wol
daz ich got immer biten sol

*

12474 ûwern. 12486 mir. 12493 Melerantz.

umb iuwer êre, werder man,
die wîl und ich mîn leben hân.'
diu künigîn von Karedonas
von dem künic Malloas
nam si urloup und bevalh in got.
mit guoten triuwen sunder spot
bat er ir got pflegen.
Libers der vil werde degen
nam urloup von in beiden.
do ergienc ein friuntlîch scheiden.
Hin reit der künc von Lorgân.
Meleranz der werde man
und Malloas der wîgant
die riten wider în zehant
an den selben stunden,
dâ si mit fröuden vunden
Artûs den künic êren rîch
und den künc von Frankenrîch,
sînen vater und den œheim sîn,
bî der edelen künigîn.
die enwolt der werde man
dannoch niht von dem lande lân.
er behabt si dannoch siben tage,
nâch der âventiure sage,
daz er ir wol mit triuwen pflac.
bî in er ûf dem velde lac,
[209b] er und diu küniginne rîch,
mit manger frowen minneclîch.
durch ir liebe ez geschach.
als mir diu âventiure jach,
man bruoft in kurzwîle vil.
für wâr ich iu daz sagen wil,
swaz man erdenken mohte
daz in ze êren tohte,
daz wart allez getân.
Meleranz der werde man
erbôt sîm vater und Artûs

*

12535 sînem.

sô grôze êr in sînem hûs
daz in dâ vor nie mêre
wart erboten solh êre:
zwâre daz was billîch.
diu edel küniginne rîch
liebet sich in, swâ si kunde,
und kurzet in die stunde,
daz in diu wîle wære
kurz und âne swære.
bî ir was manic frowe glanz.
man vant dâ bûhurt unde tanz
und aller fröuden überkraft.
sus was diu edel ritterschaft
  Dannoch siben tage dâ.
dar nâch gert urloubes sâ
Artûs der êren rîch.
sîn vater wolt ouch gên Francrîch
heim ze sînem lande varn
und die vart niht langer sparn.
[210*] frou Tydomîe die künigîn
. . . .
die bat er vlîzeclîche
daz si mit im gên Franken rîche
füern, daz si gesæhen dâ
sîn muoter: des verzêch in sâ
Meleranz der sun sîn.
er sprach 'herre, der muoter mîn
sult ir von mir des verjehen,
daz wir si schiere sulen sehen,
ich und diu frowe mîn.
möht ez an unsern muozen sîn,
wir füeren mit iu gerne dar.
nu ist unverrihtet gar
unser künicrîche.
wir komen iu kurzlîche.'

*

12541 in] zuo ine. 12552 Sinen. 12554 lenger. 12557 vlyssenklichen. 12558 Franckenrichen. 12569 vnnsere.

dô sprach der künic werd erkant
'daz lopt mir, herre, an mîn hant.'
daz lopten si im beide dô.
frou Tydomîe wart unfrô,
dô ir sweher von ir schiet,
als ir triuwe ir geriet,
und Artûs der werde man.
vil sêre weinen si began,
zuo ietwederm si sunder gie,
umbvâhens sis niht erlie
Und kust si lieplîche.
Artûs der êren rîche
sprach 'frowe, ich wil an iuch gern
einer bete, der sult ir mich gewern,
daz ir und der neve mîn,
[210b] so ez aller schierest müge gesîn,
zuo mir komet in mîn lant.'
daz lopten si dô al zehant.
si nâmen urloup zühteclîche,
die zwêne künige rîche,
von der küngîn und den frowen klâr.
al der tafelrunder schar
nâmen urloup, dô si wolden varn.
diu küngîn bat si got bewarn
und ouch die frowen wol getân.
Gahariet und Gâwân
die kust diu küngîn minneclîch
und bevalh si got von himelrîch.
daz moht si wol mit êren tuon.
Meleranzes muomen sun
was Gahariet und Gâwân.
sus fuorens von dem lande dan,
die zwêne künige rîche,
Artûs und der von Francrîche.
Meleranz daz niht vermeit,

*

12580 enlie. 12588 alls. 12591 vnnd von der fr. 12592 Aller. 12593 var.

wol ein tageweide er mit in reit
und Malloas von Ibaritûn.
Artûs der Britûn
der wolt si an den zîten
niht fürbaz lâzen rîten.
Meleranz den werden man
den nam sîn vater sunder dan
und Artûs der œheim sîn.
sîn vater sprach 'sun mîn,
iu hât verdienet iuwer hant
[211ª] die künigîn und zwei lant.
die sælde hât iu got gegeben.
nu schicket alsô iuwer leben
daz ir den liuten allen
müezet wol gevallen.
ir habt êre unde guot.
sît milte unde wol gemuot.
swaz ir gesprechet daz lât wâr.
beide stille und offenbâr
sult ir got von herzen minnen
von allen iuwern sinnen.
sît guot rihtære,
den armen benemt ir swære.
iwern liuten den sît helfe rîch,
dâ von sô wert ir êren rîch.
spart vor êren niht daz guot.
swer iuwern willen gerne tuot,
dem sult ir holdez herze tragen.
waz sol ich iu mêre sagen?
sît bescheiden an allen dingen:
sô muoz iu wol gelingen.
Malloas dem werden man
dem sult ir wesen undertân:
Der râtet iu getriuwelîche,
wan er ist triuwen rîche.'
Meleranz der ellens rîch

*

12617 geben. 12631 von ern. 12639 rautet.

sprach 'ich wil vil willeclîch
volgen iuwerr lêre.'
der rede wart niht mêre.
der künc von Frankenrîche
[211b] kust sînen sun liepliche
und ergap in in gotes segen:
sam tet in der werde degen.
Artûs nam urloup von im dan.
er sprach zuo dem werden man
'neve, got behüete dich.
du solt schier gesehen mich.'
dô sprach der êren rîche
'daz tuon ich willeclîche.'
die zwêne künige werd erkant
nâmen urloup sâ zehant
von Malloas dem künic rîch
und bevalhen im vlîzeclîch
Meleranz den jungen man.
'swâ ich in gevürdern kan,
daz tuon ich willeclîche'
sprach der künic rîche.
urloup nâmens allesant.
ietweder künic fuor zehant
heim in sîn künicrîche.
Meleranz der lobelîche
und Malloas an der stunt
die kêrten wider gên Flordemunt,
dâ si ir mâge und ir man
funden ûf dem grüenen plân.
  Die geste wâren alle geriten.
nu wart dâ niht langer biten,
Meleranz sîn her sande
wider heim ze sînem lande.
er gap in gâbe rîche,
[212a] daz si frœlîche
fuoren von dem werden man.

*

12649 inn. 12659 bevalhn. 12663 alln sand. 12672 lenger pitten.

er wolde nieman von im dan
ân sîn guot lâzen varn.
er kund vor laster sich bewarn.
er williget im die liute sô
daz si sîn ze herren wâren frô,
beide frowen unde man.
dô si nu alle wâren dan
die von Terrandes wâren komen,
als ich daz mære hân vernomen,
der edel valsches frîe
den herrn von Kamerîe
den gap er rîcher koste solt.
er macht im die liut sô holt
daz si sîn ze herren wâren frô.
si fuoren frœlîchen dô
heim swaz ir dar komen was,
die der künic Malloas
mit im dar brâhte.
Meleranz des gedâhte
daz er in gâbe rîche
gap sô willeclîche
daz si jâhen allesant,
sô milter man wurd nie bekant
und sô êren rîche.
do der degen lobelîche
beidiu sîn mage und sîn man
von im frœlîchen dan
mit vil rîcher gâbe schiet,
[212b] als im sîn miltez herz geriet,
nu gert ouch urloubes dan
Malloas der werde man:
Der wolt niht langer wesen dâ.
ze sîner niftelu gienc er sâ,
mit armen er si umbevie.
er sprach 'niftel, ob dir ie

*

12678 dan] lan. 12688 den] Die. 12698 wohl milteclîche 12703 Beid. 12707 von dan. 12709 lenger. 12711 vmb vieng.

von mir dehein leit geschach
oder daz du hetest für ungemach,
daz soltu, frowe, mir vergeben.
die wîl wir beide mügen leben,
wil ich dichs ergetzen sô
daz du des wirst von herzen frô.
ich hân niht kindes mê dan dîn.
allez daz dâ heizet mîn,
daz sol dir wesen undertân,
dir und Meleranz dînem man.'
diu küngîn sprach 'œheim mîn,
ich hân vil gern die hulde dîn,
wan ich niht mêre trôstes hân
wan dich und mînen lieben man
den mir got hât gegeben.
an iu beiden stêt mîn leben.
herzenlieber œheim mîn,
du muost mîn trôst mîn vater sîn.'
'daz tuon ich gerne sicherlîch'
alsô sprach der künic rîch.
Mit urloup schiet er von dan.
diu küngîn kust den werden man
und bat sîn got von himel pflegen.
[213a] urloup nam der werde degen
von al den frowen zühteclîch.
hin reit der êren rîch.
Meleranz daz niht vermeit,
mit im er ze velde reit
und swaz dâ werder ritter was.
urloup nam dô Malloas
von in allen zühteclîch.
ze sîm swâger sprach der künic rîch
'swâger, ir sult gewaltic sîn
alles des dâ heizet mîn:
daz sol warten iuwerr hant.'
Meleranz der wîgant

*

12713 kain. 12715 dich. 12727 geben. 12737 allen. 12744 zuo sinem.

sprach zuo dem hôchgelopten man
'swaz ich und iuwer müemel hân,
dâ schaffet mite swaz ir welt.'
'daz tuon ich gerne, werder helt.
mîn liut mîn guot sol wesen dîn:
des dînen wil ich gwaltic sîn.
gebiut übr allez daz ich hân.'
die zwêne hôchgelopten man
schieden sich vil minneclîch.
hin reit der künic rîch
Malloas und sîne man.
Meleranz reit wider dan,
er und die sînen, an der stunt
ûf die burc ze Flordemunt
zuo der küngîn werd erkant.
bî in man zallen zîten vant
[213b] Fröude âne swære.
ich heiz der Pleiære:
diz buoch ich getihtet hân
durch einen tugenthaften man,
der mich dar zuo berâten hât.
sîn wirdekeit des volge hât
daz er bî sînen tagen nie
keinen unprîs begie.
got geb im sæld und êren vil,
des selben ich im wünschen wil.
der frum edel Wîmar,
ez ist an sînem lîbe gar
swaz ein ritter haben sol.
daz hât er erzeiget wol
mit milte und mit manheit.
mîn dienest sol im sîn bereit
mit triuwen al die wîl ich lebe.
got im sæld und êre gebe,
des wünschet im daz herze mîn.

*

12754 Dz dienen w. i. gewaltig. 12759 sin. 12764 zuo allen vannt. Dann Mergk füro. 12766 Bißer. 12782 Absatz in der Handschrift.

swâ ich var, ich wil doch sîn
sîn getriuwer dienære.
nu wil ich an mîn mære
wider grîfen da ich ez lie.
Meleranz was mit fröuden hie,
er und sîn amîe,
diu klâre Tydomîe,
dâ heime in ir lande.
si lebten ân alle schande
mit êren wirdeclîchen.
von zwein künicrîchen
[214a] pflâgen si der krône.
sus lepten si vil schône
ân alle missewende
unz an ir lîbes ende.
mit fröuden lepten si ir jâr.
frou Tydomî bî im gebar
zwêne süne und ein magt,
von der schœn man wunder sagt,
wan si gewan vil liehten schîn.
die hiez man nâch der muoter sîn
in der touf Olimpîâ.
beide hie noch anderswâ
wart nie schœner magt erkant.
sîn süne beide wurden gnant,
nâch sîm geslehte man si hiez:
den einen touft man Lazeliez,
der ander hiez Mêdanz:
ir schilt beliben selten ganz.
Dô si gewuohsen an ir craft,
do bejagten si mit ritterschaft
vil manic hôhe wirdekeit,
als mir diu âventiure seit.
Meleranz und sîn wîp
vil hôher êren pflac ir lîp.
si pflâgen rehter milte.

*

12803 vil] gar. 12808 genant. 12809 sînem.

ir herze nie bevilte
tugentlicher wirdekeit.
si wârn mit dienste vil bereit
gên ir schepfære.
armer liute swære
[214b] buozt der tugenthafte man.
mit sîner frümkeit er gewan
solhen prîs der noch wern muoz.
swer welle daz im werde buoz
lasters und unêren,
der sol sîn gemüete kêren
an tugent und an frümekeit.
daz sî iu allen geseit,
der gewinnet werdekeite vil.
der rede ich hie geswîgen wil.

[Hie hât daz buoch ein ende.
got uns die fröide sende,
der wir bedurfen hie und dort.
got geb uns sînen himelhort
nâch disem leben êwiclîch.
des helf uns got von himelrîch.
âmen.]

*

12823 ir] im.

SCHLUSSWORT DES HERAUSGEBERS.

Von dem Pleier sind uns bekanntlich drei epische dichtungen übrig; außer der hier herausgegebenen ein Garel vom blühenden Thal, dessen einzige handschrift im vaterländischen museum zu Linz sich befindet und von dem Zingerle in der Germania 3, 23—41 auszüge gegeben hat, und ein Tandarias, der in mehreren handschriften (zu München, Heidelberg und Hamburg) überliefert ist. Keines dieser drei gedichte bekundet einen hervorragenden dichter; weder in der darstellung noch in der handhabung des reimes zeigt der Pleier besonderes geschick. Sein vorbild ist Hartmann, dem er, wie Zingerle (Germania 3, 26) gezeigt hat und wie sich auch am Meleranz nachweisen läßt, vieles im ausdrucke entlehnt. (Über entlehnungen aus Wolfram vgl. anmerkung zu z. 5250.) Zingerle erinnert auch an andere dichter, wie Ulrich von Zatzikhoven: wichtiger und bedeutsamer scheint mir eine anlehnung an den uns verlornen umhang Bliggers von Steinach. Im Meleranz 585 ff. schildert der dichter den umhang eines bettes, auf welchem der trojanische krieg und die geschichte des Äneas abgebildet war. Werden wir schon hierdurch an Bliggers umhang erinnert, der ja, aller wahrscheinlichkeit nach, ebenfalls antike stoffe enthielt, so ist es noch mehr bei der beschreibung des gürtels der fall, auf welchem die worte dulcis labor d. h. minne ist süeziu arbeit 692. 694 eingeschrieben waren. Diese worte begegnen in dem bruchstücke, das Pfeiffer mit recht dem umhang Bliggers zuerkennt (vers 314). Die antike vorstellung von Amor und Venus (662—680), die die spangen des mantels bildeten, mag der Pleier aus derselben quelle entlehnt haben.

Von den drei gedichten mag, so weit ich ihn kenne, der Garel noch das beste sein. Die erfindungskraft des dichters in allen ist gering: seine beschreibungen bewegen sich in ermüdenden wiederholungen. Ich habe die herausgabe des Meleranz unternommen, damit von dem dichter künftig mehr als der name bekannt sei und man ihm den ihm zukommenden platz als nachahmer zuweisen könne.

Der dichter nennt sich hier wie im Garel der Pleiære (die form Plaier, die Gödekes grundriß s. 37 annimmt, beruht auf österreichischer schreibung), ein ähnlich gebildeter name wie der Strickære, der Marnære, der Teichnære; woraus allein schon hervorgehen würde daß die frühere annahme, der dichter habe dem steirischen grafengeschlechte derer von Plaien, das 1260 ausstarb, angehört, nicht richtig sein kann (vgl. Germania 2, 500). Der Pleier hat eher nach als vor 1260 gedichtet; aber dem dreizehnten jahrhundert möchte er noch zuzuweisen sein. Der schluß des Meleranz nennt als gönner des dichters einen herrn Wimar, der die veranlaßung zu dem gedichte gegeben: ihn nachzuweisen ist mir nicht gelungen. Des dichters heimat findet Pfeiffer im Salzburgischen: 'unter den zeugen einer datz sand Zenen (st. Zeno bei Reichenhall) im jahre 1305 ausgestellten urkunde erscheint her Chunrat der Player', (Mon. boica 3, 569. German. 2, 500). Damit stimmen die sprachlichen eigentümlichkeiten die der dichter darbietet recht wohl: in jedem falle weisen sie auf Österreich. Dahin zähle ich z. b. die comparativform merre für mêrre, reimend auf herre 9013 (vgl. zu Strickers Karl s. lxxxv), kone (konen : wonen 11529) 'gattin', gâz 4839. 8781. Anderes ist allgemeinerer art, aber im 13 jahrhundert doch hauptsächlich Baiern und Österreich eigen: die abwerfung des e im präteritum schwacher verba (4. 150. 527. 612. 824. 1687. 2509. 2752. 3179. 3431. 3633. 3802. 3974. 4090. 5880. 5926. 6700. 6960. 7184. 7356. 7364. 7404. 7524. 7664 u. s. w.), in substantiven, adjectiven und adverbien (2377. 3825. 7169. 8900. 9847. 10403. 10699. 10973); n statt m im reime (man : alsan 1373. 9749. nan : man 2867. genôzsan : an 9385. wolgetân : nan 11527. œhein : schein 6504) vgl. zu Strickers Karl s. liij; die bindung a : â, außer vor r und n, vor l (liehtgemâl : überal 581), vor ch (sach : nâch 263. 4053. nâch : sprach 295. 319. 1617. 5625. 7037. 9425. gâch : sach 1025. 3425. 4231. 5979. 9173. gemach : nâch 1789. : gâch 6511. geschach : nâch 4819), vor t (hât : stat 1405. 6941), vor st (hâst : gast 1059. 2369), vor z (gâz : saz 4839. 8781); die bindung e : ê (hêr : er 114. mêr : er 805. 3943. 9329. : sper 3371. 5667. : her 5661. 9809. her : êr 11447), auch von i : ie in mir : schier 10973, während lieht : niht 865. 1285. 5576; vgl.

Garel 28[d] (Germania 3, 30) scheinbar der österreichischen heimat widerstreitet; doch ist auch dieser reim in vielen österreichischen dichtern nachweisbar. Ähnlich verhält es sich mit den reimen sun : tuon 2469. 12221. 12599 und öfter; stuont : funt 385; bestuont : kunt 6741; zuo : nû 6663; Dulceflûr : fuor 4869; ruorte : hurte 9515; künde : stüende 1073; mit der form duo für dô, die im reime z. b. 4346. 4905. 5637. 5647. 6060. 12075 erscheint und gewöhnlich nur für niederrheinisch gilt; mit ou für iu oder û in houwen : bouwen 6777. schouwen : erbouwen 7107 (vgl. Garel 25[a], German. 3, 33). frouwen : getrouwen 7317. 10623. Daß dem dichter ei statt des gewöhnlichen mhd. î bereits zukomme, das zu seiner zeit im österreichischen dialekte allerdings schon herrschte, könnte man aus dem reime curteis : amîs 7773 (vgl. curteise : reise 3931. 4220) schließen; aber eine nebenform curtîs (: prîs) ist durch Mai 196, 25 belegt, welches gedicht ebenfalls Baiern oder Österreich angehört. Ein ähnlicher reim begegnet im Garel, geleit : wît 82[d] (Germania 3, 38) was Zingerle wohl mit unrecht in gelît : wît ändert; wenn geändert werden muß, ist zu schreiben

in allen wîs daz beste
daz ie dehein man an geleit,
weder ze enge noch ze breit
was der helm rîche.

Als quelle des Meleranz gibt der dichter (103) eine wälsche dichtung an. Der name des helden ist mir sonst nicht begegnet: im Garel (Germania 3, 32) gibt dieser Meleranz als seinen vater an. Ob der dichter nach mündlicher oder schriftlicher überlieferung gedichtet, muß unentschieden bleiben: wahrscheinlicher ist mir ersteres, denn nirgend bezieht er sich auf ein buoch. Daß er des lesens kundig war geht aus dem Garel (Germania 3, 26) hervor. Die berufungen auf die quelle sind im Meleranz so häufig wie im Garel und zeigen meist dieselben formeln. als mir diu âventiure seit 434. 510. 5104. 5935. 8552. 8634. 8898. 9486. als mir diu âventiure jach 12528. nâch der âventiure sage 327. 1324. 1604. 4957. 12522. diu âventiure mir daz seit 7080. als ich an der âventiure las 11420. uns tuot diu âventiure kunt 6741. michn habe diu âventiure betrogen 3140. ob diu âventiur ist wâr 7084. als ich daz mære hân vernomen 1350. 6666. 12686. als mir daz mær ist worden kunt 6736. 11533. als ich daz mære vernomen hân 326. 9947. als ich hân vernomen 5069. 9638.

10752 11194. hân ich vernomen 10832. hôrt ich sagen 5938. 6978. sô wart mir gesagt 11274. sô man saget 7437. alsô ich bewîset bin 1276. Die längste berufung auf die quelle ist 9238—43

ist ez niht wâr daz ich iu sage,
ûf mîn triwe, daz ist mir leit.
ez wart mir für wâr geseit:
ich hân mêr gezinges niht,
wan als mir daz mære giht,
alz ez mir ist kunt getân.

Mit diesen formeln vergleiche man die aus dem Garel Germania 3, 27. 28.

Der inhalt gehört dem kreise der Artussage an. Artus hatte drei schwestern, Seife, Anthonje und Olimpia. Erstere nahm der könig Lot und zeugte mit ihr Beatus und Gawan, so wie zwei töchter, Itoni und Gundri. Anthonje heiratete den könig von Gritenland und gebar ihm Gaharet; Olimpia den könig von Frankreich, dem sie Meleranz gebar. Der knabe, bis zum zwölften jahre von der mutter erzogen, vernahm viel von seines oheims ruhme und beschloß heimlich an seinen hof zu gehen, um zu erfahren, wie man gäste dort aufnehme. Um nicht von den leuten seines vaters eingeholt zu werden, schlug er, von der hauptstraße abweichend, einen schmalen pfad ein. Gegen abend kam er auf eine burg, wo er freundlich aufgenommen wurde: am andern morgen ließ ihn der wirt durch einen knecht auf die straße die zu Artus führte bringen. Vierzehn tage ritt er fort; endlich sah er ein gebirge vor sich, in welches der weg gieng: er ritt auf einen berg, aber er konnte nur auf wald und meer blicken. Genöthigt, im freien zu übernachten, zog er am andern morgen sein ross an der hand den berg hinab und gelangte auf eine im walde gelegene schöne wiese, in deren mitte eine linde stand: ihre äste hiengen bis auf das gras hernieder und gewährten beständigen schatten. Zwei silberne röhren führten nach einem bade das für eine frau eingerichtet schien. Als sich Meleranz der linde näherte, sah er vier jungfrauen entfliehen, die sich trotz seines rufens nicht zum stillestehen bewegen ließen. Das bad und der anger gehörte der königin Tydomie von Kamerie. Sie hatte durch ihre sternkundige erzieherin von Meleranz' ankunft vernommen und auf ir geheiß waren die jungfrauen entflohen. Unter der linde erblickte Meleranz ein schönes bett, auf dessen umhange der trojanische krieg und Eneas geschichte eingenäht war. Unter andern kleidungsstücken sah er einen schönen mantel, dessen spangen Venus und Amor darstellten und einen gürtel mit der inschrift '(amor) dulcis labor.' Er näherte sich der badewanne die zugedeckt war, woraus er abnahm daß eine frau sich im bade befinde. Eben wollte er fortgehen, als Tydomie den sammt emporhob und den erröthenden junker schalt daß er ihre frauen verscheucht: nun müße er an stelle derselben sie bedienen. Gern war Meleranz dazu bereit. Als er ihr nun ins antlitz sah, da zündete Venus ihn mit ihrer fackel an und Amor stach ihn mit seinem ger. Auch der jungfrau gefiel der zierliche junge mann. Als sie sich angezogen, nöthigte sie ihn sich zu setzen: er that es widerstrebend und sah sie aus der ferne blöde an. Auf ihre frage, woher er komme und wer er sei ersann er eine lüge: sie aber ließ sich nicht täuschen und sagte ihm die wahrheit ins gesicht, so daß er endlich eingestehen musste. Sie lud ihn ein die nacht ihr gast zu sein; am andern morgen wolle sie ihn auf den rechten weg weisen laßen. Die bewirtung ließ nichts zu wünschen übrig, die beiden jungen leute aßen mit einander und die keimende liebe ward zur flamme. Der dichter flicht hier eine betrachtung über die minne und ihre launen ein. Beim abschiede gab sie ihm einen ring und küsste ihn. Die jäger der königin brachten ihn auf den weg. Meleranz nahm abschied von ihnen: sie kehrten zurück und brachten der jungfrau, die inzwischen auf ihre burg Monteflor sich begeben, die letzten grüße von ihm. Tydomie gestand ihrer erzieherin ihre gefühle und bat sie an den sternen zu sehen ob Meleranz dieselben erwidere. Die meisterin that es und ertheilte ihr, nachdem sie sie durch falsche kunde auf die probe gestellt, die beglückende nachricht daß Meleranz sie nicht weniger liebe.

Inzwischen war Meleranz durch den wald fortgeritten und auf einen plan gekommen auf dem ihm ein alter jäger mit einem leithunde begegnete. Meleranz fragte nach dem wege und erfuhr daß Artus in der nähe jage, daß der alte mann des königs jägermeister sei. Befragt woher er komme verschwieg auch hier Meleranz seine abkunft und sagte er sei dem rufe des königs nachgegangen, mit dem wunsche bei ihm in dienst zu treten. Während der zeit war ein hirsch aufgetrieben worden, der, verfolgt, nach der feuerstatt floh, wo der könig und die königin mit ihrem gefolge unter zelten lagerten. Meleranz war vorausgeritten und hätte den hirsch fällen können, wartete aber bis der jägermeister herankam und bat denselben um erlaubniss den hirsch lebendig vor die frauen tragen zu dürfen. Zum erstaunen aller führte er dies kunststück aus. Der könig hieß ihn willkommen und fragte wer er sei. Auch jetzt nannte Meleranz seine herkunft nicht, sondern bat nur daß der könig ihn in dienst nehme. Seine bitte wurde gewährt; des königs gefolge nahm ihn freudig auf. So blieb er unerkannt mehr als ein jahr am hofe, bis ein bote seiner eltern, die um ihn inzwischen klagten, zu Artus kam und die wahre abkunft des jünglings entdeckte. Meleranz kehrte indessen nicht nach hause zurück, sondern blieb noch über ein jahr bei Artus und seine eltern versorgten ihn mit geld und allem nöthigen. Bei aller ehre die ihm erboten wurde war er doch manchmal traurig; das machte die minne die er heimlich trug. Gawan bemerkte es und errieth den wahren grund: eines tages nahm er ihn bei seite und ersuchte ihn um mittheilung seines geheimnisses; allein Meleranz verschwieg den grund und gab vor, ihn kümmere daß er als knecht sich so verliege; er wolle heimkehren und sich zum ritter schlagen laßen. Gawan antwortete das solle an Artus hofe geschehen; er begab sich sogleich zum könige und theilte ihm Meleranzes wunsch mit. Der könig entbot ein großes fest, zu dem er auch Meleranzes eltern einlud. Die kunde davon kam auch zu Tydomien; sie sandte Meleranz durch einen boten einen brief, den gürtel den sie trug, als er sie sah, ein schapel und ein fürspann. Meleranz bat den boten bis zum ende des festes zu bleiben. Das fest gieng glänzend vorüber: nach dem ritterschlage wartete Artus vor dem eßen, seiner gewohnheit gemäß, auf eine aventiure. Schon war es spät geworden als ein knabe kam und Meleranz meldete, ein ritter wünsche mit ihm einen speer zu brechen. Meleranz nahm die forderung an und ritt, schön gewaffnet (der dichter gibt uns hier eine weitläuftige schilderung der waffenkleider) nach dem walde wo sein gegner ihn erwartete. Die tjost geschah zu voller zufriedenheit; der fremde ritter erzählte daß seine geliebte ihn zu der forderung veranlaßt und nannte auf Meleranzes bitte seinen namen und seine herkunft. Meleranz nöthigte ihn zu bleiben; allein der fremde war bereits als kämpfer einer bedrängten jungfrau verpflichtet. Weiter ist im verlaufe des gedichtes von ihm nicht die rede. Meleranz ritt zurück, kleidete sich um und begab sich zu Artus, der ihm an der tafelrunde einen platz anwies und ihn veranlaßte sein abenteuer zu erzählen. Das fest währte vierzehn tage; nach verlauf derselben nahmen alle gäste, auch Meleranzes eltern, abschied. Meleranz bat sie um erlaubniss noch ein jahr bei Artus bleiben zu dürfen. Den boten seiner herrin entließ er reichbeschenkt; derselbe übergab der jungfrau brief und ring, worüber diese hocherfreut war. Meleranzes ehre an Artus hofe war stets im wachsen: sein einziger trüber gedanke war daß er der geliebten nicht nahe sein konnte. Eines morgens im bette faßte er den entschluß in den wald Briziljan auf abenteuer zu reiten und den anger aufzusuchen wo er seine geliebte gesehen. Heimlich entfernte er sich vom hofe und kam, nachdem er den ganzen tag geritten, am abend an ein haus aus bäumen gebaut. Als er sich demselben näherte, erblickte er wirt und wirtin, die grösten leute die er je gesehen. Während er bedachte ob er umkehren sollte gieng ihm der wirt, ein riese, namens Pulaz, entgegen, empfieng ihn freundlich, und bat ihn die nacht dazubleiben. Nachdem er des gastes pferd besorgt, sagte er zu Meleranz 'es ist gut daß meine jäger euch nicht getroffen'; und gefragt was es mit diesen für eine bewandniss habe, erzählte er daß in seinem dienste zwölf riesen und drei riesinnen auf raub ausgiengen, weib und mann, wer lebendes ihnen begegne, zu fangen. Die gefangenen würden dem herrn des landes, könig Godonas von Terrandes, gebracht, der seine gefangenen auf die schimpflichste weise behandle. Alle ritter die in sein land kämen müssten mit ihm kämpfen. Meleranz erkundigte sich wie es mit diesem abenteuer sich verhalte und erklärte, trotz der abmahnung seines wirtes, er sei entschloßen es zu bestehen. Inzwischen waren die jäger heimgekommen und brachten zwölf gefangene männer und vier frauen mit. Unter letzteren war eine jungfrau, deren schönheit Meleranz besonders auffiel. Er bat ihn die frauen um seinetwillen ledig zu laßen und die übrigen gefangenen nicht eher zu Godonas zu senden als bis er den ausgang des kampfes erfahren. Nun war es eßenszeit geworden: Meleranz saß bei der jungfrau und erkundigte sich nach dem zweck ihrer reise. Sie erzählte daß ihre herrin sie zu Artus gesendet habe, um einen kämpfer für sie zu gewinnen: ein heidnischer könig, Verangoz von Fortsoborest, habe den vater ihrer herrin Dulceflor, dem die länder Karedonas und Trefferin gedient, meuchlings getödtet um sich in besitz des landes Trefferin zu setzen; nun wolle er, damit nicht zufrieden, Dulceflor zwingen ihm zinsbar zu sein. Meleranz versprach, wenn er siege, mit ihr zu reiten. Am andern morgen brach er, von Pulaz begleitet, auf. Gegen mittag kamen sie aus dem walde auf eine heide: da musste

24 *

Pulaz umkehren, er schied mit dem wunsche des gelingens für seinen gast.

Meleranz gelangte an ein waßer und rief dem fergen zu, ihn überzusetzen. Dieser sagte, gottes haß habe jenen ins land geführt, und als Meleranz erklärung dieser worte wünschte, verweigerte sie der unhöfliche schiffsmann und blies dreimal ins horn. Meleranz wandte sich ab und ritt weiter. Er kam an die klause die der truchseße des königs, namens Cursun, bewohnte: nicht lange währte es, so sah er den truchseßen gewaffnet daherreiten. Der kampf, dem frauen und männer von der zinne aus zusahen, endete mit der niederlage Cursuns, der Meleranz sicherheit geben musste. Er lud seinen neuen herrn ein die nacht in seinem hause zuzubringen. Des wirtes frau und tochter empfiengen und beherbergten ihn aufs beste. Cursun versuchte Meleranz von seinem vorhaben abzubringen: es war umsonst. Am andern morgen schickte sich Meleranz zur weiterfahrt an: er bat den wirt um schild und speer, da beides am vorigen tage im kampfe vernichtet worden. Cursun erklärte ihm nichts geben zu dürfen was Godonas schade, das habe er geschworen: doch wehre er es nicht wenn er sich selbst das verlangte nehme. Das that Meleranz; inzwischen kamen auch des wirtes frau und tochter, letztere waffnete ihn. Cursun begleitete seinen gast. Nachdem sie kurze zeit geritten, erblickte Meleranz ein wohlbebautes land und eine herrliche burg, namens Terramunt, auf der Godonas hauste. Meleranz fragte was mit den gefangenen geschehe, wenn er siege: worauf er den bescheid erhielt daß in diesem falle die gefangenen ledig und Godonas selbst ihm unterthan sein würde. Sie ritten in die burg und sahen an einer linde ein horn hangen, auf welchem Meleranz dreimal blasen musste um seine absicht kund zu thun. Nach dem dritten male zerschlug er es an einem steine und erklärte auf Cursuns frage, daß wenn er siege es des hornes nicht mehr bedürfe, wenn er unterliege, möge sich Godonas ein neues fertigen laßen. Cursun bewunderte seinen muth und begab sich in die burg. Godonas hieß ihn willkommen und erkundigte sich nach dem kämpfer. Er hatte sich bereits gewaffnet und ritt Meleranz entgegen, der bei der linde hielt. An der zinne standen frauen und männer, um zuzuschauen. Auch dieser kampf war für Meleranz siegreich und endete mit Godonas tode. Meleranz klagte um den gefallenen, der bis auf seine grausamkeit ein guter ritter gewesen. Im hause hörte er jammer und klage: er ritt zu der linde, wohin auch alsbald Cursun kam der ihm rieth mit ihm nach der klause sich zu begeben und dort das weitere abzuwarten. Des erschlagenen mannen stritten mit einander was zu thun: ob man den tod des königs rächen solle oder nicht. Am andern morgen berieth sich Meleranz mit Cursun: er war bereit auf den besitz des landes zu verzichten, wenn man alle gefangenen freigebe. Allein Cursun war anderer ansicht, er fragte Meleranz nach heimat und geschlecht und eilte, froh des bescheides, nach Terramunt, wo es ihm gelang die meinungen aller für Meleranz zu gewinnen. Nachdem Godonas begraben war, holte man Meleranz herbei und krönte ihn. Durch freigebigkeit wusste er sich sogleich beliebt zu machen. Er ließ die gefangenen herbeiholen, sie waren jämmerlich anzusehen. Die arbeit der männer hatte in graben, steinbrechen und hauen bestanden, die frauen mussten tag und nacht würken, um ihr leben zu fristen. Vier wochen lang ließ sie Meleranz aufs beste pflegen, daß sie sich erholten. Pulaz mit seinen genoßen und den gefangenen beschied er zu hofe. Er gab dem riesen die klause als wohnstätte, den truchseß setzte er auf die burg zu Terramunt. Ehe er mit der jungfrau in deren land ritt, ließ er sich neue wappenkleider machen. Cursun allein theilte er mit wohin er zöge und vertraute ihm die verwaltung des landes.

Nach vierzehn tagen kam er vor die burg Belfortemunt, die Dulceflor bewohnte. Während sie sich derselben näherten, erzählte die jungfrau von der bedrängten lage ihrer herrin: sie hätte selbst an Artus hof reiten wollen, aber sie, die jungfrau, sich erboten es für sie zu thun. Sie rühmte Dulceflors schönheit und fügte hinzu daß ihr nur ihre niftel Tydomie gleichkomme. Bei nennung dieses namens ward Meleranz bleich und roth, so daß die jungfrau vermuthete er liebe Tydomien. Die königin war in ein fenster getreten und sah den ritter und ihre dienerin kommen. Fröhlich befahl sie ihren frauen die besten kleider anzulegen. Meleranz ward von rittern wohl empfangen, die jungfrau theilte ihrer herrin ihre schicksale mit und verhehlte nicht ihre vermuthung in bezug auf Tydomie. Dulceflor empfieng ihren erretter mit einem kusse und erbot ihm alle ehre. Sie klagte Meleranz ihre noth, und als dieser fragte, warum nicht einer ihrer verwandten ihr helfe, erwiderte sie daß die besten derselben todt seien: sie hob die eltern Tydomiens hervor, indem sie hinzufügte, daß diese durch ihren oheim, der sie zwingen wolle wider ihren willen einen mann zu nehmen, sich in bedrängter lage befinde. Der könig Libers von Lorgan, der ihr zugedachte, habe sich mit 23 genoßen auf dem anger niedergelaßen und fordere alle ritter zum kampfe auf. Er habe, um den anger zugänglich zu machen, vier wege durch den wald bauen laßen und auf diese art den lustort Tydomiens zerstört. Ihr geliebter aber sei entfernt, auf den allein sie hoffe. Bei dieser nachricht erschrak Meleranz so daß die jungfrau wohl ahnte er sei der von ihrer niftel erkorne. Am vierten tage erschien Verangoz mit einem heere und lagerte sich vor Belfortemunt. Er sandte seinen boten in die burg, den zins zu fordern, erhielt aber zur antwort daß Meleranz mit ihm kämpfen wolle. Am nächsten morgen waffnete Dulceflor ihren kämpfer. Sie besendete ihre mannen, damit, wenn Meleranz siegte, die heiden nicht kampf begönnen. Die beiden kämpfer bestätigten den vertrag, daß, wenn Verangoz siege, die königin ihm zinspflichtig sei; wenn er besiegt werde, ihr land wieder erhalte. Nach langem kampfe gelang es Meleranz seinem gegner den todesstreich zu geben. Über dem todten klagte der sieger, daß er bei aller ritterlichkeit so unritterlich gehandelt und dadurch den tod verschuldet. Die von Trefferîn kehrten auf eine anfrage zu ihrer rechtmäßigen herrin zurück, die heiden wollten ihren todten könig, allein Meleranz drang auf erfüllung des vertrages. So entbrannte zwischen beiden heeren ein kampf, der mit der niederlage der heiden endete. Gleich am folgenden tage wollte Meleranz scheiden; Dulceflor ließ ihn jedoch nicht fort bis ihm neue wappenkleider gefertigt waren. Den todten Verangoz sandte er mit zwölf heiden, die er sich losbat, nach seiner heimat. Dann kehrte er nach Terrandes zurück. Nachdem er sein land berichtet und geschlichtet, rüstete er sich zu der fahrt, die der befreiung Tydomiens galt: Cursun begleitete ihn.

In der nähe des angers mit dem gefolge angekommen, schlugen sie ein zelt auf und lagerten vier tage da. Meleranz sandte nun seinen garzun Gunetlin zu Libers und ließ ihm widersagen: zwei schilde von den 24, die vor dem zelte hiengen, sollte Gunetlin rühren, aber nicht den des königs, sondern die beiden entferntesten. Mit den rittern denen die schilde gehörten wollte er und Cursun zuerst kämpfen. So wurden nach einander alle ritter besiegt und gefangen genommen, zuletzt Libers von Meleranz, Maculin von Cursun. Libers wollte sich indess nicht eher zur sicherheit verstehen, als bis er Meleranzes edle abkunft erfahren. Meleranz trug ihm auf mit seinen mannen zu Artus hofe zu reiten und seine baldige ankunft anzuzeigen. Er selbst begab sich auf den anger und schlug ein herrliches gezelt auf. Dann sandte er Gunetlin auf die burg zu Monteflor, um Tydomien die botschaft zu verkünden. Tydomie war inzwischen von der ankunft des freudebringenden boten durch ihre meisterin schon unterrichtet. Sie sandte ihm einen boten, namens Berlin, entgegen und setzte sich harrend in ein fenster. Nachdem der bote angekommen, gebot sie ihren frauen und rittern sich zur fahrt nach dem anger zu rüsten. Meleranz ritt ihr entgegen und es erfolgte ein herzliches wiedersehen. Tydomie klagte ihm die gewaltthätigkeit ihres oheims Malloas. Jetzt erst stellte sich durch fragen heraus daß Meleranz derselbe ritter war der auch Dulceflor befreit. Vier tage und vier nächte verlebten sie unter heiterem scherz auf dem anger; dann begaben sie sich nach Monteflor. Tydomie beschloß auf den rath ihrer mannen und ihrem eigenen herzen folgend, Meleranz zum gatten zu nehmen. Die hochzeit ward über zwölf wochen festgesetzt. Meleranz sandte Cursun nach Terrandes, um seine mannen herbeizuholen, ebenso einladungen an Artus und seinen vater nach Frankreich. Inzwischen war auch Libers zu Artus gekommen, dieser beschloß ihn zu der hochzeit nach Monteflor mitzunehmen. Malloas, Tydomiens oheim, entbot dieser daß er sie mit krieg überziehen werde, da sie sich mit einem manne vermählen wolle, dessen herkunft man gar nicht kenne: dem boten ertheilte Meleranz die antwort. Malloas hielt wort und legte sich vor die feste Puhulin, die von zwei markgrafen vertheidigt wurde. Diese sandten zu Meleranz, der sein heer aus Terrandes versammelte und ein lager aufschlug. Von der zinne der burg schaute die liebessehnsüchtige Tydomie herab und grüßte den geliebten. Während dessen kam eine schar von fünfzig frauen heran; es war Dulceflor, Meleranz empfieng und geleitete sie nach Monteflor. Die beiden nifteln, des wiedersehens froh, hatten sich viel zu erzählen. Bald kam kunde daß Artus und der könig von Frankreich sich nahten. Meleranz begab sich zu Malloas und theilte ihm die nachricht so wie seine abkunft mit, so daß Malloas von stund an seinen unmuth aufgab. Beide männer ritten den gästen entgegen. Am andern morgen wurden Meleranz und Tydomie vermählt; zu gleicher zeit Dulceflor mit Libers von Lorgan. Das fest dauerte drei wochen: die gäste nahmen abschied, auch Libers und Dulceflor, die von Meleranz und Malloas eine strecke weges begleitet wurden. Artus und Meleranzes vater blieben noch sieben tage: letzterer bat Tydomien und seinen sohn mit nach Frankreich zu kommen. Allein es gab im lande noch viel zu schlichten, daher die einladung für den augenblick abgelehnt wurde. Beim abschiede gab der vater dem sohne noch manche gute lehre. Endlich nahm auch Malloas abschied. Meleranz und Tydomie lebten glücklich und ehrenreich; sie gebar ihm zwei söhne, Lazeliez und Medanz, und eine tochter die man Olimpia nannte. Der dichter schließt mit dem gedanken der Hartmanns Iwein (in umgekehrter form) einleitet: daß, wer die schande meiden will, sein gemüth auf tugend und tüchtigkeit richten soll.

Das gedicht ist uns nur in einer einzigen handschrift erhalten, die sich in der fürstlich fürstenbergischen bibliothek zu Donaueschingen befindet. Nachricht von ihr hat Franz Pfeiffer in der Germania 2, 500 gegeben. Durch die gefälligkeit des bibliothekars, meines freundes Dr Barack, erhielt ich sie zur benutzung zugesendet. Es ist eine papierhandschrift in folio, im jahre 1480 geschrieben: am schluße steht

Gabryel Lindenast
Anno Im achtzigosten.

Sie zählt 214 blätter. Der alte einband führt auf einem pergamentblättchen die aufschrift Von hern Meleranctz von frankrich. Die handschrift zerfällt in lagen zu zwölf blättern, die je ersten sechs sind durch die zahlen 1—6 (von alter hand) am untern rande bezeichnet, am schluße jeder lage steht der anfangsvers der folgenden. Die beiden letzten blätter der letzten lage sind leer. Die verse sind abgesetzt, die initialen der abschnitte roth.

Ich habe über die behandlung des textes und die orthographie der handschrift ein paar worte zu sagen. In letzterer beziehung bemerke ich au für â, raut staut laussen mausse u. s. w., ö statt öu in fröde für fröude, ü für iu, zuweilen ai statt ei, selten ei statt î, namentlich in ameye (die hs. schreibt ameneye) ameys und dem namen Tytomeye, tzw im anlaute für tw, tzwingen, tzwahen u. s. w. Das e am schluße wird gewöhnlich abgeworfen, auch wo der versbau klingende reime erfordert; im innern des verses habe ich diese unterdrückung des e meist beibehalten, da auch die reime zum theil sie zeigen. Das pronomen ir wird immer flectiert, was ich geändert habe; statt dirre steht diser; für ouch gewöhnlich och, daneben seltener ouch; die zweite person des pluralis geht in nt aus, die reime beweisen nur die form ohne n. Ich war bemüht der jungen handschrift gegenüber dem originale möglichst nahe zu kommen: den versbau nach den grundsätzen zu behandeln, die wir auf beßere dichter anzuwenden gewohnt und berechtigt sind, schien nicht rathsam bei einem dichter der auch dem reime geringe sorgfalt zuwendet. Doch habe ich wo es thunlich war allerdings die häufig überlangen und überkurzen verse der handschrift berichtigt, theils im texte theils in den anmerkungen, da die vergleichung mit dem Garel, der uns in einer älteren und beßeren handschrift überliefert ist, zeigt daß die Donaueschinger nicht sorgfältig genug ist um ihr unbedingt zu folgen. Sie überliefert das gedicht nicht ohne lücken; eine größere ist ohne zweifel nach 217 anzunehmen, es mag etwa ein blatt der vorlage ausgefallen sein, oder, was wahrscheinlicher, eine reihe von versen, über die der schreiber, durch gleichen reim verleitet, hinwegsprang. Auch sonst finden sich noch kleine lücken (vgl. 3074. 7593); einzelne reimzeilen fehlen ziemlich häufig, ich habe in den nachfolgenden anmerkungen versucht sie theilweise zu ergänzen. Die sechs schlußzeilen der handschrift betrachte ich als unecht; ähnlich scheint es sich mit dem Garel zu verhalten, auch dort sind (Germania 3, 25) die letzten sechs zeilen zu tilgen, was namentlich die überlange schlußzeile beweist.

Rostock, im November 1860.

K. B.

ANMERKUNGEN.

36—93. Dieselbe betrachtung findet sich im Garel (Germania 3, 29), zum theil mit denselben worten, vgl. namentlich 39 mit Garel 85[c]

dem guot sô nâhe ze herzen gât.

62. von wielte abhängig zu machen der witze verbietet der zusammenhang des folgenden; daher ist ein genitiv vor wielte ausgefallen.

101. Mit demselben verse beginnt die erzählung im Garel, vgl. Germania 3, 26.

162. Die schreibfehler der handschrift hier und 164 erklären sich durch vertauschung der schlußsilben beider verse; derselbe fall findet sich 299. 342. 1089.

241. Der reim woldet: solde ist nicht glaublich; kommt dem dichter die form wolt (= wellet, welt) zu, so kann man schreiben west ich war ir varn wolt oder waz ich sagen solt. wolt kann aber auch syncope von woldet sein und solt verkürzung von solde.

431. Der gras als mascul. nicht nachzuweisen; vielleicht ist des gras zu lesen.

447. 448. Beide zeilen scheinen um eine hebung zu kurz, wenigstens in anbetracht von des Pleiers sonstigem versbau. Ich glaube war ist eine unberechtigte ergänzung und es hieß ursprünglich

des nam der knabe rehte goum.
von zwein brunnen der phloum u. s. w.

471. Wohl Kaukesas statt des überlieferten Kouesas zu lesen, vgl. 9263.

558. Beßer vielleicht niendert lebe ûf ertrîch.

605. 606. Den entstellten reim weiß ich nicht sicher zu berichtigen. Statt bluomen könnte bluot gestanden haben und es reimte darauf etwa behuot:

und daz der anger und diu bluot
dâ mit wurden behuot.

Niht in der zweiten zeile ist sinnwidrig; sonst könnte man lieht nach bluomen ergänzen, was auf niht öfter beim Pleier reimt.

615. Die fehlende zeile lautete etwa

> unde bæt in ez mir sagen.

945. 946. Beßer

> du bist des küncs von Frankenrîch
> sun, daz weiz ich wærlîch.

1009. Statt helfent ist wohl verjehent zu lesen und davon hängt 1013 ab; 1012 vielleicht beßer

> und hân ez immer zeiner gebe.

1079—82 könnten noch zur rede der königin gezogen werden; mir schien es passender mit dem absatze eine subjective bemerkung des dichters einzuleiten, die 1079—1092 umfaßt.

1143. 1144. Die ursache der änderung, die den vers zerstört, lag für den schreiber im rührenden reime.

1238—41. Der sinn ist 'ich wil getreu euer diener sein, dafür daß mir gethan habt, was, wenn ich auch tausend jahr leben sollte, ich nicht verdienen kann.' Dem überlieferten näher stände iwer dienst deir an mir habt getân. deir d. h. daz ir, wofür die handschrift die ir setzte.

1265. Beßer lâ dich betrâgen nicht bî mir, mit tilgung von und.

1373. Ein adjectivum fehlt um den vers vollständig zu machen, etwa des klâren süezen jungen man, vgl. 1751.

1461. Ein beiwort ist wohl zu streichen; Tytomîe hat gewöhnlich die beiworte süeze oder klâre.

1479. 1480. Die erste zeile zu kurz, die zweite überladen; vielleicht schrieb der dichter

> ob er ze sînen jâren
> kœme, im wære kumber leit
> an wîben durch sîn wirdikeit.

1591 gehört als object sowohl zu sante als zu truoc. In ähnlicher weise ist 6092 die helde fier, 12649 Artûs subject zweier sätze; ebenso an folgender stelle des Garel 82ᵒ (Germania 3, 37)

> des gnât im vlîzeclîche
> Garel der künic rîche
> wart der gâbe harte frô.

Meleranz 12345 ist die viere under krône zu gleicher zeit object des vorhergehenden und subject des folgenden verbums.

1853. Der vers ist überladen: man könnte friuntschaft streichen und der êrsten auf minne beziehen.

1881. Meine beßerung ist unsicher und sucht nur in die handschriftliche entstellung einen sinn zu bringen.

1939. Ir, nämlich wege; wahrscheinlich jedoch steht ir für irre und es ist zu lesen und hân irre vil geriten, vgl. 1944.

1966. Hôr der handschrift weiß ich nicht zu erklären.

2039. Dry wart muß dem sinne nach ein jägerausdruck sein; wäre ein drûwart 'Wächter der falle' anzunehmen?

2194. Hie ist entweder zu streichen oder in ie zu verwandeln: von jeher.'

2375. Etwa in solhen zühten hân gesehen.

2430. 2431 sind metrisch zu berichtigen, indem man schreibt

daz er mir den besten harnasch her
sende den man vinden kan.

2448. Got zu ergänzen verbietet der folgende conjunctiv sî, eher ist zu schreiben nu müeze dich wol bewarn.

2462. Die fehlende zeile ist wol gewesen

er sagte mir ein mære.

2785. Etwa empfienc den lieben vater sîn.

2992. Der valschez laz: dasselbe beiwort im Garel 32d (Germania 3, 31) Artûs der valsches laz.

3075. Vor dieser zeile müßen wenigstens zwei ausgefallen sein, in denen Meleranz genannt war.

3289. Und habe ich eingeklammert, weil die betonung kursît ungewöhnlich ist und der vers ohne und oft im Meleranz vorkommt, vgl. 3381. 5084. 5921. 9261. 9684. 10053. 10075.

3295. Als ein glüendiu gluot: im Garel 83b (Germania 3, 39) steht als ein grôziu gluot.

3366. Die andeutung eines substantivums durch das vorausgeschickte personalpronomen ist zwar nicht ungewöhnlich (vgl. zu Strickers Karl 4124); doch findet sich in der handschrift im und nu häufig verwechselt, daher ich auch hier lesen möchte nu wunschte wîp unde man.

3578. Kardeuz, wie des reimes wegen (: duz) gelesen werden muß (vgl. Kardeuz 3701) scheint aus Wolframs Parzival entlehnt, bei dem der name Kardeiz lautet, reimend auf weiz Parz. 800, 20.

3757. Etwa der liute hiez vil schône pflegen.

3854. Vielleicht mit al der massenîe sîn.

4539. Für die klûs ein schefrîch wazzer gât; gemeint scheint schefræh, das im Parz. 354, 5. 535, 3 steht, wo die lesarten auch schefrich bieten; vgl. schifriche bei Johannes Rothe und dazu Bech in der Germania 6, 62.

4963. Zu kurz: vielleicht in des küniges Godonas lant.

5250. Durch îserrâm.was liehter schîn; liehter vielleicht statt lieht der. 4374 stand lieht sîn schîn. Die zeile ist aus Wolfram entnommen, Parz. 256, 10 durch îsers râm was lieht sîn schîn. Andere entlehnungen aus Wolfram sind: der glaste als ein glüendiu gluot 631. 3295. 10490; vgl. er gleste als ein glüendic gluot Parz. 81, 22. den rehtiu zageheit ie flôch 352. 3436. 4276; ebenso Parz. 181, 25 (vgl. 478, 22). vor valsche diu frîe 1462, vor valscheit diu frîe 2848, ebenso Parz. 413, 2. Die anwendung des präsens verbirt im reime 272. 308. 5643 und öfter scheint ebenfalls Wolfram nachgeahmt, vgl. Parz. 29, 28. 362, 20. Der gedanke in 5573 ff. diu naht tet als si noch tuot erinnert an Parz. 378, 5 diu naht tet nâch ir altem site.

5387. Winde im waffenrocke ebenso noch 9170. 9279. 9700. 10004; auch 9793 habe ich so das handschriftliche vnd gebeßert.

5478. Das echte ist vielleicht ich wær mir lieber begraben.

5597. Beßer umgestellt guot naht si nâmen zühteclîch.

5992. Vielleicht und vælieren gar vermiten, vgl. Wolfr. Willeh. 87, 25.

6046. Verderben muß bedeuten 'seine kräfte verschwenden.'

6081. Beßer diu müede uns hât gesiget an oder uns hât diu müede gesiget an.

6099. Geniessen der handschrift könnte genesen meinen; wenn geniezen das echte ist, muß es wohl heißen ich wil der manheite dîn u. s. w.

6287—89. Dreifacher reim, und 6292—94 ebenso, beidemal derselbe reimklang (an, ân). Eine zeile muß von ihrer stelle gerückt sein; aber welche? Ich glaube 6287 die ich nach 6293 einschieben möchte, mit umstellung der beiden ersten worte, also:

kæm her în ein ritter guot,
er müest in mit strît bestân:
der im den sige behabet an,
ist er fürbaz ein frumer man,
daz wir dem wæren undertân.

6392. Vielleicht ze mache giengen, vgl. 1349.

6487. Etwa nu lât mich dienst umb iuch bejagen.

7593. Auch hier ist wohl eine kleine lücke, wenn auch nur von wenigen zeilen anzunehmen.

7912. Zu kurz nach des Pleiers versbau; vielleicht ist zu lesen daz man iemer mêre vant.

8010. Beßer wird der vers, wenn man umstellt: des sî mîn houbet iuwer pfant.

8543. Es scheint nach wâpenroc ein wort zu fehlen; vielleicht hieß es daz sîn wâpenroc verhouwen was.

8734. 8735. Wenn der richtig ist, muß gedanc pluralis sein; der Pleier setzt häufig den singular des verbums, wenn das subject ein pluralis ist, aber, so viel ich bemerkt habe, nur wenn das verbum vorausgeht. Gedanc als singular aber ist ungewöhnlich, daher wohl gedenken und des.

8959. Auch hier fehlt ein beiwort (vgl. zu 1373), daher wie dort etwa der klâre süeze junge man.

8997. Des wart Cursûn frô: auf den eigennamen fallen zwei hebungen, wie 9161 Cursûn der wart frô.

9227. Sinn und vers erheischen eine ergänzung: ich vermuthe si wârn dar wol gereite komen 'gerüstet.'

9258. Die fehlende zeile lautete etwa und bat in vil inneclich.

9274. Tiure ist wohl als substantivum zu faßen, wenn nicht ein andres subst. in dem handschriftlichen tür steckt.

9281. Flüge statt des handschriftlichen schluog habe ich geschrieben, vgl. 9699. 10060. 10061.

9373 lautete wohl sin müezen mit im strîten.

9423. Wenn garzûn mit zwei hebungen gelesen wird, wie Cursûn (vgl. zu 8997), so ist der vers lang genug: sonst kann man schreiben der garzûn gienc schiere dar.

9440. Den vers dem vorigen metrisch gleich zu machen dürfte man lesen mîn herre kumt enzîte.

9672. Die fehlende zeile lautete wohl als ich daz mære hân vernomen, wie 1350. 6666. 12686.

9703. Ein adjectivum fehlt (vgl. zu 1373. 8959).

9979. Vielleicht Meleranz dem degen klâr und dann 9983 dar ûz was im gemachet.

10062. Der ginte wît mit sîner kewe, wie im Garel 109a der gint wît mit sîner kewe (die hs. hat klewe), auch auf lewe reimend. Beide stellen ahmen Iwein 6688 nach: den grôzen leun mit sînen wîten keun; vgl. Lachmanns anmerkung.

10117. 10118. Das gewöhnlich reimende ist stuben : kluben; ein reim wie hier stuben : flugen kommt im Meleranz wenigstens nicht vor (vgl. zu 12116); daher wohl zu lesen

daz die sprîzen sich kluben
und hôch ûf gên den lüften stuben.

Das sich spaltende ist allerdings meist der schild (vgl. mhd. Wb. 1, 845), die sprîzen sind das sich loslösende; in letzterer bedeutung müste hier klieben genommen werden, oder man müste schreiben daz die schilde sich kluben und die sprîzen gên den lüften stuben.

10532. Vielleicht Sô wol mich.

10878. 10879 sind wol zu lesen ich was dar ane vil verzeit daz ir iht lebtet; un ist aus vil verschrieben.

11267. Hêrlîch ist wegen des verses und der wiederholung (hêrlîche 11266) nicht zu dulden: ich glaube man muß schreiben geribtet manic gesidel rîch (: rîch). Der reim verhält sich dann wie 4489 an : an, 8333 ich : ich, 10009. 12629 rîch : rîch, vgl. auch die lesarten zu 4069. Doch vielleicht reimte ursprünglich sedele : edele.

11319. 11320 werden beßer wenn man schreibt

Des hüetet unserr êre.
ich hân niht trôstes mêre.

11536. Erhuoben ist niht wahrscheinlich; erhuoben sich würde den vers schlecht machen, wiewohl solche verse im Meleranz öfter vorkommen; vielleicht stand erschullen oder vlugen.

11566. Die fehlende zeile ist wohl gewesen der bote dô des niht enliez.

11590. 11591. Beide verse werden beßer wenn man liest

daz mir tuot sô manic leit
mîn œheim unde hât getân.

12116. Der reim megt : rett ist noch unwahrscheinlicher als stuben : flugen (vgl. zu 10117); stegen ist in diesem bildlichen sinne nicht ungewöhnlich, meist verbunden mit brücken.

12187. 12188. Beßer

zuo den frowen minneclîch
die ritter sâzen zühte rîch.

12228. Meleranz ist schwerlich richtig, vermuthlich ist zu lesen Malloas.

12369. Der ist doch wohl nicht zu tilgen, sondern zu schreiben ze froun Dulceflor der minneclîch. Der minneclîch für der minneclîchen, im Meleranz öfter im reim.

12555. Die fehlende zeile hieß und Meleranz den sun sîn.

12672. Beßer nu wart niht langer dô gebiten.

NAMENVERZEICHNISS.

Lies 1106 daz. 1156 was. 1328. 1329 [ein bette] daz im nie wart bekant ein bette alsô rîche. 1527 was. 2893 dînen. 3272 wære, 3273 man: 3879 sprach. 4635 war: 5442 swacher. 5899 sach. 6115 in. 6872 gên. 8614 hêr. 9009 uns. 11286 minneclich.

THE UNIVERSITY OF MICHIGAN
LIBRARIES
1817
M

Zeitfracht Medien GmbH
Ferdinand-Jühlke-Straße 7
99095 Erfurt, Deutschland
produktsicherheit@kolibri360.de